Luis del Mármol Carvajal

Historia de la rebelión y castigo de los moriscos del Reino de Granada

Barcelona **2024**

Linkgua-ediciones.com

Créditos

Título original: Historia de la rebelión y castigo de los moriscos del Reino de Granada.

© 2024, Red ediciones S.L.

e-mail: info@linkgua.com

Diseño de cubierta: Mario Eskenazi

ISBN rústica: 978-84-9816-348-3.
ISBN ebook: 978-84-9897-987-9.

Sumario

Brevísima presentación

La vida

Luis del Mármol Carvajal (Granada, c. 1520-?, 1600). España.

Historiador español. Combatió en el norte de África y escribió dos obras de referencia para el estudio de las relaciones entre el mundo islámico y España: Descripción general de África, sus guerras y vicisitudes, desde la fundación del mahometismo hasta el año 1571 (1573-1599) y la Historia de la rebelión y castigo de los moriscos (1600).

El testimonio

Luis del Mármol conoció de cerca las vicisitudes y conflictos de las relaciones entre el mundo islámico y España. Su *Historia de la rebelión y castigo de los moriscos*, contiene, entre otros documentos clave sobre dicha rebelión, las Capitulaciones de los moriscos, o el Memorial morisco que originó la disputa.

Dedicatoria

Los antiguos y graves escritores procuraron siempre arrimar sus obras debajo de la protección y amparo de los príncipes más excelentes y estimados de sus tiempos; y con este ejemplo, habiendo yo escrito la Historia del rebelión y castigo de los moriscos del reino de Granada, puse los ojos en darle el favor de vueseñoría, en quien tanto florecen religión y milicia: dos cosas de que particularmente trata; y también por ser el real consejo de Castilla, donde vueseñoría preside, autores de un tan grande triunfo como fue desarraigar los moros de aquel reino, que tantos siglos tuvieron hecho torpe abismo de maldades, y haber vueseñoría derramado su sangre combatiendo por su persona el fuerte peñón de Fregiliana, donde herido de saeta mostró el invicto valor de sus antepasados, haciendo oficio de prudente capitán y de valeroso soldado. Poníame temor ser juzgado tan ignorante como atrevido en poner mi bajo estilo en manos de vueseñoría, trayendo consigo tanta desproporción; más asegurome su mucha afabilidad y nobleza, adornada de linaje, riquezas y letras: cuanto al linaje, Zúñiga, Avellaneda, Bazán y Cárdenas, nobilísimas y antiquísimas casas en los reinos de Castilla y de Navarra; cuanto a riquezas, conde de Miranda, marqués de la Bañeza y señor de las casas de Avellaneda y Bazán; pues cuanto a las letras, la buena gobernación del principado de Cataluña y del reino de Nápoles, donde vueseñoría fue virrey, y el consejo de Estado del Rey nuestro señor, y las presidencias de los dos reales consejos de Castilla y de Italia, en que reside, lo testifican. Consideradas todas estas cosas, determiné de hacer atrevida elección, y escribí a Pedro Zapata del Mármol, mi hermano, escribano de cámara del real consejo de Castilla, que besase a vueseñoría las manos y le suplicase se dignase de dar a la Historia su favor. Respondiome haber hallado en vueseñoría todo mi deseo con demostración de contento, el cual tengo tan grande en ver la hija de mi pobre entendimiento tan bien puesta, que no sé cómo poderlo explicar en los años que me quedan de vida sobre setenta y seis de mi edad. Los que fueren ofrezco al servicio de vueseñoría, cuyo criado y servidor me publico de hoy más, en conmemoración de tanta merced y favor.

Luis del Mármol Carvajal.

Prólogo

Es costumbre antigua, que aún dura el día de hoy entre los doctos varones y de buen entendimiento, escribir y sacar a luz las cosas que por su ingenio o por documento de otros hallaron ser provechosas a sus repúblicas. Hubo muchos de singular doctrina que compusieron obras morales para instruir los ánimos en la virtud. Otros declararon a sus naturales las cosas extrañas y peregrinas por interpretación, y perpetuaron las propias para un claro ejemplar en la memoria de las letras, dando a cada cual su medida, como jueces de la fama y testigos de la verdad. Los que juntando esta diligencia con la obligación para común aprovechamiento, y pesando los hechos de la fama, según lo que valieron y pesaron, procuraron dejar a sus sucesores fiel memoria, con razón deben ser loados, y tenido en mucho su trabajo, por el amor que tuvieron a su propio ser. Todas las cosas en su modo trabajan por perpetuarse. Las que son naturales, en que solamente obra naturaleza, y no la industria humana, tienen en sí mismas una virtud generativa que cuando debidamente son dispuestas, aunque peligren en su corrupción, la misma naturaleza vuelve a renovar y les da nuevo ser, con que se conservan en su propia especie; más las que no son naturales, sino hechos humanos, como no tienen virtud animada para engendrar cosa semejante a sí, porque con la brevedad de la vida del hombre no acábasen con su autor, fue necesario que el mismo hombre, para conservar su nombre en la memoria dellas, buscase este divino artificio de las letras, que representase en futuro sus obras. Porque la habla, siendo animada, no tiene más vida que el instante de su pronunciación, y pasa, a semejanza del tiempo, que no tiene regreso. Y las letras, siendo caracteres muertos, contienen en sí espíritu de vida, y lo dan entre los hombres a todas las cosas, multiplicándolas en la parte memorativa por uso de frecuentación tan espiritual, en hábito de perpetuidad, que por medio dellas en fin del mundo serán tan presentes nuestras personas, hechos y dichos a los que entonces fueren, como lo son el día de hoy, y vemos que vive lo que hicieron y dijeron los que fueron al principio dél por la literal custodia. Siendo pues el fruto de los hechos humanos muy diferente del natural, producido de la simiente de las cosas que fenecen en el mismo hombre, para cuyo uso fueron criadas, y el de las obras eterno, por proceder del entendimiento y voluntad, donde se fabrican y aceptan, que por ser partes espirituales las hacen eternas; de aquí nos queda natural y justa obligación a ser tan diligentes y solícitos en conservar la memoria de nuestros hechos, para con ellos aprovecharnos en buen ejemplo, como prontos y constantes en hacerlos, por el común y temporal provecho de nuestros naturales. ¿Qué fuera de los trechos de los caldeos, asirios, medos, persas, griegos, romanos, si Beroso Caldeo, Metástenes, Diodoro Sículo, Procopio, Trogo Pompeyo, Herodoto, Halicarnasio, Justino, y Tito Livio y otros no los escribieran? Considerando, pues, que esta diligencia de encomendar las cosas con fieldad al archivo de las letras, conservadoras de todas las obras es tan necesaria en nuestra España, cuanto los españoles son prontos y diligentes en los hechos que competen por milicia, y descuidados en escribirlos; porque no se perdiese la memoria de muchos y muy gloriosos sucesos, que estaban ya casi olvidados, recopilamos y pusimos todo lo que pareció digno de memoria en el segundo libro de nuestra Descripción de África, que salió a luz en el año de la redención del mundo 1573, y la dirigimos al católico rey don Felipe nuestro señor, segundo deste nombre, que la mandó poner en su librería del Escorial; y después, prosiguiendo en la aceptación del peligroso trabajo de la historia, escribimos el Rebelión y castigo de los moriscos del reino de Granada, con todas las cosas memorables dél: lo cual pudimos hacer con más comodidad que otro, por haber asistido desde el principio hasta el fin en el ejército de su majestad. Y trazada y dibujada la obra, la presentamos en el supremo consejo de Castilla, porque siendo la materia que en ella se trata uno de los mayores triunfos destos reinos, se publicase con licencia y autoridad de los autores dél. Y vista y examinada por el licenciado Juan Díaz de Fuenmayor, del consejo y cámara de su majestad, y últimamente por el licenciado Rivadeneira, oidor que fue en la audiencia real de Granada durante esta guerra, que ya lo era del supremo Consejo, a quien fue cometida, con sus relaciones y pareceres se mandó imprimir. Cuanto a mí, fue un fruto voluntario que, imitando a la madre tierra, quise dar con más cuidado y diligencia que si me fuera encomendado, movido de natural obligación, y con celo casi envidioso de la gloria que los fieles cristianos que derramaron su sangre y padecieron martirio por nuestro Redentor, merecieron. Va repartida en diez libros. En el primero se contiene la descripción del reino de Granada, y la conquista que los Católicos Reyes don Hernando y doña Isabel hicieron en él, y la conversión de los moros a nuestra santa fe católica, y las alteraciones que sobre ello hubo; siguiendo en este particular a Hernando de Ribera, y Alonso de Palencia, y a Hernando del Pulgar, y a Luis de Carvajal, y a otros autores, y tomando de algunos libros árabes, que pudimos conformar con certidumbre. El segundo trata de los medios que los príncipes cristianos procuraron con los nuevamente convertidos para que dejasen las costumbres y ceremonias de moros. El tercero trata las contradicciones que aquellas gentes hicieron con razones morales para no dejar de usar de aquellas cosas en que conservaban la memoria de suera y seta; y como revolviendo sus pronósticos o jofores, que tenían de tiempo de moros, trataron de hacer novedad. En el cuarto se pone el principio del rebelión, entrada que los principales autores hicieron en el Albaicín, y cómo declarándose por moros, hicieron elección de caudillo de su nación en el Alpujarra, y con bárbara crueldad pusieron hierro y fuego en los templos sagrados y en los sacerdotes de Jesucristo que moraban en sus alcarías. En el quinto se trata de la jornada que el marqués de Mondéjar hizo contra estos rebeldes, y la entrada del marqués de los Vélez por la parte del reino de Murcia, y el progreso que estos dos campos hicieron, y la venida del serenísimo don Juan de Austria, hermano del rey nuestro señor, a Granada, para con su autoridad dar fin a la importuna guerra; y cómo se comenzaron a reducir los alzados. El sexto trata de los desórdenes de nuestra gente de guerra, que molestaron tanto los reducidos, que la mayor parte dellos se volvieron a la sierra; y, cómo su majestad mandó retirar la tierra adentro los moriscos del Albaicín y vega de Granada, para asegurarlos, y asegurarse dellos. En el sétimo se contiene la entrada del marqués de los Vélez en el Alpujarra, y la victoria que hubo de Abén Humeya en Válor, y la muerte de aquel tirano, y cómo los alzados nombraron en su lugar a Aben Aboo, y el progreso del campo del marqués de los Vélez. El octavo trata la jornada que don Juan de Austria hizo por su persona sobre la fuerte villa de Galera, y por los ríos de Almanzora y Almería, y la entrada del duque de Sesa en la Alpujarra, y la saca de los moriscos que habían quedado en la vega de Granada. En el noveno se contienen los tratos que hubo sobre la reducción general, y la jornada que don Antonio de Luna hizo en la serranía de Ronda para despoblar aquellos lugares. Y el deceno trata la reducción de los moriscos de la dicha sierra de Ronda, y la entrada que don Luis de Zúñiga y Requesenes, comendador mayor de Castilla, hizo en la Alpujarra contra los que no se habían querido reducir, y el progreso que este campo hizo, y la saca de los moriscos reducidos que estaban en el reino de Granada, y la muerte de Aben Aboo y fin desta guerra. Muchas particularidades hallará el lector en estos diez libros; y si todavía le pareciere que falta algo de lo que él sabe, tome lo que hallare; porque siendo tan general y de tan varios sucesos, en tantas partes y a un mismo tiempo, obligación tendrá de suplirlo con buena discreción, considerando que no nos faltaría diligencia para saberlos, y que se pudieron pasar algunas cosas por alto. Vale.

Historia de la rebelión y castigo de los moriscos del reino de Granada

Libro I

Capítulo I. Que trata de la provincia de la Andalucía, que los antiguos llamaron Bética, y cómo el reino de Granada es una parte della

La provincia Bética, tan celebrada de los antiguos escritores en España, es propiamente la que después llamaron Vandalia o Vandalocia, del nombre de una generación de gentes llamados vándalos, que moraron y tuvieron señorío en ella. Éstos eran de nación alemanes y entraron en la Galia, que llaman el día de hoy Francia, con el cónsul Estilicón, dos años antes que Alarico, rey godo, saquease la ciudad de Roma, en el año 412 de nuestra salud, que se contaron 1264 de su fundación por Rómulo; los cuales, acompañados con los borgoñones, alanos y suevos, que también eran alemanes, guerrearon con los francos, pueblos de la provincia de Franconia que ocupaban la Galia; y echándolos della por fuerza de armas, les hicieron dar vuelta a su provincia, y se quedaron ellos en la tierra, robándola a su voluntad. Contentándose, pues, los borgoñones con aquella parte que llamamos Borgoña, los vándalos, alanos y suevos pasaron a la provincia de Aquitania, que es en la de Narbona, y destruyendo y robando todas las comarcas, llegaron a los montes Pirineos; más no pudieron pasar por entonces a España, porque se lo defendió nuestra gente en la aspereza y fragosidad de aquellas montañas. Sucedió en este tiempo que un capitán del Imperio Romano, llamado Gracián, se apoderó tiránicamente de la isla de Bretaña, donde era natural, y durando poco en su tiranía, los mismos soldados del ejército le mataron, y saludaron por emperador a un soldado particular llamado Constantino, el cual pasó luego a la Galia contra los vándalos, alanos y suevos, que estaban apoderados della, y guerreando fuertemente, nunca pudo sujetarlos, y al fin hubo de hacer paz con ellos, aunque con este nombre de paz le burlaron muchas veces. Envió también este emperador a España sus gobernadores, que llamaban jueces, para que rigiesen y gobernasen la tierra en su nombre; los cuales fueron muy bien recibidos en todas las provincias, y solamente dejaron de obedecer los dos nobles caballeros hermanos, naturales de la ciudad de Palencia, llamados Dindino y Veroniano, que siendo ricos y muy emparentados, tomaron la voz de Honorio, legítimo emperador romano, y por conservarle aquel reino resistieron mucho tiempo a su costa el ímpetu de los enemigos, y les defendieron la entrada en España por los Pirineos. Viendo Constantino la resistencia que los dos hermanos hacían a sus gentes, envió contra ellos a su hijo Constancio, que siendo fraile le había tomado por compañero en el imperio, con las escuadras de los pitios, que por otro nombre llamaban honoricianos, porque habían militado en Bretaña en servicio del emperador Honorio, el cual pasó a fuerza de armas los montes Pirineos, y llevando consigo los vándalos, alanos y suevos, que, como queda dicho, ocupaban toda la provincia de Aquitania, entró en España y peleó con Dindino y Veroniano, y los venció y mató, y destruyó toda la tierra de los palentinos. Desta vez quedó abierta la entrada a estas gentes, y pasando mucho número, así vándalos como alanos y suevos, usaron en España insultos, muertes y crueldades jamás oídas ni vistas. Saquearon la ciudad de Astorga, cercaron a Toledo, y no la pudiendo tomar, destruyeron toda su comarca, y arrimándose al río Tejo, pasaron a la ciudad de Lisbona y la cercaron; aunque no pararon allí mucho tiempo, porque los ciudadanos les dieron gran suma de dineros y se fueron a otras partes. Discurriendo pues victoriosos por España, andando el tiempo vinieron a ser señores de las provincias y a repartirlas entre sí. La Lusitania, que es Portugal, cupo a los suevos; Galicia y Mérida a los alanos, y la Bética a los vándalos, que también extendieron su señorío después por África. Esto dice Osorio, y papa Pío, en el compendio que hizo de la historia del Blondo de Forli, lo trata largamente. Estos vándalos dieron nuevo nombre a nuestra Bética, y por ellos fue después llamada Vandalia o Vandalocia, y agora la llamamos corruptamente Andalucía. Los escritores africanos hacen mucha mención de los vándalos, y los llaman nindeluz, y debajo deste nombre comprenden todos los moradores de la Bética y todo lo que poseyeron los vándalos en África, conviene a saber, la tierra que cae desde la sierra Morena hasta el mar Mediterráneo, y las dos Mauritanias, Tingitania y Cesariense, y parte de la Numidia y de la África propia, especialmente lo que cae hacia nuestro mar; los cuales destruyeron a Cartago, como lo dice el Johorí en su Loga, y Mahomete Aben Jouhor en su Geográfica. Y aunque este nombre nindeluz se ha ido perdiendo entre los moradores de Berbería, en España se ha conservado y conservó siempre entre los moros, y los cristianos naturales desta provincia los llaman andaluces. No dejaré de decir en este lugar como algunos escritores árabes llaman por oprobio a los vándalos nindelez, nombre derivado de delez, que en su latinidad árabe significa cosa de poca confianza o falsa, imputándolos de falsos; y si bien se considera, las grandísimas crueldades, la poca fe y sobra de malicia que los vándalos usaron en Francia, en España y en África, sin respetar cosa divina ni humana, parecerá haberles aplicado los alárabes tan satíricos aquel nombre con alguna manera de razón, siendo poco diferente del propio. Pasando después los vándalos en África con Genserico su rey, so color de socorrer a Bonifacio contra Sisulfo, los visogodos, que habían movido las armas contra ellos, ocuparon la provincia Bética y la poseyeron hasta que los alárabes destruyeron a España; los cuales pusieron la silla de su imperio y seta en la ciudad de Córdoba, y la hicieron cabeza de la Bética o Vandalia. Más, declinando después las cosas de los alárabes, hubo entre ellos muchos reyes, y siendo poco poderosos, guerreando con ellos cuarenta y cuatro reyes cristianos por espacio de setecientos setenta y tres años, al fin les fueron ganando las ciudades, villas y castillos que tenían, yéndolos arrinconando siempre hacia la costa del mar Mediterráneo, donde está el reino de Granada, última parte de la provincia Bética. Con los moros que huían de las armas de los príncipes cristianos se ennobleció y pobló este reino, y floreció la famosa y gran ciudad de Granada, y su rey se hizo rico y poderoso de gente, armas y municiones; y tanto, que pudo sustentarse largos tiempos. Esta noble ciudad dio nombre a todo el reino, más no por eso perdieron los moradores della y dél el nombre de andaluces o nindeluces, como los otros pueblos de la Bética o Andalucía; y así los llaman todavía los africanos.

Capítulo II. Que trata de la descripción del reino de Granada, como lo poseía el rey moro Abul Hacen cuando los católicos reyes don Hernando y doña Isabel comenzaron a reinar en Castilla y en León

El reino de Granada, como queda dicho, cae en la última parte de la provincia Bética sobre el mar Mediterráneo, y fue lo postrero que los moros, enemigos de nuestra santa fe, sustentaron en España, y de lo primero que los alárabes ocuparon en su primera entrada, los cuales le llaman Belel el Nindiluz, como si dijésemos la tierra de los andaluces; más algunos antiguos le llamaron provincia de Iliberia, por una famosa ciudad que allí había, de que haremos particular mención en esta historia. Los límites deste reino, cuando los católicos reyes don Hernando y doña Isabel reinaron por divina permisión en Castilla y en Leen, eran en esta manera. A la parte de poniente comenzaba desde los términos marítimos más orientales de la ciudad de Gibraltar, que los alárabes llaman Gibel Fetoh, que quiere decir monte de la entrada de la victoria, desde una señal que hoy día llaman los moradores de aquella tierra las Tres Piedras, y extendiéndose largamente sobre el Mediterráneo, llegaba a la parte de levante hasta el reino de Murcia, bañándole los mares Hercúleo, Iberio y parte del Sardoo, que cae en el occidente del Mediterráneo. Al cierzo confinaba con otros lugares de la Andalucía que los reyes cristianos habían cobrado en diferentes tiempos y ocasiones de guerras, como son las villas de Castellar, Jimena, Espera, Zara, la Torre el Haquín, Olvera, Villa Martín, Cañete, Hardales, Estepa, el Pontón de Don Gonzalo, Lucena, Cabra, Baena, Rute, Luque, Martos, Torrejimena, Torre el Campo, la ciudad de Jaén, la Guardia, Pegalajar, Torres Jimena, Belmar, Jódar y Quesada. Y pasando más adelante, confinando con los lugares del adelantamiento de Cazorla, y por las faldas de la sierra de Segura se iba a juntar con el reino de Murcia. Todo lo que cae en este ámbito comprendía el reino de Granada, y era poseído por el rey moro en aquel tiempo, y había algunas ciudades y villas en él, que siendo ocupadas por los reyes cristianos, la sustentaban y tenían en ella sus fronteras. Estas eran Antequera y Alcalá la Real y la villa de Archidona, y otras que no se comprenden ahora en el reino de Granada, sino en la otra parte de la Andalucía; no embargante que todas las villas y castillos que no son de la antigua jurisdicción de las ciudades de Córdoba y Sevilla, fueron antiguamente de la provincia o reino de Iliberia, como lo dice Aben Raxid en un libro que hizo en Córdoba por mandado del halifa de Damasco, intitulado Departimiento de las tierras de España, y entrada y conquista que los alárabes hicieron en ella. Volviendo pues a nuestra descripción, atraviesan por el reino de Granada, de poniente a levante, dos sierras, la una mayor, más alta y más fragosa que la otra. La que es mayor cae hacia el mar Mediterráneo, y tomando principio cerca de la ciudad de Gibraltar, hace las serranías de Ronda, y prosiguiendo entre las ciudades de Málaga y Antequera, deja la hoya y la jarquía a mano derecha, y va por entre Vélez y Alhama. En este paraje hace el puerto que llaman de Zalia o Calha, llamado así del nombre de una fuerte villa que había junto a él en aquel tiempo hacia la parte de mediodía, la cual fue despoblada después que los Católicos Reyes ganaron aquel reino, y allí hicieron una fortaleza por bajo del sitio antiguo, donde hubo muchos años gente de guerra para la seguridad de aquel paso; y aun se ven el día de hoy los muros en pie, yendo por el camino que va de Vélez a Alhama sobre mano izquierda. Desde este puerto vuelve una cordillera de sierra, que procede de la mayor y va hacia la mar, llámanla tierra de Tejeda por los muchos tejos que hay en ella, que son unos árboles derechos y altos como el aciprés, y la madera es semejante al pino, y se aprovecha rolliza sin aserrar para enmaderar las casas y para otras muchas labores. Bajando pues por la cordillera desta sierra, que es alta y muy fragosa, a la mano derecha está pegada con ella otra sierra más baja, que la va acompañando hasta la mar, y la llaman sierra de Bentomiz, del nombre de una villa antigua que fue edificada en ella por los alárabes primeros que conquistaron en España, y por un linaje de ellos llamado Beni Tumi, que también pobló en la provincia de Argel en Berbería, y señoreó aquella ciudad muchos tiempos. En esta sierra de Bentomiz poblaron los moros muchos lugares, y vivían en ellos ricamente por la cría de la seda, y por las pasas, higos y almendras que allí se cogen. Hacia la mar se hace un peñón alto y muy fragoso, que llaman el peñón de Fixiniana, del nombre de otro lugar que está cerca dél, que los cristianos llaman corruptamente Fixiniana, del cual haremos particular mención cuando tratemos de la jornada que don Luis de Requesenes, comendador mayor de Castilla, hizo sobre él. Volviendo pues al puerto de Zaha, donde se hace en lo alto de la sierra una hermosa dehesa de yerba y de encinares, que los moros llaman Hesfaaraaya, que quiere decir campo de pastores, y los nuestros Safarraya, prosigue todavía esta sierra mayor, dejando a mano derecha la ciudad de Almuñécar en la costa de la mar, y a la izquierda la de Alhama, y va a dar a otro peñón que está encima de los lugares de las Guájaras, no menos fragoso y fuerte que el de Fixiana, donde también hubo empresa memorable en esta guerra; y quedando a la marina en este paraje el fuerte castillo y villa de Salobreña, va a dar la sierra al valle de Lecrín. A mano izquierda del propio valle está la fértil y espaciosa vega de Granada, y a la derecha la villa de Motril y su tierra. Luego se vuelve a levantar en mayor altura y prosigue todavía para Levante, teniendo al mediodía las sierras de Lanjarón y la taa de Órgiba, y a la parte del cierzo la nombrada y gran ciudad de Granada. Desde aquí para adelante llaman esta sierra Sierra Nevada, por la continua nieve que hay en ella, y los antiguos la llamaron Oróspeda, los alárabes Xolair; y en las vertientes della que caen hacia la mar están las taas de la Alpujarra, que Aben Raxid llama tierra del Sirgo, por la mucha seda que allí se cría. Los alárabes llaman esta tierra Abujarra, que quiere decir la rencillosa y pendenciera, porque, como dicen sus escritores, muchos tiempos después de haber conquistado los alárabes en España, se defendieron los cristianos en la aspereza de aquellas sierras, y si los sujetaron, fue con que los dejasen vivir en nuestra fe; la cual fueron después dejando poco a poco, y vinieron a tomar los ritos y ceremonias de su seta; y esta soberbia de ser invencibles en sus sierras les duraba hasta nuestros tiempos. Dice Aben Raxid, exagerando la fortaleza de España: «Esta provincia está cercada de tres fuertes muro, que su naturaleza le dio para guarda y defensa de sus naturales: al mediodía tiene las asperísimas sierras del Sirgo, que mucho tiempo estuvieron por los cristianos; a levante los montes Pirineos; a septentrión otras montañas, donde también se encastillaron los moradores de la tierra contra el poder de los romanos, de los godos y de los alárabes». Hasta aquí dice Aben Raxid. Nueve leguas a levante de Granada, en los llanos que se hacen al pie de Sierra Nevada, a la parte del cierzo está la ciudad de Guadix, y otras ocho leguas más adelante la de Baza, en el paraje de la cual hace la sierra mayor un valle que llaman río de Almanzora, por un río que corre por él con aquel nombre; y a la mano derecha, sobre la costa de la mar, está la ciudad de Almería, que en un tiempo compitió con Granada en riquezas y población. Proceden de la sierra mayor muchos ramos que van a dar a la mar con nombres de las poblaciones que han en ellos, como son Gádor, Filabres y otros muchos. Y aunque la sierra principal se quiebra en el río de Almanzora, después se vuelve a levantar y prosigue no con tanta altura; y dejando a la marina las ciudades de Vera y Mojácar, se va a meter en el reino de Murcia, donde la dejaremos, por no hacer más al propósito de nuestra historia. Toda esta sierra que hemos dicho, y las otras que proceder della, son muy fragosas, y por la mayor parte habitables las haldas y senos dellas, donde tienen los moradores muchas y muy buenas tierras de pan y mucha yerba para la cría de los ganados, especialmente en los llanos que caen de una parte y otra de la sierra mayor; de la cual proceden muchas fuentes de aguas frías que bajan por los valles y quebradas, con las riberas llenas de arboledas de toda suerte, y convirtiéndose después en diferentes ríos, corren diferentemente unos a la mar y otros a la parte del cierzo; y por todas partes tenían los moros muchos lugares poblados de gente rica por la cría de la seda y del ganado, que es la principal granjería de aquella tierra. La otra sierra menor cae a la parte del cierzo, en los confines que ahora llamamos Andalucía. Esta es la sierra de Illora, que los moros llaman Barbandara, y no es tan fragosa como la que hemos dicho. Hay en ella muchas villas y castillos fuertes, donde los reyes de Granada tuvieron grandes tiempos su frontera contra los cristianos; y la tierra es muy apropiada para labores, y se coge por toda ella mucho pan, porque se quiebra muchas veces, y hace valles, lomas y cerros bajos, que todo se puede romper con el arado; y desta manera va prosiguiendo por los mismos parajes que la sierra mayor de poniente hacia levante con diferentes nombres, seguir la población de las villas y castillos que hay en ella. Entre estas dos sierras está la nobleza de todo el reino de Granada, en las ciudades de Ronda, Antequera, Alhama, Loja, Granada, Guadix y Baza; y sobre la costa de la mar están otras ciudades marítimas, como son Marbella, Málaga, Vélez, Almuñécar, Almería, Mojácar, Vera; y en todas ellas hay muchos caballeros y gente noble, que proceden de los conquistadores de la tierra, a quien los Católicos Reyes dieron largos repartimientos en pago y remuneración de sus servicios. Otras tres poblaciones hay también con título de ciudades en este reino, llamadas Ugíjar y Cobda en la Alpujarra, y Purchena en el río de Almanzora, que son menos nobles que las otras. Esto es lo que en general se puede decir del reino de Granada; adelante le iremos describiendo más en particular en los lugares que tocaremos en el discurso de la historia.

Capítulo III. Que trata de la antigua ciudad de Iliberia, que fue en este reino de Granada

La antigua ciudad de Iliberia, de quien hacen mención algunos escritores antiguos, según lo que adelante diremos, fue en la provincia Bética. Aben Raxid, en aquel libro que dijimos que hizo en Córdoba, hablando desta provincia, dice desta manera: «Iliberia» (aunque otros leen Eliberia, porque como en la gramática árabe son las vocales puntos, fácilmente se toma la e por la i, y la o por la u, porque diferencian poco en los lugares de los caracteres donde se ponen, como se hace también en lo hebraico, que se diferencia la vocal solamente en ser un punto o dos puntos puestos en un mismo lugar); finalmente, Aben Raxid dice: «Iliberia, ciudad grande y rica por el mucho sirgo que de allí sale a todas partes de España, está sesenta mil pasos de Córdoba hacia el mediodía, y seis mil pasos de la sierra de la Helada hacia el cierzo; están en sus términos los castillos siguientes: Jaén, Baeza, donde se labran ricas alhombras; Loja, Almería y Granada, que antiguamente se llamó villa de los Judíos, porque la poblaron judíos, y es la más antigua población del término de Iliberia, por medio de la cual pasa el río Salón, que nace en el monte del Arrayán, y entre sus arenas se hallan granos de oro fino. Y con él se junta luego otro río mayor, llamado Singilo, que baja del monte de la Helada. Y en estos términos está el castillo de Gacela, que ninguno semeja tanto a la ciudad de Damasco en riqueza como él; y en su término hay ricas piedras de mármol fino, blancas y negras y matizadas de diversas colores». Hasta aquí dice Aben Raxid. De donde se colige haberse llamado Gacela en algún tiempo las alcazabas antiguas de la ciudad de Granada, que sin duda fue población de alárabes y la primera que hicieron en aquella ciudad, por lo que se dirá adelante, la cual hallamos haberse también llamado Hizna Román. Por estas razones se deja bien entender haber sido la antigua ciudad de Iliberia cerca de la ribera del río Cubila, que pasa al pie de la sierra que los modernos llaman sierra Elvira, a la parte del cierzo, donde hemos visto muchos vestigios y señales de edificios antiquísimos. Y los moradores de los lugares comarcanos se fatigan en vano cavando en ellos, pensando hallar tesoros, y han hallado allí medallas muy antiguas de tiempo de gentiles. Y lo que más arguye que sea esto así, es la distancia que hay de allí a Córdoba y a la sierra de la Helada, que es la misma que dice Aben Raxid. Finalmente, Iliberia fue ciudad populosa, cabeza de obispado, y San Cecilio fue obispo della en la primitiva iglesia, y la iglesia catedral de la ciudad de Granada celebra su fiesta el día de hoy. Y el concilio iliberitano parece más verosímil haber sido en esta ciudad que en Iberia, ciudad de Cataluña, llamada hoy Colibre, de quien trata Pomponio Mela. Los que llamaron esta ciudad Eliberia dicen que la fundó Eliberia, hija de Ispán, y que le puso su nombre; a lo cual no contradigo, por la facilidad con que se pudo trocar aquella letra primera en tantos siglos; más si bien se consideran los nombres que Tito Livio y otros escritores antiguos nos dan de las ciudades que florecían en aquellos tiempos en España, hallaremos que la mayor parte dellos comienzan en I, que es la letra primera del nombre de Ispán, que la pobló, como son Iliturgi, Ilerda, Ilegita, Ilipa, Ilucia, Ibera y otras muchas. Y aun los nombres de las ciudades de África que eran principales comenzaban todas en T, muchas de las cuales mantienen todavía los nombres antiguos, como son Taftana, Taculet, Tagaost, Tarudant, Tazarot, Tamarrocx y otras muchas. Y la lengua antigua africana se llama tamazegt, y los moros en lo arábigo interpretan lengua noble, y la llaman quelem amaric, tomando aquella T por epíteto, por ser la primera letra del nombre del primer poblador, que fue Tut, nieto de Noé. Volviendo pues a nuestra Iliberia, aquel escritor árabe dice que los gentiles, a quien ellos llaman gehela, destruyeron esta ciudad antes que los alárabes conquistasen en España, y que los vándalos la ennoblecieron, y estuvo próspera en su tiempo, y que los alárabes la ganaron por fuerza de armas, y la destruyeron y asolaron gran parte della; finalmente, fueron ellos

los que la acabaron de destruir, mudando la población que había quedado a la ciudad de Granada, de la cual diremos adelante: solamente se advierte al lector que Elvira es nombre corrompido al gusto de nuestra lengua vulgar, porque los moros llaman la sierra donde fue esta ciudad de Iliberia Gebel Elbeira, que quiere decir sierra desaprovechada o de poco fruto, porque no tiene agua ni leña ni aun yerba. Otros la llaman sierra de los Infantes, porque a un lado della, a la parte de Granada, junto a un lugar que llaman el Atarfe, tuvieron asentado su real los infantes don Juan y don Pedro, su sobrino, hijo y nieto del rey don Alonso el Sabio; y siendo desbaratados por Odrilán o Hozmín, alcaide de Ismael, rey de Granada, murieron entrambos a dos en el año del Señor 1320. Despoblada Iliberia, solamente quedó en pie el castillo y algunos barrios en la ribera del río, y los reyes moros daban aquella tenencia a deudos suyos o a personas de cuenta. Y estando en Granada el año de 1571, nos mostró un morisco dos títulos de aquella alcaidía, que había sido de sus pasados, los cuales estaban en un papel grueso como de estraza, muy bruñido y colorado, y algunas letras mayúsculas de oro, que cierto fue contento verlos por su antigüedad y por el estilo de las patentes de aquellos reyes. Este castillo estuvo muchos tiempos en pie, hasta que los Reyes Católicos le derribaron en las entradas que hicieron en la Vega. Vense todavía allí junto al río dos barrios, que llaman Pinos de la Puente.

Capítulo IV. En que se declara dónde fue la villa de los Judíos que Raxid dice

Conforme a lo que Raxid dice, la villa de los Judíos fue en aquella parte de la ciudad de Granada que está en lo llano entre los dos ríos referidos, que los naturales llaman por Salón Darro, y por Singilo Genil, desde la parroquia de la Iglesia Mayor hasta la de Santo Matía, donde se hallan cimientos de fábricas muy antiguas; y la fortaleza debió ser donde ahora están las torres Bermejas, porque según fuimos informados de los naturales de la tierra, el muro que baja destas torres, roto y aportillado en muchas partes, es el edificio más antiguo desta ciudad; y los demás que cercaban la villa debieron de irse deshaciendo como se fue acrecentando la población. Conforme a esto trae verisimilitud lo que el curioso Garibay, escritor moderno, dice en su Compendio historial, que Granada se llamó Garnat, que en lengua hebrea quiere decir la Peregrina, porque la poblaron los judíos que vinieron a España en la segunda dispersión de Jerusalén. Cuanto a esto, entiendo que debieron ser los de Nabucodonosor, que vinieron muchos años antes, y éstos eran de Fenicia, de Tiro y Sidón, y se llamaron mauros mauróforos. Poblaron en esta costa y en la de África las ciudades libias fenicias, y dellos tomaron nombre las Mauritanias Tingilania y Cesariense. En los altos pues que caen sobre Granada parece que pudo estar fundada la antigua ciudad de Illipa, que refiere Tito Livio en el quinto Ebro do la cuarta década cuando dice que cerca della Publio Cornelio Escipión, procónsul romano, venció a los lusitanos que andaban robando aquella tierra, y les mató quince mil hombres y les quitó la presa que llevaban; y llegándose a la ciudad de Illipa, lo puso todo delante de las puertas para que los dueños conociesen lo que les habían robado, y se lo restituyó. Y conforme a esto los judíos debieron de poblar entre los dos ríos referidos, y no en los altos, donde Dios habría permitido la destrucción de aquella ciudad, como de otras muchas deste reino. No he podido hallar más claridad, en cuanto a esta villa de los Judíos, de la referida; más en lo que toca a la población que los alárabes y moros hicieron en la ciudad de Granada, en qué tiempos y por qué razón, y los nombres de las fortalezas y barrios della, y de la manera que se fue aumentando y ennobleciendo, todo esto diremos con mucha certidumbre, porque pusimos diligencia en saberlo, así por relaciones de moriscos viejos, como por escrituras árabes y letreros esculpidos en piedras antiguas que vimos en las ruinas de los soberbios edificios desta ciudad.

Capítulo V. En el cual y en los que se siguen se trata de la descripción de la ciudad de Granada y de su fundación

El sitio de la ciudad de Granada como se ve el día de hoy es maravilloso y harto más fuerte de lo que desde fuera parece, porque está puesta en unos cerros muy altos, donde a mi juicio fue la antigua Illipa, que proceden de otros mayores que la ciñen a la parte de Levante y del cierzo; y ocupando los valles que hay entre ellos, se extiende largamente por un espacioso llano a la parte de poniente, donde está una hermosísima vega llana y cuadrada, llena de muchas arboledas y frescuras, entre las cuales hay muchas alcarías pobladas de labradores y gente del campo, que todas ellas se descubren desde las casas de la ciudad. A las espaldas destos cerros está una sierra, que se alza desde el río de Aguas Blancas, que corre entre ella y la de Güejar, y va hacia el cierzo con diferentes nombres. Al principio la llamaban sierra de Güete de Santillana, luego sierra del Albaicín, y al cabo sierra de Cogollos y de Hiznaleuz; por manera que estando cercado el sitio desta ciudad por esta parte de sierras ásperas y muy fragosas, llenas de muchas quebradas, y teniendo al mediodía la sierra Mayor y la Alpujarra, jamás fueron poderosos los reyes cristianos para poderla cercar, sino fue por la parte de la Vega, donde pusieron algunas veces su real para solo talar y destruir los panes y arboledas que había en ella y necesitar a los moradores con hambre. Estaba esta ciudad en tiempo de moros cercada de muros y torres de argamasa tapiada, y tenía doce entradas al derredor, en medio de fuertes torres con sus puertas y rastillos, todo doblado y guarnecida de chapas de hierro, y sus rebellines y fosos a la parte de fuera; y había tanto número de gente de guerra dentro y en los lugares de las sierras sus comarcanas, que con razón la podemos poner en el número de las muy fuertes y poderosas; más después acá se ha tenido y tiene menos cuenta con su fortificación, gozando los conquistadores de la dorada paz. La primera fundación desta insigne ciudad, como dijimos en el capítulo antes deste, fue la que llama Raxid Villa de Judíos, que debió ser cerca de la antigua Illipa, como queda dicho en el capítulo antes deste. Después desto, cuando Tarique Aben Zara ganó a España, unos alárabes de los que vinieron con él de Damasco edificaron cerca delta un castillo fuerte sobre un cerro que agora cae dentro de la ciudad, llamado el cerro de la Alcazaba antigua. A este castillo llamaron Hizna Román, que quiere decir el castillo del Granado, porque debía de haber allí algún granado, de donde tomaron la denominación, y desto dan testimonio las escrituras antiguas, que hemos visto en aquella ciudad, de posesiones que están dentro del ámbito dél; y aunque está desmantelado a la parte de la ciudad por razón de la población de casas que fue después creciendo, lo que cae afuera se tiene todavía los muros en pie, y los moriscos le llaman Alcazaba Cádima, que quiere decir castillo o fortaleza antigua. También nos mostró un morisco unas letras árabes, escritas en una tapia deste propio muro antiguo, que parecía haber sido hechas con algún hierro o palo delgado, estando la argamasa blanda, al tiempo que tapiaban, en las cuales se contienen palabras del Alcorán, que es testimonio de haberse hecho en tiempo de alárabes setarios, y no antes. El mismo nos certificó que podía haber cuarenta años que había visto unas letras árabes esculpidas en una piedra antigua, que estaba sobre la boca del aljibe de la iglesia de San Jusepe, que decían como los vecinos de Hizna Román habían hecho aquel aljibe de limosnas para servicio de los morabitos de aquella mezquita, porque en esta iglesia y al pie de la torre antigua que está en ella estaba una ermita o rábita, que llamaban Mezquit el Morabitín, y era de las primeras que los alárabes edificaron en aquella tierra, la cual estaba fuera de los muros de Hizna Román, y lejos del río Darro, en la mitad de la ladera del cerro. Y porque los morabitos tenían trabajo en haber de bajar por agua al río, acordaron de hacerles allí aquel aljibe, y que Diego Fustero, mayordomo de aquella iglesia, había quitado de allí la piedra, queriendo hacer un aposento sobre el propio aljibe. Otros nos dijeron que cuando el emperador don Carlos fue a la ciudad de Granada el año del Señor 1526, un morisco principal, llamado el Zegrí, había hecho quitar todas las piedras de letreros árabes que había en el Albaicín y en la Alcazaba, y que había quitado aquella piedra entre las otras. Baste esto para testimonio de que se llamó esta Alcazaba Hizna Román. Creció después su población hacia el río Darro, y en el año del Señor 1006 había ya otra nueva Alcazaba entre la vieja y el río, que tenía más de cuatrocientas casas, la cual llamaron Alcazaba Gidid, que quiere decir Alcazaba Nueva. Esta segunda población dicen que hizo un africano, natural de las sierras de Vélez de la Gomera, llamado el Bedicí Aben Habuz, y que la llamó Gacela, tomando la denominación de un animal que hay en África, muy bien compuesto y de grande ligereza, que anda siempre tan recatado, que no se asegura sino en las cumbres y lugares altos de donde descubra y señoree la tierra, y le llaman los africanos gacela; porque este hombre guerrero la mucha experiencia le daba a entender que para sustentarse en aquella tierra era menester estar siempre en vela. En el ámbito de la Alcazaba nueva hay tres barrios, que parece haber sido cercados cada uno de por sí en diferentes tiempos, y todos estaban inclusos debajo de un muro principal. El primero y más alto está, junto con la Alcazaba antigua, en la parroquia de San Miguel, y allí fueron los palacios del Bedicí Aben Habuz, en las casas del Gallo, donde se ve una torrecilla, y sobre ella un caballero vestido a la morisca sobre un caballo jinete, con una lanza alta y una adarga embrazada, todo de bronce, y un letrero al través de la adarga que decía desta manera: Calet el Bedicí Aben Habuz guidate habez Lindibuz; que quiere decir: Dice el Bedicí Aben Habuz que desta manera se ha de hallar al andaluz. Y porque con cualquier pequeño movimiento de aire vuelve aquel caballo el rostro, le llaman los moriscos Dic reh, que quiere decir gallo de viento, y los cristianos llaman aquella casa la casa del Gallo. El segundo, donde había la mayor contratación antiguamente, cuando florecía Gacela, es el de la parroquia de San Josef. Allí estaba la mezquita de los morabitos, y tenían sus casas los mercaderes y tratantes. Y el tercero era el de la parroquia de San Juan

40

de los Reyes, iglesia edificada por los Reyes Católicos en el sitio de una mezquita que los moros llamaban mozchit el Teibin, que quiere decir mezquita de los Convertidos: llamábanle barrio de la Cauracha por una cueva que allí había, que entraba debajo de tierra muy gran trecho, porque caura en arábigo quiere decir cueva. De aquí fabularon algunos, diciendo que una señora llamada Nata moraba en Iliberia y encerraba su pan en aquella cueva, y que de allí se tomó el nombre de Garnata, porque gar quiere decir cueva o cosa honda. Andando pues el tiempo, vino a extenderse la población de la Alcazaba Nueva hasta llegar al propio río Darro, donde se pobló otro barrio agradable y muy deleitoso, que llamaron el Haxariz, que quiere decir la recreación y deleite, el cual es muy celebrado en los versos de los poetas árabes por las muchas fuentes, jardines y arboledas que los regalados ciudadanos tienen dentro de las casas. Este barrio comienza desde San Juan de los Reyes, y llega hasta el río Darro, donde está la parroquia de San Pedro y San Pablo, y hasta llegar al monasterio de Nuestra Señora de la Victoria, que cae en él.

Capítulo VI. En que prosigue la descripción y fundación de la ciudad de Granada

Todas estas poblaciones vinieron después a incluirse debajo de un solo muro, cuyos vestigios y señales se ven en muchas partes entre las casas de los ciudadanos, y por defuera se está todavía en pie el muro desde la puerta de Guadix, por el cerro arriba, hasta bajar a la puerta Elvira por la otra parte. Algunos quisieron decir que por estar los barrios cercados cada uno de por sí, inclusos en el muro principal, de la manera que están los cascos dentro de la granada, y la Alcazaba antigua puesta en la corona del cerro, se llamó la ciudad Granada; lo cual yo no apruebo ni repruebo, aunque trae harta similitud la ciudad con el nombre. Poblose también otro barrio por bajo de las casas del Gallo y fuera de los muros de la Alcazaba, a manera de un arrabal llamado el Cenete, donde moraban una generación de moros africanos llamados Beni Ceneta, que venían a ganar sueldo en las guerras, y los reyes moros se servían dellos como de milicia segura, para guardia de sus personas; y por tenerlos cerca de sí, cuando sus palacios eran en las casas del Gallo les dieron aquel sitio donde poblasen, el cual es áspero, y se extiende por una ladera abajo hasta llegar a lo llano. Despoblose después la ciudad de Iliberia por los daños que los cordobeses hacían a los vecinos que habían quedado en ella, o por mejorarse en la nueva población que florecía y se iba cada día aumentando, y en todo se hacía muy semejante a la ciudad de Fez, que pocos años antes había sido edificada en la Mauritania Tingitania, y ennoblecida por los setarios de la casa de Idrís, como dijimos en nuestra África, y las gentes que della vinieron poblaron aquel llano, que está debajo del barrio del Cenete y de la parte de la Vega hasta la plaza Nueva, y andando el tiempo vino a henchirse de casas el espacio que había vacío entre la Alcazaba y la villa de los Judíos, que eran huertas y arboledas. Hecho un cuerpo y una ciudad, los Reyes la ciñeron de muros y torres, como se ve el día de hoy; en la cual hay catorce puertas principales, sin las dos que están en el barrio del Albaicín, para el uso de los moradores, que todas tienen nombres moriscos, aunque corruptos: la primera y principal llamaron Bib Elbeira; ésta es la puerta de Elvira, que cae a la parte de la sierra Elvira, donde estaba la ciudad de Iliberia; y volviendo hacia poniente está Bib el Bonaita, que quiere decir Puerta de las Eras, y agora se llama Puerta de San Jerónimo, porque se sale por ella al monasterio de señor San Jerónimo. Luego sigue Bib el Marstán, que quiere decir Puerta del Hospital de los Incurables, porque donde agora está Sant Lázaro había un hospital de incurables, y los cristianos la llaman Bib Almazán. Adelante está la puerta de Bibarrambla, que los moros llamaban Bib Ramela, puerta del Arenal. Luego está Bib Taubin, puerta de los Curtidores, y adelante Bib Lacha o puerta del Pescado; luego siguen Bib Abulnest, que llaman puerta de la Madalena; Bib el Lauxar, que hoy es la puerta del Alhambra, o de la calle de los Gomeres; Bib Gued Aix, Puerta de Guadix; Bib Adam, puerta del Osario, y agora puerta del Albaicín; Bib el Bonut, puerta de los Estandartes, porque en la torre que estaba sobre ella se arbolaba el primer estandarte cuando había elección de nuevo rey u otra cosa señalada en Granada. Y pasando más adelante, está deshecha la puerta que llamaban del Beiz, que quiere decir del Trabajo o de los Trabajadores; luego está Bib Cieda, puerta de la Señoría, la cual estuvo grandes tiempos cerrada, por un pronóstico que tenían los moros, que les decía que por allí había de entrar la destrucción del Albaicín, que es otro barrio muy grande, de que haremos mención adelante; y la mandó abrir el año de 1573 don Pedro de Deza, presidente de la Real Audiencia de Granada, que después fue cardenal de la Santa Iglesia de Roma. La otra es Bib el Alacaba, que quiere decir la puerta de la Cuesta, la cual sale a la cuesta que baja por defuera del muro de la Alcazaba, encima de la Puerta Elvira, y es de las más antiguas puertas de Granada. Este barrio del Albaicín se comenzó a poblar en tiempo que reinaba en Castilla el rey don Hernando el Santo, cerca de los 1227 años de Cristo. Poblose de los moros que despoblaron las ciudades de Baeza y de Ubeda, los cuales, por no ser mudéjares del Rey, se fueron a vivir a Granada, y Aben Hut, rey de aquella ciudad, los recogió y les dio aquel sitio donde poblasen. Los primeros fueron los de Baeza, y siete años después los de Úbeda. Tomó nombre de sus primeros pobladores, creció tanto con las gentes que acudían de todas partes huyendo las armas de los príncipes cristianos, que vino a competir en riquezas, en nobleza de edificios y en contrataciones con los antiguos ciudadanos de Granada.

Capítulo VII. En que prosigue la descripción de Granada, y trata del reino de los Alahamares, y de los edificios que edificaron

Sucedieron después desto grandes guerras entre los moros de España, levantándose muchos caudillos con título de reyes, más molestos que poderosos, y entre ellos uno llamado Mahamete Abuzaid Ibni Aben Alahamar de quien hacemos particular mención en nuestra historia de África, que se apoderó de todo el reino de Granada, y reinaron en él sus descendientes hasta el año de 1492. Estos reyes se hicieron ricos y poderosos con las ocasiones de los tiempos, y ennoblecieron su ciudad unos a porfía de otros; renovaron los muros y acrecentáronlos por muchas partes; cercaron el Albaicín, hicieron castillos y fortalezas, y edificaron suntuosos palacios para su morada. Reinando pues Abí Abdilehi, hijo de Abuzaid, segundo rey desta casa de los Alhamares, y siendo muy victorioso contra sus enemigos, se comenzó a edificar la fortaleza del Alhambra, y le puso nombre de su mismo apellido. Su primera fundación fue en el lugar donde agora está la torre que dicen de la Campana, en la cumbre de un alto cerro que señorea la ciudad, opuesto al cerro de la Alcazaba, y tan cerca dél, que solo el río Darro los divide. Este mismo rey edificó otro castillo pequeño con su torre de homenaje en las ruinas de otra fortaleza antigua, que debió ser la de la villa de los Judíos, y la llaman agora las Torres Bermejas. Edificó asimismo una fuerte torre en la puerta de Bib Taubin, sobre la cual hicieron los Reyes Católicos, don Hernando y doña Isabel un pequeño castillo; y demás desto hizo cinco torres en el campo alrededor de la ciudad a una parte de la Vega, donde se pudiesen recoger los moros que andaban en las labores en tiempo de necesidad. A este rey imitaron otros que le sucedieron con mayor fuerza y riqueza, los cuales, prosiguiendo en el edificio del Alhambra, la ensancharon y ennoblecieron maravillosamente, en especial Abil Hagex Jucef, hijo de Abil Gualid, que reinó cerca de los años de Cristo 1336, que fueron 745 de la hijara, y labró los suntuosos edificios de los alcázares, donde gastó mucha parte de sus tesoros, en veintidós años que reinó felicemente gozando de una larga paz. Estos alcázares o palacios reales son dos, tan juntos uno de otro, que sola una pared los divide. El primero y más principal llaman cuarto de Comares, del nombre de una hermosísima torre labrada ricamente por de dentro de una labor costosa y muy preciada entre los persas y surianos, llamada Comaragia. Allí tenía este rey los aposentos del verano, y desde las ventanas della, que responden al cierzo y al mediodía y al poniente, se descubren las casas de la Alcazaba, del Albaicín y de la mayor parte de la ciudad, y toda la ribera del río Darro, y la Vega, con hermosa y agradable vista de jardines y arboledas, que recrean grandemente a quien lo mira. A la entrada deste palacio está un pequeño patio con una pila baja a la usanza africana, muy grande y de una pieza, labrada a manera de venera, y de un cabo y de otro están dos saletas labradas de diversos matices y oro, y de lazos de azulejos, donde el Rey juntaba a consejo y daba audiencia; y cuando él no estaba en la ciudad, oía en la que está junto a la puerta el Cadí o Justicia mayor a los negociantes, y a la puerta della está un azulejo puesto en la pared con letras árabes que dicen: «Entra y pide: no temas de pedir justicia; que hallarla has». El segundo palacio, que está a la parte de levante, llaman el cuarto de los Leones, por una hermosa fuente que tiene en medio de un patio enlosado todo de alabastros, y con muy ricos pilares al derredor, que sustentan los sopórtigos de los palacios y salas. Esta fuente tiene una gran pila de alabastro, alta sobre doce leones de lo mismo puestos en rueda, tamaños como becerros, y por tal artificio horadados, que responde el agua de uno en otro, y todos la echan a un tiempo por las bocas, y por encima de la pila sale un golpe muy grande, que vierte y baña todos los leones. En este cuarto están los aposentos, alcobas y salas reales, donde los reyes moraban de invierno, no menos costosos de labor que los de la torre de Comares. Allí tenían su baño artificial solado de grandes alabastros y con sus fuentes y pilas, donde se bañaban. A las espaldas del cuarto de los Leones, hacia mediodía, estaba una rauda o capilla real, donde tenían sus enterramientos, en la cual fueron halladas el año del Señor 1574 unas losas de alabastro que, según parece, estaban puestas a la cabecera de los sepulcros de cuatro reyes desta casa; y en la parte dellas que salía sobre la tierra, porque estaban hincadas derechas, se contenían de entrambas partes epitafios en letra árabe dorada puesta sobre azul, en prosa y en verso, en loa y memoria de los yacentes. De las cuales sacamos un traslado que poner en esta nuestra historia, por ser estilo peregrino diferente del nuestro, y por no interrumpir el orden de la descripción de la ciudad, lo pornemos al cabo della en un capítulo de por sí.

Capítulo VIII. Que contiene la materia del pasado, y trata de las recreaciones que tenían los reyes moros en esta ciudad

Demás destos dos ricos alcázares, tenían aquellos reyes infieles otras muchas recreaciones en torres, en palacios, en huertas y en jardines particulares, ansí dentro como fuera de los muros de la ciudad y de la Alhambra, como era el palacio y huerta de Ginalarife, que quiere decir huerta del Zambrero, que está como un tiro de herradura de la puerta falsa de aquella fortaleza, a la parte de levante, y tiene dentro grandes arboledas de árboles frutales y de plantas y flores olorosas, y mucha abundancia de agua de una acequia que se toma del río Darro, y se trae por lo alto de la loma de aquel corro muy gran trecho, con la cual se regaban las huertas y cármenes que estaban en aquella ladera hasta llegar al río. Tenían asimismo otro palacio de recreación encima deste, yendo siempre por el cerro arriba, que llamaban Darlaroca, que quiere decir palacio de la Novia; el cual nos dijeron que era uno de los deleitosos lugares que había en aquel tiempo en Granada, porque se extiende largamente la vista a todas partes, y agora está derribado, que solamente se ven los cimientos. A las espaldas deste cerro, que comúnmente llaman cerro del Sol o de Santa Elena, se ven las reliquias de otro rico palacio, que llaman los Alijares, cuya labor era de la propia suerte que la de la sala de la torre de Comares, y al derredor dél había grandes estanques de agua y muy hermosos jardines, vergeles y huertas; lo cual todo está al presente destruido. Yendo pues el cerro abajo al río de Genil, que cae de la otra parte hacia mediodía, estaba otro palacio o casa de recreación para criar aves de toda suerte, con su huerta y jardines, que se regaba con el agua de Genil, llamado Darluet, casa de río, y hoy casa de las Gallinas. Y demás de todos estos palacios y jardines, tenían las huertas reales en la loma y campo de Abulnest, donde llaman agora campo del Príncipe, que llegaban desde la halda del cerro donde está la ermita de los Mártires, hasta el río Genil. En estos jardines estaban los veranos los reyes, por ser al derredor de la Alhambra; y aunque tenían otros palacios en la Alcazaba con jardines y huertas a la parte de la Vega, no moraban en ellos, por quitarse del tráfago y comunicación del pueblo escandaloso y amigo de novedades; y por esto comenzaron y acabaron aquella fortaleza fuera de los muros de la ciudad y cerca della, a imitación de los reyes de Fez, que hicieron otro tanto por la misma razón pocos años antes; los cuales, dejando los palacios que tenían en la alcazaba de Fez el viejo, edificaron la fortaleza de Fez el nuevo, que llamaron la Blanca, donde vivían más seguros con sus casas y familias, porque los reyes de Granada siempre fueron imitando a los de Fez, y las ciudades en sitio, aire, edificios y gobierno, y en todo lo demás, fueron muy semejantes.

Capítulo IX. Que prosigue la materia del pasado, y trata de otras poblaciones y de los ríos Darro y Genil

Reinando Abí Abdilehi Abil Hagex Jucef, en tiempo del rey don Alonso el Onceno, cerca de los 1304 años de Cristo, se pobló el barrio que hoy llaman la calle de los Gomeres, de una generación de africanos naturales de las sierras de Vélez de la Gomera, llamados Gomeres, que venían a servir en la milicia; y por la misma razón que los Cenetes poblaron el otro barrio, hicieron ellos allí su morada cerca de los alcázares de la Alhambra. Lo que agora llaman la Churra se llamó en otro tiempo el Mauror, que quiere decir el barrio de los Aguadores, porque moraban en él hombres pobres que llevaban a vender agua por la ciudad. Después desto, en el año del Señor 1410, los moros que vinieron huyendo de la ciudad de Antequera cuando el infante don Hernando, que después fue rey de Aragón, la ganó, siendo tutor del rey don Juan el Segundo, poblaron el barrio de Antequeruela, que está en la loma de Ahabul, cerca de la ermita de los Mártires. En esta loma se ven grandes mazmorras y muy hondas, donde antiguamente, cuando los reyes de Granada no eran tan poderosos, encerraban los vecinos su pan, por tenerlo más seguro; y después las hicieron prisión de cristianos cautivos para encerrarlos de noche, y detenerlos de día cuando no los llevaban a trabajar; y la católica reina doña Isabel, en conmemoración del martirio que padecieron en aquel cautiverio muchos fieles cristianos por Jesucristo, ganada la ciudad, mandó edificar allí una ermita de la advocación de los Mártires, y la dotó, y hizo aneja a su capilla real. Y en el año del Señor 1573 un bendito padre llamado fray Jerónimo Gracián de Antisco, hijo de Diego Gracián, secretario de su Majestad, siendo provincial de la orden de los carmelitas de Nuestra Señora de Monte Carmelo de la Observancia, favorecido de las limosnas que el conde de Tendilla y la condesa doña Catalina de Mendoza, su mujer, hicieron para la obra y sustento de los frailes, fundó en aquella ermita un monasterio de frailes de su orden, andando edificando otros muchos por Castilla y por la Andalucía en compañía del Padre Mariano, de nación senés, hombre religioso y de santa vida, que fue el primero que en España la resucitó. Había en Granada cuando la poseían los moros, y especialmente en tiempo de Abil Hascen, cerca de los 1476 años de Cristo, treinta mil vecinos, ocho mil caballos y más de veinticinco mil ballesteros, y en solos tres días se juntaban de los lugares de la Alpujarra, sierra, valle y vega de Granada más de otros cincuenta mil hombres de pelea. Los muros que la rodean tienen mil y trescientas torres; las salidas hacia la parte de la vega son llanas y muy deleitosas de arboledas, y las que responden a la parte de la sierra, no con menor recreación se sale por ellas entre cármenes y huertas de muchas frescuras, especialmente saliendo por la puerta del Albaicín, que llaman Fex el Leuz, donde están los cármenes de Aynadamar, y por la ribera del río Darro arriba. Este río nace cuatro leguas a Levante de la ciudad, de una fuente muy grande que sale de la sierra del Albaicín, donde están los lugares de Güetor, Veas y Cortes, y con muchas frescuras de huertas, que toman más de dos leguas. Corre por entre dos cerros muy altos, y va a meterse en la ciudad por junto a la puerta de Guadix. Sácanse dél las acequias con que se riegan los cármenes y huertas que están en las laderas de los dos cerros; una de ellas va a Ginalarife, y de allí a la Alhambra y a otras partes; otra va a entrar en la ciudad por la falda del cerro de la Alcazaba, donde está el monasterio de Nuestra Señora de la Victoria, y pasa derecha a San Juan de los Reyes, y proveyendo las fuentes de las casas del barrio del Haxariz, va a los pilares públicos y casas de particulares. Demás destas dos acequias, hay otra que se toma del mismo río, y la llaman acequia de los molinos; la cual a la parte de la Alhambra y por bajo del barrio de la Churra va a la parroquia de Santa Ana, y de allí se reparte de manera, que no se tiene por casa principal la de este barrio que no tiene agua propia dentro. El restante, del río atraviesa por medio de la ciudad, y llevándose las inmundicias, va a meterse, en el río Genil fuera de la puerta de Bibarrambla. El agua y el aire deste río Darro es muy saludable. Hállanse en él, como queda dicho, granos de oro fino entre las arenas, que según dicen los moriscos, las trae la corriente de las raíces del cerro del Sol, que está detrás de Ginalarife, en el cual se entiende que hay mineros de oro, por lo mucho que reverbera allí el Sol cuando sale y cuando se quiere poner. Llamose antiguamente este río Salón, y algunos escritores lo llamaron Dáureo;

más los moros le llamaron Darro, y dicen que es nombre corrupto derivado de Darrayhan, porque nace en aquella sierra del Albaicín de un monte que llaman Darrayhan; otros dicen que es nombre derivado de Diarcheón, como le llamaron los griegos; finalmente, llámese como quisiere, él es un río muy provechoso, y los ciudadanos se sirven de su agua dentro y fuera de la ciudad, así para beber, como para regar los campos. Por la otra parte, hacia el mediodía, cerca de los muros pasa el otro río mayor llamado Genil, a semejanza del Nilo. Los antiguos le llamaron Síngilo; su fuente es en Sierra Nevada en una umbría que está encima del lugar de Güejar, y los moros la llaman Hofarat Gihena, que quiere decir valle del Infierno; y procede esta agua de una laguna muy grande que está en la más alta cumbre de la sierra junto al puerto Loh. De allí se despeña por valles fragosísimos de peñas entre aquellas sierras y la de Güejar, y en él se hallan ricos mineros de jaspes matizados de diversas colores, de donde el rey don Felipe nuestro señor hizo sacar las ricas piedras verdes de que está hecho su sepulcro en San Lorenzo el Real; y sale al lugar de Pinos, y de allí a Cenes y a Granada, llevando consigo otros siete días, cuyas fuentes nacen de la misma umbría, llamados Huet Aquila, Huet Tuxar, Huet Vado, Huet Alguaar, Huet Belchitat, Huet Beleta y Huet Canales. Demás destos, entra después en el otro río, que llaman de aguas blancas, que viene de más lejos, y corre al norte de la sierra de Güejar por los lugares de Dúdar y Quéntar. Con todas estas aguas pasa Genil por defuera de los muros de Granada; y tomando consigo a Darro al río de Monachil, que los antiguos llamaron Flum, y al de Dílar, dejando regada toda la Vega con el agua de sus acequias, que la hacen fertilísima de trigo, cebada, panizo, alcandía, lino, frutas y hortalizas de todas maneras, corre hacia poniente; y recogiendo el río Cubila por bajo de la puente de Pinos de la Vega, deja la villa de Illora y la sierra de Barbandara a la mano derecha, y va a la ciudad de Loja; y haciendo fértiles aquellos campos y valles por do pasa, se va después a meter en Guadalquivir, río caudaloso, a quien éste y otros que no conocen la mar encomiendan sus aguas.

Capítulo X. Que prosigue la materia de los pasados, y trata de la fuente de Alfacar, y de otras fuentes y huertas fuera de Granada

Todas estas aguas que hemos dicho no alcanzan a la Alcazaba ni al barrio de Albaicín, más no por eso deja de haber abundancia de agua muy buena hacia aquella parte, de una fuente que nace en la sierra del Albaicín. Está en esta sierra una cueva muy honda ir manera de sima, y en lo más bajo della sale un golpe de agua tamaño como dos bueyes, la cual se divide a diferentes partes, y especialmente proceden de allí tres fuentes principales y muy notorias. La una es la fuente del Rey, que está junto al lugar de Güete; la otra la de Dayfontes, que sale junto a una venta, donde en tiempo de moros había una casa fuerte, que llamaban Dar Alfun, y está cuatro leguas de Granada, en el camino que va a la villa de Hiznaleuz; y la tercera la de Alfacar, que nace una legua de Granada, encima de una alcaría del mismo nombre, y en su nacimiento echa tanta agua como un buey. Ser estas tres fuentes de una misma agua se ha visto por experiencia, echando aceite o paja en la fuente principal, porque responde luego a las otras, y así nos lo certificaron moriscos viejos del Albaicín. Con el agua de la fuente de Alfacar, que recogen los moradores en una acequia, y la llevan por las laderas y cumbres de los cerros que hay desde allí a Granada, se riegan las huertas y hazas de Alfacar, Biznar y Mora, y buena parte de viñas de la Vega, y los cármenes y jardines de Aynadamar, donde los regalados ciudadanos, en tiempo que la ciudad era de moros, iban a tener los tres meses del año que ellos llaman la azir, que quiere decir la primavera; imitando también en esto a los de Fez, que en el mismo tiempo se van a los cármenes y huertas de Cingifor, que es otro pago de arboledas y frescuras, en que tienen sus casas y vergeles con muchas recreaciones. Ocupan los cármenes de Aynadamar legua y media por la ladera de la sierra del Albaicín que mira hacia la Vega, y llegan hasta cerca de los muros de la ciudad; y es de saber que este nombre está corrompido, porque los moriscos llaman aquel pago Aynadoma, que quiere decir fuente de lágrimas; y dicen algunos que antes que los vecinos llevasen la acequia de Alfacar a Granada no había en él más que una fuentecica que destila gota a gota como lágrimas, la cual se ve el día de hoy, y es buena aquella agua para mal de ijada; más otros curiosos del Albaicín nos certificaron que por las muchas penas, achaques y calumnias que los administradores de las aguas y las justicias llevan a los que tienen repartimientos de aquella agua en el campo o en la ciudad, si la hurtan, o toman más de la que les pertenece, o echan inmundicias en la acequia, la llamaron Fuente de lágrimas. Finalmente, entrando esta acequia por bajo de la puerta del Albaicín, tiene sus tomaderos y cauchiles, por donde se reparte a las casas de los vecinos y a los aljibes públicos que están en las parroquias para servicio de los que no tienen repartimientos; y provee todo el Albaicín y la Alcazaba bastantemente, y se riegan con ella algunas huertas y jardines que hay dentro de los muros. Fuera de la ciudad, a la parte de la Vega, hay grandes huertos y arboledas que se riegan con el agua de las acequias que proceden dolos dos rías arriba referidos; con las cuales muelen también muchos molinos de harina; por manera que de todas partes es Granada abundantísima de agua de rías y de fuentes. Desde las casas se descubre una vista jocunda y muy deleitosa en todo tiempo del año. Si miran a la Vega, se ven tantas arboledas y frescuras, y tantos lugares metidos entre ellas, que es contento; si a los cerros, lo mismo; y si a la sierra, no da menor recreación verla tan cerca, y tan cargada de nieve la mayor parte del año, que parece estar cubierta con una sábana de lienzo muy blanca.

Capítulo XI. Que prosigue la materia del pasado, y trata de la fertilidad y abundancia de Granada. Pónense aquí los cuatro epitafios que estaban en la rauda de la Alhambra, y la computación del año árabe lunar con el latino solar

Es Granada abundante de frutas de toda suerte, muy proveída de leña, abastecida de carnes, regalada de pescados frescos, de mucha pasa, higo, almendra, que le traen de los lugares de la costa; tiene mucho aceite, vino y muy hermosas hortalizas, y toda suerte de agro, como son naranjas, limones y cidras; y lo que más importa es estar en muy buena comarca de pan, trigo y cebada; porque demás de lo que se coge en sus términos, donde entran las villas de Illora, Montelrío, Moclín, Colomera, Hiznaleuz, Guadahortuna, Montexícar, y otras que tienen grandes cortijos y rozas, se provee ordinariamente de la ciudad de Loja, y de Alhama, y de Alcalá la Real, y de los lugares de la Andalucía que confinan con ella. El trato de la cría de la seda es tan rico en aquel reino, que se arrienda el derecho que pertenece a su majestad en sesenta y ocho cuentos de maravedíes cada alto, que valen ciento y ochenta y un mil y quinientos ducados de oro. Todos los términos de Granada que caen a la parte de la mar, aunque son sierras ásperas y fragosas, no por eso dejan de ser fértiles y abundantes de muchas aguas de fuentes y de ríos, con que riegan los campos, huertas y sembrados; y las frutas y carnes de las sierras son mejores, más sabrosas y de más dura que las de la Vega; y por el consiguiente el pan es de más peso y mejor, las aguas muy frescas, y los aires por extremo saludables. Estaban las casas desta ciudad juntas en tiempo de moros, y eran las calles tan angostas, que de una ventana a otra se alcanzaba con el brazo, y había muchos barrios donde no podían pasar los hombres de a caballo con las lanzas en las manos, y tenían horadadas las casas de una en otra para poderlas sacar; y esto dicen los moriscos que se hacía de industria para mayor fortaleza de la ciudad. Tenía algunos edificios principales labrados a la usanza africana, muchas mezquitas, colegios y hospitales, y una muy rica alcaicería como la de la ciudad de Fez, aunque no tan grande, donde acudía toda la contratación de las mercaderías de la ciudad. En lo espiritual había un alfaquí mayor y otros menores, y en lo temporal sus cadís y jueces civiles y criminales; y ansí en esto como en lo que toca a la policía y buena gobernación, era Granada muy semejante a la ciudad de Fez. Los moradores muy amigos y conformes, y los reyes deudos y confederados tan setarios los unos como los otros, y tan enemigos del nombre cristiano.

CONTIÉNENSE LOS EPITAFIOS ÁRABES, QUE FUERON HALLADOS EN LAS LOSAS DE LOS SEPULCROS DE LOS REYES MOROS DE GRANADA

Estaban escritos los epitafios de las losas de los cuatro sepulcros de los reyes moros, que dijimos que se hallaron en la rauda en los alcázares de la Alhambra, en letra árabe muy hermosa por ambas partes, por la una en prosa, y por la otra en versos de metro mayor, en loa y memoria de cuatro reyes llamados Abí Abdilehi, hijo de Mahamete Abuceyed, segundo rey de la casa de los Alahamares, que reinó en tiempo del rey don Alonso el Sabio; Abil Gualid Ismael, hijo de Abí Ceyed Farax, que reinó en tiempo del rey don Alonso el Onceno (fue cuarto Rey de la casa de los Alahamares); Abil Hagex Jucef, hijo de Abil Gualid, que reinó en tiempo del sobredicho rey don Alonso el Onceno, y fue sexto rey de la casa de los Alahamares; y Abil Hagex Jucef, llamado por sobrenombre Ganem Bilehí, que reinó en tiempo del rey, don Juan el Segundo, siendo su tutor el infante don Hernando que ganó a Antequera; y fue treceno rey de la casa de los Alhamares. Y lo que en cada una dellas decía es lo siguiente:

La losa más antigua decía por la una haz en prosa:

«Con el nombre de Dios piadoso y misericordioso. Éste es el sepulcro del rey virtuoso, valeroso y justo, el más alto de los temerosos de Dios, único, religioso, sabio, escogido, el muy respetado, el que guerreaba en servicio de Dios, contento, devoto y muy amigo de Dios altísimo en público y en secreto; el que siempre pensaba en sus grandezas y le glorificaba por su lengua, el que atendía y se ocupaba de ordinario en la salud y gobierno de sus vasallos, y en administrar verdad y justicia; el dechado de la religión de gracia, el que procuraba el bien de las gentes y miraba por ellos con piedad y buen celo, para darles toda libertad, sosiego y descanso, con celo de su buena intención, bondad y lealtad en sus obras y luz de su espíritu; el que siempre se ocupaba en hacer cosas mediante las cuales entendía hallar luz manifiesta concomitante el día del juicio. El rey de esclarecido hechos y santas y altas obras; el victorioso en la conquista de los descreídos, con esfuerzo, ánimo y limpia intención; el que administraba el peso de la justicia y continuaba la manera y uso de la clemencia; el defensor de las gentes y ensalzador de la ley del escogido Profeta; el dechado del valor de sus predecesores, los socorredores victoriosos adelantados de santa intención, el que presumió y juró de hacer en servicio de Dios, y en demostración ejemplar de sus antepasados, santas obras y altas hazañas en la conquista de sus enemigos y salud y conservación de sus tierras y de sus vasallos; el gobernador de los moros, y dechado de los creyentes, y abatidor de los descreídos, Abí Abdilehi, hijo del adelantado belicoso guerrero en servicio de Dios, y victorioso mediante su gracia, Mahamete Abuzeyed Ibni Nacer, gobernador de los hijos de salvación y ensalzador de la ley. Alumbre Dios su sepulcro, y dele todo su descanso mediante su gracia y misericordia. Nació, Dios le dé su gloria, en 23 días de la Luna de Maharam, año 633, y fue alzado por rey la primera vez en la entrada de la Luna de Xahabán, año de 655, y confirmaron su alzada los moros a 6 días de la Luna de Xahabán, año de 671. Falleció (glorifique Dios su espíritu) acabando la oración de la ocultación del Sol última, la noche del domingo, 8 días de la Luna de Xahabán el acatado año de 701. Subiole Dios a la más alta mansión de los bienaventurados, y colocole con los principales que siguieron la verdad, a quien prometió descanso y bienaventuranza.»

De la otra parte de la misma losa decía en versos o metros árabes:

«Con el nombre de Dios piadoso y misericordioso. Éste es el lugar de alteza, honestidad y bondad, el sepulcro del adelantado, valeroso, limpio, único. A Dios sea el sacrificio que en este hueco se oculta de alteza, valor y virtud. En él yacen la crueldad, bondad y clemencia; no la crueldad de las fierinas fuerzas, ni menos la liberalidad que nace de insensibilidad y falta de discreción, sino el dechado y ejemplo de toda honestidad y religión; la honra y presunción de los reyes, el señor de limpio ser y hechos; el que se ocupaba en todo tiempo en dispensar su magnificencia y en extirpar a sus enemigos, así como la pluvia en la tierra o el león en su morada. Desto son testigos sus mismas obras, y con verdad lo testifican todas las lenguas de los hombres, pues jamás salió en ejército, que ante su poder no se mostrasen angostas las tierras de los alárabesy agames, y jamás en el acto de la milicia salió al encuentro de sus enemigos, sin que en tal ocasión observase su bondad y esfuerzo, y alegría de rostro; ni menos consintió, en ejemplo de su valor, que los suyos subiesen en caballos que bebiesen el agua menos que en las albercas y hoyos de sangre; ni menos consintió que se hiciese juicio en su gobernación en ofensa o agravio del menor de sus súbditos. Y ansí, los que no saben destas virtudes ni de la gran defensa que en él tuvo la ley de Dios excluyendo y abatiendo a sus enemigos, oigan la voz de sus hechos, que es más notoria y manifiesta que un fuego encendido en la cumbre de una sierra. Siempre se humillarán al sepulcro que a este señor contiene las nubes de misericordia con su rocío y descanso».

La segunda losa en antigüedad decía por la una haz en prosa:

«Con el nombre de Dios piadoso y misericordioso. Éste es el sepulcro do yace el rey glorioso que murió en defensa de la ley de Dios; el conquistador de los Anzares, ensalzador de la ley del escogido y amado Profeta; el resucitador de la santa intención de sus predecesores los conquistadores victoriosos: el gobernador justo, valeroso, animoso señor de la milicia y decreto de la ley; el de claro linaje y hechos; el más venturoso en era de todos los reyes, y el más celoso de la honra de Dios en dicho y en hecho; cuchillo de la milicia, luz de las ciudades; el que siempre afiló su espada en defensa de la ley; el que tuvo llenas las entrañas del amor del piadoso Dios; el belicoso y triunfante por la gracia de Dios; el gobernador de los moros, Abil Gualid Ismael, hijo del valeroso; excelente, de limpio ser y linaje, en obra, mayor de los halifas, ensalzador de la ley y fortaleza de la era triunfante, glorioso difunto, Abiceyed Farax, hijo del único de los únicos escogidos defensores de la ley de la salvación, progenie del gran gobernador venturoso, y su dechado en hechos de alto nombre, difunto, Abil Gualid Ismael, hijo de Nacer. Glorifique Dios su buen espíritu, y le hincha de salubérrimo socorro de su misericordia, que le aproveche con la milicia y confesión de que no hay otro dios, y le cumpla de su gracia. Guerreó en defensa de la ley de Dios y por su amor en toda perfición militar. Y diole Dios victoria en la conquista de las tierras y en la muerte de los reyes descreídos sus enemigos; que es lo que hallará reservado el día que fuéremos llamados ante el acatamiento de Dios, hasta que fue servido de dar fin a sus días, los cuales acabó estando en la mayor gracia de su buen vivir, y en ella le llamó para lo que le estaba aparejado por su inmensa misericordia, teniendo el polvo de la milicia en los dobleces de sus vestiduras. Y fue muerto en servicio de Dios, habiendo dado con furia en sus enemigos, de tal manera que por él se reconoció notable ventaja entre los confesantes de la ley de Dios a todos los reyes que han precedido, y con ella en esta gracia alzó bandera de guerrero del inmenso Dios. Nació (cúmplale Dios de su gracia) en la felice hora del alba del día viernes 17 días del mes de Xaguel, año de 677. Fue alzado por rey jueves 27 días del mes de Xaguel, año de 713. Falleció en la milicia lunes 26 días del mes de Argeb el Fard, año de 725. «Bendito y ensalzado sea el Rey verdadero, que queda después del acabamiento de todos los nacidos».

De la otra parte desta misma losa decía en metros árabes:

«Con el nombre de Dios piadoso y misericordioso. ¡Oh el mejor de los reyes! Comprehenda tu sepulcro salubérrima salutación, que ansí como la dulce aurora de la mañana conmixta con fragrantísimo olor de almizcle, te conhorte. En este sepulcro yace un adelantado grande en bondad de los reyes de Nacer, alto en dignidad y el estado temporal y espiritual, Abil Gualid. ¡Qué alteza de rey! Verdaderamente terror y espanto a sus enemigos, triunfante magnificencia, temor de Dios altísimo, condición y conversación muy amorosa. A Dios sea el sacrificio de la alteza que la muerte aquí ha encerrado, el secreto de generosidad que en él oculta, la lengua tan ejercitada en nombrar a Dios y el corazón tan aposentado en su amor. Este es el que dispensaba el arte de la milicia y el uso de los preceptos della que Dios manda guardar; guerrero verdadero, que alcanzó en el estado de los creyentes el martirio por Dios en tan supremo grado, que con él resucitará con muy aventajado premio. Pasó desta vida con muerte semejante a la del halifa Odmen, a las primeras horas de la mañana; buena y dulce muerte, como la deste Odmen, que a tal hora fue alanceado dentro de su casa, teniendo el polvo de la milicia en su rostro, el cual le alimpiarán en el paraíso de la eternidad las damas celestiales con sus manos, y le darán a beber de la sabrosísima agua que corre por cima de los alcázares del paraíso. Y al que lo mató darán los demonios a comer en el infierno, donde estará perpetuamente encarcelado, del fruto de los árboles endemoniados, y le darán a beber de la hediondez de las inmundicias que se derriten de los vientres de los condenados. Endechen a este rey los pueblos, y todos los nacidos juntamente con diversas maneras de llantos; aunque deben consolarse con que este es juicio de Dios tan poderoso, que dél hemos de tomar con paciencia todo cuanto su alta providencia ordenare, por ser señor que manda y ordena lo que es servido.

La misericordia deste sumo Dios de los nacidos sea con este rey de verdad, que en este sepulcro yace.»

La tercera losa en antigüedad decía por la una haz, en prosa:

«Con el nombre de Dios piadoso y misericordioso. Éste es el sepulcro del rey que murió en servicio de Dios, descendiente de alto y honroso linaje. Su ser y condición fue conveniente a su reinado. Es notorio entre las gentes su fortaleza, virtud y gracia, señor de ilustre progenie y de felice y próspera; era de buenas y agradables costumbres y de condición amorosa, adelantado grande, cuchillo del reino, único de los grandes reyes en quien resplandece la gloria de Dios, el que tuvo los tiempos buenos y acomodados en la tranquilidad y gobernación de su reino; polo de bondad y de crianza, progenie y linaje del imperio de los Anzares socorredores. El defensor del estado de salvación con su consejo y esfuerzo, el encumbrado en el trono de toda alteza sumamente, el que fue acompañado de toda felicidad y privanza desde que comenzó a reinar hasta su fin; el gobernador de los moros, Abil Hagex Jucef, hijo del gran rey adelantado, llamado León de la ley de Dios, a cuyo gran poder los enemigos se sujetaron, y los tiempos se mostraron benévolos a su querer y mando; el que extendió el velo de la verdad en el universo; el defensor del estado de la ley con las lanzas agudas, el conservador de los libros de los oficios divinos, perpetuos en la alteza perdurable. El que murió por Dios, venturoso y glorioso rey Abil Gualid, hijo del esforzado, alto y de conocido linaje y valor, en prosperidad, grandeza y honra, muy notorio en ser y hechos; el mayor del reinado de los de Nacer, y fuera de la era triunfante, glorioso difunto, Abí Ceyed Farax, hijo de Ismael, hijo de Nacer. Cúbrale Dios con su piedad de su parte, y póngale en la gloria junto a Zabade Aben Obeda, su claro linaje, porque aproveche su loable ventura, su buen celo y esfuerzo a la ley de salvación y a los hijos della. Gobernando el cargo de la gobernación de los moros, gobernación aprobada, y asegurándoles con tranquilidad el curso de los tiempos, les manifestó la haz de la paz y quietud que en hermosura resplandece, y dispensó con ellos todo ejemplo manifiesto de su humildad y virtud, hasta que Dios fue servido de dar fin a sus días, estando en la mejor disposición y gracia de su buen vivir, y le cumplió de su felicidad, acomodándole este acabamiento en lo último del mes de Ramadán, en gracia y beneficio de su felicidad, porque en él le recibió en su gloria, estando en la oración que a Dios poderoso se debe, y confiado en él, contrito y humillado ante sus manos, salvo y seguro en aquel ser y acto que más cercano y propicio puede estar el hombre a su Dios. Y esto fue por mano de un hombre pecador, de bajo ser y condición, que Dios permitió fuese causa de que en él se cumpliese lo que en su alta providencia le tenía reservado, escondiéndosele entre los paños y atavíos de su aposento y estrado, donde tuvo buen aparejo la ejecución de su traición, mediante la voluntad de Dios y el aparejo que tuvo, hallándole ocupado adorando a Dios altísimo. Lo cual fue en la humillación postrera de la oración pascual a la entrada de la Luna de Xevel del año 755. Dios le aproveche con tan salubérrima muerte, pues con ella fueron dichosos tal tiempo y lugar, y le prescribió y manifestó con ella su gracia y perdón, y le colocó con la generación de los Anzares de Nacer, defensores de su ley, con los cuales la ley de salvación fue honorificada, y están en el descanso que Dios les aparejó por ello. Fue alzado por rey en 14 días de la Luna Dilhexa año 733, y nació en 18 días de la Luna de Orbea el último del año 718. Soberano y ensalzado sea el que para si escogió la perfecta eternidad, y proveyó el acabamiento a todos los nacidos que son sobre la haz de la tierra, a los cuales después juntará en el día de la cuenta y justificación, que es el verdadero Dios, que no hay otro sino él, que para siempre vive y reina.»

De la otra parte desta losa decía en metros árabes:

«Con el nombre de Dios piadoso y misericordioso. Saluden al que en este sepulcro yace, la gracia de Dios, con descanso y gloria perpetuamente, hasta el día que resucitaren los muertos, humillando sus rostros ante el acatamiento de Dios en el consistorio del juicio. Verdaderamente este no es sepulcro, sino jardín fructífero de flores de fragrantísimo olor. Y si la verdad he de decir, aquí no hay otra cosa sino pimpollos de azahar y perlas clarísimas. ¡Oh lugar donde yace toda verdad y temor de Dios! ¡Oh lugar donde descansa la alteza!, ¡Oh lugar donde ha venido a esconderse la Luna! En ti ha depositado el carruaje de la muerte un adelantado de ilustre casa, uno de los reyes de Nacer. En ti moran generosidad, alteza y honra, y el que de todo temor se ha asegurado. ¿Quién otro como Abil Hagex defendió el estado de la honestidad? ¿Quién como Abil Hagex confundió la oscuridad de la herejía? Estema y progenie de Zahade Aben Obeda el Hazragí. ¡Oh qué perfección y grandeza de casa valerosa! Hablar de la vergüenza, caridad y amor de Dios, y de la grandeza deste rey, es hablar de las maravillas incomprehensibles de la mar. Salteole la ocasión del tiempo, y no vemos perpetuidad de cosa viva, ni firmeza en ningún estado. Es el tiempo señor de dos haces, del ser presente y del porvenir, y el que desta manera es con dureza nos saltea. Más hallole conociendo a Dios, humillado en su oración y en resplandeciente gracia, su lengua humedecida en nombrar su santo nombre, conociendo el felice mes y el valor de los bienes que en él dispensó, y sintiendo la pascua de los ácimos su ocasión y desgracia, dándole el cáliz de tan salubérrima muerte por almuerzo. A Dios sea sacrificio de muerte tan viva, y a los progenitores deste gloria y honra. Permitiose, siendo alto en estado, que hubiese fin por manos de tan bajo hombre pecador, por quien tanto bien le vino, siendo tan malo; correspondió a su hecho tan detestable, y no se debe sentir tanto la maldad del bajo en los grandes, pues las maravillas ocultas del juicio de Dios no se pueden comprehender ni prevenir. Póngase esta muerte con la del halifa Alí, que siendo tan gran señor, le mató el vilísimo Aben Muejam, y con la del escogido en valor Abil Hascen, que acabó por manos de una fiera. Ponemos terror con los afilados alfanjes muxarafíes, y cuando la voluntad de Dios ocurre, la más mínima ocasión nos mata. Por tanto, el que en este mal mundo estuviere muy confiado, y firme le pareciere con soberbia, hallarse ha perdido. Pues ioh rey del reino que jamás se acabará! ¡Oh aquel que de veras tiene el mando y juicio sobre sus criaturas! Cubre con el velo de tu piedad nuestras culpas, pues no tenemos otro amparo en ellas más que tu misericordia, y cubre y amortaja al gobernador de los moros con tu piedad y gracia, con la cual merezca el aposento de tu sosiego por galardón, pues tu misericordia es la que nos ha de valer, y esta vida emprestada del hombre es cebo de quien a lo poco se aficiona. Dios por su piedad le ponga en descanso con sus grandes predecesores, y le cumpla de su gracia.»

La cuarta losa y última en antigüedad decía por la una haz en prosa:

«Con el nombre de Dios piadoso y misericordioso. Éste es el sepulcro del rey generoso, de limpio ser y linaje, cumplido en crianza, victorioso, misericordioso, caritativo y prudentísimo entre los reyes de la misma. Adornado de gracia y temor de Dios, maestro de toda elocuencia, dispensador de todo juicio, virtud, justicia y bondad; dotado de su divina gracia, que es su alto ser y valor. Polo de la crianza y vergüenza, en quien luce la hermosura del temor de Dios, y el que dispensó todo género de venganza contra los que ofendían a sus vasallos. Defensor de la bandera de la ley, el de excelente linaje, progenie de los Anzares defensores. El gobernador de los moros, ensalzador de la ley de Dios, Abil Hagex Jucef, hijo del rey alto, gobernador valeroso, piélago de los sabios y vergel de prudencia: el muy acatado entre reyes, defensor de las ciudades con su valor y esfuerzo, fortaleza de las gentes, con su prudencia y saber, el dispensador de los bienes que poseyeron sus liberales manos, el que administraba todas sus fuerzas en la guerra de sus enemigos. El valiente, animoso y glorioso distinto gobernador de los moros, y rico en Dios, Abil Hagex Jucef, hijo del rey alto, grande nombrado, el mayor de los reyes, el aniquilador con la luz de su justicia, de la oscuridad de los reyes descreídos, con la felicidad de su ventura y correspondencia de los planetas celestiales, que todo buen suceso le disponían para los abatir. El que poseyó los dos aquendes sin contradicción. Aquel cuyo estado Dios ensalzó, y por ello y por su amor y temor se apartó y recogió de las cosas del mundo, y se humilló a Dios. El conquistador de los principales reinos, el que aprovechó a la ley y a sus preceptos, el que en sus conquistas hizo maravillas, el adornado con el temor de Dios, el de alto estado y próspera era, el gobernador de los moros, el rico en Dios, Abí Abdilehi, hijo del rey de conocida virtud y conquista venturosa en la exclusión del enemigo de la ley, el de probada intención, y el atento y ocupado en ensalzar la honra de Dios; el que hizo en favor y defensa de todas las ciudades grandes cosas con su bondad, misericordia y honestidad. El glorioso gobernador de los moros, adestrado y guiado por Dios, Abil Hagex Jucef, hijo del rey adelantado mayor de los reyes, auxilio de toda misericordia, el más alto del estado y casa de Nacer, y el más hermoso pimpollo deste árbol, cuyas raíces son firmes y bien plantadas, y sus ramas alcanzan al cielo. El conquistador de las tierras y pacificador de los Anzares, dechado de las costumbres de sus antepasados, los ensalzadores de la ley. El guerreador en servicio de Dios, el venturoso gobernador de los moros, Abil Gualid Ismael Farax, hijo de Nacer. Recibiole Dios en su gracia, y colocolo en lo alto del paraíso en su gloria, y recibiole para aquella honra y descanso que lo estaba aparejado, en el alba del día martes 29 días de la Luna de Ramadán del año de 820. Fue alzado por rey domingo 16 días de la Luna de Dilhexa, año de 810. Nació (Dios le haya) viernes 27 días de la Luna de Zafar a media noche, año de 798. Bendito y ensalzado sea aquel que escogió para sí el reinar y permanecer para siempre, y proveyó a todas sus criaturas el acabamiento y fin, que es el verdadero Rey, que no hay otro dios sino él.»

De la otra parte de la losa decía en metros árabes:

«Con el nombre de Dios piadoso y misericordioso. Vivifican la tierra deste sepulcro el espíritu y el rocío de las nubes, y comunícale el vergel celestial la fragancia de sus licores, pues la fertilidad y socorro es lo que aqueste hueco incluye, y el mérito y perdones para quien aqueste lugar visitare. La gracia de Dios, el paraíso del descanso es su paradero, pues toda esta gracia con entrambas manos la recibe, por manera que esta es la riqueza que en esta tierra yace, el adelantado de los únicos. Glorifique Dios su espíritu. Sucedió Jucef, estema del adelantado Jucef, ciertamente en la casa de los trabajos, y salteole la vida la condición desta casa. Ella es fenecimiento, y fenecerá por más que resista, pues que pretendió fenecer su memoria, y le escondió, según su condición de fortuna, debajo de la tierra, estando las pleyes celestiales en más bajo lugar que a él se debe. Más es la providencia del sumo Dios, que así proveyó su suerte, y quiso que su reinado y señorío se comutase en este polvo, salvo que la claridad de su nombre, el resplandor de su lealtad y lo mejor de sus hechos quedó todo muy encumbrado, muy espléndido y muy claro; porque Abil Hagex es lucero y guía de salud; cuando se ponía el Sol suplía su buena cara y alegría de rostro. Era Abil Hagex socorro de pluvias, y por ellas sus liberalísimas manos suplían. Faltó ya su hartura, cesaron sus maravillas, secose su pasto, paró su liberalidad, enflaqueciéronse sus ejércitos, enmudecieron sus consejos, deshiciéronse sus alcázares, callaron sus razones, oscureciose su hemisferio, alejose su favor y amparo, y finalmente se deshizo su morada. Empero con la gracia del piadoso Dios (ensalzada sea su alteza) escapó en la eternidad cuando se presentó delante de sus manos. ¡Oh lástima digna de ser sentida, que a tal gobernador, «dotado de tantas gracias, le faltaron los días de la vida! Aposentose con descanso entre las paredes del hueco deste sepulcro, y de veras quedó más aposentado en los corazones de los hombres. Su socorro suplía cualquier abundancia y liberalidad; por la luz de vida suplió su alegría y honestidad, y sus manos eran semejantes a las pluvias. Veamos: ¿no era este rey un hemisferio de alteza? ¿No era su virtud y bondad luz, ante la cual presentándose la luz del Sol, temblaba? Su celo ¿no era extirpar el mal y enseñar la virtud y la honestidad? La curiosidad de las letras ¿no eran parte de su honestidad y virtudes, vergüenza, temor de Dios, magnificencia y generosidad? Veamos: ¿no era único en todas las partidas del mundo, y siempre que hubo en ella dificultades, las declaraba con su prudencia? Veamos: ¿no se mostraba la crianza en su hablar más resplandeciente que los claros luceros? Veamos: ¿no era la poesía una de sus partes, con la cual adornaba las delanteras de su tribunal mejor y más hermosamente que con finas y escogidas piedras? Veamos: ¿no era protección y amparo de sus continos y privados, y en las guerras sus fuerzas y valor defensa muy bastante? Veamos: ¿no era de valeroso esfuerzo en la guerra, pues tantas fuerzas de enemigos desbarató y venció el valor de su espada? Este pues era el buen rey y señor que presumió de cumplir siempre su palabra, y el que sin faltar en ella le faltó y fue adversa la ocasión del mundo.»

Hasta aquí dice la letra de los epitafios, y por si el lector quisiere computar los tiempos en que nacieron reinaron y murieron estos cuatro reyes, se advierte que los moros tienen año solar y año lunar. El solar es conforme al nuestro latino, y nombraron los doce meses como los latinos, y generalmente se sirven desta cuenta para las cosas de agricultura en toda África; porque tienen un libro dividido en tres cuerpos que llaman el Tesoro de los agricultores, y este parece haber sido traducido de latín en lengua árabe en la ciudad de Córdoba, y por él se gobiernan cuanto al sembrar, plantar, cavar, engerir, y en todo lo demás, y comprehenden en él trece lunas. Más los teólogos árabes y los legistas y escritores cuentan el año diferentemente, porque le hacen de doce lunas enteras, seis de a veintinueve, y seis de a treinta días, que vienen a ser trescientos cincuenta y cuatro días, once días y seis minutos menos que el año latino, y éstos hacen volver atrás el año lunar en treinta años uno, menos cuarenta y cinco días. El primer mes del año es la Luna que nace en julio, y le llaman Maharrán, que es tanto como si dijésemos canícula; el segundo Zafar, el tercero Arbea el Aul, el cuarto Arbea el Teni, el quinto Gumen el Aul, el sexto Gumen el Teni, el sétimo Argeb, el octavo Zaabán, el noveno Arromadán, el deceno Xevel, el onceno Delcaada, el doceno Delhexa. Otros que cuentan trece lunas en los doce meses latinos, añaden la una al principio del año, y hacen Luna de Maharrán primero y Maharrán segundo. Sus fiestas son movibles, y lo mismo los ayunos; sola la fiesta que celebran del nacimiento de su Mahoma, que llaman el Maulud, es la tercera Luna del año a los doce días della, porque en tal día dicen que nació. Esto baste para la computación, contando siempre el milésimo de los moros desde el año de Cristo 621, por la Luna de julio, que según se cuenta, fueron seiscientos cincuenta y siete años de la era de César, y no desde 613 de Cristo, como dijimos en la primera impresión de nuestra África, porque hubo yerro; y así lo enmendamos en la segunda, que saldrá con brevedad.

Capítulo XII. De la conquista que los Católicos Reyes don Hernando y doña Isabel hicieron en el reino de Granada desde el año 1482 hasta el de 1485

La última guerra que los príncipes cristianos tuvieron en España con los reyes moros, fue la conquista que los Católicos Reyes don Hernando y doña Isabel hicieron en el reino de Granada, de la cual hacemos mención en esta historia, por no dejar atrás cosas de las que faltando podrían disgustar al lector. Todas las otras que fueron antes della se hallarán escritas en nuestra general historia de África, en el segundo libro del primer volumen. Siendo pues rey de Granada un valeroso pagano del linaje de los Alahamares, llamado Abil Hascen, cerca de los años de Cristo 1480, y del imperio de los alárabes 892, en la ocasión de la guerra que los Reyes Católicos tenían con el rey de Portugal, juntó sus gentes, y hizo grandes daños en los lugares de la Andalucía y del reino de Murcia. Y como no pudiesen acudir a todas partes, hicieron treguas con él, durante las cuales, en el año de nuestra salud 1482, siendo el moro avisado por sus espías que los cristianos fronteros de Zara, confiados en la tregua, estaban descuidados, y que era buena coyuntura para ocupar aquella fortaleza, rompió la tregua, y juntando sus adalides y escuchas, secretamente les mandó que fuesen a escalarla una noche de grande oscuridad. Sucediendo pues el efecto conforme a su deseo, entraron los adalides dentro, y ocupando la fortaleza juntamente con la villa, trataron al alcaide y cautivaron cuantos cristianos hallaron con muy pequeña resistencia. Esta pérdida sintieron mucho los Reyes Católicos; y porque el daño no fuese mayor, acudieron luego hacia aquella parte, proveyendo en la seguridad de sus estados; y poniendo después sus invictos ánimos contra los de aquella nación, que tan molestos eran al pueblo cristiano, determinaron de no alzar mano de la guerra hasta acabarlos de conquistar, desterrando el nombre y seta de Mahoma de aquella tierra. En el mismo año que los moros tomaron a Zara, el marqués de Cádiz, don Pedro Ponce León, y Diego de Merlo, asistente de Sevilla, y los alcaides de Antequera y Archidona y otros caudillos cristianos de la frontera fueron sobre la ciudad de Alhama, y por industria de un escudero morisco llamado Juan de Baena la escaló un Ortega escalador, y la entraron y ganaron por fuerza postrero día del mes de febrero. Por otra parte el rey moro juntó toda su gente, creyendo poderla cobrar luego, y a 11 días del mes de julio de aquel año peleó con los cristianos que iban a socorrerla. Y siendo los nuestros vencidos, murieron en la pelea don Rodrigo Girón, hijo de don Diego de

Castilla, alcaide de Cazalla, que después fue comendador mayor de Calatrava, y otros caballeros. Más no por eso el moro hizo el efecto a que iba, porque los cristianos que estaban dentro se defendieron, y el rey don Hernando los socorrió; y siguiendo al enemigo la vuelta de Granada, entró en la Vega, y taló y destruyó los sembrados y las huertas dos veces aquel año, y ganó la villa de Tájora y la asoló, y tomó la torre de la puente de Pinos, donde fue Iliberia, y dejando la frontera muy bien proveída, y a don Íñigo López de Mendoza, conde de Tendilla, por alcaide y capitán de Alhama, volvió victorioso a la ciudad de Córdoba. En este tiempo pues que los moros tenían más necesidad de conformidad, permitió Dios que sus fuerzas se disminuyesen con división, para que los Católicos Reyes tuviesen más comodidad en hacerles guerra. Era Abil Hascen, hombre viejo y enfermo, y tan sujeto a los amores de una renegada que tenía por mujer, llamada la Zoraya (no porque fuese éste su nombre propio, sino por ser muy hermosa, la comparaban a la estrella del alba, que llaman Zoraya), que por amor della había repudiado a la Ayxa, su mujer principal, que era su prima hermana, y con grandísima crueldad hecho degollar algunos de sus hijos sobre una pila de alabastro, que se ve hoy día en los alcázares de la Alhambra en una sala del Cuarto de los Leones, y esto a fin de que quedase el reino a los hijos de la Zoraya. Más la Ayxa, temiendo que no le matase el hijo mayor, llamado Abí Abdilehi o Abí Abdala, que todo es uno, se lo había quitado de delante, descolgándole secretamente de parte de noche por una ventana de la torre de Comares con una soga hecha de los almaizares y tocas de sus mujeres; y unos caballeros llamados los Abencerrajes habían llevádole a la ciudad de Guadix, queriendo favorecerle, porque estaban mal con el Rey a causa de haberles muerto ciertos hermanos y parientes, so color de que uno dellos con favor de los otros había habido una hermana suya doncella dentro de su palacio; más lo cierto era que los quería mal porque eran de parte de la Ayxa, y por esto se temía dellos. Estas cosas fueron causa de que toda a gente principal del reino aborreciesen a Abil Hacen, y contra su voluntad trajeron de Guadix a Abí Abdilehi, su hijo, y estando un día en los Alijares, le metieron en la Alhambra y le saludaron por rey; y cuando el viejo vino del campo no le quisieron acoger dentro, llamándole cruel, que había muerto sus hijos y la nobleza de los caballeros de Granada. El cual se fue huyendo con poca gente al valle de Lecrín, y se metió en la fortaleza de Mondújar; y favoreciéndose del valeroso esfuerzo de un hermano que tenía, llamado también Abí Abdeli o Abdilehi, guerreó cruelísimamente con su hijo. En esta guerra murieron muchos caballeros y gente principal, y con estas muertes fue creciendo tanto la enemistad, que aunque las partes se veían consumir, no paraban, ni menos quiso ninguno dellos favorecerse de los Reyes Católicos, por la enemistad grande que tenían al nombre cristiana; antes les hacían también guerra cada uno por su parte. Estando pues las cosas en este estado, por el mes de marzo del año del Señor 1483 y del imperio de los alárabes 895, el marqués de Cádiz y don Alonso de Cárdenas, maestre de Santiago, y otros muchos caballeros entraron con sus gentes a correr el término de la ciudad de Málaga, que cae a la parte de Levante, donde llaman la Jarquía; y recogiéndose los moros de aquellos lugares, que son muchos, cuando ya volvían con gran presa, dieron en ellos y los desbarataron, y mataron a don Diego, don Lope y don Beltrán, hermanos del Marqués, y a don Lorenzo y don Manuel, sus sobrinos, y con ellos otros muchos parientes y criados suyos; y prendieron al conde de Cifuentes y a don Pedro de Silva, su hermano, y a otros muchos Caballeros. Esta fue la batalla que dicen de las Lomas de Cútar, la cual fue a 21 de marzo, viernes por la mañana; y en ella fueron muertos y presos la mayor parte de los cristianos que allí se hallaron. Con esta victoria se ensoberbeció tanto el nuevo rey Abí Abdilehi, que determinó de hacer una entrada por su persona en los lugares de la Andalucía, pareciéndole que toda aquella tierra estaría sin defensa, por la mucha gente que se había perdido en la Jarquía; y juntando el mayor número de caballos y de peones que pudo, llevando consigo a Alatar, alcaide de Loja, y muchos caballeros de Granada, fue a poner su real sobre Lucena, villa del alcaide de los Donceles. Contáronnos algunos moros antiguos, que saliendo el rey de Granada por la puerta Elvira, topó el hasta del estandarte que llevaba delante en arco de la puerta y se quebró, y que los agoreros le dijeron que no fuese más adelante, sino que se volviese, porque le sucedería muy mal; y que llegando a la rambla de Beiro, como un tiro de ballesta de la ciudad, atravesó una zorra por medio de toda la gente, y casi por junto al propio Rey, y se les fue sin que la pudiesen matar; lo cual tuvieron por tan mal agüero, que muchos moros de los principales se quisieron volver a la ciudad, diciendo que había de ser su perdición aquella jornada; más el Rey no quiso dejar de proseguir su camino, y llegando a Lucena, hizo talar los panes, viñas y huertas de la comarca, y robar toda la tierra. Estaba a la sazón en la villa de Baena el conde de Cabra, y sabiendo la entrada del enemigo y el daño que hacía, recogió a gran prisa la más gente que pudo y caminó con ella la vuelta de

Lucena para juntarse con el alcaide de los Donceles; lo cual sabido por el rey moro, alzó su real, y con gran presa de cautivos y de ganados se fue retirando la vuelta de Loja; y los cristianos, con más ánimo que fuerzas, porque eran muy pocos en comparación de los enemigos, siguieron luego al alcance, y en descubriéndolos, los acometieron en un arroyo que llaman de Martín González, legua y media de Lucena, por el mes de abril deste año; y siendo Dios servido darles victoria, prendieron al rey Abí Abdilehi, y matando al alcaide Alatar y otros muchos caballeros moros, cobraron la presa que llevaban, y cargados de despojos, con nueve banderas que ganaron aquel día, volvieron alegres y victoriosos a sus villas. No fue de poco momento la prisión del rey moro para la conquista de aquel reino, porque estando las cosas de los moros turbadas, entró el rey don Hernando aquel año con su ejército en la vega de Granada, y haciendo grandes talas en los sembrados, huertas y viñas y en los términos de las villas de Illora y Montefrío, cercó la villa de Tájora, que los moros habían vuelto a fortalecer, y la combatió y ganó por fuerza; y haciéndola destruir y asolar otra vez, volvió a invernar a Córdoba. Nació una competencia honrosa entre el conde de Cabra y el alcaide de los Donceles sobre a cual dellos pertenecía el prisionero rey; y los Reyes Católicos, gratificándoles cumplida y graciosamente aquel servicio, mandaron que se lo llevasen a Córdoba; los cuales lo hicieron ansí. Y estando en aquella ciudad, trató el moro con ellos por medio de algunos caballeros que se le ponían en libertad sería su vasallo y les pagaría tributo en cada un año, y haría en su nombre guerra a los otros moros que no lo quisiesen ser. Sobre esto hubo diversos pareceres entre los consejeros, y al fin se tuvo por buen consejo hacer lo que el moro pedía, considerando que mientras hubiese dos reyes enemigos en el reino de Granada tendrían los cristianos mejor disposición de hacerles guerra; y no solamente, le concedieron los Reyes Católicos lo que pedía, más ofreciéronle que le favorecerían para que guerrease con su padre y con los pueblos que durante su prisión se le hubiesen rebelado; y dándole libertad, le enviaron a su tierra. Llegado pues el moro a Granada, no fue tan bien recibido de los ciudadanos como se pensaba; porque cuando supieron las capitulaciones que dejaba hechas con los reyes cristianos, y que había de ser su vasallo, los propios que habían puéstole en el reino fueron los primeros que se alzaron contra él, y favoreciendo la parte de Abí Abdilehi, su tío, que tenía el bando del rey viejo, determinaron de hacer nueva guerra a los cristianos. Y porque el tío y el sobrino tenían un mismo nombre, para diferenciarlos, y aun por oprobio del sobrino que había estado cautivo, le llamaron el Zogoyhi, que quiere decir el desventuradillo, y al tío Zagal, que es nombre de valiente; y desta manera los llamaremos de aquí adelante en el discurso de la historia. Los granadinos pues juntaron luego quince alcaides de los más principales de aquel reino, y con gran número de caballos y peones entraron por las fronteras de la Andalucía, diciendo que su rey estando en prisión no los podía obligar a paz ni a otro ningún género de condición; más no les sucedió la empresa como pensaban, porque Luis Hernández Puertocarrero, señor de Palma, les salió al encuentro con la gente de la frontera y los venció, y matando y prendiendo gran número de moros, y entre ellos los alcaides más principales, les ganó quince banderas. También alcanzó parte del despojo desta victoria el marqués de Cádiz, el cual, yendo en busca de los enemigos, encontró con los que huían del desbarate, y prendiendo y matando muchos dellos, pasó sobre la villa de Zara y la escaló y tomó por fuerza de armas; y matando al Alcaide y a los que con él estaban, la fortaleció y pobló de cristianos. Todos estos sucesos eran causa de que el aborrecimiento de los granadinos creciese contra el Zogoybi, el cual no se teniendo por seguro en la ciudad, tomó sus mujeres y hijos y se fue a meter en Almería. Viendo esto los granadinos, enviaron luego por Abil Hascen, que estaba en Mondújar, y recibiéndole otra vez por rey, comenzó una cruel guerra entre padre e hijo. El año del Señor 1484, y del imperio de los alárabes 896, juntaron sus gentes nuestros príncipes, y entrando el Católico Rey en tierra de Málaga, taló y destruyó los sembrados, huertas y viñas de la comarca, y ganó por fuerza de armas la villa de Alora por San Juan de junio, aunque algunos dicen que adelante por julio, y las de Alozaina y Setenil se le dieron a partido después. Setenil se le dio día de San Mateo, 21 de setiembre. En el mismo tiempo envió a reconocer la villa de Cazarabonela al conde Lozano: el cual fue muerto por los moros. Y porque en el siguiente año había de proseguir la guerra por aquella parte, que es donde llaman la Hoya de Málaga, se fue invernar a Sevilla, y este año fue el Rey Católico a cierto ardid para ocupar a Loja, y no se hizo. Venida la primavera del año 485, que fueron 897 del imperio de los alárabes, el rey don Hernando volvió a entrar en la Hoya de Málaga, y hizo otra tala como la del año pasado, y por el mes de mayo le entregaron los moros la fortaleza de Coin y la de Cártama, donde murió Pedro Ruiz de Alarcón, capitán de sus altezas. Ganó también a Benamaquex, Churriana, Pupiaria, Campaniles, Fadala, Laudín y Guaro; y poniendo en todas ellas sus alcaides, pasó sobre la ciudad de Ronda y le dio tan recios combates, que aunque parecía inexpugnable por su sitio y había dentro mucha y muy buena gente de guerra, se la entregaron los moros a partido domingo día de Pascua de Pentecostés. Ganada la ciudad, el alcaide moro que estaba en el castillo no lo quiso rendir, más el Rey lo mandó escalar y ganó por fuerza, siendo el primero que subió por la escala Alonso Hernández Fajardo, a quien los Católicos Reyes hicieron muchas mercedes. Luego se entregaron las villas y fortalezas de Junquera, Burgo, Monda, Tolox, Montejaque, Hiznalmara, Cardela, Benaoján, Montecorto, Audita, y otras de las serranías y Havaral; y los moros que vivían en ellas se holgaron de ser mudéjares y vasallos de los Reyes Católicos, porque los recibían con muy honestas condiciones, y juraron en su ley que les serían leales vasallos, y cumplirían sus cartas y mandamientos, y harían guerra por su mandado, y les acudirían con todos los tributos, pechos y derechos que acostumbraban pagar a los reyes moros bien y fielmente, sin fraude ni engaño. También los Reyes Católicos aseguraban a todos los moros igualmente, así a los que venían a darse por sus vasallos como a los que se les rendían, tomando sus personas y bienes debajo de su amparo real, y les prometían que los dejarían vivir en su ley; que no les harían ni consentirían hacer opresión alguna, y que sus lites y causas serían juzgadas por sus cadís y jueces, y por la ley que ellos llaman del xara; y les daban licencia que pudiesen tratar y contratar en cualesquier partes y lugares de sus reinos libremente, con que no entrasen en las fortalezas ni en las villas cercadas con una hora antes de puesto el Sol, si no fuese por su mandado o de los alcaides y gobernadores dellas. Permitían asimismo que todos los que no quisiesen vivir en la tierra pudiesen vender sus bienes, y pasarse con sus mujeres e hijos y familias a Berbería, y les daban navíos en que pasasen seguros, ordenando a todos los alcaides y gobernadores de las fronteras que les hiciesen buen tratamiento. El mismo año pues y con las mismas condiciones se entregaron a los Reyes Católicos diecinueve villas del Havaral, y diecisiete de la serranía de Gausín, y doce de la serranía de Villaluenga y la villa de Cazarabonela. Y a 11 de junio, día de San Bernabé, se le dio la ciudad de Marbella con las villas de Montemayor, Cortes y Alarizate, y otros diez lugares que estaban al derredor de la ciudad. Y el Rey pasó a reconocer a Málaga, y dejando derribada la fortaleza de Benalmadala, puso sus alcaides en las otras y volvió aquel año a invernar a Córdoba. Estaba en este tiempo el Zogoybi en la ciudad de Almería, y los Reyes Católicos, viendo lo mucho que importaba mantener la guerra por aquella parte para que las fuerzas del enemigo se dividiesen, hacían proveerle de dineros y de todas las otras cosas necesarias, y mandaban a los alcaides y gobernadores de las ciudades y villas de aquella frontera que le favoreciesen contra los lugares que no quisiesen obedecer, y con este favor guerreaba cruelmente con su padre y tío. Sucedió pues que estos mismos días los granadinos, viendo que Abil Hascen estaba ciego, impedido de vejez y de enfermedades, y no hábil para gobernar el reino en tantos trabajos de guerra, le dejaron; y conociendo el valor y esfuerzo del Zagal, se llegaron a él todos los principales y le saludaron por rey, declarando por indigno de aquella sucesión al Zogoybi, por haberse aliado con los príncipes cristianos enemigos de su ley; y sacando de la ciudad a Abil Hascen con su familia, le metieron en la fortaleza de Mondújar. De aquí comenzó la última perdición de los moros de aquel reino, porque el Zagal, deseando reinar solo, trató con unos alfaquís de Almería que le diesen entrada una noche secretamente en la ciudad, para matar o prender a su sobrino; el cual fue avisado, y la misma noche que los traidores pusieron en obra su traición tomó un ligero caballo, y se fue huyendo a tierra de cristianos. El Zagal entró en Almería, y ocupando el castillo, corrió luego al palacio pensando hallar en él a su enemigo; y no le hallando, con cruelísima rabia mató a otro hermano suyo niño, que el Zogoybi había llevado consigo porque el cruel viejo su padre no le matase, como había hecho a los demás; y hizo degollar a todos los del bando contrario que pudo haber a las manos. Esta traición y crueldad sintió tanto el Zogoybi, que jamás se pudo acabar con él que se confederase adelante con su tío, ni se fió dél, aunque se ofrecieron muchas ocasiones en que le pudiera ser provechoso. Dende a pocos días que esto acaeció, murió Abil Hascen en el castillo de Mondújar; y el Zagal, juntando las fuerzas de aquel reino, comenzó a hacer guerra a los cristianos, y en el mismo año tuvo algunas victorias, entre las cuales fue una por el mes de setiembre, que yendo el rey don Hernando sobre la villa de Moclín, salió el rey de Granada, y peleó cerca della con el conde de Cabra, y matando a don Gonzalo de Córdoba, su hermano, le desbarató. De cuya causa el Rey dejó la conquista por aquella parte, y de vuelta cercó las fuertes villas de Cambil y Havaral, donde tenían los moros su frontera contra Jaén, y combatiéndolas con artillería, se le rindieron, y el alcaide moro y la gente de guerra que había dentro se fueron a Granada. También el clavero de la orden de Alcántara, que estaba en la ciudad de Alhama, escaló y tomó por fuerza la villa de Zalia, en término de Vélez, y mandando el Rey fortalecer aquellas villas, fue aquel año a invernar a Toledo y a Alcalá de Henares.

Capítulo XIII. De la que los Reyes Católicos hicieron en la conquista del reino de Granada el año de 86

El siguiente año de 1486 volvió a entrar el Rey Católico en el reino de Granada, y cercó la ciudad de Loja; y aunque los años pasados la había tenido cercada y no la había podido tomar, y habían los moros muerto en el cerco a don Rodrigo Téllez Girón, maestre de Calatrava, de una saeta con yerba, a 3 de julio del año de 1482, desta vez perseveró tanto en el cerco y le dio tan recios combates, que el alcaide moro que la tenía se la entregó lunes 9 días del mes de mayo del mismo año. Luego que Loja se hubo entregado, las villas de Illora, Moclín, Montefrío y Colomera se le rindieron; y dejándolas los moros desamparadas, se fueron a meter en la ciudad de Granada. Su alteza puso guarnición de gente de guerra en todas ellas, y las entregó a sus alcaides, y se volvió victorioso a Córdoba. Mientras el rey don Hernando hacía estas entradas con su ejército, la Católica Reina doña Isabel era su proveedora, y andaba de una parte a otra proveyendo y enviando todo lo necesario al real; y con esto había siempre en él muchos bastimentos, armas, municiones y gente, porque era grandísima su solicitud y diligencia. Andando pues estos Católicos Reyes en la conquista que tanto placía a Dios y a su bendita Madre, los moros guerreaban entre sí cruelmente. El Zogoybi, estando recogido en Vélez el Blanco, y siendo favorecido de los cristianos de la frontera, guerreaba por aquella parte con el Zagal, el cual, apoderado de Granada y de las otras ciudades de aquel reino, era más poderoso que él, y hacía morir a los que tenían su voz; más no lo era contra el poder del Católico Rey, por estar sus fuerzas divididas en dos parcialidades; cosa que importaba mucho a sus altezas para poder hacerla guerra más a su voluntad. Y como era negocio guiado por Dios, luego ordenó su divina Majestad que hubiese otra mayor disensión entre los moros, poniéndose el Zogoybi en aventura de un hecho no menos temerario que peligroso. Viendo este rey que su enemigo estaba apoderado de la mejor y mayor parte del reino, que no le obedecían a él en ninguna de las ciudades, y que los caballeros que le habían seguido y servido iban ya dejándole, aventurándose a la muerte más cierto que a salir con la empresa que llevaba, acordó de meterse una noche secretamente en la ciudad de Granada con algunos caballeros que le habían quedado; y atravesando por sierras ásperas y fragosas fuera de camino, llegó de improviso al Albaicín, y dejando la gente algo arredrada de los muros, se arrimó a la puerta de Fax el Leuz con solos cinco hombres; y hablando con las guardas, supo decirles tales cosas, que sin haber entre ellos trato ni concierto, pudo tanto la presencia de su rey, que obedecieron cuanto les quiso mandar; y abriéndole las puertas, le metieron dentro con su gente: el cual anduvo aquella noche de puerta en puerta por las casas de los más principales, que tenía por amigos y entendía que le habían de favorecer; y rogando a unos, prometiendo a otros, los movió a que tomasen las armas. Lo mismo hicieron todos los vecinos; y otro dio de mañana se pusieron en arma, cerrando las bocas de las calles y los portillos por donde los de la ciudad podían subir, y proveyendo todas las cosas necesarias a su defensa. Por otra parte el Zagal, luego que corrió la voz por la ciudad que su sobrino estaba en el Albaicín, con el mayor número de gente que pudo comenzó a pelear con él; y saliendo los unos y los otros al campo, hubo entre ellos una reñida pelea, en que murieron muchos de entrambas partes; y siendo inferior el Zogoybi, porque tenía menos número de gente, le fue necesario retirarse al Albaicín y meterse dentro de sus reparos. El Zagal puso sus estancias contra él, y desta manera estuvieron más de cincuenta días peleando con tanta crueldad, que por ninguna cosa se tomaba hombre a vida. El Zogoybi envió luego a pedir socorro a los Reyes Católicos, que habían ido aquel año en romería a Santiago de Galicia, y cobrado de camino a Ponferrada y a otras villas y fortalezas; y sus altezas mandaron a don Pedro Henríquez, adelantado de la frontera, que le fuese a socorrer con su gente. El cual juntó el mayor número de caballos y peones que pudo, y fue la vuelta de Granada; y peleando con los moros del Zagal que le salían al encuentro, metió quinientos escopeteros cristianos en el Albaicín, para que con su calor se mantuviesen en lealtad los de la parte del Zogoybi; y sin recibir daño se retiró a la frontera. Mientras esto se hacía en Granada, el rey don Hernando, en el año de 1487, partió de Córdoba, y fue a cercar la ciudad de Vélez Málaga, llamada ansí porque está cerca de Málaga, y no porque sea de su jurisdicción; y la cercó un día después de Pascua de Resurrección, a 19 días del mes de abril. Y como los alfaquís y ancianos de Granada vieron que mientras ellos peleaban en sus casas los cristianos ocupaban las ciudades y villas de aquel reino y las fortalecían, juntándose los más principales dellos, subieron un día a la Alhambra, y haciendo un largo razonamiento al Zagal, le dijeron desta manera: «Señor, ¿para qué trabajos por ser rey, si dejas perder la tierra de que lo has de ser? Los cristianos han ido a cercar la ciudad de Vélez, y si la pierdes, Málaga y todas las otras del reino se perderán. Tu sobrino está en el Albaicín, y con las fuerzas de los enemigos de nuestra ley te entretiene, mientras se hace más poderoso el rey cristiano. Apiádate deste pueblo, y haz alguna paz o tregua con él mientras se expele el enemigo común, aunque pierdas algo de tu derecho». Estas razones movieron a tanta compasión al Zagal, que les respondió que luego fuesen a tratarlo con su sobrino, porque holgaba mucho hallar algún medio como hacer paces con él, y le obedecería y se pondría debajo de su bandera. Esta respuesta fue luego referida al Zogoybi por los mismos alfaquís y ancianos; más él les respondió resolutamente que eran tantas las traiciones y crueldades que su tío había usado con él y con sus amigos, que no se aseguraría jamás de sus palabras, ni quería paz ni treguas con ningún género de condición; y con esto los despidió harto desconsolados. Viendo pues los alfaquís y ancianos que el rey don Hernando apretaba reciamente la ciudad de Vélez, y que no podían conformar los dos reyes, hicieron grandísima instancia con el Zagal para que la socorriese; y aunque estaba suspenso, no osando desamparar a Granada, fueron tantas las persuasiones y exclamaciones del pueblo, que por darles contento y tenerlos gratos, se determinó de ir a socorrer aquella ciudad. Y dejando muy bien proveída la Alhambra, y reforzadas las estancias que tenía puestas contra el Albaicín, salió con alguna cantidad de gente de a caballo y más de veinte mil peones, entendiendo hallar el real de los cristianos desapercibido, y por lo más áspero y fragoso de la Sierra Mayor fue a dar de improviso sobre él. Más el rey don Hernando estaba sobre el aviso, y con sus escuadrones puestos en muy buena orden, dejando los alojamientos bien proveídos, salió a recibirle y le desbarató, y hizo retirar con mucho daño a la ciudad de Almuñécar. Y no se teniendo allí el moro por seguro, pasó luego a la ciudad de Almería, y después dio vuelta a Guadix, sin osar volver a Granada, porque los granadinos, como supieron que iba desbaratado, deseando ya tener paz, saludaron por rey al Zogoybi y le entregaron la Alhambra y las otras fortalezas; el cual hizo degollar luego cuatro moros de los más principales que le habían sido contrarios; y avisando a los Reyes Católicos del suceso, les pidió seguro para que todos los moros de Granada y de los otros lugares del reino que viniesen a su obediencia, pudiesen ir seguramente a sus labores y tratar y contratar en tierra de cristianos. Y porque se les concediese esto con más calor, confirmó lo que secretamente había ya prometídoles, que si ganaban las ciudades de Almería, Baza y Guadix, donde se había recogido el Zagal, les entregaría también, dentro de treinta días, la ciudad de Granada, con que le diesen ciertas villas y lugares donde viviese. Los Reyes holgaron de complacerle en todo cuanto pedía, y mandaron luego despachar sus cartas de seguro para los alcaides y gobernadores de las fronteras, mandándoles que hiciesen todo buen tratamiento los vasallos del Zogoybi, y los dejasen ir a tratar libremente por toda la tierra. Demás desto, mandaron notificar a las ciudades y villas que estaban por el Zagal, que dentro de seis meses se entregasen al Zogoybi, con apercibimiento que si no lo cumplían, les harían guerra y las conquistarían para sí.

Capítulo XIV. Cómo los Reyes Católicos, prosiguiendo en la conquista del reino de Granada, ganaron las ciudades de Vélez Málaga y otras

Por otra parte los moros de la ciudad de Vélez, habiendo perdido la esperanza del socorro, y viéndose muy apretados, entregaron la ciudad al rey don Hernando, viernes a 27 días del mes de abril del año de nuestra salud 1487, y del imperio de los alárabes 899; aunque otros dicen que fue a 10 días de aquel mes. Está esta ciudad puesta en la halda de la sierra de Bentomiz, media legua de la mar, y es la que los antiguos llamaron Meneba; más no está en el mismo sitio, porque Meneba era en otro promontorio más a Poniente, donde se ven algunos edificios antiguos. Ganada la ciudad de Vélez, donde el Católico Rey hizo oficio de animoso y esforzado caballero, llegando en una escaramuza hasta la puerta de la ciudad, y alanceando un moro que le había muerto un paje, las villas y castillos de Bentomiz, Comares, Canillas, Narija, Cómpeta, Almojía, Mainate, Iznate, Benaque, Abní Aila, Ben Adalid, Chimbechinles, Pedupel, Bairo, Sinatán, Benicorram, Carjix, Buas, Casamur, Abistar, Jararax, Curbila, Rubite, Lacuz el Hadara, Alcuchaida, Daimas, el Borge, Borgaza, Máchar, Hajar, Cotetrox, Alhadac, Almedita, Aprina, Alautin, Periana y Maro, y otras muchas de la jarquía de Málaga y de la tierra de Vélez, se rindieron; y a los unos y los otros concedieron los Católicos Reyes las mismas condiciones que a las ciudades de Ronda y Marbella, y villas y lugares de su tierra. Y dejando sus alcaides y gente de guerra en las fortalezas, fue luego el Rey Católico a cercar la ciudad de Málaga, que está cinco leguas a Poniente de Vélez, y la cercó a 17 días del mes de mayo deste año. Esta ciudad se defendió mucho, y recibió más daño que otra ninguna de aquel reino, porque había dentro mucha gente de guerra; mas al fin se rindió, y el rey don Hernando y la reina doña Isabel, que se hallaron en el cerco, entraron en ella día de San Luis, a 19 días del mes de agosto de aquel año, habiendo setecientos y setenta años que la poseían los moros, y fueron tomados todos los moros que allí había por cautivos. Luego se rindieron todas las villas y castillos de la Jarquía y de la Hoya que hasta entonces no se habían rendido; y dejando en ellas sus alcaides y gente de guerra, poblaron la ciudad de cristianos, y se fueron victoriosos a invernar a Zaragoza de Aragón.

Capítulo XV. Cómo los Reyes Católicos prosiguieron en su conquista, y lo que hicieron a la parte oriental de aquel reino el año de 1488

Habiendo pues los Católicos Reyes dado fin a la guerra por la parte occidental deste reino, el año del Señor 1488 tornaron a juntar su ejército en Murcia; y entrando el rey don Hernando por la parte oriental, donde están las ciudades de Vera, Mojácar, Güéscar, Almería, Baza y Guadix, que todas estaban por el Zagal, hizo cruelísima guerra en todas aquellas comarcas. Y como el moro no fuese poderoso para salir en campaña, las ciudades de Vera y Mojácar se rindieron luego; y lo mismo hicieron las villas y castillos de Las Cuevas, Huércal, Sagena, Albarca, Bedar, Serena, Cabrera, Lubrel, Ulula, Overa, Sorbas, Teresea, Lozaina, Torrillas, Huyunque, Suebro, Belefic, Níjar, Vercal, Vélez el Blanco, Vélez el Rubio, Cantoria, Oria, Jércos, Albox, Albóreas, Beni Andadala, Beni Taraf Atahelid, Atardia, Alhabia, Beni Alguacil, Beni Libre, Beni Zanón, Beni Mina, Almarchez, Cotobao, Beni Calgad, Leujar y Fines, y otras muchas. Y los moros quedaron por mudéjares y vasallos de sus altezas con las mismas condiciones que los demás. Hecho esto, pasó el Rey a reconocer la ciudad de Almería, y dio vuelta a Baza, y en el camino se le dieron a partido las villas de Gueca, Orce, Galera, Castilleja y Bena Maurel, en las cuales puso luego sus alcaides. Estaba el Zagal en Baza; y como la gente del Rey llegó a reconocer la ciudad, los moros salieron fuera, y trabaron una grande escaramuza con los cristianos, en la cual murió don Felipe de Aragón, maestre de Montesa, sobrino del rey don Hernando, hijo bastardo del príncipe don Carlos, su hermano; más todavía se hizo el reconocimiento. Y el Rey pasó hacia Güéscar, y los moros le entregaron luego la ciudad; y dejando proveídas las fortalezas, se fue a invernar a Medina del Campo, para dar orden en muchas cosas que convenían a la buena gobernación de sus reinos. Y en fin de este año, a 10 de octubre, cobraron a Plasencia por mano de los Carvajales y de otros caballeros.

Capítulo XVI. Cómo los Reyes Católicos ganaron las ciudades de Baza y Guadix, e hicieron otros muchos efectos en el año del Señor 1489

Rendidas las villas y castillos arriba dichos, y reconocidas las ciudades en la manera que hemos dicho, en la primavera del año de 1489 sus altezas, viendo lo mucho que les importaba proseguir la guerra contra los moros, vinieron a la ciudad de Jaén, y mandando juntar toda su gente en las ciudades de Baeza y Úbeda y en el adelantamiento de Cazorla, porque había de ser la entrada por aquella parte, cuando estuvo todo a punto, partió el Católico Rey sobre la ciudad de Baza, y de camino combatió la fortaleza de Cúllar y la ganó, dándosela los moros a partido después de muchos combates. Y por no dejar a las espaldas cosa que pudiese hacer impedimento a los Carvajales, que habían de llevar bastimentos al real, ocupó las fortalezas de Froila, Bazos, Canilles y Benzulema, y luego cercó la ciudad de Baza. Estaba dentro Cidi Yahaya, alcaide de Almería y primo del Zagal, hombre de mucha estima y valor, el cual defendió la ciudad seis meses y veinte días valerosamente y con grandísima resistencia, y murió en escaramuzas y combates mucha gente de entrambas partes; y al fin los cercados, viendo la perseverancia de nuestro ejército, y que no hacía mudanza, antes crecía cada hora más, y los apretaban con nuestros reparos de torres y cavas, para que no pudiesen entrar ni salir sin peligro manifiesto, y que no tenían de donde esperar socorro, porque el rey Zagal estaba encerrado en Guadix, y no se lo podía dar, pidieron al alcaide Yahaya que tratase de partido, y con muy honestas condiciones entregó la ciudad a sus altezas, y todas las torres y fortalezas, y la ocuparon nuestros cristianos a 4 días del mes de diciembre de aquel año. Ganada Baza, todas las villas y castillos del valle de Purchena y río de Almanzora, que hasta entonces no se habían rendido, se rindieron, y entregaron las fortalezas a sus altezas, ofreciéndose por sus mudéjares y vasallos. Lo mismo hicieron los de la ciudad y río de Almería y de las serranías de Gádor y Filables. Quedaba la ciudad de Guadix por rendir, y el alcaide Yahaya, que procuraba que todos hiciesen lo que él había hecho, trató con el Zagal que la rindiese; el cual viendo cuán poco le aprovechaban sus armas, hizo sus capitulaciones con los Reyes Católicos, y les rindió la ciudad y las nueve villas del Cenete y las que están en la serranía entre Guadix y Granada. Y después hizo que se rindiesen las taas de los dos Ceheles, Andarax, Dalías, Berja, Ugíjar, Juviles, Ferreira y Poqueira, que todas son en la Alpujarra, y la taa de Órgiba y el valle de Lecrín, solicitando a los pueblos para ello, porque holgaba más verlos en poder de cristianos que de su sobrino. Y sus altezas le dieron para él la taa de Órgiba y el valle de Lecrín, y la mitad de las salinas de la Malaba, y otros muchos heredamientos para su sustento, y anduvieron él y el alcaide Yahaya en su servicio en la guerra hasta el fin della. Y después les pidió licencia para pasar a Berbería, diciendo que no quería vivir en tierra donde había sido rey, pues ya no podía serlo ni tenía esperanza dello; y el rey de Fez lo mandó aprisionar; y siendo convencido en juicio por la disensión que había causado en el reino de los moros, le hizo abacilar y cegar con una vacía de azófar ardiendo puesta delante de los ojos. Y después se fue a la ciudad de Vélez de la Gomera, donde vivió ciego y miserable mucho tiempo, dándole de comer y de vestir el rey de Vélez, y encima del vestido traía siempre un rétulo en arábigo que decía: «Éste es el desventurado rey de los andaluces.» Cuando el Zagal se fue a Berbería, sus altezas hicieron merced a los infantes Alí y Acre, hijos del rey Abulhacén y de la Zoraya, que después fueron cristianos y se llamaron don Juan y don Hernando, de las taas de Órgiba y del Jubilein; y las poseyeron hasta que, alzándosela Alpujarra en el año de 1493, los quitaron sus altezas de allí, y les dieron en recompensa un cuento y cuatrocientas mil de juro, y la tenencia del castillo de Monleón y el gobierno del reino de Galicia. Convirtiose también Cidi Yahaya y un hijo suyo a nuestra santa fe, y se llamó don Pedro, y el hijo don Alonso, que fueron muy esforzados caballeros, y hicieron cosas muy señaladas en la conquista de Granada; y sus altezas les hicieron merced de la otra mitad de las salinas de la Malaha, y en su recompensa después les dieron la taa de Marchena y otros muchos heredamientos. Este era hijo de Aben Celin Aben Abrahem Abuzacari, infante de Almería y nieto de Brahem Aben Almao Abuzacari, a quien, en diferencia del rey Izquierdo, llamaron el Nayar, que reinó en Granada en tiempo del rey don Juan el Segundo y con su favor. El cual traía también su descendencia del rey Aben Hut, descendiente de los reyes de Aragón, que echó a los Almohadas de España, como dijimos en el segundo de nuestra África. Los descendientes de los infantes don Juan y don Hernando tienen por apellido de Granada, y traen por armas dos granadas en campo azul, y un letrero atravesado que dice: Lagaleblila, que quiere decir: «No hay vencedor sino Dios;» y los que vienen de don Pedro y don Alonso tomaron apellido de Venegas y también de Granada. Traen cinco granadas en campo azul. Primero traían una sola, y por un desafío que vencieron padre e hijo en la vega de Granada, en que mataron cinco moros, pusieron cinco granadas y el mismo letrero. Honráronlos sus altezas mucho y fueron sus padrinos, y casaron a don Alonso con doña Juana de Mendoza, dama de la Reina Católica, hija de don Francisco Hurtado de Mendoza, su mayordomo. Tuvieron por su hijo a don Pedro de Granada Venegas, caballero del hábito de Santiago y alguacil mayor de Granada, padre de don Alonso de Granada Venegas, señor de Campotéjar y Jayena, de quien diremos adelante. Volviendo pues a nuestra historia, no les quedando ya a los Reyes Católicos que conquistar en aquel reino más que la ciudad de Granada y algunos lugares que debajo de paces se habían mantenido por el rey Zogoybi, enviaron a decirle que cumpliese lo que les había prometido, y dentro de treinta días les entregase aquella ciudad con todas sus fortalezas, y lo darían cierta cantidad de dinero y los lugares de las taas de la Alpujarra, donde se fuese a vivir; el cual, turbado de oír semejante embajada, les respondió que la ciudad de Granada era grande y muy populosa de gente, porque demás de los vecinos naturales, se habían recogido en ella muchos de otras partes, entre los cuales había diferentes pareceres, y así no podía ni era parte para cumplir lo que se le pedía, y mucho menos siendo el tiempo tan breve para tratar de negocio en que habían de condescender las voluntades de tanta diversidad de pueblo. Sabida esta respuesta, sus altezas le ofrecieron más dineros y más lugares, aunque no todos los que él pedía, porque hiciese que los granadinos dejasen luego las armas y desocupasen algunas casas señaladas en sitios fuertes dentro de la ciudad, donde se metiesen los cristianos. Más tampoco lo quiso hacer; antes se declaró luego por enemigo, solicitando los de la Alpujarra, sierras y valle a que se alzasen. Y saliendo de Granada, cercó la fortaleza Padul, y la combatió y ganó antes que el rey don Hernando la pudiese socorrer, porque se hallaba a la sazón a la parte de Guadix. Y porque iba el año ya muy adelante, mandó proveer las fronteras de Alendín, Colomera, Moclín, Illora, Montefrío, Alcalá la Real, Loja y Alhama, que todas cercan la vega de Granada; y se fue a invernar a la ciudad de Sevilla, para dar orden en lo que se había de proveer para la entrada de la primavera.

Capítulo XVII. Cómo los Reyes Católicos volvieron a la conquista, y lo que hicieron el año de 1490

El año siguiente, que se contaron 1490 de Cristo, tornó el Rey a entrar en la vega de Granada, llevando consigo al Zagal y al alcaide de Baza y otros moros principales. Y andando la gente talando los sembrados y las huertas junto a la ciudad, salieron los granadinos muchas veces a defendérselo con escaramuzas; y en una dellas mataron a don Alonso Pacheco, hermano del marqués de Villena, y a él le hirieron de una lanzada en un brazo, y mataron muchos caballeros que iban con él; más no por eso dejó de hacerse la tala, y el Rey proveyó sus fronteras y se volvió a Córdoba. Aun no era bien retirada la gente del Rey cuando el Zogoybi salió de Granada y cercó la fortaleza de Alhendín, que está dos leguas pequeñas de la ciudad; y aunque era fuerte y había dentro buena gente de guerra, la combatió con los ingenios y máquinas que usaban en aquel tiempo, tan reciamente, que el alcaide, viendo los muros cavados por los cimientos, y apuntalados con mucha madera y leña debajo para darles fuego, la hubo de rendir; y el moro la mandó derribar por el suelo y llevó a Granada cautivos los cristianos que allí había. A la fama desta victoria los moros de la Alpujarra, sierra y valle se levantaron contra los que tenían las fortalezas por el Rey; y el Zogoybi con mucho número de gente fue a las taas de Narchena y Boloduí, que son entre Guadix y Almería, y hallando aquellas villas desapercibidas, las combatió y tomó por fuerza de armas. Decíanos un moro viejo de más de ciento y diez años, que estaba en el Albaicín de Granada cuando escribíamos nuestra historia de África, que de esta vez se rebelaron todas las taas y lugares de la Alpujarra, sierra y valle de Lecrín, y se perdieron las fortalezas que tenían ya los cristianos, sino fueron dos o tres; una de las cuales fue Mondújar, que la defendió valerosamente una noble dueña llamada doña María de Acuña, mujer del Alcaide, estando su marido fuera. También procuró el moro haber el castillo de Salobreña, que estaba por el Rey, por la comodidad de aquel portichuelo, donde pudiesen acudir los navíos de Berbería; y trató con los moros de paces que moraban en la villa que le diesen entrada una noche, para que con más facilidad le pudiese hacer escalar; los cuales lo hicieron así; más el Alcaide se defendió valerosamente, aunque le pusieron en tanto aprieto, que si el rey don Hernando no le socorriera, se hubiera de perder. Solicitó asimismo el Zogoybi a los moriscos de paces que moraban en las ciudades de Guadix, Baza y Almería, para que se alzasen; y finalmente tuvo trato con la mayor parte de los que ya eran mudéjares, y ellos con él. A esta guerra acudió luego el Rey Católico; y entrando con su ejército en la vega de Granada, fue causa que el moro acudiese a poner cobro en aquella ciudad, y se interrumpiesen sus designios. Y dejando talados los panizos della, que tenían sembrados los granadinos, siendo ya por el mes de setiembre, se volvió a Córdoba; más no se detuvo mucho en aquella ciudad, porque como se entendió el trato que los moros de Baza, Guadix y Almería traían con el Zogoybi, y como le pedían socorro para alzarse, queriendo poner remedio en ello con la brevedad que el caso requería, caminó luego a grandes jornadas hacia aquella parte, y metiéndose en la ciudad de Guadix, lo aseguró todo con su presencia, y mandó que todos los moros que vivían dentro de las ciudades y villas cercadas se saliesen a vivir a las alcarías y lugares abiertos, y a los que quisieron irse a Berbería les dio licencia para ello y para vender sus haciendas. Con esta diligencia remedió este prudentísimo y católico rey el rebelión y guerra que se esperaba, y se volvió a Sevilla para dar orden en el cerco que pensaba poner en el siguiente año a la ciudad de Granada.

Capítulo XVIII. Cómo los Reyes Católicos tornaron a la conquista el año de 1491, y cercaron la ciudad de Granada

Venida la primavera del año de nuestro Salvador 1491, los Católicos Reyes, habiendo estado el principio del año en Sevilla, partieron de allí pasada Pascua Florida para ir a cercar a Granada. El rey don Hernando entró en la Vega, y mandó al marqués de Villena que con tres mil caballos y diez mil peones fuese al valle de Lecrín, y destruyese todos los lugares que se habían alzado. Y porque si acaso los moros viniesen sobre él con mayor pujanza, no recibiese daño en la aspereza de aquellos cerros (como aquel que en nada se descuidaba), partió luego en su seguimiento con el resto del ejército. El marqués de Villena entró en el Valle, y destruyendo los lugares bajos que estaban mal apercibidos, volvió al Padul con muchos cautivos y despojos; mas encontrándole allí el Rey, le mandó volver; y pasando más adelante, destruyó toda aquella tierra, porque esto era lo que convenía que se hiciese antes de poner cerco a Granada. Y aunque el Zogoybi, sabido el camino que el rey don Hernando llevaba, envió algunos alcaides con gente de a pie para que ocupasen los pasos de Tablate y Lanjarón, por donde necesariamente habían de pasar los cristianos, no fueron parte para defendérselo, porque los capitanes del Rey acometieron el barranco de Tablate por la puente, y por otro paso dificultosísimo que estaba a la parte de arriba una legua de allí; y echando a los moros de las cumbres de aquellos cerros, que tenían ocupadas, pasó el Rey hasta Lanjarón, y allí estuvo mientras la gente destruía los lugares del valle y de la taa de Órgiba y otros de aquellas sierras. Hecho esto, y talados todos los sembrados de la comarca, volvió el Rey con todo su ejército al Padul, y por aquella parte entró en la vega de Granada, y asintió su real junto a unas fuentes que llaman los Ojos de Huércal, y están dos leguas de aquella famosísima ciudad, con determinación, siendo Dios servido, de no le alzar hasta ganarla. Duró este cerco ocho meses y diez días con gran contienda de entrambas partes, desde 26 días del mes de abril hasta 2 de enero del año del Señor 1492. En el cual tiempo hubo hechos muy notables de caballeros y peones, así cristianos como moros, que procuraban señalarse en presencia de sus reyes, unos por fama, y otros por premio, y muchos por religión. A este cerco vino la Católica Reina doña Isabel, que en todas las cosas graves y de mayor importancia se quería hallar, para animar con su real presencia a sus vasallos; y trajo consigo al príncipe don Juan y a la infanta doña Juana, sus hijos. Y porque una noche se pegó fuego a la tienda de la Reina con una vela que descuidadamente dejó encendida una moza de cámara, y se quemaron otras tiendas que estaban par della, los Reyes mandaron hacer en el real casas de tapias cubiertas de teja, donde se metiese la gente, puestas por su orden con sus calles ordenadas en medio, y después tomando las ciudades y los maestrazgos a su cargo de fortalecer cada cual su cuartel, hicieron una ciudad cercada de muros y de torres con una honda cava, dejando dos calles principales en medio derechas, puestas en cruz, que van a dar a cuatro puertas, que responden a los cuatro vientos, quedando en medio una plaza de armas espaciosa y ancha, donde poderse juntar la gente del ejército. Cada edificador dejó una piedra con su epitafio en la parte del muro que le cupo edificar, puesta en el lugar más preeminente de su cuartel, las cuales verá todavía el curioso que anduviere al derredor dellos por la parte de fuera. A esta ciudad llamaron los Católicos Reyes Santa Fe, nombre digno de su conquista; y con ella quedó el real seguro de fuegos, y fuerte contra cualquier ímpetu de los enemigos, los cuales desmayaron luego que la vieron edificada, entendiendo que el cerco era de propósito, y con presupuesto de no levantar de allí el real hasta ganarles a Granada.

Capítulo XIX. Cómo los moros acordaron de rendir a Granada, y las capitulaciones que sobre ello se hicieron

Cuando el Zogoybi vio que no tenía la ciudad de Granada defensa ni esperanza de socorro, condescendiendo con la voluntad de la mayor parte del pueblo, que no podían ya sufrir tanto trabajo, envió a pedir treguas a los Reyes Católicos, durante las cuales se pudiese entender en las condiciones y capítulos de paz con que se había de rendir. Dio ante todas cosas en rehenes a un hijo suyo, y otros de alcaides y hombres principales de la ciudad y del Albaicín, que fueron llevados a la fortaleza de Moclín. Y siéndole concedida tregua por sesenta días, los caballeros y ciudadanos moros se juntaron diversas veces a tratar de su negocio, yendo y viniendo muchos dellos a conferir lo que acordaban pedir con las personas del consejo de sus altezas que fueron diputadas para ello. Y aunque lo que trataban era con demasiada importunidad, los vencedores, que, ninguna cosa querían más que acabar de vencer, se lo concedieron todo. Hechos los capítulos y asentadas las condiciones, los granadinos enviaron con la resolución de todo a un ciudadano noble, llamado Abí Cacem el Maleh, con poderes bastantes para que otorgase lo que sus altezas pedían. Y porque el lector quede satisfecho, ponemos aquí los capítulos a la letra como se concedieron, así al Rey y a las Reinas, como a la ciudad y lugares de aquel reino:

«Que sus altezas hacen merced por juro de heredad, para siempre jamás, al rey Abdilehi, de las villas y lugares de las taas de Berja, Dalías, Marchena, Boloduí, Júchar, Andarax, Juviles, Ugíjar, Jubilein, Ferreira, Poqueira y Órgiba, que son en la Alpujarra, con todos los heredamientos, pechos, derechos y otras rentas que en cualquier manera pertenezcan a sus altezas en las dichas taas, para que sea suyo y lo pueda vender o empeñar y hacer dello lo que quisiere, con tanto que cuando lo quisiere vender o empeñar sean primero requeridos sus altezas si lo quieren; y tomándolo, le mandarán pagar por ello lo que se concertare.

»Que sus altezas puedan labrar y tener fortaleza en Adra o en otras partes donde quisieren en la Alpujarra, y hacer y tener torres en la costa de la mar. Y si labraren nueva fortaleza en Adra junto a la mar, en tal caso quede la fortaleza vieja por el dicho rey Abdilehi, después de reparada y puesta en defensa la de sus altezas, el cual no ha de pagar cosa alguna para la guardia ir para los reparos de las dichas fortalezas y torres, sitio que le ha de quedar su renta toda libre.

»Que luego como entregare la Alambra y las otras fortalezas, le mandarán dar sus altezas treinta mil castellanos de oro, que valen catorce cuentos y quinientos cincuenta mil maravedíes en dinero de contado.

»Que sus altezas le hacen merced de todos los heredamientos, molinos de aceite, tierras y hazas que tuvo y poseyó desde el tiempo del rey Abil Hacen su padre, y tiene y posee agora, así en los términos de la ciudad de Granada como en las Alpujarras.

»Que sus altezas hacen merced a la reina Ayxa, su madre, y a sus hermanas y mujer, y a la mujer de Muley Abí Nacer, de todas las huertas, tierras, hazas, molinos, villas y otros heredamientos que tenían en la dicha ciudad de Granada y en las Alpujarras; lo cual todo sea franco y libre de cualquier derecho, como lo eran hasta aquí. Y asimismo hacen merced al dicho rey Abdilehi, y a las dichas reinas e infantes, y al Haxi Romaimi, de todos los heredamientos que tenían en Motril, con la misma libertad.

»Que después de firmado este concierto, cualesquier villas o lugares de la dicha Alpujarra que se dieren y entregaren a sus altezas antes de la entrega de la Alambra, las mandarán volver y restituir libremente al dicho rey Abdilehi, y que serán por él bien tratados.

»Que no mandarán sus altezas al dicho rey Abdilehi ni a sus criados volver, para siempre jamás, lo que hubieren tomado a cristianos en su tiempo ni a moros, así bienes muebles como raíces. Y si sus altezas hubieren de mandar volver algunas de las tales cosas o heredades que se hayan tomado, por algún asiento o capitulación que tengan con alguna persona, lo pagarán, y mandarán que sobre esto no tenga poder ningún cristiano ni moro, ora sea mucho o poco; y a quien fuere contra ello le mandarán castigar, y que en contrario dello no será juzgado por ninguna ley de cristianos ni de moros.

»Que cada y cuando que el dicho rey Abdilehi, o su madre, hermanas y mujer, y la mujer del dicho Abí Nacer, y sus alcaides, criados, escuderos y gente de su casa y servicio, quisieren pasarse a Berbería, sus altezas les mandarán dar dos carracas de genoveses fletadas, en que pasen, si las hubiere al tiempo que se quisieren ir, y si no, cuando las hubiere, sin que paguen flete ni otro derecho; en las cuales puedan llevar sus personas, ropas, mercaderías, oro, plata, joyas, bestias y armas con que no lleven tiros de pólvora, porque éstos han de quedar para sus altezas; y que por embarcar o desembarcar, ni por otra cosa alguna, no les han de llevar derechos de ninguna suerte, ni flete, y los harán llevar seguros, honrados y guardados a cualquier puerto de levante o de poniente, de Alejandría o de la ciudad de Túnez o de Orán, o del reino de Fez, donde ellos más quisieren ir a desembarcar.

»Que si al tiempo que se embarcaren no pudieren vender las rentas que tuvieren en el dicho reino de Granada, puedan dejar y dejen sus procuradores que las cojan, lleven o envíen donde estuvieren, sin que en ello se les ponga embargo alguno.

»Que si el dicho rey Abdilehi quiere enviar algún alcaide o criado con mercadería a Berbería, lo pueda hacer libremente, sin que a la ida, estada o vuelta lo sea pedida cosa alguna por razón de derechos.

»Que pueda enviar a cualquier parte de los reinos de sus altezas seis acémilas por cosas de su mantenimiento y provisión franca y libremente, sin que por ello le sean llevados derechos en ninguna parte.

»Que saliendo de Granada, pueda irse a vivir donde quisiere en cualquiera de los lugares que se le dan y salir de la ciudad con sus criados, alcaides, sabios, caballeros, y común que quisiere llevar o irse con él, los cuales lleven sus caballos y bestias de guía, y sus mujeres y hijos, criados y criadas, chicos y grandes, y sus armas en las manos o como quisieren llevarlas, que no les será tomado, excepto los tiros de pólvora; y que agora ni en ningún tiempo para siempre jamás se les pornán señales en sus personas ni en otra ni manera, a ellos ni a sus descendientes; y que gocen de todas las capitulaciones que están hechas o se hicieren con los vecinos de la dicha ciudad de Granada.

»Que sus altezas mandarán dar al dicho rey Abdilehi y a su madre, mujer y hermanas, y a la mujer de Abí Nacer, el día que se les entregare la fortaleza, de la Alambra y las otras fortalezas, sus cartas de privilegios, fuertes y firmes de todo lo susodicho, rodados y sellados con su sello de plomo pendiente en filos de seda, confirmados por el príncipe don Juan y por el cardenal de España y por los maestres de las órdenes, arzobispos, obispos y otros prelados, y por los grandes, duques, marqueses, condes, adelantados y notarios mayores destos reinos.»

Esta capitulación fue hecha y concluida en el Real de Santa Fe a 25 días del mes de noviembre del año de nuestra salud 1491, y tres días después se concluyeron los capítulos que sus altezas concedieron generalmente a la ciudad de Granada y lugares de aquel reino que se viniesen a rendir, cuyo tenor es éste:

«Primeramente, que el rey moro y los alcaides y alfaquís, cadís, meftís, alguaciles y sabios, y los caudillos y hombres buenos, y todo el común de la ciudad de Granada y de su Albaicín y arrabales, darán y entregarán a sus altezas o a la persona que mandaren, con amor, paz y buena voluntad, verdadera en trato y en obra, dentro de cuarenta días primeros siguientes, la fortaleza de la Alambra y Alhizán, con todas sus torres y puertas, y todas las otras fortalezas, torres y puertas de la ciudad de Granada y del Albaicín y arrabales que salen al campo, para que las ocupen en su nombre con su gente y a su voluntad, con que se mande a las justicias que no consientan que los cristianos suban al muro que está entre el Alcazaba y el Albaicín, de donde se descubren las casas de los moros; y que si alguno subiere, sea luego castigado con rigor.

»Que cumplido el término de los cuarenta días, todos los moros se entregarán a sus altezas libre y espontáneamente, y cumplirán lo que son obligados a cumplir los buenos y leales vasallos con sus reyes y señores naturales; y para seguridad de su entrega, un día antes que entreguen las fortalezas darán en rehenes al alguacil Jucef Aben Comixa, con quinientas personas, hijos y hermanos de los principales de la ciudad y del Albaicín y arrabales, para que estén en poder de sus altezas diez días, mientras se entregan y aseguran las fortalezas, poniendo en ellas gente y bastimentos; en el cual tiempo se les dará todo lo que hubieren menester para su sustento; y entregadas, los pornán en libertad.

»Que siendo entregadas las fortalezas, sus altezas y el príncipe don Juan, su hijo, por sí y por los reyes sus sucesores, recibirán por sus vasallos y súbditos naturales, debajo de su palabra, seguro y amparo real, al rey Abí Abdilehi, y a los alcaides, cadís, alfaquís, meftís, sabios, alguaciles, caudillos y escuderos, y a todo el común, chicos y grandes, así hombres como mujeres, vecinos de Granada y de su Albaicín y arrabales, y de las fortalezas, villas y lugares de su tierra y de la Alpujarra, y de los otros lugares que entraren debajo deste concierto y capitulación, de cualquier manera que sea, y los dejarán en sus casas, haciendas y heredades, entonces y en todo tiempo y para siempre jamás, y no les consentirán hacer mal ni daño sin intervenir en ello justicia y haber causa, ni les quitarán sus bienes ni sus haciendas ni parte dello; antes serán acatados, honrados y respetados de sus súbditos y vasallos, como lo son todos los que viven debajo de su gobierno y mando.

»Que el día que sus altezas enviaren a tomar posesión de la Alambra, mandarán entrar su gente por la puerta de Bib Lacha o por la de Bibnest, o por el campo fuera de la ciudad, porque entrando por las calles no haya algún escándalo.

»Que el día que el rey Abí Abdilehi entregare las fortalezas y torres, sus altezas le mandarán entregar su hijo con todos los rehenes, y sus mujeres y criados, excepto los que se hubieren vuelto cristianos.

»Que sus altezas y sus sucesores para siempre jamás dejarán vivir al rey Abí Abdilehi y a sus alcaides, cadís, meftís, alguaciles, caudillos y hombres buenos y a todo el común, chicos y grandes, en su ley, y no les consentirán quitar sus mezquitas ni sus torres ni los almuédanes, ni les tocarán en los hadices y rentas que tienen para ellas, ni les perturbarán los usos y costumbres en que están.

»Que los moros sean juzgados en sus leyes y causas por el derecho del xara que tienen costumbre de guardar, con parecer de sus cadís y jueces.

»Que no les tomarán ni consentirán tomar agora ni en ningún tiempo para siempre jamás, las armas ni los caballos, excepto los tiros de pólvora chicos y grandes, los cuales han de entregar brevemente a quien sus altezas mandaron.

»Que todos los moros, chicos y grandes, hombres y mujeres, así de Granada y su tierra como de la Alpujarra y de todos los lugares, que quisieron irse a vivir a Berbería o a otras partes donde los pareciere, puedan vender sus haciendas, muebles y raíces, de cualquier manera que sean, a quien y como les pareciere, y que sus altezas ni sus sucesores en ningún tiempo las quitarán ni consentirán quitar a los que las hubieron comprado; y que si sus altezas las quisieron comprar, las puedan tomar por el tanto que estuvieron igualadas, aunque no se hallen en la ciudad, dejando personas con su poder que lo puedan hacer.

»Que a los moros que se quisieron ir a Berbería o a otras partes les darán sus altezas pasaje libre y seguro con sus familias, bienes muebles, mercaderías, joyas, oro, plata y todo género de armas, salvo los instrumentos y tiros de pólvora; y para los que quisieron pasar luego, les darán diez navíos gruesos que por tiempo de setenta días asistan en los puertos donde los pidieren, y los lleven libres y seguros a los puertos de Berbería, donde acostumbran llegar los navíos de mercaderes cristianos a contratar. Y demás desto, todos los que en término de tres años se quisieren ir, lo puedan hacer, y sus altezas les mandarán dar navíos donde los pidieron, en que pasen seguros, con que avisen cincuenta días antes, y no les llevarán fletes ni otra cosa alguna por ello.

»Que pasados los dichos tres años, todas las veces que se quisieron pasar a Berbería lo puedan hacer, y se les dará licencia para ello pagando a sus altezas un ducado por cabeza y el flete de los navíos en que pasaren.

»Que si los moros que quisieren irse a Berbería no pudieron vender sus bienes raíces que tuvieren en la ciudad de Granada y su Albaicín y arrabales, y en la Alpujarra y en otras partes, los puedan dejar encomendados a terceras personas con poder para cobrar los réditos, y que todo lo que rentaren lo puedan enviar a sus dueños a Berbería donde estuvieren, sin que se les ponga impedimento alguno.

»Que no mandarán sus altezas ni el príncipe don Juan, su hijo, ni los que, después dellos sucedieren, para siempre jamás, que los moros que fueren sus vasallos traigan señales en los vestidos como los traen los judíos.

»Que el rey Abdilehi ni los otros moros de la ciudad de Granada ni de su Albaicín y arrabales no pagarán los pechos que pagan por razón de las casas y posesiones por tiempo de tres años primeros siguientes, y que solamente pagarán los diezmos de agosto y otoño, y el diezmo de ganado que tuvieren al tiempo del dezmar, en el mes de abril y en el de mayo, conviene a saber, de lo criado, como lo tienen de costumbre pagar los cristianos.

»Que al tiempo de la entrega de la ciudad y lugares, sean los moros obligados a dar y entregar a sus altezas todos los cautivos cristianos varones y hembras, para que los pongan en libertad, sin que por ellos pidan ni lleven cosa alguna; y que si algún moro hubiere vendido alguno en Berbería y se lo pidieron diciendo tenerlo en su poder, en tal caso, jurando en su ley y dando testigos como lo vendió antes destas capitulaciones, no le será más pedido ni él esté obligado a darlo.

»Que sus altezas mandarán que en ningún tiempo se tomen al rey Abí Abdilehi ni a los alcaides, cadís, meftís, caudillos, alguaciles ni escuderos las bestias de carga ni los criados para ningún servicio, si no fuere con su voluntad, pagándoles sus jornales justamente.

»Que no consentirán que los cristianos entren en las mezquitas de los moros donde hacen su zalá sin licencia de los alfaquís, y el que de otra manera entrare será castigado por ello.

»Que no permitirán sus altezas que los judíos tengan facultad ni mando sobre los moros ni sean recaudadores de ninguna renta.

»Que el rey Abdilehi y sus alcaides, cadís, alfaquís, meftís, alguaciles, sabios, caudillos y escuderos, y todo el común de la ciudad de Granada y del Albaicín y arrabales, y de la Alpujarra y otros lugares, serán respetados y bien tratados por sus altezas y ministros, y que su razón será oída y se les guardarán sus costumbres y ritos, y que a todos los alcaides y alfaquís les dejarán cobrar sus rentas y gozar de sus preeminencias libertades, como lo tienen de costumbre y es justo que se les guarde.

»Que sus altezas mandarán que no se les echen huéspedes ni se les tome ropa ni aves ni bestias ni bastimentos de ninguna suerte a los moros sin su voluntad.

»Que los pleitos que ocurrieron entre los moros serán juzgados por su ley y xara, que dicen de la Zuna, y por sus cadís y jueces, como lo tienen de costumbre, y que si el pleito fuere entre cristiano y moro, el juicio dél sea por alcalde cristiano y cadí moro, porque las partes no se puedan quejar de la sentencia.

»Que ningún juez pueda juzgar ni apremiar a ningún moro por delito que otro hubiere cometido, ni el padre sea preso por el hijo, ni el hijo por el padre, ni hermano contra hermano, ni pariente por pariente, sino que el que hiciere el mal aquel lo pague.

»Que sus altezas harán perdón general a todos los moros que se hubieren hallado en la prisión de Hamete Abí Alí, su vasallo, y así a ellos como a los lugares de Cabtil, por los cristianos que han muerto ni por los deservicios que han hecho a sus altezas, no les será hecho mal ni daño, ni se les pedirá cosa de cuanto han tomado ni robado.

»Que si en algún tiempo los moros que están cautivos en poder de cristianos huyeren a la ciudad de Granada o a otros lugares de los contenidos en estas capitulaciones, sean libres, y sus dueños no los puedan pedir ni los jueces mandarlos dar, salvo si fueren canarios o negros de Gelofe o de las islas.

»Que los moros no darán ni pagarán a sus altezas más tributo que aquello que acostumbran a dar a los reyes moros.

»Que a todos los moros de Granada y su tierra y de la Alpujarra, que estuvieren en Berbería, se les dará término de tres años primeros siguientes para que si quisieren puedan venir y entrar en este concierto y gozar dél. Y que si hubieren pasado algunos cristianos cautivos a Berbería, teniéndolos vendidos y fuera de su poder, no sean obligados a traerlos ni a volver nada del precio en que los hubieren vendido.

»Que si el Rey u otro cualquier moro después de pasado a Berbería quisiere volverse a España, no le contentando la tierra ni el trato de aquellas partes, sus altezas les darán licencia por término de tres años para poderlo hacer, y gozar destas capitulaciones como todos los demás.

»Que si los moros que entraren debajo destas capitulaciones y conciertos quisieren ir con sus mercaderías a tratar y contratar en Berbería, se les dará licencia para poderlo hacer libremente, y lo mismo en todos los lugares de Castilla y de la Andalucía, sin pagar portazgos ni los otros derechos que los cristianos acostumbran pagar.

»Que no se permitirá que ninguna persona maltrate de obra ni de palabra a los cristianos o cristianas que antes destas capitulaciones se hubieren vuelto moros; y que si algún moro tuviere alguna renegada por mujer, no será apremiada a ser cristiana contra su voluntad, sino que será interrogada en presencia de cristianos y de moros, y se seguirá su voluntad; y lo mismo se entenderá con los niños y niñas nacidos de cristiana y moro.

»Que ningún moro ni mora serán apremiados a ser cristianos contra su voluntad; y que si alguna doncella o casada o viuda, por razón de algunos amores, se quisiere tornar cristiana, tampoco será recibida hasta ser interrogada; y si hubiere sacado alguna ropa o joyas de casa de sus padres o de otra parte, se restituirá a su dueño, y serán castigados los culpados por justicia.

»Que sus altezas ni sus sucesores en ningún tiempo pedirán al rey Abí Abdilehi ni a los de Granada y su tierra, ni a los demás que entraren en estas capitulaciones, que restituyan caballos, bagajes, ganados, oro, plata, joyas, ni otra cosa de lo que hubieren ganado en cualquier manera durante la guerra y rebelión, así de cristianos como de moros mudéjares o no mudéjares; y que si algunos conocieren las cosas que les han sido tomadas, no las puedan pedir; antes sean castigados si las pidieren.

»Que si algún moro hubiere herido o muerto cristiano o cristiana siendo sus cautivos, no les será pedido ni demandado en ningún tiempo.

»Que pasados los tres años de las franquezas, no pagarán los moros de renta de las haciendas y tierras realengas más de aquello que justamente pareciere que deben pagar conforme al valor y calidad dellas.

»Que los jueces, alcaldes y gobernadores que sus altezas hubieren de poner en la ciudad de Granada y su tierra, serán personas tales que honrarán a los moros y los tratarán amorosamente, y les guardarán estas capitulaciones; y que si alguno hiciere cosa indebida, sus altezas lo mandarán mudar y castigar.

»Que sus altezas y sus sucesores no pedirán ni demandarán al rey Abdilehi ni a otra persona alguna de las contenidas en estas capitulaciones, cosa que hayan hecho, de cualquier condición que sea, hasta el día de la entrega de la ciudad y de las fortalezas.

»Que ningún alcaide, escudero ni criado del rey Zagal no terná cargo ni mando en ningún tiempo sobre los moros de Granada.

»Que por hacer bien y merced al rey Abí Abdilehi y a los vecinos y moradores de Granada y de su Albaicín y arrabales, mandarán que todos los moros cautivos, así hombres como mujeres, que estuvieren en poder de cristianos, sean libres sin pagar cosa alguna, los que se hallaren en la Andalucía dentro de cinco meses, y los que en Castilla dentro de ocho; y que dos días después que los moros hayan entregado los cristianos cautivos que hubiere en Granada, sus altezas les mandarán entregar doscientos moros y moras. Y demás desto pondrán en libertad a Aben Adrami, que está en poder de Gonzalo Hernández de Córdoba, y a Hozmin, que está en poder del conde de Tendilla, y a Reduan, que lo tiene el conde de Cabra, y a Aben Mueden y al hijo del alfaquí Hademi, que todos son hombres principales vecinos de Granada, y a los cinco escuderos que fueron presos en la rota de Brahem Abencerrax, sabiéndose dónde están.

»Que todos los moros de la Alpujarra que vinieren a servicio de sus altezas darán y entregarán dentro de quince días todos los cautivos cristianos que tuvieren en su poder, sin que se les dé cosa alguna por ellos; y que si alguno estuviere igualado por trueco que dé otro moro, sus altezas mandarán que los jueces se lo hagan dar luego.

»Que sus altezas mandarán guardar las costumbres que tienen los moros en lo de las herencias, y que en lo tocante a ellas serán jueces sus cadís.

»Que todos los otros moros, demás de los contenidos en este concierto, que quisieren venirse al servicio de sus altezas dentro de treinta días, lo puedan hacer y gozar, dél y de todo lo en él contenido, excepto de la franqueza de los tres años.

»Que los hadices y rentas de las mezquitas, y las limosnas y otras cosas que se acostumbran dar a las mudarazas y estudios y escuelas donde enseñan a los niños, quedarán a cargo de los alfaquís para que los distribuyan y repartan como les pareciere, y que sus altezas ni sus ministros no se entremeterán en ello ni en parte dello, ni mandarán tomarlas ni depositarlas en ningún tiempo para siempre jamás.

»Que sus altezas mandarán dar seguro a todos los navíos de Berbería que estuvieren en los puertos del reino de Granada, para que se vayan libremente, con que no lleven ningún cristiano cautivo, y que mientras estuvieren en los puertos no consentirán que se les haga agravio ni se les tomará cosa de sus haciendas; mas si embarcaren o pasaron algunos cristianos cautivos, no les valdrá este seguro, y para ello han de ser visitados a la partida.

»Que no serán compelidos ni apremiados los moros para ningún servicio de guerra contra su voluntad, y si sus altezas quisieren servirse de algunos de a caballo, llamándolos para algún lugar de la Andalucía, les mandarán pagar su sueldo desde el día que salieren hasta que vuelvan a sus casas.

»Que sus altezas mandarán guardar las ordenanzas de las aguas de fuentes y acequias que entran en Granada, y no las consentirán mudar, ni tomar cosa ni parte dellas; y si alguna persona lo hiciere, o echare alguna inmundicia dentro, será castigado por ello.

»Que si algún cautivo moro, habiendo dejado otro moro en prendas por su rescate, se hubiere huido a la ciudad de Granada o a los lugares de su tierra, sea libre, y no obligado el uno ni el otro a pagar el tal rescate, ni las justicias le compelan a ello.

»Que las deudas que hubiere entre los moros con recaudos y escrituras se mandarán pagar con efecto, y que por virtud de la mudanza de señorío no se consentirá sino que cada uno pague lo que debe.

»Que las carnicerías de los cristianos estarán apartadas de las de los moros, y no se mezclarán los bastimentos de los unos con los de los otros; y si alguno lo hiciere, será por ello castigado.

»Que los judíos naturales de Granada y de su Albaicín y arrabales, y los de la Alpujarra y de todos los otros lugares contenidos en estas capitulaciones, gozarán dellas, con que los que no hubieren sido cristianos se pasen a Berbería dentro de tres años, que corran desde 8 de diciembre deste año.

»Y que todo lo contenido en estas capitulaciones lo mandarán sus altezas guardar desde el día que se entregaren las fortalezas de la ciudad de Granada en adelante. De lo cual mandaron dar, y dieron su carta y provisión real firmada de sus nombres, y sellada con su sello, y refrendada de Hernando de Zafra, su secretario, su fecha en el real de la vega de Granada, a 28 días del mes de noviembre del año de nuestra salvación 1491.»

Estas capitulaciones acompañaron sus altezas con una carta misiva, a manera de provisión, porque fueron avisados que el rey Abdilehi estaba arrepentido, y de secreto impedía el efecto dellas, como acontece a los que ven que han de mudar estado de señor a vasallo, que cuantas horas tiene el día, tantas mudanzas hace su corazón; y no era solo él, porque muchos de los ciudadanos, especialmente la gente de guerra, lo estaban ya. Mas la carta fue de tanto efecto, que entre miedo y vergüenza no pudieron dejar de hacer lo capitulado por Abí Cacem el Maleh, especialmente viendo, cómo en efecto veían, que a gente vencida ningunas condiciones se podían dar más honrosas ni con menos gravamen; y todos deseaban ver ya llegada la hora de la entrega de las fortalezas, para poder gozar de la paz, que tan innecesaria les era. El tenor de la carta decía desta manera:

«Don Hernando y doña Isabel, por la gracia de Dios, reyes de Castilla, de León, de Aragón, de Sicilia, de Toledo, de Valencia, de Galicia, de Mallorca, de Sevilla, de Cerdeña, de Córdoba, de Murcia, de Jaén, de los Algarbes, de Algecira y Gibraltar; conde y condesa de Barcelona; señores de Vizcaya y de Molina; duques de Atenas y de Neopatria; condes de Ruisellón y de Cerdania; marqués de Oristán y de Goziano, etc. A los alcaides, cadís, sabios, letrados, alfaquís, alguaciles, escuderos, ancianos y hombres buenos, y gente común, chicos y grandes, de la muy gran ciudad de Granada y Albaicín, hacémosos saber como estamos determinados tener esa ciudad cercada desde ésta que mandamos edificar, poner este ejército en la parte de la Vega que fuere necesario, hasta que, Dios queriendo, nuestra intención y voluntad se cumpla. Esto tened por cierto. Y juramos por el alto Dios que es verdad, y quien otra cosa en contrario os dijere, es vuestro enemigo. Nos por la presente os amonestamos que con brevedad vengáis a nuestro servicio, y no seáis causa de vuestra perdición, como lo fueron los de Málaga, que no quisieron creernos, y estuvieron en su pertinacia, siguiendo la vía de los simples, hasta que se perdieron. Si con brevedad viniéredes a nuestro servicio, remuneraros lo hemos con bien; y si nos entregáredes las fortalezas, aseguraremos vuestras personas y bienes; y el que quisiere pasará las partes de África, vaya con bien, y el que quisiere quedar, estese en su casa con todos sus bienes y hacienda, como lo estaba antes de agora. Esto hacemos porque los granadinos sois buena gente, nobles y principales, y os queremos por nuestros servidores, y tenemos intención de haceros mercedes, y os prometemos y juramos por nuestra fe y palabra real que si con brevedad y de vuestra voluntad nos quisiéredes servir y entrar debajo de nuestro poderío real, y nos entregáredes las fortalezas, podrá cada uno de vosotros salir a labrar sus heredades, y andar por do quisiere en nuestros reinos a buscar su pro donde lo hubiere; y os mandaremos dejar en vuestra ley y costumbres, y con vuestras mezquitas, como agora estáis; y el que quisiere pasar allende, podrá vender sus bienes a quien quisiere y cuando quisiere; y le mandaremos pasar con brevedad, queriendo ir en nuestros navíos, sin que por ello sea obligado a pagar cosa alguna. Y pues nuestra voluntad es de haceros todo bien y merced, y es vuestra utilidad y provecho, determinaos con brevedad, y venid a nuestro servicio, y enviad presto uno de vosotros que nos venga a hablar, asentar, capitular y concluir estas cosas, que para ello os damos veinte días de término, dentro de los cuales se efectúen. Ved agora lo que es vuestro provecho, y libertad vuestros cuerpos de muerte y cautiverio. Y si pasado el dicho término no hubiéredes venido a nuestro servicio, no nos culparéis, sino a vosotros mismos, porque os juramos por nuestra fe que pasado, no os admitiremos ni oiremos más palabra sobre ello. En vuestra mano está el bien o el mal: escoged lo que os pareciere; que con esto alimpiaremos nuestra faz con Dios altísimo. Fecha en nuestro real de la vega de Granada, a 29 días del mes de noviembre, año de 1491. Yo el Rey. Yo la Reina. Por mandado del Rey y de la Reina, Hernando de Zafra.»

Capítulo XX. Cómo los moros entregaron la ciudad de Granada y sus fortalezas a los Reyes Católicos

Llegado el día señalado en que el rey moro había de entregar las fortalezas de la ciudad de Granada a los Reyes Católicos, que fue a 2 días del mes de enero del año de nuestra salvación 1492, y del imperio de los alárabes 902, y de la era de César 1533, conforme a la computación árabe, que cuentan cuarenta y un años desde la era de César hasta el nacimiento de Cristo, el cardenal don Pedro González de Mendoza, arzobispo de Toledo, fue tomar posesión dellas, acompañado de muchos caballeros y de un suficiente número de infantería debajo de sus banderas. Y porque, conforme a las capitulaciones, no había de entrar por las calles de la ciudad, tomó un nuevo camino, que ocho días antes se había mandado hacer, a manera de carril, para poder llevarlas carretas de la artillería; el cual iba por defuera de los muros a dar al lugar donde está la ermita de San Antón, y por delante de la puerta de los Molinos al cerro de los

Mártires y a la Alambra. Partido el Cardenal con la gente que había de ocupar las fortalezas, luego partieron los Reyes Católicos, de su real de Santa Fe con todo el ejército puesto en ordenanza, y caminando poco a poco por aquella espaciosa y fértil vega, pasaron a un lugar pequeño, llamado Armilla, que está media legua de Granada, donde paró la Reina con todas las ordenanzas. Llegado el Cardenal al cerro de las mazmorras de los Mártires, que los moros llaman Habul, salió a recibirle el rey Abdilehi, bajando a pie de la fortaleza de la Alambra, dejando en ella a Jucef Aben Comixa, su alcaide; y habiendo hablado un poco en secreto con él, dijo el moro en altavoz: «Id, señor, y ocupad los alcázares por los reyes poderosos, a quien Dios los quiere dar por su mucho merecimiento y por los pecados de los moros»; y por el mismo camino que el Cardenal había subido fue a encontrar al rey don Hernando para darle obediencia. El Cardenal entró luego en la Alambra, y hallando todas las puertas abiertas, el alcaide Aben Comixa se la entregó y se apoderó della, y a un mismo tiempo ocupó las torres bermejas y una torre que estaba en la puerta de la calle de los Gomeres; y mandando arbolar la cruz de plata que le traían delante, y el estandarte real sobre la torre de la campana, como sus altezas se lo habían mandado, dio señal de que las fortalezas estaban por ellos. Habíase adelantado a este tiempo el rey don Hernando, y caminaba hacia la ciudad en resguardo del Cardenal, y la reina doña Isabel estaba con toda la otra gente en el lugar de Armilla con grandísimo cuidado, porque le parecía que se tardaba en hacerle la señal; y cuando vio la cruz y el estandarte sobre la torre, hincando las rodillas en el suelo con mucha devoción, dio muchas gracias a Dios por ello, y los de su capilla comenzaron a cantar el himno de Te Deum laudamus. El rey don Hernando paró sobre la ribera del río Genil en el lugar donde agora está la ermita de San Sebastián, y allí llegó el rey moro, acompañado de algunos caballeros y criados suyos, y así a caballo como venía, porque su alteza no consintió que se apease, llegó a él y le besó en el brazo derecho. Hecho este acto de sumisión, se apartaron los reyes; el Católico se fue a la Alambra, y el pagano la vuelta de Andarax. Algunos quieren decir que volvió primero a la ciudad y que entró en una casa donde tenía recogida su familia en la Alcazaba; mas unos moriscos muy viejos, que, según ellos decían, se hallaron presentes aquel día, nos certificaron que no había hecho más de hacer reverencia al Rey Católico y caminar la vuelta de la Alpujarra, porque cuando salió de la Alambra había enviado su familia delante, y que en llegando a un viso que está cerca del lugar del Padul, que es de donde últimamente se descubre la ciudad, volvió a mirarla, y, poniendo los ojos en aquellos ricos alcázares que dejaba perdidos, comenzó a suspirar reciamente, y dijo Alabaquibar, que es como si dijésemos Dominus Deus Sabaoth, poderoso Señor, Dios de las batallas; y que viéndole su madre suspirar y llorar, le dijo: «Bien haces, hijo, en llorar como mujer lo que no fuiste para defender como hombre». Después llamaron los moros aquel viso el Fex de Alabaquibar en memoria deste suceso. Volviendo pues a nuestros cristianos, que caminaban la vuelta de la ciudad, el Rey y la Reina y todos los caballeros y señores subieron a la Alambra, y a la puerta de la fortaleza les dio el alcaide Jucef Aben Comixa las llaves della, y sus altezas las mandaron dar luego a don Íñigo López de Mendoza, conde de Tendilla, primo hermano del cardenal don Pedro González de Mendoza, que fue el primer alcaide y capitán general de aquel reino, cuyo valor tenían sus altezas conocido por los grandes servicios que les había hecho, así en esta guerra siendo alcaide y capitán de la frontera de Alhama, y después en Alcalá la Real, como cuando en el año de 1486 fue por su mandado a tratar de conformar al rey don Fernando de Nápoles con papa Inocencio VIII, y los conformó, y dejó en paz todos los potentados de Italia, que se habían movido para esta guerra. Entrando pues sus altezas en la Alambra, los capitanes de la infantería ocuparon las otras fortalezas, torres y puertas pacíficamente, sin alboroto ni escándalo. Los moros de la ciudad se encerraron en sus casas, que no pareció ninguno sino eran los que necesariamente habían de servir en alguna cosa. Luego subieron los más principales ciudadanos a hacer reverencia y besar las manos a sus altezas, mostrando mucho contento de tenerlos por señores. Y dende a pocos días, viendo la equidad de aquellos reyes, y que les hacían guardar cuanto les habían prometido, acudieron a hacer lo mismo algunos lugares de la sierra y de la Alpujarra y todos los demás que hasta entonces no habían venido a darles obediencia.

Capítulo XXI. Cómo los Reyes Católicos proveyeron por arzobispo de Granada a don fray Hernando de Talavera, y comenzó a tratar de la comisión de los moros

Habiéndose tomado posesión de la ciudad de Granada y de todas las fortalezas, y asegurádolas con gente de guerra, los Católicos Reyes comenzaron a dispensar su magnificencia, haciendo mercedes en general y en particular a todos los que habían servídoles en aquella guerra. Repartieron la tierra que habían ganado, y proveyeron en las cosas de justicia y buena gobernación, así para la quietud de los moros, que ya eran sus vasallos, como para la población y aumento de los nuevos pobladores que de todas partes acudían; lo cual todo hacían con tanta resolución, que parecía bien ser negocio guiado por Dios para honra y gloria suya. Andaba su corte llena de ilustres y esforzados caballeros, sabios y ejercitados en las cosas de la guerra, de muchos y muy doctos letrados en las cosas de justicia y gobernación, y de famosísimos teólogos de santa vida y ejemplar doctrina en las cosas de la fe; porque de tales personas como éstos se arreaban más para sus consejos, que de las pompas y ceremonias de los otros reyes; y así acertaban en todo lo que hacían, y nada hallaban invencible, contra su espada. Entre otros religiosos que traían en su consejo, había uno llamado don fray Hernando de Talavera, fraile profeso de la orden del glorioso padre San Jerónimo, natural de la villa de Talavera, que es en el arzobispado de Toledo, hombre de maravilloso ingenio y prontaza, grandísimo predicador, muy docto en las letras sagradas y ejercitado en la filosofía moral, y sobre todo muy estimado de los Reyes por su bondad de vida y doctrina. Este padre fue más de veinte años prior del monasterio de Santa María de Prado, cerca de Valladolid, y aun lo edificó; y teniendo sus altezas noticias dél, enviaron a llamarle y le hicieron su confesor y de su consejo, y después le dieron el obispado de Ávila, y trayéndole consigo a la conquista del reino de Granada, no fue la menor parte de sus buenos sucesos la industria, consejo y oración deste santo varón, el cual, viendo que ya la ciudad comenzaba a poblarse de cristianos, y que allí tenía buena comodidad de plantar viña al Señor celestial, acordó de dejar la corte temporal, donde era favorecido y regalado, y tomar otra vida trabajosa y de mucho peligro para el cuerpo; y suplicando a los Reyes Católicos proveyesen el obispado de Ávila a quien fuesen servidos, pidió que le dejasen acabar en servicio de Dios en la nueva iglesia de Granada con aquella nueva gente. Siendo pues electo arzobispo de Granada, fue confirmada su elección por papa Alejandro VI, el cual le envió el palio, insignia arzobispal, y se le dio con gran solemnidad don Luis Osorio, obispo de Jaén, a quien vino cometido, asistiendo a ello don Pedro de Toledo, obispo de Málaga, y don fray García Quijada, obispo de Guadix. Y porque nadie pudiese decir que codicia de más renta le movía a dejar el obispado de Ávila por el arzobispado de Granada, no quiso que se le diese más de lo que para vivir moderadamente sin pompa era necesario; y así, le señalaron solos dos cuentos de maravedíes en cada un año, siendo mucho más la renta del obispado de Ávila. Bien se dejó entender la intención deste buen prelado, porque desde el día que tomó posesión se apartó de los negocios de la corte de tal manera, que jamás se pudo acabar con él que se ocupase en otra cosa sino en lo que cumplía a la salvación de las almas de los fieles y conversión de los infieles y en el edificio de las iglesias y buen regimiento dellas. Bueno fue por cierto el consejo que tornaron los Católicos Reyes, como todas sus cosas eran buenas, en encomendar aquel nuevo ganado cerril, no usado al yugo suave de Dios, a pastor tan antiguo y tan ejercitado en su ley, para que por medio suyo viniesen a juntarse con su rebaño. Felice triunfo, dichosa victoria la que en tales tiempos concedió el Señor a la insigne ciudad de Granada. Bien pudiera ella ganarse en otro tiempo para los príncipes cristianos; mas por ventura no se ganara para Jesucristo, como se ganó, mediante la buena diligencia, el trabajo, la industria, las vigilias, las oraciones, el ejemplo de santa vida y dulce conversación de tan buen prelado; porque estas tales obras, poniendo Dios su gracia en ellas, ocuparon de tal manera los ánimos de los moros, que ninguna cosa más estimada, más venerada ni más amada llegaba a sus oídos que el nombre del Arzobispo, a quien ellos llamaban el alfaquí mayor de los cristianos. De donde nació que hubo muchos que se vinieron a convertir espontáneamente de su propia voluntad, por ventura con mejor celo de lo que lo hicieron después otros. Demás deste provecho tan grande que se siguió a los moros, fue también muy necesario en aquella ciudad este prelado para los cristianos, porque como la mayor parte de la gente que acudía a poblarla eran hombres de guerra o gente advenediza, había tantos tan desenfrenados en los vicios que la licencia militar traen consigo, que fue bien menester su trabajo y buena diligencia y grandísima industria para reformarlos. Comenzó cuanto a lo primero a enseñar a los moros las cosas de la fe de Dios, dándoselas a palabras, que no solamente no recibían pesadumbre los mismos alfaquís si los llamaban para que oyesen su doctrina, más aun se venían muchos dellos a oírla sin ser llamados; y para los que se querían convertir tenía casas particulares, que llamaban casa de la doctrina, donde iba de ordinario a predicarles y a enseñarles las buenas costumbres por medio de fieles intérpretes; y aun para este efecto procuró con mucho cuidado que algunos clérigos aprendiesen la lengua arábiga, y él mismo a la vejez quiso aprenderla, a lo menos tanta parte della que bastase, para poderles enseñar los mandamientos, los artículos de la fe y las oraciones, y oír sus confesiones. Tuvo el arzobispado don fray Hernando de Talavera quince años, y murió año de 1507 de pestilencia. Sucediole don Antonio de Rojas, que fue presidente del consejo real y patriarca; y en su tiempo, acerca de los años 1523, día de Nuestra Señora de Marzo, se puso la primera piedra en la Iglesia Mayor; y por su muerte vino al arzobispado de Granada don Francisco de Herrera, que presidió en la audiencia real, y murió el año del Señor 1525. Fue electo en su lugar don Pedro Puertocarrero, que murió antes de tomar posesión del arzobispado. Y estando el Emperador en Granada en el año, de 526, proveyó aquella silla a fray Pedro Ramírez de Alva, prior de San Jerónimo de Granada. Este hizo el colegio de los clérigos del coro, que son treinta, y murió el año del Señor 529. Luego sucedió don Gaspar de Ávalos, siendo obispo de Guadix, que hizo el colegio Real y la universidad, donde se lee teología y leyes. También hizo el colegio de los niños hijos de moriscos, donde les daban de comer y de vestir y estudio y casa de limosna. Fue proveído por arzobispo de Santiago, y sucedió en Granada don Hernando Niño de Guevara, presidente de aquella audiencia, que después lo fue del real consejo, y obispo de Sigüenza y patriarca, y tuvo el arzobispado cinco años. Sucedió don Pedro Guerrero, que lo poseyó veintinueve años, y se halló en el concilio Tridentino. Y por su muerte fue electo don Juan Méndez de Salvatierra, siendo canónigo de Cuenca, y tomó posesión por él el licenciado Mejía de Lasarte, inquisidor de Granada, a 19 de diciembre del año de 1577. Y por su fin y muerte vino al arzobispado don Pedro Vaca de Castro, que era presidente de la audiencia de Valladolid, y lo había sido primero en la de Granada, que hoy vive; y en su tiempo ha sido Dios servido que se manifiesten al mundo las reliquias de mártires que padecieron por su santísima fe en tiempo de la gentilidad de Nerón, en el monte Illipolitano, que llaman monte Santo. Todos estos prelados, escogidos en doctrina y costumbres, procuraron los Reyes dar a los nuevamente convertidos, para que tomasen mejor los documentos de la fe. Baste esto cuanto a los arzobispos: volvamos a nuestra historia.

En el año del Señor 1493 se pasó el rey Zogoybi a Berbería, y vendió a los Reyes Católicos los lugares y renta que le habían dado en la Alpujarra, habiéndolo poseído y gozado poco más de dos años. Esta venta efectuó aquel alcaide que dijimos, llamado Jucef Aben Comixa, que tenía sus poderes, por precio de ochenta mil ducados, estando sus altezas en Aragón. El cual recibió luego el dinero, y lo cargó en acémilas, y lo llevó al Lauxar de Andarax, donde estaba su señor, y poniéndoselo delante, le dijo desta manera: «Señor, vuestra hacienda traigo vendida, veis aquí el precio della. He querido quitaros del peligro, porque mientras los moros os tuvieren presente no dejarán de intentar cosas que os den pesadumbre y desasosieguen esta tierra, de manera que ni vuestra persona ni los que os sirvieren tengan seguridad, ni puedan dejar de perder lo poco que les queda en ella con cualquier pequeña ocasión que se ofrezca. Con este dinero podréis comprar mejor hacienda en Berbería, y allí podréis vivir con más seguridad y descanso que en esta tierra, donde fuiste rey, y no tenéis esperanza de poderlo ya ser». Contábannos algunos moros antiguos que cuando el Zogoybi vio efectuada la venta, mostró tanta pena dello, que matara al Alcaide si no se lo quitaran de delante. Y al fin viendo cuán mal remedio había para deshacer lo hecho, recogió sin dinero, y dende a pocos días se fue con su casa y familia a la ciudad de Fez en una urca que sus altezas le mandaron dar, y allí moró mucho tiempo, hasta que después, yendo con Muley Hamete el Merini a la guerra contra los Xerifes hermanos, reyes de Marruecos, lo mataron en la batalla del río de los Negros, en el vado que dicen de Buacuba. Escarnio y gran ridículo de la fortuna, que acarreó la muerte a este rey en defensa de reino ajeno, no habiendo osado morir defendiendo el suyo.

Capítulo XXII. Cómo se comenzó a tratar de que los moros de Granada se convirtiesen a la fe, o los enviasen a Berbería

Citando los Reyes Católicos hubieron ganado la ciudad de Granada y los lugares de aquel reino, algunos prelados y otras personas religiosas les pidieron con mucha instancia que, pues nuestro Señor les había hecho tan señaladas mercedes en darles una victoria como aquélla, como celosos de su honra y gloria, diesen orden en que se prosiguiese con mucho calor en desterrar el nombre y seta de Mahoma de toda España, mandando que los moros rendidos que quisiesen quedar en la tierra se bautizasen, y los que no se quisiesen bautizar vendiesen sus haciendas y se fuesen a Berbería, diciendo que en esto no se les quebrantaban los capítulos que se les habían concedido cuando se rindieron; antes era mejorarles el partido en cosa que tanto convenía a la salvación de sus almas, y, particularmente a la quietud y pacificación perpetua de aquel reino; porque era cierto que jamás los naturales dél ternían paz ni amor con los cristianos, ni perseverarían en lealtad con los reyes, mientras conservasen los ritos y ceremonias de la seta de Mahoma, que les obligaba a ser crueles enemigos del nombre cristiano. Mas aunque estas consideraciones eran santas y muy justas, sus altezas no se determinaron en que se usase de rigor con los nuevos vasallos, porque la tierra no estaba aún asegurada ni los moros habían dejado de todo punto las armas; y si acaso venían a rebelarse con opresión de cosa que tanto sentirían, sería haber devolver a la guerra de nuevo. Y demás desto, teniendo, como tenían, puestos los ojos en otras conquistas, no querían que en ningún tiempo se dijese cosa indigna de sus reales palabras y firmas, especialmente que los mismos moros lo iban dejando, y había esperanza que con la comunicación doméstica que tendrían con los cristianos, tratando y disputando de las cosas de la religión, entenderían el error en que estaban, y dejándolo, vernían en verdadero conocimiento de la fe, y la abrazarían, como otras muchas naciones bárbaras lo habían hecho en tiempos pasados, siguiendo la voluntad de los vencedores y queriendo ser como ellos; y para que esto se hiciese con amor y benevolencia, mandaban que los gobernadores, alcaides y justicias de todos sus reinos favoreciesen a los moros, y que no consintiesen hacerles agravio ni mal tratamiento, y que los prelados y religiosos blandamente y con demostración de amor procurasen enseñar las cosas de la fe a los que buenamente quisieran oírlas, sin hacerles opresión sobre ello.

Capítulo XXIII. Cómo los Reyes Católicos, sabiendo que los moros se convertían a la fe, mandaron ir a Granada a don fray Francisco Jiménez de Cisneros, arzobispo de Toledo, para que ayudase en tan santa obra al arzobispo de Granada

Habiendo comenzado el buen arzobispo de Granada a regir y gobernar sus nuevas plantas, para que, quitadas del error en que estaban, brotasen frutos de salvación, los Católicos Reyes, para darle quien le ayudase en tan santa obra, enviaron a llamar a don fray Francisco Jiménez de Cisneros, fraile de la orden del seráfico padre San Francisco, y natural de la villa de Tordelaguna, a quien por merecimiento de muchas virtudes, de profunda elocuencia y de santidad de vida y costumbres, siendo provincial de su orden, le habían elegido arzobispo de Toledo en el año del Señor 1495, por fin y muerte del cardenal don Pedro González de Mendoza, que falleció domingo a 11 de enero de aquel año. Estaba a la sazón ocupado este prelado en la fábrica del colegio que fundaba en la villa de Alcalá de Henares, y dejándola encomendada a Baltanasio, su compañero, partió luego para Granada, donde sus altezas habían ido por el mes, de julio del año de 1499, y estuvieron hasta mediado el mes de noviembre, que fueron a Sevilla, y le dejaron encomendado que juntamente con el arzobispo de

Granada prosiguiese en la conversión de los moros, procediendo mansamente y de manera que no se alborotasen. El medio que tuvieron los prelados para negocio tan importante fue mandar llamar a los alfaquís y morabitos de más opinión entre los moros, y con ellos solos en buena conversación disputaban, y les daban a entender las cosas tocantes a la religión cristiana, no con fuerza ni con violencia, sino con buenas razones y sentencias; y trataban el negocio con tanta modestia y mansedumbre, que habiendo disputado gran rato con ellos, los enviaban contentos, dándoles vestidos y otras muchas cosas porque no se extrañasen de volver otras veces a las disputas. Viendo pues los alfaquís y morabitos la mansedumbre con que los trataban los prelados, las buenas obras que les hacían, y que los convencían con sentencias, reprobando su seta, deseando asimismo gozar de la libertad con los vencedores, comenzaron algunos dellos a tomar los documentos de la fe y a enseñarlos al pueblo, amonestando que era vanidad la seta de Mahoma, y que les convenía abrazar la fe de Jesucristo. Estas amonestaciones fueron de tanto efecto, que dentro de pocos días vinieron muchos hombres y mujeres a pedir el santo bautismo con autoridad de sus propios alfaquís, y en un solo día se bautizaron a las de tres mil personas; y fue tanta la prisa, que no pudiéndolos bautizar a cada uno de por sí, fue necesario que el arzobispo de Toledo los rociase con hisopo en general bautismo; y en la fiesta de Nuestra Señora de la O consagró la mezquita del Albaicín, y quedó iglesia colegial de la advocación de San Salvador. Y fuera el negocio muy adelante sin escándalo ni alboroto, si algunos escandalosos, a quien pesaba de ver tan buena obra, no alborotaran el pueblo y la impidieran por entonces, aunque después entre ruego y fuerza se vino a concluir, como agora diremos.

Capítulo XXIV. Cómo el arzobispo de Toledo mandó prender al Zegrí porque impedía la conversión de los moros, y cómo se vino a convertir

Había muchos moros en el Albaicín y en la ciudad que públicamente contradecían la conversión, pareciéndoles cosa dura haber de dejar la ley que sus antepasados les habían enseñado, y doliéndose de ver que la antigua seta de Mahoma se perdiese de todo punto en España. Y entendiendo el arzobispo de Toledo que los autores dello eran algunos de los principales, temiendo no le impidiesen con novedad el efecto que se hacía, mandó prender los que se entendió que eran más contradictores de las cosas de la fe. Entre los cuales fue preso uno llamado el Zegrí Azaator, hombre principal y dotado de buen entendimiento cuanto a las cosas morales, aunque por otra parte arrogante y soberbio, por ser de linaje de los reyes de Granada. Este contradecía reciamente que los moros no se convirtiesen (5), y don fray Francisco Jiménez determinó, dejada aparte toda humanidad, de traerle por fuerza al yugo de Dios, pues no aprovechaban buenas razones con él; y haciéndole poner en una estrecha prisión, mandó que se encerrase con él, para que con cuidado le metiese por camino, un capellán suyo llamado Pedro de León, el cual con ánimo de león se llevó de tal manera con el Zegrí, que de indómito y soberbio que era cuando se lo entregaron, le tornó manso y humilde, y en todo muy conforme a la voluntad de los prelados; y dentro de pocos días, fuese por fuerza, o lo más cierto por inspiración divina, pidió con instancia que le llevasen al alfaquí de los cristianos. Y llevándole aprisionado delante del arzobispo de Toledo, pidió licencia para poderle hablar en su libertad, diciendo que le mandase quitar las prisiones, porque estando con ellas no se le podría agradecer lo que dijese y hiciese; y siéndole mandadas quitar, se hincó de rodillas, y besando la tierra, y luego la mano al Arzobispo, según la costumbre de los moros, le dijo: «Señor, yo quiero ser cristiano, y hágolo de buena voluntad, porque he tenido revelación de Dios, que me lo manda, y soy cierto que me llama para sí por este camino». El Arzobispo recibió grandísimo contento de verle convertido, y mandó vestirle luego de paños nuevos, y le bautizó, y quiso el Zagrí llamarse Gonzalo Hernández, como Gonzalo Hernández de Córdoba hermano de don Alonso de Aguilar, cuyo esfuerzo y valor tenía bien conocido y experimentado en aquella guerra, y demás desto, sabía que el arzobispo de Toledo le quería mucho. De aquí vino a que otros moros hiciesen lo mismo; y así se fueron de día en día convirtiendo, sin que los alfaquís ni otra persona se lo osase estorbar, a lo menos descubiertamente. Y el arzobispo de Toledo les tomó gran copia de volúmenes de libros árabes de todas facultades, y quemando los que tocaban a la seta, mandó encuadernar los otros, y los envió a su colegio de Alcalá de Henares, para que los pusiesen en su librería.

Capítulo XXV. Cómo los moros del Albaicín de Granada se rebelaran la primera vez sobre la conversión, y la orden que se tuvo en apaciguarlos

Parecía cosa recia a los prelados, y especialmente al arzobispo de Toledo, que siendo la ciudad de Granada y todo el reino de cristianos, poseído y conquistado por príncipes tan católicos, hubiese hombres y mujeres renegados y hijos de renegados, a quien los moros llaman elches, que viviesen en la seta de Mahoma. Y como procurasen atraerlos a la fe con amor y buena doctrina, y hubiese algunos tan endurecidos que no la quisiesen abrazar por no dejar sus vicios y torpezas, acordaron de usar de rigor con ellos; y mandando a los alguaciles que prendiesen algunos pertinaces, sucedió que subiendo un día al Albaicín Sacedo, criado del arzobispo de Toledo, y un alguacil real llamado Velasco de Barrionuevo, a prender una mujer hija de un elche, trayéndola presa por la plaza de Bib el Bonut, comenzó a dar grandes voces, diciendo que la llevaban a ser cristiana por fuerza, contra los capítulos de las paces; y juntándose muchos moros, y entre ellos algunos que aborrecían aquel alguacil por otras prisiones que había hecho, comenzaron a tratarle mal de palabra; y como les respondiese soberbiamente, a furia de pueblo pusieron las manos en él y le mataron, arrojándole una losa sobre la cabeza desde una ventana, y después de muerto le metieron en una necesaria; y mataran también a Sacedo, si no le librara una mora debajo de su cama, donde le tuvo escondido aquel día y parte de la noche, hasta que pudo enviarle seguro a la ciudad. Muerto el alguacil, los moros se pusieron en arma y comenzaron a llamar a Mahoma, apellidando libertad y diciendo que se les quebrantaban los capítulos de las paces; y tomando las calles, las puertas y las entradas del Albaicín, se fortalecieron contra los cristianos de la ciudad y comenzaron a pelear con ellos, y sobreviniendo la noche, creció el escándalo. Y entendiendo que la ocasión de todo era el arzobispo de Toledo, como hombres que estaban estomagados de ver la sobrada diligencia que ponía en hacer que fuesen cristianos, corrieron a su posada, que era en la Alcazaba, y le cercaron dentro, el cual se defendió valerosamente. Y aunque hubo algunos que le aconsejaron que saliese de allí, porque lo podía muy bien hacer, y se subiese a la fortaleza de la Alambra, no quiso, diciendo que no había de desampararlos, y que había de esperar el suceso de aquel negocio en el peligro común. Desta manera estuvieron todos los de su casa puestos en arma aquella noche, y otro día de mañana bajó de la fortaleza de la Alambra el conde de Tendilla con buen número de gente, y acudió luego a favorecer al Arzobispo, el cual le encomendó la ciudad y la gente de guerra que tenía consigo, que serían como doscientos hombres, y que particularmente procurase apaciguar aquella furia popular; mas por mucha diligencia que puso, duró el alboroto, sin poderlo apaciguar, diez días, durante los cuales los prelados y el Conde, cada uno por su parte, trabajaron con mucha prudencia por todas las vías posibles como se quietase aquella gente bárbara, llamando a los alfaquís y a los principales ciudadanos, y dándoles a entender el yerro que habían hecho en levantarse contra reyes tan poderosos, y la pena en que habían incurrido y el castigo que se haría si llegaba la gente de Andalucía antes que se apaciguasen. Mas ellos daban color a su negocio, diciendo que el Albaicín no se había alzado contra sus altezas, sino en favor de sus firmas, y que sus ministros eran los que habían alborotado la tierra, queriendo quebrantar a los moros los capítulos de las paces con que se habían rendido, y que todo se apaciguaría con que se los guardasen, sin hacerles opresión en las cosas de la ley. Algunos había tan indignados y con tanta determinación de ponerse en libertad, que no querían oír razón, pareciéndoles que había treinta moros para cada cristiano, y que estaban bien pertrechados de armas con que defenderse. En tanta revolución pasara el negocio más adelante, si el arzobispo de Granada, confiado más en la misericordia de Dios que en la fuerza de las armas, no los apaciguara con un heroico hecho; porque no habiendo querido oír al conde de Tendilla ni recibir su adarga, que se la enviaba en señal de paz, habiéndosela apedreado y tratado mal al escudero que la llevaba, cosa que mostraba tener grande indignación, cuando más bravos y soberbios estaban, tomó consigo un solo capellán con su cruz delante y algunos criados a pie y desarmados, y se fue a meter entre los moros en la plaza de Bib el Bonut, donde se habían recogido, con tan buen semblante y rostro tan sereno como cuando iba a predicarles las cosas de la fe. Ved pues cuánta fuerza tiene la virtud y la templanza, que así como te vieron los moros, olvidando el rigor y la saña que tenían, se fueron humildes para él y le dieron paz, besándole la halda de la ropa, como lo solían hacer cuando estaban pacíficos. Luego llegó el conde de Tendilla con sus alabarderos, y quitándose un bonete de grana que llevaba en la cabeza, lo arrojó en medio de los moros, para que entendiesen que iba en hábito de paz. Los cuales lo alzaron y besaron, y se lo volvieron a dar; y con esto se aseguraron los unos y los otros, y el Arzobispo y el Conde estuvieron gran rato en la plaza amonestándoles y rogándoles que dejasen las armas, y prometiéndoles que por lo sucedido no se les daría pena ni serían habidos por culpados generalmente, y que ellos les alcanzarían perdón y la gracia de sus altezas, pues se debía entender, como ellos decían, que más se habían movido en favor de sus reales firmas que con voluntad de hacer novedad; y que demás desto, les serían guardadas sus capitulaciones. Y para que se asegurasen más, hizo el Conde un hecho verdaderamente digno de su nombre, que tomó consigo a la Condesa, su mujer, y a sus hijos niños, y los metió en una casa en el Albaicín junto a la mezquita mayor, a manera de rehenes. Y con esto se apaciguó la ciudad, ayudando también de parte de los moros un cadí o juez suyo, llamado Cidi Ceibona, hombre de buen entendimiento y muy respetado entre aquellas gentes, el cual ofreció que entregaría a la justicia de sus altezas los que habían sido en matar al alguacil, para que fuesen castigados. Y en efecto lo cumplió; los hizo prender y puso en manos del licenciado Calderón, corregidor de Granada, el cual mandó ahorcar cuatro dellos en la rambla de Beyro, y soltando otros muchos por bien de paz, dejaron los moros las armas y comenzaron a entender en sus labores.

Capítulo XXVI. Cómo el Rey Católico se enojó con el arzobispo de Toledo cuando supo la causa del rebelión de los moros, y oído su descargo, le mandó proseguir en la conversión

El demonio, enemigo del género humano, que siempre vela en daño de las almas y persigue a los que procuran salvarlas a su Criador, hubiera interrumpido la buena obra comenzada, y hecho perder al arzobispo de Toledo la gracia con los Reyes, y cayera en gran falta con ellos, si el soberano Señor no le ayudara y favoreciera. En el capítulo antes deste se dijo como el rebelión del Albaicín duró diez días. El tercero día pues que los moros se rebelaron, el arzobispo de Toledo escribió a sus altezas, que estaban en la ciudad de Sevilla, dándoles cuenta de lo que pasaba; y teniendo ya cerrado el pliego para despachar un correo que fuese hombre de mucha diligencia, se ofreció un ciudadano llamado Cisneros, que daría un esclavo canario que caminaba veinte leguas cada día, y si fuese menester, se pornía en menos de dos días naturales en Sevilla. El Arzobispo se persuadió fácilmente a creerlo, y venido el canario ante él le encargó que con toda diligencia, caminando de día y de noche, fuese a Sevilla, y diese aquel pliego en manos de la Reina Católica o del secretario Almazán. El cual, habiendo prometido de cumplir cuanto se le mandaba, partió de Granada luego; mas como era hombre vil y bajo, acordó de emborracharse en el camino, y fue tan despacio, que tardó cinco días en llegar a Sevilla. En este tiempo llegaron otros avisos a sus altezas; y como el Rey Católico no vio carta del arzobispo de Toledo, entendió que por su causa había sucedido tan gran desorden, y culpándole, se enojó también con la Reina, diciendo que había sido causa de que viniese aquel hombre a Granada, que había alborotado y puesto en condición el reino que tanto había costado conquistar; aun la propia Reina casi lo creía, no viendo letra suya, y mandó al secretario Almazán que luego le escribiese imputándole tan gran descuido, y diciéndole que con toda brevedad enviase relación de lo sucedido. Estaba el Arzobispo bien descuidado, entendiendo que sus cartas habían llegado a tiempo, y viendo lo que el secretario Almazán le escribía, para satisfacer a sus altezas envió a fray Francisco Ruiz, su compañero, a que les informase de todo el suceso, ofreciendo de ir luego personalmente a darles más particular cuenta del negocio. Este fraile les hizo relación de todo lo sucedido en Granada, y de tal manera se lo dio a entender, que perdieron parte del enojo que tenían, aunque mucho más se aplacaron después cuando el propio Arzobispo llegó; el cual con su mucha elocuencia y discreción lo allanó todo, dándoles a entender que lo que había hecho y hacía era por servicio de Dios, y no por otro interés, y disculpándose con tan buenas razones, que los Reyes quedaron satisfechos, y él en mayor gracia con ellos. Y viendo tan buena ocasión como de presente se ofrecía, les aconsejó que no partiesen mano de la conversión de los moros, que ya estaba comenzada, y que pues habían sido rebeldes y por ello merecían pena de muerte y perdimiento de bienes, el perdón que les concediese fuese condicional, con que se tornasen cristianos o dejasen la tierra. Este Consejo tuvieron por bueno los Reyes Católicos, aunque tardó la resolución del más de ocho meses: en el cual tiempo los del Albaicín hicieron grandes diligencias para estorbarle, y enviaron al soldán de Egipto, quejándose que les querían hacer que fuesen cristianos por fuerza, y suplicándole, los favoreciese con enviar su embajada a España, dando a entender que haría él lo mismo con los cristianos que tenía en su imperio, compeliéndolos a que fuesen moros. Y el Soldán envió sus embajadores a los Reyes Católicos, diciendo que no se sufría hacer fuerza a los moros rendidos para que fuesen cristianos; y que si esto se hacía en España, haría él otro tanto en toda Asia con los cristianos súbditos de su imperio. Los Reyes recibieron muy bien a los embajadores, y respondieron que ellos no querían cristianos por fuerza, ni menos querían tener moros en sus reinos, por la poca seguridad que se podía tener de su lealtad; y que a los que de grado se convertían se le hacía todo bien y merced, y a los que se querían ir a Berbería les daban lugar para ello y licencia para vender sus bienes, muebles y raíces, y los enviaban con toda seguridad a los puertos donde querían ir. Y demás desto, enviaron a Pedro Mártir (6), clérigo milanés, hombre docto y de muy buena vida, que fue el primer prior de la iglesia catedral de Granada, a que diese a entender al Soldán lo que en este particular había, y las causas que les habían movido a hacer lo que hacían. El cual fue a Egipto y a Persia, y llevó consigo los testimonios de los alcaides de los lugares marítimos de Berbería, en que certificaban como los ministros de los moros de España que llevaban los moros, los ponían en tierra con toda seguridad con sus mujeres y hijos y familias, sin hacerles molestia ni mal tratamiento; porque sus altezas mandaban siempre a los alcaldes y alguaciles que iban con los moros, que tomasen testimonios de donde los dejaban, para satisfacción de que habían cumplido su mandado. Viendo pues los moros del reino de Granada cuán poco aprovechaban sus diligencias, hubo muchos que se pasaron a Berbería, y los que no quisieron dejar la tierra, acordaron de hacerse cristianos. Esta conversión hizo el bendito arzobispo de Granada, dándoles el sagrado bautismo sin prevención de catecismo y sin instruirlos primero en las cosas de la fe, porque acudía tanta multitud de gente a convertirse, y era tan grande la necesidad que había de brevedad, que no daba lugar a poderlos instruir; mas la diligencia y cuidado de los prelados lo habían suplido, si los moriscos quisieran olvidar las ceremonias, trajes y costumbres que tenían juntamente con la seta, y se preciaran ser y parecer en todo cristianos: cosa que jamás se pudo acabar con ellos.

Capítulo XXVII. Cómo los Reyes Católicos allanaron algunas alteraciones que hubo en el reino de Granada sobre la conversión de los moros

Luego que la fama corrió por los lugares del reino de Granada cómo los moros granadinos se tornaban cristianos, los de las sierras y de la Alpujarra, por consejo de algunos de los más principales del Albaicín, que se veían opresos y querían hacer su negocio con el peligro de cabezas ajenas, comenzaron a alborotarse; y en aquel año y en el siguiente, que fue de 1500, se rebelaron algunos lugares, diciendo que les quebrantaban los capítulos de las paces con que se habían entregado; y que pues no habían sido culpados en el rebelión, tampoco eran obligados a pasar por lo que los otros hacían para su descargo. Sabidos estos alborotos en Sevilla, el Rey Católico partió para Granada a 27 de enero, y mandó al conde de Tendilla y a Gonzalo Hernández de Córdoba que fuesen sobre el castillo de Güejar, donde se habían recogido algunos moros de los alzados; los cuales fueron luego sobre él, y ganándole le destruyeron, no sin gran daño de la gente de armas que llevaban; porque los enemigos de Dios araron de dos o tres rejas las hazas que estaban al derredor del lugar; y echando toda el agua de las acequias por ellas, empantanaron el campo de manera que atollaban los caballos hasta las cinchas; y viéndolos embarazados en aquellos atolladeros, cargaban sobre ellos de todas partes los peones sueltos por las lindes y veredas que sabían, y los herían y mataban. El conde de Lerín, que tenía su estado en el reino de Navarra, fue sobre Andarax, porque los moros de aquella taa se habían hecho fuertes en el castillo del Lauxar; y ganándole por fuerza de armas, voló con pólvora la mezquita mayor, donde se habían recogido las mujeres y niños de aquellos lugares. Y el rey don Hernando entró por el valle de Lecrín, y cercó y ganó el castillo y lugar de Lanjarón, viernes a 7 días del mes de marzo, llevando consigo al alcaide de los Donceles, al conde de Cifuentes, al comendador mayor de Calatrava, a Gonzalo Mejía, señor de Sanctofimia, y a otros muchos señores y caballeros; y un moro negro, que tenían los alzados por capitán, no queriendo venir, ni poder de cristianos ni dejar de morir moro, se echó de la torre abajo, y se hizo pedazos, cuando vio que los otros se rendían. Siendo pues opresos los rebeldes con increíble presteza, y allanadas las cosas de la Alpujarra, volvió el Rey a Sevilla; y trayendo consigo a la Reina, tornaron a Granada, sábado 23 días del mes de julio. Y en los meses de agosto, setiembre y octubre se convirtieron todos los moros de la Alpujarra y de las ciudades de Almería, Baza, Guadix, y de otras muchas villas y lugares del reino de Granada. Y en este tiempo se alzaron los moros de Belefique, y en el siguiente año de 501, al principio dél, fueron presos y muertos por justicia, y las mujeres dadas por cautivas. Los de Níjar y Güevéjar se dieron y fueron esclavos, excepto los niños de once años abajo, que los tornaron cristianos. Y en el mismo año se alzaron ciertos lugares de moros de la serranía de Ronda y sierra Bermeja y Villaluenga, y sus altezas enviaron contra ellos al conde de Ureña y a don Alonso de Aguilar. Mas no les sucedió tan prósperamente, porque fueron desbaratados en un lugar llamado Calalui, cerca de Ginalguacil, martes en la noche, a 16 días del mes de marzo; y muriendo la mayor parte de nuestra gente, murió también don Alonso de Aguilar a manos de un moro llamado el Feri, vecino de Ben Estepar. Escapó don Pedro, su hijo, con los dientes quebrados de una pedrada, y el conde de Ureña y los demás con grandísimo trabajo. Por esta rota fue necesario que el propio Rey Católico saliese de Granada, y con su presencia se allanó luego toda la tierra; y dejando ir a Berbería a los que no quisieron ser cristianos, se convirtieron los demás allí y en todo el reino; y lo mismo hicieron dentro de pocos días los moros mudéjares que vivían en Ávila, en Toro y en Zamora y en otras partes de Castilla, que aun hasta entonces no se habían convertido.

Libro II

Capítulo I. Cómo los nuevamente convertidos sintieron siempre mal de la fe. Trata de los nombres de moro y mudéjar

Apaciguadas las alteraciones del reino de Granada, y convertidos los moros a nuestra santa fe católica de la manera que hemos dicho, los Católicos Reyes los fueron regalando con nuevas mercedes y favores, gobernándolos con amor, y haciéndoles todo buen tratamiento, y mandando a sus ministros de justicia y guerra que los favoreciesen y animasen. Mas luego se entendió lo poco que aprovechaban estas buenas obras para hacerles que dejasen de ser moros; porque si decían que eran cristianos, veíase que tenían más atención a los ritos y ceremonias de la seta de Mahoma que a los preceptos de la Iglesia Católica, y que cerraban de industria las orejas a cuanto los prelados, curas y religiosos les predicaban; y siendo ricos y más señores de sus haciendas de lo que eran en tiempo de los reyes moros, jamás se tuvieron por contentos, suspirando siempre con la memoria de su antigua era; y confiados en unas ficciones vanas, llamadas jofores o pronósticos, solo en ellas ponían su esperanza, porque les decían que habían de volver a ser moros y a su primer estado. Esto duró al principio, mientras duraron los viejos con alguna manera de libertad por su barbarismo; y después, aunque con el trato comenzaron a sosegarse los que les sucedieron, sintiendo menos regalo y mayores opresiones de las justicias, como hombres que entendían ya cualquier cosa con la práctica que tenían, empezaron a congojarse demasiadamente y a enfurecerse con su mala inclinación; de donde les crecía cada hora más la enemistad y el aborrecimiento del nombre de cristiano; y si con fingida humildad usaban de algunas buenas costumbres morales en sus tratos, comunicaciones y trajes, en lo interior aborrecían el yugo de la religión cristiana, y de secreto se doctrinaban y enseñaban unos a otros en los ritos y ceremonias de la seta de Mahoma. Esta mancha fue general en la gente común, y en particular hubo algunos nobles de buen entendimiento que se dieron a las cosas de la fe, y se honraron de ser y parecer cristianos, y destos tales no trata nuestra historia. Los demás, aunque no eran moros declarados, eran herejes secretos, faltando en ellos la fe y sobrando el bautismo; y cuanto mostraban ser agudos y resabidos en su maldad, se hacían rudos e ignorantes en la virtud y doctrina. Si iban a oír misa los domingos y días de fiesta, era por cumplimiento y porque los curas y beneficiados no los penasen por ello. Jamás hallaban pecado mortal, ni decían verdad en las confesiones. Los viernes guardaban y se lavaban, y hacían la zalá en sus casas a puerta cerrada, y los domingos y días de fiesta se encerraban a trabajar. Cuando habían bautizado algunas criaturas, las lavaban secretamente con agua caliente para quitarles la crisma y el óleo santo, y hacían sus ceremonias de retajarlas, y les ponían hombres de moros; las novias, que los curas les hacían llevar con vestidos de cristianas para recibir las bendiciones de la Iglesia, las desnudaban en yendo a sus casas, y vistiéndolas como moras, hacían sus bodas a la morisca con instrumentos y manjares de moros. Si algunos aprendían las oraciones, era porque no les consentían que se casasen hasta que las supiesen, y muchos huían de saber la lengua castellana, por tener excusa para no aprenderlas. Acogían a los turcos y moros berberiscos en sus alcarías y casas, dábanles avisos para que matasen, robasen y cautivasen cristianos, y aun ellos mismos los cautivaban y se los vendían; y así, venían los cosarios a enriquecer a España como quien va a una India; y muchas veces se iban las alcarías enteras con ellos; aunque éste era el menor mal y de que menos pena habían de sentir los cristianos, porque les acontecía anochecer en España y amanecer en Berbería con sus vecinos y compadres. Para remedio destos males proveyeron los Reyes de Castilla algunas cosas de justicia y buena gobernación, y entre otras, la reina doña Juana, hija y heredera de los Católicos Reyes, entendiendo que sería de mucho efecto quitarles el hábito morisco para que fuesen perdiendo la memoria de moros, mandó quitárselo, dándoles seis años de tiempo para romper los vestidos que tenían hechos, y se disimuló con ellos otros diez hasta que fue mandada cumplir por el emperador don Carlos en el año de 1518, que vino a reinar en Castilla, y suspendida a suplicación de los moriscos el mismo año por el tiempo que su voluntad. Después el licenciado Pardo, abad mayor de la iglesia de San Salvador del Albaicín, y los canónigos beneficiados della que sabían bien cómo vivían los moriscos, informaron de nuevo a su majestad que guardaban los ritos y ceremonias de moros; y en el año de 1526, estando en la ciudad de Granada, proveyó visitadores eclesiásticos por toda la tierra, y fueron nombrados para ello don Gaspar de Ávalos, obispo de Guadix; fray Antonio de Guevara, el licenciado Utiel, el doctor Quintana y el canónigo Pero López. En el siguiente capítulo diremos lo que en esto hubo, porque en este lugar nos ocurre hacer una breve relación, para que el lector entienda lo que es moro y mudéjar, y de donde vinieron estos nombres. Los setarios secuaces de Mahoma propiamente deben ser llamados con dos solos nombres, alárabes o agemes: los alárabes son los originarios, y los agemes los advenedizos que de otras naciones y provincias abrazaron su opinión. A éstos llaman generalmente los mahometanos entre sí mucelemin, y nosotros los llamamos moros, nombre impropio, porque mauros fueron otros pueblos fenicios que vinieron de Tiro a poblar en África, y edificaron la ciudad de Útica, y después la de Cartago, setenta y dos años antes de la fundación de Roma, cuya historia es ésta. Los fenicios fueron valerosos en las artes bélicas, y dieron después nombre a las dos Mauritanias, Tingitana y Cesariense, y tuvieron grandes victorias debajo las conductas de sus capitanes Macheo, Magon, Asdrúbal primero, Amílcar segundo, Annone, Gisgon, Aníbal, Asdrúbal segundo, Safo, y otros que refieren las historias de Trogo Pompeyo y de otros que escribieron después dél. Éstos entraron al principio en África por vía de paz y so color de contratar con los penos pastorales o númidas; después hicieron sus colonias y guerrearon con ellos y haciéndose poderosos con los buenos sucesos, conquistaron y ocuparon la mayor parte de Berbería y las islas de Sicilia y Sardeña; y pasando en tierra firme de Italia, pusieron temor a los poderosos romanos, que entre envidia y codicia dieron después fin a su prosperidad, destruyendo y asolando la famosa ciudad de Cartago. Los mauros, fenicios o cartaginenses, como los quisiéremos llamar, que escaparon de la ira de los romanos, derramándose por África entre los penos, constituyeron señorío en algunas partes, especialmente en las Mauritanias, y dellos vienen los que agora llaman azuagos; y porque así éstos como los otros mauros de Fenicia abrazaron la seta de Mahoma en el número de los agemes, el vulgo cristiano los llama comúnmente a todos moros; y así los que lo son se honran mucho de aquel nombre, entendiendo por mucelemines y que es el nombre que ellos tienen por epíteto de santimonia, interpretado hijos de salvación. Los mudéjares vienen de los alárabes y de los agemes africanos y de otras naciones, y son los que se quedaron en España en los lugares rendidos por vasallos a los reyes cristianos, a los cuales, porque servían y hacían guerra contra los otros moros, los llamaron por oprobio mudegelín, nombre tomado de Degel, que es en arábigo el Anticristo; y no por ser de casta de judíos, como algunos han querido decir. Esto baste para la etimología destos nombres, que todo se pone aquí por curiosidad.

Capítulo II. Cómo el emperador don Carlos mandó hacer junta de prelados en la ciudad de Granada para reformación de los moriscos

Habiendo hecho los visitadores por todos los lugares de moriscos del reino de Granada su visita, y siendo informado el cristianísimo emperador don Carlos cuán conveniente cosa era, para que fuesen buenos cristianos, que dejasen el trato y costumbres que tenían de tiempo de moros, juntando la apariencia con las obras, estando todavía su majestad en Granada, mandó hacer junta de los más estimados teólogos que a la sazón se hallaban en el reino, a quien encomendó aquel negocio, para que tratasen del remedio que se podría tener para hacérselo dejar. Juntáronse en la capilla real que los Católicos Reyes don Hernando y doña Isabel fundaron para su enterramiento en la Iglesia Mayor de aquella ciudad, don Alonso Manrique, arzobispo de Sevilla y inquisidor general de España, don Juan Tavera, arzobispo de Santiago, presidente del real consejo de Castilla y capellán mayor de su majestad; don fray Pedro de Álava, electo arzobispo de Granada; don fray García de Loaysa, obispo de Osma; don Gaspar de Ávalos, obispo de Guadix; don Diego de Villalar, obispo de Almería; el doctor Lorenzo Galíndez de Carvajal y el licenciado Luis Polanco, oidores del real consejo, don García Padilla, comendador de la Orden de Calatrava; don Hernando de Guevara y el licenciado Valdés, del consejo de la general Inquisición; y el comendador Francisco de los Cobos, secretario de su majestad y de su consejo. En esta junta se vieron las informaciones de los visitadores, los capítulos y condiciones de las paces que se concedieron a los moros cuando se rindieron, el asiento que tomó de nuevo con ellos el arzobispo de Toledo cuando se convirtieron, y las cédulas y provisiones de los reyes, juntamente con las relaciones y pareceres de hombres graves. Y visto todo, hallaron que mientras se vistiesen y hablasen como moros conservarían la memoria de su seta y no serían buenos cristianos, y en quitárselo no se les hacía agravio, antes era hacerles buena obra, pues lo profesaban y decían. Mandáronles quitar la lengua y el hábito morisco y los baños;

que tuviesen las puertas de sus casas abiertas los días de fiesta y los días de viernes y sábado; que no usasen las leylas y zambras a la morisca; que no se pusiesen alheña en los pies ni en las manos ni en la cabeza las mujeres, que en los desposorios y casamientos no usasen de ceremonias de moros, como lo hacían, sino que se hiciese todo conforme a lo que nuestra Santa Iglesia lo tiene ordenado; que el día de la boda tuviesen las casas abiertas y fuesen a oír misa; que no tuviesen niños expósitos; que no usasen de sobrenombres de moros, y que no tuviesen entre ellos gacis de los berberiscos, libres ni cautivos.

Todas estas cosas se pusieron por capítulos, con las causas y razones que los habían movido a ello; y consultado a su majestad, los mandó cumplir. Mas los moriscos acudieron luego a contradecirlos, informando con sus razones morales, como gente que ninguna cosa sentían tanto como haber de dejar su traje y lengua natural, que era lo que más sentían; y dieron sus memoriales, y hicieron sus ofrecimientos, y al fin alcanzaron con su majestad, antes que saliese de Granada, que mandase suspender los capítulos por el tiempo que fuese su voluntad; y con esto cesó la ejecución por entonces. Y aunque después en el año de 1530, estando el Emperador ausente destos reinos, la Emperatriz nuestra señora mandó despachar sus reales cédulas al arzobispo de Granada, y al Presidente y oidores, y a los propios moriscos, encargándoles y mandándoles que diesen orden como se quitase aquel traje deshonesto y de mal ejemplo, y que las moriscas trajesen sayas y mantos, y sombreros como cristianas, acudieron otra vez al Emperador, y le suplicaron mandase suspender aquellas cédulas, representando los grandes inconvenientes que había en la ejecución, la pérdida de las rentas reales y el desasosiego del reino; y así mandó su majestad suspender los capítulos segunda vez, hasta que viniese a España. No ponemos en este lugar los capítulos, porque van adelante con la contradicción que los moriscos hicieron a los que se hicieron en la villa de Madrid, que fue todo una cosa, y resultó de allí el rebelión de que trata esta historia.

Capítulo III. Cómo se quitó a los moriscos que no pudiesen servirse de esclavos negros, y se les mandó a los que tenían licencias de armas que las llevasen a sellar ante el capitán general

En el año de nuestra salud 1560, estando ya retirado a la contemplación de las cosas divinas el cristianísimo emperador don Carlos, nuestro señor, en el monasterio de Yuste, habiendo dejado el gobierno de todos sus estados al

Católico Rey don Felipe, su hijo, segundo deste nombre, en las primeras cortes que celebró en la ciudad de Toledo el mismo año, los procuradores de Cortes, informados del daño que se seguía de que los moriscos del reino de Granada tuviesen esclavos negros de Guinea en su servicio, porque los compraban bozales para servirse dellos, y teniéndolos en sus casas, les enseñaban la seta de Mahoma y los hacían a sus costumbres, y demás de perderse aquellas almas, crecía cada hora la nación morisca, con menos confianza de fidelidad, suplicaron a su majestad se los mandase quitar; y a su pedimento se mandó que ningún morisco tuviese esclavos negros en su casa ni en sus labores, cometiendo la ejecución dello a las justicias ordinarias del reino. Deste mandato se agraviaron todos en general, diciendo que se tenía poca confianza dellos y de su trato, y que en caso que se les hubiese de quitar los esclavos, había de entenderse solamente con los hombres sospechosos, y no con toda la nación, donde había muchos nobles que se trataban como cristianos y se preciaban de serlo, estando emparentados con ellos, y que no había causa ni razón para que les hiciesen un agravio tan grande. Y su majestad, con acuerdo del Real Consejo, por una declaración que sobre ello se hizo, mandó que no se entendiese lo proveído con las personas particulares, de quien no se debía tener sospecha, ni con los que estuviesen casados o se casasen con cristianas. Desto suplicaron segunda vez los moriscos del reino, diciendo que los esclavos negros eran el servicio de sus casas y de sus labores, y era destruirlos si se los quitaban; y con grandísima instancia pidieron que se entendiese la limitación, sin eceptar personas, pues eran todos y vasallos de su majestad. Luego acudieron a don Íñigo López de Mendoza, conde de Tendilla, que ya era alcaide de la fortaleza de la Alambra y capitán general del reino de Granada, en vida de don Luis Hurtado de Mendoza, marqués de Mondéjar, su padre, que a la sazón era presidente del consejo real de Castilla; y poniéndole delante los beneficios que los naturales de aquel reino habían recibido de sus antepasados, y los servicios que la nación les había hecho, le suplicaron que tomando la mano en aquel negocio, los favoreciese, y procurase con su majestad la suspensión de aquel capítulo de cortes, de que tanto daño les venía. El Conde les ofreció que haría lo que pudiese, como lo había hecho siempre en las cosas que se les ofrecían, y así lo hizo. Mas viendo aquella gente sospechosa que no sucedía el negocio conforme a su deseo, entendiendo que lo había tratado tibiamente, o por ventura les había sido contrario, comenzaron algunos dellos a disgustarse, procurando favorecerse de otras personas, y hicieron revocar una merced que de pedimiento del reino le había hecho su majestad en la renta de la farda, de dos mil ducados de ayuda de costa en cada un año; y de aquí nació que también el conde de Tendilla les diese poco gusto de su parte. Entraron luego los celos de la división entre la Audiencia real y él sobre cosas harto livianas, torciendo el entendimiento de las concordias que estaban hechas y confirmadas por los Reyes, y trayéndolas cada cual a su opinión, no queriendo tener igual y procurando conservar superioridad. Pretendía el Audiencia por su parte quitar el conocimiento de las causas al Capitán general, o a lo menos enmendar lo que hacía. Estiraba él su cargo cuanto podía, y de aquí vino a pasiones particulares, que redundaron después en daño de muchos que estaban bien descuidados. Porque luego con voz de restituir al público concejil lo que tenían ocupado algunos de la Audiencia y otras personas del cabildo de la ciudad, se dio noticia a su majestad, y se proveyó juez de términos contra ellos; lo cual fue causa de echar a las vueltas algunos moriscos de sus haciendas; gente encogida y miserable, que viéndose desposeer de las heredades y tierras que habían heredado, comprado o poseído, no menos sentían este gravamen que los otros. Demás desto, el conde de Tendilla, viendo que se le habían desvergonzado y cobrado alas con otros favores, para tenerlos más sujetos trató con el fiscal de la Audiencia real y con el cabildo de la ciudad de Granada que pidiesen a su majestad confirmación de una cédula que el emperador don Carlos había dado el año del Señor 1553, en que mandaba que todos los moriscos del reino de Granada, de cualquier estado y condición que fuesen, que tuviesen licencias para traer armas, las llevasen a registrar ante el Capitán general, para que las mandase sellar, y que no las pudiesen traer ni tener de otra manera. Esta cédula se mandó luego confirmar en el Consejo, con relación que algunos moriscos, so color de tener licencias de armas, compraban más cantidad de las que habían menester, y las vendían o daban a los monfís y hombres escandalosos. Y aunque hubo contradicción de su parte, no les aprovechó, y fue tanto lo que lo sintieron, que muchos dejaron de traer las armas por no ponerse en aquella sujeción, y pocos fueron los que las llevaron a registrar y sellar; todos quedaron descontentos, indinados y con poco sosiego. De allí adelante, habiendo poca conformidad entre los superiores, menudeaban quejas a su majestad, con que cansados los oídos de los de su consejo, y él con ellos, las provisiones no tuvieron efecto, y salieron varias o ningunas, perdiendo con la importunidad el crédito, y se proveyeron muchas cosas de pura justicia, que conforme a la calidad de los tiempos se pudieran dilatar, o llevar con menos rigor.

Capítulo IV. Cómo se mandó que los moriscos delincuentes no se acogiesen a lugares de señorío ni gozasen de la inmunidad de la iglesia más de tres días

Estos mismos días las justicias y los concejos de los lugares del reino de Granada que eran cabezas de partidos informaron a los oidores y alcaldes de la Audiencia Real como en los lugares de señorío se acogían y estaban avecindados muchos moriscos que andaban huidos de la justicia por delitos, y teniendo allí seguridad, salían a saltear y robar por los caminos, y que los señores cuyos eran los lugares los favorecían y amparaban por tenerlos poblados, y desta manera crecía el número de malhechores y había poca seguridad en la tierra, y convenía mandar que no los acogiesen y que las justicias realengas entrasen a prenderlos donde los hallasen. Pareciendo pues a la Audiencia que no convenía que los delincuentes tuviesen aquella guarida, informaron sobre ello a su majestad en su real consejo, y con él consultado, se mandó despachar provisión para que los señores no recogiesen gente desta calidad en sus pueblos, y las justicias realengas pudiesen entrarlos a prender donde quiera que los hallasen. Había muchos moriscos que habiendo sido perdonados de las partes, y estando sus negocios olvidados muchos años había, vivían en lugares de señorío y estaban avecindados y casados en ellos. Estaban con alguna manera de quietud entendiendo en sus oficios y labores del campo, y como los escribanos comenzasen a revolver papeles, buscando causas, y las justicias los apretasen con rigor, perdiendo la confianza que tenían del favor de los lugares de señorío, y viendo que tampoco se podían entretener en las iglesias ni estar retraídos más de tres días en ellas, porque así se había proveído también estos días, comenzaron a darse a los montes, y juntándose con otros monfís y salteadores, cometían cada día mayores delitos, matando y robando las gentes, y andando en cuadrillas armados y tan a recaudo, que las justicias ordinarias eran ya poca parte para prenderlos, por no traer gente de guerra consigo. Luego entró la duda de la competencia de su jurisdicción que dijimos, sobre si pertenecía al Capitán general, que solía hacer semejantes castigos por razón del oficio de la guerra, o a las justicias, por ser negocio de rigor de ley; y al fin se cometió a las justicias, dando facultad a don Alonso de Santillana, que a la sazón era presidente en la audiencia real de

Granada, y a los alcaldes del crimen, para que a costa de los moriscos recogiesen cierto número de gente a sueldo que anduviesen en seguimiento de los delincuentes, no excluyendo en parte al Capitán general, sino que también él prendiese y castigase. La Audiencia hizo dos cuadrillas pequeñas de a ocho hombres cada una, que ni eran bastantes para asegurar la tierra ni fuertes para resistir a los monfís; y así se acrecentó con ellos el daño. Porque por nuestros pecados el día de hoy van los negocios más enderezados al interés particular que al bien público, y aunque la intención del Consejo Real fue santa y buena, la sobrada diligencia y el modo de proceder fue dañoso, porque los alguaciles y escribanos, que eran los ejecutores, queriendo enriquecer en esta ocasión, no solo perseguían a los que entendían ser culpados, más aun molestaban a los que estaban quietos y pacíficos en sus casas; y extendieron la codicia tanto, que pocos moriscos había ya en el reino que no los hallasen culpados. Con estas opresiones, siguiéndolos también el capitán general por su parte y la Inquisición y el Arzobispo, no teniendo donde poderse guarecer en poblado, se dieron a los montes muchos que hasta entonces no lo habían hecho. Ayudó también por su parte la desorden de los soldados que se alojaban en las alcarías en las casas de los moriscos; y demás de la costa ordinaria que les hacían, que era mucha, usaban de las codicias y deshonestidades que la licencia militar trae consigo cuando no precede el temor de Dios; y por ventura, como después se entendió, eran más los delitos que ellos cometían que los delincuentes que prendían. Desta manera fue creciendo el mal con la medicina y el número de los monfís, muchos de los cuales se recogían en la ciudad de Granada, y metiéndose en el Albaicín, salían a saltear de noche, mataban los hombres, desollábanles las caras, sacábanles los corazones por las espaldas y despedazábanlos miembro a miembro; y de junto a los muros de la ciudad y dentro cautivaban las mujeres y los niños y los llevaban a vender a Berbería. De aquí tomó principio la esperanza de los ánimos escandalosos y ofendidos, y estos mismos fueron instrumento principal del rebelión, como se entenderá por el discurso desta historia.

Capítulo V. Cómo su majestad mandó hacer junta en la villa de Madrid sobre la reformación de los moriscos, y se mandaron ejecutar los capítulos de la junta del año de 1526

Como los moriscos anduviesen tan desasosegados y acudiesen de hora en hora avisos a la ciudad de Granada de los daños que hacían, viviendo como moros y comunicándose con los moros de Berbería, don Pedro Guerrero, arzobispo de Granada, yendo al concilio de Trento, llevó tan a su cargo este negocio, que trató dél con muchas veras. Y papa Paulo III le encargó que dijese de su parte al rey don Felipe nuestro señor, que pusiese remedio como aquellas almas no se perdiesen. Y en un sínodo que hizo, donde se juntaron los obispos de Málaga, Guadix y Almería, sufragáneos al arzobispado de Granada, se trató de lo que convenía para que los nuevamente convertidos tratasen con integridad las cosas de la fe. Y hallando el remedio en la ejecución de los capítulos de la junta de la capilla real, informaron dello a su majestad, y él lo remitió a su real consejo, presidiendo en él el licenciado don Diego de Espinosa, que también era inquisidor general y obispo de Sigüenza, y después fue cardenal en la santa iglesia de Roma; y habiendo visto las relaciones del arzobispo y de los prelados, y que los remedios pasados no habían aprovechado más que para un principio de venganza, como es costumbre de los malos convertir las cosas que se procuran para su enmienda en nuevos géneros de delitos y ofensas, acordaron ante todas cosas que las provisiones que se hiciesen se ejecutasen con efecto, sin admitir demandas ni respuestas. Y para proveer en ello mandó su majestad el año de 1576 hacer una junta en la villa de Madrid, en la cual intervinieron el presidente don Diego de Espinosa, el duque de Alba, don Antonio de Toledo, prior de San Juan; don Bernardo de Borea, vicecanciller de Aragón; el maestro Gallo, obispo de Orihuela; el licenciado don Pedro de Deza, del consejo de la general Inquisición; el licenciado Menchaca y el doctor Velasco, oidores del Consejo Real y de la cámara; y todos estos caballeros y letrados se resolvieron en que pues los moriscos tenían bautismo y nombre de cristianos, y lo habían de ser y parecer, dejasen el hábito y la lengua y las costumbres de que usaban como moros, y que se cumpliesen y ejecutasen los capítulos de la junta que el emperador don Carlos había mandado hacer el año de 26; y así lo consultaron a su majestad, encargándole la conciencia; y para excusar importunidades, do se publicaron hasta que los enviaron al presidente de Granada que los ejecutase. Pornemos en este lugar los capítulos, y luego las contradicciones que los moriscos hicieron, porque no quede cosa, que el lector pueda desear.

Capítulo VI. En que se contienen los capítulos que se hicieron en la junta de la villa de Madrid sobre la reformación de los moriscos

Primeramente se ordenó que dentro de tres años de como estos capítulos fuesen publicados, aprendiesen los moriscos a hablar la lengua castellana, y de allí adelante ninguno pudiese hablar, leer ni escribir en público ni en secreto en arábigo.

Que todos los contratos y escrituras que de allí adelante se hiciesen en lengua árabe fuesen ningunos, de ningún valor y efecto, y no hiciesen fe enjuicio ni fuera dél, ni en virtud dellos se pudiese pedir ni demandar, ni tuviesen fuerza ni vigor alguno.

Que todos los libros que estuviesen escritos en lengua arábiga, de cualquier materia y calidad que fuesen, los llevasen dentro treinta días ante el presidente de la audiencia real de Granada para que los mandase ver y examinar; y los que no tuviesen inconveniente, se los volviese para que los tuviesen por el tiempo de los tres años, y no más.

Cuanto a la orden que se había de dar para que aprendiesen la lengua castellana, se cometía al presidente y al arzobispo de Granada, los cuales, con parecer de personas prácticas y de experiencia, proveyesen lo que les pareciese más conveniente al servicio de Dios y al bien de aquellas gentes.

Cuanto al hábito, se mandó que no se hiciesen de nuevo marlotas, almalafas, calzas, ni otra suerte de vestido de los que se usaban en tiempo de moros; y que todo lo que se cortase e hiciese fuese a uso de cristianos. Y porque no se perdiesen de todo punto los vestidos moriscos que estaban hechos, se les dio licencia para que pudiesen traer los que fuesen de seda o tuviesen seda en guarniciones, tiempo de un año, y los que fuesen de solo paño, dos años; y que pasado este tiempo, en ninguna manera trajesen los unos ni los otros vestidos. Y durante los dos años, todas las mujeres que anduviesen vestidas a la morisca llevasen las caras descubiertas por donde fuesen, porque se entendió que por no perder la costumbre que tenían de andar con los rostros atapados por las calles, dejarían las almalafas y sábanas, y se pondrían mantos y sombreros, como se había hecho en el reino de Aragón cuando se quitó el traje a los moriscos dél.

Cuanto a las bodas, se ordenó que en los desposorios, velaciones y fiestas que hiciesen, no usasen de los ritos, ceremonias, fiestas y regocijos de que usaban en tiempo de moros, sino que todo se hiciese conformándose con el uso y costumbre de la santa madre Iglesia, y de la manera que los fieles cristianos lo hacían; y que en los días de las bodas y velaciones tuviesen las puertas de las casas abiertas, y lo mismo hiciesen los viernes en la tarde y todos los días de fiesta, y que no hiciesen zambras, ni leilas con instrumentos, ni cantares moriscos en ninguna manera, aunque en ellos no cantasen ni dijesen cosa contra la religión cristiana ni sospechosa della.

Cuanto a los nombres, ordenaron que no tomasen, tuviesen ni usasen nombres ni sobrenombres de moros, y los que tenían los dejasen luego, y que las mujeres no se alheñasen.

En cuanto a los baños, mandaron que en ningún tiempo usasen de los artificiales, y que los que había se derribasen luego; y que ninguna persona, de ningún estado y condición que fuese, no pudiese usar de los tales baños, ni se bañasen en ellos en sus casas ni fuera dellas.

Y cuanto a los gacis, se proveyó que los que fuesen libres, y los que se hubiesen rescatado o se rescatasen, no morasen en todo el reino de Granada, y dentro de seis meses de como se rescatasen saliesen dél; y que los moriscos no tuviesen esclavos gacis, aunque tuviesen licencias para poderlos tener.

Cuanto a los esclavos negros, se ordenó que todos los moriscos que tenían licencias para tenerlos, las presentasen luego ante el presidente de la real audiencia de Granada, el cual viese si los que las tenían eran personas que sin impedimento ni otro peligro podían usar dellas, y enviase relación a su majestad dello, para que lo mandase ver y proveer; y en el ínterin la persona en cuyo poder se exhibiesen las licencias las detuviese, proveyendo en ello el Presidente lo que más viese que convenía.

Esta fue la resolución que se tomó en aquella junta, aunque algunos fueron de parecer que los capítulos no se ejecutasen todos juntos, por estar los moriscos tan casados con sus costumbres, y porque no lo sentirían tanto yéndoselas quitando poco a poco; mas el presidente don Diego de Espinosa, fabricado de los avisos que venían cada día de Granada, y abrazándose con la fuerza de la religión y poder de un príncipe tan católico, quiso y consultó a su majestad que se ejecutasen todos juntos.

Capítulo VII. Cómo su majestad proveyó por presidente de la audiencia real de Granada al licenciado don Pedro de Deza, y se le enviaron los capítulos

Luego proveyó su majestad por presidente de la audiencia real de Granada al licenciado don Pedro de Deza, oidor de la general Inquisición, que hoy es cardenal en la santa iglesia de Roma, natural de la ciudad de Toro, y que había sido uno de los de la junta de la villa de Madrid, como queda dicho. El cual habiendo recibido la cédula de su provisión en la villa de Madrid, a 4 días del mes de mayo del año de 1566, a los 25 dél estaba ya en la ciudad de Granada, y el mismo día que llegó se juntó el Acuerdo y tomó la posesión de la presidencia. Luego le envió el presidente don Diego de Espinosa los capítulos en forma de premática, para que con parecer del Acuerdo, comunicándolo también con el arzobispo de aquella ciudad, los hiciese publicar y procediese en la ejecución dellos, sin embargo de cualesquier contradicciones que se hiciesen de parte de los moriscos, procurando primero algunos medios para que sin mucho apremio se cumpliesen; y por otra parte, su majestad mandó al presidente don Diego de Espinosa que dijese a don Íñigo López de Mendoza, marqués que era ya de Mondéjar, por muerte de don Luis Hurtado de Mendoza, su padre, que aún estaba en la corte, que fuese a hallarse presente a la publicación de los capítulos, por si fuese menester dar calor con su presencia. Luego como llegaron a Granada los capítulos, el Presidente los mandó imprimir secretamente, para que hubiese copia que enviar a un mismo tiempo por todo aquel reino, porque se acordó que se pregonasen el primer día del mes de enero luego siguiente, por ser día señalado, víspera de la fiesta que con gran solemnidad celebra aquella ciudad en memoria del día en que los Reyes Católicos la ganaron. Y mientras esto se hacía, deseando que de los propios moriscos, que ya tenían noticia de lo que se trataba y le habían hablado sobre ello, naciese alguna manera de consentimiento, hizo llamar a un Alonso de Orozco, canónigo de la iglesia colegial de San Salvador del Albaicín, hombre que tenía amistad y trato con los moriscos, porque había sido muchos años beneficiado en la Alpujarra, y sabía muy bien la lengua arábiga, y le encomendó que hiciese juntar los más principales en la iglesia, y por vía de amistades dijese que tenía aviso cierto como su majestad, cansado de oír las quejas que de ordinario le iban de los nuevamente convertidos de aquel reino, diciéndole que eran moros y se trataban como moros, y que la principal causa, para no ser cristianos eran el hábito y la lengua morisca, y las otras costumbres y ceremonias que tenían de tiempo de moros, había tomado resolución de mandar que lo dejasen todo; y que siendo así, sería cosa muy acertada que ellos lo pidiesen con su comodidad, y por la orden que les estuviese mejor, porque gustaría dello y les agradecería su buen deseo; y que dejando aparte los inconvenientes que hallaban en lo del hábito y la lengua, pidiesen que todas las mujeres que se casasen y las niñas se vistiesen como cristianas; y no haciendo de nuevo ropas a la morisca, fuesen gastando las que tenían hechas, y que desta manera se iría dejando aquel traje, que con razón debían aborrecer siendo cristianos, pues no era honesto, y se compadecía mal que las cristianas anduviesen vestidas como moras; y que asimismo pidiesen que los muchachos aprendiesen a hablar castellano, y se pusiesen escuelas para enseñarles a leer, y que lo mismo hiciesen los de mediana edad, y con los viejos se disimulase, pues era, cosa imposible poderlo hacer. Y cuanto a los libros árabes, ellos mismos habían de holgar que no los hubiese, pues siendo cristianos, como lo profesaban, les era de ningún provecho tenerlos, y muy escandaloso a las conciencias. Que dejasen las bodas y los otros regocijos y placeres que acostumbraban hacer a la morisca por el ruin ejemplo y gran nota que daban de sí, y por el daño que se les seguía gastando sus haciendas mal gastadas, y por los escándalos y deshonestidades que en ellas se hacían. Todo lo cual habían de procurar ellos mismos sin que se les mandase, y especialmente lo que tocaba a los baños artificiales, que estaba averiguado, ser un vicio malo, de donde resultaban muchos pecados en ofensa de Dios, y una costumbre deshonesta para sus mujeres y hijas; y les diesen a entender con su buen término que dejando todas estas cosas, y viendo que se trataban como los otros cristianos destos reinos, serían honrados, favorecidos y respetados, y su majestad se serviría de sus personas como de los otros sus vasallos, y vernían adelante sus hijos y nietos a ser constituidos en honras y dignidades y en oficios de justicia y de gobernación, como lo eran los nobles y virtuosos del reino. Estas y otras muchas cosas que el Presidente mandó al canónigo Alonso de Orozco que les dijese, las dijo a los más principales del Albaicín, que hizo juntar en San Salvador; mas ellos le respondieron que no osarían tratar de semejante negocio, porque tenían por cierto que los apedrearían. Viendo pues el canónigo la sequedad con que le habían respondido, y pareciéndole que por ventura no creían ser cierto lo que les había dicho de la determinación de su majestad, por no haberles dado autor cierto, fue aquel mismo día al Presidente, y dándole cuenta de lo que había pasado, le pidió licencia para poderle dar a él por autor; el cual se la dio, y dende a dos días volvió a juntar los moriscos en la misma iglesia, y les declaró como lo que les había dicho había sido por mandado del Presidente, y como de nuevo le había mandado que les dijese cómo su majestad quería que se ejecutasen los capítulos de la junta del año de 1526, y que sería bien que ellos lo pidiesen por la orden que viesen que les estaría mejor, y que él les favorecería para que se hiciese con su comodidad; mas no por eso se quisieron allanar, y como el canónigo les rogase que fuesen con él algunos dellos a hablar al Presidente, tampoco lo quisieron hacer por entonces.

Capítulo VIII. Cómo se pregonaron los capítulos de lo nueva premática, y del sentimiento que hicieron los moriscos

Habiéndose acabado de imprimir la nueva premática, el presidente don Pedro de Deza, con parecer del acuerdo, mandó que se pregonase en la ciudad de Granada y en las otras de aquel reino, el 1.º día del mes de enero del año del Señor 1567. Este día se juntaron los alcaldes del crimen de la Real Chancillería, y el Corregidor con todas las justicias de la ciudad, y con gran solemnidad de atabales, trompetas, sacabuches, ministriles y dulzainas la pregonaron en las plazas y lugares públicos de la ciudad y de su Albaicín. Luego incontinente se mandó que las justicias hiciesen derribar todos los baños artificiales, y se derribaron, comenzando primero por los de su majestad, porque los dueños de los otros no se agraviasen. ¿Qué diremos del sentimiento que los moriscos hicieron cuando oyeron pregonar los capítulos en la plaza de Bib el Bonut, sino que con saberlo, ya fue tanta su turbación, que ninguna persona de buen juicio dejara de entender sus dañadas voluntades? Tanta era la ira que manifestaban, provocándose los unos a los otros con cierta demostración de amenazas. Decían que su majestad había sido mal aconsejado; y que la premática había de ser causa de la destrucción del reino; y queriendo descubrir con mansedumbre sus fuerzas, antes de tomar las armas con rústica fiereza, comenzaron a hacer juntas en público y en secreto, dando por una parte materia de hablar a los mozos con ejemplo de los más viejos, que no les era menor aquel yugo que la propia muerte; y por otra parte acordaron que los principales resistiesen la furia de aquel efecto, que ellos llamaban malaventura, con fingida humildad, aprovechándose de la moral prudencia para pedir suspensión; y para ello nombraron personas que informasen a su majestad y a los de su consejo.

120

Capítulo IX. Cómo los moriscos contradijeron los capítulos de la nueva premática, y un razonamiento que Francisco Núñez Muley hizo al Presidente sobre ello

Los moriscos de las ciudades, sierras y marinas y Alpujarra enviaron luego como se pregonó la premática, a la ciudad de Granada a entender los ánimos de los del Albaicín, y ver cómo lo habían tomado. Y hallándose todos conformes en una misma voluntad, acordaron que se contradijesen por reino, y para ello acudieron a Jorge de Baeza, su procurador general, y le dieron que en nombre de la nación pidiese suspensión, como se había hecho otras veces. Y antes de hacer camino a la corte de su majestad, acordaron de hablar al presidente don Pedro de Deza, y informarle de palabra y por escrito, para ver si podrían ablandarte. A esto fue un morisco caballero llamado Francisco Núñez Muley, que por edad y experiencia tenía mucha práctica de aquel negocio, y lo había tratado otras veces en tiempo de los reyes pasados, el cual puesto delante del Presidente, con la voz baja y humilde le dijo desta manera:

«Cuando los naturales deste reino se convirtieron a la fe de Jesucristo, ninguna condición hubo que les obligase a dejar el hábito ni la lengua, ni las otras costumbres que tenían de regocijarse con sus fiestas, zambras y recreaciones; y para decir verdad, la conversión fue por fuerza, contra lo capitulado por los señores Reyes Católicos cuando el rey Abdilehi les entregó esta ciudad; y mientras sus altezas vivieron, no hallo yo, con todos mis años, que se tratase de quitárselo. Después, reinando la reina doña Juana, su hija, pareciendo convenir (no sé por cierto a quién), se mandó que dejásemos el traje morisco; y por algunos inconvenientes que se representaron, se suspendió, y lo mismo viniendo a reinar el cristianísimo emperador don Carlos. Sucedió después que un hombre bajo de los de nuestra nación, confiado en el favor del licenciado Polanco, oidor desta real audiencia, a quien servía, se atrevió a hacer capítulos contra los clérigos y beneficiados, y sin tomar consejo con los hombres principales, que sabían lo que convenía disimular semejantes cosas, los firmó de algunos amigos suyos, y los dio a su majestad. A esto acudió luego por los clérigos el licenciado Pardo, abad de San Salvador del Albaicín, y a vueltas de su descargo, informó con autoridad del prelado que los nuevamente convertidos eran moros, y que vivían como moros, y que convenía dar orden en que dejasen las costumbres antiguas, que les impedían poder ser cristianos. El Emperador, como cristianísimo príncipe, mandó ir visitadores por todo este reino, que supiesen cómo vivían los naturales dél. Hízose la visita por los mismos clérigos, y ellos fueron los que depusieron contra ellos, como personas que sabían bien la neguilla que había quedado en nuestro trigo; cosa que en tan breve tiempo era imposible estar limpio. De aquí resultó la congregación de la capilla real: proveyéronse muchas cosas contra nuestros privilegios, aunque también acudimos a ellas, y se suspendieron. Dende a ciertos años, don Gaspar de Ávalos, siendo arzobispo de Granada, de hecho quiso quitarnos el hábito, comenzando por los de las alcarías, y trayendo aquí algunos de Güejar sobre ello. El presidente que estaba en el lugar que está agora vuestra señoría, y los oidores desta audiencia, y el marqués de Mondéjar y el Corregidor se lo contradijeron, y paró por las mismas razones; y desde el año de 1540 se ha sobreseído el negocio, hasta que agora los mismos clérigos han vuelto a resucitarlo, para molestarnos por tantas vías a un tiempo. Quien mirare las nuevas premáticas por defuera, parecerale cosa fácil de cumplir; mas las dificultades que traen consigo son muy grandes, las cuales diré a vuestra señoría por extenso, para que compadeciéndose deste miserable pueblo, se apiade dél con amor y caridad, y le favorezca con su majestad, como lo han hecho siempre los presidentes pasados. Nuestro hábito cuanto a las mujeres no es de moros; es traje de provincia como en Castilla y en otras partes se usa diferenciarse las gentes en tocados, en sayas y en calzados. El vestido de los moros y turcos, ¿quién negará sino que es muy diferente del que ellos traen? Y aun entre ellos mismos diferencian; porque el de Fez no es como el de Tremecén, ni el de Túnez como el de Marruecos, y lo mismo es en Turquía y en los otros reinos. Si la seta de Mahoma tuviera trajo propio, en todas partes había de ser uno; pero el hábito no hace al monje. Vemos venir los cristianos, clérigos y legos de Suria y de Egipto vestidos a la turquesca, con tocas y cafetanes hasta en pies; hablan arábigo y turquesco, no saben latín ni romance, y con todo eso son cristianos. Acuérdome, y habrá muchos de mi tiempo que se acordarán que en este reino se ha mudado el hábito diferente de lo que solía ser, buscando las gentes traje limpio, corto, liviano y de poca costa, tiñendo el lienzo y vistiéndose dello.

Hay mujer que con un ducado anda vestida, y guardan las ropas de las bodas y placeres para los tales días, heredándolas en tres y cuatro herencias. Siendo pues esto así, ¿qué provecho puede venir a nadie de quitarnos nuestro hábito, que, bien considerado, tenemos comprado por mucho número de ducados con que hemos servido en las necesidades de los reyes pasados? ¿Por qué nos quieren hacer perder más de tres millones de oro que tenemos empleado en él, y destruir a los mercaderes, a los tratantes, a los plateros y a otros oficiales que viven y se sustentan con hacer vestidos, calzado y joyas a la morisca? Si doscientas mil mujeres que hay en este reino, o más, se han de vestir de nuevo de pies a cabeza, ¿qué dinero les bastará? ¿Qué pérdida será la de los vestidos y joyas moriscas que han de deshacer y echar a perder? Porque son ropas cortas, hechas de jirones y pedazos, que no pueden aprovechar sino para lo que son, y para eso son ricas y de mucha estima; ni aun los tocados podrán aprovechar, ni el calzado. Veamos la pobre mujer que no tiene con que comprar sayo, manto, sombrero y chapines, y se pasa con unos zaragüelles y una alcandora de angeo teñido, y con una sábana blanca, ¿qué hará? ¿De qué se vestirá? ¿De dónde sacarán el dinero para ello? Pues las rentas reales, que tanto interesan en las cosas moriscas, donde se gasta un número infinito de seda, oro y aljófar, ¿por qué han de perderse?

Los hombres todos andamos a la castellana, aunque por la mayor parte en hábito pobre: si el traje hiciera seta, cierto es que los varones habían de tener más cuenta con ello que las mujeres, pues lo alcanzaron de sus mayores, viejos y sabios. He oído decir muchas veces a los ministros y prelados que se haría merced y favor a los que se vistiesen a la castellana, y hasta agora, de cuantos lo han hecho, que son muchos, ninguno veo menos molestado ni más favorecido: todos somos tratados igualmente. Si a uno hallan un cuchillo, échanle en galera, pierde su hacienda en pechos, en cohechos y en condenaciones. Somos perseguidos de la justicia eclesiástica y de la seglar; y con todo eso, siempre leales vasallos y obedientes a su majestad, prestos a servirle con nuestras haciendas, jamás se podrá decir que hayamos cometido traición desde el día que nos entregamos.

»Cuando el Albaicín se alborotó, no fue contra el Rey, sino en favor de sus firmas, que teníamos en veneración de cosa sagrada. No estando aún la tinta enjuta, quebrantaron los capítulos de las paces las justicias, prendiendo las mujeres que venían de linaje de cristianas, para hacerles que lo fuesen por fuerza. Veamos, señor: ¿en las comunidades levantáronse los deste reino? Por cierto, en favor de su majestad acompañaron al marqués de Mondéjar y a don Antonio y don Bernardino de Mendoza, sus hermanos, contra los comuneros don Hernando de Córdoba el Ungi, Diego López Aben Axar, Diego López Hacera, con más de cuatrocientos hombres de guerra de nuestra nación, siendo los primeros que en toda España tomaron armas contra los comuneros. Y don Juan de Granada, hermano del rey Abdilehi, también fue general en Castilla de los reales, trabajó y apaciguó lo que pudo, y hizo lo que debía a buen vasallo de su majestad. Justo es pues que lo que tanta lealtad han guardado sean favorecidos y honrados y aprovechado en sus haciendas, y que vuestra señoría los favorezca, honre y aproveche, como lo han hecho los predecesores que han presidido en este lugar.

»Nuestras bodas, zambras y regocijos, y los placeres de que usamos, no impide nada al ser cristianos. Ni sé cómo se puede decir que es ceremonia de moros; el buen moro nunca se hallaba en estas cosas tales, y los alfaquís se salían luego que comenzaban las zambras a tañer o cantar. Y aun cuando el rey moro iba fuera de la ciudad atravesando por el Albaicín, donde había muchos cadís y alfaquís que presumían ser buenos moros, mandaba cesar los instrumentos hasta salir a la puerta de Elvira, y les tenía este respeto. En África ni en Turquía no hay estas zambras; es costumbre de provincia, y si fuese ceremonia de seta, cierto es que todo había de ser de una misma manera. El arzobispo santo tenía muchos alfaquís y meftís amigos, y aun asalariados, para que le informasen de los ritos de los moros, y si viera que lo eran las zambras, es cierto que las quitara, o a lo menos no se preciara tanto dellas, porque holgaba que acompañasen el Santísimo Sacramento en las procesiones del día de Corpus Christi, y de otras solemnidades, donde concurrían todos los pueblos a porfía unos de otros, cual mejor zambra sacaba, y en la Alpujarra, andando en la visita, cuando decía misa cantada, en lugar de órganos, que no los había, respondían las zambras, y le acompañaban de su posada a la iglesia. Acuérdome que cuando en la misa se volvía al pueblo, en lugar de Dominus vobiscum, decía en arábigo Y bara ficun, y luego respondía la zambra.

»Menos se hallará que alheñarse las mujeres sea ceremonia de moros, sino costumbre para limpiarse las cabezas, y porque saca cualquier suciedad dellas y es cosa saludable. Y si se ponían encima agallas, era para teñir los cabellos y hacer labores que parecían bien.

»Esto no es contra la fe, sino provechoso a los cuerpos, que aprieta las carnes y sana enfermedades. Don fray Antonio de Guevara, siendo obispo de Guadix, quiso hacer trasquilar las cabezas de las mujeres de los naturales del marquesado del Cenete, y rasparles la alheña de las manos; y viniéndose a quejar al Presidente y oidores y al marqués de Mondéjar, se juntaron luego sobre ello, y proveyeron un receptor que le fuese a notificar que no lo hiciese, por ser cosa que hacía muy poco al caso para lo de la fe.

»Veamos, señor: hacernos tener las puertas de las casas abiertas ¿de qué sirve? Libertad se da a los ladrones para que hurten, a los livianos para que se atrevan a las mujeres, y ocasión a los alguaciles y escribanos para que con achaques destruyan la pobre gente. Si alguno quisiere ser moro y usar de los guadores y ceremonias de moros, ¿no podrá hacerlo de noche? Sí por cierto; que la seta de Mahoma soledad requiere y recogimiento. Poco hace al caso cerrar o abrir la puerta al que tuviere la intención dañada; el que hiciere lo que no debe, castigo hay para él, y a Dios nada es oculto.

»¿Podrase, pues, averiguar que los baños se hacen por ceremonia? No por cierto. Allí se junta mucha gente, y por la mayor parte son los bañeros cristianos. Los baños son minas de inmundicias; la ceremonia o rito del moro requiere limpieza y soledad, ¿Cómo han de ir a hacerla en parte sospechosa? Formáronse los baños para limpieza de los cuerpos, y decir que se juntan allí las mujeres con los hombres, es cosa de no creer, porque donde acuden tantas, nada habría secreto; otras ocasiones de visitas tienen para poderse juntar, cuanto más que no entran hombres donde ellas están. Baños hubo siempre en el mundo por todas las provincias, y si en algún tiempo se quitaron en Castilla, fue porque debilitaban las fuerzas y los ánimos de los hombres para la guerra. Los naturales deste reino no han de pelear, ni las mujeres han menester tener fuerzas, sino andar limpias: si allí no se lavan, en los arroyos y fuentes y ríos, ni en sus casas tampoco lo pueden hacer, que les está defendido, ¿dónde se han de ir a lavar? Que aun para ir a los baños naturales por vía de medicina en sus enfermedades les han de costar trabajo, dineros y pérdida de tiempo en sacar licencia para ello.

»Pues querer que las mujeres anden descubiertas las caras, ¿qué es sino dar ocasión a que los hombres vengan a pecar, viendo la hermosura de quien suelen aficionarse? Y por el consiguiente las feas no habrá quien se quiera casar con ellas. Tápanse porque no quieren ser conocidas, como hacen las cristianas: es una honestidad para excusar inconvenientes, y por esto mandó el Rey Católico que ningún cristiano descubriese el rostro a morisca que fuese por la calle, so graves penas. Pues siendo esto así, y no habiendo ofensa en cosas de la fe, ¿por qué han de ser los naturales molestados sobre el cubrir o descubrir de los rostros de sus mujeres?

»Los sobrenombres antiguos que tenemos son para que se conozcan las gentes; que de otra manera perderse han las personas y los linajes. ¿De qué sirve que se pierdan las memorias? Que bien considerado, aumentan la gloria y ensalzamiento de los Católicos Reyes que conquistaron este reino. Esta intención y voluntad fue la de sus altezas y del Emperador, que está en gloria, para éstos se sustentan los ricos alcázares de la Alambra y otros menores en la misma forma que estaban en tiempo de los reyes moros, porque siempre manifestasen su poder por memoria y trofeo de los conquistadores.

»Echar los gacis deste reino, justa y santa cosa es; que ningún provecho viene de su comunicación a los naturales; mas esto se ha proveído otras veces, y jamás se cumplió. Ejecutarse agora no deja de traer inconveniente, porque la mayor parte dellos son ya naturales, casáronse, naciéronles hijos y nietos, y tiénenlos casados; y estos tales sería cargo de conciencia echarlos de la tierra.

»Tampoco hay inconveniente en que los naturales tengan negros. ¿Estas gentes no han de tener servicios? ¿han de ser todos iguales? Decir que crece la nación morisca con ellos, es pasión de quien lo dice, porque habiendo informado a su majestad en las cortes de Toledo que había más de veinte mil esclavos negros en este reino en poder de naturales, vino a parar en menos de cuatrocientos, y al presente no hay cien licencias para poderlos tener. Esto salió también de los clérigos, y ellos han sido después los abonadores de los que los tienen, y los que han sacado interese dello.

»Pues vamos a la lengua arábiga, que es el mayor inconveniente de todos. ¿Cómo se ha de quitar a las gentes su lengua natural, con que nacieron y se criaron? Los egipcios, surianos, malteses y otras gentes cristianas, en arábigo hablan, leen y escriben, y son cristianos como nosotros; y aun no se hallará que en este reino se haya hecho escritura, contrato ni testamento en letra arábiga desde que se convirtió. Desprender la lengua castellana todos lo deseamos, mas no es en manos de gentes. ¿Cuántas personas habrá en las villas y lugares fuera desta ciudad y dentro della, que aun su lengua árabe no la aciertan a hablar sino muy diferente unos de otros, formando acentos tan contrarios, que en solo oír hablar un hombre alpujarreño se conoce de qué taa es? Nacieron y criáronse en lugares pequeños, donde jamás se ha hablado el aljamía ni hay quien la entienda, sino el cura o el beneficiado o el sacristán, y éstos hablan siempre en arábigo: dificultoso será y casi imposible que los viejos la aprendan en lo que les queda de vida, cuanto más en tan breve tiempo como son tres años, aunque no hiciesen otra cosa sino ir y venir a la escuela. Claro está ser éste un artículo inventado para nuestra destrucción, pues no habiendo quien enseñe la lengua aljamía, quieren que la aprendan por fuerza, y que dejen la que tienen tan sabida, y dar ocasión a penas y achaques, y a que viendo los naturales que no pueden llevar tanto gravamen, de miedo de las penas dejen la tierra, y se vayan perdidos a otras partes y se hagan monfíes: Quien esto ordenó con fin de aprovechar y para remedio y salvación de las almas, entienda que no puede dejar de redundar en grandísimo daño, y que es para mayor condenación. Considérese el segundo mandamiento, y amando al prójimo, no quiera nadie para otro que no querría para sí; que si una sola cosa de tantas como a nosotros se nos ponen por premática se dijese a los cristianos de Castilla o del Andalucía, morirían de pesar, y no sé lo que se harían. Siempre los presidentes desta audiencia fueron en favorecer y amparar este miserable pueblo: si de algo se agraviaban, a ellos acudían, y remediábanlo como personas que representaban la persona real y deseaban el bien de sus vasallos; eso mismo esperamos todos de vuestra señoría. ¿Qué gente hay en el mundo más vil y baja que los negros de Guinea? Y consiénteseles hablar, tañer y bailar en su lengua, por darles contento. No quiera Dios que lo que aquí he dicho sea con malicia, porque mi intención ha sido y es buena. Siempre he servido a Dios nuestro señor, y a la corona real, y a los naturales deste reino, procurando su bien; esta obligación es de mi sangre, y no lo puedo negar, y más ha de sesenta años que trato destos negocios; en todas las ocasiones he sido uno de los nombrados. Mirándolo pues todo con ojos de misericordia, no desampare vuestra señoría a los que poco pueden, contra quien pone toda la fuerza de la religión de su parte; desengañe a su majestad, remedie tantos males como se esperan, y haga lo que es obligado a caballero cristiano; que Dios y su majestad serán dello muy servidos, y este reino quedará en perpetua obligación.»

Capítulo XI. De lo que el Presidente respondió a los moriscos, y cómo avisó a su majestad dello, y de algunas cosas que convenía proveerse

Oído el razonamiento de Francisco Núñez Muley, el Presidente le respondió que todo cuanto él pudiese hacer para que los vasallos de su majestad do fuesen molestados, lo haría; y que si algunas justicias les hiciesen algún agravio o les llevasen dineros mal llevados, acudiesen a él, porque luego lo remediaría y castigaría con rigor. Que lo que su majestad quería dellos era que fuesen buenos cristianos, en todo semejantes a los otros cristianos sus vasallos, y que haciéndolo así, ternían causa de pedirle mercedes, y él razón de hacérselas; mas que tuviesen por cierto que la nueva premática no se había de revocar, pues era tan santa y justa, y había sido hecha con tanta deliberación y acuerdo. Que si alguna cosa había en ella de que poderse agraviar, se lo dijesen; porque en lo que él pudiese darle declaración, lo haría de muy buena voluntad; y en lo que no pudiese darla, enviaría a consultarlo luego con su majestad, y procuraría el remedio con toda brevedad. Que fuera desta orden no gastasen sus haciendas al aire, ni enviasen a la corte sobre ello; porque las razones que daban se habían dado otras veces, y no eran bastantes para que por ellas se revocase la premática; porque en lo que tocaba a la lengua, estaba cometido al arzobispo de Granada y a él, para que lo proveyesen por la vía que mejor pareciese convenir, y así lo harían; y en lo del hábito, estaba el remedio en la mano, deshaciendo las ropas moriscas, y haciendo dellas sayas faldellines y sayuelos al uso de las cristianas, y desta manera no se perdería tanto como decía; y que los maestros y oficiales que hacían vestidos y joyas a la morisca podían también hacerlo a la castellana, y los mercaderes y tratantes tener el mismo trato que tenían. Y como le replicase que no estaban examinados; y que los almotacenes les llevarían la pena, le respondió que desde luego les daba licencia para que los pudiesen cortar y hacer, aunque, no estuviesen examinados; y que en lo que tocaba a las mujeres pobres, se pediría a su majestad que de limosna les mandase dar sayas y mantos, y andando vestidas como cristianas, cesaría el inconveniente que decía de las justicias; y al fin concluyó con decirle resolutamente que su majestad quería más fe que farda, y que preciaba más salvar una alma que todo cuanto le podían dar de renta los moriscos nuevamente convertidos, porque su intención era que fuesen buenos cristianos, y no solo que lo fuesen, más que también la pareciesen, trayendo a sus mujeres y hijas vestidas como andaba la Reina, nuestra señora, y que por su parte en ningún tiempo los favorecería para que, siendo cristianos, trajesen a sus mujeres vestidas como moras. Con estas y otras muchas razones despidió el Presidente a este morisco aquel día, y siendo, informado que querían enviar a la corte a Jorge de Baeza a hacer contradicción en nombre del reino, le hizo llamar y le mandó que por ninguna vía fuese a tratar de aquel negocio, porque su majestad no gustaría dello; y que si alguna cosa pretendían, lo pidiesen por petición, y se proveería en lo que hubiese lugar, y en lo demás se consultaría con su majestad. Luego se mandó pregonar por toda la ciudad que todos los maestros y oficiales de cosas moriscas que quisiesen hacerlas a la castellana, lo hiciesen libremente, aunque no estuviesen examinados por los veedores, y que no les llevasen penas ni achaques por ello. Que los que quisiesen examinarse, los examinasen sin llevarles interés por el examen; y que los tejedores de almalafas, almaizares y cortinas, y de otras cosas moriscas, dentro de cierto término acabasen las obras que tenían comenzadas, y de allí adelante no hiciesen otras de nuevo, sino que guardasen el tenor de la premática. Y porque había muchos que tenían tiendas arrendadas para sus tratos y oficios, y empleado su caudal en ropas y cosas moriscas, y cesando, como había de cesar, el trato dellas, no podían pagar los alquileres de vacío, mandó llamar los dueños dellas, y les rogó que las tomasen en sí, y diesen por libres de los arrendamientos a los moriscos, los cuales holgaron de hacerlo. Mandoles avisar que todas las cuentas que tenían en arábigo se feneciesen y acabasen dentro de un año, porque de allí adelante, guardando la premática, no habían de leer ni escribir más en aquella lengua, sino en la castellana. Ordenose a las justicias que si prendiesen algunas mujeres sobre el hábito y traje, las reprehendiesen y amonestasen dos y tres veces antes de llevarlas a la cárcel; y si algunas prendían, mandaba luego soltarlas sin costas; y en todo el primer año no consintió que se ejecutase pena que viniese a su noticia. Y porque los alguaciles ordinarios hacían demasías, señaló personas que con menos rigor lo hiciesen, mandándoles respetar y hacer cortesía a las moriscas que encontrasen vestidas a la castellana. Y por carta de 27 de febrero dio aviso a su majestad, y le informó de lo que había pasado con los moriscos, y del estado en que estaban sus negocios, y lo que le parecía deberse proveer para atajar los males y daños, que los monfíes salteadores hacían en aquel reino, certificando que era el mayor inconveniente para la quietud y seguridad dél, especialmente de los lugares de la costa de la mar, adonde acudían bajeles de Berbería, que con la industria y favor que les daban, hacían grandísimos daños. En esta conformidad se informó por acuerdo y por ciudad, cada uno por su parte, fundando el remedio más en legalidad que en fuerza, pidiendo que se cometiese a los alcaldes de la Real Audiencia, sin que en ello, por ser negocios de justicia, se entremetiese el Capitán General, a cuyo cargo solamente habían de estar los presidios de los lugares de la costa. También informaron como los moriscos del Albaicín avisaban que se venían a meter con ellos muchos moriscos forasteros, y pedían que hubiese alguna gente pagada a su costa que rondase de noche, tanto por la seguridad de sus personas y haciendas, como para que los malhechores fuesen presos y castigados. Lo cual todo visto en el real Consejo, y consultado a su majestad, se respondió al presidente don Pedro de Deza, por carta de 30 de marzo, que estaba bien la respuesta que había dado a los moriscos que le habían ido a hablar; y en cuanto a lo que decía de las mujeres pobres, que no tenían de que vestirse como cristianas, su majestad les hacía merced que del dinero procedido de dos casas de baños de su real patrimonio, que se habían desbaratado y vendido aquellos días en el Albaicín, se comprasen paños y anascotes con que vestirlas, y les diesen oficiales que les hiciesen ropas a uso de cristianas, sin llevarles hechura, como en efecto se hizo. Y que en cuanto a la seguridad de los lugares de la costa de la mar, ya su majestad había manda-do venir suficiente número de galeras para la guardia della, y se proveería gente de guerra, que con asistencia del Capitán General la guardasen, y con esto cesarían los daños que hacían los monfíes y salteadores; y también él por su parte proveyese de manera que cesasen por los medios que pareciesen más convenientes. Y en lo que tocaba a la ciudad, parecía no ser necesario hacer más prevención que tener gran cuenta los alcaldes de chancillería y las justicias ordinarias con rondar de noche, repartiendo entre sí el tiempo y horas y los cuarteles, de manera que en todas partes y en cualquiera hora de la noche se rondase, creciendo si pareciese necesario, el número de los alguaciles y de la gente que había de andar con ellos; y porque parecía que en el Albaicín impor-taría más la ronda, se pondrían dos alguaciles acompañados de más gente que los otros, ayudando para este gasto y para lo demás los moriscos, como decía que lo habían prometido; y que con esto, no habiendo como no había que temer otro movimiento ni alteración, estaría bien proveído, sin hacer provisiones de más costa ni sonido, para excusar los daños que se podían hacer de noche. Y en cuanto a los moriscos forasteros que decían que se metían a vivir en el Albaicín, lo proveyesen allá como pareciese, y se enviase relación al Consejo de lo que se hiciese.

Capítulo XII. De lo que el marqués de Mondéjar informó a su majestad acerca de los capítulos que se mandaban ejecutar

Estuvo el marqués de Mondéjar algunos días en la corte, después que el presidente don Diego de Espinosa le habló, procurando como hacer que se suspendiese el efecto de los capítulos que tanto sentían los moriscos del reino de Granada; y en las relaciones que hacía se quejaba de que se hubiese tomado resolución precisa en negocio tan grave y de tanta consideración sin pedirle su parecer, como se había hecho siempre con los capitanes generales de aquel reino, así por la confianza que dellos se tenía, como por la práctica y experiencia que tenían de las cosas dél; y no los contradiciendo, representaba los inconvenientes que traía consigo la ejecución dellos, diciendo lo mucho que convenía que en el despacho de las provisiones que para el efecto se hubiesen de hacer hubiese mucha brevedad, por los inconvenientes que de la dilación podrían resultar, los males que habría en el reino, y los daños irreparables que se seguirían si los moriscos venían a desvergonzarse, por tener los turcos tan a la mano en los lugares marítimos de Berbería, con navíos y lente, y ser el pasaje tan breve de su costa a la nuestra, que podrían atravesar en poco espacio de tiempo, y venir donde había grandísimo número de enemigos de las puertas adentro, todos moriscos, gente liviana, amiga de novedades, sospechosos en la fe y en la lealtad que como buenos vasallos debían a su majestad como a rey y señor natural, en tanta manera, que con razón se podría presumir y temer dellos cualquiera alteración, especialmente con la ocasión presente. Decía más, que aunque el celo de las personas con cuya intervención y consejo se habían hecho los capítulos era santo y bueno, las cosas de aquel reino no estaban en estado que de su parecer se hiciese novedad, experimentando hasta dónde llegaba la lealtad de los moriscos. Y en caso que su majestad resolutamente mandase que se ejecutasen, convendría que se le diese cantidad de gente con que tenerlos enfrenados de manera que no se alborotasen, como temía que lo habían de hacer, sintiendo terriblemente aquel yugo; y que sin esto, su ida en aquel reino sería de poco efecto, teniendo tan poca gente como tenía, y tan falta de todas las cosas necesarias. A estas y otras muchas razones que el marqués de Mondéjar daba, don Diego de Espinosa le respondió que la voluntad de su majestad era aquella y que se fuese al reino de Granada, donde sería de mucha importancia su persona, atropellando, como siempre, todas las dificultades que le ponían por delante. Verdaderamente fue cosa determinada de arriba para desarraigar de aquella tierra la nación morisca. Representábaseles a los del Consejo lo que el marqués de Mondéjar decía; y aunque tenía otros avisos y sospechas, no estando ciertos el cómo y cuándo sería, dudosos, teniendo por una parte y dificultando por otra, juzgaban ser muy necesario el remedio con

brevedad; más tenían gran confianza en que las provisiones hechas a las justicias y la gente del Capitán General sería bastante, por ser los moriscos gente
vil, desarmados, faltos de industria, de fortalezas, no asegurados de socorro; y
por estas razones no se proveyó a las pretensiones del marqués de Mondéjar
más que mandarle que se fuese luego a Granada con acrecentamiento de solos
trescientos soldados extraordinarios, que pusiese en los lugares de la costa
donde le pareciese, y que la visitase y residiese en ella cierto tiempo del año.

Capítulo XIII. De algunas cosas que el presidente de Granada proveyó estos días, y cómo los moriscos se agraviaron dellas

Acercábase ya el tiempo en que las moriscas habían de dejar las ropas que
tuviesen seda, que era el postrer día de diciembre del año de 1567. El presidente y el arzobispo de Granada ordenaron a los curas y beneficiados de las iglesias
de los lugares de los moriscos de todo él reino, que en la misa mayor del día
de año nuevo les avisasen dello para que supiesen que de allí adelante no las
podían traer, y se ejecutaría la pena de la premática; y que asimismo empadronasen todos los niños y niñas hijos de moriscos que había en Granada, desde
edad de tres años hasta quince, para ponerlos en escuelas donde aprendiesen
la lengua y la doctrina cristiana. Pregonose también que todos los moriscos de
la Vega y del Valle y de las Alpujarras qué habían entradose a vivir en Granada
con sus casas y familias, saliesen luego fuera, y volviesen a poblar los lugares,
so pena de la vida. Estas cosas quisieron contradecir los moriscos, y juntándose
algunos dellos, acudieron luego al Presidente, creyendo que les podría hacer
algún favor, y con mucho sentimiento le dijeron que siendo, como eran, vasallos
de su majestad, y pudiendo vivir libremente en cualquiera parte del reino, se les
hacía agravio en mandarles que no viviesen dentro de Granada; que no era cosa
nueva venirse, los de las alcarías a vivir a la ciudad, ni los de la ciudad salirse
a morar a las alcarías; y que asimismo habían sabido como estaba mandado a
los curas que les empadronasen sus hijos para llevárselos a Castilla; que por
amor de Dios los favoreciese de manera que no se les hiciesen tantos agravios
y molestias. Y él les respondió que mirasen muy bien lo que decían, pues veían
cuán justa cosa era que los moriscos forasteros volviesen a vivir a sus casas,
porque de otra manera sería despoblar la tierra; que a ellos les estaba bien
volverse, pues era cierto que los que se habían metido en la ciudad eran de los
honrados y más pacíficos, y como tales tenían obligación a estar en sus lugares,

para que no sucediese algún desorden entre la gente inquieta y desasosegada. Que en lo que tocaba a los niños, no era más que dar orden como fuesen enseñados y doctrinados en la fe; y porque habiendo su majestad mandado que cesase el uso de la lengua arábiga a los hombres de treinta años arriba, que se entendía que no podían dejarla tan fácilmente, se les prorrogaría el término; y para los niños y mozos era bien que hubiese escuelas donde aprendiesen la lengua y la doctrina cristiana; que supiesen que los maestros no les habían de llevar nada por enseñarlos, antes se daría orden como fuesen pagados a costa de su majestad. Que si los empadronaban a todos, era porque se viese los que faltaban, y para que sus padres y madres tuviesen cuidado de enviarlos a la escuela y diesen cuenta dellos; porque como los maestros y maestras no les habían de llevar interés, podrían descuidarse. Que considerasen bien lo que se hacía, y lo tuviesen en mucho, pues se tenía tan particular cuidado de lo que tocaba a su bien y a la salvación de sus almas; y que, como les había dicho otras veces, la intención de su majestad era, haciendo lo que eran obligados, servirse dellos en paz y en guerra, y aprovecharlos en las cosas eclesiásticas y seglares, sin hacer diferencia dellos a los otros cristianos, sus vasallos. Por tanto, que se animasen unos a otros y diesen muestras de cristiandad con obras; y en lo demás perdiesen cuidado, porque él lo ternía siempre de favorecer sus cosas. Y como los moriscos, a quien no faltaban réplicas, dijesen que había entre ellos muchos pobres que no podrían tener sus hijos en escuelas, porque estaban puestos a oficios y aprendían y ayudaban a sustentar a sus padres, y les servían, no teniendo ni habiéndoles quedado otro servicio, les respondió que no tuviesen pena, porque él lo comunicaría con el Acuerdo, para que se diese alguna buena orden, de manera que los niños aprendiesen y sus padres consiguiesen lo que pretendían, no dejando de aprender oficios y ayudarles con su trabajo, como decían. Y con ello se salieron no menos confusos que la otra vez, viendo lo poco que les aprovechaban sus pláticas, aunque entendimos después de algunos dellos, que siempre tuvieron esperanza que con la sospecha de que se habían de levantar, aplacaría aquel rigor y se suspendería la premática.

Libro III

Capítulo I. Cómo don Juan Enríquez y con él algunos moriscos principales fueron a la corte sobre la suspensión de la premática

Los moriscos, pues, acordaron todavía de enviar estos días a la corte sobre estos negocios, sin embargo de lo que el presidente don Pedro de Deza les había dicho. Y porque para cosa de tanta importancia convenía que fuese persona de calidad, a quien diese su majestad grata audiencia, pidieron con mucha instancia a don Juan Enríquez, el de Baza, que después fue mayordomo de la Reina nuestra señora, que lo aceptase en nombre del reino, como aquel que sabía bien cuánto importaba a la quietud y sosiego de los naturales dél que no se ejecutase la premática; el cual procuró excusarse, por entender que el Presidente estorbaba por todas las vías posibles que nadie fuese a importunar sobre ello a su majestad; y don Enrique Enríquez, su hermano, que tenía lugares poblados de moriscos, le aconsejó que por ninguna manera lo dejase de hacer, pues conocía los ánimos de aquellas gentes, y sabía cuán mal recibían aquellas opresiones, y los inconvenientes que se podrían recrecer dellas. Finalmente, fue a la corte, y sin dar parte de su ida al Presidente, llevó consigo dos moriscos de buen entendimiento, llamados Juan Hernández Mofadal, vecino de Granada, y Hernando el Habaquí, alguacil de Alcudia, lugar de la jurisdicción de la ciudad de Guadix, con poderes del reino; mas ya cuando llegaron el Presidente había escrito a su majestad y al cardenal don Diego de Espinosa, diciendo como por haberse encargado don Juan Enríquez de favorecer a los moriscos en aquel negocio, le habían inquietado y andaban alborotados, estando ya llanos en el cumplimiento de la premática. Siendo pues avisado don Juan Enríquez de lo que el Presidente había escrito, dio parte a don Antonio de Toledo, prior de San Juan, del negocio de que iba y de las causas que le movían a ello, para que supiese de su majestad si sería servido le informase; y siéndole dada audiencia, le dijo el nombre del reino, como habiéndose pregonado la premática y mandado ejecutar, se habían escandalizado los moriscos, pareciéndoles que no se podría cumplir. Que suplicaba a su majestad considerase cómo en tiempo que había mejor comodidad las había mandado suspender el cristianísimo Emperador, su padre, por ser los inconvenientes muchos y tan grandes, que convendría mandar que se mirase mucho en ello; y que como fiel vasallo había encargádose de aquel negocio, entendiendo que convenía a su real servicio que se suspendiesen, a lo menos en lo del traje y lengua, que era lo que más sentían los nuevamente convertidos. Dicho esto, le dio un memorial de todo lo que tenía que decir en este particular de palabra; y el Rey lo tomó en sus manos, y le dijo que él había consultado aquel negocio con hombres de ciencia y conciencia, y le decían que estaba obligado a hacer lo que hacía; que vería su memorial, y proveería en él lo que más conviniese al servicio de Dios y suyo. Después desto dijo el prior don Antonio a don Juan Enríquez que su majestad mandaba que acudiese al cardenal Espinosa, porque él le daría resolución en su negocio. El cual acudió a él, y apartándole en un aposento, mandó que le leyese su secretario el memorial que había dado, y después de leído, le dijo: «Su majestad ha mandado hacer la premática con acuerdo de muchos hombres religiosos que le encargan la conciencia sobre ello, diciéndole que aquellas almas son a su cargo, y que son moros y viven como moros; y para remedio desto no se ha hallado otro mejor medio que el que se ha tomado; y maravíllome mucho que una persona de tanta calidad como vuestra merced haya querido ponerse en hacer por ellos; porque entendiendo que se movía para venir a esta corte, han tomado alas y puéstose en contradecir lo que estaba ya llano». A esto respondió don Juan Enríquez que tener la calidad que decía le había hecho tomar la mano en cosa que tanto importaba al servicio de su majestad y al bien de aquel reino; porque si los hombres de su calidad no lo hacían, ¿quién había que mejor lo pudiese hacer? Y el Cardenal le replicó que era verdad, más que había de ser en cosa de más justificación. Que el negocio de la premática estaba determinado, y su majestad resoluto en que se cumpliese; y así, le parecía que se podría volver a su casa, y no tratar más dél. Con todo eso informó don Juan Enríquez a todos los del consejo de Estado, y dio a cada uno dellos su memorial, representándoles los inconvenientes que traía consigo la ejecución de la nueva premática. Y aunque el duque de Alva y don Luis de Ávila, comendador mayor de Alcántara, y otros, eran de parecer que se sobreseyese por algún tiempo, a lo menos que se fuese ejecutando poco a poco, jamás pudieron persuadir al cardenal Espinosa a ello.

Capítulo II. Cómo los moriscos fueron con el memorial remitido al presidente de Granada, y lo que pasaron con él

Otro día salió el memorial decretado, que acudiesen al presidente don Pedro de Deza. Y dejando de tratar más de aquel negocio don Juan Enríquez, se volvió a su casa, y los moriscos que habían ido con él tomaron lo decretado y lo llevaron a Granada. Y volviendo otra vez a suplicar al Presidente por el remedio, les dijo que lo que habían pedido a su majestad era que mandase revocar la premática, y que no era cosa que se podía hacer, porque se había hecho por su bien y para su salvación. Que mirasen bien en ello, y hallarían que era la cosa que más habían de desear; pues era cierto que andando vestidos y tratándose como los otros cristianos del reino, no habría en que diferenciarse los unos de los otros, y sus mujeres andarían más honradas. Que se juntasen ellos mismos, y confiriesen y tratasen entre sí la mejor orden que se podía dar en lo tocante a la ejecución, para que no fuesen molestados, cohechados ni robados, y diesen sus declaraciones de la manera que les parecía que se podría mejor cumplir lo uno y lo otro; que él también pensaría en ello por su parte, y lo que acordasen se lo llevasen por escrito, para que de allí se tomase el mejor medio. Mas, aunque después se tornaron a juntar y trataron de algún medio, no les pareció que era bien pedir cosa en particular, antes volvieron a casa del Presidente, y le dijeron que pues su majestad le había cometido aquel negocio, proveyese lo que en ello se había de hacer. Y desahuciados ya dél, comenzaron a revolver algunos jofores o pronósticos que tenían; y disimulando unos, otros más atrevidos, que tenían menos que perder, comenzaron a convocar rebelión. Pongamos primero los jofores traducidos a la letra de arábigo, y después diremos la orden que tuvieron para convocarse, y el secreto que guardaron en ello.

Capítulo III. En que se contienen los pronósticos o ficciones que los moriscos del reino de Granada tenían cerca de su libertad

Tenían los moriscos de Granada ciertos jofores o pronósticos, o por mejor decir, unas ficciones, que debieron hacer algunos gramáticos árabes para consuelo de los expectantes cuando nuestros cristianos hubieron acabado de conquistar aquel reino, en los cuales ponían alguna manera de confianza a los rústicos ignorantes, haciéndoles creer los que les leían que sería infalible lo que allí se contenía; y porque esta vana confianza les causó harta parte de su desasosiego, los ponemos en este lugar a la letra, tales como fueron traducidos por el licenciado Alonso del Castillo, traductor del santo oficio de la Inquisición de Granada, y por su mandado. El cual nos dijo que los había hallado mal escritos, porque los que los habían trasladado de los originales no debieron de entenderlos bien, y así estaban varios, y no correspondían ni conformaban en las sentencias, y aun del sujeto y materia dellos parecía estar torcidos a voluntad de los desconsolados y afligidos moros, que se veían despojados de su libertad y de su tierra. La lengua árabe es tan equívoca, que muchas veces una misma cosa, escrita con acento, agudo o luengo, significa dos cosas contrarias; y lo mismo hace estando escrita con un acento y con una ortografía en diversas oraciones; y no es de maravillar que los moriscos, que no usaban ya de los estudios de la gramática árabe, sino ora a escondidas, leyesen y entendiesen una cosa por otra. Finalmente los juicios o jofores que les engañaron fueron tres: los dos primeros se hallaron entre unos libros árabes que estaban en el santo oficio de la Inquisición de Granada, y el tercero halló un soldado en la cueva que dicen de Castares, en la Alpujarra. Los cuales, de la manera que fueron traducidos, son como se sigue

PRONÓSTICO O FICCIÓN QUE SE HALLÓ EN UNOS LIBROS ÁRABES EN EL SANTO OFICIO DE LA INQUISICIÓN DE LA CIUDAD DE GRANADA:

Con el nombre de Dios, misericordioso y piadoso. Éste es el metro divino que compuso mi señor Zayd el Guerguali, que Dios perdone, y dice así: «¡Oh cuanto ha que aguardo lo prometido en las profecías acerca de lo que el verdadero Profeta prometió, y Dios tiene proveído! Lo cual le fue revelado, no por lengua de gentes, y se lo declaró; y no faltará letra de la providencia de nuestro buen Dios, y será como Él lo dice. De la novena generación quiero hablar, por quien el legislador rogó muchas veces a Dios que hubiese piedad; cuya oración oyó Dios, y ha parecido. ¡Oh varones! Quiero especificar lo que el Profeta adivinó de la isla encerrada entre los mares, que es la isla del Español, cuyo juicio ha parecido por su dicho y por dichos de profetas y varones, escrito todo maravillosamente por adivinación antigua, en lo cual se ha tenido la ley y en el dicho de Alí, que declaró lo que había de ser hasta agora, y todos lo han tenido, y les ha parecido que es lo que Odeifa anunció y por él está divulgado, y asimismo se lee por autoridad de Zahabe y de Daniel, porque en lo que Alí dijo no hay duda; a él dan crédito todas las gentes, y dél se han leído grandes hazañas que han acaecido como él lo dijo. El cual, hablando del poniente y de la Andalucía en sus profecías, dijo que sin duda la habían de poseer los descreídos; y esto es cierto haber sido así, y todos lo han visto, así los de buen juicio, como los que tienen advertencia en lo que pasa. Pues el año 96 se tornará a conquistar cumplidamente, y todas sus ciudades se poblarán, alzando en ellas un príncipe; y, antes que esto se quiera comenzar, con parecer del común todos los ciudadanos irán a poblar los campos, y sembrarán la tierra, y la sazón será cuando pareciere un cometa anunciador del bien y libertad. Asosegaranse los alborotos, y los de Meca saldrán, y vendrá el enemigo de los crueles de las tierras del Haraje, que son en el levante en los reinos del Yamen, y conquistará la tierra de Ceuta, Alcázar y Tánger, y la tierra de los negros, y con grandes ejércitos de turcos bajará al poniente, y conquistará a sus moradores, señores injustos e infieles, que adoran muchos dioses; y volverá todo el reino a la sujeción del mensajero de Dios, y la ley será ensalzada, y la generación de los que adoran un solo Dios poseerá a Gibraltar, que fue dellos su origen y entrada, y a ellos ha de volver. Y en la sucesión décima se cumplirá nuestra dicha, y lo que hubiere en ella de trabajos será de los judíos. Grandes infortunios vendrán a la casta maldita judaica y a los que adoran las imágenes; y grandes misterios habrá en el poniente y en las tierras del Cinth en el levante, y en las tierras de Azasate, y con victoria y exaltación se excluirá todo escándalo. De allá de Tamor, que son tierras en levante, y de la provincia del Xem, ha de venir el conquistador a la fortaleza de las Damas, Y vendrán con él grandes capitanes de bárbaros, el Xerife, Eidar, Zaide el Moreno, Yahaya el Farid, y Abul Celem, que con su brazo desnudo se mostrará entre todas las gentes. Y el castigo de Granada será historia admirable, porque en alboroto de guerra quedarán sus casas asoladas por el hierro que se hará en ella con mentira y engaño, hasta venir a punto de muerte la generación de los naturales, por mandado de los descreídos. Y cuando venciere el vino los juicios de los gobernadores, entonces mandarán asolar las alcarías, y al cabo todas las gentes se atendrán a hacer paces. En estas paces, grandes pueblos y fortalezas, se perderán por traición, y en año 92 y 93 se verán grandes comunidades entre dos partes. Málaga se perderá totalmente; y no será ella sola, sino todas las ciudades, porque el levantamiento de las honras hace perder los reinos; y los que no se rigen con prudencia, acompáñalos toda tristeza y pesar. En esta comunidad de guerra de gentes faltará la fe, y la ley será desamparada; los hombres sabios vendrán a ser escarnio de todos, y ocuparse han los gobernadores en sacar las gentes de sus pueblos, y en asolar los lugares con perder los pechos, sin poder ofender la África, dejándola atrás. Y luego incontinente tras desto sucederá a los infieles guerra, y en el reino de Granada no quedará pueblo. Y en el año largo crecerá la discordia, y serán muy pocos en número los que escaparen de trabajo y abatimiento, y habrá muertes; y el trono y victoria del poniente, aguardadlo de los africanos, porque lo que el verdadero Profeta dijo, necesariamente se ha de ver en las gentes: «Huirán de los poblados; y cuando errare el hijo desobediente, serán buenos los viajes; y cuando el término de Dios allegare de noche antes que de día, se aparejará la mar para que corran por ella los navíos sin peligro». Y lo que Dios reveló no faltó ni faltará. Los climas de los cristianos serán rompidos de la ley de los moros; y cuando reinare el encorvado, siempre irá en disminución, y vendrán los negros a conquistar a Ceuta, y las tierras de Murcia, y la fortaleza de las Palomas la labrarán los judíos. Los turcos caminarán con sus ejércitos a Roma, y de los cristianos no escaparán sino los que se tornaren a la ley del Profeta, los demás serán cautivos y muertos. Esta vuelta será forzosamente en poniente y al mediodía y en las tierras de los negros, y parecerá este suceso por todos los reinos, y de la tierra del Tíbar saldrán conquistadores contra los descreídos». Y dice más: «Oh sierra de Taric, tu entrada y conquista es la verdadera estrena». Habéis de entender en esto, que en Ceuta, y en Tánger, y en los alcázares, y en todas sus comarcas, de necesidad no quedará rama, y serán conquistadas. Y que la isla de España y Málaga se tornará a labrar y edificar con esta vuelta, y será dichosa con la ley de los moros, y que a Vélez y Almuñécar les será abajada la soberbia que tienen en la herejía, y a Córdoba sus vicios y pecados; y que harán callar su campana los almuédanes, de pura necesidad; y por el consiguiente será expelida la herejía de Sevilla, y se remediará la destrucción que hubo en ella en tiempo de su pérdida, con la apariencia de los fieles; y se cumplirá la profecía del profeta Daniel, que dijo que se había de libertar después de perdida por un rey tirano; y vimos su salida: plega a Dios se verifique en ella lo dicho. Dijo Dios altísimo en su divino libro: «¿Por ventura no habéis visto a los cristianos vencer en el cabo de la tierra, y después de haber vencido, ser ellos vencidos propincuamente en pocos días?» De Dios es este juicio; antes y después fueron los creyentes gozosos en la victoria; Él es el que ayuda a quien es servido, y no faltará de la promesa de Dios un punto. La primera de las señales que habrá en esta profecía, oh varones, será una muy grande señal, que parecerá un cometa muy grande en medio del cielo, que dará mucha luz, y después della ganará el rey de los turcos una ciudad con su gente y rey. Y después desto muy cerca poseerá la isla grande de Rodas, la cual, poseída por los moros perpetuamente, habrán otras victorias los cristianos, que es de las grandes señales que habrá desto. Y acudirán sus ejércitos y crecientes por la Andalucía, hasta tanto que pensarán dar fin a sus moradores, y de espanto muchos se volverán a su ley. Mas después desto se levantará entre ellos un amigo de verdad, el cual les aconsejará que se alcen con la ley de Dios; y entonces vendrá la creciente de los turcos sobre los cristianos y sobre toda ciudad, lugar y fortaleza; y habrá acerca desto tres levantamientos. El primero será de abatimiento y pérdida; el segundo será de engaño y mentira, que los porná en el punto de la muerte; el tercero de honra y gracia, puerta y entrada para ganar todas las ciudades y reinos. Y será tan grande este rompimiento que harán los turcos sobre los cristianos, que entrarán y conquistarán todos sus reinos y ciudades desde el mar a Dailán hasta el de Marcad, y no quedará más memoria dellos ni se oirán sino sus llantos; y desta manera se perderá esta isla con su gente, y la conquista della bajará, y manará como la lluvia de las nubes, y cualquier señor será esclavo. Dios altísimo nos deje ver esta sucesión, que es el alto dador. Y dijo más el autor sobre esto: «Cuando el tiempo te espantare con los enemigos, y te hiriere la conciencia y disensión de tus amigos, y te comprehendiere el temor por todas partes, advierte en el artificio de nuestro Dios cómo acudirá con lo que deseas de libertad muy propincua, y empezarán a parecer los luceros y estrellas de ventura, y te vendrán mensajes de descanso y de albricias». Por tanto, no desesperes; que en lo secreto y más oculto de la providencia de Dios hay grandes maravillas y secretos; y si entre tanto tu corazón es deshiciere con miedo, y no te parecieren señales de lo que esperas ni oyeres nuevas del amigo que esperas, di así: «¡Oh mi Dios, dame la misericordia de tu mano y ten compasión de mí»; que en esto hay maravilloso secreto; porque, ¡oh cuantos negocios hay que confunden los corazones, y sucede después en alegría y descanso! Muchos trabajos, después de bien encumbrados, trajeron tras sí quietud y reposo; y cuando la oscuridad de la noche viene, se descubren estrellas y parecen luceros. Por tanto esperad en Dios y procurad su gracia, y recibid alegremente de su mano lo que os hubiere ya proveído, y decid, estando conformado con su voluntad: «Recibo de Ti, mi Dios, lo que me has ordenado, Dios mío, que eres el sabedor de las cosas futuras.»

Hasta aquí decía literalmente este pronóstico o ficción, que, como dijimos, fue hallado entre unos libros árabes que estaban en el santo oficio de Granada; y el componedor parece alegar por autor a un morabito llamado Cidi el Guerguali, natural de Guergala, ciudad de Libia, de adonde los almorabidas o morabitines vinieron cuando conquistaron en Berbería, y después en España; y según parece, es una recopilación de todas las cosas que se contienen en la zuna, o teología árabe, cerca de la conquista que aquellas gentes hicieron en nuestra Andalucía, alegando autoridad desde lo que escribieron Alahabar, Caabi, Odeifa, Alí y otros Halifas de los de la seta de los morabitos, que, como dijimos, en nuestra África tienen muchas opiniones diferentes de las de los legislas de la seta de Mahoma, no embargante que a todos los abraza un mismo nombre y seta generalmente.

SEGUNDO PRONÓSTICO O FICCIÓN, QUE TAMBIÉN FUE HALLADO EN LOS LIBROS QUE HABÍAN SIDO RECOGIDOS EN EL SANTO OFICIO DE GRANADA: Con el nombre de Dios piadoso y misericordioso. Léese en las divinas historias que el mensajero de Dios estaba un día asentado, pasada la hora de la oración que se hace al mediodía, hablando con sus discípulos, que están todos aceptos en gracia, y a la sazón sobrevino el hijo de Abí Talid y Fátima Alzahara, que están asimismo aceptos en gracia, y asentándose par dél, le dijeron: «¡Oh mensajero de Dios! Haznos saber cómo ha de quedar el mundo a tu familia en fin del tiempo, y cómo se ha de acabar». El cual les dijo: «El mundo se ha de acabar en el tiempo que hubiere la gente más perversa y mala; y presto habrá generación de mi familia en una isla a los últimos confines del poniente, que se llamará la isla de la Andalucía, y serán los últimos moradores della de mi familia, que son los huérfanos de la familia desta ley y la última sucesión della. Dios se apiade dellos en aqueste tiempo». Y diciendo esto se le hinchieron los ojos de lágrimas, y dijo: «Son los perseguidos, son los atribulados, son los destruidores de sí mismos, son los afligidos, de quien Dios dijo: «No hay lugar que perezca, que no sea por nuestra permisión». Léase hasta el cabo toda la zuna lo que acerca de esto hay escrito, en lo cual alude Dios soberano a esto que he dicho; y esto será por el olvido que terná la gente de la Andalucía de las cosas de la ley, siguiendo sus aficiones y deseos, amando mucho al mundo y desamparando las oraciones, defendiendo las limosnas y negándolas, y atendiendo solamente a la lujuria y a los alborotos y muertes; y porque entre ellos crecerá el mentir, y el menor no reverenciará al mayor, ni el mayor se compadecerá del menor, y crecerá entre ellos la sinrazón, la sinjusticia y los juramentos falsos. Y los mercaderes comprarán y venderán con logro y con falsedad y engaño en lo que vendieren y compraren, todo por codicia de alcanzar el mundo; codiciando acrecentar las haciendas y guardarlas, sin parar mientes cómo lo adquieren, y lo que tienen, si lo han adquirido bien o mal». Y diciendo esto, se le hinchieron otra vez los ojos de lágrimas y lloró, y todos juntamente lloramos a su lloro. Y después dijo: «Cuando parecieren en esta generación estas maldades, sujetarlos ha Dios poderoso a gente peor que ellos, que les dará a gustar cruelísimos tormentos, y entonces pedirán socorro a los más justos dellos, y no se lo darán; y enviará Dios sobre ellos quien no se compadezca del menor ni haga cortesía al mayor, porque cada cual ha de ser condenado por su culpa y ha de padecer su castigo. Jamás hemos visto que haya permanecido logro en ninguna generación, ni engaño en compras y ventas, pesos y medidas, que Dios altísimo haya dejado de castigarlo, defendiendo o deteniendo el agua de sobre la haz de la tierra. No ha permanecido ni extendídose la lujuria, sin que les haya enviado fenecimiento y muerte; y jamás ha permanecido en alguna familia logro en las compras y ventas, juramentos falsos en la ambición y soberbia, que Dios todopoderoso no los haya castigado con diversos géneros de enfermedades endemoniadas. Jamás parecieron en ninguna familia muertes malas y públicos homicidios, sin que Dios los sujetase y entregase en manos de sus enemigos; jamás pareció en ninguna gente la obra de la familia de Lot, sin que Dios los castigase, enviándoles destrucciones y hundimiento de sus pueblos; jamás pareció en familia alguna la poca caridad y misericordia, y el poco temor de Dios en cometer todo mal y ofensa, sin que Dios los castigase con no oír sus oraciones y plegarias en sus tribulaciones y fatigas; porque cuando parece el pecado en la tierra, envía el Señor soberano el castigo que debe tener desde el cielo. Y no maldice Dios a ninguno de los de mi familia hasta que ve perdida la misericordia entre ellos, ni castiga a su siervo en este mundo con mayor mal que la dureza de su corazón; y así, cuando se endurece el corazón del hombre, su Dios le maldice, y no oye su demanda ni ha misericordia dél. Y cuando más enojado estará Dios con sus siervos, será cuando se querrá acercar el juicio; y esto por el exceso de sus vicios, por el olvido que ternán del bien, y por ir apartados del camino de la verdad». Y a esto lloró, y dijo: «Dios se apiade dellos en esta isla, cuando parecieren en ellos estos vicios y pecados, y dejaren de hacer y cumplir los consejos del Alcorán; porque los más dellos en aqueste tiempo, so color de devoción y religión, buscarán el mundo y se vestirán de pellejos humildes de ovejas, y sus lenguas serán más dulces que la miel ni el azúcar, mas sus corazones serán de lobos y sus hechos de hombres viles y malvados; y por ellos les enviará Dios su castigo, y no oirá sus oraciones, porque dan favor a la injusticia, y no entrarán en él colegio de mi familia los injustos damnificadores perpetuamente. Y el que se sonriere en faz de algún injusto, o le hiciere lugar donde se siente, o le ayudare o diere favor para hacer mal, ciertamente rasga el velo de la salvación de su garganta. Y si algún rey tiranizare en su tierra y no guardare justicia a sus súbditos, mostrará Dios sobre él en su reino disminución en los panes, en las frutas y en todos los demás bienes; y cuando juzgare con verdad y con justicia, y no hubiere en su reino crueldad ni injusticias, enviará Dios altísimo su bendición en su reino y familia, y en todo bien habrá aumento. Y así, cuando en esta isla pareciere en la gente della la injusticia y él desamparo do la verdad y la infidelidad, y reinare la soberbia y traiciones, haciendo mal a los huérfanos, tiranizando en sus tratos, saliendo de los preceptos de la misericordia de Dios y obedeciendo al demonio, siguiendo los vicios, atestiguando con mentira y falsedad, humillándose a los ricos y ensoberbeciéndose con los pobres, por la dureza de su corazón y soberbia, y su habla fuere dulce y la obra amarga, entonces les enviará Dios su castigo». Ya esto lloró otra vez, y dijo: «Por la misericordia de Dios y grandeza de sus nombres, si no fuese por las palabras de la confesión de que no hay otro Dios sino Dios, y que yo soy Mahoma, su mensajero, y por el amor que Dios me tiene, él enviaría sobre ellos su castigo en todo extremo y rigor». Y lloró más agriamente, y dijo: «¡Oh mi Dios! Habed misericordia dellos»; repitiendo estas palabras tres veces. «Mas por esto enviará Dios sobre ellos gobernadores crueles y tan perversos, que les tomarán sus haciendas sin razón, hacerlos han sus cautivos, mataránlos, y meterlos han en su ley, haciéndoles que adoren con ellos las imágenes de los ídolos, y les harán comer con ellos tocino; y sirviéndose dellos y de sus trabajos, los atormentarán tanto, hasta hacerles echar la leche que mamaron por las puntas de las uñas de los dedos, y vernán a tanta opresión en este tiempo, que pasando alguno por la sepultura donde estuviere su hermano o su amigo enterrado, dirá: ¡Oh, quién estuviera ya contigo! Y perseverarán en esto hasta venir a perder toda la confianza de poderse salvar en la ley de salvación, y los más dellos vernán en desesperación y renegarán de la ley de la verdad». A esto lloró más gravemente, y dijo: «Apiadarse ha Dios soberano dellos con su misericordia, y volverles ha el rostro misericordioso, mirándolos con ojos de clemencia, piedad y compasión; y esto será cuando más se encendiere en ellos la ponzoña de sus enemigos, cuando vinieren a quemar muchos dellos con fuego ardiendo, así hombres como mujeres, y niños de tierna edad, y viejos ancianos, y cuando los sacaren y desterraren de sus pueblos; a esta sazón se alborotarán los ángeles en los cielos, y todos con gran de ímpetu irán ante el acatamiento de Dios, y le dirán: ¡Oh nuestro Dios! Unos de la familia de vuestro amigo y mensajero Mahoma se están abrasando en el fuego, siendo vos el poderoso vengador. Y a esto enviará Dios poderoso quien los socorra, y los sacará deste grandísimo mal y castigo». Y a esto lloró Alí, que está acepto en gracia, y todos juntamente lloramos con él. Y le dijo: «¿En qué año enviará Dios este socorro y remediará sus corazones atribulados?» Al cual respondió en esta manera: «¡Oh Alí! Será esto en la isla de la Andalucía, cuando el año entrare en ella en el día del sábado; y la señal que habrá desta es que enviará Dios una nube de aves, y en ella parecerán dos aves señaladas, que la una será el ángel Gabriel y la otra el ángel Miguel, y será el origen de las demás aves de tierras de los papagayos, las cuales darán a entender la venida de los reyes de levante y de poniente al socorro de esta isla de la Andalucía, con señal que primero acometerán a los primeros del poniente. Y si hablaren aquestas aves, dan a entender que a la parte que hablaren habrá grande alboroto de guerra en el poniente, y a todos sucederán temores grandes y alborotos. Habrá escándalos y comunidades entre la ley de los moros y la ley de los cristianos, y volverá todo el mundo a la ley de los moros; mas será después de grande aprieto. Este año habrá muchas nieblas, pocas aguas, los árboles llevarán muchos frutos, los agostos del pan serán más abundantes en los montes fríos que en las costas, y las abejas henchirán sus colmenas en este año bendito». Hasta aquí es la letra deste jofor.

TERCERO PRONÓSTICO O JOFOR QUE FUE HALLADO EN LA CUEVA DE CASTARES:

Con el nombre de Dios, piadoso y misericordioso. Las alabanzas sean a Dios solo, que no hay otro sino Él. Éste es un juicio sacado del dicho del mensajero que Dios santificó y salvó, llamado Tauca, el Hamema, que quiere decir pecho de la paloma, comparando su composición y elegancia a la hermosura de las colores del pecho de la paloma; y dice desta manera: «Dejad de contar las burlas y los atavíos preciosos y las dignidades; no olvide vuestra memoria la muerte, que la vida se va concluyendo; vuestras culpas son más graves que los montes; convertíos a Dios, y no os durmáis; que amaneceréis sepultados entre las penas. Dejad de contar los ricos vergeles de los edificios suntuosos y de las damas coronadas y arreadas, y traed a vuestra memoria los alborotos del día del juicio y la furia del infierno y sus incendios. En aquella hora precederán estas señales: movimiento y temblor de tierra, espanto y terror grandísimo, y otras señales que los humanos no pueden declarar. El que más habló dellas fue Odeifa, y son más de setenta las que dijo haber oído decir al guiador profeta de Dios, de las cuales son ocho las más notables, y las otras menores que las siguen. Preguntaron muchos al escogido por todas ellas, y él les declaró algunas de las nombradas, de las cuales dijo ser: la apariencia del mensajero de Dios, el descendimiento de la una en el vergel de Tuhema después de salir el Sol hendido. Estas son las señales del juicio, de quien el Alcorán alega y habla, y las demás semejantes son muchas, y el día de hoy notorias en este mundo, más aparentes que la luz resplandeciente. Dijo el escogido que le seguía la nube: «Cuando vieres las mujeres ir tras los hombres pidiéndolos sin empacho ni vergüenza, y rabiando como las mulas de lujuria; cuando creciere el logro y lo mal ganado en los hombres, y tomaren por ley la injuria y los homicidios, y multiplicare la desobediencia de hijos a padres; cuando vieres abatido al buen creyente y ser los sabios perseguidos hasta venir a servir a los malos; cuando vieres poblados todos los encuentros de tu casa de lo ilícito y mal ganado; cuando tu suegro te viniere a ser más cercano pariente que tu hermano legítimo, y desamparares a tu hermano y obedecieres a tu amigo; cuando vieres la madre caduca ganar con sus hijas entre los hombres, y salir el hijo de la obediencia de sus padres y obedecer a su mujer en todo negocio; cuando vieres las pinturas en los templos y las mujeres darse a las costumbres pravas y vicios malos; cuando vieres los hombres de religión vivir en ricos y suntuosos edificios, y crecer los soberbios malhechores y diminuirse el número de los justos, y los temerosos de Dios solos como huérfanos, y los malos con las cabezas más pertinaces y duras que las aplomadas sierras; cuando vieres las colas preceder a las cabezas, y el amigo muy allegado negar a su amigo, y no osarse fiar el hombre de aquél con quien se junta; cuando vieres empobrecer la gente liberal y enriquecer y subir los avarientos, y las manos liberales hacerse duras y crecer el número de los mendigantes, cuando vieres la ley desamparada y sus secuaces tan pocos como lunares blancos en cabellos prietos, y los hombres hechos lobos cubiertos con vestiduras o hombres y que el que fuere lobo comerá con los lobos y al que no fuere lobo le comerán los lobos; y cuando vieres crecer las discordias con agudeza y ser las lluvias sobre la tierra pocas, en este tiempo será fin». Y cada vez que el mensajero de Dios la nombraba, se le henchían los ojos de lágrimas, y decía: «¿Qué tal será la vida del que en esta era naciera?». Otras señales decía asimismo ser fuegos que se encenderán en Roma, que correrán entre las gentes; y entre las aguas y la tierra, y será un humor sutil que se alzará un estado sobre la haz della y abrasará los pechos de los herejes. Y nombraba hundimientos de pueblos que habría en el Hixecen levante y en otros más abajo de Sacera, la demostración de la puente de Alcázar de la pasada, y nombraba señales por la virtud cumplida. Cuando se tomare a fuerza de armas Constantina por los romanos, y cuando viéredes a los moros, tan pujantes en victoria, conquistar a Roma y ganar a Portugal, entonces crecerán entre ellos las riquezas de piedras preciosas y monedas hasta las partir con el escudo de Cacim. Y cuando el mundo viniere a esta perfección, es señal que vendrá la disminución después de su cumplimiento, y los corazones vendrán en desasosiego, y el mundo les huirá de entre las manos. Mas antes desto quiero que sepáis que mandará Dios salir en el poniente un rey tirano que lo atajará y sujetará, cuyo rostro no tendrá señal de vista humana: maltratará y juzgará con toda maldad a las gentes; entre sus manos perecerán ellos con todos sus bienes. Después del cual se levantará otro de gran valor, que se llamará Jacob, cuyos infortunios y calamidades crecerán y morirán de necesidad. Esto veréis en el poniente con grande incomodidad y alboroto, y las gentes vendrán en mucha disminución. El Andalucía quedará huérfana sin rey ni quien en ella sea obedecido, y estará algún tiempo en este trabajo negra, confusa y oscura, hasta llegar la nueva dello a Roma. De allí saldrá un rey en quien no habrá falta, rey hijo de rey. ¡Oh varones! Embarcarse ha con grandes ejércitos que le acudirán de necesidad y con él vernán a Granada, la cándida y clara, donde le dirán: «Vos sois nuestro rey forzoso y nuestro gobernador en todo caso». El cual subirá con sus ejércitos y compañas a los alcázares de la Alambra, y allí estará algunos días encubierto; y desde allí conquistará muchas y muy grandes fortalezas, climas y provincias de los de poco en continuación; y veréis pujante el cetro y corona de los moros. Poseerán sin duda a Sevilla, y tomarán noventa ciudades a los herejes, y por sus manos deste, a quien mejorarán, todas las ciudades del poniente serán dichosas con él. En la primera salida tomará la ciudad de Antequera, subiendo por sus muros, y rompiéndolos a fuerza de armas. Siete años durará esta victoria, y las riquezas se llevarán de tierra de herejes. Bendito sea el señor Dios, que esta justicia hará, dando a gustar a los infieles estos cálices de amargura cuando la hora de esta ensalzación llegare y el poderío de Dios altísimo. Enderezará este señor su viaje a Segovia, y en el mes de Ramadán la entrará en todo caso; y así irá prosiguiendo su victoria, que será continua, tomando con maña las fortalezas de los cristianos. A esto sucederán diferencias entre los gobernadores y el Rey. Y saldrá Dolarfe, rey de cristianos, y rebelarse ha contra todo el pueblo, y romperlos ha, y llevaralos hasta hacerles que se encierren en Fez; y cuando vinieren a pasar por Gibraltar, estorbarlos ha el mar, y cercarlos han por todas partes grandes ejércitos de cristianos del rey Dolarfe. Los de las riquezas escaparán huyendo en los navíos, y los que no pudieren pasar morirán la mayor parte a cuchillo, y otros ahogados en la mar. Y a la sazón enviará Dios un rey de alta estatura, encubierto, más alto que las sierras, el cual dará con la mano en la mar, y la henderá, y saldrá de ella una puente que es nombrada en esta historia, y las dos partes del pueblo escaparán nadando, y la tercera quedará al cuchillo y agua hasta proseguir los cristianos su victoria. Y en un punto entrarán en Fez a fuerza de armas, y entrando en la ciudad, buscarán su rey, y le hallarán encubierto en la mezquita, con la espada de Idris en la mano, convertido moro; lo cual visto, todos los cristianos se volverán con él moros. Luego subirá a la casa de Meca; y hará su oración hasta ver lo claro del pozo de Zemzem y su agua. Y luego nacerá el maldito viejo Anticristo, y se levantará. En este tiempo enviará Dios grandísima esterilidad, que durará siete años; en los cuales no parecerá pan ni semilla ni agua, si no fuere lo que este viejo maldito mostrare; el cual sembrará el trigo a mediodía y lo cogerá a vísperas, plantará los árboles y plantas con la mano derecha y cogerá los frutos con la izquierda. Dirá al muerto que resucite, y levantarse ha, y presumirá ser él el resultador de los muertos y el Dios y señor que no tiene semejante; y el que le siguiere y obedeciere no alcanzará bien alguno y morirá hereje sepultado en los infiernos. Irá tras las gentes mostrándoles muchos y diversos mantenimientos y fuentes de aguas; y en su frente llevará escrito: Tiranizó y pecó. Su figura de rostro será espantable, porque no terná más que un ojo, y sobre la cabeza llevará un fibrillo lleno de manjar, redondo como la redondez de la Luna. Veréis las gentes; tras dél en tanto número, que no cabrán en los lugares con sus hijos y familias. Subirá en su cabalgadura de espantable hechura, y tenderá el paso tanto como alcanzare con la vista; y en siete días dará una vuelta a todo el mundo. Tendrá dos ríos señalados, uno de agua y otro de fuego; y si los que vinieren con él bebieren del agua, hallarla han ardiendo como fuego. Verná con todas las familias de los judíos, con las cuales hará oscura la clara luz de la mañana. Entonces enviará Dios altísimo a Jesucristo, hijo de María, que le saldrá al encuentro en las tierras de Hexen, y en viéndole se deshará ante él como un cobarde afeminado; y dirán las piedras y lugares: «Entrado ha el enemigo de Dios debajo de nosotros»; y quedará el guiador Cristo, en cuya virtud el lobo andará con la oveja en amor. Los niños jugarán con las serpientes y víboras ponzoñosas, y no les empecerán, obligando a la ley de nuestro profeta y juzgando rectamente en ella; y pondrá para las oraciones y horas una dignidad del linaje de Mahoma perpetuamente, y en su tiempo todo hereje se convertirá a Dios. Y hallando los de la tierra este conocimiento, subirá Cristo al monte Tahor, y romperá los muros de Juje y Mejigue, que son los pigmeos cuyo número excederá a las arenas del mar, y sus hechuras, rostros y facciones serán diferentes: unos tamaños como plumas de escribir, otros más altos que las sierras, y otros ternán las orejas tan grandes, que se asentarán sobre ellas, y con parte dellas cubrirán la tierra, y desto será su andadura de ochenta años».

Otros muchos disparates decía este jofor, que no ponemos aquí por no hacer a nuestra historia; y si pusimos éstos tan por extenso, fue por dar un rato que reír al lector, y porque siendo una de las principales cosas en que estribaron los moriscos para su perdimiento, fuera cortedad dejarlos de poner. Revolviendo pues estos jofores, que veneraban como cosa sagrada, y buscando entre ellos algún consuelo, los setarios alcoranistas que por ventura los habían compuesto se los glosaban, trayéndolos por los cabellos al propósito de su pretensión, que era levantar el reino. Farax, Abenfarax y Daud y otros fueron los que comenzaron a mover el ignorante vulgo, diciendo que ya era llegada la hora de su libertad que los jofores decían; porque la ponzoña de los cristianos, sus verdaderos enemigos, jamás había estado tan encendida en sus corazones como al presente estaba; que los ángeles del cielo, viendo la desventura y trabajo en que estaban los naturales de aquel reino, pedían delante del acatamiento de Dios que se apiadase dellos con misericordia, y venían a sacarlos de tan gran sujeción y cautiverio, y que muchas gentes los habían visto andar en nubes en forma de aves volando por encima de la Alpujarra, guiándolas dos mayores y más vistosas que las otras; que el año largo tan deseado entraba en sábado, y era el propio en que Mahoma había dicho a su yerno Alí que enviaría Dios socorro a su familia; que ya no les faltaba otra cosa ni tenían que esperar sino eran los alborotos y escándalos que los jofores decían, por que los temores y aflicciones presentes los tenían; que las diferencias y comunidades sobre cosas de religión entre moros y cristianos, y las que había entre los mismos cristianos, eran cierta señal de su remedio; y que tomando luego las armas animosamente, fuesen ciertos que serían con brevedad socorridos de los reyes de levante y de poniente; y que ellos mismos se ofrecían de irlos a solicitar. Hubo otros que, so color de la astrología judiciaria, les decían mil desatinos, fingiendo haber visto de noche señales en el aire, mar y tierra, estrellas nunca vistas, arder el cielo con llamas y muchas lumbres, haciendo bultos por el aire, y rayos temerosos de estrellas y cometas, que siempre se atribuyen a mudanza de estado. Dando pues a entender torcidamente todas estas cosas, y catando otros agüeros, a que demasiadamente es dada aquella nación, afirmaban ser pasados todos sus trabajos, y que los cristianos comenzaban ya a temer su felicidad, especialmente viendo a su rey tan ocupado en guerras con luteranos sobre la posesión de sus propios estados, y con otras naciones poderosas, contra quien no podría prevalecer. Todo esto divulgaban aquellos herejes, acreditándose con encargar al vulgo él secreto; y era tan grande la eficacia con que lo certificaban, que aun ellos mismos, que lo habían inventado, lo creían, y tenían por cierto que les sucedería como lo decían.

Capítulo IV. Cómo se tuvo aviso en Granada que los moriscos de la Alpujarra trataban de alzarse, y lo que se previno en ello

Si bien procuraban los moriscos del Albaicín aplicar con humildad la furia de la ejecución de la nueva premática, con que por tan ofendidos se tenían, en lo tocante a la seta, a las haciendas y al uso de la vida, tanto a la necesidad cuanto al regalo de sus personas, no por eso dejaban de intentar otros medios. Y habiendo buscado entre los mayores peligros algún remedio, acordaron que sería bien hacer con los moriscos de la Alpujarra que tratasen de levantarse, y para moverlos a ello les daban a entender ser negocio guiado por Dios para su libertad, animándolos con las ficciones vanas de los jofores; y exagerando la sujeción que tenían, les traían a la memoria sus fuerzas, diciendo que había ochenta y cinco mil casas de moriscos empadronadas para farda en el reino de Granada, sin otras más de quince mil que encubrían los repartidores, de donde por lo menos saldrían cien mil hombres de pelea, que pondrían en condición a España siempre que fuese menester, y que cuando otra cosa no hiciesen, no les faltaría lo que tanto deseaban, que era la suspensión de la premática por vía de paz. Estas y otras muchas cosas les decían aquellos herejes, persuadiéndolos a que se levantasen ellos los primeros, porque el principal intento de los hombres ricos del Albaicín no era que hubiese rebelión general ni que entrasen berberiscos en la tierra, ni querían ser sujetos a rey moro; que ninguno les estaba tan bien como el que tenían: solamente querían estarse como estaban, y hacer su negocio con peligro de cabezas ajenas, hallando los ánimos de los bárbaros serranos tan aparejarlos para ello. No dejaron de darles a entender que luego se levantarían todos, y que no quedaría ciudad ni alcaría en el reino de Granada que no se levantase; mas hacíanlo con grandísimo recato, temiendo ser descubiertos, y representándoseles la prisión, el examen, el tormento y los duros y ocultos suplicios del riguroso imperio de los alcaldes de chancillería, en que se habían de ver. Y por esta causa, ningún hombre de entendimiento se osaba declarar ni hacer cabeza, aunque echaron mano de algunos principales y ricos; solo Farax Aben Farax, nacido del linaje de los abencerrajes, tomó el negocio a su cargo, teniéndose por ofendido de las justicias; y holgaron los demás dello por ser hombre aparejado para cualquiera sedición y maldad, y más diligente que otro. Éste era tintorero de tinta de arrebol, y teniendo trato por todo el reino, comunicó el negocio con los que sabía que estaban más ofendidos, y particularmente con don Hernando el Zaguer, alguacil de Cádiar, llamado por otro nombre Aben Jouhar, y con Diego López Aben Aboo, vecino de Mecina de Bombaron, y con Miguel de Rojas, vecino de Ugíjar de Albacete, y con otros moriscos principales de la Alpujarra, que estaban siguiendo pleitos criminales en Granada; y viniendo todos en ello, concluyeron que el rebelión fuese el jueves santo del año del Señor 1568, porque en tal día como aquél estarían los cristianos descuidados, ocupados en sus devociones, y se podría hacer bien cualquier efecto. Esto se divulgó luego de unos en otros por las alcarías, y comenzó a venir gente a Granada para saber de los autores, y especialmente de Farax Aben Farax, lo que se había de hacer; el cual no los dejaba parar mucho, por que no fuesen descubiertos; y les decía que se fuesen a sus casas, y que hiciesen lo que viesen hacer a sus vecinos, porque ya estaba todo concertado; y tenían en su favor armas, gente y socorros de genoveses y de turcos y moros de Berbería. Estas nuevas acrecentaron los malos, y las cuadrillas de los monfíes con mayor desvergüenza comenzaron a andar por toda la tierra armados de ballestas, con banderas tendidas, matando y robando a los cristianos que podían haber a las manos; y eran pocos los días que no traían a la ciudad de Granada hombres muertos que hallaban en los campos con las caras desolladas, y algunos con los corazones sacados por las espaldas. Hubo muchos religiosos y otras personas particulares que dieron aviso a su majestad y a los de su consejo, del desasosiego que traía aquella gente con señales tan evidentes de rebelión; mas nadie sabía decir el cómo ni cuándo, ni poner remedio en ello, porque solo consistía en la suspensión de la premática, que todos juzgaban por santa y buena. El que mejor y más cierto aviso dio fue Francisco de Torrijos, beneficiado de Darrícal, que era también vicario de las taas de Berja y Dalías y del Cehel, y después fue canónigo de la catedral de Granada; y púdolo bien hacer, porque siendo muy ladino en la lengua árabe, por este y por otros respetos le hacían amistad y le respetaban. El cual, avisado por algunos amigos de lo que se trataba entre ellos, por fin del año de 1568 escribió al Arzobispo de Granada y al marqués de Mondéjar, que aún se estaba en la corte, avisándoles cómo había sabido por cosa cierta que los moriscos de la Alpujarra tenían tratado de alzarse el Jueves Santo. Esta nueva y la carta del beneficiado Torrijos envió fuego el Arzobispo a su majestad para que mandase poner remedio con brevedad; la cual fue cansa de apresurar la venida del marqués de Mondéjar a Granada, con orden que visitase la Alpujarra y la costa, y se informase particularmente de lo que el beneficiado Torrijos decía. Por otra parte, poniendo recaudo en la ciudad y en las fortalezas, el conde de Tendilla metió en la Alambra al capitán Lorenzo de Ávila con la gente de las siete villas, y apercibió y armó toda la gente de la ciudad, previniendo a los unos y a los otros de manera, que los moriscos del Albaicín entendieron que había sido descubierto el negocio por los alpujarreños; y desdeñados de ver el poco secreto que habían guardado, les avisaron que no hiciesen movimiento, porque la ciudad estaba prevenida.

Capítulo V. Cómo los moriscos del Albaicín mostraron sentimiento de que se dijese que se querían rebelar, y de lo que se previno

Como no se tratase de otra cosa en las plazas y calles de la ciudad de Granada sino de que los moriscos se andaban por rebelar, juntándose algunos de los más ricos y principales del Albaicín, con muestra de grandísimo sentimiento fueron a casa del Presidente, y uno dellos le hizo su razonamiento desta manera: «La prosperidad de fortuna que debajo del felicísimo imperio de su majestad tenemos, se nos va convirtiendo en deshonra a los que por edad entera y madura sabemos lo que es mantener verdadera fe, y aun deseamos la muerte antes que el fin della. Sienten mucho los naturales deste reino ver que se trate de sus honras en las calles y plazas públicas, llamándolos de traidores, y diciendo que se quieren rebelar, siendo fieles vasallos de su majestad, y estando, como estaban, quietos y pacíficos, y muy contentos con la merced que Dios nuestro señor les ha hecho en traerlos a verdadero conocimiento de su santa fe católica, y en haberles dado un príncipe cristianísimo que con tanto cuidado procura su bien y su salvación, y que los propios ciudadanos, sus compadres, y amigos, que eran los que habían de favorecerlos y animarlos, sean los que los quieren destruir y asolar. Y no sabiendo que remedio se tener para que ésta su fidelidad y quietud se conozca y entienda, para satisfacción desto decimos los que estamos presentes, en nombre de los naturales, que siendo su majestad servido, nos pondremos en las fortalezas o prisiones que mandare, doscientos o trescientos hombres de los más principales, hasta tanto que se averigüe nuestra inocencia, y la calumnia que los malos y codiciosos nos imponen, con menos deseo de quietud que de llevarnos nuestras haciendas. Hecho esto, será muy justo que se provea cómo los infamadores escandalosos sean castigados con rigor, para que sirviéndose, Dios y su majestad en ello, se consiga el efecto de quietud que se pretende y desea, y con tanto cuidado procura vuestra señoría, en quien tenemos puesta toda la esperanza del remedio». Hasta aquí dijo el morisco, y el Presidente, disimulando el aviso que se tenía, le respondió que era verdad lo que decía de haberse publicado por la ciudad que los moriscos andaban alborotados y con algún desasosiego; más que también se entendía que lo debían causar algunos monfís y hombres livianos, que deseaban semejantes ocasiones para tener aprovechamiento de las haciendas ajenas; que en cuanto a sí, él estaba satisfecho de que los del Albaicín no trataban cosa contra el servicio de su majestad, porque los tenía por hombres honrados, cuerdos y que sabían bien lo que les cumplía. Que no dejaba de haber alguna ocasión de sospecha, aunque él no la tenía, viendo que se metían en el Albaicín tanto número de moriscos forasteros con sus mujeres y hijos, dejando sus labores y granjerías del campo, y en haberse hallado cantidad de ballestas en poder de algunos ballesteros, y averiguándose que las hacían para moriscos, como quiera que también podía ser que fuesen para monfís. Y finalmente, concluyó con decirles que no había para qué ofrecerse los vasallos de su majestad a que los pusiese en prisión como por rehenes, porque aquello se haría cuando pareciese que convenía a su real servicio, y que diesen sus peticiones, pidiendo lo que viesen que les convenía, porque lo comunicaría con el Acuerdo, y se proveería en todo lo que hubiese lugar, justicia mediante. Salidos los moriscos de las casas, de la Audiencia, el Presidente mandó llamar a los alcaldes de chancillería; y entendimiento que sería de provecho hacer algunas prisiones con que tener enfrenada aquella gente, tomando aviso del ofrecimiento que hacían, les mandó que hiciesen que los escribanos del crimen buscasen todos los procesos que había contra moriscos, así delincuentes como fiadores, y los prendiesen poco a poco, sin que se entendiese que era por causa del rebelión. Y desta manera hicieron prender los alcaldes muchos hombres sospechosos, y entre ellos algunos de los más ricos, cuya prosperidad les fue al cabo deshonra, tomándoles la muerte con apresurado paso la delantera, como se dirá en su lugar. Proveyose asimismo comisión a los alcaldes de chancillería para que quitasen los arcabuces y ballestas a todos los moriscos que tenían licencias para poder traer armas, y que solamente se entendiesen y extendiesen a una espada y un puñal y una lanza cuando saliesen al campo, conforme a una provisión que el emperador don Carlos había mandado despachar sobre ello; y haciéndolos prender, los mandaba soltar debajo de fianzas; de donde resultó tenerse por agraviados muchos hombres a quien por servicios de sus pasados y suyos se había dado aquellas licencias.

Capítulo VI. De un razonamiento que el conde de Tendilla hizo a los moriscos del Albaicín estos días

Estando las cosas en este estado, y entendiendo el conde de Tendilla que haría particular servicio a su majestad en persuadir y aconsejar a los moriscos que recibiesen con buen ánimo la premática y cumpliesen llanamente lo que se les mandaba, sin alterarse ni causar escándalos, a 5 días del mes de abril, domingo por la mañana, subió al barrio del Albaicín, acomodado de algunos caballeros y de la gente de su guardia, y a misa de San Salvador, donde estaban recogidos la mayor parte de los moriscos, y cuando el preste hubo acabado el oficio, les mandó decir que se estuviesen quedos, porque les quería hablar. Y estando todos atentos, desde la peaña del altar les dijo desta manera: «Lo que agora hago, hubiera hecho muchas veces, que es veniros a ver; y si lo he dejado de hacer algunos años, ha sido porque tampoco vosotros habéis acudido a casa del Marqués, mi señor, y a mí, como solíades; y así, no hemos querido tratar de vuestros negocios. Mas teniendo consideración a la voluntad y amor que os tuvieron siempre nuestros pasados, y a la que yo os tengo, me he movido a hablaros sobre tres cosas. Lo primero es pediros y rogaros que en lo que toca a la premática que su majestad manda que guardéis, os determinéis de guardarla y cumplirla, pues el celo con que lo manda es tan santo y bueno, como de un príncipe tan católico se puede pensar, y para entremeteros con los otros cristianos, sus vasallos, y servirse de vosotros en todo y haceros las mercedes que a ellos. La otra es, que mucho número de moriscos se han venido de todas las alcarías a vivir a este Albaicín; y aunque se os ha mandado que los echéis fuera, no lo habéis hecho; de que se ha tomado alguna sospecha. Bien se entiende que se han venido huyendo de los malos tratamientos que se les hacen, y temiendo que ha de venir gente de guerra a embarcarse y de camino alojarse en sus casas; más todavía es negocio que da materia de hablar a las gentes; y así conviene que luego se vayan a sus lugares, y que no los consintáis más entre vosotros; que yo les certifico de mi parte que no serán maltratados. Lo tercero es, que algunos de vosotros me subisteis a hablar a la Alambra estotro día, y me dijisteis cómo los curas y beneficiados andaban empadronando vuestros hijos y hijas, y que se decía que os los querían quitar; y porque entonces no estaba informado de aquel negocio, no respondí a él; después acá lo he tratado con el Arzobispo, y sabed que lo que se hace es por vuestro bien y por mandado de su majestad, que quiere que haya escuelas donde todos los niños sean enseñados en la doctrina cristiana y aprendan la lengua castellana, pues pasados los tres años no se ha de hablar más la arábiga: estad ciertos que no es para otro efecto; y esto, antes lo habíades de desear y procurar, que alteraros por ello. Haced el deber y lo que sois obligados al servicio de su majestad, que él os hará muchas mercedes; y en lo que en mí fuere, os favoreceré con mi persona y hacienda, como lo veréis por la obra acudiendo a mí». Acabado su razonamiento, los moriscos principales se levantaron, y dijeron a Jorge de Baeza, su procurador general, que respondiese por todos; el cual dijo al Conde que le besaba las manos en nombre del reino por la voluntad que siempre había mostrado de hacerles merced, y por la que esperaban todos que les haría en tantos trabajos como se ofrecían a la nación, y que ellos acudirían a valerse de su favor siempre que se les ofreciese ocasión; y así, le pidieron por merced tuviese cuenta con sus cosas. Desta vez quisiera el conde de Tendilla poner una compañía de infantería de guardia en el Albaicín y alojaría en las casas de los moriscos, so color de asegurarlos y asegurarse dellos, como capitán general; y habiendo hecho venir al capitán Garnica con su gente para este efecto, los moriscos acudieron al Presidente y al Corregidor, diciendo que sin duda sería la destrucción del Albaicín si se alojaban soldados en las casas donde tenían sus mujeres y hijas. Y el Presidente le envió a decir que su majestad no sería servido de aquel alojamiento, y que lo mandase sobreseer, porque sería acabar de alborotar aquellas gentes; y con esto cesó, mandando que el capitán Garnica se fuese a alojar a Churriana, alcaría de la Vega, donde estuvo hasta la víspera de pascua de flores, que se le mandó despedir la gente.

Capítulo VII. Cómo se tocó rebato la víspera de Pascua en Granada, pensando que se alzaba el Albaicín, y el escándalo que hubo en la ciudad

A 16 días del mes de abril del año de 1568, víspera de pascua de Resurrección, entre las ocho y las nueve horas de la noche se tocó un rebato en la fortaleza de la Alambra, que hubiera de ser causa que los cristianos saquearan el Albaicín y mataran los moriscos que había en él, porque con la sospecha que se tenía, creyeron que se alzaban. La causa deste rebato fue que un alguacil de los que tenían cargo de rondar, llamado Bartolomé de Santa María envió a la hora que anochecía, cuatro soldados a hacer centinela en la torre del Aceituno, que está puesta en la cumbre alta del cerro del Albaicín; y porque hacía muy oscuro y llovía, llevaba cada soldado un hacho de atocha ardiendo en la mano para hacerse lumbre; y como llegaron al pie de la torre, que tenía la subida dificultosa y descubierta, los que iban delante meneaban las hachas para hacer lumbre a los que iban subiendo, y luego echábanlos abajo, de manera que parecía que hacían almenarías de aviso. Viendo esto la vela de la torre de la fortaleza de la Alambra, tocó a rebato, creyendo que había alguna novedad, y fue a dar mandato al conde de Tendilla, el cual envió luego veinte soldados a que supiesen qué fuegos eran aquellos. El soldado de la torre que tocaba la campana comenzó a dar grandes voces, diciendo: «Cristianos, mirad por vosotros; que esta noche habéis de ser degollados». Y con esto causo tan grande alboroto en la ciudad, que las mujeres casadas y doncellas, dejando sus propias casas, unas iban corriendo a las iglesias, otras a la fortaleza. Los hombres, sobresaltados, salían por las calles y plazas, unos armando los arcabuces y las ballestas, y otros abrochándose los jubones y los sayos; ninguno sabía lo que era ni adónde había de acudir: tanta era la turbación que todos traían. Finalmente, toda la ciudad se alborotó, y hasta los frailes del monasterio de San Francisco dejaron sus celdas, y se pusieron en la plaza armados. Otros acudieron a la plaza Nueva, y delante la puerta de la Audiencia hicieron su escuadrón de piqueros y alabarderos, como buenos mílites de Jesucristo, creyendo que era cierto el levantamiento de los moriscos. El Presidente y el Corregidor, cada uno por su parte, enviaron a saber de las guardias del Albaicín lo que había en él; y entendiendo que había nacido el rebato de la inadvertencia de aquellos soldados, y que estaba todo quieto y pacifico, se sosegaron; y el Corregidor tomó luego las bocas de las calles por donde se podía subir a las casas de los moriscos, y puso en ellas algunos caballeros que no dejasen pasar a nadie, porque no las saqueasen; y fuera poca parte esta diligencia para excusar el saco, si una tempestad muy grande de agua que cayó del cielo no lo estorbara a los codiciosos ciudadanos. Crecieron en un momento los arroyos por las calles de manera, que a caballo no se podían pasar, y fue necesario que la furia de la gente plebeya aplacase. Pasada la tempestad, el Corregidor, acompañado de algunos caballeros, dejando otros en guardia de aquellos pasos, subió al Albaicín, y anduvo todo lo que quedaba de la noche rondando; y cuando fue de día claro reconoció por defuera todas las murallas hasta llegar a la asomada del río Darro, y viendo que estaba todo seguro, bajó a la ciudad, y de allí adelante todas las noches rondaba con cantidad de gente armada, así para que los moriscos no recibiesen daño, como para asegurarse dellos. No fue de poco momento el rebato desta noche, aunque falso, porque los ciudadanos se pusieron mejor en orden, y los que no tenían armas se proveyeron dellas, y el cabildo compró mucha cantidad, y las repartió entre los vecinos, haciéndolas traer de fuera. Los veinte soldados que envió el conde de Tendilla llevaron las centinelas de la torre del Aceituno a la Alambra, y teniéndolos presos, llegó el marqués de Mondéjar de la corte, y los mandó soltar a todos, como entendió la ocasión que había habido.

Capítulo VIII. Cómo el marqués de Mondéjar vino a Granada, y don Alonso de Granada Venegas fue a informar a su majestad de los negocios de aquel reino

Llegó a Granada el marqués de Mondéjar a 17 días del mes de abril, que venía de la corte, y luego el siguiente día se juntaron los moriscos más principales del Albaicín con su procurador general, y subieron a la fortaleza de la Alambra a dar el parabién de su venida, y le dieron grandes quejas, diciendo que los habían puesto en términos de perderse por haber tocado aquel rebato con tan pequeña ocasión, estando quietos y pacíficos todos los vecinos; y al cabo de su plática le suplicaron los favoreciese y amparase, como lo habían hecho siempre el marqués don Luis y el conde don Íñigo, sus antecesores. El Marqués mostró sentimiento y haberle pesado mucho de lo que había sucedido en su ausencia, y les prometió que ternía particular cuenta con sus cosas y con procurar que no fuesen agraviados. Con la venida del marqués de Mondéjar pareció haberse quietado algún tanto los moriscos; y don Alonso de Granada Venegas, de quien dijimos en el libro primero, capítulo 16 desta historia, movido de celo cristiano, y siguiendo los honrosos ejemplos de sus pasados, que sirvieron lealmente a los reyes de Castilla desde el día que se convirtieron a nuestra santa fe católica, acordó de ir a informar a su majestad y a los de su consejo de las cosas de aquel reino, porque se quejaban los moriscos de malos tratamientos que se les hacían cada día en hechos y en dichos y del poco remedio que se ponía en ello, y de que los malos e inquietos, que eran muchos, desacreditando a los pacíficos, tomaban alas contra ellas. Creyendo pues poder hallar algún remedio de lo que tanto se deseaba en el Albaicín, con la nueva relación del capitán general presente, y sin dar parte de su ida a otra persona que se lo pudiese impedir, partió de Granada a 24 días del mes de abril, y el primer día del mes de mayo entró en la villa de Madrid, y andando en su negocio, le llegó un correo de los moriscos del Albaicín con una carta para su majestad en nombre de todos los de aquel reino, la cual, según parece, no la había querido llevar consigo, o no se la habían osado dar en su partida, porque no se supiese de algunas espías a lo que iba. Lo que la carta contenía era significar a su majestad que los escándalos y alborotos que había en aquella ciudad eran sin causa ni fundamento que hubiese sido de su parte, solo por la inadvertencia de los gobernadores y ministros de justicia, mediante lo cual habían estado todos a punto de ser destruidos en personas, vidas y haciendas; y lo que peor era, habían sido infamados de infieles de la fe de Jesucristo y de traidores a su rey, y publicádose y dádose dello muy concluyentes apariencias y señales, en perjuicio de sus honras. Que cuando se hallase haber sido culpados algunos dellos, sería justo que se mandasen castigar con rigor, como la gravedad del delito lo requería; mas si pareciese no ser la culpa suya, sería bien que su majestad mandase castigar a los que la tuviesen, proveyendo para en lo de adelante como más fuese su real servicio, de manera que semejantes ocasiones cesasen. Que como desfavorecidos y amedrentados del rigor que con ellos se podría usar, no habían osado juntarse a tratar de su remedio; y agora, que parecía estar las cosas con alguna quietud, por la venida del marqués de Mondéjar, también les había asegurado poderlo hacer para ocurrir a su rey y señor natural y suplicarle lo mandase remediar con justicia; y que por no poder acudir todos, enviaban algunos particulares a quien se remitían, y especialmente a la relación que de su parte haría don Alonso de

Granada Venegas, a quien todos tenían obligación de reconocer y anteponer en todas sus cosas por el valor de su persona y de sus antepasados. Por tanto, que suplicaban a su majestad humildemente le oyese y creyese de su parte, y mandando que la verdad se supiese, proveyese cómo los culpados fuesen castigados, y los buenos y leales restituidos en su honra y buena fama y desagraviados de los agravios recibidos. Hasta aquí decía la carta, la cual dio don Alonso de Granada Venegas a su majestad, y le informó largamente del negocio. Y siendo remitido al cardenal Espinosa, platicado en el Consejo, se acordó que se despidiese la gente de las cuadrillas que estaba en el Albaicín a costa de los moriscos, pues ya parecía estar pacíficos, y que en lo demás acudiesen al presidente de Granada, a quien estaba cometido aquel negocio, porque él proveería cómo fuesen desagraviados. No mucho después el presidente don Pedro de Deza, viendo que se mandaban despedir los alguaciles y rondas del Albaicín, con parecer del acuerdo y de los alcaldes de chancillería y de otras personas graves, envió relación a su majestad, diciendo que no convenía hacer novedad, antes era muy necesario que los alguaciles rondasen, por ser, como eran, hombres de bien y casados; y que con andar la ronda todas las noches, estaban los vecinos quietos, y resultaban muchos efectos buenos que la experiencia había mostrado, porque los monfís y malhechores naturales del Albaicín se habían ido, y los extranjeros no se recogían allí, y los que se acogían eran luego descubiertos y presos. Que los dueños de los ganados estaban muy contentos, porque ya no se los hurtaban. Las mujeres mal casadas tenían recogidos sus maridos, los padres a sus hijos, los amos a sus criados. Que ya no parecía persona en el Albaicín después que anochecía, ni apedreaban las ventanas de los clérigos. Que los borrachos, de que antes había gran número, y hacían de noche grandes alborotos y delitos, habían cesado; y era tanto el miedo que tenían cobrado a las guardias, que todos estaban pacíficos y quietos, sin osarse a menear. Que aquellos alguaciles eran los que hacían que se guardase la premática en lo que requería ejecución, que era en que las mujeres anduviesen con los rostros desatapados, y que tuviesen abiertas las puertas de sus casas los viernes y días de fiesta; y esto con amor y cristiandad, sin otro ningún género de interés ni molestia. Que los demás alguaciles no daban un solo paso si no se les seguía algún provecho, antes holgaban hallar de qué denunciar y cómo encarcelar y llevar costas. Que después que andaba aquella ronda no se pregonaban niños perdidos ni hurtados, como solía, porque no los osaban llevar a esconder al

Albaicín, por temor de ser descubiertos; y que por estas razones y otras muchas que se pudieran decir, convenía que no se hiciese novedad, antes se les diese todo favor para proseguir lo que tenían comenzado. Y al fin se proveyó que se disimulase en lo que tocaba a los alguaciles, con moderación de la gente que había de andar con ellos.

Capítulo IX. Cómo yendo el marqués de Mondéjar a visitar la costa de la mar, se entendió más claramente el desasosiego de los moriscos por unas cartas que se tomaron a Daud, uno de los autores del rebelión, que iba a procurar favores a Berbería

Estos días salió el marqués de Mondéjar de Granada, y llevando consigo al conde de Tendilla, su hijo, fue a visitar la costa de la mar con la gente ordinaria de a caballo. Y andando en la visita, parece que los autores del rebelión acordaron que sería bien que fuese Aben Daud a Berbería a procurar algún socorro de navíos y gente, como lo había ofrecido muchas veces; y llevando consigo otros moriscos del Albaicín, se fue a juntar con las cuadrillas de monfís que andaban en la sierra de Bujol, entre Órgiba y el Zuchel, hacia la mar, para esperar que pasase por allí alguna fusta en que poderse ir; y como vio que no la había, trató con un morisco pescador, vecino de Adra la vieja, llamado Nohayla, que le vendiese una barca que tenía en la playa, con que pescaba, que era de Ginés de la Rambla, armador; el cual no solo se la ofreció, más prometió de irse con él. En este tiempo los moriscos de aquellas cuadrillas cautivaron tres cristianos, y queriéndolos matar, los defendió Daud, dándoles a entender que no se permitía en la ley de Mahoma matar los cristianos rendidos; mas hacíalo porque se los diesen para llevarlos a Berbería, y presentarlos a algún alcaide principal que le favoreciese en su negocio. Llegada pues la noche aplazada en que se habían de embarcar, Daud y sus compañeros se fueron a casa de Nohayla, y llevando consigo algunas moriscas, que deseaban ir a poder ser moras con libertad, bajaron al lugar donde estaba la barca, que era junto a la puerta de Adra, y echándola con mucho silencio a la mar, se metieron dentro todos. Este morisco dueño de la barca, temiendo que, si el negocio se descubría, le habían de castigar por ello, usó de un trato doble, cosa muy ordinaria entre los moros; y dando aviso al dueño de la barca, y al capitán de Adra, de cómo unos moriscos se la habían pedido para irse a Berbería, les dijo que les avisaría el propio día que se hubiesen de embarcar, para que saliesen a ellos y los prendiesen; y por otra parte no fue a dar aviso el día cierto de la partida, antes dijo que sería un día señalado, y él se embarcó con toda la gente tres días antes, llevando consigo algunos monfís y los tres cristianos cautivos, y muchas moriscas y muchachos; mas no tenía la barca tan segura como pensaba, porque el Ginés de la Rambla, sospechando la cautela del morisco, le había hecho dar de parte de noche unos barrenos, y tapándolos livianamente con cera, la había dejado estar. Por manera que habiendo navegado Daud un rato en ella, comenzó a entrar el agua por los lados y por los barrenos, y temiendo anegarse, le fue forzado volver a tierra; y cómo hacían ruido las mujeres y los niños al desembarcar, las guardas de Adra, que estaban sobre aviso, los sintieron y salió luego la gente, y prendiendo a un turco y algunas mujeres, dieron libertad a los tres cristianos, y toda la otra gente se les embreñó en la sierra. Yendo pues huyendo los monfís, se cayó a uno dellos una talega de lienzo, en que llevaba un libro grande de letra arábiga, y dentro dél se hallaron una carta y una lamentación, que del tenor de lo uno y de lo otro pareció ser cosa ordenada por el mismo Daud, significando quejas de los moriscos a los moros de África, para que apiadándose dellos, les enviasen socorro. Este libro envió luego el capitán de Adra al marqués de Mondéjar, que andaba visitando la Alpujarra, y juntamente con él los tres cristianos, para que le diesen razón de lo que habían visto; los cuales le dieron noticia de Daud, porque le habían conocido en Granada siendo geliz de la seda, y le dijeron cómo iban con él otros moriscos del Albaicín, que no supieron sus nombres; y que aquel libro era suyo, y leía cada noche en él, y predicaba a los otros la seta de Mahoma, y que acabando de predicar, llegaban todos a besar el libro y decían: «Esta es la ley de Dios y en ésta creemos, y todo lo demás es aire». Queriendo pues el Marqués saber lo que se contenía en aquel libro y en los papeles sueltos que iban dentro dél, envió a Granada por el licenciado Alonso del Castillo para que lo declarase, sospechando que había allí alguna cosa por donde se entendiese lo que los moriscos trataban. El licenciado Castillo fue luego al lugar de Berja, donde había llegado ya el Marqués visitando, y tomando el libro, lo hojeó, y halló que era de un autor árabe llamado el Lollori, que trataba de la seta de Mahoma, y traía muchas autoridades de historias antiguas; y los papeles sueltos que había dentro eran de letra del propio Daud, porque la conoció luego. En el uno dellos se contenía una carta misiva, que decía desta manera:

CARTA QUE SE TOMÓ A DAUD EN LA COSTA DE ADRA

«Con el nombre de Dios piadoso y misericordioso. La santificación de Dios sea sobre el mejor de sus escogidos, y después la salud de Dios cumplida sea con aquellos que Dios honró, y no los desamparó el bien, que son en este mundo dichosos; esto es, a todos los príncipes y allegados señores y amigos nuestros, a quien Dios hizo merced de dar victoria y libertad y ensanchamiento de reinos, los moradores del poniente (ture Dios sus honras y guarde sus vidas), deseamos salud los moradores de la Andalucía, los angustiados de corazón, los cercados de la gente infiel, aquellos a quien ha tocado el mal de la ofensión. Y después desto, señores y amigos nuestros, hermanos en Dios, somos obligados de haceros saber nuestros trabajos y negocios y lo que nos ha venido de la mudanza de nuestra era y fortuna, que es parte de nuestro mucho mal: por tanto, socorrednos y hacednos limosna; que Dios galardonará a los que bien nos hiciéredes. Sustentadnos con vuestro poderío, y abundancia de que a vosotros hizo Dios merced, aunque a nosotros no seáis en cargo; mas confiados en vuestras personas magníficas y en vuestra virtud, porque el magnífico y virtuoso desea hacer bien, os encargamos por Dios poderoso que nos sustentéis con oraciones, para que Dios nos junte con vosotros. Habéis de saber, señores nuestros, que los cristianos nos han mandado quitar la lengua arábiga, y quien pierde la lengua arábiga pierde su ley; y que descubramos las caras vergonzosas; que no nos saludemos, siendo la más noble virtud la salutación. Hannos abierto las puertas para que entre nosotros haya más males y pecados; hannos acrecentado el tributo y la pena, y han intentado de mudar nuestro traje y quitar nuestras costumbres. Aposéntanse en nuestras casas, descubren nuestras honras y vergüenzas, y con semejante mal que éste se debe deshacer todo corazón de pesar: todo esto después de tomar nuestras haciendas y cautivar nuestras personas, y sacarnos con destierro de los pueblos. Hacennos caer en grande abatimiento y pérdida, apártannos de nuestros hermanos y amigos, y somos mezquinos desamparados, atenidos a la misericordia de Dios, porque nos han rodeado grandes males y desasosiegos por todas partes. Suplicamos a vuestra bondad, de parte de Dios altísimo, que contempléis nuestros negocios y los miréis con ojos de misericordia, y os apiadéis de nosotros con amor de hermanos, porque todos los creyentes en Dios son unos. Por tanto, haced bien a vuestros hermanos; ensalzadnos, ensalzaros ha Dios; apremiad a los cristianos que allá tenéis, para que, avisando a los suyos, sepan que con la pena que os fatigaren, con aquella los habéis de atormentar; aunque sobre todo la paciencia es mayor bien a los que esperan. Enviad esto al rey de levante, que es el que ha sujetado a los enemigos y ensalzado la ley, y no deis lugar a que entre vosotros haya discordias, porque la discordia es mayor mal que la muerte; y no tenemos saber ni poderío, inteligencia, ni fuerzas, para tratar de un remedio tan grande. Vivimos de continuo en temor; rogad a Dios que perdone al que esto escribió. Esto es lo que queremos de vuestra virtud, que es escrita en noches de angustia y de lágrimas corrientes, sustentadas con esperanza, y la esperanza se deriva de la amargura».

El otro papel era en metros árabes y parecía ser lamentación, en que se quejaban los moriscos de opresiones que los cristianos les hacían, y literalmente decía desta manera:

«Con el nombre de Dios piadoso y misericordioso. Antes de hablar y después de hablar sea Dios loado para siempre. Soberano es el Dios de las gentes, soberano es el más alto de los jueces, soberano es el Uno sobre toda la unidad, el que crió el libro de la sabiduría; soberano es el que crió los hombres, soberano es el que permite las angustias, soberano es el que perdona al que peca y se enmienda, soberano es el Dios de la alteza, el que crió las plantas y la tierra, y la fundó y dio por morada a los hombres; soberano es el Dios que es uno, soberano el que es sin composición, soberano es el que sustenta las gentes con agua y mantenimientos, soberano el que guarda, soberano el alto Rey, soberano el que no tuvo principio, soberano el Dios del alto trono, soberano el que hace lo que quiere y permite con su providencia, soberano el que crió las nubes, soberano el que impuso la escritura, soberano el que crió a Adán y le dio salvación, y soberano el que tiene la grandeza y crió las gentes y a los santos, y escogió dellos los profetas, y con el más alto dellos concluyó. Después de magnificar a Dios, que está solo en su cielo, la santificación sea con su escogido y con sus discípulos honrados. Comienzo a contar una historia de lo que pasa en la Andalucía, que el enemigo ha sujetado, según veréis por escrito. El Andalucía es cosa notoria ser nombrada en todo el mundo, y el día de hoy está cercada y rodeada de herejes, que por todas partes la han cercado: estamos entre ellos avasallados como ovejas perdidas o como caballero con caballo sin freno; hannos atormentado con la crueldad; enséñannos engaños y sutilezas, hasta que hombre querría morir con la pena que siente. Han puesto sobre nosotros a los judíos, que no tienen fe ni palabra; cada día nos buscan nuevas astucias, mentiras, engaños, menosprecios, abatimientos y venganzas.

Metieron a nuestras gentes en su ley, y hiciéronles adorar con ellos las figuras, apremiándolos a ello, sin osar nadie hablar. ¡Oh cuántas personas están afligidas entre los descreídos! Llámannos con campana para adorar la figura; mandan al hombre que vaya presto a su ley revoltosa; y desque se han juntado en la iglesia, se levanta un predicador con voz de cárabo y nombra el vino y el tocino, y la misa se hace con vino. Y si le oís humillarse diciendo: «Esta es la buena ley», veréis después que el abad más santo dellos no sabe qué cosa es lo lícito ni lo ilícito. Acabando de predicar se salen, y hacen todos la reverencia a quien adoran, yéndose tras dél sin temor ni vergüenza. El abad se sube sobre el altar y alza una torta de pan que la vean todos, y oiréis los golpes en los pechos y tañer la campana del fenecimiento. Tienen misa cantada y otra rezada, y las dos son como el rocío en la niebla: el que allí se hallare, verase nombrar en un papel, que no queda chico ni grande que no le llamen. Pasados cuatro meses, va el enemigo del abad a pedir las albalas en las casas de la sospecha, andando de puerta en puerta con tinta, papel y pluma, y al que le faltare la cédula, ha de pagar un cuartillo de plata por ella. Tomaron los enemigos un consejo, que paguen los vivos y los muertos. ¡Dios sea con el que no tiene que pagar! ¡Oh qué llevará de saetadas! Zanjaron la ley sin cimientos, y adoran las imágenes estando asentados. Ayunan mes y medio, y su ayuno es como el de las vacas, que comen a mediodía. Hablemos del abad del confesar, y después del abad del comulgar; con esto se cumple la ley del infiel, y es cosa necesaria que se haga, porque hay entre ellos jueces crueles que toman las haciendas de los moros, y los trasquilan como trasquiladores que trasquilan el ganado. Y hay otros entre ellos, examinados, que deshacen todas las leyes, y un Orozco y otro Albotodo. ¡Oh cuánto corren y trabajan con acuerdo de acechar las gentes en todo encuentro y lugar! Y cualquiera que alaba a Dios por su lengua no puede escaparse de ser perdido, y al que hallan una ocasión, envían tras dél un adalid, que, aunque esté a mil leguas, lo halla, y preso, le echan en la cárcel grande, y de día y de noche le atemorizan diciéndole: Acordaos. Queda el mezquino pensando con sus lágrimas de hilo en hilo en diciéndole acordaos, y no tiene otro sustento mayor que la paciencia; métenle en un espantoso palacio, y allí está mucho tiempo, y le abren mil piélagos, de los cuales ningún buen nadador puede salir, porque es mar que no se pasa. Desde allí lo llevan al aposento del tormento, y le atan para dárselo, y se lo dan hasta que le quiebran los huesos. Después desto, están de concierto en la plaza del Hatabin, y hacen allí un tablado, que lo semejan al día del juicio, y el que dellos se libra, aquel día le visten una ropa amarilla, y a los demás los llevan al fuego con estatuas y figuras espantosas. Este enemigo nos ha angustiado en gran manera por todas partes, y nos ha rodeado como fuego; estamos en una opresión que no se puede sufrir. La fiesta y el domingo guardamos, el viernes y el sábado ayunamos, y con todo aun no los aseguramos. Esta maldad ha crecido cerca de sus alcaides y gobernadores, y a cada uno le pareció que se haga la ley una; y añadieron en ella, y colgaron una espada cortadora, y nos notificaron unos escritos el día de año nuevo en la plaza de Bib el Bonut; los cuales despertaron a los que dormían y se levantaron del sueño en un punto, porque mandaron que toda puerta se abriese. Vedaron los vestidos y los baños y los alárabes en la tierra. Este enemigo ha consentido esto, y nos ha puesto en manos de los judíos, para que hagan de nosotros lo que quisieren, sin que dello tengan culpa. Los clérigos y frailes fueron todos contentos en que la ley fuese toda una y que nos pusiesen debajo de los pies. Esto es lo que ha cabido a nuestra nación, como si le diesen por honra toda la infidelidad. Está sañudo sobre nosotros, hase embravecido como dragón, y estamos todos en sus manos como la tórtola en manos del gavilán. Y como todas estas cosas se hayan permitido, habiéndonos determinado con estos males, volvimos a buscar en los pronósticos y juicios, para ver si hallaríamos en las letras descanso; y las personas de discreción que se han dado a buscar los originales nos dicen que con el ayuno esperemos remediarnos; que afligiéndonos, con la tardanza habrán encarnecido los mancebos antes de tiempo; más que después deste peligro, de necesidad nos han de dar el parabién y Dios se apiadará de nosotros. Esto es lo que tengo que decir; y aunque toda la vida contase el mal, no podría acabar. Por tanto en vuestra virtud, señores, no tachéis mi orar, porque hasta aquí es lo que alcanzan mis fuerzas; desechad de mí toda calumnia, y el que endechare estos versos, ruegue a Dios que me ponga en el paraíso de su holganza.» Por estos papeles se entendió ser verdad lo que se decía del alzamiento de los moriscos, y el Marqués envió los originales y un traslado romanzado a su majestad; y habiendo estado algunos días en el lugar de Berja, fue a visitar a Adra, y de allí a la ciudad de Almería, donde estuvo mes y medio, sin que se le ordenase cosa de nuevo, y de allí volvió a la ciudad de Granada, dejando todas las plazas de la costa visitadas y proveídas lo mejor que pudo.

Libro IV

Capítulo I. Cómo los moriscos del Albaicín que trataban del negocio de rebelión se resolvieron en que se hiciese, y la orden que dieron en ello

El recaudo que siempre hubo en la ciudad de Granada fue causa que los moriscos del Albaicín diesen alguna apariencia de quietud, aunque no la tenían en sus ánimos. Disimulando pues con humildad, estuvieron algunos meses, después de la venida del marqués de Mondéjar y de la ida de don Alonso de Granada Venegas a la corte, tan sosegados, que daban a entender estar ya llanos en el cumplimiento de la premática, y así lo escribió el Presidente a su majestad y a los de su consejo. Mas como después vieron que se les acercaba el término de los vestidos, y que no se trataba de suspender la premática con alguna prorrogación de tiempo, ciegos de pura congoja y faltos de consideración y de consejo, haciendo fucia en sus fuerzas, que si bien eran sospechosas para encubiertas, no dejaban de ser flacas para puestas en ejecución, acordaron determinadamente que se hiciese rebelión y alzamiento general, y que comenzase por la cabeza del reino, que era el Albaicín. Juntándose pues algunos dellos en casa de un morisco cerero, llamado el Adelet, tomaron resolución en que fuese el día de año nuevo en la noche, porque, demás de que los pronósticos les hacían cierto que el propio día que los cristianos habían ganado a Granada se la habían de tornar a ganar los moros, quisieron desmentir las espías y asegurar nuestra gente, si por caso se hubiese descubierto o descubriese un concierto que tenían para la noche de Navidad. Y así, advirtieron que no se diese parte de la última determinación a los de la Alpujarra hasta el día en que se hubiese de hacer el eleto, porque temieron que, como gente rústica, no guardarían secreto, y tenían bien conocido dellos que en sabiendo que el Albaicín se alzaba, se alzarían luego todos. La orden que dieron en su maldad fue ésta: que en las alcarías de la Vega y lugares del valle de Lecrín y partido de Órgiba se empadronasen ocho mil hombres tales, de quien se pudiese fiar el secreto, y que éstos estuviesen a punto para, en viendo una señal que se les haría desde el Albaicín, acudir a la ciudad por la parte de la Vega con bonetes y tocas turquescas en las cabezas, porque pareciesen turcos o gente berberisca que les venía de socorro. Que para que se hiciese el padrón con más secreto, fuesen dos oficiales por las alcarías y lugares, so color de adobar y vender albardas, y se informasen de pueblo en pueblo de las personas a quien se podrían descubrir, y aquellos empadronasen, encargándoles secreto; que de los lugares de la sierra se juntarían dos mil hombres en un cañaveral que estaba junto al lugar de Cenes, en la ribera de Genil, para que con ellos el Partal de Narila, famoso monfí, y el Nacoz de Nigüeles, y otros que estaban ya hablados, acudiesen a la fortaleza del Alambra, y la escalasen de noche por la parte que responde a Ginalarife. Y para esto se encargó un morisco albañir, que labraba en la obra de la casa real, llamado Mase Francisco Abenedem, que daría el altor de los muros y torres para que las escalas se hiciesen a medida, y se hicieron diecisiete escalas en los lugares de Güejar y Quéntar con mucho secreto; las cuales vimos después en Granada, y eran de maromas de esparto con unos palos atravesados, tan anchos los escalones, que podían subir tres hombres a la par por cada uno dellos. Que los mancebos y gandules del Albaicín acudirían luego con sus capitanes en esta manera:

Miguel Acis, con la gente de las parroquias de San Gregorio, San Cristóbal y San Nicolás, a la puerta de Frex el Leuz, que cae en lo más alto del Albaicín a la parte del cierzo, con una bandera o estandarte de damasco carmesí con lunas de plata y flecos de oro, que tenía hecha en su casa y guardada para aquel efecto; Diego Nigueli el mozo, con la gente de San Salvador, Santa Isabel de los Abades y San Luis, y una bandera de tafetán amarillo, a la plaza Bib el Bonut; y Miguel Mozagaz, con la gente de San Miguel, San Juan de los Reyes, y San Pedro y San Pablo, y una bandera de damasco turquesado, a la puerta de Guadix. Que lo primero que se hiciese fuese matar los cristianos del Albaicín que moraban entre ellos, y dejando cada uno una parte de la gente de cuerpo de guardia en los lugares dichos, acometiesen la ciudad por tres partes, y a un mismo tiempo la fortaleza de la Alambra. Que los de Frex el Leuz bajasen por un camino que va por fuera de la muralla a dar al Hospital Real, y ocupando la puerta Elvira, entrasen por la calle adelante, matando los que saliesen al rebato; y llegando a las casas y cárcel del Santo Oficio, soltasen los moriscos presos, y hiciesen todo el daño que pudiesen en los cristianos. Que los de la plaza de Bib el Bonut, bajando por las calles de la Alcazaba, fuesen a dar a la calle de la Calderería y a la cárcel de la ciudad, y quebrantándola, pusiesen en libertad a los moriscos, y pasasen a las casas del Arzobispo y procurasen prenderle o matarle. Que los de la puerta Guadix entrasen por la calle del río Darro abajo a dar a las casas de la Audiencia Real, y procurando matar o prender al Presidente, soltasen los presos moriscos que estaban en la cárcel de chancillería, y se fuesen a juntar todos en la plaza de Bibarrambla, donde también acudirían los ocho mil hombres de la Vega y valle de Lecrín, y de allí a la parte donde hubiese mayor necesidad, poniendo la ciudad a fuego y a sangre. Y que puestos todos a punto, se daría aviso a la Alpujarra para que hiciesen allá otro tanto. Este fue el concierto que Farax Aben Farax, y Tagari, y Mofarrix, y Alatar, y Salas, y sus compañeros hicieron, según pareció por confesiones de algunos que fueron presos, que nos fueron mostradas en Granada, y de otros de los que se hallaron presentes; y fuera dañosísimo para el pueblo cristiano si lo pusieran en ejecución; mas fue Dios servido que habiendo los albarderos empadronado ya los ocho mil hombres antes de llegar a Lanjarón, y estando los demás todos apercibidos y a punto para acudir a las partes que les habían sido señaladas, los monfís de la Alpujarra se anticiparon por codicia de matar unos cristianos que iban de Ugíjar de Albacete a Granada, y otros que pasaban de Granada a Adra, y desbarataron su negocio. Y porque se entienda cuán prevenidos y avisados estaban para el efecto, ponemos aquí dos cartas traducidas de arábigo, de las que Aben Farax y Daud escribieron a los moriscos de los lugares con quien se entendían, y a los caudillos de los monfís, sobre este negocio.

CARTA DE FARAX ABEN FARAX A LOS LUGARES, SOBRE EL REBELIÓN

«Con el nombre de Dios piadoso y misericordioso, Santificó Dios a nuestro profeta Mahoma, y a su gente, familia y aliados salvó salvación gloriosa. Hermanos nuestros y amigos, viejos, ancianos, caudillos, alguaciles, regidores y otros nuestros hermanos, y a todo el común de los moros: ya sabéis por nuestros pronósticos y juicios lo que Dios nos ha prometido; la hora de nuestra conquista es llegada para ensalzar en libertad la ley de la unidad de Dios, y destruir la del acompañamiento de los dioses. Estad unánimes y conformes para todo lo que os dijere e informare de nuestra parte nuestro procurador Mahomad Aben Mozud, que tiene nuestro poder y cargo para esto. Y lo que él os dijere haced cuenta que nos lo decimos, porque con el ayuda y favor de Dios estéis todos prevenidos y a punto de guerra para venir a Granada a dar en estos descreídos el día señalado. Los que no estuvieren apercibidos, haced que se aperciban, y a los que no lo supieren, avisadlos dello, que para este efecto están ya prevenidos todos desde el lugar de la Jauría y del Gatucin, hasta Canjáyar de la Jarquía. La salud de Dios sea con vosotros. Farax Aben Farax, gobernador de los moros, siervo de Dios altísimo».

CARTA DE DAUD A CIERTOS CAPITANES DE LOS MONFÍS

«Con el nombre de Dios piadoso y misericordioso. La salud de Dios buena, comprehendiente, deseo a aquel que el soberano honró, e no le desamparó el bien, que es mi señor Cacim Abenzuda y sus compañeros, y a mi señor el Zeyd, y a todos los amigos juntamente deseo salud: vuestro amigo el que loa vuestras virtudes, el que tiene gran deseo de veros, el que ruega a Dios por el buen suceso de vuestros negocios, Mahamete, hijo de Mahamete Aben Daud, vuestro hermano en Dios. Hágoos saber, hermanos míos, que estoy bueno, loado sea Dios por ello, y tengo puesto mi cuidado con vosotros muy mucho. Sábelo Dios que me ha pesado de vuestro trabajo; el parabién os doy del buen suceso y salvamento. Roguemos a Dios por su amparo en lo que queda. Hágoos saber, hermanos míos, que los granadinos me enviaron a buscar después que de vosotros me partí, y no supieron dónde estaba, y esta nueva tuve en el Rubite; mas no alcancé de quién era la mensajería, hasta que lo vine a saber de unos de Lanjarón, que me dijeron cómo los de Granada andaban resucitando el movimiento en que entendían por el mes de abril; y como supe esto, hablé con mi señor Hamete, y me aconsejó que subiese a Granada, y que supiese la certidumbre deste negocio y que le avisase dello. Yo subí al Albaicín, y hallé el movimiento muy grande, y la gente determinada a lo que se debía determinar. Entonces me junté con las cabezas que entienden en este negocio, y me dijeron que enviase a la gente que estaba en las sierras, y les hiciese saber esta nueva, para que ellos la publicasen de unos en otros, y que se juntasen; porque juntos consultaríamos y veríamos lo que se había de hacer. En esto quedamos y enviamos a los de las alcarías, y les hicimos saber la nueva; y todos dijeron: Querríamos que este negocio fuese hoy antes que mañana, porque más queremos morir, y nos es más fácil, que vivir en este trabajo en que estamos; y lo mismo dijeron las gentes de la Garbía y de la Jarquía, diciendo: Veisnos aquí muy prestos con nuestras personas y bienes. Y como contase esto a los granadinos, acordaron de enviar por todo el reino, avisándoles que apercibiesen la gente, y se aparejasen lo mejor que pudiesen. A esta sazón acordamos de enviar a los monfís, adonde quiera que estuviesen, para que se juntasen y avisasen unos a otros para el día que fuese menester. Este día están aguardando todos, chicos y grandes, y esto es necesario que se haga, siendo Dios servido, oh amigos míos. En recibiendo mi carta, apercibíos a la obra como hombres, porque mejor os será defender vuestros hijos y hermanos, y alzar el yugo de servidumbre de nuestro reino, y conquistar al enemigo, y morir en servicio de

Dios, que pasaros a Berbería para dejar desamparados a vuestros hermanos los moros; porque el que esto hiciere de vosotros y muriere, morirá sin premio; el que viviere, y matare alguno de los moros, será juzgado ante las manos de Dios el día del juicio; el que muriere peleando con los herejes, morirá mártir; y el que viviere, vivirá honrado; y las razones acerca desto se podrían alargar; por tanto acortemos esta razón. Esto es, hermanos míos, lo cierto que os hacemos saber; por tanto aparejaos, y enviad a nuestro caudillo Hamete a hacerle saber esta nueva, y él os avisará aquello que se deba hacer; porque nosotros enviamos un hombre con la nueva, y no hemos sabido más lo que hizo. Enviad a la gente y avisadlos donde quiera que estén, y avisémonos de continuo, porque siempre sepamos unos de otros para lo que se ofreciere. Y por amor de Dios os encargo el secreto que pudiéredes, mientras Dios altísimo nos provee de su libertad, la cual será muy propincua mediante él. La gracia y bendición de Dios sea con vosotros, que es escrita en 25 de octubre. Y la firma decía: Mahamete, hijo de Mahamete Aben Daud, siervo de Dios».

Capítulo II. Cómo se hicieron nuevos apercibimientos en Granada con sospecha del rebelión

Todo esto que los moriscos hacían en su secreto era de manera que causaba una sospecha y confusión muy grande en Granada y en todo el reino. Veíase que los monfís andaban cada día más desvergonzados, despreciando y teniendo en poco a las justicias; que los moriscos mancebos, a quien no cabía en el pecho lo que estaba concertado, publicaban que antes que se cumpliese el término de la premática habría mundo nuevo. La ciudad estaba llena de moriscos forasteros, que so color de vender su seda y comprar sayas y mantos para sus mujeres, habían acudido de muchas partes del reino a saber lo que se trataba y cuándo había de ser el levantamiento. Tenía el marqués de Mondéjar avisos del desasosiego que traían; publicábase entre el vulgo que la noche de Navidad habían de entrar a levantar el Albaicín seis mil turcos, y aunque éstas parecían ser cosas a que se debía dar poco crédito, traían alguna apariencia. Entendiose después que ellos habían echado aquella fama, para que cuando acudiesen los ocho mil hombres que estaban empadronados en el Valle y Vega, entendiesen que eran turcos, y no quedase morisco en todo el reino que no se alzase. Con todo esto no acababan de persuadirse los ministros de su majestad que fuese rebelión general, sino que algunos perdidos andaban inquietando y alborotando la tierra, y que éstos no podrían permanecer muchos días, no siendo todos en la conjuración; y era así que los hombres ricos y que vivían descansadamente, creyendo que sola la sospecha del rebelión sería parte para que los del Consejo hiciesen con su majestad que mandase suspender la premática, holgaban que se alborotase la gente; mas no querían que se entendiese ser ellos los autores; y por otra parte, los ofendidos de las justicias y de la gente de guerra, y con ellos los pobres y escandalosos, queriendo venganza y enriquecer con haciendas ajenas, avivaban la voz de la libertad y encendían el fuego de la sedición. Hubo algunos de los autores que se arrepintieron en el punto, considerando el poco fundamento con que se movían, y avisaron dello, aunque por indirectas y no sin falta de malicia, a los ministros. Uno destos fue aquel Mase Francisco Abenedem que dijimos, el cual se fue al padre Albotodo el jueves 23 días del mes de diciembre, y como en confesión, le dijo que había entendido de unos moriscos gandules que pasaban por delante la puerta de su casa, cómo se quería levantar el reino la noche de Navidad, por razón de la premática; mas no le declaró otra cosa en particular. Con este aviso se fue luego Albotodo al maestro Plaza, su rector, y dándole cuenta de lo que el morisco le había dicho, se fueron juntos al Arzobispo, y con su licencia lo dijeron al Presidente y al marqués de Mondéjar y al Corregidor; los cuales no quisieron que se publicase, porque la ciudad no se alborotase, y solamente mandaron reforzar las guardias y doblar las centinelas y rondas, tanto para seguridad de los cristianos como de los moriscos. El marqués de Mondéjar puso buen recaudo en la fortaleza de la Alambra, y el Corregidor, acompañado con mucho número de gente armada, rondó aquella noche y la siguiente las calles y plazas del Albaicín y de la Alcazaba.

Capítulo III. Cómo los caudillos de los monfís comenzaron el rebelión en la Alpujarra por codicia de matar unos cristianos en la taa de Poqueira y en Cádiar

Teniendo pues Farax Abenfarax apercibidos todos sus amigos y conocidos en los lugares de moriscos, con cartas y personas de quien podía fiar el secreto, y viendo que se acercaba el día señalado, envió al Partal de Narila a que juntase las cuadrillas de los monfís, y las trajesen a las taas de Poqueira y Ferreira y Órgiba, para que alzasen aquellos pueblos en sabiendo que los del Valle y de la Vega iban la vuelta de Granada, y atravesando luego la Sierra Nevada, acudiesen a favorecer la ciudad. Este Partal había estado preso en el santo oficio de la Inquisición, donde se le había mandado que no saliese de Granada; el cual, so color de que padecía necesidad había pedido licencia a los inquisidores para ir a vender su hacienda a la Alpujarra, y con esta ocasión se había pasado a Berbería, y después volvió a estas partes a dar calor al rebelión, ofreciéndose de traer grandes socorros de África, exagerando el poder de aquellos infieles; y mientras esto se trataba, estuvo escondido algunos días en su casa, y no veía la hora de comenzar su maldad, como la comenzó antes de tiempo, por lo que agora diremos.

Acostumbraban cada año los alguaciles y escribanos de la audiencia de Ugíjar de Albacete, que los más dellos estaban casados en Granada, ir a tener las pascuas y las vacaciones con sus mujeres, y siempre llevaban de camino, de las alcarías por donde pasaban, gallinas, pollos, miel, fruta y dineros, que sacaban a los moriscos como mejor podían. Y como saliesen el martes 22 días del mes de diciembre Juan Duarte y Pedro de Medina, y otros cinco escribanos y alguaciles de Ugíjar con un morisco por guía, y fuesen por los lugares haciendo desórdenes con la misma libertad que si la tierra estuviera muy pacífica, llevándose las bestias de guía, unos moriscos cuyas eran, creyendo no las poder cobrar más, por razón del levantamiento que aguardaban, acudieron a los monfís, y rogaron al Partal y al Seniz de Bérchul que saliesen a ellos con las cuadrillas y se las quitasen; los cuales no fueron nada perezosos, y el jueves en la tarde, 23 días del dicho mes, llegando los cristianos a una viña del término de Poqueira, salieron a cortarles el camino y las vidas juntamente, sin considerar el inconveniente que de aquel hecho se podría seguir a su negocio; y matando los seis dellos, huyeron Pedro de Medina y el morisco, y fueron a dar rebato a Albacete de Órgiba; y demás destos, a la vuelta toparon con cinco escuderos de Motril, que también habían venido a llevar regalos para la Pascua, y los mataron, y les tomaron los caballos. El mismo día entraron en la taa de Ferreira Diego de Herrera, capitán de la gente de Adra, y Juan Hurtado Docampo, su cuñado, vecino de Granada y caballero del hábito de Santiago, con cincuenta soldados y una carga de arcabuces que llevaban para aquel presidio, y como fuesen haciendo las mismas desórdenes que los escribanos y escuderos, los monfís fueron avisados dello, y determinaron de matarlo, como a los demás, pareciéndoles que no era inconveniente anticiparse, pues estaban ya avisados todos y prevenidos para lo que se había de hacer. Con este acuerdo fueron a los lugares de Soportújar y Cáñar, que son en lo do Órgiba, y recogiendo la gente que pudieron, siguieron el rastro por donde iba el capitán Herrera y sabiendo que la siguiente noche habían de dormir en Cádiar, comunicaron con don Hernando el Zaguer su negocio, y él les dio orden como los matasen, haciendo que cada vecino del lugar llevase un soldado a su casa por huésped, y metiendo a media noche los monfís en las casas, que se las tuvieron abiertas los huéspedes, los mataron todos uno a uno; que solos tres soldados tuvieron lugar de huir la vuelta de Adra, y juntamente con ellos mataron a Mariblanca, ama del beneficiado Juan de Ribera, y otros vecinos del lugar. Hecho esto, los vecinos de Cádiar se armaron con las armas que les tomaron, y enviando las mujeres y los bienes muebles y ganados con los viejos a Juviles, se fueron los mancebos la vuelta de Ugíjar de Albacete con los monfís, y don Hernando el Zaguer y el Partal fueron a dar vuelta por los lugares comarcanos para recoger gente, y otro día se juntaron todos en Ugíjar, donde los dejaremos agora hasta que sea tiempo de volver a su historia, que ellos harán por donde no podamos olvidarlos aunque queramos. Y si acaso el lector echare menos alguna cosa que él sabe o desea saber, vaya con paciencia; que adelante en el discurso de la historia lo hallará; que como fueron tan varios los sucesos y en tantas partes, es menester que se acuda a todo.

Capítulo IV. Cómo en Granada se supo las muertes que los monfís habían hecho, y cómo Abenfarax quiso alzar el Albaicín

Celebrose la fiesta del nacimiento de nuestro Salvador Jesucristo en Granada el viernes en la noche con la solemnidad que se solía hacer otros años en aquella insigne ciudad, aunque con más recato, porque anduvo mucha gente armada rondando las calles. El sábado por la mañana llegaron dos moriscos de Órgiba con dos cartas, una del alcaide Gaspar de Sarabia, y otra de Hernando de Tapia, cuadrillero de los que andaban en seguimiento de los monfís que había guarecidos en la torre de Albacete, como adelante diremos. Estas cartas eran, la una para el Presidente, la otra para don Gabriel de Córdoba, tío del duque de Sesa, cuya era aquella villa, dándoles aviso de las muertes que los moriscos habían hecho, y cómo se habían alzado luego, y tenían cercados los cristianos en la torre, para que lo dijesen al marqués de Mondéjar y le pidiesen que les enviase socorro. Don Gabriel de Córdoba tomó las dos cartas y las llevó luego al Presidente, y después al marqués de Mondéjar, el cual sospechando que algunos moros berberiscos habían desembarcado en la costa, y juntádose con los

172

monfís para llevarse algún lugar, como lo habían hecho otras veces, solamente proveyó que se apercibiesen los jinetes, por si fuese menester hacer algún socorro; y no segundando otra nueva, se enfrió la primera, y la lente de la ciudad se descuidó; y como estaban todos cansados de las rondas pasadas, y hacía aquella noche un temporal asperísimo de frío con una agua nieve muy grande, no hubo quien acudiese a casa del Corregidor para salir a rondar con él; y si algunos caballeros acudieron, fueron pocos y tan tarde, que se hubo de dejar de hacer la ronda cuando mayor necesidad hubo della. Los moriscos del Albaicín habían tenido más cierta nueva de lo que había en la Alpujarra, y andando todos turbados, unos se holgaban que los alpujarreños hubiesen comenzado el levantamiento con riesgo de sus cabezas; y otros, que deseaban rebelión general, les pesaba de ver que los monfís se hubiesen anticipado por codicia de matar aquellos pocos cristianos, y que no hubiesen tenido sufrimiento de aguardar a que el Albaicín comenzase, como estaba acordado. Farax Abenfarax, que estaba a la mira, viendo que la ciudad y la Alambra se apercibían cada hora, tomó consigo el sábado en la tarde, primer día de pascua de Navidad, al Nacoz de Nigüeles y al Seniz de Bérchul, capitanes de monfís, y a gran prisa se fue con ellos a los lugares de Güejar, Pinos, Cenes, Quéntar y Dúdar, y recogió como ciento y ochenta hombres perdidos de los primeros monfís que pudieron atravesar la sierra el viernes por la mañana, porque los otros no les pudieron acudir, ni menos les acudieron los de aquellos lugares, diciendo que los del Albaicín les habían enviado a decir aquella mañana que no hiciesen novedad hasta que ellos les avisasen. Con esta gente quiso Farax comenzar a matar cristianos. En Quéntar le escondieron al beneficiado los propios moriscos del lugar, y el de Dúdar se le defendió en la torre de la iglesia; y aunque le puso fuego, no le aprovechó nada. De allí pasó la vuelta de Granada, determinado de alzar el Albaicín; y bajando a unos molinos que están sobre el río Darro, hizo tomar los picos y herramientas que había en ellos, y llegando al muro de la ciudad que está por cima de la puerta de Guadix, rompió una tapia de tierra con que estaba cerrado un portillo, y dejando allí veinticinco hombres, entró con los demás por cima del barrio llamado Rabad Albaida, a media noche en punto; y se metió en su casa junto a Santa Isabel de los Abades, y al entrar del portillo hizo que todos los compañeros dejasen los sombreros y monteras que llevaban, y se pusiesen bonetes colorados a la turquesca, y sus toquillas blancas encima, para que pareciesen turcos. Luego envió a llamar algunos de los autores del rebelión, y les dijo que, pues el levantamiento estaba ya comenzado en la Alpujarra, convenía que los del Albaicín hiciesen lo mismo antes que los cristianos metiesen más gente de guerra en la ciudad; que los ocho mil hombres que habían de acudir del Valle y Vega y los capitanes de las parroquias no estaban tan desapercibidos, que en sintiendo el levantamiento dejasen de acudir, aunque fuese antes de tiempo, y que lo mismo harían los de los lugares de la sierra, y se podría hacer el efecto de la Alambra; los cuales, no aprobando su determinación tan inconsiderada, le dijeron que no era buen consejo el que tomaba; que habiendo de venir con ocho mil hombres, venía con cuatro descalzos; y que no entendían perderse, ni le podían acudir, porque venía antes de tiempo y con poca gente; y así se fueron a encerrar en sus casas, no con menor contento de lo que Farax quería hacer que de la que habían hecho los de la Alpujarra, creyendo que lo uno y lo otro sería parte para que por bien de paz se diese nueva orden en lo de la premática, sin aventurar ellos sus personas y haciendas. De la respuesta de los del Albaicín se sintió gravemente Farax, y comenzó a quejarse dellos, diciendo: «¿Cómo habeisme hecho perder mi casa, mi familia y mi hacienda, y darme a las sierras con los perdidos, por solo poner la nación en libertad; y agora, que veis el negocio comenzado, los que más habíades de favorecernos y ayudarnos os salís afuera, como si nos quedase otra manera de remedio, o esperásemos alcanzar perdón en algún tiempo de nuestras culpas? Debiérades avisarnos antes de agora; y pues así es, yo haré que el Albaicín se levante, o perezcáis todos los que estáis en él». Con estas amenazas salió de su casa dos horas antes que amaneciese, llevando la gente en dos cuadrillas, y por la calle de Rabad Albaida arriba se fue derecho a la placeta que está delante la puerta de San Salvador, donde fue avisado que estaban seis o siete soldados haciendo guardia, y llegando a la boca de la calle, los monfís delanteros quisieran no descubrirse hasta que llegaran todos, porque vieron un soldado que se andaba paseando por la placeta. Este soldado estaba haciendo centinela, y cuando sintió el ruido de la gente que subía por la calle arriba, creyendo que era el Corregidor que andaba rondando, quiso hacer del bravo, y poniendo mano a la espada, se fue derecho a los monfís, diciendo: «¿Quién vive?» Respondiéronle con las ballestas, que llevaban armadas, y hiriéndole en el muslo, dio vuelta a los compañeros, huyendo y tocando arma; los cuales estaban durmiendo alrededor de un fuego que tenían encendido junto a la pared de la iglesia, porque hacía mucho frío, y no fueron tan prestos a levantarse como

174

convenía; por manera que los monfís mataron uno dellos y hirieron otros dos. Finalmente, los sanos y los heridos huyeron, y los enemigos fueron siguiéndolos por unas callejuelas angostas, hasta dar en la plaza de Bib el Bonut, y llegando a unas casas grandes donde moraban los padres jesuitas, llamaron por su nombre al padre Albotodo, y le deshonraron de perro renegado, que siendo hijo de moros, se había hecho alfaquí de cristianos; y como no pudieron romper la puerta, que era fuerte y estaba bien atrancada de parte de dentro, derribaron una cruz de palo que estaba puesta sobre ella, y la hicieron pedazos. La otra cuadrilla que venía atrás con el Nacoz, en llegando a la placeta tomó a mano derecha, y a la entrada de una calle que llaman la plaza Larga, derribaron las puertas de la botica de un familiar del Santo Oficio, llamado Diego de Madrid, pensando que estaba dentro, porque solía dormir allí cada noche; y no le hallando, vengaron la ira en los botes y redomas, haciéndolo todo pedazos. De allí pasaron al portillo de San Nicolás, que está junto a la puerta más antigua de la Alcazaba Cadima, en un cerrillo alto, de donde se descubre la mayor parte del barrio del Albaicín, y tocando los atabalejos y dulzainas que llevaban, con dos banderas tendidas y un cirio de cera ardiendo, comenzó uno dellos a dar grandes voces en su algarabía, diciendo desta manera: «No hay más que Dios y Mahoma, su mensajero. Todos los moros que quisieren vengar las injurias que los cristianos han hecho a sus personas y ley, vénganse a juntar con estas banderas, porque el rey de Argel y el Jerife, a quien Dios ensalce, nos favorecen y nos han enviado toda esta gente y la que nos está aguardando allí arriba. Ea, ea, venid, venid; que ya es llegada nuestra hora, y toda la tierra de los moros está levantada». Este pregón fue oído y entendido por muchos cristianos que moraban en el Albaicín y en el Alcazaba; mas no hubo morisco ni cristiano que saliese de su casa ni hiciese señal de abrir puerta ni ventana, aunque dos hombres nos dijeron que habían oído que desde una azotea les habían respondido: «Hermanos, idos con Dios; que sois pocos y venís sin tiempo». Viendo pues Farax Abenfarax que no le acudía nadie, y que las campanas de San Salvador tocaban a rebato, porque el canónigo Alonso de Orozco, que vivía a las espaldas de la sacristía, se había metido dentro por una puerta falsa y las hacía repicar, recogiendo todos sus compañeros, se salió de entre las casas, y se fue a poner en un alto de la ladera, por donde se sube a la torre del Aceituno, y desde allí hizo dar otro pregón de la misma manera; y como no le acudió nadie, comenzó a deshonrar a los del Albaicín, diciéndoles: «Perros, cornudos, cobardes, que habéis engañado las gentes y no queréis cumplir lo prometido». Y saliéndose por el portillo que había entrado, se fue la vuelta de Cenes siendo ya el alba del día, sin que en aquellas dos horas hubiese quien le diese el menor estorbo del mundo; por manera que se deja bien entender que si Farax trajera consigo la gente toda, y los del Albaicín le acudieran, pudiera hacer terrible espectáculo de muertos en la ciudad aquella noche; y tanto más, si llegaran las cuadrillas de los monfís que venían de la Alpujarra, que por hacer la noche tempestuosa de nieve se habían desbaratado, no pudiendo atravesar la sierra; y lo mismo habían hecho algunos mancebos sueltos que estuvieron apercibidos para ello, y habían avisádole que serían con él la noche de Navidad, entendiendo que lo podrían hacer.

Capítulo V. De lo que los cristianos hicieron cuando supieron la entrada de los monfís en el Albaicín

Los soldados que dijimos que huyeron del cuerpo de guardia, fueron luego a dar aviso a Bartolomé de Santa María, que era uno de los alguaciles señalados por el Presidente, y bajando a la ciudad, iban por las calles dando voces y tocando arma; mas estaban los vecinos tan descuidados, que muchos no creían que fuese arma verdadera, y asomándose a las ventanas, les decían que callasen, que debían de venir borrachos. Otros salieron turbados con las armas en las manos, no sabiendo lo que habían de hacer ni adónde habían de acudir. Llegado pues a las casas de la Audiencia, donde estaba el Presidente, y dándole cuenta de lo que pasaba, aunque confusamente, como hombres que no habían hecho más que huir, envió uno dellos al marqués de Mondéjar y otro al Corregidor, y mandó al alguacil que volviese al Albaicín y entendiese más de raíz lo que había en él. El soldado que fue al marqués de Mondéjar se detuvo un rato en la puerta de la Alambra, que no le quisieron abrir hasta que el conde de Tendilla, que andaba rondando, lo mandó; el cual había ya oído las voces y los instrumentos desde los muros; y queriéndose informar mejor, le preguntó qué ruido había sido aquél, y él le contó lo que había pasado, y le dijo que el Presidente le enviaba a que avisase al Marqués. Entonces le llevó el Conde consigo al aposento de su padre, para que le informase de lo que le había dicho a él; mas el Marqués no podía creer que fuese tanto como el soldado decía, sino que algunos hombres perdidos habían hecho aquel alboroto. Y como todavía le afirmase que eran moros vestidos y tocados como moros, y el propio

Conde, su hijo, le dijese que había oído las voces y los instrumentos, entonces se paró a considerar el caso con más cuidado y a pensar en lo que convenía hacer. Hallábase con solos ciento y cincuenta soldados, y cincuenta caballos que poder sacar y dejar en la fortaleza; parecíale que sería gran yerro salir della de noche, no sabiendo la cantidad de moros que eran los que habían entrado en el Albaicín, que podrían ser muchos, habiendo tanto número de moriscos en la tierra. Veía que en la ciudad había muy poca gente útil y bien armada de que poderse valer para acometerlos en la angostura de las calles y casas, donde había más de diez mil hombres para poder tomar armas; y al fin, resolviéndose de no dejar la fortaleza, tampoco consintió que se tocase rebato, porque habiendo cesado ya el ruido en el Albaicín, parecía estar todo sosegado, y no quiso dar ocasión a que los ciudadanos subiesen a saquear las casas de los moriscos; en lo cual estuvo muy atentado, porque según la gente estaba codiciosa, no fuera mucho que lo pusieran por la obra. Por otra parte, el Corregidor, luego que el otro soldado llegó a él con aviso, poniéndose a caballo con algunos caballeros que le acudieron, fue a las casas de la Audiencia, y en la plaza Nueva, que está delante dellas, comenzó a recoger gente de la que venía desmandada, y procuró estorbar que no subiese nadie al Albaicín. También acudieron don Gabriel de Córdoba y don Luis de Córdoba, su yerno, alférez mayor de Granada, y otros caballeros, que estuvieron en aquella plaza armados lo que quedaba de la noche, esperando si el negocio pasaba más adelante. El alguacil luego que entró por las calles del Albaicín entendió que los moros se habían ido, porque no halló persona sospechosa en todas ellas; y juntando la más gente que pudo, fue la vuelta del portillo por donde habían entrado, pensando tomar lengua dellos, y hallando allí un costal de bonetes colora dos, que según parece, traían para dar a los mozos gandules que se juntasen con ellos, y algunas herramientas que habían dejado, lo recogió todo, y no se atreviendo a pasar más adelante, se volvió a la ciudad. Siendo pues ya de día claro, el marqués de Mondéjar dejó en la fortaleza de la Alambra a don Alonso de Cárdenas, su yerno, que después fue conde de la Puebla; y llevando consigo al conde de Tendilla y a don Francisco de Mendoza, sus hijos, bajó a la plaza Nueva, donde estaban el Corregidor y don Gabriel de Córdoba, y se recogieron luego los marqueses de Villena y Villanueva, y don Pedro de Zúñiga, conde de Miranda; que todos habían venido a seguir sus pleitos en la Audiencia Real, y otros muchos caballeros y escuderos armados, y les dijo que se asosegasen, porque sin duda los que habían entrado en el

Albaicín y hecho aquel alboroto debían de ser monfís y hombres perdidos, que habían salídose luego huyendo, y que brevemente se entendería lo que había sido. Y estándoles diciendo esto, llegó a él un hombre, y le dio aviso como los moros iban con dos banderas tendidas por detrás del cerro del Sol, a dar a la casa de las Gallinas, llamada Darluet, que está como media legua de la ciudad sobre el río Genil. Con esta nueva se alborotaron todos aquellos caballeros. Hubo algunos que dijeron al marqués de Mondéjar que sería bien enviar sesenta caballos con otros tantos arcabuceros a las ancas, que procurasen entretener aquellos moros mientras llegaba el golpe de la gente; el cual no lo consintió, diciendo que primero quería informarse qué gente eran y el camino que llevaban, y la seguridad que quedaba en el Albaicín. Desto se disgustaron muchos de los que allí estaban, entendiendo que cuanto más se dilatase la salida, tanto más lugar y tiempo ternían los moros para meterse en la sierra, donde después no se pudiesen aprovechar dellos, como sucedió. Luego mandó el marqués de Mondéjar a un escudero criado suyo, llamado Ampuero, que fuese a reconocer qué gente era la que aquel hombre decía que había visto, y que llevase consigo otro compañero, y en descubriéndolos, le dejase sobre ellos y tornase con diligencia a darle aviso; y viendo el mal recaudo y poco caudal de gente con que se hallaba para, si fuese menester, oprimir con fuerza a los del Albaicín, y que para estorbarles que no se rebelasen convenía usar con ellos de industria, dejando en la plaza al conde de Tendilla en compañía de los otros caballeros, y algunos veinticuatros en las bocas de las calles, acompañado del Corregidor, y con treinta caballos y cuarenta arcabuceros y los alabarderos de su guardia, subió al Albaicín, y atravesando por él sin topar gente, porque los moriscos se habían encerrado y hecho fuertes en las casas, de miedo no los robasen, llegó a la iglesia de San Salvador; y preguntó a algunos cristianos que estaban allí recogidos qué era la causa que no parecían moros, los cuales le dijeron que estaban todos encerrados en sus casas. Entonces mandó a Jorge de Baeza que llamase algunos de los más principales, porque les quería hablar; y trayendo ante él veinticinco o treinta hombres, les preguntó qué novedad había sido aquella, y qué gente era la que había entrado en el Albaicín a desasosegarlos; los cuales respondieron con mucha humildad que no sabían nada; que ellos habían estado metidos en sus casas, y eran buenos cristianos y leales vasallos de su majestad, y como tales no habían de hacer cosa que fuese en su deservicio; y que si alguna gente había entrado a poner la ciudad en alboroto, serían enemigos suyos y personas que querían hacerles mal. A esto les respondió el marqués de Mondéjar que por cierto así lo habían mostrado como decían, y que procurasen conservarse en lealtad; porque siendo los que debían, él procuraría que no se les hiciese agravio, y escribiría a su majestad en su recomendación, suplicándole que les hiciese toda merced y favor. Con esto quedaron los moriscos, al parecer, de temerosos que estaban, muy contentos, y prometieron de estar y perseverar en la fidelidad y obediencia que debían como buenos y leales vasallos. Hecha esta diligencia, bajó el marqués de Mondéjar por la cuesta de la Alcazaba, y entrando en la ciudad por la puerta Elvira, volvió a la plaza Nueva, donde estaban todavía aquellos caballeros aguardándole; y apartándose con el Corregidor y con el conde de Tendilla, estuvieron buen rato dando y tomando sobre lo que convenía hacer, y al fin se resolvieron en que, venido Ampuero, y sabido el camino que llevaban los moros, se podría ir en su seguimiento, porque habiendo de rodear por el valle de Lecrín, no se podrían meter tan presto en las sierras, que la caballería no los alcanzase primero; y con este acuerdo dijo a los señores y caballeros que allí estaban que se fuesen a sus casas y estuviesen a punto para cuando sintiesen tirar una pieza de artillería; y él se volvió con sus hijos a la Alambra.

Capítulo VI. Cómo el marqués de Mondéjar salió en busca de los monfís que habían entrado en el Albaicín

El mismo día el Corregidor y los veinticuatros, viendo que tardaba mucho la orden del marqués de Mondéjar, acordaron de salir ellos por ciudad en seguimiento de los monfís, y habiéndolo tratado en su cabildo, le enviaron a decir con dos veinticuatros, que le suplicaban fuese servido de salir luego por su persona, porque le acompañarían todos, o que les diese licencia para que ellos lo pudiesen hacer; el cual les respondió que les agradecía mucho el cuidado que tenían de las cosas que tocaban al servicio de su majestad, y que solamente esperaba tener aviso cierto del camino que llevaban los monfís para ir en su seguimiento, y que no podía tardar mucho. Era grande el deseo que todos tenían de ir en seguimiento de los moros, y cada momento que tardaban se les hacía un año; mas el marqués de Mondéjar no se quería determinar de dejar atrás la fortaleza y la ciudad, hasta estar bien cierto qué gente era aquélla, que pudiera ser mucha y estar emboscada detrás de aquellos cerros; y por esta razón aguardaba los escuderos que había enviado a reconocer. Estando pues hablando con él unos moriscos del Albaicín, que habían ido a darle las gracias en nombre del reino por la merced que les había hecho en animarlos con su presencia, y a suplicarle que en lo de adelante no los desamparase, llegó Ampuero, y le dijo cómo no era más de hasta doscientos hombres los que iban con las banderas, y que llevaban el camino de Dílar por la halda de la sierra. Entonces mandó tocar una trompeta y disparar una pieza de artillería y tocar la campana del rebato, todo a un tiempo; y poniéndose a caballo, acompañado de sus hijos y de don Alonso de Cárdenas y de algunos escuderos, salió de la Alambra a media rienda, y desde el camino envió a decir al Presidente que mandase que la gente de la ciudad le fuese siguiendo, porque no pensaba detenerse en ninguna parte. En este tiempo los moros proseguían su camino, y sin detenerse en los lugares de Dúdar y Quéntar, habían pasado por ellos, y de allí bajado a Cenes, donde estuvieron almorzando; y viendo que un cristiano los había descubierto, aunque algunos dellos nos dijeron que habían oído las piezas de artillería de la Alambra, tomaron el camino su poco a poco por la halda de la Sierra Nevada, la vuelta de Dílar, yéndoles a las espaldas bien a lo largo el escudero que había salido con Ampuero. Luego que partió el marqués de Mondéjar, el Presidente se puso a la ventana de su aposento, y viendo al conde de Miranda, y a don Gabriel de Córdoba, y a don Luis de Córdoba, y a otros caballeros en la plaza Nueva, que habían salido amados en oyendo la señal del rebato, les envió a decir que fuesen a alcanzar al marqués de Mondéjar con toda la gente de a pie y de a caballo que tenían, y ordenó al Corregidor que anduviese por la ciudad y pusiese algunos caballeros y veinticuatros en las bocas de las calles, que no dejasen subir a nadie sin orden al Albaicín, y que enviase alguna gente arriba para asegurarse de los moriscos, encomendándola a personas de confianza, porque no hubiese alguna desorden. Hecho esto, todos los que acudían a la plaza los enviaba en seguimiento de los moros. El marqués de Mondéjar tomó por cima de Güétor hacia Dílar, y llegando al campo que dicen de Gueni, a la asomada dél descubrieron los caballos delanteros a los moros que iban de corrida a tomar la sierra. Don Alonso de Cárdenas puso las piernas al caballo, y con él algunos jinetes, creyendo poderlos alcanzar antes que se embrollasen en ella; mas estorbóselo una cuesta muy agria que se les puso delante en el barranco del río de Dílar, donde se detuvieron tanto en bajar y tornar a subir, que los moros tuvieron lugar de tomar un cerro alto y muy áspero sobre mano izquierda: allí se hicieron una muela, y poniendo las banderas en medio, comenzaron a dar voces y a tirar con las escopetas. Llegaron cerca dellos algunos escuderos, que los acometieron con escaramuza, pensando entretenerlos hasta que llegase la infantería; uno de los cuales se desmandó tanto, que le mataron el caballo de un escopetazo, y le mataran también a él si no fuera socorrido. De allí fueron tomando lo más áspero de la sierra, donde los caballos no podían subir, yéndoles siempre tirando con las escopetas desde lejos. Viendo pues el conde de Miranda y los otros caballeros cuán mal los podían seguir a caballo, acordaron de apearse; y estándose apercibiendo para ir tras dellos a pie, llegó el marqués de Mondéjar y los detuvo, porque ya estaba puesto el Sol; y demás de que los enemigos llevaban gran ventaja de camino, hacía un tiempo muy trabajoso de frío y de agua nieve; y haciendo tocar a recoger, mandó a don Diego de Quesada, vecino del lugar de la Peza, que siguiese aquellos monfís con la infantería y algunos caballos, y dio vuelta hacia la ciudad, y encontrando en el camino al capitán Lorenzo de Ávila, a cuyo cargo estaba la gente de guerra de las siete villas de la jurisdicción de Granada, que iba con un golpe de gente, le ordenó que se fuese a juntar con él para el mismo efecto. Los dos capitanes, y con ellos algunos caballeros, los fueron siguiendo, hasta que con la oscuridad los perdieron de vista; y como había en la sierra tanta nieve y hacía tan recio frío, porque la gente no pereciese se recogieron aquella noche a la iglesia del lugar de Dílar, y allí les llevaron de cenar los moriscos; y en riendo el alba, creyendo que los moros habían detenídose también en alguna parte, los fueron siguiendo por las pisadas que dejaban señaladas en la nieve; mas ellos habían caminado toda la noche sin parar, por veredas que sabían, y bajando al valle de Lecrín, iban alzando los lugares por do pasaban, dándoles a entender que dejaban levantado el Albaicín, y que Granada y la Alambra estaba ya por los moros. Por manera que cuando nuestra gente bajó al valle, ya ellos iban muy adelante; y dejándolos de seguir, por parecerles que iba poca gente y mal apercibida para entrar la tierra adentro, pararon en el lugar de Dúrcal, y allí estuvieron el tercero día de Pascua, esperando si llegaba más gente. Dejémoslos agora aquí, y digamos de don Hernando de Válor quién era, y cómo le alzaron los rebeldes por rey; que a tiempo seremos para volver a ellos.

Capítulo VII. Que trata de don Hernando de Córdoba y de Válor, y cómo los rebeldes le alzaron por rey

Don Hernando de Córdoba y de Válor era morisco, hombre estimado entre los de aquella nación porque traía su origen del halifa Maruan; y sus antecesores, según decían, siendo vecinos de la ciudad de Damasco Xam, habían sido en la muerte del halifa Hucein, hijo de Alí, primo de Mahoma, y venídose huyendo a África, y después a España, y con valor propio habían ocupado el reino de Córdoba y poseídolo mucho tiempo con nombre de Abdarrahamanes, por llamarse el primero Abdarrahamán; más su propio apellido era Aben Humeya. Este era mozo liviano, aparejado para cualquier venganza, y sobre todo, pródigo. Su padre se decía don Antonio de Válor y de Córdoba, y andaba desterrado en las galeras por un crimen de que había sido acusado; y aunque eran ricos, gastaban mucho, y vivían muy necesitados y con desasosiego; y especialmente el don Hernando andaba siempre alcanzado, y estaba estos días preso, la casa por cárcel, por haber metido una llaga en el cabildo de la ciudad de Granada, donde tenía una veinticuatría. Viéndose pues en este tiempo con necesidad, acordó de venderla y irse a Italia o a Flandes, según él decía, como hombre desesperado; y al fin la vendió a otro morisco, vecino de Granada, llamado Miguel de Palacios, hijo de Jerónimo de Palacios, que era su fiador en el negocio sobre que estaba preso, por precio de mil y seiscientos ducados; el cual la misma noche que había de pagarle el dinero, temiendo que si quebrantaba la carcelería la justicia echaría mano dél y del oficio por la general hipoteca, y se lo haría pagar otra vez, avisó al licenciado Santarén, alcalde mayor de aquella ciudad, para que lo mandase embargar, y en acabando de contar el dinero, llegó un alguacil y se lo embargó. Hallándose pues don Hernando sin veinticuatría y sin dineros, determinó de quebrantar la carcelería y dar consigo en la Alpujarra; y con sola una mujer morisca que traía por amiga y un esclavo negro, salió de Granada otro día luego siguiente, jueves 23 de diciembre, y durmiendo aquella noche en la almacería de una huerta, caminó el viernes hacia el valle de Lecrín, y en la entrada del encontró con el beneficiado de Béznar, que iba huyendo la vuelta de Granada; el cual le dijo que no pasase adelante, porque la tierra andaba alborotada y había muchos monfís en ella; mas no por eso dejó de proseguir su viaje, y llegó a Béznar y posó en casa de un pariente suyo, llamado el Válori, de los principales de aquel lugar, a quien dio cuenta de su negocio. Aquella noche se juntaron todos los Váloris, que era una parentela grande, y acordaron que pues la tierra se alzaba y no había cabeza, sería bien hacer rey a quien obedecer. Y diciéndolo a otros moros de los rebelados, que habían acudido allí de tierra de Órgiba, todos dijeron que era muy bien acordado, y que ninguno lo podía ser mejor ni con más razón que el mismo don Hernando de Válor, por ser de linaje de reyes y tenerse por no menos ofendido que todos. Y pidiéndole que lo aceptase, se lo agradeció mucho; y así, le eligieron y alzaron por rey, yendo, según después decía, bien descuidado de serlo, aunque no ignorante de la revolución que había en aquella tierra. Algunos quisieron decir que los del Albaicín le habían nombrado antes que saliese de Granada, y aun nos persuadieron a creerlo al principio; mas procurando después saberlo más de raíz, nos certificaron que no él, sino Farax, había sido el nombrado, y que los que trataban el levantamiento no solo quisieron encubrir su secreto a los caballeros moriscos y personas de calidad que tenían por servidores de su majestad, mas a éste particularmente no se osaran descubrir, por ser veinticuatro de Granada y criado del marqués de Mondéjar, y tenerle por mozo liviano y de poco fundamento. Estando pues el lunes por la mañana, a hora de misa, don Hernando de Válor delante la puerta de la iglesia del lugar con los vecinos dél, asomó por un viso que cae sobre las casas a la parte de la sierra, Farax Aben Farax con sus dos banderas, acompañado de los monfís que habían entrado con él en el Albaicín, tañendo sus instrumentos y haciendo grandes algazaras de placer, como si hubieran ganado alguna gran victoria. El cual, como supo que estaba allí don Hernando de Válor y que le alzaban por rey, se alteró grandemente, diciendo que, cómo podía ser que habiendo sido él nombrado por los del Albaicín, que era la cabeza, eligiesen los de Béznar a otro; y sobre esto hubieran de llegar a las armas. Farax daba voces que había sido autor de la libertad, y que había de ser rey y gobernador de los moros, y que también era él noble del linaje de los Abencerrajes. Los Váloris decían que donde estaba don Hernando de Válor no había de ser otro rey sino él. Al fin entraron algunos de por medio, y los concertaron desta manera: que don Hernando de Válor fuese el rey, y Farax su alguacil mayor, que es el oficio más preeminente entre los moros cerca de la persona real. Con esto cesó la diferencia, y de nuevo alzaron por rey los que allí estaban a don Hernando de Válor, y le llamaron Muley Mahamete Aben Humeya, estando en el campo debajo de un olivo. El cual, por quitarse de delante a Farax Aben Farax, el mismo día le mandó que fuese luego con su gente y la que más pudiese juntar a la Alpujarra, y recogiese toda la plata, oro y joyas que los moros habían tomado y tomasen, así de iglesias como de particulares, para comprar armas de Berbería. Este traidor, publicando que Granada y toda la tierra estaba por los moros, yendo levantando lugares, no solamente hizo lo que se le mandó, mas llevando consigo trescientos monfís salteadores, de los más perversos del Albaicín y de los lugares comarcanos, a Granada, hizo matar todos los clérigos y legos que halló cautivos, que no dejó hombre a vida que tuviese nombre de cristiano y fuese de diez años arriba, usando muchos géneros de crueldades en sus muertes, como lo diremos en los capítulos del levantamiento de los lugares de la Alpujarra.

Bien se deja entender que este don Hernando supo lo que se trataba del levantamiento, así por la prisa que se dio en vender su veinticuatría, como porque, según nos dijo el licenciado Andrés de Álava, inquisidor de Granada, con quien profesaba mucha amistad, que estando de camino para visitar la Alpujarra por orden particular de su majestad, que le mandaba que visitando la tierra, en el secreto del Santo Oficio procurase entender si los moriscos trataban alguna novedad, había ido a él pocos días antes que se alzase el reino, y aconsejádole por vía de amistad que no se pusiese en camino hasta que pasase la pascua de Navidad, porque para entonces estaría ya la gente más quieta, y le acompañaría él por su persona; y había hecho tanta instancia sobre esto, que se podía presumir que ya él lo sabía, y por ventura quiso excusar la ida del inquisidor, pareciéndole que si le tomaba el levantamiento dentro de la Alpujarra, se pornía de nuestra parte mucha diligencia en socorrerle, aunque también pudo ser que quiso apartarle del peligro en que veía que se iba a meter, por la amistad que con él tenía. Sea como fuere, ésta es la relación más cierta que pudimos saber deste negocio.

Capítulo VIII. Que trata del levantamiento general de los moriscos de la Alpujarra

Congoja pone verdaderamente pensar, cuanto más saber de escribir, las abominaciones y maldades con que hicieron este levantamiento los moriscos; monfís la Alpujarra y de los otros lugares del reino de Granada. Lo primero que hicieron fue apellidar el nombre y seta de Mahoma, declarando ser moros ajenos de la santa fe católica, que tantos años había que profesaban ellos y sus padres y abuelos. Era cosa de maravilla ver cuán enseñados estaban todos, chicos y grandes, en la maldita seta; decían las oraciones a Mahoma, hacían sus procesiones y plegarias, descubriendo las mujeres casadas los pechos, las doncellas las cabezas; y teniendo los cabellos esparcidos por los hombros bailaban públicamente en las calles, abrazaban a los hombres, yendo los mozos gandules delante haciéndoles aire con los pañuelos, y diciendo en alta voz que ya era llegado el tiempo del estado de la inocencia, y que mirando en la libertad de su ley, se iban derechos al cielo, llamándola ley de suavidad, que daba todo contento y deleite. Y a un mismo tiempo, sin respetar a cosa divina ni humana como enemigos de toda religión y caridad, llenos de rabia cruel y diabólica ira, robaron, quemaron y destruyeron las iglesias, despedazaron las venerables imágenes, deshicieron los altares, y poniendo manos violentas en los sacerdotes de Jesucristo, que les enseñaban las cosas de la fe, y administraban los sacramentos, los llevaron por las valles y plazas desnudos y descalzos, en público escarnio y afrenta. A unos asaetearon, a otros quemaron vivos, y a muchos hicieron padecer diversos géneros de martirios. La misma crueldad usaron con los cristianos legos que moraban en aquellos lugares sin respetar vecino a vecino, compadre a compadre, ni amigo a amigo; y aunque algunos lo quisieron hacer, no fueron parte para ello, porque era tanta la ira de los malos, que matando cuantos les venían a las manos, tampoco daban vida a quien se lo impedía. Robáronles las casas, y a los que se recogían en las torres y lugares fuertes los cercaron y rodearon con llamas de fuego, y quemando muchos dellos, a todos los que se les rindieron a partido dieron igualmente la muerte, no queriendo que quedase hombre cristiano vivo en toda la tierra, que pasase de diez años arriba. Esta pestilencia comenzó en Lanjarón, y pasó a Órgiba el jueves en la tarde en la taa de Poqueira, y de allí se fue extendiendo el humo de la sedición y maldad en tanta manera, que en un improviso cubrió toda la faz de aquella tierra, como se irá diciendo por su orden. Y porque juntamente con la historia deste rebelión hemos de hacer una breve descripción de las taas de la Alpujarra y lugares dellas, para que el lector lleve mejor gusto en todo, diremos primero en este lugar qué cosa es taa, y lo que significa este nombre berberisco. Taa es un epíteto de que antiguamente usaron los africanos en todas las ciudades nobles, como dijimos atrás en el capítulo tercero del primer libro, y, taa quiere decir cabeza de partido o feligresía de gente natural africana, aunque otros interpretan pueblos avasallados y sujetos. Dicen algunos moriscos antiguos haber oído a sus pasados, que por ser las sierras de la Alpujarra fragosas y estar pobladas de gente bárbara, indómita y tan soberbia, que con dificultad los reyes moros podían averiguarse con ellos, por estar confiados en la aspereza de la tierra, como acaece también en las serranías de África, que están pobladas de bereberes, tomaron por remedio dividirla toda en alcaidías y repartirlas entre los mismos naturales de la tierra; y después que éstos hubieron hecho castillos en sus partidos, vinieron a meter en ellos otros alcaides granadinos, y de otras partes, con alguna gente de guerra, para poderlos avasallar. Y como había en cada partido destos un alcaide, a quien obedecían mil o dos mil vasallos, también había un alfaquí mayor que tenía lo espiritual a su cargo, y aquel distrito llamaban taa. Finalmente, es lo mismo que en África nueiba, que quiere decir partido de bárbaros pecheros del magacén del Rey; una de las cuales es la tierra de Órgiba, que aunque cae fuera de la Alpujarra, está en la entrada della, de donde comenzaremos, pues los moriscos comenzaron por allí su maldad, y por la misma orden iremos prosiguiendo en las demás taas cómo se fueron alzando. Luego cómo en Lanjarón, lugar del valle de Lecrín, se entendió el desasosiego de los moriscos, el licenciado Espinosa y el bachiller Juan Bautista, beneficiados de aquella iglesia, Miguel de Morales, su sacristán, y hasta dieciséis cristianos, se metieron en la iglesia, y llegando Abenfarax, les mandó poner fuego, y el beneficiado Juan Bautista se descolgó por una pleita de esparto y se entregó luego al tirano, el cual le hizo matar a cuchilladas, y prosiguiendo en el fuego de la iglesia, la quemó y se hundió sobre los que estaban dentro. Y haciéndolos sacar de debajo de las ruinas, los hizo llevar al campo, y allí no se hartaban de dar cuchilladas en los cuerpos muertos: tanta era la ira que tenían contra el nombre cristiano. Luego pasaron a la taa de Órgiba, llevando consigo a los mancebos del lugar.

Capítulo IX. De la descripción de la taa de Órgiba, y cómo se alzaron los lugares della, y cercaron los cristianos en la torre de Albacete

La taa de Órgiba tiene a poniente a Lanjarón, lugar del valle de Lecrín, y a Salobreña y Motril; al cierzo confina con Sierra Nevada; al levante con las taas de Poqueira y Ferreira y con la del Cehel, que cae hacia la mar, que todas están en la Alpujarra; y al mediodía tiene el mar Mediterráneo, donde está en la lengua del agua un castillo fuerte de sitio, que los moros llaman Sayena, y los cristianos Castil de Ferro. Por medio desta taa atraviesa un río que baja de la Sierra Nevada, y corriendo hacia la mar con algunas vueltas, va a juntarse con el río de Motril. Es tierra fértil, llena de muchas arboledas y frescuras, y, por ser templada, se crían naranjos, limones, cidros y todo género de frutas tempranas, y muy buenas hortalizas en ella. La cría de la seda es mucha y muy buena, y hay hermosísimos pastos para los ganados, y muchas tierras de labor, donde los moradores de los lugares cogen trigo, cebada, panizo y alcandía, y la mayor parte dellas se riegan con el agua del río y de las fuentes que bajan de aquellas sierras. Hay en esta taa quince lugares, que los moriscos llaman Alcarías, cuyos nombres son: Pago, Benizalte, Sortes, Cáñar, el Fex, Bayárcar, Soportújar, Caratanuz, Benizeyed, Lexur, Barxar, Guarros, Luliar, Faragenit y Albacete de Órgiba, que es el lugar principal, donde está una torre, que estaba en este tiempo algo mejor proveída que otras veces, porque habiéndose llevado aquel lugar los moros de Berbería, pocos años antes se había puesto mejor recaudo en ella. La mayor parte destos lugares están en las haldas de las sierras, y los otros en una vega llana que se hace entre ellas, donde está el lugar de Albacete de Órgiba.

El día que el Partal y el Seniz mataron aquellos cristianos que dijimos de Ugíjar, los dos hombres que escaparon de sus manos fueron huyendo al lugar de Albacete de Órgiba y dieron aviso a Gaspar de Sarabia, que estaba por alcaide y gobernador de aquella taa, el cual luego otro día viernes bien de mañana envió a Camacho, alguacil mayor, con ocho cristianos arcabuceros, y con ellos algunos moriscos desarmados, a que supiesen qué novedad había sido aquella. Y mientras ellos iban, vino a él un morisco, alguacil de Benizalte, llamado Álvaro Abuzayet, y le dijo que hiciese recoger con brevedad todos los cristianos chicos y grandes a la torre, porque estaba la tierra levantada. Con este aviso se recogieron luego Alonso de Algar, cura de Albacete, y los otros clérigos, beneficiados y vecinos cristianos que moraban en los lugares de aquella taa, sin recibir daño, sino fueron los de Soportújar y algunos perezosos. Los ocho arcabuceros corrieron peligro de perderse, porque estando en el lugar de Barxar enterrando los cristianos que habían sido muertos el día antes, dieron los monfís en ellos, y haciéndolos huir, los fueron siguiendo hasta cerca de la torre, llamándolos de perros, y diciéndoles que ya era llegado su día, y les quitaron algunas armas, y los propios moriscos de paces que iban con ellos fueron los que más los persiguieron. Viendo pues Gaspar de Sarabia lo que pasaba, recogió a gran prisa las moriscas y muchachos que pudo haber en el lugar y las metió en la torre, entendiendo que si se viese en necesidad, no faltaría quien se compadeciese, padres, maridos o hermanos, y que secretamente les proveerían de agua y de bastimentos mientras le venía socorro. Finalmente, se encerró en la torre con ciento y ochenta personas y algunos hombres esforzados entre ellos, uno de los cuales se llamaba Pedro de Vilches, y por otro nombre Pie de palo, porque teniendo cortada una pierna a cercen, la traía puesta de palo, y era hombre animoso y muy plático en aquella tierra; y otro Leandro, que era gran cazador, y acaso había llegado allí aquella noche con dos cargas de conejos y perdices y un cuero de aceite; que cierto pareció haberlo enviado Dios para la salud de aquella gente; porque demás de que él era buen arcabucero y llevaba su arcabuz con cantidad de munición para poder pelear, la caza suplió la necesidad y hambre algunos días, y el aceite fue de mayor importancia para quemar a los enemigos una manta de madera que les arrimaron al muro de la torre, entendiendo poderlo picar por debajo. No fueron bien recogidos los cristianos cuando se levantó el lugar, y en un barrio que está cerca dél arbolaron una bandera, y tumultuosamente se recogieron a ella los mancebos gandules, y no mucho después parecieron otras seis banderas, la mayor dellas colorada, con unas lunas de plata en medio, y las otras todas de seda de diferentes colores, y atravesando por un viso a vista de la torre, fueron a ponerse en los olivares, acompañados de mucha gente armada de arcabuces y bailes ballestas. De allí enviaron a recoger los lugares que estaban en lo llano, y saliendo hombres y mujeres con bagajes cargados de ropa y de bastimentos, y los ganados por delante, se subieron a la sierra de Poqueira, y la gente armada cercó la torre donde estaban nuestros cristianos. Luego que se alzaron los lugares de Soportújar y Cáñar y los demás de las sierras, lo primero que hicieron aquellos herejes fue destruir las iglesias, y saquear lo que había en ellas y en las casas de los cristianos. En Soportújar prendieron por engaño al vicario de Ojeda, beneficiado de aquel lugar, y después de tenerle preso a él y a un muchacho criado suyo, llamado Martín, ofreciéndole de darle libertad un morisco que tenía por amigo, que se decía Bartolomé Aben Moguid, hijo del alguacil del lugar, le sacó de donde estaba y le escondió en casa de otro morisco, llamado Miguel de Jerez, y allí estuvo cuatro días, al cabo de los cuales vino Farax Abenfarax, que, como queda dicho, iba recorriendo los lugares por mandado de Aben Humeya, y donde quiera que llegaba hacía pregonar que, so pena de la vida, ningún moro fuese osado de esconder cristiano de ninguna edad que fuese, sino que luego se los manifestasen, y de miedo dél declaró Aben Moguid cómo tenía aquellos dos cristianos. Y enviando Abenfarax dos moros por ellos, los sacaron de donde estaban y los desnudaron en cueros, y atándoles las manos atrás, los entregaron a Zacarías de Aguilar, enemigo del beneficiado, el cual los llevó a la plaza del lugar, y tomándolos los vecinos en medio, les dieron muchos bofetones y puñadas, y después los llevaron a un montecillo que está como media legua de allí, para matarlos y dejar los cuerpos en el campo, porque Abenfarax mandaba que no les diesen sepultura. Y juntamente llevaron una cristiana, llamada Beatriz de la Peña, con cinco hijos niños, y teniéndolos ya para matar, acertó a pasar por aquel camino Aben Humeya, que venía de Béznar, y condoliéndose de la mujer y de los niños, les mandó que solamente matasen al vicario, y que los demás los volviesen al lugar y se los guardasen hasta que enviase por ellos. Luego cargáronlos enemigo, de Dios sobre aquel sacerdote, que invocaba su santísimo nombre, y dándole uno dellos con la verga de la ballesta en la cabeza un gran golpe, que le aturdió y dio con él en el suelo, le hirieron luego los otros con las lanzuelas y espadas, hasta que le acabaron de matar. Y encendidos en aquella ira, hirieron también a Martín, su criado, de una cuchillada en la cabeza, que se la hendieron, diciéndole el que le hirió: «Toma, perro, porque eres hijo del alguacil de Órgiba». Ved cuánta enemistad era la que tenían con los ministros espirituales y temporales, que aun a sus hijos niños no perdonaban. La mujer con sus criaturas llevaron a Soportújar, y después al castillo de Juviles, donde alcanzaron libertad cuando el marqués de Mondéjar lo ganó, con otras muchas cristianas que había recogido allí Aben Humeya.

Capítulo X. Cómo se alzaron los lugares de las taas de Poqueira y Ferreira, y la descripción dellas

Las taas de Poqueira y Ferreira están en la entrada de la Alpujarra; las cuales confinan a poniente con la taa de Órgiba, a levante con la de Juviles, al mediodía con el Cehel, y a tramontana con Sierra Nevada. En la taa de Poqueira hay cuatro lugares llamados Capeleira, Alguazta, Parmpaneira y Bubión; y en la de Ferreira hay once, que son: Pitres, Capeleira de Ferreira, Aylácar, Fondales, Ferreirola, Mecina de Fondales, Pórtugos, Luaxar, Busquistar, Bayárcal y Harat el Bayar. Toda esta tierra es muy fresca, abundante de muchas arboledas; críase en ella cantidad de seda de morales; hay muchas manzanas, peras, camuesas de verano y de invierno, que llevan los moradores a vender a la ciudad de Granada y a otras partes todo el año, y mucha nuez y castaña injerta. El pan, trigo, cebada,

centeno y alcandía que allí se coge es todo de riego, y lo mejor y de más provecho que hay en el reino de Granada. Está una sierra entre estas dos taas, donde
se crían hermosas viñas y huertas, y en ella nacen muchas fuentes de agua fría
y saludable, con que se riegan, y son todas las frutas, hortalizas y legumbres
que allí se cogen muy buenas. Es tan grande la fertilidad desta tierra, que si
siembran los garbanzos blancos en ella, los cogen negros; y son los castaños
tan grandes, que en el lugar de Bubión había uno donde una mujer tenía puesto
un telar para tejer lienzo entre las ramas, y en el hueco del pie hacía su morada
con sus hijos; y cuando el comendador mayor de Castilla entró con su campo
en la Alpujarra, estando en aquel lugar, vimos seis escuderos con sus caballos
dentro del hueco de aquel árbol, y a la partida le pusieron fuego unos soldados
y le quemaron. De verano hay en estas sierras hermosísimos pastos para los
ganados; y de invierno, porque es tierra muy fría, los llevan a lo de Dalías, o
hacia Motril y Salobreña, que es más caliente y templado por razón de los aires
de la mar. Están estas dos taas a manera de Península, entre dos ríos que bajan
de la Sierra Nevada; el primero y más occidental nace sobre la misma taa de
Poqueira, y corriendo por entre asperísimas y altas sierras, la cerca por aquella
parte, y se va a juntar con el río de Motril antes de llegar a la puente Tejafi,
donde está el puerto de Jubilein, que es la entrada de Órgiba a la Alpujarra
yendo por el río de Cádiar, que se pasa en este camino, en espacio de cuatro
leguas, más de sesenta veces por pasos dificultosos y puertos fragosísimos de
peñas. El otro río nace también en la Sierra Nevada, a levante dél y a poniente
del lugar de Trevélez, y con la misma aspereza y fragosidad cerca las dos taas
hacia oriente y mediodía. Por bajo del lugar de Ferreirola hace dos brazos, y
entrambos se juntan con el río que baja de Alcázar, y se van después a meter en
el río de Motril en la garganta del Dragón, que los moriscos llaman Alcazaubin.
Recógense en aquel lugar tantas aguas de verano, por razón de las nieves que
se derriten de las sierras, que parece un mar tempestuoso el ruido que lleva el
río. Esta tierra decían los moriscos haber oído decir a sus pasados que jamás
había sido conquistada por fuerza de armas, y así tenían mucha confianza en
el sitio y fortaleza della, creyendo que ningún ejército acometería la entrada,
habiendo quien defendiese los asperísimos pasos, donde poca gente era fuerte
y poderosa; y por esta razón eligieron aquel sitio donde se recoger del primer
ímpetu con sus mujeres, hijos y ganados.

Alzáronse los lugares de la taa de Poqueira viernes por la mañana a 24 días del mes de diciembre. Los cristianos que había en ellos corrieron luego a favorecerse en la torre de la iglesia del lugar de Burburon, que al parecer era fuerte, aunque no estaba acabada, y los herejes traidores (que así merecen que los llamemos de aquí adelante), viendo que se defendían, fueron a saquearles las casas, y cercando la iglesia, abrieron una puerta que estaba tapiada, encubierta de la torre, y entrando furiosamente por ella, destruyeron y robaron todas las cosas sagradas, y luego juntaron muchos zarzos y tascos untados con aceite para poner fuego a la puerta de la torre. Viendo esto los cristianos, y hallándose sin defensa, sin agua y sin mantenimientos, tomaron por medio rendirse antes que morir abrasados en crueles llamas; y fuérales menor mal, si los enemigos no usaran después otras mayores crueldades con ellos; porque los desnudaron y ataron, y les dieron muchos palos y bofetadas; y habiéndolos tenido aprisionados diecinueve días, los sacaron a justiciar por mandado de Aben Humeya a una huerta cerca del lugar, un día antes que el marqués de Mondéjar llegase a Órgiba; y allí hicieron pedazos con las espadas al licenciado Quirós, cura del lugar de Concha, y al beneficiado Bernabé de Montanos, y a Godoy, su sacristán, y a otros veinte legos; y dejando los cuerpos a las aves y a los perros que se los comiesen, a solas las mujeres y a los niños de diez años abajo tomaron por cautivos. Al bachiller Baltasar Bravo, beneficiado y vicario de aquella taa, porque sabían que tenía mucho dinero, no le mataron, y dándole tormento, le sacaron tres mil ducados de oro y mucha plata labrada, y con esperanza que les había de dar más, le dejaron con la vida.

Los de la taa de Ferreira se alzaron en el mismo día y hora que los de Poqueira, especialmente los de Pórtugos y de los otros lugares junto a él. Los cristianos, en sintiendo el alzamiento, fueron luego a favorecerse en la torre de la iglesia de aquel lugar con sus mujeres y hijos. Los moros les saquearon las casas, y entrando en la iglesia por una puerta pequeña, la robaron y destruyeron, y pusieron fuego a la torre, amenazando a los que se habían encastillado dentro con cruel muerte si fuego no se rendían. Hubo algunos animosos que mostraban querer más morir que verse en poder de aquellos infieles; otros, viéndose quemar vivos, y oyendo las piadosas lamentaciones de sus mujeres y hijos, considerando que ninguna crueldad se podía usar con ellos mayor que la del fuego, y teniendo alguna esperanza de que no los matarían, determinaron de rendirse; y al fin persuadieron a los demás a que se diesen a partido, con promesa de que no les harían otro mal sino tomarlos por cautivos. Habiéndose pues tardado en determinarse, el fuego fue creciendo cada hora más y ocupó la escalera de la torre; y siéndoles forzado descolgarse con sogas por la parte de fuera, donde no habían aún llegado las llamas, el recibimiento que les hacían aquellas enemigos de Dios era desnudarlos en poniendo los pies en el suelo, y darlos muchos palos y bofetones, y atándoles las manos atrás, los llevaban a meter de pies en un cepo. Al beneficiado Juan Diez Gallego, que residía en Pitres, y acertó a hallarse allí aquel día, mataron de una saetada, estando asomado a una ventana de la torre. Prendieron a los beneficiados Juan Vela y Baltasar de Torres, y a su padre, y a otros muchos legos, y a las mujeres y niños que tuvieron lugar de poderse descolgar; y cuando fue aplacada la llama, retirando la brasa, entraron dentro, y a todos los hombres que hallaron vivos los mataron; y por atormentar más a los cristianos presos con pena y vituperio, les hicieron sacar de la torre los cuerpos muertos, y que con sogas a los pescuezos los llevasen arrastrando fuera del lugar y los echasen en un barranco; y después los mataron a ellos, sacándolos de cuatro en cuatro, para que durase más la fiesta, llevándolos desnudos y descalzos, dándoles de pescozones y puñadas. Poníanlos sentados por su orden en el suelo en una haza, y luego comenzaban su venganza; el que llevaba la soga con que iba el cristiano atado, era el primero que le hería; luego llegaban los otros y le daban tantas lanzadas y cuchilladas, hasta que le acababan de matar; algunos entregaron a las moriscas antes que espirasen, para que también ellas se regocijasen. Uno de estos fue Juan de Cepeda, hafiz de la seda, el cual llevó su martirio, si en aquel punto supo gozar de Dios, por mano de mujeres con piedras y almaradas. Mataron también este día una morisca viuda, que había sido mujer de un cristiano, llamada Inés de Cepeda, porque no quiso ser mora como ellos, y les decía que era cristiana y que no quería mayor bien que morir por Jesucristo. En esta constancia la degollaron, y dio el alma a su Criador, encomendándose muchas veces a la gloriosa Virgen María. No podían los descreídos llevar a paciencia que los cristianos cuando se veían en aquel punto se encomendasen a Dios y a su bendita Madre. Y como herejes y malos les decían: «Perros, Dios no tiene madre»; y los herían cruelísimamente. Al beneficiado Baltasar de Torres rogaron mucho que se tornase moro dos herejes llamado Pedro Almalqui y Juan Pastor, y le prometían que le darían su hacienda y le casarían. Y como les respondiese que era sacerdote de Jesucristo y que había de morir por él, le dieron de bofetadas y puñadas; y diciéndole por escarnio: «Perro, llama agora al Arzobispo y al Presidente y a Albotodo que te favorezcan». Cuando hubieron sacado por engaño a su madre doscientos ducados que tenía escondidos, con promesa de que no le matarían, le desnudaron en cueros, y maniatado con una soga a la garganta, le llevaron a la plaza, y apartándole a un cabo, donde llaman el Lauxar, le cortaron los pies y las manos, y luego le ahorcaron juntamente con otros dos cristianos mancebos, que el uno no tenía edad de catorce años; y porque lloraba un niño sobrino del beneficiado viendo matar a su tío, le mataron también a él. Murieron en este lugar veintiocho cristianos entre clérigos y legos, y dos niños de edad de tres años, o poco más. Los autores destas crueldades que Farax Aben Farax mandaba hacer, fueron Luis el Hardon y Miguel de Granada Xaba, juntamente con las cuadrillas de los monfís. Alzose el lugar de Mecina de Fondales el mismo día viernes en la noche, y tomando a los cristianos que vivían en aquel lugar descuidados, los prendieron a todos en sus casas y los robaron. Luego acudieron a la iglesia, y como si en aquello estuviera toda su felicidad, destruyeron todas las cosas sagradas, y se llevaron los ornamentos y cosas de precio que allí había. Fueron muchos los malos tratamientos y afrentas que hicieron a los cristianos cautivos en este lugar; y después de bien hartos de ultrajarlos, mataron dieciséis personas, y entre ellos dos beneficiados, llamados Luis de Jorquera y Pedro Rodríguez de Arceo, y a Diego Pérez, sacristán, y a Pedro Montañés, hombre rico, y a su mujer y a una criatura que llevaba en los brazos. Sacábanlos a todos desnudos, las manos atadas, fuera del lugar, dándoles de palos y de bofetadas, y después los herían cruelmente con lanzas, espadas y con piedras.

El lugar de Pitres de Ferreira se alzó la noche de Navidad, viernes a 24 de diciembre, como los demás desta taa. Los cristianos que allí vivían, y otros que se hallaron en él acaso, en sintiendo el alboroto de la gente se metieron en la torre de la iglesia, y los moros les saquearon las casas y los cercaron. Teniéndolos pues cercados, y viendo que se defendían, un moro de los principales de aquel lugar, llamado Miguel de Herrera, les persuadió con buenas palabras a que se rindiesen, diciendo que no los matarían; los cuales lo hicieron así, viendo lo poco que podía durar su vana defensa. Luego saquearon y robaron la iglesia y deshicieron los altares. Miguel de Herrera llevó a su casa y a otras de particulares a los prisioneros, dándoles esperanza que no morirían; y habiéndolos tenido allí tres días, llegó el traidor de Farax, y dejándole mandado que los matase, los llevaron a todos maniatados a casa de Diego de la Hoz el viejo, que era un cristiano rico que vivía en aquel lugar, y haciendo pregonar que todos los moros y moras que quisiesen regocijarse con la muerte de sus enemigos saliesen a la plaza a ver cómo los mataban, en un punto se hinchó toda de gente. El primero que sacaron fue al beneficiado Jerónimo de Mesa, y poniendo una garrucha con una gruesa soga en lo alto de la torre de la iglesia, le ataron los brazos atrás asidos della, y subiéndole arriba, le dejaron caer tres veces de golpe en el suelo con los brazos descoyuntados, y de los golpes que daba sobre una losa, se le hicieron pedazos las canillas de los pies y de los muslos en presencia de su madre, que era morisca de nación y buena cristiana; la cual viendo hecho pedazos a su hijo, llegó a él con ánimo varonil, y besándole muchas veces el rostro, le dijo: «Hijo mío, esforzad en Dios y en su bendita Madre, que son los que han de favorecer vuestra alma; que los tormentos presto pasarán». El cual alzando los ojos al cielo, daba infinitas gracias a Jesucristo, derramando lágrimas de contemplación con tanto ánimo como si no sintiera aquel tormento. Viéndole pues los herejes en esta constancia, y que tan de corazón se encomendaba a Dios, llegaron a él, y por escarnecerle le decían: «Perro, di agora el Ave María; veamos si le quitará de aquí». Y tornándole a subir otra vez a lo alto, le dejaron caer cuatro veces, y luego le quitaron; y echándole una soga a la garganta, le entregaron a las moras para que también ellas tomasen su venganza en él; las cuales le llevaron arrastrando fuera del pueblo, y hiriéndole con almaradas, lanzuelas y piedras, le acabaron de matar; y volviéndose contra su madre, le escupían en la cara, llamándola de perra cristiana; y mesándola, y dándole de bofetadas, le dieron tantas heridas y pedradas, que la derribaron muerta sobre el cuerpo de su hijo. Acabado este espectáculo, sacaron a Diego de la Hoz el viejo, y al gobernador de Torviscón, y a Francisco de Campuzano, y con ellos otros muchos cristianos, y los llevaron donde los habían de matar; y porque algunos, teniendo las manos atadas, hacían la cruz con los dedos pulgares y la besaban, llegaban a ellos y se los cortaban. Hubo entre estos cristianos dos muchachos, que el mayor sería de trece años, y era hijo de Antón Martín, familiar del Santo Oficio, en quien el señor puso su mano aquel día, porque no bastaron con ellos ruegos, promesas ni amenazas para que renegasen. Y queriéndolos sacar a matar con los demás, se llegó uno llamado Pedro, hijo de Diego de Hoz, a su madre, y con semblante alegre le dijo: «Señora madre, rogad a Dios por mí». Y como le respondiese llorando: «Hijo mío, tú eres el que has de rogar por todos», le replicó el muchacho: «Por cierto, señora, yo lo haré, y no tengáis pena de mi muerte; que voy muy alegre y contento a morir por Jesucristo». Y con grandísimo esfuerzo llegaron entrambos adonde estaban los otros cristianos muertos, y hincando las rodillas en el suelo, sin temor de aquella muerte breve, fueron a gozar de la vida perdurable, ensangrentando en ellos sus espadas los enemigos de Jesucristo: cosa por cierto de admiración, para dar gracias al Omnipotente, que no hubo en todo este alzamiento cristiano, hombre ni mujer, grande ni pequeño, sacerdote ni lego, que negasen la fe; antes hubo algunos moriscos y moriscas que holgaron de morir por ella, y se ofrecían de buena gana al sacrificio con tanto más ánimo, cuanto mayores crueldades veían hacer. Padecieron en este lugar veintitrés cristianos por sentencia de Miguel de Herrera, que como juez los condenaba. Los principales ejecutores del mal que allí se hizo fueron Lorenzo de Murcia, Lorenzo Campanari, Miguel de Montoro y Miguel Zenin y el Mehme. Otras muchas crueldades se hicieron en los otros lugares destas taas, que dejo de poner, porque para haberlo de contar todo, sería menester gran volumen y cansar al lector.

Capítulo XI. Cómo se alzaron los lugares de la taa de Juviles, y la descripción della

La taa de Juviles confina a poniente con las taas de Poqueira y Ferreira, a tramontana tiene la Sierra Nevada, al mediodía el Cehel, y a levante la taa de Ugíjar de Albacete. Es tierra de muchas sierras y peñas, especialmente a la parte de Sierra Nevada. Hay en ellas veinte lugares, llamados Válor, Viñas y Exen, Mecina de Bombaron, Yátor, Narila, Cádiar, Timen, Portel, Gorco, Cuxurio, Bérchul, Alcútar, Lobras, Nieles, Cástaras, Notaes, Trevélez y Juviles, que es la cabeza. Hacia la parte de Bérchul hay grandes cuevas, que naturaleza hizo y fortaleció entre las peñas en lugares muy secretos, donde los moriscos tenían recogidos muchos bastimentos para el tiempo de la necesidad. A la parte de levante y mediodía cerca esta taa un río que nace en lo más alto de Sierra Nevada, junto al puerto de Loh, que quiere decir puerto de la Tabla, porque está una tabla de tierra llana en lo más alto dél, por donde se atraviesa la Sierra Nevada, yendo de Guadix a la Alpujarra, Este río es el que llaman de Cádiar, y entre él y el que dijimos que baja de junto a Trevélez y cerca las taas de Poqueira y Ferreira, está la taa de Juviles, la cual es abundante de pan, trigo, cebada, panizo y alcandía, y de mucho ganado; mas tiene muy pocas arboledas, y la seda que allí se cría no es tan buena como la de las otras taas, especialmente la del propio lugar de Juviles.

Juviles es el lugar principal desta taa, donde se ven las ruinas de un castillo antiguo, en un sitio asaz grande y fuerte, en el cual dicen los moriscos antiguos que había en tiempo de moros un alcaide y gente de guerra para tener sujetos los lugares de aquel partido, que eran los más inquietos de la Alpujarra, bárbaros y bestiales sobremanera. Levantáronse los moriscos deste lugar y de los otros desta taa el viernes víspera de Navidad, cuando los monfís hubieron muerto los cristianos que fueron a alojarse a Cádiar con el capitán Herrera, y lo primero que hicieron fue robar la iglesia y destruir cuanto había en ella. Luego corrieron a las casas de los cristianos que moraban en el lugar, y no con menor codicia que ira las saquearon, y prendiéndolos, los metieron en la iglesia con gente de guardia, y allí los tuvieron algunos días, predicándoles su seta y amonestándoles que se volviesen moros, hasta tanto que volvió Farax, y mandó que los matasen a todos; y por su orden los mataron el jueves 30 días del mes de diciembre. Los primero, fueron el beneficiado Salvador Rodríguez y el cura Martín Romero, y su sacristán Andrés Monje. Lleváronlos desnudos en cueros, las manos atadas atrás, a una haza que estaba cerca de la iglesia, y allí los acabaron a cuchilladas, y con ellos otros dos legos. Y teniendo ya en aquel lugar para hacer lo mismo de otros cristianos de los que tenían presos, acertó a pasar por allí don Hernando el Zaguer, que andaba requiriendo aquellos pueblos, y se los quitó y los entregó a un morisco del lugar, para que tuviese cargo de guardarlos hasta que se los pidiese. Estas crueldades que Aben Farax hacía no aplacían nada al Zaguer; antes le aborrecía por ello a él y a los que con él andaban; mas no osaba contradecírselo, porque temía que los moros rebelados se lo ternían a mal, y dirían que favorecía a los cristianos, o que se apiadaba dellos; y por el mismo caso, haciéndose a la parte de Aben Farax, le alzarían por su gobernador, por ser hombre enemigo y perseguidor del nombre cristiano.

Los del lugar de Alcútar se alzaron el mismo día que los de Juviles, robaron la iglesia, hicieron pedazos los retablos y imágenes, destruyeron todas las cosas sagradas, y no dejaron maldad ni sacrilegio que no cometieron en compañía de los monfís y de Esteban Partal, su capitán. Fueron a casa del vicario Diego de Montoya, beneficiado de aquel lugar, y entrándola por fuerza, le mataron de una saetada. Prendieron al licenciado Montoya, su sobrino, y cortáronle una mano; saquearon cuanto tenían. Tomaron vivos a Juan de Montoya, beneficiado del lugar de Cuxurio de Bérchul, que se halló allí a la sazón, y a otros cristianos y cristianas que vivían en él, y llevándolos después a matar al lugar de Cuxurio con otros cautivos, como se dirá adelante, mostraban gran sentimiento de pesar por no haber prendido al vicario Diego de Montoya, porque quisieran tomar muy de espacio venganza en él. También se alzaron los del lugar de Narila el viernes en la noche, los cuales destruyeron y robaron la iglesia y las casas de los cristianos, y prendiéndolos a todos, y entre ellos a un clérigo de misa llamado Cebrián Sánchez, los llevaron maniatados al lugar de Alcútar; y habiéndolos tenido allí predicándoles su seta y persuadiéndolos a que se tornasen moros, y amenazándoles que sino lo hacían les darían cruelísimas muertes, cuando vieron que les aprovechaban poco sus persuasiones y amenazas, desnudaron todos los hombres en cueros, y los llevaron, las manos atadas atrás, al lugar de Cuxurio, donde los mataron; siendo autores desta maldad Lope y Gonzalo Seniz, vecinos de Cuxurio de Bérchul, que fueron crueles perseguidores de cristianos, y caudillos de monfís.

El lugar de Cuxurio de Bérchul se alzó cuando los otros desta taa; y los rebeldes dichos con cruelísima rabia entraron lo primero en la iglesia, y haciendo pedazos los retablos y las imágenes y la pila del santo bautismo, quebraron el arca del Santísimo Sacramento, y no hallando la sagrada hostia de la Eucaristía, que la había consumido el beneficiado Pedro Crespo, arrojaron con menosprecio y desdén todas las cosas sagradas por el suelo. Luego fueron a saquear las casas de los cristianos, y prendieron al beneficiado, que se había escondido en casa de un morisco su amigo, y le mataron cruelísimamente. A este lugar llevaron los cristianos que habían cautivado en el lugar de Alcútar y Narila, y los mataron a todos delante de la iglesia. Al beneficiado Juan de Montoya, que había sido preso en Alcútar, sacó uno de aquellos herejes el ojo derecho con un puñal, y luego les tiraron a todos al terrero con las ballestas y con los arcabuces, estando presentes a ello Esteban Partal y Lope el Seniz y otros capitanes de monfís.

Los de Mecina de Bombaron se alzaron también el viernes en la noche, saquearon luego la iglesia, quebraron los retablos, despedazaron las venerables imágenes, deshicieron los altares, y finalmente destruyeron y robaron todas las cosas sagradas; y hallando a los cristianos descuidados, los prendieron a todos y les saquearon las casas. En este lugar arbolaron los rebeldes una bandera de tafetán carmesí bordada de hilo de oro, y en medio un castillo con tres torres de plata, que la tenían guardada de tiempo de moros, y el que la tenía se llamaba Andrés Hami, vecino del mismo lugar. Prendieron al beneficiado Francisco de Cervilla en su casa, y atándole las manos atrás, le dieron muchos bofetones y palos, y le llevaron de aposento en aposento, hasta que les entregó el dinero y la ropa que tenía; y después sacándole fuera, se adelantó un moro que solía ser grande amigo suyo, y haciéndose encontradizo con él en el umbral de la puerta, le atravesó una espada por el cuerpo diciéndole: «Toma, amigo; que más vale que te mate yo que otro»; y allí le acabaron de matar los sacrílegos a pedradas y cuchilladas. Y no contentos con esto, tomó uno de los que allí estaban un palo, y le quebrantó todo el cuerpo a palos desde los pies hasta la cabeza; y otro día de mañana le sacaron arrastrando fuera del lugar, y le echaron en un barranco. No mucho después mataron todos los cristianos que tenían cautivos, y entre ellos al beneficiado Juan Gómez el viejo y al cura Juan Palomo, haciendo en ellos mil géneros de vituperios y crueldades. Fue cruel perseguidor de cristianos en este lugar Miguel Daloy, alguacil dél.

El lugar de Válor está en dos barrios, el alto y el bajo; entrambos se alzaron el viernes en la noche. Los cristianos clérigos y legos que allí moraban se recogieron, en sintiendo el alboroto, a la torre de la iglesia del barrio bajo, donde estuvieron con harto cuidado aquella noche. Los moros saquearon y robaron la iglesia del barrio alto y las casas de los cristianos; y otro día de mañana los cercaron en la torre, y asegurándoles Bernardino Abenzaba que no les harían ningún mal, los cautivaron a todos; y desque hubieron destruido y robado también aquella iglesia, los llevaron maniatados a unas casas, y allí les predicaron algunos días la seta de Mahoma; y viendo que aprovechaba poco su predicación, porque todos decían que eran cristianos y que habían de morir por Jesucristo, sacaron los herejes a los hombres desnudos y maniatados fuera del lugar, y poniéndolos a terrero, les tiraron con arcabuces y ballestas. Los primeros que mataron fueron tres beneficiados, llamados el bachiller Delgado, Alonso García y Tejerina, y dos sacristanes, que el uno se decía Francisco de Almansa. Deste lugar era natural don Hernando de Válor, mas no se halló allí aquel día; y, si bien se hallara, no dejaran de hacer estas crueldades, a las cuales no quería contradecir, por tener el pueblo más culpado, más obligado, y con menos confianza de perdón; y por esta razón, si unas veces las permitía, otras muchas las mandaba hacer, porque le tuviesen por enemigo de cristianos.

El mismo día y en la misma hora que se alzó Válor, se alzaron los lugares de Yegen y Yátor, en los cuales no fueron menores las crueldades que usaron los enemigos de Dios. Destruyeron y robaron las iglesias y las casas de los cristianos, cautiváronlos a todos, y haciéndoles muchos malos tratamientos, vinieron después a darles cruelísima muerte; y entre ellos mataron al bachiller Bravo y a su sacristán, y un vecino que se decía Juan de Montoya, que se escapó herido de una saetada en la cabeza, fue a parar a Ugíjar, donde también fue muerto con otros muchos cristianos que allí había.

Capítulo XII. Cómo se alzaron las taas de los dos Ceheles, y la descripción dellas

Los Ceheles son dos taas que están juntas en la costa de la mar; la que cae a poniente llaman Zueyhel, nombre diminutivo, porque es más pequeña que la otra. Esta confina a poniente con las sierras de Jubilein, en la entrada de la Alpujarra, donde están los lugares de Rubite, Bárgix y Alcázar, y con la taa de Órgiba. El Cehel grande tiene a levante la tierra de Adra; y a entrambas taas las baña al mediodía el mar Mediterráneo, y a la parte del cierzo confina con la taa de Ferreira, con la de Juviles y con parte de la de Ugíjar. Hay en ellas once lugares, llamados Albuñol, Torbiscón, Turón, Mecina de Todel, Bordemarela, Détiar, Cojáyar, Foronon, Murtas, Jorayrata y Almejíjar. Esta tierra es de grandes encinares y de mucha yerba para los ganados; cógese en ella cantidad de pan. Lo que cae hacia la costa de la mar, es muy despoblado, y por eso es muy peligroso, porque acuden de ordinario por allí muchos bajeles de cosarios turcos y moros de Berbería, Cercan estas taas dos ríos; a la parte de levante el que llaman río de Adra, y a poniente otro que nace en el propio Zueyhel cerca de la mar; y corriendo la tierra adentro hacia tramontana, dando muchas vueltas, se va a juntar con el río de Alcázar, que baja de las sierras de Jubilein, por bajo del lugar de Escariantes, que es de la taa de Ugíjar.

Todos los vecinos destos lugares que hemos dicho, se alzaron viernes en la tarde, destruyeron y robaron las iglesias, cautivaron y mataron todos los cristianos que vivían entro ellos, y dejando sus casas, se subieron otro día a la aspereza de las sierras con sus mujeres y hijos y ganados, y la mayor parte dellos se metieron en unas cuevas muy grandes y muy fuertes que están media legua encima del lugar de Jorayrata.

En el lugar de Jorayrata, cuando los herejes sacrílegos hubieron saqueado la iglesia, y con manos violentas hecho mil géneros de sacrilegios y maldades, recogieron todos los prisioneros dentro, y entre ellos el beneficiado Francisco de Navarrete y a su sacristán; y habiéndoles tenido allí tres días, llegó orden de Farax Abenfarax para que los matasen; y un moro llamado Lope de Guzmán, alguacil del lugar, dijo al beneficiado que supiese que habían de morir él y todos los que allí estaban, y que en su mano estaba darle alguna hora de vida; el cual le rogó que por amor de Dios le diese aquella tarde y la noche siguiente de término para ordenar su alma. El moro se lo concedió, porque había sido su amigo, riéndose de oírle decir que quería ordenar su alma. Este clérigo, viendo que habían de morir aquellos cristianos tan en breve, los confesó a todos y les predicó los misterios de la pasión de Cristo, redentor nuestro; y todo el tiempo que le sobró de la noche estuvo de rodillas puesto en oración, pidiendo a Dios misericordia de sus culpas. Siendo ya de día, volvió el alguacil a él y le dijo que ya era llegada su hora; que viese qué muerte quería morir, porque aquélla se le daría. El beneficiado le rogó que le cortasen la cabeza, porque no estuviese mucho penando, y que en acabando de espirar, le hiciese enterrar en la iglesia. A esto respondió el moro escarneciendo: «Cortarte la cabeza yo lo haré; mas quedar tu cuerpo en la iglesia no puede ser, porque la he menester para corral de mi ganado». Entonces se hincó el sacerdote de Jesucristo de rodillas delante del altar, que ya estaba deshecho y derribado, y estando orando al Señor, le alzó el hereje por la mano, y llevándolo a la puerta de la iglesia, donde había mucha gente recogida, le entregó a los herejes sayones, juntamente con el sacristán, diciéndoles desta manera: «A este perro bellaco del alfaquí os entrego para que le cortéis la cabeza, porque subiéndose en el altar, nos hacía estar hasta mediodía ayunos, después de haberse él comido una torta de pan y emborrachándose con vino; y cuando se la hayáis cortado, dadle una lanzada por el corazón, porque nos decía que no teníamos fe ni corazón con Dios. Y al sacristán, que con mucho cuidado apuntaba las faltas de los que no íbamos a misa los domingos y días de fiestas, y castigaba a los muchachos que no querían aprender la doctrina cristiana cuando estaba borracho, quitadle asimismo la cabeza y echadla en una tinaja de vino, y entregad después el cuerpo a los muchachos para que le den tantas pedradas como él les dio azotes». Dicho esto, los enemigos de Dios ejecutaron luego la inicua sentencia; y siendo ya tarde, fueron algunas mujeres cristianas al alguacil, y le rogaron que les diese licencia para enterrar aquellos cuerpos, por que no se los comiesen los perros. El cual les respondió que los dejasen estar en el campo; que ellos eran tan grandes perros, que los mismos perros habrían asco de comerlos.

Los vecinos del lugar de Murtas se alzaron cuando los de Jorayrata, mas fue de manera que no hicieron aquel día mal a los cristianos, antes les dieron lugar que se metiesen en la iglesia, y con ellos el beneficiado Juan Gómez de Perespada. Después llegó al lugar Bartolomé el Feten con una cuadrilla de monfís y su bandera tendida blanca, que llevaba Lorenzo Mehgua, y juntándose con ellos los mozos gandules, cercaron y combatieron la iglesia, y derribándoles las puertas, entraron dentro y hicieron pedazos los retablos, las cruces y la pila del sagrado bautismo y saquearon la sacristía. Y por asegurar a los que se defendían animosamente en la torre, no quisieron saquearles las casas, antes les persuadieron con buenas palabras a que se diesen, diciéndoles que se podían fiar muy bien dellos, pues eran sus vecinos y amigos, y que si les entregaban, las armas, les aseguraban sobre sus cabezas que no les sería hecho mal ni daño. Viendo pues los pobres cercados que de ninguna manera podían escapar de muerte si perseveraban en su varia defensa, acordaron de rendirse, y bajando de la torre, los maniataron a todos en el cuerpo de la iglesia. Luego subió uno de los monfís a lo alto de la torre, y arbolando una bandera morisca, pregonó la seta de Mahoma, como cuando los moros llaman a su oración o zalá. Los otros fueron a las casas de los cristianos y las robaron, y mataron algunos enfermos que estaban en las camas tan flacos, que no se habían podido levantar; aunque no duraron muchos días más los unos que los otros, porque los rebeldes herejes, juntándose como quien se junta para alguna fiesta solemne, los sacaron a matar con gran regocijo, tañendo sus atabalejos y dulzainas; y poniendo a los cristianos en una hilera en el cementerio de la iglesia, desnudos y descalzos, con las manos atadas atrás, les tiraron a terrero con los arcabuces y ballestas, y los mataron a todos cruelísimamente, comenzando por el beneficiado, y luego por el sacristán Esteban de Zamora. Mataron también a Catalina de Arroyo, morisca, madre del beneficiado Ocaña, porque dijo que era cristiana; la cual llevándola las mujeres a matar, iba rezando la oración del Anima Christi, y murió invocando el dulce nombre de Jesús. Al contrario desto hicieron los del lugar de Turón, los cuales recogieron dieciocho cristianos que allí vivían, y porque los monfís no los matasen, los acompañaron hasta Adra, y los pusieron en salvo con todos sus bienes muebles.

Capítulo XIII. Cómo los lugares de la taa de Ugíjar se alzaron, y la descripción della

La taa de Ugíjar está en medio de la Alpujarra: es tierra quebrada, aunque no tan fragosa como las otras taas que hemos dicho; la cual confina a poniente con la taa de Juviles, a tramontana con la Sierra Nevada, al mediodía con el Cehel grande y con tierra de Adra, y a levante con la taa de Andarax. Cógese en esta tierra cantidad de pan, trigo, cebada, panizo y alcandía, y tiene muy buenos pastos para ganados mayores y menores. La cría de la seda no es tanta en Ugíjar ni se hace tan fina como en las otras taas, ni tienen los moradores tantas arboledas. A levante y a mediodía cerca esta taa un río que procede de unas fuentes que salen de la laguna grande que se hace en la cumbre alta de Sierra Nevada, cerca del puerto de la Ravah, que en arábigo quiere decir recogimiento de aguas. Este río hace al principio dos brazos; el mayor corre hacia poniente, y va haciendo muchas vueltas y ensenadas sin llegar a lugar poblado hasta Escariantes, y allí se juntan con él otros dos ríos que proceden también de la misma sierra. El otro brazo corre hacia levante, y atravesando la taa viene a pasar a poniente de Ugíjar de Albacete, que así llaman los moros este lugar, el cual tuvo título de ciudad, siendo el rey Abdilehi Zogoybi señor de la Alpujarra. De la misma fuente que sale el río que hemos dicho, procede otro que lleva su corriente más a levante, y va u pasar junto con el lugar de Lároles, y de allí vuelve a Ugíjar, y se junta con otro brazo que procede de otra fuente que nace a levante de la laguna dicha, en unas sierras más bajas, al cual llaman después los moradores río de Paterna, del nombre de un lugar por donde pasa. Estas aguas todas, corriendo hacia el mar Mediterráneo, toman en medio a Ugíjar, y después se van a juntar par del lugar de Darrícal, y de allí van a entrar en la mar cerca de la villa de Adra, y por esta razón llaman aquel río, cuando ya van las aguas todas juntas, río de Adra.

Hay en la taa de Ugíjar diecinueve lugares, llamados Darrícal, Escariantes, Lucainena, Chirin, Soprol, Umqueira, Pezcina, Lároles, Unduron, Júgar, Mairena, Cargelina, Almóceta, el Fex, Nechit, Mecina de Alfahar, Torrillas, Anqueira y Ugíjar de Albacete, que, como queda dicho, es el principal y tiene título de ciudad, y allí reside de ordinario el juzgado civil y criminal, alguaciles y escribanos, y un alcalde mayor que pone el corregidor de Granada para que administre justicia en toda la Alpujarra.

Estaba en este tiempo por alcalde mayor en la Alpujarra un letrado natural de la villa de Curiel, llamado el licenciado León, el cual había sido avisado del alzamiento que los muros querían hacer tres días antes que se comenzasen a levantar, porque el licenciado Torrijos, beneficiado de Darrícal, les había dicho secretamente a él y. al abad mayor de Ugíjar, que se llamaba el maestro don Diego Pérez y era natural de Illescas, como unos moriscos amigos suyos le habían certificado que sin duda resucitaban los granadinos el rebelión pasado, y que sería con mucha brevedad; y con este aviso había mandado pregonar que, so pena de la vida, todos los cristianos del pueblo se recogiesen luego a la iglesia, por estar en sitio asaz fuerte para batalla de manos; y porque esto se hiciese con brevedad y sin escándalo, había echado fama que tenía nueva cierta que venían más de mil turcos y moros de Berbería a llevarse aquel lugar. Los cristianos, pues, no se pudiendo persuadir a que esto fuese verdad, habían hecho burla del pregón, diciendo que cómo habían de llegar turcos a Ugíjar, cosa que jamás habían hecho, especialmente en invierno, con tan recios temporales como hacía; y como sucedió en tan breve el rebato que les dieron el viernes los monfís, que dejaban muerto al capitán Diego de Herrera en Cádiar, hallándose todos desapercibidos, unos desarmados, y muchos desnudos en camisa, se fueron a meter en la iglesia y en dos torres que tenían en sus casas dos vecinos, que la mayor era de Miguel de Rojas, morisco, y la otra estaba en casa de Pedro López, difunto, escribano mayor que había sido de aquel juzgado. En la iglesia, que era grande y muy fuerte, se metieron el alcalde mayor y el abad mayor, y los canónigos y mucha gente armada de arcabuces y ballestas; en la torre de Miguel de Rojas, el alguacil mayor, llamado Diego de Vallaizán, y con él algunos, moriscos y cristianos; y en la de la casa de Pero López, otros vecinos particulares. Estas tres torres estaban en triángulo, puestas de manera que los de dentro no dejaban asomar a nadie por las calles, que los enclavaban luego con arcabuces, y tenían mucha munición que tirar, porque les habían traído dos días antes catorce arrobas de pólvora de Málaga, y el alcalde mayor había repartídola entre los arcabuceros, y desta causa los monfís no habían hecho otro efecto más de quebrantar la cárcel y soltar los moriscos presos, y quebrar las puertas de los escritorios de los escribanos, y quemar todos los procesos. Luego el siguiente día, que fue sábado primero día de Pascua, recogieron todos los moriscos y moriscas del lugar, y se fueron los hombres de guerra a poner en la rambla de Burburon, dos tiros de arcabuz de allí donde no los descubrían los de las torres, aguardando a que llegasen don Hernando el Zaguer y el Partal de Narila, que habían ido a recoger la gente de los lugares comarcanos para combatirlas de propósito, no se atreviendo con ellas los que allí estaban.

Capítulo XIV. Cómo el capitán, Diego Gasca tuvo aviso que había moros en la tierra, y partió de Dalías en su busca, y cómo llegó a Ugíjar estando alzado el lugar

Estaba en este tiempo alojado en Dalías el capitán Diego Gasca, vecino de Málaga, y tenía consigo cuarenta caballos de los de su compañía; el cual siendo avisado el viernes por uno de los soldados que dijimos que escaparon de Cádiar, cómo había moros enemigos en la tierra, y del estrago que dejaban hecho en la gente del capitán Herrera, determinó de ir luego en su busca; y porque le pareció que sería menester más golpe de gente de la que llevaba, despachó una carta a don García de Villarroel, capitán de la gente de guerra de la ciudad de Almería, dándole aviso cómo iba en busca de aquellos moros la vuelta de Ugíjar, para que se aprestase y le saliese a favorecer. Don García no lo pudo hacer, porque tenía más cierta nueva que él del rebelión; y habiendo tan poca gente en la ciudad y tantos moriscos vecinos, no se atrevió a dejarla sola en aquella ocasión. Diego Gasca fue a la villa de Adra, y no hallando nueva que hubiesen desembarcado moros de Berbería, pasó a Berja, y de allí a Darrícal, donde sabía que moraba el licenciado Torrijos, para tomar lengua dél; y cuando llegó al lugar, que sería más de media noche, halló la gente toda ida y la casa del Torrijos sola; y entendiendo que estaba en la torre de la iglesia, fue allá; y hallando la puente levadiza alzada y alguna ropa puesta por las ventanas, hizo dar voces llamándole; mas era por demás, porque no estaba allí, que habiéndose recogido dentro con su familia, había venido a él un morisco del lugar de Lucainena, vecino y amigo suyo, a prima noche, y hecho que se fuese con él antes que los alzados llegasen a cercarle, y le había llevado a una cueva en la falda de la sierra de Gádor, donde le pareció que estada más seguro, hasta ver en qué paraban los negocios; y de industria había dejado la puente levadiza alzada y aquella ropa puesta por las ventanas, para que entendiesen los que viniesen que estaba dentro. Diego Gasca, creyendo que no quería responder, comenzó a deshonrarte, y pasando adelante, llegó a vista de Ugíjar el domingo por la mañana, y se puso en un viso adonde le podían descubrir muy bien los cristianos de las torres; los cuales comenzaron a hacer gran fiesta y regocijo, tendiendo las banderas y campeándolas, y tirando con los arcabuces a los enemigos; porque viendo gente de a caballo, entendieron que les iba socorro. Los moros, creyendo lo mismo, se pusieron en huida por aquellas sierras; mas presto se les aguó a los nuestros su contento, porque Diego Gasca, viendo que la tierra estaba alzada y que los moros a gran prisa tomaban las sierras, entendió que iban a atajar el paso por do había de volver; y sin haber para qué, se fue retirando la vuelta de Adra, con un escudero menos, que le mataron en el camino. Este socorro había sido muy a tiempo, y se salvara toda la gente cristiana que había en Ugíjar si nuestros caballos entraran en el pueblo, porque se juntaran con ellos los peones, que eran muchos, y pudieran retirarse segura-mente a la villa de Adra. Y aun por ventura hicieran algún buen efecto, con que los rebeldes no pasaran adelante con su maldad; porque, según entendimos de algunos hombres fidedignos, don Fernando el Zaguer, arrepentido del daño hecho, y viendo su perdición en las manos, había dicho a los alpujarreños que con él estaban aquel mismo día: «Hermanos, nosotros vamos perdidos; engaña-do nos han los monfís; los granadinos quieren hacer su negocio con nuestras cabezas; busquemos otros remedios». Y casi tenían convertidos algunos de los principales a que se volviesen a sus casas.

Capítulo XV. Cómo los rebeldes volvieron a Ugíjar, y cómo batieron las torres donde estaban los cristianos, y se les rindieron

Vuelto pues Diego Gasca a la villa de Adra, los alzados tornaron a ponerse en la rambla de Burburon, y desde allí fueron de parte de noche a las casas, y horadando de unas en otras, porque no osaban descubrirse por las calles, por miedo de los arcabuceros de las torres, llegaron a casa de Pero López, y entrando por ella, cercaron la torre, que era toda hecha de madera, y poniéndole fuego, quemaron la puente levadiza, y creció la llama tanto, que los de dentro pidieron que se querían dar a partido; y siendo admitidos, mientras descolgaban las mujeres con sogas, que no podían salir por la puerta, que ocupaba el fuego, se quemaron casi todos los hombres, sin poderlos remediar. Vista esta crueldad, los de la otra torre de Miguel de Rojas, donde estaban algunos moriscos sus parientes, y Andrés Alguacil, hombre rico y de los principales de la Alpujarra, y el alguacil mayor y otros veinte cristianos, hubieron por bien de rendirse, entregando a los moros la torre el propio alguacil mayor; el cual fue luego por su mandado a tratar con el alcalde mayor que rindiese la de la iglesia, diciendo que le harían cualquier honesto partido; y para que se pudiese hacer con toda seguridad, se dieron rehenes de una parte a otra: los moros dieron dos hijos y un sobrino de Miguel de Rojas, y los cristianos a Bartolomé Quijada y a un hijo suyo, y a Gonzalo Pérez, canónigo de aquella iglesia, hermano del abad mayor, y a Juan Sánchez de Piñar y a un hijo suyo, y a Jerónimo de Aponte, procurador, y a Bartolomé Quijada, escribano público de aquel juzgado. Lo que se capituló fue: «que los cristianos pagasen a ciento y diez ducados por cada cabeza, y que dejasen las armas, y los dejarían ir donde quisiesen; y los moros prometieron de llevarlos sanos y salvos a tierra de Guadix o de Baza; y que en este concierto entrasen el licenciado Torrijos, y el doctor Bravo, abogado, que estaba en el lugar de Pezcina, que no había querido encerrarse, en la torre». Dados los rehenes, entraron muchos moros en la iglesia, y comenzaron a tratarse amigablemente con los cristianos, abrazándose unos a y cierto parecía estar ya todo concluido y acabado, si el propio alcalde mayor no lo desbaratara. Porfiaba este hombre con los rehenes que no le habían de llevar a él nada por su cabeza ni por las de su mujer y hija, sino que los habían de poner libremente en Guadix; y como no quisiesen venir en ello los moros, diciendo que todos habían de ir por un rasero, y que había de pagar él el primero, comenzó a dar grandes voces, diciendo: «Afuera, afuera; tiradles, tiradles a estos perros descreídos, que no mantienen fe ni palabra; que estos rehenes me asegurarán la cabeza hasta que me venga socorro»; y metiéndose en la torre, hizo alzar la puente levadiza y se puso en defensa. Y si advirtiera desde el principio en defender toda la iglesia, pudiera ser que no se perdiera, porque demás de que era fuerte, tuvo lugar de meter dentro agua y bastimento para más de un mes, y los moros no pudieran llegar a quemar la torre, como lo hicieron; mas como hombre mal plático en cosas de guerra, entendiendo que no podía durar aquel negocio muchos días, y que resistiría allí mejor el ímpetu de los alzados mientras le iba socorro, y aun porque los cristianos, hecho el concierto, no se le huyesen, como lo habían comenzado a hacer algunos, dejó el cuerpo de la iglesia y un reducto que estaba delante de la puerta, y se metió en la torre con toda la gente. Los moros llegaron de golpe, y por las espaldas de la iglesia rompieron la sacristía con picos y barras de hierro, y entraron dentro sin hallar más resistencia que la de un pobre cristiano que mataron, y hicieron pedazos las cruces y los retablos y el arca del Santísimo Sacramento; y robando los ornamentos sagrados, en escarnio de nuestra Santa Fe tomaban las casullas y las albas, y se las vestían al revés, y después hicieron bonetes, calzones y ropetas de todo ello. Ganada la iglesia, fueron mejorándose por aquella parte de manera, que vinieron a estar tan fuertes como los nuestros en su torre, y cavando muchos hoyos debajo la puente levadiza, los hinchieron de aceite, y arrimaron sobre ellos muchos haces de leña y la madera de los retablos, escaños y bancos de la iglesia, y gran cantidad de zarzos de cañas y tascos untados con aceite, y le pusieron fuego. Los cristianos, tapiaron con barro y piedra la puerta de la torre de manera, que aunque se quemó la puente levadiza, no podía entrar la llama dentro; mas era tan grande el calor del fuego, que traspasando las paredes, causaba gran sequedad y sed a los que estaban faltos de agua y de todo refrigerio, acompañados del clamor de las mujeres y niños. Hubo algunos hombres esforzados que quisieron salir a pelear con los enemigos, entendiendo poder romper por ellos y ponerse en libertad; y con esta determinación el abad mayor consumió el Santísimo Sacramento, y se confesaron y encomendaron todos a Dios; y pusiéranlo en efecto si las piadosas lágrimas de las mujeres que dejaban desamparadas no lo estorbaran y les hicieran tomar otro partido, al parecer más seguro, aunque menos honroso; porque al fin se hubieron de rendir con el partido que les habían ofrecido los moros, y no hubiera sido tan mal remedio para asegurar las vidas, si los rebeldes, faltos de fe y caridad, les guardaran la palabra que les dieron. Habiendo pues veinticuatro horas que los combatía la llama, creciendo cada hora más la violencia del fuego, y el número de la gente que de toda la comarca venía, por hallarse en aquel sacrificio, los pobres cristianos comenzaron a descolgarse de la torre por una soga, no pudiendo salir por la puerta, que ardía; y siendo tantos, fue necesario que tardasen más de veinte horas, por el embarazo de las mujeres y de los niños; y como llegaban al suelo, el regalo que aquellos enemigos de Dios les hacían, era darles muchos palos y puñadas, y desnudando a todos los hombres, les ataban las manos atrás y los encerraban en la iglesia. Luego entraron en la torre, y apagando el fuego, saquearon lo que hallaron dentro; y como herejes y malos, que no querían carecer de culpa ni excusarla, antes obligarse unos a otros con mayores delitos y excesos para que todos desconfiasen de poder alcanzar perdón, hicieron grandísimos sacrilegios y maldades, sin respetar a cosa divina ni humana.

Capítulo XVI. Cómo los alzados mataron los cristianos que se les habían rendido en las torres de Ugíjar; y cómo el Zaguer, arrepentido de lo hecho, quisiera que no pasara adelante el negocio del rebelión

Cumpliendo pues los herejes rebeldes el cruel mandato de Farax Abenfarax, como si en ello estuviera su felicidad, otro día bien de mañana se pusieron los monfís y gandules en el cementerio de la iglesia, Y diciendo a los cristianos que los llevaban a juntar con los de la torre de Miguel de Rojas, los sacaron de la iglesia de dos en dos con las manos atadas atrás, desnudos y descalzos, y los mataron cruelmente a lanzadas y cuchilladas. Quedaron algunos con las vidas, porque tuvieron amigos que los favorecieron en aquel punto, especialmente oficiales herreros, alpargateros, carpinteros y sastres, y entre ellos el hermano del Abad mayor, y Francisco Jerónimo de Aponte, y Juan Sánchez de Píñar, y otros de los rehenes, que después hizo matar el solemne traidor de Abenfarax. Solo a Jerónimo de Aponte y Juan Sánchez de Píñar los tuvo el Zaguer en parte segura, porque no se los matasen, entendiendo que le serían de provecho algún día, por la mucha amistad que tenía con ellos. Viendo pues el Abad mayor sacar a matar aquellos cristianos, y considerando que lo mismo harían dél y de todas las mujeres que allí estaban, anduvo de unas en otras exhortándolas a que osasen morir por Jesucristo, diciéndoles que fuesen constantes en su santa fe católica, que huyesen de las tentaciones del demonio, y que confiasen en la bondad de Dios, que les había de dar vida eterna. Y andando derramando muchas lágrimas con estas y otras palabras dignas de su buena vida y doctrina, llegó a él un moro gandul, y le dio una puñada en el rostro con tanta fuerza, que le hizo saltar un ojo, y acudiendo otro con una espada, le mató, y abriéndole el pecho con un puñal, le sacó el corazón, y llevándolo alto en la mano, comenzó a dar grandes voces, diciendo: «Gracias doy a Mahoma, que me dejó ver en mis manos el corazón deste perro cristianazo». Al licenciado León y al alguacil mayor encerraron en la capilla de la pila del bautismo el Zaguer y Diego López Aben Aboo, su sobrino, para tomar venganza dellos, y allí los tuvieron hasta las diez del día, que los mataron. Y porque no quede atrás cosa que desear saber al lector, diremos en este lugar la causa por que estos dos moriscos, de los más principales de la Alpujarra, estaban airados contra las justicias de Ugíjar. Dos hermanos, de quien esta historia hace mención llamados Lope el Seniz y Gonzalo el Seniz, vecinos de Bérchul, grandes monfís, que salteaban y robaban por los caminos, habían muerto pocos meses antes a un mercader llamado Enciso y a otros cristianos que venían de una feria, por quitarles el dinero que llevaban; y como los concejos de los lugares en cuyos términos acaecían semejantes delitos estaban obligados por provisión real a dar los dañadores o pagar los daños, habían aguardado a matarlos en una mojonera entre términos, donde alindan cinco concejos, que son Cádiar, Narila, Bérchul, Mecina de Bombaron y

Jériz, del marquesado del Cenete. El alcalde mayor o la Alpujarra, que era este licenciado León, siendo avisado del delito, había procedido contra todos aquellos concejos, pidiéndoles los delincuentes, y que pagasen el daño que habían hecho; los cuales procuraron descargarse cada cual por su parte, diciendo que no había sido en su término, y sin embargo, tuvo presos muchos días los alguaciles y regidores, y los condenó. Y pareciéndole que cincuenta mil maravedíes que tenía de pena cada concejo por cualquier cristiano que faltase en su término, era muy poca condenación, y que convendría que fuese mayor para que temiesen, mandó que pagase cada concejo mil ducados, y que los alguaciles y regidores estuviesen presos, depositados en las galeras, hasta que diesen los malhechores. Desta sentencia apelaron para Granada, donde estuvieron también presos hasta que se entendió su negocio, y pareciendo a los alcaldes del crimen que había sido recia cosa querer el alcalde mayor traspasar la ley y alterarla de su propia autoridad, mandaron darlos a todos en fiado. Viendo esto los hijos de Enciso, acudieron al consejo real de su majestad, y pidieron un juez pesquisidor contra ellos. Estaba a la sazón el licenciado Molina de Mosquera, alcalde de chancillería de Granada, en la Calahorra, procediendo por comisión de la Audiencia Real contra otros monfís que habían muerto a un hijo de Pedro Díaz de Montoro y a un fraile de la orden de San Francisco, llamado fray Diego de Villamayor, el día de Santa Catalina de aquel año de 1568, y el Consejo Real Mandó que se le cometiese aquel negocio. De aquí vino que los monfís apresuraron la rebelión por temor de venir a sus manos, porque había prendido más de sesenta dellos, y ahorcado algunos, cuando se rebelaron. Volviendo pues a nuestro propósito, entendiendo Aben Aboo y el Zaguer que todo el daño y mal que les había venido había sido por la rigurosa sentencia del alcalde mayor de Ugíjar, viniéndoles a la memoria que cuando estaban presos habían dádole muchas peticiones, pidiendo que los mandase dar en fiado para poder salir a buscar los malhechores, y no lo había querido proveer, respondiendo que las pusiesen en el proceso, cuando lo tuvieron a él y a su alguacil mayor, quisieron vengarse dellos; y llegándose a la reja de la capilla donde los tenían encerrados, Aben Aboo les dijo: «Perros, ¿acuérdaseos cuando mandasteis que trajésemos los monfís que habían muerto a los cristianos? Véislos aquí, éstos que tenéis delante son: vosotros nos habéis destruido. Y tú, mal juez, porque otra vez no hagas injusticia, teniéndonos presos sin haber cometido delito, y nos lleves nuestras haciendas, toma». Y allegándose al alcalde mayor, le hendió la cabeza con una hacheta, y dio con él muerto en tierra, y cargando los otros sobre el alguacil mayor, le mataron a cuchilladas, y sacándolos arrastrando de la iglesia, los llevaron al pie de la torre; y hallando allí los tocinos de un puerco cebón, que habían arrojado los moros desde arriba, como cosa desaprovechada y que no comen, metieron los cuerpos de los cristianos entre ellos, y poniendo al derredor mucha leña los quemaron. Murieron este día en Ugíjar doscientos y cuarenta cristianos clérigos y legos, y entre ellos seis canónigos de aquella iglesia, que es colegial. Las mujeres cristianas, viendo matar delante de sus ojos a sus maridos, a sus hijos y a sus padres y hermanos, entre miedo y dolor estaban como encantadas, mirándose las unas a las otras, sin poder llorar ni hacer otro sentimiento, esperando la muerte, y echando secretas plegarias contra los crueles verdugos. Acabada de solemnizar la maldad con derramamiento de tanta sangre cristiana, los traidores, hechos de siervos señores, repartieron las cristianas por los lugares comarcanos para que las mantuviesen, mientras Aben Humeya mandaba lo que se había de hacer dellas; y acabaron de robar y destruir la iglesia, como gente bárbara, indignada contra todo amor, fe y caridad, desnudos del temor de Dios y vestidos de crueldad. Hecho esto, don Hernando el Zaguer, que cada hora conocía más su perdición, juntando segunda vez los moros más principales, les tornó a rogar que pusiesen fin al levantamiento, diciéndoles que mirasen que iban todos perdidos; que lo que se había hecho había sido ceguedad muy grande por las ocasiones que habían tenido para ello; que su remedio estaba solamente en decir que los monfís habían sido autores de todo el mal, pues había tantos y era la verdad, y que sería más sano a los de la Alpujarra que el rey don Felipe mandase ahorcar treinta o cuarenta moriscos, aunque fuese él el uno dellos, que no que perdiesen la tierra, y juntamente los hijos, las mujeres y todas sus haciendas. Mas no bastaron todas estas persuasiones con los bárbaros airados, y que sentían ya sus conciencias tan cargadas, que les parecía no haber lugar de misericordia para ellos; y así, le respondieron que si temía a los cristianos, hiciese de sí lo que le pareciese; que no faltarían hombres en la Alpujarra que la defendiesen.

No me parece justo dejar de tratar en este lugar de un niño que los moros mataron este día, lo cual diremos conforme a una información que el arzobispo de Granada mandó hacer sobre ello, que estuvo en nuestro poder, y a lo que algunas cristianas de las que se hallaron presentes nos dijeron. Estaba en la iglesia de Ugíjar un niño de edad de diez años, llamado Gonzalo, hijo de Gonzalo de Valcácer, vecino de Mairena; el cual viendo que sacaban a matar a su padre, hincó las rodillas en el suelo delante del altar mayor, y llorando tiernamente, rezó el Credo, y rogó a Dios diese esfuerzo a todos aquellos cristianos para morir por su santa fe católica; y levantándose de la oración con tanto ánimo que admiraba, pasó por junto a su padre, y fue a donde estaba su madre con las otras mujeres, y le dijo: «Señora madre, sea vuesa merced constante en la fe de Jesucristo, y muera por ella, como lo hace mi señor padre». Y estándola animando a ella y a las otras cristianas, llegaron a él dos monfís, y le dijeron que si quería ser moro le harían mucho bien, y que llamase a Mahoma, como hacían ellos; el cual les respondió que era cristiano, hijo de cristianos, y había de morir por Jesucristo. Y aunque le pusieron una ballesta armada con una jara a los pechos, amenazándole que le matarían si no llamaba a Mahoma, jamás quiso hacerlo. Y entonces dijo uno de los monfís: «Saquémosle fuera, y muera con su padre, que tan perro es como él». Y viendo el niño que las mujeres lloraban por ver que le querían llevar a matar, volvió el rostro a ellas diciendo: «Señoras, ¿porqué lloran vuestras mercedes? Sepan que todos los cristianos que mueren hoy, son mártires que padecen por Jesucristo y van a gozar dél». Y volviendo a su madre con un semblante piadoso, le dijo: «Señora madre, de buena gana voy a morir con estos cristianos; solo me da pena que la dejo sola, porque ciertamente viendo morir unas muertes tan lindas como éstas, no sé quién desea quedar en el mundo.» Y diciendo estas y otras palabras de consolación y piedad, que parecían exceder a su capacidad, llegaron otros herejes a él, y atándole las manos atrás, le sacaron azotando de la iglesia, y el niño iba diciendo: «Señores, sálganme a ver morir por Jesucristo; que voy a gozar de su reino. Señora madre no tenga pena». Y teniéndole fuera de la iglesia, volvieron los moros a persuadirle que se tornase moro, y no le matarían; y viendo cuán poco les aprovechaba, le llevaron al lugar de Lucainena, que esta media legua de Ugíjar, y allí le mataron a cuchilladas, y después le jugaron a la ballesta. Certificonos un moro de los que se hallaron presentes, que hasta que dio el alma a Dios, no dejó de llamar a Jesucristo. ¡Ejemplo grande de su divina providencia, y triunfo glorioso de sus enemigos, que pensaban triunfar dél!

Capítulo XVII. Cómo Lároles y los otros lugares de la taa de Ugíjar se alzaron

Alzose el lugar de Lároles el mismo día viernes, víspera de pascua de Navidad: los cristianos hubieron sentimiento dello, y recogiendo sus mujeres y hijos, se metieron en la iglesia y se hicieron fuertes en la torre del campanario. Luego acudieron los moros de Bayárcal y de los otros lugares comarcanos, y robando las casas de los cristianos, fueron a la iglesia, y hallando poca defensa, porque los nuestros se habían recogido en la torre, entraron dentro, y con cruel rabia deshicieron los altares, rompieron las aras y los retablos, y saquearon cuanto había dentro, y arrastraron y trajeron por el suelo todas las cosas sagradas. Mientras unos se ocupaban en estos sacrilegios, otros cercaron la torre, y requirieron a los cercados que se rindiesen y les entregasen las armas, pues veían que no se podían defender, prometiéndoles que no les harían mal ninguno; donde no, que supiesen que los habían de quemar vivos; los cuales, creyéndose de sus falsas promesas, se rindieron fuego. Mas los herejes descreídos no les guardaron la palabra, antes en abajando de la torre, y entregando las armas, los desnudaron a todos en camisa, y dándoles de palos y de puñadas, los maniataron y los metieron dentro de la iglesia, donde les hicieron muchos malos tratamientos, escarneciéndolos por vituperio; y viniendo por allí los monfís de la compañía de Abenfarax, entraron en la iglesia, y delante de los clérigos que tenían presos y maniatados se vistió uno dellos una casulla, y se puso un pedazo del frontal del altar en el brazo, como por manípulo, y otro pedazo en la cabeza; y tomando otro moro la cruz al revés, vueltos los brazos para abajo, fueron donde estaban los cristianos, y comenzaron a deshonrarlos diciéndoles: «Perros, veis aquí lo que vosotros adoráis, ¿cómo no os ayuda agora en la necesidad en que estáis?» Y diciendo esto, escupían la cruz y a los cristianos en las caras. Y por más escarnio asaetearon y acuchillaron las cruces y las imágenes de bulto, y poniendo los pedazos de todo ello y de los retablos en medio la iglesia, le pegaron fuego y lo quemaron. Hecho esto, sacaron de allí el día de los inocentes a los sacerdotes, que eran tres clérigos beneficiados, llamados Bartolomé de Herrera, Beltrán de las Aves y Rodrigo de Molina, y al sacristán Alonso García, y a dos hijos suyos, y a otros muchos legos que tenían presos de aquel lugar y de los otros cercanos; y antes de matarlos untaron a los clérigos los pies con aceite y pez, y poniéndolos sobre un brasero ardiendo, les dieron cruelísimos tormentos. Después los ataron a todos en una trailla, desnudos y descalzos; y los llevaron a una haza en el camino del jugar de Pezcina, y allí les tiraron a terrero con los arcabuces y ballestas, y los despedazaron con las espadas, y dejaron los cuerpos a las fieras.

El lugar de Nechit se alzó la mañana del primer día de Pascua antes que amaneciese, y los cristianos tuvieron lugar de recogerse en casa del beneficiado Juan Díaz, creyendo poderse defender, mas los moros cercaron la casa y la entraron, y los prendieron a todos dentro antes de las ocho del día. Luego robaron la iglesia y las casas con igual rabia que los demás herejes, porque todos tenían una misma voluntad y una ira contra las cosas divinas y humanas. Después fueron unos vecinos del mismo lugar, llamados los Mendozas, a la casa donde tenían los cristianos aprisionados, y sacándolos de allí, los llevaron la vuelta de Ugíjar. Iba por el camino uno de aquellos herejes diciéndoles que se tornasen moros y los soltarían y porque el beneficiado les decía que diesen gracias a Jesucristo y estuviesen firmes en la fe, airándose contra él, le hirió el traidor en la cabeza con una hacha de partir leña, y se la hendió en dos partes, luego mató a Pedro Valera, su cuñado, y poniendo todos mano a las espadas y a los alfanjes, mataron todos los cristianos que llevaban delante de las propias mujeres, y desnudándolos en cueros, echaron los cuerpos en un barranco, que no consintieron que se les diese sepultura.

El mismo día que se alzaron los de Nechit, se rebelaron también los del lugar de Júgar; los cristianos se metieron en la iglesia, mas no se pudieron defender, y luego los prendieron. El bachiller Diego de Almazán, beneficiado de Lároles, salió huyendo del lugar, creyendo poderse guarecer en la torre de la iglesia, mientras los rebeldes andaban embebecidos en robar, y llegando al lugar de Unduron, salió a él un moro que había tenido por amigo, llamado Gaspar, y lo llevó a su casa, diciéndole que no pasase adelante, porque estaba toda la tierra alborotada; que él le escondería y le pornía después en salvo. Y cuando le tuvo en casa fue el solemne traidor a llamar otros herejes como él, y sacándole arrastrando de donde estaba, le llevaron maniatado a Júgar a su misma casa, para que les diese el dinero que tenía escondido; y desque se lo hubo dado, le sacaron a un cerro allí cerca, descalzo y desnudo, dándole de bofetones y puñadas, y dejándole allí con gente de guardia, fueron a traer a su ama y a una sobrina que tenía consigo, y llegadas donde estaba, hicieron un gran fuego y le metieron dentro desnudo en cueros, diciéndole que muriese por Mahoma; el cual les respondió animosamente que no moría sino por Jesucristo y por su bendita Madre. Entonces le sacaron del fuego medio quemado, y le dieron muchas heridas, y se le entregaron a las moras, que le acabasen de matar con cuchillos y almaradas en presencia de aquellas dos cristianas que habían traído allí por darles mayor pena, y después mataron cruelmente los otros cristianos que tenían presos.

El lugar de Mairena se alzó cuando Júgar: los moros robaron y destruyeron la iglesia y las casas de los cristianos, y los prendieron a todos, y luego el mismo día los soltaron, sino fue al beneficiado Geurigui, que le encerraron en un aposento. Estos cristianos, viendo que no podían defenderse en el lugar, se salieron dél huyendo, y ciertos moriscos de los que los habían soltado dieron aviso a los de Unduron para que les saliesen al camino y los prendiesen; los cuales lo hicieron así, y presos, los llevaron a Ugíjar de Albacete, donde los mataron con los demás que hemos dicho. Deste lugar era aquel niño Gonzalico que dijimos en el capítulo de Ugíjar. Volviendo pues al beneficiado Geurigui, habiéndole tenido encerrado en aquella cámara sin dejarle hablar con nadie, echándole pedazos de pan de alcandía que comiese como a perro, cuando estuvieron enfadados de tenerle allí guardado, le sacaron desnudo en cueros con las manos atados atrás, y dándole de bofetadas y escupiéndole en la cara, le llevaron a las eras del lugar para matarle. Decíanle los herejes por escarnio: «Perro, ¿por qué no nos llamas agora a misa, y dices a las moras que no se atapen las caras?» Y atándole al pie de una higuera, le hirieron con una lanza en el costado derecho, estando invocando el dulce nombre de Jesús; luego le tiraron de saetadas, y estando aun vivo, llegó un moro a él, llamado Gavia Melga, y le desjarretó con un alfanje, y derramándole un frasco de pólvora en la boca y sobre la cabeza y en la cara, le puso fuego, y después le tiraron al terrero con los arcabuces y ballestas, y no consintiendo enterrar el cuerpo, se lo dejaron en el campo.

No fue menor la crueldad que usaron los de Pezcina que los de los otros lugares: alzáronse cuando supieron que los de Mairena se habían alzado; y como los cristianos se recogiesen en la iglesia, pensando poderse defender algunos días, los enemigos de Jesucristo les robaron las casas, y los cercaron luego; y queriendo poner fuego al templo y quemarlos dentro, dos moros, llamados Francisco de Herrera y Diego de Herrera Alhander, les dijeron que rindiesen las armas y se diesen a prisión si no querían morir quemados. Viendo pues la poca defensa que tenían, tuvieron por buen consejo rendirse, y los herejes entraron en la iglesia, y despedazando los retablos, imágenes, cruces y la pila del bautismo, derribaron también el arca del Santísimo Sacramento por aquel suelo, y hicieron grandes abominaciones y maldades. Después maniataron a los cristianos, y los sacaron a una ladera fuera del lugar, donde les dieron cruelísimas muertes. Al doctor Bravo, clérigo, colgaron de los brazos en un moral tan bajo, que llegaba con las rodillas al suelo, y dándole muchas bofetadas, le persuadían con amenaza; a que se tornase moro; y como les dijese que era cristiano y que había de morir por Jesucristo, le dieron tantas pedradas y cuchilladas, hasta que le mataron. Luego deslindaron a un viejo de más de sesenta años, y le llevaron en cueros, azotándole y escupiéndole en la cara, y atándole a un árbol, le jugaron a la ballesta. Después sacaron al beneficiado Pedro de Ocaña y a su sacristán, y en presencia, de las mujeres cristianas, que habían llevado para que viesen aquel espectáculo por darles mayor dolor, arcabucearon al beneficiado; y cuando estuvo muerto, entregaron a su madre, que era ya mujer mayor, a las moras que la matasen diciéndole: «Anda, perra, vete con tus amigas; que ellas te darán carta de horra». Las cuales la tomaron en medio con gran regocijo y la llevaron a un barranco; y cuando la hubieron mesado, abofeteado y dádole muchas puñadas, la hirieron con almaradas y cuchillos, y antes que acabase de espirar la echaron del barranco abajo, yéndose siempre encomendando a Dios y a su bendita madre. También despeñaron vivo al sacristán, arrojándole en otro barranco tan hondo, que cuando llegó abajo iba ya hecho pedazos.

Capítulo XVIII. Cómo los lugares de la tierra de Adra se alzaron, y la descripción della

La tierra de Adra cae en la costa del mar Mediterráneo: a poniente tiene la taa de Cehel, a levante la de Berja, a tramontana la de Ugíjar, y al mediodía el mar Mediterráneo. Por esta tierra de Adra atraviesa el río que dijimos que pasa junto al lugar de Darrícal, y se va a meter en la mar cerca de Adra la nueva, que es una fortaleza donde reside ordinariamente presidio de gente de a pie y de a caballo para seguridad de aquella costa. Los lugares deste partido son cuatro: Adra la vieja, donde había antiguamente una fortaleza que los moros llamaban la Alcazaba; Salalobra, Marbella y Adra la nueva: están en la ribera del río, donde tienen huertas y arboledas, y buenos pastos para ganados, y algunas tierras de pan; todo lo demás es tierra estéril y arenales, especialmente hacia la mar. Las granjerías de los moradores son aquellas huertas y alguna seda que crían, y la pesca de la mar, que es buena. Alzáronse los de Adra la vieja, Salalobra y

Marbella cuando los de la taa de Ugíjar y los moriscos se subieron a las sierras con sus mujeres y hijos; mas no hicieron daño a los cristianos que vivían entre ellos, porque se recogieron con tiempo a la villa de Adra la nueva. Luego que el capitán Diego Gasca volvió de Ugíjar, queriendo poner cobro en aquella plaza, se metió dentro con los caballos de su compañía; y viendo la falta de gente y de bustimentos que había para poderlo defender si los enemigos le cercasen, y cuán mal podría ser socorrido por tierra, por estar alzada la Alpujarra, despachó ir gran prisa una barca a la ciudad de Málaga, pidiendo que le socorriesen por mar el Corregidor y Pedro Verdugo, proveedor de las armadas de su majestad. Envió el Corregidor luego al capitán Hernán Vázquez de Loaisa con cien hombres en bergantines, y el proveedor los bastimentos y municiones que pudo aprestar para socorro de la presente, necesidad; y llegando también una fragata con gente de Almería, se aseguró la plaza, y se pudieron salvar en ella muchos cristianos que huyeron de Berja y de Dalías y de otras partes. Y corriendo Diego Gasca los lugares de aquella comarca con la gente que le acudía de la ciudad de Málaga, hizo algunos buenos cielos contra los alzados.

Capítulo XIX. Cómo los lugares de la taa de Berja se alzaron, y la descripción della

La taa de Berja confina a poniente con la tierra de Adra, a levante con la taa de Dalías, al mediodía con el mar Mediterráneo, y a tramontana tiene la sierra de Gádor y parte de la taa de Andarax. Es toda ella tierra fértil, de mucho pan, trigo y cebada, y de mucha yerba para los ganados. La cría de la seda es allí muy buena, y tienen los moradores muchas huertas de arboledas de frutas tempranas, que se riegan con el agua de los arroyos que proceden de fuentes que nacen en la sierra de Gádor. Hay en ella catorce lugares, llamados Río Chico, Benínar, Rigualte, Berja, Inavid, Bena Haxin, Pago, Virgualta, Almentolo, Alcobra, Castala, Capileira, Ílar y Jerea. En el lugar de Castala nos certificaron muchos moriscos y cristianos que no se crían gurriones, y que si los llevan allí vivos, mueren luego; y que algunas veces se ha visto pasar por cima de las casas volando y caerse muertos; y que en el de Bena Haxin no pueden las zorras asir las gallinas con la boca, y las ven muchas veces andar tras dellas dándoles con las manos, porque no pueden abrir la boca para morderlas; cosa que parecería ridiculosa si no hubieran certificádolo personas de mucho crédito, clérigos y legos; mas no saben decir la causa por que esto sea: solamente entienden que es por encantamiento que hizo allí un moro antiguamente.

Berja es el lugar principal desta taa: está media legua de la orilla de la mar; alzose el primer día de pascua de Navidad: algunos de los cristianos que allí vivían se acogieron luego a la villa de Adra, y otros, confiados en unas torres fuertes que tenían hechas en sus casas por miedo de los cosarios turcos, se metieron dentro con sus mujeres y hijos; y los que no tuvieron comodidad de hacer lo uno ni lo otro, se fueron a recoger a la torre de la iglesia. Los que fueron a Adra se salvaron, y todos los demás se perdieron, porque los enemigos de toda verdad los aseguraron con buenas palabras, diciendo que no les harían mal, y desque los tuvieron en su poder, los desnudaron y trataron cruelísimamente: solos Celedron de Enciso y Juan Muñoz se pudieron escapar descolgándose de sus torres y acogiéndose a Adra. Siendo pues ganadas las torres, los enemigos de Cristo, y especialmente los monfís y gandules, destruyeron y robaron la iglesia, deshicieron los altares, patearon las aras, los cálices y los corporales, derribaron el arca del Santísimo Sacramento, tomaron un Cristo crucificado, y con voz de pregonero le anduvieron azotando por toda la iglesia, y haciéndole pedazos a cuchilladas, le arrojaron después en un fuego, donde tenían puestos los retablos y las imágenes. Y derribando una imagen de bulto de Nuestra Señora, que estaba sobre el altar mayor, la arrojaron por las gradas abajo, diciendo los herejes por escarnio: «Guárdate, no te descalabres». Y a las cristianas que estaban allí presentes les decían que por qué no favorecían a su Madre de Dios, y otras muchas blasfemias, deshonrándolas de perras y amenazándolas con la muerte. Luego el siguiente día hincaron muchos palos en la plaza del lugar, y con grande fiesta de atabalejos y dulzainas sacaron a ajusticiar a los cristianos, llevándolos de cuatro en cuatro; y atándolos en aquellos palos, les tiraban a terrero con los arcabuces y ballestas, escarneciéndolos y haciendo burla porque se encomendaban a Jesucristo y a su bendita Madre; y desta manera los fueron matando a todos, sin dejar ninguno que pasase de doce años. Duró el justiciar a los legos hasta la oración y entonces sacaron a los clérigos, que eran cuatro beneficiados, llamados Pedro Venegas, Martín Caballero, Francisco Juez y Luis de Carvajal. A éstos llevaron desnudos, las manos atadas atrás, por donde estaban las mujeres cristianas, azotándolos con voz de pregonero, hasta los palos donde los habían de poner; y porque iban rezando y encomendándose a Dios, les daban de bofetadas y de puñadas en la boca, y les decían que llamasen a

Mahoma, y verían cómo los libraba de allí mejor que su Cristo, y otras muchas blasfemias. Llegados a los palos, los ataron, y les tiraron con los arcabuces, y después llegaron ellos con las espadas, y los hicieron pedazos a cuchilladas. Habían los crueles herejes dejado cinco cristianos que enterrasen a los muertos, y desque los hubieron enterrado, los sacaron a matar a ellos, y con sogas a los pescuezos los entregaron a los muchachos, que los llevasen arrastrando hasta unos barrancos fuera del lugar. No sé cómo exagerar la bestialidad destos bárbaros de Cristo, que aún no se preciaban de poner las manos en los cristianos muertos, haciendo asco dellos. Fue cruel perseguidor de nuestra gente en este lugar y en los de su taa un moro vecino de allí, llamado el Rendedi. No hacemos mención de lo que hicieron en los otros lugares, porque todos iban por un rasero; y siendo éste el principal acudió casi toda la gente a él. Solo diremos que todos desampararon los pueblos, y se subieron con sus mujeres y hijos y bienes muebles a la sierra de Gádor, y se llevaron las cristianas cautivas luego que hubieron hecho justicia de los hombres.

Capítulo XX. Cómo los lugares de la taa de Andarax se alzaron, y la descripción della

La taa de Andarax está entre dos grandes sierras: a poniente confina con la taa de Ugíjar, a tramontana tiene la Sierra Nevada y la parte della que cae sobre el marquesado del Cenete, donde está el Puerto de Guevíjar, no menos dificultoso de atravesar que el de la Raguaha, por su aspereza y altura y por la mucha y continua nieve que carga en las cumbres dél. Al mediodía tiene las taas de Berja y de Dalías, y a levante la de Lúchar y parte de la sierra de Gádor. Por medio desta taa atraviesa un río que baja de la Sierra Nevada, que pasando por ella, le llaman río de Andarax. Después va a la taa de Lúchar, y juntándose con otro río que baja de la sierra que está sobre el lugar de Oháñez, cerca del lugar de Rague, entra por la taa de Marchena y se va a meter en la mar, dando muchas vueltas, con nombre de río de Almería, junto a la propia ciudad, llevando consigo otras aguas. Esta taa de Andarax es la mejor tierra de toda la Alpujarra, y así lo significa el nombre árabe, que quiere decir la era de la vida, porque es muy fértil de pan de toda suerte, abundante de yerba para los ganados, el cielo y el suelo muy saludable y templado, y tiene muchas fuentes de agua fresca y muy delgada, con las cuales se riegan hermosas arboledas de frutas por extremo lindas y sabrosas, y especialmente la cría de la seda es mucha y muy buena. Hay en ella quince lugares, llamados Dayárcal, Alcudia, Paterna, Harat, Alguacil, Iñiza, Harat, Albolot, Harat Aben Muza, Guarros, Alcolava, Lauxar Al Hican, Codbaa, Horinica, Beni Ail y el Fondón; de los cuales Codbaa tiene título de ciudad; y en el Lauxar estaba antiguamente una fortaleza grande, en sitio fuerte, a un lado del camino por donde se sube al puerto de Guevíjar, que agora está destruida. Los lugares de Iñiza y Guarros fueron los primeros que se alzaron en esta taa el viernes víspera de pascua de Navidad. Lo primero que los rebeldes hicieron fue ir a casa de su beneficiado, que se decía el bachiller Biedma, y no le hallando allí, porque en oyendo el alboroto se había escondido en casa de un vecino que tenía por amigo, le saquearon la casa. Luego fueron a la iglesia, y la destruyeron y robaron, sin perdonar cosa sagrada, y la quemaron; y con deseo de vengar su ira en el sacerdote de Jesucristo, fueron a la casa donde estaba, y rompiendo las puertas, le sacaron y le llevaron desnudo y descalzo, las manos atadas atrás, por las calles, haciéndole muchos malos tratamientos; y presentándole delante de los monfís y de los regidores de aquellos lugares, le dijeron dos dellos, llamados Benito de Abla y Diego de Abla, si quería ser moro, que le dejarían la vida. Y como les respondiese que tenían poca necesidad de darle tan mal consejo, porque él era cristiano sacerdote de Jesucristo, y que había de morir por su santa fe católica, le hicieron asentar en el suelo delante dellos, y mandaron a los moros mancebos que le jugasen a la ballesta, y después de haberle asaeteado, le dieron muchas cuchilladas y lanzadas, y echándole una soga al pescuezo, le entregaron a los muchachos, que lo llevasen arrastrando hasta un barranco fuera del lugar.

Los moriscos del lugar de Alcudia y de Paterna se alzaron el primer día de pascua de Navidad, y como los cristianos que allí moraban entendieron el alboroto que traían, y que se querían rebelar, tomando sus mujeres y hijos consigo, se fueron a guarecer a la torre de la iglesia, que era fuerte. Y los moros, viendo que no se podían aprovechar dellos, los aseguraron diciendo que se volviesen a sus casas, porque los del lugar no querían alzarse, y que ellos mismos los defenderían cuando fuese menester; los cuales, confiados en sus falsas palabras, se salieron de la torre; y porque no pareciese que dejaban de cumplir lo que les habían prometido, cuando los vieron vueltos a sus casas enviaron a llamar a los monfís forasteros, los cuales los prendieron y les robaron cuanto tenían, y los unos y los otros con grandísima ira entraron en la iglesia, y la saquearon y robaron, y destruyeron todas las cosas sagradas. El beneficiado Arcos se escondió en casa de un moro que solía tener por amigo, llamado Agustín el viejo, el cual le pagó la amistad con entregarle luego a sus enemigos, y ellos le llevaron desnudo y descalzo a la iglesia, adonde estaban los otros cautivos que tenían presos, y después los sacaron a matar. Los primeros fueron el beneficiado y Diego López de Lugo, hombre muy rico, señor de la mayor parte del lugar. A éstos los desnudaron en cueros, y dándoles muchas bofetadas y puñadas, porque se encomendaban a Dios y a su bendita Madre, los llevaron desde el lugar a una cruz que está en el camino que va a Iñiza, y atándolos al pie della, los asaetearon, y después les dieron muchas estocadas y cuchilladas, hasta que los acabaron de matar; y de la misma manera mataron a todos los otros cristianos que tenían presos: hubo algunos que tuvieron lugar de huir por las sierras, antes que los prendiesen, y éstos se salvaron. Fueron crueles perseguidores de cristianos en este lugar cuatro moriscos, llamados Gaspar Rojo, Hernando de Málaga, Pedro de Escobar y Bernardino de Escobar.

Codbaa, como queda dicho, tiene título de ciudad, porque moró allí el rey Abí Abdilehi el Zogoybi, que rindió a Granada. Están tres lugares juntos, que parecen barrios, que son Codbaa, Lauxar y el Fondón: todos los cristianos que vivían en estos lugares y en otros allí cerca, se recogieron a la iglesia de Codbaa en sintiendo que los otros lugares se levantaban, y queriéndose ir a guarecer en la ciudad de Almería, por parecerles que no estaban allí seguros, un morisco regidor, llamado Pedro López Aben Hadami, que era de los más ricos y principales de la taa, les aconsejó que no se fuesen hasta ver en qué paraba el negocio: llevó a su casa al beneficiado Juan Lorenzo y a un hermano suyo con toda su familia, y los tuvo el lunes en la noche haciéndoles mucho regalo. Luego el siguiente día, que fue martes 28 de diciembre, entraron en el lugar muchos moros de Alcolea y de otras partes, y los monfís que iban alzando la tierra; y Aben Hademi, pareciéndole que no estaban seguros los cristianos que tenía en su casa, porque aun hasta entonces debía de tener voluntad de salvarles la vida, los metió en un aposentillo bajo que estaba junto al corral, y echándoles unos haces de cañas de alcandía a la puerta, se fue a la plaza a ver lo que se hacía, y halló muchos moros forasteros y del lugar, que andaban con banderas tendidas robando las casas de los cristianos; los cuales le dijeron cómo el reino todo estaba alzado, y que Granada y sus fortalezas eran de moros. Entonces, viendo que la cosa debía ir de veras, entró con ellos en la iglesia y hizo prender todos los cristianos clérigos y legos que allí había, y haciendo

220

pedazos los retablos y las cruces y el arca del Santísimo Sacramento, le pusieron a todo fuego y lo quemaron. No mucho después Hernando el Gorri, que era el principal caudillo de aquel partido y vecino de Lauxar, y Alonso Aben Cigue y el mismo Pedro López Aben Hademi mandaron que matasen todos los cristianos que tenían presos, como se había hecho en los otros lugares; y juntándose en la plaza mucha gente, tocando sus atabalejos y dulzainas, cantando canciones a contemplación del día tan deseado que veían, sacaron los primeros a Diego Ortiz y a Juan Ortiz, su hermano, y desnudos en cueros los llevaron ante el Gorri, el cual mandó que los arcabuecasen, y que lo mismo se hiciese de todos los demás. De allí los llevaron a una rambla que está antes de llegar al Fondón, y les tiraron con los arcabuces y ballestas, y después los acabaron con las espadas y alfanjes. Desta manera mataron los cristianos que habían prendido en los tres lugares, y a los de Guécija, lugar del marquesado del Cenete, que también los trajeron allí. Solos los huéspedes de Aben Hademi no murieron por entonces, mas desde a quince días, enfadado de tenerlos escondidos tanto tiempo, o por miedo de Abenfarax, alguacil mayor de Aben Humeya, que había venido a lo de Andarax, y mandaba que, so pena de muerte, nadie fuese osado de dar vida a hombre cristiano, denunció dellos ante él, el cual mandó al Hoceni y a otros sus compañeros llevasen luego ante él al beneficiado Juan Lorenzo, y haciéndole desnudar en cueros, atados los pies y las manos, le mandó poner de pies sobre un brasero de fuego ardiendo en casa de Lanxi, y desta manera le asaron de las rodillas abajo; y porque llamaba a Jesucristo a su bendita Madre y se encomendaba a ellos, el hereje traidor le hizo dar con una suela de una alpargata sucia en la boca y muchos palos y puñadas en la corona, y escarneciendo dél, decía: «Perro, di agora la misa; que lo mismo hemos de hacer del Arzobispo y del Presidente, y hemos de llevar sus coronas a Berbería». Y para darle mayor tormento trajeron allí dos hermanas doncellas que tenía, para que le viesen morir, y en su presencia las vituperaron y maltrataron, y por escarnio les preguntaban si conocían aquel hombre que se estaba calentando al fuego. Y habiéndole tenido desta manera un buen rato, le llevaron arrastrando con una soga fuera del lugar, y en un cerrillo lo entregaron a las moras, para que también ellas se vengasen, las cuales le sacaron los ojos con cuchillos y se acabaron de matar a pedradas. Luego fueron a traer a su hermano, y junto a él le hicieron pedazos, y un hereje le hizo abrir la boca antes que espirase, y le echó dentro un buen golpe de pólvora y le puso fuego, de enojo de ver que se encomendaba a Dios tan de veras, glorificándole por su lengua. También mataron al sacristán Francisco de Medina, entregándole a los muchachos que le apedreasen, porque les enseñaba la doctrina cristiana, y hicieron una grandísima crueldad en Luis Montesino de Solís, de quien diremos adelante en el capítulo de Guécija. A Diego Beltrán, mocito de edad de catorce años, martirizaron dos herejes, llamados el Huceni y el Caicerani, el cual, estándole atando para llevarle al lugar del martirio, preguntó a su madre que dónde le querían llevar; y ella respondió varonilmente: «¡Hijo, a ser mártir! Muere por Jesucristo. Bienaventurado tú, que le gozarás presto; encomiéndate a él, y no temas de morir por tan buen señor». Y así lo hizo el mocito, y lo mataron los sayones a cuchilladas.

Capítulo XXI. Cómo los lugares de la taa de Dalías se alzaron, y la descripción della

La taa de Dalías es en la costa del mar Mediterráneo: a poniente confina con la taa de Berja, a levante con tierra de Almería, al mediodía tiene la mar, y a tramontana parte de la sierra de Gádor, que cae entre ella y la taa de Andarax, y es también de Almería. Toda esta taa está en tierra llana, donde hay hermosísimos campos para apacentar ganados de invierno. Cógese en ella mucha cantidad de pan, trigo y cebada, y hay grandes arboledas, y la cría de la seda es buena. Hay en ella seis lugares, llamados Asubros, Odba, Célita, Elchitan, Almecet y Dalías, que es el principal, donde están los campos que dicen de Dalías, famosos por el mucho ganado que allí se cría.

Contáronnos algunos moriscos, y aun cristianos, que el mismo día que se alzaron los de Berja fue al lugar de Dalías aquel moro que dijimos, llamado el Rendedi, y que estando todos los vecinos a la puerta de la iglesia para entrar en misa, llegó con cuatro banderas y mucha gente armada, y se puso a vista del lugar, en un viso que se hace en una serrezuela que cae por bajo de la sierra de Gádor a la parte de levante; y que a un mismo tiempo habían asomado otras cuatro banderas a la parte de poniente sobre una punta de la misma sierra, y que los vecinos se alborotaron con aquella novedad; y juntándose los regidores, que todos eran moriscos, salieron con alguna gente a ver qué banderas eran aquéllas, y que el Rendedi bajó a ellos con cincuenta tiradores, y les dijo que se alzasen luego, porque todos los lugares de la Alpujarra estaban alzados; y como le respondiesen que ellos no entendían hacer mudanza por entonces, el moro se enojó mucho, y les dijo que no había venido a otra cosa, y que se habían de alzar mal de su grado; el cual entró con toda la gente en el lugar, y mandó pregonar por todo él que, so pena de la vida, todos los vecinos saliesen luego a la plaza con sus armas los que las tuviesen; y porque algunos hombres ricos no salieron tan presto, los hizo matar y saquearles las casas, diciendo que eran cristianos enemigos de Mahoma. Corriendo pues los rebeldes con grandísimo ímpetu a la iglesia, entraron en ella, y la saquearon y robaron, y haciendo pedazos los retablos y las imágenes que estaban en los altares, y la pila del bautismo, destruyeron todas las cosas sagradas y le pusieron fuego. Y porque una mujer morisca de las principales de la taa les reprendió los sacrilegios y maldades que hacían, y quitó a los muchachos las hojas de un misal que traían haciendo pedazos, le cortó un hereje de aquellos la cabeza. Algunos cristianos, así clérigos como legos, fueron presos y muertos en sus mismas casas; otros muchos se habían ido con tiempo a la villa de Adra. A los beneficiados Antonio de Cuevas y maestro Garavito mataron luego dentro de sus casas. Un hermano del maestro Garavito, y con él algunos cristianos de aquel lugar y de los otros de la taa se metió en la fortaleza vieja de Dalías la alta, y allí se defendieron tres días; mas los enemigos de Dios juntaron mucha leña, y zarzos de cañas y tascos, y les pusieron fuego; y al fin viéndose sin defensa y sin remedio de socorro, y que se quemaban vivos, pidieron que los recibiesen a partido; mas, los traidores, haciendo burla dellos, y deseando matarlos con sus manos, les dijeron que se echasen de la torre abajo, que ellos los recogerían, pues no podían bajar por la escalera; los cuales, huyendo del fuego, que los cercaba ya por todas partes, se arrojaron de arriba, así hombres como mujeres. Unos se perniquebraban, otros se descalabraban y quedando aturdidos del golpe, porque la torre era muy alta, el refrigerio que hallaban era el cuchillo de los crueles verdugos, que los acababan de matar. Desta manera los mataron a todos, y fueron muy pocas las mujeres y niños que tomaron cautivos, y con la misma crueldad trataron a los de los otros lugares que se alzaron en el mismo tiempo. Digamos agora la entrada que hizo Aben Humeya en la Alpujarra, y lo que proveyó en ello; que luego diremos cómo se alzaron los lugares de las otras taas.

Capítulo XXII. Cómo Mahamet Aben Humeya entró en la Alpujarra después de electo en Béznar, y lo que proveyó en ella

Partido Abenfarax de Béznar, luego le siguió Aben Humeya, acompañado de muchos moros, con temor de que se haría alzar por rey en la Alpujarra; y llegando a Lanjarón, halló que había quemado la iglesia y muerto unos cristianos que estaban dentro. De allí pasó a Órgiba, donde los cercados de la torre se defendían, y les requirió con la paz; y viendo que no querían oír su embajada, repartió la gente en dos partes: la una dejó en el cerco con el Corceni de Ugíjar, carpintero, y con él Dalay; y la otra se llevó consigo a Poqueira y a Ferreira. El día de los Inocentes estuvo en su casa en Válor, y a 29 de diciembre entró en Ugíjar de Albacete, con deseo, a lo que él decía después, de salvar la vida al Abad mayor, que era grande amigo suyo, ya otros que también lo eran; y cuando llegó ya lo habían muerto. Allí repartió entre los moros las armas que habían tomado a los cristianos, y el mismo día fue al lugar de Andarax, y hizo que confirmasen su elección los de la Alpujarra. Y siendo jurado de nuevo por rey, dio sus patentes a los moros más principales de los partidos y más amigos suyos, para que con su autoridad gobernasen las cosas convenientes al nuevo estado y nombre real, aunque vano y sin fundamento: mandándoles que tuviesen especial cuidado de guardar la tierra, poniendo gente en las entradas de la Alpujarra; que alzasen todos los lugares del reino, y que los que no quisiesen alzarse los matasen y les confiscasen los bienes para su cámara. Hecho esto, volvió a Ugíjar, dejando por alcaide de Andarax a Aben Zigui, de los principales de aquella taa; y allí dio sus poderes a Miguel de Rojas, su suegro, y le hizo su tesorero general, porque, demás del deudo que con él tenía, era hombre principal del linaje de los Mohayguajes o Carimes, antiguos alguaciles de aquella taa en tiempo de moros; y por ser muy rico y de aquel linaje, le respetaban los moros de la Alpujarra; el cual no se tenía por menos ofendido de las justicias que Aben Humeya, porque demás de haberle tenido preso muchos días sobre delitos de monfís, le habían defendido que no trajese armas teniendo licencia para poderlas traer, y no le habían dejado acabar una torre fuerte que hacía en su casa; antes se la habían querido derribar. Finalmente Aben Humeya hizo todas las diligencias dichas en Ugíjar en un día, y aquella misma noche se fue a dormir a Cádiar, y dio patente de su capitán general a don Hernando el Zaguer, su tío; y dejando gente de guarnición en la frontera de Poqueira y Ferreira, donde pensaba residir, a 30 días del mes de diciembre estuvo de vuelta en el valle de Lecrín, para si fuese menester defender la entrada de la Alpujarra por aquella parte al marqués de Mondéjar, y nombró por alcaide principal de aquel partido a Miguel de Granada Xaba el de Ferreira.

Capítulo XXIII. Cómo los lugares de la taa de Lúchar se alzaron, y la descripción della

La taa de Lúchar confina a poniente con la taa de Andarax, a tramontana con la Sierra Nevada, s mediodía tiene la sierra de Gádor, y a levante la taa de Marchena. Hay en ella diecisiete lugares, llamados Béyres, Almoazata, Mutura, Bogairaira, Muleira, Nieles de Lúchar, Alcola, Padules, Bolinebar, Canjáyar, Oháñez, Cumanotolo, Capeleira de Lúchar, Pago, Julina, Guibidique, Benihíber y Rooches. Esta taa es tierra fértil por razón del río de Andarax, que atraviesa por ella, y de otro que baja de la sierra de Oháñez y se va a juntar con él cerca de Rague, lugar de la taa de Marchena. Hay por toda ella muy buenos pastos para los ganados, y muchas arboledas, frutales y morales para la cría de la seda; y en el lugar de Bogairaira hay una herrería, donde se labra el hierro que sacan de una mina que está allí cerca.

Estos lugares se alzaron el tercer día de Pascua, y estando los cristianos que vivían en ellos descuidados, los prendieron a todos y les robaron las casas; también robaron las iglesias y destruyeron los altares, y hicieron pedazos los retablos y las cruces y las campanas, y no dejaron maldad ni sacrilegio que no cometieron.

En el lugar de Canjáyar, que es el principal desta taa, pregonaron los herejes por mandado de Abenfarax con instrumentos y grandes regocijos, que, so pena de muerte, ninguna persona diese vida a cristiano que pasase de diez años; y para solemnizar la fiesta, degollaron luego a un niño cristiano de nueve años, que se llamaba Hernandico, y cortándole la cabeza, la pusieron en la carnicería en una esportilla, donde el cortador ponía el dinero de la carne que vendía a los cristianos, y el cuerpo desollado sobre el tajón, e hinchando el pellejo de tascos, le quemaron. Desque hubieron acabado un hecho tan inhumano en una criatura inocente, desnudaron en cueros a Francisco de la Torre y a Jerónimo de San Pedro, vecinos de Granada, y pelándoles las barbas, les quebraron también los dientes y las muelas a puñadas, y muy de su espacio les cortaron las orejas y narices, y les sacaron los ojos y lengua, y después les dieron muchas cuchilladas y estocadas, no pudiendo llevar a paciencia los descreídos ver que se enco-mendaban a Jesucristo y a su Madre gloriosa. Y no contentos con éste, cuando los vieron muertos los abrieron por las espaldas, y les sacaron los corazones, y un moro se comió crudo a bocados delante de todos el corazón de Francisco la Torre. Luego desnudaron al beneficiado Marcos de Soto y a su sacristán

225

Francisco Núñez, y los llevaron a la iglesia; y haciendo al beneficiado que se asentase en una silla de caderas, en el lugar donde se solía poner para predicar, pusieron junto a él al sacristán con el padrón de todos los vecinos en la mano, y tañendo una campanilla para que todos los del lugar acudiesen a la iglesia; y cuando estuvo llena de gente, mandaron al sacristán que llamase por aquel padrón como solía, para ver si faltaba alguno; el cual los comenzó a llamar, y como salían por su orden, así hombres como mujeres llegaban al beneficiado y le daban de bofetadas y de puñadas en la corona, y algunos le pelaban las balas y las cejas. Cuando hubieron pasado todos chicos y grandes, llegaron a él dos sayones con dos navajas, y coyuntura por coyuntura le fueron despedazando, comenzando de los dedos de los pies y de las manos. Y porque el sacerdote de Jesucristo invocaba su santísimo nombre y le glorificaba, le sacaron los ojos, y se los dieron a comer, y luego le cortaron la lengua; y cuando hubo dado el alma a su Criador, le abrieron, y le sacaron el corazón y las entrañas, y las dieron a comer a los perros. Y no contentos con esto, llevaron el cuerpo arrastrando con una soga al pescuezo, y poniéndole al pie de un olivo, ataron par dél al sacristán, y les tiraron a terrero con las ballestas, y después hicieron una hoguera muy grande, donde los quemaron. Y con la misma crueldad mataron veinticuatro personas hombres y mujeres, que aun éstas no quisieron perdonar, y entre ellos algunos de los que habían cautivado en el Boloduí.

Capítulo XXIV. Cómo los lugares de la taa de Marchena se alzaron, y la descripción della

La taa o condado de Marchena confina a poniente con la taa de Lúchar, a tramontana con la Sierra Nevada, a levante con tierra de Almería, y al mediodía con la sierra de Gádor. Hay en ella doce lugares, Rague, Instinción, Ragol, Alhabia, Guécija, Alicum, Surgena, Alhama la Seca, Gádor Hor, Terque, Abentarique, Ílar, el Soduz, Santa Cruz y el Hizan. Esta tierra no es tan fértil de arboledas como la de arriba, especialmente de morales. Críanse en ella muchos ganados, y por medio pasa el río que dijimos que atraviesa por la taa de Lúchar, el cual de aquí para adelante hasta la mar llaman río de Almería. Alzáronse estos lugares cuando los de Lúchar saquearon y destruyeron los templos y las casas de los cristianos y hicieron grandísimos sacrilegios y crueldades en ellos, y especialmente en el lugar de Guécija, que es el principal de la taa, del cual diremos solamente en este capítulo, por excusar prolijidad.

El segundo día de Pascua de Navidad llegó a Guécija una carta de don García de Villarroel, que, como queda dicho, estaba por cabo de la gente de guerra de la ciudad de Almería, para el licenciado Gibaja, alcalde mayor desta taa, que es del duque de Maqueda; por la cual le enviaba a decir muy encarecidamente que recogiese todos los cristianos que había en aquellos lugares, y se fuese a meter en Almería antes que los moros los degollasen, porque tenía aviso cierto, por cartas de la costa, que el reino se levantaba y no tenía gente con que poderle socorrer. El cual, entendiendo que no podía pasar el negocio muy adelante, le respondió que no desampararía aquellos vasallos, antes pensaba vivir o morir con ellos, por no perder en un día lo que había ganado en sesenta años; y luego mandó que todos los cristianos se recogiesen con sus mujeres y hijos a una torre fuerte que había en el lugar, arredrada un poco de la esquina de un monasterio de frailes augustinos, y que metiesen consigo agua y todo el bastimento que pudiesen, por si fuese menester defenderse algunos días en ella. Con esta desorden se encerraron en la torre más de doscientas personas de los lugares de la taa; y no habían bien acabádose de recoger, cuando Mateo el Rami, llamado por otro nombre el Hubini, alguacil del lugar de Instinción, llegó con las cuadrillas de los monfís y con otra mucha gente, tocando atabalejos y dulzainas, y con banderas tendidas que andaban levantando la tierra; y lo primero que hicieron en entrando en el lugar fue robar y destruir las casas de los cristianos y la iglesia. Luego fueron a combatir la torre, y entrando en el monasterio, que hallaron desamparado, porque los frailes se habían recogido con el alcalde mayor, robaron los ornamentos, cálices y frontales, deshicieron los altares y los retablos, y no dejaron maldad que no cometieron, como si en aquello estuviera su felicidad. Otro día de mañana enviaron a requerir los cercados que se rindiesen y les entregasen las armas y que los dejarían ir libremente adonde quisiesen. Este partido pareció bien a muchos de los que allí estaban; mas luego se entendió que los moros les trataban engaño, porque yendo a salir de la torre dos doncellas nobles, llamadas doña Francisca Gibaja y doña Leonor Vanegas, les tiraron un arcabuzazo, y mataron a Pedro de Orozco, hombre viejo que iba acompañándolas. Viendo esto los cristianos, cerraron a gran prisa la puerta de la torre, dejándose fuera a doña Francisca Gibaja, que no la pudieron recoger, y se pusieron en defensa. No mucho después los moros acordaron de poner fuego a la torre, y para poderlo hacer más a su salvo echaron algunos tiradores descubiertos al derredor del monasterio, y mientras los cristianos estaban embebecidos en tirarles desde las troneras y desde las almenas, llegaron a una esquina de la torre, y horadándola con picos, sin ser sentidos de los nuestros ocuparon la bóveda baja, y metiendo en ella la madera de los retablos y de las imágenes que habían deshecho, y mucha leña y tascos untados con aceite revueltos en ella, le pusieron fuego: por manera que cuando los cristianos, mal pláticos y poco avisados, sintieron el humo y la llama, ya el primer sobrado y la escalera de la torre ardía. Viéndose pues quemar vivos, comenzó el llanto de las mujeres y niños: unas llamaban a sus padres, otras a sus maridos o hermanos, y muchos hombres, que estando solos fueran animosos, desmayaron, venciéndolos, la piedad de sus mujeres y hijos, y a gran prisa comenzaron a descolgarlas con sogas o como mejor podían, a la parte que no ocupaba el fuego, entregándolas, y entregándose también ellos, a merced de los crueles enemigos, que como iban bajando los desnudaban, y dándoles muchos palos y puñadas, los maniataban. El alcalde mayor y los frailes y otros muchos que no quisieron rendirse, viendo que el fuego crecía cada hora más, se confesaron y se encomendaron a Dios, y trayendo el alcalde mayor un Cristo crucificado en los brazos, anduvieron gran rato peleando con el fuego, procurando apagarlo con tierra y ropa que echaban encima; mas aprovechábales poco, porque los enemigos de Dios lo cebaban con más leña y aceite; y fue creciendo el humo y la llama de manera que, cercando y cubriendo la torre por todas partes, perecieron de diferentes muertes, unos ahogados y otros abrasados del fuego; solo un fraile y dos mozos del monasterio acertaron a quedar vivos, y estos hinchados y llenos de vejigas. Murieron dentro de la torre el alcalde mayor, los beneficiados de aquel lugar y de Alhama la Seca, el capellán de Instinción y muchos legos, y algunas mujeres y criaturas que no hubo lugar de poderlas descolgar. No libraron mejor los que se rindieron que los que se quemaron en la torre, porque los moros los degollaron en la alberca de un molino de aceite del monasterio, que estaba allí cerca. A Luis Montesino de Solís, de quien hicimos mención en el capítulo de Andarax, llevaron con las cristianas cautivas a la sierra de Gádior y después a Codbaa, donde enviaron a doña María de Solís, su hija, y a doña Francisca Gibaja, hija del alcalde mayor; y teniéndolas en casa de un moro muy rico, llamado Zacaría, apartadas de otras cristianas, con cuarenta moros de guarda, para enviarlas presentadas al rey de Marruecos, dieron en su presencia cruelísima muerte a Luis Montesino de Solís. Desnudáronle en cueros, y colgándole de los dedos pulgares de los pies, de una ventana que estaba frontero de la casa donde tenían presa a su hija, allí fueron cortándole los miembros con una navaja, coyuntura por coyuntura, hasta los hombros; y porque glorificaba a Jesucristo, le sacaron la lengua y los ojos y le cortaron las narices y las orejas, y dándole humo y después fuego, le quemaron. Volviendo pues a los moros de Guécija, luego que hubieron quemado la torre recogieron la gente de los lugares de la taa, y con sus mujeres y hijos y bienes muebles se subieron a la sierra de Gádor, llevando por delante los bagajes y ganados: dejaron quinientos moros que aguardasen hasta que el fuego se apagase, por ver si había que robar en la torre; los cuales entraron otro día dentro, y hallando aquellos tres cristianos que dijimos, medio quemados, no los quisieron matar luego, sino llevarlos consigo la vuelta de la sierra; y al vadear del río de Canjáyar, que se pasa muchas veces en aquel camino, les hicieron que los pasasen a todos a cuestas; y siendo ya noche, no pudiendo dilatar más el deseo de venganza, mataron a cuchilladas al fraile, desollaron vivo a uno de los mozos, y del otro no supimos lo que hicieron: solo se presume que también matarían por manera que de todos los cristianos que había en los lugares desta taa solos tres escaparon con las vidas, que los escondieron unos moriscos sus amigos, y los pusieron después en salvo.

En el lugar de Terque se recogieron los cristianos con sus mujeres y hijos en la torre de la iglesia, pensando poderse defender en ella; más los moros le pusieron fuego y los quemaron a todos juntamente con la iglesia y con la torre. Hacían después mucho sentimiento las moras de pesar que tenían, porque se había quemado en este lugar el hafiz de la seda de aquella taa, no por lástima que tenían dél, sino porque quisieran mucho poderle atormentar de su espacio, porque le querían muy mal.

Capítulo XXV. Cómo los lugares del río de Boloduí se alzaron, y la descripción dél

El río del Boloduí nace en la parte más alta y más oriental de la Sierra Nevada: a poniente tiene la taa de Marchena, a mediodía la tierra de Almería, a levante las sierras de Baza, y a tramontana las de Guadix y los lugares de Abla y Lauricena. Hay en este río cinco lugares, llamados Alhizán, Santa Cruz, Cochuelos, Bilumbin y Alhabia; baja entre Abla y Lauricena, y va a dar a Santa Cruz, que es el lugar principal, y después se va a juntar con el río de Almería, entre Alhabia y Guécija. Es tierra de muchas arboledas, y los moradores tienen muy buena cría de seda; cogen cantidad de pan, trigo y cebada, y tienen muchos ganados, y siembran la alheña, que es una hoja como la del arrayán, más delgada, y la precian mucho los moros. Era alcalde mayor destos lugares, que son de don Diego de Castilla, señor de Gor, el licenciado Blas de Biedma, el cual tenía su casa en Santa Cruz, y pudiera muy bien ponerse en cobro con todos los cristianos de aquel partido, si la confianza que tenía en que los moriscos de aquel partido no se levantarían, no le engañara, porque don García de Villarroel le escribió también a él, cuando al licenciado Gibaja, rogándole, y aun requiriéndole, que se retirase con tiempo a la ciudad de Almería, y tampoco lo quiso hacer.

Alzáronse estos lugares el segundo día de Pascua de Navidad, y los del lugar de Santa Cruz corrieron a las casas de los cristianos, y prendiéndolos, les robaron cuanto tenían, y destruyeron la iglesia. Al alcalde mayor hicieron morir cruelísimamente: siguiendo el ejemplo de los de Canjáyar le deslindaron en cueros delante de cuatro doncellas cristianas, que las tres eran hijas suyas y la otra del jurado Bustos, vecino de Almería, y su sobrina; y atándole las manos atrás, llegó un hereje a él, y le cortó las narices, y se las clavó con un clavo de hierro en la frente; luego le cortó las orejas y se las dio a comer; y porque loaba a Dios mientras le estaban martirizando, le cortaron la lengua y las manos y los pies; y abriéndole la barriga, se los metieron dentro; y un sayón le abrió el pecho, y le sacó el corazón, y comenzó a dar bocados en él, diciendo: «Bendito sea tal día, en que yo puedo ver en mis manos el corazón deste perro descreído». Y después desto quemaron el cuerpo, y a los demás cristianos, así hombres como mujeres, los llevaron al lugar de Canjáyar, donde también los mataron después. Alzáronse los de Alhizán cuando los de Santa Cruz, y el beneficiado Juan Rodríguez recogió todos los cristianos en una torre que tenía en su casa. Los moros saquearon las casas y la iglesia, y destruyendo todas las cosas sagradas, fueron luego a la torre y le pusieron fuego por todas partes, y quemaron vivos a todos los que se habían metido dentro, excepto al beneficiado y a tres doncellas sobrinas suyas. Mas después, queriendo regocijar el pueblo con la muerte de aquel sacerdote de Jesucristo, le desnudaron en cueros, y se lo entregaron a las mujeres moras para que ellas le matasen; las cuales le sacaron los ojos con almaradas, y le hirieron con cuchillos y piedras, hasta que dio el alma a su Criador, encomendándose siempre a Jesucristo, y glorificando su santísimo nombre. Lleváronse las cautivas cristianas a Canjáyar, donde las mataron después con otras muchas, cuando el marqués de los Vélez hubo vencido a los moros de Filix, como diremos en su lugar. Dejemos agora de tratar de los otros lugares que se alzaron, que a su tiempo volveremos a ellos, y digamos lo que en este tiempo se hacía en la ciudad de Granada.

Capítulo XXVI. De lo que se hacía en este tiempo en la ciudad de Granada para asegurarse de los moriscos, y las disculpas que daban ellos

Mucho sentimiento hubo en la ciudad de Granada cuando se supo que la gente que había ido con el marqués de Mondéjar no había podido alcanzar a los monfís, y crecía cada hora más con las nuevas que venían de los sacrilegios y crueldades que iban haciendo en los lugares que alzaban en la Alpujarra; y movido el vulgo a ira con deseo de venganza, hablaban con libertad, culpando y disculpando a quien les parecía, y al fin buscando todos el remedio. Unos le hallaban en la equidad, otros en el rigor de la justicia, y todos en la fuerza de las armas. Habiéndose pues juntado el Acuerdo con el presidente don Pedro de Deza en la sala de la real Audiencia este día, como lo habían hecho otros, para tratar del negocio, el licenciado Alonso Núñez de Bohorques, oidor del real consejo de Castilla y de la general Inquisición, que entonces lo era de la dicha audiencia, propuso que el camino más breve para atajar la maldad de los morisco, alzados, y que los demás no se alzasen, consistía en sacar todos los que moraban en el Albaicín y en los lugares de la vega de Granada, y meterlos veinte leguas la tierra adentro, donde no pudiesen acudirles con avisos, con gente, armas y consejo; cosa que no se podría excusar teniéndolos en la ciudad, donde venían y entendían cuanto se hacía y trataba. Este parecer fue bien recibido de todos los que allí estaban; más hallaron dificultad en la ejecución dél, pareciendo cosa grave y peligrosa querer echar tanto número de gente de sus casas. Al fin se dio noticia a su majestad; y si por entonces no hubo efecto, después vino a hacerse con menor escándalo y peligro del que se representaba, como se dirá en su lugar. Por otra parte, el marqués de Mondéjar, queriendo usar el rigor de las armas, avisó a las ciudades y señores de la Andalucía y reino de Granada que con brevedad aprestasen la gente de guerra, por si fuese menester acudir a oprimir el rebelión, y el Acuerdo despachó provisiones en conformidad de lo que el Marqués pedía. Y porque se tenía ya nueva que el alzamiento pasaba hacia los lugares del reino de Murcia, acordaron que sería bien avisar a don Luis Fajardo, marqués de los Vélez y adelantado de aquel reino, para que haciendo junta de gente de guerra por aquella parte, estuviese apercibido para lo que su majestad enviase a mandar, a quien se daría luego aviso de aquella diligencia. Temían mucho los moriscos al marqués de los Vélez, y parecía que solo oír su nombre bastaría para ponerlos en razón y con este acuerdo el presidente don Pedro de Deza, mandó llamar a un licenciado Carmona, abogado de la Audiencia real, que solicitaba los negocios del marqués de los Vélez, y le dijo que le despachase luego un correo avisándole de su parte como los moros habían entrado a levantar el Albaicín de Granada, y pregonado en él la seta de Mahoma con instrumentos de guerra y banderas tendidas, y que sería de mucha importancia que se acercase al reino de Granada con el mayor número de gente de a pie y de a caballo que pudiese juntar, y que brevemente ternía orden de su majestad de lo que había de hacer con ella, porque él le escribía sobre ello. Luego como esto se publicó en la ciudad, los moriscos se turbaron; y viendo tantas prevenciones como se hacían, procuraron por todos los medios de humildad echar de sí la sospecha que se tenía, cargando la culpa a los monfís. Juntándose pues los principales del Albaicín el tercer día de Pascua, fueron con su procurador general a hablar a todos los ministros, y a cada uno por sí les hicieron su razonamiento, significando estar inocentes de lo que se les imputaba, y exagerando el atrevimiento de aquellos perdidos, que habían entrado en el Albaicín a hacerles tanto mal, y diciendo que si los prendieran luego, se entendiera quién eran los culpados, y castigando aquellos, se apagara el fuego de la sedición antes que pasara tan adelante. Decían más: que la premática no había alterádolos a ellos, y si la habían contradicho, había sido con buen celo, y que ya estaban contentos con ella, sabida la voluntad de su majestad, y viendo que se ejecutaba con tanta equidad, que cesaban los inconvenientes que habían tenido; y que estaban prestos de servir a su majestad con sus haciendas, para que los malos fuesen castigados y los buenos honrados, como se había hecho en aquel reino en tiempos más trabajosos, estando recién ganado y poco después. A estas y otras cosas que los moriscos decían, les respondieron mansamente y con amor, especialmente el Presidente, cargando la culpa a los que trataban mal de sus honras, y diciendo que siempre habían sido tenidos por leales vasallos de su majestad, y así se lo habían escrito, y volverían a escribírselo de nuevo; y los ofreció de su parte que miraría por ellos, y no daría lugar que recibiesen agravio en el cumplimiento de la premática, encargándoles que perseverasen en la fe y lealtad que decían, pues de lo contrario no podría venirles menos que destrucción general, ofendiendo a Dios y a un príncipe tan poderoso, que siendo necesario, haría en un mismo tiempo guerra por mar y por tierra a todos los príncipes del universo. Con las cuales razones, y con otras muchas desta calidad, procuraban quietarlos lo mejor que podían, proveyendo por otra parte las cosas que parecía convenir para la seguridad de aquella ciudad y del reino. Y con todas las sospechas y temores, solo un día se dejó de hacer audiencia en las salas, y todos los demás durante el rebelión los oidores y alcaldes hicieron sus oficios a las horas acostumbradas; lo cual fue de tanta importancia, que los moriscos no osaron hacer novedad en la ciudad ni en las alcarías comarcanas, temiendo tanto y más la horca que la espada. Luego se dio orden que las compañías de las parroquias hiciesen cuerpo de guardia en la audiencia, de donde salía el Corregidor tres y cuatro veces cada noche a rondar el Albaicín y la Alcazaba; y porque había poca gente, y no poco temor, para que los moriscos no lo entendiesen, se usaba de un ardid, que algunas veces suele aprovechar, y era, que después de haber entrado los soldados acompañando sus banderas por la puerta principal, volvían a irse uno a uno por otra puerta falsa, y tornaban a entrar en otras compañías. Esto se hacía una y más veces con tanta destreza, que aun los propios ciudadanos no lo entendían. Y porque los capitanes y gentiles hombres tuviesen algún entretenimiento hacia el Presidente ponerles mesas de juego, y les mandaba dar de cenar y colaciones; mas con todas estas prevenciones los malaventurados, que ya se habían desvergonzado, no dejaban de proseguir en su maldad, como se entenderá por el discurso desta historia.

Capítulo XXVII. Cómo los lugares de tierra de Salobreña se alzaron, y la descripción della

Salobreña es una villa muy fuerte por arte y por naturaleza de sitio: está en la orilla del mar Mediterráneo, puesta sobre una peña muy alta; adelante tiene una isleta, y a poniente della una pequeña playa abrigada de levante, donde llegan a surgir los navíos. La villa está cercada de muros; no se puede minar, porque es la peña viva marmoleña, ni menos se puede batir, por ser muy alta y tajada al derredor, sino es a la parte de levante, donde está la puerta principal. En lo más alto hacia el cierzo tiene un fuerte castillo, que solamente desde las casas de la villa se puede combatir, y por allí le fortalecen dos muros anchos y terraplenados con sus barbacanas; todo lo demás cerca la peña tajada, y hay dentro un pozo de agua manantial, que no se le puede quitar en ninguna manera. Esta tenencia era de don Diego Ramírez de Haro, vecino de la villa de Madrid, y fue de sus antepasados, que se la dieron los Reyes Católicos cuando conquistaron el reino de Granada. Tiene Salobreña a levante la villa de Motril, a poniente la ciudad de Almuñécar, al mediodía el mar Mediterráneo, y a tramontana el valle de Lecrín. Hay en sus términos seis lugares, llamados Lobras, Itrabo, Mulvízar, Guájar la alta, Guájar de Alfaguit y Guájar del Fondón. Todos estos lugares estaban poblados de moriscos, mas los vecinos de la villa eran cristianos, la cual fuera capaz de seiscientas casas si estuviera toda poblada, mas en este tiempo no tenía más de ochenta vecinos. Es tierra áspera y muy fragosa a poniente y a tramontana, y cógese en ella poco pan. Los lugares altos están en una quebrada que hace la sierra, por donde baja un río que procede de unas fuentes que nacen en ella, y después se va a juntar con el río de Motril. Hay muchas arboledas de huertas, olivos y morales por aquellos valles, y tienen los moradores muy buena cría de seda, aunque la principal granjería es agora la de azúcar, porque en una vega que está a levante hacia Motril tienen muchas hazas de cañas dulces, y abundancia de agua con que regarlas, y junto a los muros un ingenio muy grande, y otros en las alcarías allí cerca, donde se labran las cañas.

Los moriscos de las Guájaras se alzaron el primero y segundo día de Pascua de Navidad, cuando los del Valle; mas no hicieron daño en las iglesias ni a los cristianos, antes dijeron al beneficiado que dijese su misa, y el alguacil del lugar, llamado Gonzalo el Tartel, que era su amigo, le prometió que no le enojaría nadie, y, que si fuese menester, le pondría en salvo, como en efecto lo hizo. Los de Lobras y Trabo y Mulvízar se subieron luego a las sierras de las Guájiras, y desampararon sus casas por huir de los daños que los vecinos de Salobreña y Motril les hacían; los cuales podremos decir que los alzaron, o a lo menos les dieron prisa a que se alzasen, porque luego que se supo lo que habían hecho los de Órgiba, salían en cuadrillas a robarles las casas y los ganados, y les hacían otros malos tratamientos, y tampoco hicieron daño en las iglesias por entonces. Cuando comenzaron estas revoluciones don Diego Ramírez estaba con su casa y familia en la villa de Motril, y siendo avisado por carta del marqués de Mondéjar, se fue a meter en su fortaleza, y viendo que en la villa no había bastante número de gente, ni él tenía consigo más que sus criados, hizo con el concejo que enviasen un vecino llamado Claudio de Robles a Arévalo de Zuazo, corregidor de la ciudad de Málaga, pidiéndole alguna gente de guerra qué meter en la villa, entendiendo que los alzados procurarían ocuparla por causa de la fortaleza de la comodidad de aquél puerto; el cual envió a Diego Barzana con cincuenta tiradores, que aseguraron algo a los vecinos. Finalmente, don Diego Ramírez puso la fortaleza en defensa, encabalgó la artillería, que estaba toda por aquel suelo sin cureñas ni ruedas, y proveyó en todo lo que a buen alcaide convenía. Y no solo defendió la plaza, mas salió muchas veces en busca de los enemigos, y hizo muchos y muy buenos cielos, como se dirá en su lugar.

Capítulo XXVIII. Cómo los moros combatieron la torre de Órgiba

El domingo, segundo día de Pascua de Navidad a 26 de diciembre, acordaron los moros de combatir la torre de Órgiba, y para este combate juntaron muchos haces de leña y zarzos de cañas untados con aceite, pensando quemar los cristianos dentro. El alcaide Gaspar de Sarabia echó luego fuera veinte hombres, que mataron algunos moros y quemaron todos aquellos haces en el lugar donde los tenían recogidos. Los enemigos corrieron a la iglesia, y hallándola sin defensa, entraron dentro, y con grandísima ira quebraron los retablos deshicieron el altar, rompieron la pila del bautismo derramaron el óleo y la crisma, arcabucearon la caja del Santísimo Sacramento, con enojo de que no hallaron allí la santa forma de la Eucaristía, que los beneficiados la habían consumido en todos aquellos lugares; y arrojando todas las cosas sagradas por el suelo, no dejaron abominación ni maldad que no hicieron. Luego subieron a la torre del campanario, y en lo más alto dél pusieron un reparo de colchones y mantas, para desde él arcabucear a los cristianos, y aquella noche les enviaron un moro del lugar de Benizalte, llamado el Ferza, hijo de Alonso el Ferza, para que les dijese de su parte que se rindiesen, y que entregasen las armas y el dinero y les dejarían las vidas, porque de otra manera no podían dejar de morir. Este moro llegó con una banderilla blanca a la torre, y propuso su embajada diciendo que Granada era perdida, que los moros tenían ya la fortaleza del Alambra por suya, que el rey don Felipe no les podía enviar socorro, porque estaba cercado de luteranos, y que las cosas de los moros iban tan prósperas, que esperaban muy en breve llegar victoriosos a Castilla la Vieja. Y como un clérigo de los que estaban en la torre le preguntase si hablaba como cristiano o como moro, respondió el hereje que como moro, porque ya no había en aquella tierra más que Dios y Mahoma, y que harían cuerdamente los que allí estaban en tornarse moros si querían tener libertad. Estas palabras sintieron mucho los nuestros, y no pudiendo oír semejante blasfemia, le respondieron que se alargase luego de allí, si no quería que le matasen con los arcabuces, apercibiéndole que ni él ni otro no volviesen con aquel recaudo, porque no les iría bien dello, mas no por eso les dejaron de acometer otras veces con la paz, por ver si los podrían engañar. No mucho después acordaron de hacer dos mantas de madera para picar el muro por debajo y dar con la torre en el suelo; mas los cercados se dieron tan buena maña, que les quemaron la una, teniéndola a medio hacer; la otra acabaron, y cuando estuvo puesta en orden, hicieron reseña de toda la gente, y se apercibieron al combate. Esta manta era hecha de maderos gruesos, cubierta de tablas aforradas por defuera de cueros de vaca, y sobre los cueros y la madera colchones de lana mojada, para que resistiesen las piedras y el fuego; y estando asentada sobre cuatro ruedas bajas, los propios que iban dentro della la llevaban rodando, y de un cabo y de otro iban arrastrando grandes haces de cañas y de leña seca y tascos, un lado todo con aceite para poner con ellos luego a la torre cuando el muro estuviese picado y apuntalado con maderos. Fue la determinación de los enemigos tan grande, teniendo presente el odio y la ira, que, aunque los cristianos mataban muchos dellos con los arcabuces, no dejaron de arrimar su manta. Los nuestros procuraron deshacérsela arrojando gruesas piedras sobre ella desde arriba; y viendo que no aprovechaba, porque la madera era recia, y los reparos que llevaba encima despedían la piedra, tomaron unos ladrillos mazarís que acertó a haber en la torre, y arrojándolos de esquina donde se descubrían los colchones, rompieron el lienzo, y echando sobre ellos dos calderas de aceite hirviendo de lo que Leandro había traído, y cantidad de tascos de cáñamo y de lino ardiendo, prendió el fuego de manera, que en breve espacio se quemaron los colchones y la manta; y los que habían ya comenzado a picar el muro, se salieron huyendo con harto peligro de sus vidas. No se halló Aben Humeya en este asalto porque había pasado do largo, como queda dicho, a Pitres de Ferreira a proveer en otras cosas, y cuando supo el ruin suceso que había tenido, mandó que cesasen los asaltos, y que solamente tuviesen la torre cercada, para que no le entrase bastimento; y desta manera estuvo diecisiete días hasta que el marqués de Mondéjar la socorrió, como diremos adelante.

Capítulo XXIX. De lo que se hizo estos días a la parte de Almería, y la descripción de aquella tierra y de algunos lugares que se alzaron en ella

La ciudad de Almería antiguamente se llamó Viji: está puesta sobre la costa de la mar, sus términos son muy grandes; tienen a poniente las taas de Dalías y de Andarax, a tramontana las de Lúchar, de Marchena y del Boloduí; a levante el río de Almanzora y las ciudades de Mojácar y Vera, y al mediodía comprehende en la costa del mar Mediterráneo desde una torre llamada Rábita, que está en el paraje de Fílix a la parte de poniente, hasta la mesa de Roldán, que está a levante. Hay en estos términos de Almería treinta y siete lugares y villas, cuyos nombres son: Ínix, Fílix, Vícar, Turrillas, Obrevo, Inox, Carbal, Alquitán, Pedregal, Alhadara, Vaitor, Güércal, Alguayán, Benahaduz, Bechina, Alhama de Berchina, Rioja, Gádor, Guyciliana, Santa Fe, Níjar, Mondújar, Guézhen, Alocainona, Sorbas, Ulela del Campo, Ulela de Castro, Belefique, Babrin, Alhamilla, Tavernas, Gérgal, Castro, Bacares, Elbeire, Bayarca y Macael. Atraviesa por esta tierra el río de Andarax, el cual pasando por la taa de Marchena se va a juntar con otro río que sale por bajo del castillo de Gérgal, y por las faldas meridionales de la sierra de Baza va al Jugar de cuya ribera están Tavernas, Alhamilla y la rambla de Tavernas, y por Gádor y Benahaduz se mete en el Mediterráneo cerca de la ciudad de Almería; la cual está puesta en sitio hermoso y agradable, y tenía en este tiempo más de dos mil y quinientos vecinos, aunque el ámbito de los muros es capaz de mayor número de casas, porque tienen de circuito seis mil seiscientos y cincuenta pasos, y a un cabo una fortaleza en un sitio inexpugnable, sentada sobre una peña viva muy alta, que no da lugar a minas, baterías ni asaltos por las tres partes, y por la otra tiene un solo padrastro hacia la sierra; mas está en medio entre él y la fortaleza un valle muy hondo, y toda está cercada de peña tajada muy alta, y la muralla terraplenada. A levante de la ciudad hay una playa espaciosa y larga, y muy segura de levante, donde pueden surgir dos mil navíos y más, y a poniente tiene otra, que no es tan segura, aunque hay algún abrigo con las sierras que despuntan en la mar hacia aquella parte. Son todos estos términos abundantes de yerba para los ganados; tienen los moradores mucha y muy buena cría de seda, y en las riberas de los ríos grandes arboledas. Cógese en ellas alguna cantidad de pan, aunque no es tanto, que les baste para todo su año; mas provéense de la comarca. En Almería ciudad muy populosa en tiempo que la poseían los moros, y tan estimada, que quiso competir con Granada, y así, la llamaban Almereya, que quiere decir el espejo. Solía tener grandes arrabales; armar mucha cantidad de navíos de remos; mas después se fue disminuyendo en población, en trato y en todo lo demás; y cuando comenzó la guerra deste levantamiento, moraban en ella muchos caballeros y gente principal, y tenía más de seiscientas casas de moriscos de los muros adentro, y dos compañías de gente de guerra ordinaria, la una de caballos y la otra de infantería, para correr los rebatos de la costa y tener cargo de la guardia della. Viendo pues los moriscos de las alcarías de la taa de Marchena y lugares comarcanos a Almería, que su negocio iba muy adelante y que los turcos no acudían a su pretensión, determinando de hacerlo ellos, escogieron ciento y cincuenta hombres de hecho, a quien tuvieron dada orden que con cargas de harina y de otros bastimentos se fuesen a la alhóndiga de la ciudad, que estaba junto a la fortaleza, y descargando allí, como lo solían hacer do ordinario, pasasen diez o doce dellos con cargas de leña y de paja, so color de llevarlas presentadas al alcaide, y al entrar de las puertas de la fortaleza se atravesasen de manera, que los cristianos no las pudiesen cerrar, y acudiendo los de la alhóndiga, se metiesen dentro, y matando al alcaide y a los que con él hallasen, se hiciesen fuertes en ellas, y diesen aviso con humo, para que los lugares de la tierra les acudiesen luego; y para tener entendido por dónde podrían entrar sin que los de la ciudad lo estorbasen, había negociado aquellos días Mateo el Rami, alguacil de Instinción, que era grande amigo de Álvaro de Sosa, que le llevase un día a comer con él a la fortaleza, porque deseaba irse a holgar a Almería con su mujer, y con esta ocasión había reconocido los muros, los adarves y las torres andando con el alcaide por toda ella; aunque no le había dejado entrar en la torre del Homenaje, diciendo que solo el Rey y él la podían ver. Y como el astuto moro vio al alcaide con más recato que otras veces y aquella escuadra de soldados en la primera puerta, sospechando que habían sentido los cristianos algo de lo que trataban, acordó de dejar aquel consejo, y tomar otro que pudiera ser más dañoso a la ciudad, porque mostrando querer vencer de cortesía y liberalidad a su amigo, le rogó que fuese otro día a holgarse con él a su alcaría, y que llevase todos sus amigos y parientes, porque le quería festejar y dar de comer a su usanza; y habiéndolo el alcaide aceptado y convidado el moro de su parte todos los hombres de valor, de quien entendió que podían defender la ciudad, los hubiera hecho matar aquel día, si no sucediera una revuelta entre algunos de los que habían sido convidados, por donde el alcaide mayor los tuvo encarcelados; y así, no hubo efecto el convite. Estando pues las cosas en este estado, el segundo día de Pascua de Navidad llegó a él la guarda de una de las torres de la costa de poniente, y le dio la carta de aviso que dijimos que le envió el capitán Diego Gasca, que decía desta manera: «A la hora que ésta escribo, que serán las once del día, hoy primero de Pascua de Navidad, he tenido aviso que van trescientos moros la vuelta de Ugíjar de la Alpujarra. Voy en su seguimiento; vuestra merced me socorra. Fecha en Dalías ut supra». Esta carta puso en mucha confusión a don García de Villarroel, porque entendió que no eran moros los que Diego Gasca decía, ni era posible serlo, a causa de que había más de quince días que andaba la mar muy brava con tiempo de mediodía, que no tiene abrigo en nuestra costa; tuvo por cierto que eran moriscos de la tierra que se alzaban; y parándose a considerar el inconveniente que había en salir de la ciudad, y lo poco que podría aprovechar su ida, porque en caso que frieran moros de Berbería los que Diego Gasca decía, cuando él llegase estarían ya embarcados, solamente hizo demostración de salir de los muros, con intento de no apartarse mucho dellos. Mandando pues tocar a recoger, dio prisa para que los soldados saliesen; y estando ya fuera, ordenó a la infantería que hiciese alto en la cantera a vista de la ciudad, y él con los caballos se estuvo quedó entreteniendo la gente cerca de los muros; y luego se volvió a meter dentro de la ciudad; pareciéndole más conveniente atender a la guardia della que ir en socorro de Diego Gasca a cosa incierta. Vuelto don García de Villarroel a la ciudad, la justicia y regimiento hicieron diligencia, y haciéndola él por su parte, despacharon luego un soldado al marqués de Mondéjar, pidiéndole socorro de gente y bastimentos y municiones, porque de todo había falta en Almería; y entendiendo que no podría socorrer con la brevedad que el caso pedía, despacharon también al marqués de los Vélez, y a las ciudades del reino de Murcia, y a Gil de Andrada, a cuyo cargo andaban las galeras de España, certificándoles que era cierto el levantamiento de los moriscos de todo el reino, para que socorriesen aquella plaza. Hicieron también diligencia con los cristianos clérigos y legos de los lugares de tierra de Almería, para que se recogiesen con tiempo a la ciudad, mediante la cual se salvaron muchos; y escribieron a los alcaldes mayores del condado de Marchena y del Boloduí que hiciesen lo mismo. Este día a las cuatro de la tarde llegaron a Almería dos escuderos de la compañía de Diego Gasca, y dijeron que estando en un lugar de la taa de Lúchar, los habían querido matar los moriscos, y que habían escapado por gran ventura a uña de caballo, porque de todos los lugares por donde pasaban les salía gente armada para atajarles el camino. Luego despacharon otros dos correos a los dos marqueses, tornándoles a certificar el levantamiento, y se puso más gente de guerra en la puerta de la fortaleza, y mandaron pregonar por los lugares comarcanos que todos los moriscos que quisiesen recogerse a la ciudad con sus mujeres y hijos, lo hiciesen; y se ordenó a Pedro Martín de Aldana, teniente de la compañía de caballos de don García de Villarroel, que fuese al campo de Níjar, y hiciese que los pastores cristianos se recogiesen con tiempo con sus ganados, y metiesen en Almería los que hallase ser de moriscos, para provisión de la ciudad. Andando en esto, llegó otra nueva el tercero día de Pascua, como Ugíjar de Albacete se había alzado, y que los cristianos estaban cercados en la torre de la iglesia; y luego el martes 28 de diciembre se supo cómo eran ya perdidos, y que desde allí hasta Almería estaba toda la tierra levantada. Entonces se juntaron las justicias y regidores en su cabildo, según lo que don García de Villarroel nos contó: nombraron personas que fuesen a su majestad, y de camino llegasen donde estaba el marqués de los Vélez y le diesen una carta, en que le pedían que fuese a socorrerlos con brevedad, por estar aquella plaza en mucho peligro. El mismo día se comenzaron a recoger a la ciudad y a las huertas y arrabales muchos moriscos de los lugares de la tierra con sus mujeres y hijos y porque había mucha gente entre ellos que podían tomar armas, los cristianos se recogieron a la Almedina. También vino aquel día en la tarde otra espía de Güécija, y avisó cómo los moros tenían cercado el monasterio y la torre, y que había encontrado a los de Ínix, Fílix y Vícar, que iban a juntarse con ellos, y le habían dicho que Granada y todo el reino era ya de moros; que no les quedaba más que Almería por ganar, más que presto la ganarían, porque en tomando la torre de Güécija y el castillo de Gérgal, se había de juntar mucha gente para ir sobre ella; y por señal de que había estado con ellos, trajo las hojas rotas de un misal que habían hecho pedazos en la iglesia de Alhama la Seca. Esta nueva confirmó luego otra espía que llegó el mismo día, que puso un poco de más cuidado a la ciudad, por verse sin bastimentos y con tan poco remedio de proveerse por la tierra; mas esto se remedió muy brevemente, porque los soldados que fueron con Pedro Martín de Aldana al campo de Níjar, trajeron mil vacas y mucha cantidad de ganado menudo de lo que había de moriscos, con que se reparó la gente y tuvieron que comer muchos días. Fue también de mucha importancia esta salida, porque se recogieron todos los ganados de cristianos y los pastores que andaban con ellos en aquella tierra, y pudieron salir seguros con tiempo por las sierras de Níjar y Filabres y Tavernas; porque como el marqués de los Vélez comenzaba a juntar gente por aquella parte no osaron los moriscos de aquellas sierras levantarse, y lo mismo hicieron los de la hoya de Baza, del río de Almanzora, de Vera y Mojácar y de toda la jarquía; que si se levantaran, fuera grandísimo el daño que hicieran, por ser mucho número de gente. Alzáronse algunos lugares de la tierra de Almería que estaban hacia la parte de la Alpujarra, como fueron Ínix, Fílix, Vícar y Gérgal, y otros donde ejercitaron los herejes sus crueldades, no con menor rabia que en los otros lugares que hemos dicho, de los cuales diremos agora.

Los lugares de Ínix, Fílix y Nícar caen a poniente de la ciudad de Almería, en una rinconada que hace la sierra de Gádor cuando va a despuntar sobre el mar Mediterráneo, y los moradores dellos se alzaron cuando los de Guécija; y cuando hubieron robado y destruido las iglesias, y muerto algunos cristianos y prendido otros, fueron muchos dellos en favor de los que combatían la torre de Guécija. La cual ganada, como queda dicho, volvieron a sus lugares, y ordenaron dejar cruel muerte al bachiller Salinas, su beneficiado, y a dos sacristanes que tenían presos. Hiciéronlo vestir como cuando decía misa, y asentándole en una silla debajo de la peaña del altar mayor, pusieron los sacristanes a los lados con las matrículas de los vecinos en las manos, mandándoles que llamasen por su orden, como cuando querían saber si había faltado alguno para penarle; y como iban llamándolos, llegaban hombres y mujeres, chicos y grandes, al beneficiado, y le daban de bofetones o puñadas, y le escupían en la cara llamándole de perro. Y cuando hubieron llamado a todos, llegó un hereje a él con una navaja y le persignó con ella, hendiéndole el rostro de alto a bajo y por través, y luego le despedazó coyuntura por coyuntura y miembro a miembro, de la misma manera que habían hecho a su beneficiado los de Canjáyar; y porque el sacerdote de Cristo glorificaba su santísimo nombre, le cortaron la lengua. Después los llevaron arrastrando fuera del lugar y los asaetearon juntos. Hecho esto, se recogieron todos a un cerro alto que está junto a Fílix, con sus mujeres y hijos y ganados, creyendo poderse defender allí por la disposición del sitio, que es fuerte.

Luego que los lugares de la taa de Marchena y del Boloduí se alzaron, el Gorri y el Rami enviaron seis banderas de monfís y de otros hombres sueltos y bien armados, a que alzasen los lugares del río de Almería y recogiesen toda aquella gente. Los cuales llegaron al lugar de Gérgal, que es del conde de la Puebla, el tercero día de Pascua, y el alcaide del castillo, que también era alcaide mayor del lugar, estando ya prevenido en su traición, dijo a los cristianos que se recogiesen luego a la fortaleza con sus mujeres y hijos, porque allí se podrían guarecer, y cuando los tuvo dentro, hizo que los matasen a todos. Degolló al vicario Diego de Acebo y a su madre, que era ya mujer mayor, y al beneficiado Paz y a su hermana, y a Bernal García, escribano de su juzgado, y a todos los otros cristianos y cristianas, chicos y grandes, cuantos allí vivían, y mandó echar los cuerpos en el campo. Quedaron dos mujeres mal degolladas, que estuvieron siete días desnudas en el campo, sin comer ni beber, sustentándose con sola nieve; y éstas fue Dios servido que se salvasen, porque llegaron por allí acaso unos soldados de Baza, que iban a correr la tierra, y hallándolas de aquella manera, las recogieron y abrigaron, y las enviaron a la ciudad, donde fueron curadas y sanaron de las heridas. Este hereje se llamaba en lo exterior Francisco Puerto Carrero, y en lo interior Aben Mequenun, nombre de moro; el cual, en sintiendo que el marqués de Vélez entraba por aquella parte, no osó aguardar, y desamparando el castillo, se fue con toda la gente a la Alpujarra, como adelante se dirá.

Capítulo XXX. Cómo se alzaron Abla y Lauricena, lugares de tierra de Guadix, y la descripción della

La ciudad de Guadix, que los moros llaman Guet Aix, que quiere decir río de la Nida, está nueve leguas a levante de Granada: su sitio es una loma pequeña que baja de un cerro, y en las faldas delante dél tiene una vega espaciosa y llana, por la cual atraviesa un río, de donde tomó el nombre de la ciudad, cuya fuente está en lo alto de Sierra Nevada, cerca del puerto de Loh, y bajando por entre Jériz y Alcázar, va a dar al Quif y a la Calahorra, lugares del marquesado del Cenete, y a Alcudia y Zalabin y a Ixfiliana, y a los muros de la ciudad de Guadix, llevando siempre su corriente hacia el cierzo, y con hermosísimas riberas de arboledas de un cabo y de otro riega las huertas y hazas de la Vega, y saliendo della, vuelve a poniente, haciendo algunos senos, y se va a juntar con el río de la Peza, por entre aquellas sierras recogiendo otras aguas, corre a juntarse con el río de Genil, una legua a levante de la ciudad de Granada, donde está al pie de la sierra de Güejar la puente del río de Aguas Blancas. Tiene Guadix a poniente y al cierzo los términos de la ciudad de Granada, al mediodía el marquesado que dicen del Cenete, que es tierra de señorío, y la Sierra Nevada; y a levante la ciudad de Baza. Caen en sus términos veinticuatro lugares; sin los del marquesado del Cenete, cuyos nombres son éstos: la Peza, los Baños, Veas, Alares, Purrillena, Almáchar, Cortes, Greyena, Lubros, Fonelas, Lopera, Darro, Diezma, Moreda, Alcudia, el Sigení, Salabin, Cogollos de Guadix, Paulanza, Ixfiliana, Fiñana, Gor, Abla y Lauricena. Toda esta tierra es muy fértil, abundante de pan y de muchos ganados; críase en ella mucha seda de morales, los lugares estaban poblados por la mayor parte de moriscos, y aun en la propia ciudad había más de cuatrocientas casas dellos, en medio de la cual está un castillo antiguo y maltratado, puesto en lo más alto della. Solos dos lugares de los que hemos dicho se alzaron en está rebelión, que eran de señorío, llamados Abla y Lauricena; y éstos están a la parte de Sierra Nevada, de los cuales diremos en este lugar, porque adelante diremos de los del marquesado del Cenete.

Abla y Lauricena se alzaron el tercero día de Navidad, porque llegaron a levantarlos dos cuadrillas de monfís y moros alzados que el Gorri, capitán del partido de Oháñez, envió para aquel efecto; los cuales destruyeron las iglesias y mataron los cristianos que pudieron haber a las manos. Y los de Abla, cuando hubieron desbaratado el altar y quebrado los retablos de la iglesia, tomaron un puerco que tenía un cristiano en su casa, y lo degollaron sobre el altar mayor, y hicieron otros muchos sacrilegios y maldades. Hecho esto, recogieron sus mujeres y hijos y los enviaron la vuelta de la Alpujarra, y ellos fueron a levantar la villa de Fiñana, pensando ocupar la fortaleza, porque sabían que no había gente de guerra dentro, mas no hicieron por aquella vez efecto, porque los moriscos que allí vivían no quisieron irse con ellos; y lo mismo hicieron los de los lugares del marquesado del Cenete, que tampoco se quisieron alzar, hasta que después volvió más gente a llevarlos, como se verá en su lugar.

Capítulo XXXI. Cómo don Diego de Quesada fue a ocupar a Tablate, lugar del valle de Lecrín, y los moros le desbarataron, y la descripción de aquel valle

Llámase valle de Lecrín la quebrada que hace la sierra mayor, tres leguas a poniente de Granada, donde comienza a levantarse la Sierra Nevada. Tiene a poniente la sierra de Manjara, que continúa con el río de Alhama; al cierzo la vega de Granada y los llanos del Quempe; al mediodía confina con las Guájaras, que caen en lo de Salobreña, y con tierra de Motril; y a levante con Sierra Nevada y con la taa de Órgiba. Hay en este valle veinte lugares, llamados Padul,

Dúrcal, Nigüelas, Acequia, Mondújar, Harat, Alarabat, el Chite, Béznar, Tablate, Lanjarón, Ixbor, Concha, Guzbíjar, Melegix, Mulchas, Restábal, las Albuñuelas, Salares, Lújar, Pinos del Rich o del Valle. Es abundante toda esta tierra de muchas aguas de ríos y de fuentes, y tiene grandes arboledas de olivos y morales y otros árboles frutales, donde cogen los moradores diversidad de frutas tempranas muy buenas, y muchas naranjas, limones, cidras y toda suerte de agro, que llevan a vender a la ciudad de Granada y a otras partes. Los pastos para los ganados son muy buenos, y cogen cantidad de pan de secano y de riego en los lugares bajos, y la cría de la seda es mucha y muy buena. Corren por este valle seis ríos, que proceden de la sierra mayor. El primero hace a la parte de poniente, y llámanle río de las Albuñuelas, porque nace de dos fuentes junto al lugar de las Albuñuelas; el cual pasa cerca de los lugares de Salares y Pinos del Valle, y se va después a juntar con el río de Motril. El segundo nace par del lugar de Melegix, y se va a juntar con el de las Albuñuelas por bajo de Restábal. El tercero nace de la Sierra Nevada, y va a dar en una laguna grande que se hace entre los lugares del Padul y Dúrcal, y de allí va a juntarse con el río de las Albuñuelas. El cuarto nace también en la Sierra Nevada, en el paraje del lugar de Acequia, y antes que llegue al lugar se parte en dos brazos, y tomándole en medio, va el uno a dar al lugar del Chite y el otro a Tablate, y de allí al río de las Albuñuelas y al de Motril. El quinto baja también de la Sierra Nevada y va al lugar de Lanjarón, y de allí al río de Motril. Y el sexto, que nace más a levante de la misma sierra, es el que divide los términos del valle y de la taa de Órgiba, el cual se va a meter en el río de Motril por los lugares de Sortes, Benizalte y Pago, que caen en lo de Órgiba. Los lugares bajos del valle de Lecrín se alzaron el segundo día de Pascua, cuando Abenfarax y los otros monfís que venían de Granada llegaron a Béznar, porque hicieron encreyente a los moriscos que la ciudad y el Alambra era suya, y que el Albaicín quedaba levantado, y como hubieron robado las iglesias y muerto muchos cristianos de los que vivían en ellos, pasaron a levantar los otros lugares de la Alpujarra; mas los que moraban en el Padul, Dúrcal, Nigüeles, las Albuñuelas y Salares, que son los más cercanos a Granada, no se alzaron por entonces, aunque se fueron muchos dellos a la sierra, que hicieron después harto daño en busca de su perdición. Uno de los lugares alzados fue Tablate, que está puesto cerca de un paso importante, por donde de necesidad se había de ir para pasar a la Alpujarra. Queriendo pues el marqués de Mondéjar tenerle ocupado para cuando fuese menester, mandó a don Diego de Quesada que, con la gente que tenía en Dúrcal y la que le enviaba para aquel efecto, se fuese a poner en Tablate, y que el capitán Lorenzo de Ávila volviese a Granada, y de allí fuese a recoger la gente de las siete villas, porque entendía salir con brevedad a castigar los rebeldes. Luego que llegó esta orden a Dúrcal, don Diego de Quesada, con toda la gente de a pie y de a caballo que allí había, se fue al lugar de Béznar, y hallando las casas solas y la iglesia destruida y quemada, pasó a Tablate, donde halló también las casas solas y los moradores subidos a la sierra. A este lugar llegó la gente muy fatigada, así la gente como los caballos, y como se desmandasen luego por las calles y casas desordenadamente, sin poner centinela a lo largo, y con harto menos recato del que convenía a gente de guerra, los moros, que los estaban mirando desde lo alto de los cerros, vieron buena ocasión para acometerlos, y juntándose muchos dellos, bajaron lo más encubierto que pudieron, y los acometieron impetuosamente en las casas y calles, y mataron y hirieron muchos cristianos. Hubo algunos escuderos que no teniendo tiempo de enfrenar los caballos, que estaban comiendo, se los dejaron y salieron del lugar huyendo a pie; y hicieran los moros mucho más daño, si no fuera por unos soldados que se habían desmandado sin orden a buscar qué robar por aquellos cerros; los cuales, viendo que bajaban de la sierra desde lejos, y sospechando lo que iban a hacer, dieron grandes voces a los nuestros, y les capearon con una capa, para que se pusiesen en arma, y hicieron tanto, hasta que el propio don Diego de Quesada, que andaba por la plaza del lugar con algún tanto de cuidado más que los otros, oyó las voces, y entendiendo lo que podía ser, hizo tocar a arma a gran prisa, y con la gente que pudo recoger de presto, salió al campo y ordenó un escuadrón, donde guareciesen los que salían huyendo del lugar; y cuando le pareció que convenía, se retiró, y dejó el paso que se le había mandado guardar, teniendo poca confianza en aquella gente tímida, mal plática y poco experimentada que llevaba consigo, y por los lugares de Béznar y de Dúrcal pasó al Padul, yendo siempre escaramuzando con los moros; los cuales le siguieron hasta el barranco de Dúrcal, y de allí se volvieron, no osando pasar adelante, por ser tierra donde era superior la caballería.

Capítulo XXXII. De los apercibimientos que el marqués de Mondéjar y la ciudad de Granada hicieron estos días

Con el suceso de Tablate cobraron los rebeldes mayor ánimo; y el marqués de Mondéjar, sabido que don Diego de Quesada se había retirado al Padul sin su orden, envió a mandarle que se viniese a Granada, y en su lugar fueron el capitán Lorenzo de Ávila con la gente de las siete villas, y el capitán Gonzalo de Alcántara, hombre plático, criado en Orán, con cincuenta caballos, y orden que se metiesen en Dúrcal, y procurasen mantener aquel lugar y los otros comarcanos del valle de Lecrín, que aun no se habían alzado, en lealtad, mientras llegaba la gente que se aguardaba de las ciudades de la Andalucía y reino de Granada. Porque viendo que los rebeldes hacían demostración, no solo de defender sus casas, más aun de ofender a los cristianos en las suyas, y que andaban en la Alpujarra y cerca de Granada con banderas tendidas, levantando los lugares por do pasaban, y no dejando hombre a vida que tuviese nombre de cristiano, quería formar ejército con que poderlos oprimir; y hallándose falto de gente, de artillería y de municiones, y de todas las otras cosas necesarias para ello, porque en Granada no la había, ni menos se podía valer de la gente de guerra que estaba en los presidios de la costa, por ser poca y estar donde era bien menester, había despachado correos a toda diligencia a los grandes y a las ciudades y villas del Andalucía, dándoles aviso del levantamiento, y de cómo quería salir a allanarlo en persona, y la falta con que se hallaba de gente de a pie y de a caballo para poderío hacer, ordenándoles de parte de su majestad que le enviasen el mayor número que pudiesen. Y porque los corregidores y alcaldes mayores tardaban en hacerlo, pareciéndoles que debía de ser lo que otras veces, que habían sido apercibidas las ciudades, y se había vuelto la gente sin ser menester, el Acuerdo había despachado provisiones con grandes penas, mandándoles que con toda diligencia cumpliesen las órdenes del marqués de Mondéjar. El cual mientras se juntaba esta gente dio orden en aprestar vituallas y municiones dentro de la ciudad de Granada y fuera della, y hizo apercibir todas las cosas necesarias para formar un campo; lo cual todo se aprestó y puso a punto desde 26 días del mes de diciembre hasta 2 de enero, no embargante que de presente no había dinero de su majestad de que poderlo hacer, proveyéndose de otras partes lo mejor que pudo; y porque los lugares de la costa estaban faltos de gente y de bastimentos, y no se podían proveer por tierra, escribió a la ciudad de Málaga, y al proveedor Pedro Verdugo, encargándoles que con toda brevedad los proveyesen en bergantines y barcos por mar, o como mejor pudiesen. Era corregidor de aquella ciudad y de la de Vélez Francisco Arévalo de Zuazo, caballero del hábito de Santiago, hombre práctico por la edad, y muy cuidadoso de las cosas de su cargo; el cual envió luego a Castil de Ferro, donde no había más que el alcaide y dos mozos, a Sanchíznar con veinte hombres y algunos mosquetes; a Salobreña a Diego Barzana con cincuenta tiradores, y a Motril a Diego de Mendoza con otros sesenta; y el proveedor proveyó aquellas plazas y la de Almuñécar, y las que hay hasta Almería, de bastimentos y municiones lo mejor que pudo para reparo de la necesidad presente. También se acordó en el cabildo de Granada que, pues la gente de guerra ordinaria era poca, y el peligro grande y común, sería bien que se armasen todos los vecinos, y se hiciese una milicia dellos, sin reservar a nadie, y que en cada parroquia se nombrase un capitán que arbolase una bandera, a la cual se recogiesen todos los parroquianos, ordenándoles que rondasen y velasen cada noche la ciudad por sus parroquias y cuarteles, y que el cuerpo de guardia se hiciese en las casas de la Audiencia Real por estar cerca de la plaza Nueva, donde había de ser la plaza de armas; lo cual se puso luego por la obra; y porque estaban desarmados los ciudadanos, se buscaron las armas que se pudieron haber, y se las dieron; yen un punto se mudaron todos los oficios y tratos en soldadesca, tanto, que los relatores, secretarios, letrados, procuradores de la Audiencia, entraban con espadas en los estrados, y no dejaban de parecer muy bien en aquella coyuntura. También hicieron los mercaderes genoveses que moraban en aquella ciudad una compañía de por sí, que en armas y aderezos de sus personas hacia ventaja a las demás. Y desde luego se comenzó la ronda, y se pusieron los cuerpos de guardia y centinelas en las partes y lugares que pareció ser conveniente; y el presidente y oidores mandaron pregonar que todos los vecinos estantes y habitantes en Granada acudiesen a lo que el Corregidor les mandase; aunque esto no duró mucho tiempo, porque su majestad escribió a la Audiencia y al Corregidor agradeciéndoles el cuidado que de la guardia de la ciudad tenían, y mandándoles que obedeciesen al marqués de Mondéjar, su capitán general, y estuviese todo lo de la guerra a su orden; y lo mismo escribió al cabildo, porque así convenía a su servicio.

Capítulo XXXIII. Cómo don Juan Zapata fue con ciento y cincuenta soldados a favorecer el lugar de Guájaras del Fondón, y los moros los mataron

El lugar de Guájaras del Fondón era de don Juan Zapata, vecino de Granada, el cual se hallaba estos días en la villa de Motril; y queriendo asegurar aquellos vecinos que no recibiesen daño de los monfís que andaban levantando la tierra, juntó ciento y cincuenta tiradores de los soldados de la costa, y el jueves 30 días del mes de diciembre, entre las cuatro y las cinco de la tarde, se fue con ellos a su lugar. Los moriscos se alborotaron luego que le vieron venir con aquella gente armada, y rogaron al beneficiado que le dijese como los lugares estaban alborotados y llenos de moriscos forasteros que venídose huyendo de otros lugares, y andaban de mala manera, y que sería bien que se volviese a Motril antes que le sucediese alguna desgracia. El beneficiado fue a hablarle, y con él Gonzalo Tertel, alguacil, y algunos de los regidores del lugar; los cuales le pidieron ahincadamente que le volviese a Motril, porque su estada allí no era para más que acabar de alborotar la tierra; mas él les respondió que aquellos soldados los traía a su costa para defenderlos de los monfís, si acudiesen por allí a hacerles daño, y que era menester que los pagasen y les diesen de comer, y que le trajesen luego doscientos ducados, y pan y vino y carne a la iglesia, donde se recogerían, porque no quería que diesen pesadumbre en las casas. Y como le replicasen que no había orden de cumplir nada de lo que pedía, por estar la tierra de la manera que veía, los amenazó que si no le daban lo que pedía, saquearía las casas donde se habían recogido los moriscos forasteros, y podría ser que a las vueltas fuesen las haciendas de los vecinos. Con esta respuesta se volvieron los moriscos al lugar, quedándose con él el beneficiado, el cual le importunó mucho que se fuese antes que anocheciese, porque había diez moros para cada cristiano, y podría ser que le hiciesen daño. Y viendo que no aprovechaban los ruegos ni temores que le ponía, le dejó, y se fue al lugar de Guájar la alta, donde tenía su casa; que no quiso quedarse con él aquella noche, por mucho que se lo rogó. Los moros pues, indignados de ver la respuesta que don Juan Zapata les había dado, determinaron de matarle a él y a los soldados que traía consigo, y para esto juntaron toda la gente armada, y caminaron la vuelta de la iglesia. El alguacil tomó consigo al beneficiado y a su gente, porque no los matasen, y los encerró en un aposento de su casa debajo de llave, y con ellos otros cristianos del lugar. Lo primero que hicieron los moros fue tomar las puertas de la iglesia, para que los cristianos, que inconsideradamente se habían metido dentro, no pudiesen salir a pelear; y haciendo traer muchas haces de leña, cañas y tascos untados con aceite, le pusieron fuego a hora que anochecía. Los soldados viéndose cercados de llamas, quisieran salir al campo, mas los arcabuceros y ballesteros que estaban puestos delante de las puertas, y el grandísimo fuego que ardía alrededor, se lo defendía; y si algunos atrevidos se aventuraron, fueron luego muertos. Creciendo pues la llama por todas partes, los techos de la iglesia se encendieron, y se fueron quemando hasta que vinieron abajo, y cayendo tierra, tejas, ladrillos y maderos quemados encima dellos, perecieron todos de diferentes muertes: unos ahogados de humo y del polvo, otros aporreados, otros abrasados entre llamas; por manera que en el espacio de una hora perecieron todos, excepto tres que tuvieron lugar de poderse descabullir. Don Juan Zapata fue muerto queriendo hacer camino a los demás para que saliesen a pelear, y con él algunos animosos soldados que le siguieron. Este infelice caso estuvieron mirando el beneficiado y los cristianos que estaban con él en casa de Gonzalo Tertel desde una ventana, bien temerosos de que irían luego los moros a hacer otro tanto dellos; mas el morisco les acudió, y los aseguró dende a tres días con enviarlos a Motril acompañados de cincuenta moriscos sus amigos, que los llevaron hasta cerca de aquella villa, donde entraron salvos y seguros con los bienes muebles que pudieron llevar; y no solamente hicieron esta buena obra; pero antes desto, viendo la determinación de los moros y el peligro en que estaba don Juan Zapata, envió a gran prisa un morisco al marqués de Mondéjar, avisándole de lo que pasaba para que proveyese con tiempo de algún socorro, antes que se perdiese; el cual envió luego a mandar al capitán Lorenzo de Ávila, que estaba alojado en Dúrcal, que fuese a socorrerle con quinientos arcabuceros. Y partiendo otro día a hacer el socorro, cuando llegó a una venta que está en la cuesta que llaman de la Cebada, donde se aparta el camino que va de Granada a Motril, supo como eran perdidos todos los cristianos, y se volvió sin hacer efecto a su alojamiento.

Capítulo XXXIV. Cómo los moros quisieron alzar los lugares del río de Almanzora, y la causa porque no se alzaron

Luego que se levantó el lugar de Gérgal, el Gorri envió a dar aviso a los lugares del río de Almanzora de como la tierra estaba toda levantada, para que hiciesen ellos lo mismo, apercibiéndoles que si luego no lo hacían, iría sobre ellos y los destruiría. Andando pues las espías que había enviado persuadiendo a los moriscos a rebelión, el viernes, postrero día del mes de diciembre, aquella misma noche acertó a venir allí Diego Ramírez de Rojas, alcaide de Almuña, que con el alboroto de la Alpujarra había ido a llevar su mujer y familia a la villa de Oria; y llegando cerca del lugar, encontró con unos cristianos que por aviso de ciertos moriscos sus amigos se iban a guarecer en la misma fortaleza; de los cuales supo como habían llegado moros de Gérgal y de otras partes a levantar la tierra por mandado del Gorri, y aunque le rogaron que no pasase adelante por el peligro que había, no lo quiso hacer. Y prosiguiendo su camino, entró en Almuña antes que amaneciese; y sin apearse del caballo se fue derecho a la plaza, y dando voces de industria para que le oyesen los vecinos, llamó al tendero, que tenía cargo de vender pan amasado, y le preguntó la cantidad de harina que tenía en casa; y como le respondiese que era muy poca, le dijo que fuese luego a su casa y le daría veinte anegas, y que las amasase, porque eran menester para provisión del campo del marqués de los Vélez, que llegaba aquel mismo día al río con más de quince mil hombres; y apeándose en su posada, tomó luego tinta y papel, y delante de los moriscos del lugar escribió cuatro cartas a los concejos de Bacares, Serón, Tíjola y Purchena, avisándoles que tuviesen prevenidos muchos bastimentos para aquel efecto, y se las envió con cuatro moriscos. Luego se publicó la nueva por todos los lugares del río y sierras de Baza, de como el marqués de los Vélez entraba poderoso por aquella parte; y los moros que el Gorri había enviado, teniéndola por cierta, dieron vuelta hacia la Alpujarra, echando ahumadas por las sierras, y algunos dellos llegaron a Gérgal y lo dijeron a Puerto Carrero; el cual, no se teniendo por seguro en aquel castillo, lo desamparó, y se fijé con toda la gente a la taa de Marchena. Este ardid de Diego Ramírez de Rojas, intentado con tanta determinación, fue causa de que los moriscos de aquellos lugares dejasen de alzarse por entonces. Y no les engañó en lo que les dijo, porque el miércoles víspera de la fiesta de los Reyes llegó el marqués de los Vélez al lugar de Olula con tres mil infantes y trescientos caballos; y de allí pasó a dar calor a lo de Almería, y se alojó en Tavernas; por manera que si el alcaide acrecentó el número de la gente, no dejó de decirles verdad en cuanto a su venida.

Capítulo XXXV. Que trata de la descripción de Marbella y su tierra, y cómo los moriscos del lugar de Istán se alzaron

Está la ciudad de Marbella puesta en la costa del mar Mediterráneo iberio, cercada de muros y torres con un castillo antiguo: su sitio es en tierra llana; tiene ochocientas casas de población. Llamose antiguamente Marbilli, y los moros no le mudaron el nombre. Sus términos son todos de sierras ásperas y muy fragosas: sola una campiña llana tiene delante, que se extiende cuatro leguas hacia poniente, donde hacen sus simenteras los vecinos y los de los otros lugares de su tierra. Son las sierras, aunque ásperas, abundantes de viñas y de arboledas de morales, castaños, nogales y de otros árboles desta suerte, y de mucha yerba para los ganados. La granjería principal desta tierra es la de la pasa y del vino que van a cargar cada año en aquel puerto los navíos que vienen de Flandes, de Bretaña y de Inglaterra, y la cría de la seda. Solía haber en tiempo de moros muchos lugares de su jurisdicción metidos entre aquellos valles, la mayor parte de los cuales despobló Narváez, alcaide de Gibraltar, en tiempo de guerra, llevándose los moradores cautivos; y otros se despoblaron para irse después a Berbería, habiendo los Reyes Católicos ganado el reino de Granada. Solos cinco lugares han quedado en pie, que son Hojen, Istán, Daidin, Benahaduz y Estepona. Tiene Marbella a poniente la ciudad de Gibraltar, al mediodía la mar, a levante la ciudad de Málaga, y al cierzo la de Ronda. En los términos de Marbella tiene principio la Sierra Bermeja, la cual prosigue hacia poniente por la tierra de Ronda más de seis leguas, hasta los postreros lugares del Havaral o Garbia, llamados Casares y Gausin, yendo siempre apartada una legua, poco más o menos de la mar. Solo un río atraviesa por la tierra de Marbella, que es el río Verde, tan celebrado por una notable rota que allí hubo nuestra gente; el cual nace cuatro leguas de la mar en otra sierra alta que le cae al cierzo, llamada Sierra Blanquilla, del cual y de otros que nacen en ella haremos mención cuando tratemos de la descripción de la ciudad de Ronda. Este río baja por unos valles muy hondos, y sale a las huertas de Istán; y dejando el lugar a la mano izquierda, y la sierra de Arboto, principio de Sierra Bermeja, a la derecha, se mete en la mar una legua a poniente de Marbella.

Istán fue siempre lugar rico, y en este tiempo lo era más que otro ninguno de aquella comarca. Levantose el día de año nuevo, y la causa del levantamiento fue un morisco vecino de allí, llamado Francisco Pacheco Manxuz. Este había estado seis meses pleiteando en la chancillería de Granada sobre la libertad de un sobrino suyo; y entendiendo la determinación de los del Albaicín por comunicación de Farax Aben Farax y de otros, se había ofrecido a hacer que se levantasen los moriscos de los lugares de Sierra Bermeja, y el solemne traidor le había dado orden por escrito de lo que había de hacer, y patente de capitán de su partido. Con estos recaudos llegó el Manxuz a Istán muy ufano, y dando a entender a los vecinos del lugar, que todos eran moriscos, que Granada y todo el reino se alzaba, y que el negocio de los moros iba próspero, los movió a rebelión, confiados en la sierra de Arboto, sitio fuerte por su aspereza, donde se pensaban recoger; y para que los ganados y bagajes pudiesen subir arriba cuando fuese menester, les hizo desmontar y abrir las antiguas veredas, que de no usadas, estaban ya cerradas de monte y deshechas. Estando pues los vecinos movidos por las persuasiones de aquel mal hombre, a 31 días del mes de diciembre llegaron sesenta monfís que enviaba Farax Aben Farax para dar calor a su traición; los cuales, confirmando lo que el Manxuz les había dicho, hicieron que se levantasen luego, solicitándolos de uno en uno aquella noche, de manera que cuando fue de día estaban todos fuera del lugar; que no quedaron dentro sino solos dos moriscos, llamados Pedro de Rojas Huzmín y Lorenzo Alazarac, que no quisieron irse con ellos. Era beneficiado deste lugar el bachiller Pedro de Escalante, el cual había poco que estaba en él; y por no tener casa propia, moraba en una torre antigua de tiempo de moros, que estaba hecha a manera de fortaleza; y queriéndole prender los moriscos al tiempo que se alzaban para matarle, fue uno dellos a llamarle muy de prisa, diciendo que saliese a confesar una morisca que se estaba muriendo; el cual receló de salir, no porque sospechase la maldad del rebelión, como nos lo dijo después, sino por ser de noche y no morar en el lugar otro cristiano más que él; y respondiendo al que le llamaba que esperase hasta que amaneciese, y que no se moriría tan presto la mujer, que no tuviese lugar para confesar de día, dende a un rato volvieron con otro recaudo, y le dijeron que por amor de Dios abriese la puerta de la torre, porque la gente de Marbella venía a matarlos y querían meter las doncellas dentro; y tampoco le pudieron engañar. No mucho después llegaron a una ventana del aposento donde dormía los dos moriscos que dijimos que habían quedado en el higar, y le rogaron que los dejase entrar dentro, porque todos los vecinos iban huyendo al campo y no querían ir con ellos; mas no por eso se quiso fiar hasta que fue de día claro, y entonces llegó un cristiano sastre que acaso se halló allí aquella noche y había sentido el alboroto de la gente cuando se iban, y juntándose con él, fueron hacia la iglesia para entender qué novedad era aquella; y encontrando en el camino a Huzmín y a su mujer, que todavía iban a recogerse a la torre, estando hablando con ellos, vieron un golpe de mancebos armados de ballestas y arcabuces, que venían a atajarles la calle por donde iban, uno de los cuales encaró el arcabuz contra el beneficiado, y no le saliendo, tuvo lugar de meterse de presto con su compañero en la casa de Huzmín; y apenas habían cerrado la puerta y echado una aldaba recia que tenía, cuando los herejes estaban ya dando golpes para romperla diciendo a grandes voces: «Sal fuera, perro alfaquí». Entonces dijo el Huzmin al beneficiado que mirase por sí, porque le querían matar; el cual arrojó la ropa y la vaina de la espada que llevaba por bordón, y ayudándoles el morisco, subieron él y el sastre por una pared arriba, y pasando por los terrados de otras casas, quisieron tomar una puerta que salía al barrio de la torre; y viendo que los moros la tenían ya tomada con temor de la muerte se metieron en una caballeriza. No se descuidó Huzmin en ayudarles todo lo que pudo para que se salvasen, y cuando vio apartados de la puerta los que la querían derribar, buscando los dos cristianos, fue a ellos, y los bajó por la misma pared donde habían subido, y abriéndoles la puerta, les dijo que no convenía parar en el lugar, porque los matarían; los cuales no fueron perezosos en tomar el campo, saltando vallados y peñas, como si fueran por tierra llana, por los bancales de las huertas abajo, hasta que tomaron la sierra que está entre el lugar y Marbella. Allí los divisaron los mancebos gandules, y saliendo una cuadrilla tras dellos, los siguieron más de una legua; mas no los pudieron alcanzar, porque los unos iban huyendo y los otros corriendo. Llegaron a la ciudad dos horas antes de mediodía faltos de aliento y llenos de sudor y de rascuños, que aún hasta entonces no habían sentido, de las zarzas y espinos que habían atropellado. El beneficiado fue el primero que llegó y dio rebato, diciendo que los moriscos de Istán se habían alzado y querídole matar; y a penas había quien lo creyese: tanto era el crédito que los ciudadanos tenían de la gente de aquel lugar, por ser rica, que no podían persuadirse a que se hubiesen querido perder; y así había muchos que le consolaban con decir que debían de haberle tomado entre puertas con alguna mujer. Había dejado el beneficiado en la torre una sobrina doncella que tenía consigo, llamada Juana de Escalante, y una moza de servicio; mientras él iba huyendo, los moros hallando la puerta abierta, como él la había dejado, entraron dentro, y robando trigo y aceite y otras cosas que había en la primera bóveda, prendieron la moza, que acertó a hallarse abajo; la cual comenzó a llorar y les rogó que la dejasen subir arriba con su señora. Tenía la torre una escalera angosta, alta y muy derecha, y la sobrina del beneficiado, que veía el peligro en que estaba, había puesto en el postrer escalón una gran piedra, y junto a ella otras muchas que acertó a haber en el sobrado alto para una obra que se había de hacer en él; y como tuvo la moza consigo, determinó de no dejar subir a nadie arriba. Los hombres cargaron del despojo y salieron de la bóveda; y como unos mozuelos quisiesen ir donde ellas estaban, poniéndose en defensa, echó a rodar la piedra por la escalera abajo, y matando al uno, los otros dieron a huir. La doncella pues, que vio la torre desocupada, sin perder tiempo bajó a gran prisa, y cerrando la puerta, la atrancó con una fuerte viga y tornó a subirse arriba. No tardaron mucho los moros en volverá llevarlas a ella y a su compañera, y hallando la puerta cerrada, quisieron derribarla con un vaivén; mas defendióselo animosamente la doncella, como lo pudiera hacer cualquier esforzado varón, arrojándoles gruesas piedras por el ladrón y por encima del muro, con que los tuvo arredrados y descalabró algunos dellos; y aunque le dieron una saetada, que le atravesó un brazo por junto al hombro, no dejó de pelear ni se paró a sacar la saeta en más de tres horas que duró la pelea, deshaciendo las paredes para sacar piedras que poder tirar cuando hubo gastado las que había sueltas. A este tiempo llegó Bartolomé Serrano, alférez de la compañía de caballos de don Gómez Hurtado de Mendoza, capitán de la gente de guerra de Marbella, que había salido al rebato con treinta escuderos y trescientos infantes; y siendo ya dos horas después de mediodía, halló los moros combatiendo la torre, y escaramuzando con ellos, los retiró, mas no los pudo romper, porque se subieron a unas peñas que están entre el lugar y el río, donde no podían hacer efecto los caballos; y habido su acuerdo, se volvió aquella noche a Marbella, llevando la doncella y la moza consigo, y dejando la tierra alzada.

Capítulo XXXVI. Cómo las ciudades de Ronda, Marbella y Málaga acudieron luego contra los alzados, y de las prevenciones que Málaga hizo en sus lugares

El domingo 2 días del mes de enero se juntaron en Marbella al pie de tres mil hombres, y habiendo enviado aviso a las ciudades de Ronda y Málaga como la los moriscos e habían alzado, volvieron en su demanda; los cuales no se teniendo por seguros en las peñas donde se habían retirado aquella mañana, habían subídose a la sierra por las veredas que tenían abiertas, llevando los ganados y los bagajes cargados por delante, y se iban a meter en el fuerte de Arboto, que está al norte del río Verde, una legua de Istán. Nuestra gente no pudo tampoco acometerlos este día, por la aspereza y fragosidad de la sierra donde estaban metidos, y tornando por el río abajo camino de Ronda, fueron a poner su campo en el propio lugar de Arboto, que, estaba despoblado, al pie de Sierra Bermeja, donde llegó otro día el licenciado Antonio García de Montalvo, corregidor de Ronda y Marbella, con más de cuatro mil hombres; y por discordia que hubo entre él y don Gómez Hurtado de Mendoza, a cuyo cargo venía la gente de Marbella, no acometieron aquel día a los alzados, dejándolo para el martes siguiente. Los moros no osaron aguardar, y desamparando bien de mañana el fuerte, huyeron todos, hombres y mujeres, dejando puesto fuego a las barracas y a los bastimentos que tenían dentro. No gozaron desta caza los que la levantaron, porque fueron a dar en manos de otra gente que iba de Monda, Guaro, Telex, Cazarabonela, Teba, Hardales, Campillo, Alora, Coin, Cartama y Alhaurín a juntarse con ellos, y encontrando las mujeres, niños y viejos, que iban derramados huyendo por aquellas sierras, los cautivaron a todos, y solamente se les fueron los hombres sueltos y libres de embarazo.

Luego que sucedió el levantamiento de Istán, la ciudad de Málaga, confiando poco en los moriscos de su hoya, ordenó que los cristianos de Coin se metiesen en Monda, los de Alora en Tolox, por ser lugares sospechosos, para que no los dejasen alzar, y que ocupasen dos casas fuertes que el marqués de Villena, cuyas son aquellas villas, tenía en ellas; avisó a don Cristóbal de Córdoba, alcaide de Cazarabonela, que fuese a meterse en su fortaleza, por ser aquel paso importante y estar maltratada, y la ciudad la hizo reparar luego, y le dio ciento y cincuenta soldados que tuviese en la villa; y como no fuesen allí menester, por estar aquellos moriscos pacíficos, los enviaron después a Yunquera, donde hicieron una desorden muy grande, que saquearon la villa, y cautivaron todas las mujeres moriscas; y trayéndolas la vuelta de Alozaina, en las cuestas que dicen de Jorol, encontró con ellos Gabriel Alcalde de Gozón, vecino de Cazarabonela, que andaba asegurando la tierra con cincuenta arcabuceros por mandado de Arévalo de Zuazo, y se las quitó y prendió algunos soldados, que fueron castigados. A la torre de Guaro, que está junto a Monda, fue Gaspar Bernal con cien hombres; y haciendo reparar la fortaleza de Almoxía, mandó que se metiesen dentro los cristianos vecinos del lugar, avisó a los alcaides de las fortalezas de Alora, Alozaina y Cartama, que estuviesen apercibidos, y que los vecinos de aquellas villas las velasen y rondasen por su rueda. El marqués de Comares envió una compañía de infantería y veinticinco caballos a la fortaleza de Comares, con que la aseguró, porque aquella villa estaba toda poblada de moriscos; y habiendo puesto los ojos en ella los alzados, tenían hecho trato con ellos para ocuparla, según lo que después se supo. Con estas prevenciones se aseguró aquella tierra, y los de Istán, dejando cautivas las mujeres y los hijos, y juntándose con otros que venían huyendo de tierra de Ronda y de la hoya de Málaga, quedaron hechos montaraces por aquellas sierras. Volvamos a lo que en este tiempo se hacía a la parte de levante.

Capítulo XXXVII. Cómo los moriscos de los lugares del marquesado del Cenete se alzaron, y la descripción de aquella tierra

El marquesado del Cenete está en la falda de la Sierra Nevada que mira hacia el cierzo; a la parte de mediodía Alpujarra; y por todas las otras tiene los términos de la ciudad de Guadix. Es tierra abundante de aguas de fuentes caudalosas que bajan de las sierras. Atraviesa por ella el río que después pasa por junto a la ciudad de Guadix, y por eso le llaman río de Guadix; aunque más verosímil es haber dado el río nombre a la ciudad, porque Gued Aix, como le llaman los moros, quiere decir río de la Vida. Hay en él nueve lugares, llamados Dólar, Ferreira, Guevíjar, el Deyre, Lanteira, Jériz, Alcázar, Alquif y la Calahorra. Los moradores dellos eran todos moriscos, gente rica y muy regalada de los marqueses del Cenete, cuyo es aquel estado; vivían descansadamente de sus labores y de la cría de la seda y del ganado, porque tienen muchas y muy buenas tierras, pastos y arboledas en la sierra y en lo llano, donde poder sembrar y criarlos. La nueva de como los moriscos de la Alpujarra se levantaban, y del daño que hacían en los cristianos y en las iglesias, llegó a la Calahorra el primero día de Pascua de Navidad; y el alcalde Molina de Mosquera, que estaba entonces en aquel lugar procediendo contra los monfís, como queda dicho, se subió luego a la fortaleza con su mujer, que tenía consigo, y con sus criados y veinte arcabuceros que llevaba para guarda de su persona y ejecución de la justicia, y metió dentro sesenta monfís moriscos que tenía presos, haciéndolos encarcelar en unas bóvedas del castillo, porque no se tuvo por seguro con ellos donde estaba. De todo esto holgó el gobernador del estado, llamado Juan de la Torre, vecino de Granada, porque entendió que estaría la fortaleza más a recaudo con la presencia del alcalde, y sería mejor socorrida si se viese en aprieto; y cada uno por su parte escribieron luego a las ciudades de Guadix y Baza, avisando rebelión y del peligro en que estaban aquella fortaleza y la de Fiñana, pata que les enviasen gente de guerra que se metiese dentro y las asegurase. Ordenaron a los concejos de los lugares del Cenete que les proveyesen de leña y bastimentos, y que los cristianos que moraban en ellos se recogiesen a la fortaleza con sus mujeres y hijos. Los vecinos del Deyre, temiendo que si venía mayor número de gente de la Alpujarra, levantarían los lugares por fuerza, acudieron al Gobernador, y le pidieron doscientos soldados, y que ellos los pagarían a su costa para que los defendiesen, por estar desarmados. El cual, como no los tenía, ni orden como podérselos dar, procuró asegurarlos con buenas palabras, amonestándoles que fuesen leales, y ofreciéndoles que cuando fuese menester socorrerlos les acudiría con la gente de Guadix; y para que estuviesen más seguros, les mandó que recogiesen las mujeres y los niños en la fortaleza, los cuales holgaron dello; y lo mismo hicieron los de la Calahorra, y hicieran después todos los demás lugares, si pudieran caber dentro, porque fueron grandes los robos y malos tratamientos que la gente de Guadix les hacían, so color de irlos a favorecer, y los moros de la Alpujarra porque se alzasen. Finalmente, siendo mal defendidos, el día de año nuevo envió el Gorri gente de la Alpujarra con orden que los alzasen, y si no se quisiesen alzar, los robasen y matasen. Y llegando a Guevíjar y a Dólar a tiempo que la mayor parte de los vecinos andaban en el campo en sus labores, alzaron aquellos lugares, y luego los de Jériz, Lanteira, Alquif y Ferreira; y a los del Deyre no hicieron fuerza, por tener las mujeres en la fortaleza; mas ellos se dieron buena maña para sacarlas de allí; porque, como viesen que todo iba ya de rota batida, tomaron por intercesor al alcalde Molina de Mosquera para con el Gobernador, que no quería dárselas, diciendo que mientras allí estuviesen no se alzarían sus maridos y padres. El cual le porfió tanto que se las hubo de entregar, y juntamente con este yerro, que fue muy grande, se hizo otro de mayor importancia para el desasosiego de aquellos lugares, y fue que el Gobernador, temiendo que los sesenta monfís que estaban presos en las bóvedas de la fortaleza podrían alzarse una noche con ella, por no tener la guardia que convenía, requirió al alcalde Molina de Mosquera que los sacase de allí, y los enviase a la cárcel de Guadix o a otra parte. El cual los mandó bajar al lugar y meter en una casa al parecer fuerte, de donde, después los sacaron los alzados cuando cercaron aquella fortaleza; y viéndose en libertad usaron éstos de grandísimas crueldades contra los cristianos que pudieron haber a las manos, en venganza de su injuria; que por tal tenían aquella prisión y el tratamiento que se les había hecho.

Capítulo XXXVIII. Cómo los moros alzados acabaron de levantar los lugares del río de Almería, y se juntaron en Benahaduz para ir a cercar la ciudad

Luego que la taa de Marchena se alzó, los moros alzados de aquella comarca, habiendo levantado los lugares altos del río de Almería, comenzaron a juntarse para ir a cercar la ciudad, no les pareciendo dificultoso ganarla, por la falta de gente, de bastimentos y de municiones de guerra que sabían que había dentro. Teníase aviso por momentos en Almería de lo que los alzados hacían y del desasosiego con que andaban los que no se habían aún declarado, porque demás de su poco secreto, como había en la ciudad más de seiscientas casas de moriscos, iban y venían cada hora con seguridad a las alcarías y sierras, so color de entender el estado en que estaban sus cosas, y traían avisos ciertos; y aun los mismos alzados, como hombres bárbaros de poco saber, que no les cabía el secreto en los pechos ocupados de ira, enviaban soberbiamente recaudos para poner miedo a los cristianos, acrecentando las cosas de su vanidad y poco fundamento. Un morisco que venía de Guécija dijo un día a don García de Villarroel públicamente como Brahem el Cacis, capitán de aquel partido, se le encomendaba y decía que el día de año nuevo se vería con él en la plaza de Almería, donde pensaba poner sus banderas; que tomase su consejo y diese la ciudad a los moros, pues no les quedaba otra cosa por ganar en el reino de Granada, y excusaría las muertes y incendios que se esperaban entrándola por fuerza de armas. Otro le trajo una carta del alguacil de Tavernas, llamado Francisco López, en que cautelosamente le decía cómo se iba a recoger en aquella ciudad con la gente de su lugar y de otros que, como buenos cristianos fieles al servicio de su majestad, querían abrigarse debajo de su amparo, y que por venir su mujer en días de parir, se detenía tres o cuatro días en los baños de Alhamilla. Mas luego se entendió el engaño deste mal hombre por aviso de una espía, que certificó ser mucha la gente que traía consigo, y que venía entreteniéndose mientras se juntaban los moros de Gérgal, Guécija, Boloduí y de la sierra de Níjar para ir luego a cercar la ciudad. Estos y otros avisos tenían a los ciudadanos con cuidado; fatigábales la falta de pan, aunque tenían carne, y mucho más la de las municiones y pertrechos; y con todo eso, ayudados de la gente de guerra, hacían sus velas y rondas ordinarias y extraordinarias, y salían cada día a dar vista a los lugares comarcanos, así para proveerse, como para mantenerlos en lealtad, o a lo menos entretenerlos que no se alzasen de golpe. Sucedió pues que el día de a lo nuevo, habiendo salido don García de Villarroel con algunos caballos y peones a correr los lugares del río, llegan no cerca del lugar de Gádor, vieron andar los moriscos fuera dél apartados por los cerros, que no querían llegarse a los cristianos como otras veces; y como se entendiese que andaban alzados, quisiera don García de Villarroel hacerles algún castigo, si no se lo estorbaran los moros de Guécija, que a un tiempo asomaron por unos cerros con once banderas, y se fueron a meter en el lugar. El cual, desconfiado de poder hacer el castigo que pensaba, se volvió a poner cobro en la ciudad, temeroso de algún cerco que la pusiese en aprieto, porque veía que había dentro de los muros al pie de mil moriscos que podían tomar armas, y de quien se podía tener poca confianza; que los cristianos útiles para pelear no llegaban a seiscientos, y esos mal armados; y que dé necesidad se habían de juntar muchos moros, y teniendo tan largo espacio de muros rotos y aportillados por muchas partes que defender, de fuerza habían de poner la ciudad en peligro.

Vuelto pues don García de Villarroel a Almería, los alzados se alojaron aquella noche en Gádor, y otro día de mañana se bajaron el río abajo, y se fueron a poner una legua de la ciudad en el cerro que dicen de Benahaduz, donde traían acordado de juntarse; y como nuestros corredores de a caballo, que andaban de ordinario en el río, avisasen dello, hubo muchos pareceres en la ciudad sobre lo que se debía hacer. Unos decían que se atendiese solamente a la defensa de los muros mientras venía socorro de gente, pues la que había en la ciudad era poca para dividirse; y otros, con más animosa determinación, querían que se fuese a dar sobre los enemigos, que estaban en Benahaduz, para desbaratarlos antes que se juntasen con ellos los demás, afirmando que solo en esto consistía su bien y libertad. Finalmente se tomó resolución en que don García de Villarroel con algunos caballos y infantes fuese a reconocerlos, y a ver el sitio donde estaban puestos, y el acometimiento que se les podría hacer; y con esto se fue la gente a sus posadas aquella noche, donde los dejaremos hasta su tiempo.

Capítulo XXXIX. Cómo los lugares de las Albuñuelas y Salares se alzaron

Las Albuñuelas y Salares son dos lugares muy cercanos el uno del otro en el valle de Lecrín, y habían dejado de alzarse cuando la elección de Aben Humeya en Béznar, por consejo de un morisco de buen entendimiento, llamado Bartolomé de Santa María, a quien tenían mucho respeto, el cual, siendo alguacil de las Albuñuelas, los había entretenido con buenas razones diciéndoles que escarmentasen en cabezas ajenas, y considerasen en lo que habían parado las rebeliones pasadas, el poco fundamento que tenían contra un príncipe tan poderoso, y lo mucho que aventuraban perder, la poca confianza que se podía tener de los socorros de Berbería, y el gran riesgo de sus personas y haciendas en que se ponían y como después vio que la gente andaba desasosegada, que los lugares se henchían de moros forasteros de los alzados de tierra de Salobreña y Motril, que crecían cada día los malos y escandalosos, y que no era parte para estorbarles su determinación precipitosa, porque iba todo de mala manera, llamando al bachiller Ojeda, su beneficiado, que aun hasta entonces no se había ido del lugar, le dijo que recogiese los cristianos que pudiese y se fuese a poner en cobro, si no quería que le matasen los monfís, certificándole que si lo habían dejado de hacer, había sido por tenerle a él respeto, sabiendo que era su amigo; y porque pudiese irse con seguridad y los monfís no le ofendiesen en el camino, le dio cincuenta hombres, que le acompañaron dos leguas hasta el lugar de Padul, donde le dejaron en salvo el día de año nuevo. No fue poco venturoso el beneficiado en tener tal amigo; porque dentro de dos días, sobrepujando la maldad, se alzaron aquellos lugares, y en señal de libertad, aunque vana, sacaron los vecinos de las Albuñuelas una bandera antigua, que tenían guardada como reliquia de tiempo de moros, y arbolándola con otras siete banderas que tenían hechas secretamente para aquel efecto, de tafetán y lienzo labrado, se recogieron a ellas todos los mancebos escandalosos, y lo primero que hicieron fue destruir y robar la iglesia y todas las cosas sagradas. Luego robaron las casas del beneficiado y de los otros cristianos, y dejando las suyas yermas y desamparadas, por no se osar asegurar en ellas, se subieron a las sierras con sus mujeres y hijos y ganados. No les faltó aun en este tiempo el alguacil Santa María con su buen consejo, el cual viendo idos la mayor parte de los monfís, persuadió al pueblo a que se volviesen a sus casas y procurasen disculparse con los ministros de su majestad, diciendo que los malos les habían hecho que se alzasen por fuerza y contra su voluntad, y que desta manera podrían aguardar hasta ver en qué paraban sus cosas, y tomar después el partido que mejor les estuviese, como adelante lo hicieron. Vamos agora a lo que el marqués de Mondéjar hacía en este tiempo.

Libro V

Capítulo I. Cómo el marqués de Mondéjar formó su campo contra los rebeldes

Estaban en este tiempo los ciudadanos de Granada confusos y muy turbados, casi arrepentidos del deseo que habían tenido de ver levantados los moriscos, por las nuevas que cada hora venían de las muertes, robos e incendios que inician por toda la tierra; y cansados los juicios con estos cuidados, perdida algún tanto la codicia, solamente pensaban en la venganza. El marqués de Mondéjar daba prisa a las ciudades que le enviasen gente para salir en campaña, porque en la ciudad no había tanta que bastase para llevar y dejar, certificándoles que de su tardanza podrían resultar grandes inconvenientes y daños, si los rebelados, que estaban hechos señores de la Alpujarra y Valle, lo viniesen también a ser de los lugares de la Vega, por no haber cantidad de gente con que poderlos oprimir, antes que sus fuerzas fuesen creciendo con la maldad. Habiendo pues llegado las compañías de caballos y de infantería de las ciudades de Loja, Alhama, Alcalá la Real, Jaén y Antequera, y pareciéndole tener ya número suficiente con que poder salir de Granada, partió de aquella ciudad lunes a 3 días del mes de enero del año de 1569, dejando a cargo del conde de Tendilla, su hijo, el gobierno de las cosas de la guerra y la provisión del campo; y aquella tarde caminó dos leguas pequeñas, y fue al lugar de Alhendín, donde se alojó aquella noche, y recogiendo la gente que estaba alojada en Otura y en otros lugares de la Vega, la mañana del siguiente día caminó la vuelta del Padul, primer lugar del valle de Lecrín, pensando rehacer allí su campo. Llevaba dos mil infantes y cuatrocientos caballos, gente lúcida y bien armada, aunque nueva y poco disciplinada. Acompañábanle don Alonso de Cárdenas, su yerno, que hoy es conde de la Puebla, don Francisco de Mendoza, su hijo, don Luis de Córdoba, don Alonso de Granada Venegas, don Juan de Villarroel, y otros caballeros y veinte y cuatros, y Antonio Moreno y Hernando de Oruña, a quien su majestad había mandado que asistiesen cerca de su persona por la práctica y experiencia que tenían de las cosas de guerra, y otros muchos capitanes y alféreces, soldados viejos entretenidos con sueldo ordinario por sus servicios. De Jaén iba don Pedro Ponce por capitán de caballos, y Valentín de Quirós con la infantería. De Antequera Álvaro de Isla, corregidor de aquella ciudad, y Gabriel de Treviñón, su alguacil mayor, con otras dos compañías. Capitán de la gente de Loja era Juan de la Ribera, regidor; de la de Alhama, Hernán Carrillo de Cuenca, y de Alcalá la Real, Diego de Aranda. Iba también cantidad de gente noble popular de la ciudad de Granada y su tierra, y las lanzas ordinarias, cuyos tenientes eran Gonzalo Chacón y Diego de Leiva y la mayor y mejor parte de los arcabuceros de la ciudad, cuyos capitanes eran Luis Maldonado, y Gaspar Maldonado de Salazar, su hermano. Con toda esta gente llegó el marqués de Mondéjar aquella noche al lugar del Padul, y antes de entrar en él salieron los moriscos más principales a suplicarle no permitiese que los soldados se aposentasen en sus casas, ofreciéndole bastimentos y leña para que se entretuviesen en campaña, porque temían grandemente las desórdenes que harían; y aunque el Marqués holgara de complacerles, no les pudo conceder lo que pedían, porque el tiempo era asperísimo de frío, la gente no pagada, y acostumbrada a poco trabajo, y se les hiciera muy de mal quedar de noche en campaña; y diciendo a los moriscos que tuviesen paciencia, porque sola una noche estaría allí el campo, y que proveería como no recibiesen daño, los aseguró de manera, que tuvieron por bien de recoger y regalar a los soldados en sus casas aquella noche, aunque no la pasaron toda en quietud, por lo que adelante diremos.

Capítulo II. Cómo estando el marqués de Mondéjar en el Padul, los moros acometieron nuestra gente, que estaba en Dúrcal, y fueron desbaratados

La propia noche que el marqués de Mondéjar llegó con su campo al lugar del Padul, los moros acometieron el lugar de Dúrcal, una legua de allí, donde estaban alojados el capitán Lorenzo de Ávila con las compañías de las siete villas de la jurisdicción de Granada, y el capitán Gonzalo de Alcántara con cincuenta caballos. No pudo ser este acometimiento tan secreto, que dejasen de tener aviso los capitanes, porque el mismo día que el marqués de Mondéjar salió de Granada, los soldados de aquel presidio habían tomado dos espías, al uno de los cuales hallaron quebrando los aderezos de un molino, donde se molía el trigo para las raciones de los soldados, y el otro era un muchacho hijo de cristianos, criado desde su niñez entre moriscos y hecho a sus mañas, que le enviaba Miguel de Granada Xaba, capitán de los moros del Valle, a que espiase la cantidad de la gente que había en aquel lugar y el recato con que estaban. El espía que fue preso en el molino jamás quiso confesar, aunque le hicieron pedazos en el tormento; el muchacho, a persuasión del doctor Ojeda, vicario de Nigüeles, que era el que le había hecho prender, entre ruego y amenazas, vino a confesar y declarar todo el hecho de la verdad, y el efecto para que los habían enviado. Este dijo que los de las Albuñuelas habían hecho reseña cuando se quisieron alzar, y que se habían hallado doscientos tiradores escopeteros y ballesteros entre ellos, y trescientos con armas enhastadas y espadas; que los moriscos forasteros y monfís habían quemado la iglesia, y que después se habían arrepentido los vecinos, viendo que los del Albaicín y de la Vega se estaban quedos; y que queriéndose tornar a sus casas por consejo del alguacil, se lo habían estorbado otros de los alzados, diciéndoles que no era ya tiempo de dar excusas ni de pedir perdón, porque los cristianos no les creerían ni se fiarían más dellos, viendo la señal que habían dado; y que el alcaide Xaba había juntado de los lugares de Órgiba y del Valle, y de Motril y Salobreña mucha cantidad de moros, y entre ellos más de seiscientos tiradores, para ir a dar sobre el lugar de Dúrcal, y que sin falta daría la siguiente noche sobre él. Con este aviso fue luego aquella tarde el capitán Lorenzo de Ávila al marqués de Mondéjar, y llevó el muchacho consigo; y siendo ya bien de noche, se volvió a su alojamiento con cuidado de lo que podía suceder, y en llegando hizo echar bando que ningún soldado quedase desmandado por las casas; que todos se recogiesen a la iglesia, donde estaba el cuerpo de guardia. Reforzó las postas y centinelas, y puso otras de nuevo donde le pareció ser necesarias; y el capitán Gonzalo de Alcántara apercibió la caballería, que estaba alojada en Margena, que es un barrio cerca de Dúrcal, para que en sintiendo dar al arma, saliesen tocando las trompetas desde el alojamiento hasta una haza llana delante de la plaza de la iglesia; porque este hombre experimentado entendió el efecto que se podría seguir animando a los soldados y desanimando a los enemigos, con ver que tocaban las trompetas hacia donde estaba el campo del marqués de Mondéjar, que de necesidad habían de presumir que venía socorro. Andando pues los animosos capitanes haciendo estas prevenciones y apercibimientos, el Xaba, que no dormía, venía caminando a más andar cubierto con la oscuridad de la noche, y llegando cerca del lugar, repartió seis mil hombres que traía en dos partes: con los tres mil fue en persona a tomar un barranco muy hondo que se hace entre el Padul y el barrio de Margena, por donde había de ir el socorro de nuestro campo; los otros tres mil envió con otros capitanes, para que unos acometiesen por el camino que va entre Margena y Dúrcal, y otros por otra parte hacia la sierra, ordenándoles que excusasen todo lo que pudiesen el salir a lo llano, porque los caballos no se pudiesen aprovechar dellos. Desta manera llegaron dos horas antes que amaneciese con un tiempo asperísimo de frío y muy oscuro. Nuestras centinelas los sintieron, aunque tarde; y tocando arma, con estar apercibidas, casi todos entraron a las vueltas en el lugar, no siendo menor el miedo de los acometedores que el de los acometidos. Los capitanes, que andaban a esta hora requiriendo las postas, acudieron luego a hacer resistencia; mas presto se hallaron solos. Lorenzo de Ávila se opuso contra los que venían a entrar de golpe por una haza adelante con sola una espada y una rodela, y los fue retirando con muertes y heridas de muchos dellos; y siendo herido de saeta, que le atravesó entrambos muslos, fue socorrido y retirado a la iglesia. Gonzalo de Alcántara se puso a la parte del camino de Margena a resistir un gran golpe de enemigos que venían entrando por allí; y fue tanta la turbación de nuestra gente en aquel punto, que ni bastaban ruegos ni amenazas para hacerles salir de la iglesia, como si la aspereza y tenebrosidad de la noche fuera más favorable a los enemigos que a ellos; y para castigo de semejante flaqueza no dejaré de decir que hubo muchos que, soltando las armas ofensivas, se metieron huyendo en la iglesia, tomando por escudo otros, para que los moros no los matasen a ellos primero; ni menos callará mi pluma el valor de los animosos capitanes y soldados que pusieron el pecho al enemigo por el bien común, acudiendo, no todos juntos, que hicieran poco efecto, por ser muchas las entradas, sino cada uno por su parte, y reparando con su mucho valor un gran peligro; porque, los moros, hallando aquella resistencia y sintiendo grande estruendo de armas, no creyendo que eran de la gente que huía, sino de la que se aparejaba contra ellos, aflojaron su furia, y aun se comenzaron a retirar. A este tiempo el capitán Alcántara, viendo que Lorenzo de Ávila, herido como estaba, procuraba sacar la gente de la iglesia animándolos a la pelea, con doce o trece soldados, que no le siguieron más, volvió a su puesto, porque los enemigos daban de nuevo carga por allí. Acudiéronle también ocho religiosos, cuatro frailes de San Francisco y cuatro jesuitas, diciendo que querían morir por Jesucristo, pues los soldados no lo osaban hacer; mas no se lo consintió, rogándoles de parte de Dios que haciendo su oficio, acudiesen a esforzar la gente que estaba a las bocas de las calles que salían a la plaza, porque no las desamparasen. Viendo pues los moros que no eran seguidos; tornaron a hacer su acometimiento, y adelantándose uno con una bandera en la mano, llegó a reconocer la plaza por junto a un mesón que estaba a la parte del cierzo; y como no vio gente por allí, comenzó a dar grandes voces en su algarabía, diciendo a los compañeros que allegasen, porque los cristianos habían huido. A esto acudió Gonzalo de Alcántara, y emparejando con el moro de la bandera, le hirió con la espada en el hombro izquierdo, y dio con él muerto en tierra; mas cargando sobre él otros que venían detrás, le hubieran muerto, si no fuera por las armas y por una adarga que llevaba embrazada, y con todo eso le dieron una estocada en el rostro y le derribaron de espaldas en el suelo, con otros muchos golpes que recibió sobre las armas. No le faltó en este tiempo el favor de un buen soldado, llamado Juan Ruiz Cornejo, vecino de Antequera, que le acudió, y no dio lugar a que los moros le acabasen de matar; antes con sola la espada en la mano y la capa revuelta al brazo le defendió, y mató dos moros de los que más le aquejaban. Levantándose pues Gonzalo de Alcántara, volvió con mayor saña a la pelea; y llegando a él un fraile francisco con un Cristo crucificado en la mano diciéndole: «Ea, hermano, veis aquí a Jesucristo, que él os favorecerá»; estándoselo mostrando, y diciendo estas y otras palabras, le dio uno de aquellos herejes con una piedra en la mano tan gran golpe, que se lo derribó en el suelo. Creció tanto la ira a Gonzalo de Alcántara viendo un tal hecho, que se metió como un león entre aquellos descreídos, y acompañado de su buen amigo Cornejo, mató al moro que había tirado la piedra y otros que le quisieron defender y alzando el crucifijo del suelo, lo puso en las manos del fraile, jurando por aquella santa insignia que había de pasar por la espada aquella noche todos cuantos herejes le viniesen por delante. No estaba ocioso en este tiempo el capitán Alonso de Contreras, que también estaba de presidio en este lugar con una compañía de gente de Granada; mas no le sucedió tan felizmente como a los demás, porque defendiendo la entrada de una calle, fue herido de saeta con yerba, de que murió. También murió Cristóbal Márquez, alférez de Gonzalo de Alcántara, peleando como esforzado. Estando pues nuestra gente en harto aprieto, y bien necesitada de ánimo, si los enemigos le tuvieran para proseguir su empresa, la caballería, que había tardado en salir de su alojamiento, comenzó a entrar por las calles, y no pudiendo romper, porque estaban llenas de moros, salió lo mejor que pudo al campo tocando las trompetas. Este aviso fue importante y valió mucho a los nuestros, porque el Xaba, que estaba en el barranco entre Dúrcal y el Padul, creyendo que la caballería del campo del marqués de Mondéjar había pasado de la otra parte, o que estaba alojado en Dúrcal, comenzó a dar grandes voces a su gente diciendo: «A la sierra, a la sierra; que los caballos vienen sobre nosotros»; y luego dieron todos los unos y los otros vuelta. A este tiempo habían sentido las centinelas del campo disparar arcabuces en Dúrcal, y siendo avisado dello Antonio Moreno, que andaba rondando, había dado noticia al marqués de Mondéjar; el cual sospechando lo que podría ser por la relación que tenía, mandó recoger la gente a gran prisa, y enviando delante a Gonzalo Chacón con las lanzas de la compañía del conde de Tendilla, que estaba a su cargo, salió en su seguimiento con la otra caballería, dejando orden a Antonio Moreno y a Hernando de Oruña, que servían de superintendentes de la infantería, que marchasen a la sorda con todas las compañías la vuelta de Dúrcal; mas ya cuando el marqués de Mondéjar llegó eran idos los moros, y nuestra gente estaba algo temerosa en la plaza de la iglesia, blasonando de la victoria algunos que no merecían el prez ni el premio della. Murieron aquella noche veinte soldados, y hubo muchos heridos, aunque no todos por mano de los enemigos; antes se mataron y hirieron unos a otros, saliendo con la oscuridad de la noche y encontrándose por las calles, y estos eran de los que se habían quedado sin orden fuera del cuerpo de guardia, que no se habían querido recoger a las banderas. Llegado el marqués de Mondéjar a Dúrcal, agradeció mucho a los capitanes lo bien que lo habían hecho, y mandó llevar los heridos a Granada para que fuesen curados; y para aguardar la gente que le iba alcanzando, y los bastimentos y municiones que el conde de Tendilla enviaba de Granada, se detuvo cuatro días en aquel alojamiento, porque no le pareció entrar menos que bien apercibido en la Alpujarra.

El capitán Xaba volvió medio desbaratado a Poqueira con pérdida de doscientos moros; y Aben Humeya, que le estaba aguardando para tras de aquel efecto hacer otros mayores, viéndole ir de aquella manera, quiso cortarle la cabeza; mas él se disculpó, diciendo que si había retirado la gente había sido porque entendió que la caballería del marqués de Mondéjar había pasado por otra parte el barranco y tomádole lo llano; y que lo que él había hecho, hiciera cualquier hombre atentado, oyendo tocar tantas trompetas hacia la parte donde estaba el enemigo. Y no dejaba de tener alguna razón el moro, porque demás de las trompetas de la compañía de Gonzalo de Alcántara, que salieron de Margena, había mandado el marqués de Mondéjar que se adelantasen dos trompetas, y fuesen solas tocando la vuelta de Dúrcal, para que los nuestros entendiesen que les iba socorro; y como no había visto el Xaba pasar caballos aquella tarde, entendiendo que todos debían de estar alojados en Dúrcal, quiso retirarse con tiempo antes que le atajasen, porque los tres mil hombres que tenía consigo eran ruin gente y desarmada, que solamente llevaban hondas para tirar piedras y algunas lanzuelas; y si los caballos los hallaran en tierra llana, no dejaran hombre dellos a vida.

Capítulo III. Cómo la gente de Almería salió a reconocer los moros que se habían puesto en Benahaduz, y cómo después volvió sobre ellos y los desbarató

A gran prisa se juntaban los moros de la comarca de la ciudad de Almería para ir a cercarla; y demás de los que dijimos que se habían puesto en Benahaduz, había ya otros recogidos en el marchal de la Palma, cerca de allí, para juntarse con ellos, cuando don García de Villarroel, queriendo hacer el efecto de reconocerlos y ver el sitio que tenían y por dónde se les podría entrar, salió de Almería con cuarenta soldados arcabuceros y treinta caballos, y dejando atrás los peones, se adelantó con la gente de a caballo; y para haber de hacer el reconocimiento entre paz y guerra, sin que sospechase aquella gente tan conocida y vecina el intento que llevaba, envió delante un regidor de aquella ciudad, llamado Juan de Ponte, a que les preguntase la causa de su desasosiego, y reconociese qué gente era, y la orden que tenían en el asiento de su campo. El regidor llegó tan cerca de los moros, que pudo muy bien preguntarles lo que quiso, y con seguridad, por ir solo; y cuando le hubieron oído, le respondieron soberbiamente que volviese a su capitán y le dijese que otro día de mañana, cuando tuviesen puestas sus banderas en la plaza de Almería, le darían razón de lo que deseaba saber. Y como les tornase a replicar, aconsejándoles que dejasen las armas y se redujesen al servicio de su majestad, que era lo que más les convenía, algunos dellos le comenzaron a deshonrar, llamándole perro judío, y diciéndole que ya era todo el reino de Granada de moros, y que no había más que Dios y Mahoma. Con esto volvió Juan de Ponte al capitán, el cual tornó a enviarles otro recaudo con el maestrescuela don Alonso Marín, a quien los moriscos de aquella tierra tenían mucho respeto; el cual llamó algunos conocidos, y les rogó que dejasen el camino de perdición que llevaban. Y viendo que era tiempo perdido aconsejarles bien, se retiró, y don García de Villarroel se les fue acercando lo más que pudo en son de guerra, para ver qué tiradores tenían; y como no tirasen más que con un mosquete y dos o tres escopetas, entendió que se podría hacer el efecto antes que se juntasen más de los que allí estaban, especialmente cuando hubo reconocido el sitio que tenían, que, aunque era fuerte, su misma fortaleza mostraba ser favorable a nuestra gente; porque si la aspereza de una senda, por donde se había de subir, impedía el poder llegar de golpe a los enemigos, esa misma era defensa para que tampoco ellos pudiesen bajar juntos a dar en los cristianos. Sobre la mano derecha había otra entrada, por donde se les podía también entrar, hacia un cerro que estaba junto al de Benahaduz, lugar áspero para hollar con caballos, y no muy fácil para gente de a pie. Callando pues su concepto, y diciendo a los moros que en la ciudad los aguardaba, aunque los tenía por tan ruin gente que no cumplirían su palabra, se volvió aquel día a Almería, donde halló que le aguardaban con cuidado de saber lo que se había hecho; que cierto le tenían todos muy grande, por ser poca gente la que había llevado consigo. Deste reconocimiento llevó don García de Villarroel determinado de dar a los moros una encamisada la misma noche al cuarto del alba; y no se osando declarar, según lo que nos certificó, temiendo que la justicia y regimiento lo contradiría por el peligro de la ciudad, si por caso le sucediese alguna desgracia, para tener ocasión de poder salir sin que se entendiese su designio, dejó una espía fuera de la muralla entre las huertas con orden que a media noche hiciese una almenara de fuego, para que viéndola las centinelas de la ciudad, tocasen arma. Sucedió la ocasión y el efecto conforme con su deseo; porque en viendo la almenara, toda la ciudad se puso en arma, y acudiendo también él al rebato, reforzó los cuerpos de guardia; y siendo ya después de media noche, dijo que quería salir a ver qué rebato había sido aquel, y si andaban moros en las huertas. Y mandando a los soldados que saliesen con las camisas vestidas sobre las ropas, para que en la oscuridad de la noche se conociesen, partió de Almería dos horas antes del día con ciento cuarenta y cinco arcabuceros de a pie y treinta y cinco caballos, y entre ellos algunos caballeros y gente noble; y andando un rato cruzando de una parte a otra, por desviarse de las huertas y de los lugares donde le pareció que los enemigos podrían tener alguna espía o centinela, se arrimó hacia el río, y cuando vio que ya era tiempo paró el caballo, y haciendo alto, estando toda la gente junta, les declaró la determinación que llevaba, la causa porque lo había tenido secreto, la importancia que sería desbaratar los moros que estaban en Benahaduz antes que se juntasen con ellos los del Marchal de la Palma y otros, que no podrían dejar de ser muchos; diciendo que él había reconocido los enemigos, gente desarmada y harto menos de la que se presumía; que el sitio donde estaban les era más perjudicial que favorable, y que haciendo lo que debían, con el favor de Dios fuesen ciertos que ternían victoria, en la cual consistía el remedio y seguridad de los vecinos de Almería, y los que allí estaban serían aprovechados de los despojos de los moros en premio de su virtud. No fue pequeño el contento que recibió nuestra gente cuando supo el efecto a que iban, y loando mucho aquel consejo, movieron todos alegremente la vuelta de Benahaduz. En el camino prendieron tres moriscos, de quien supieron como estaban todavía los moros donde los habían dejado: esto les hizo alargar el paso, y llegando ya cerca, se repartió la gente en dos partes. Julián de Pereda, alférez de la infantería, con cien arcabuceros se apartó por una vereda encubierta sobre la mano derecha, y se puso en el cerro que está junto con el de Benahaduz, donde estaban los enemigos alojados, y llevó orden que en sintiendo disparar la arcabucería, que pelearía por frente, saliese impetuosamente y les diese Santiago; y el capitán con el resto de la gente, llevando los arcabuceros delante y la caballería de retaguardia, se fue acercando al enemigo por el camino derecho, y llegó a descubrir su alojamiento cuando ya esclarecía el alba. A este tiempo las centinelas de los moros habían ya descubierto el bulto de los soldados que llevaba Pereda, y como iban bajos y encamisados, y no se recelaban de cristianos que acudiesen por aquella parte, juzgaron ser ganado ovejuno que traían algunos moros para provisión del campo, y con esto se aseguraron, hasta que vieron venir caballos por la otra parte. Entonces comenzaron a dar voces y a tocar los atabalejos a gran prisa, y se pusieron todos en arma, aunque confusos, como gente mal práctica, que no sabían cuál les sería mejor, salir a pelear o defenderse. Dejando pues don García de Villarroel la caballería atrás, como un tiro de honda fuera de un arboleda que llegaba hasta el proprio cerro, cuyas ramas impedían el efecto de las saetas y piedras que tiraban de arriba, metió la infantería por debajo de los árboles, y le fue mejorando hasta ponerla detrás de unas tapias, cerca del vallado de una acequia y de una peña tajada que había hacia aquella parte, donde se tomaba una angosta senda, la cual estorbaba también a los moros poder bajar de golpe a hacer acometimiento. Y cuando le pareció que Julián de Pereda habría llegado a su puesto, sin aguardar más, mandó que los arcabuceros disparasen por su orden, dando una carga tras de otra. Solas dos cargas habían dado, y entonces comenzaba la tercera, cuando los cien soldados hicieron animoso acometimiento por su parte; y como don García de Villarroel oyó el estruendo de los arcabuces, hizo que los peones subiesen por el cerro arriba, siguiéndolos la gente de a caballo, y pasaron por una puentecilla harto angosta, que estaba sobre el acequia. Al principio mostraron los moros ánimo y hicieron alguna resistencia; mas cuando vieron la otra arcabucería a las espaldas, creyendo que matas, árboles y piedras todo era cristianos, como suele acaecer a los tímidos, luego desmayaron. No faltó ánimo en este punto a Brahem el Cacis, el cual hacía a un tiempo oficio de capitán y de soldado, peleando por su persona, y esforzando su gente con ruegos y con amenazas; y cuando vio que todo le aprovechaba poco, apeándose del caballo, con una lanza en la mano se metió entre los cristianos, y hizo tales cosas, que algunos le volvieron las espaldas; mas yendo tras de un soldado que le huía, otro más animoso le salió de través, y le dio un arcabuzazo y le mató. Con la muerte de su capitán, los pocos moros que hacían armas acabaron de desbaratarse, poniendo más confianza en los pies que en las manos, y nuestra gente los siguió, y fueron muertos los que pudieron alcanzar, sin tomar hombre a vida; solos siete moros fueron presos, que se quedaron metidos en una cueva en su alojamiento, y los hallaron unos soldados escondidos. De nuestra parte hubo un solo escudero herido y dos caballos muertos. Perdieron los moros todas sus banderas, con las cuales y con la cabeza de Brahem el Cacis, en cuyo lugar sucedió Diego Pérez el Gorri, volvió don García de Villarroel aquel día a la ciudad de Almería, donde fue alegremente recibido del Obispo y de toda la clerecía, y del común, chicos y grandes, dando gracias al Omnipotente por tan buen suceso, mediante el cual los moros perdieron la esperanza que tenían, y se abrió el camino a otros muchos y buenos efectos. Y bien considerado, Brahem el Cacis cumplió su palabra, pues su cabeza y sus banderas se vieron en la plaza de Almería cuando él dijo. Señaláronse este día don Luis de Rojas Narváez, arcediano de aquella santa iglesia, el doctor don Diego Marín, maestreescuela, el racionero Paredes, don Alonso Habiz Venegas, Pedro Martín de Aldana, Juan de Aponte, Francisco de Belvis, y otros muchos escuderos y soldados particulares. Este don Alonso Habiz Venegas era regidor de Almería y de los naturales del reino, aunque bien diferente dellos en su trato y costumbres, y los moriscos le estimaban mucho, por ser fama que venía del linaje de los reyes moros de Granada; y deseando hacerle rey en este rebelión, le había escrito Mateo el Rami sobre ello, rogándole de su parte que lo aceptase; el cual tomó la carta y la llevó al ayuntamiento de la ciudad, y la leyó a la justicia y regidores, diciéndoles que no dejaba de ser grande tentación la del reinar. Y de allí adelante vivió siempre enfermo, aunque leal servidor de su majestad, procurando enriquecer más su fama con esfuerzo y virtud propia que con codicia y nombre de tirano. Súpose después de aquellos siete moros que llevaron presos, todo el intento que tenían de ocupar la ciudad de Almería, y otras muchas cosas que confesaron en el tormento; y al fin se les dio la soga que andaban buscando, mandándolos ahorcar de las almenas de la ciudad. Volvamos al marqués de Mondéjar, que dejamos alojado en Dúrcal.

Capítulo IV. Cómo se fue engrosando el campo del marqués de Mondéjar, y cómo los moros de las Albuñuelas se redujeron

En este tiempo iba juntándose la gente de las ciudades del Andalucía en Granada; y estando el marqués de Mondéjar en el alojamiento de Dúrcal, llegó don Rodrigo de Vivero, corregidor de Úbeda y Baeza, con la gente de aquellas dos ciudades. Iban de Úbeda tres compañías de a trescientos infantes y dos estandartes de a setenta y cinco caballos. De Baeza eran novecientos y ochenta infantes en cuatro compañías y cuatro estandartes de cada treinta caballos, toda gente lucida y bien arreada a punto de guerra, que cierto representaban la pompa y nobleza de sus ciudades y el valor y destreza de sus personas, ejercitados en las guerras externas y civiles. Los capitanes eran todos caballeros, veinticuatro y regidores; la infantería de Úbeda gobernaban don Antonio Porcel, don Garcí Fernández Manrique y Francisco de Molina; y la caballería don Gil de Valencia y Francisco Vela de los Cobos. De la infantería de Baeza eran capitanes Pedro Mejía de Benavides, Juan Ochoa de Navarrete, Antonio Flores de Benavides y Baltasar de Aranda, que llevaba la compañía de los ballesteros que llaman de Santiago. De los caballos eran capitanes Juan de Carvajal, Rodrigo de Mendoza, Juan Galeote y Martín Noguera, y por cabo Diego Vázquez de Acuña, alférez mayor, con el pendón de la ciudad. De toda esta gente que hemos dicho, volvieron a Granada las cuatro compañías de caballos de Baeza y la de Francisco de Molina de Úbeda, porque el conde de Tendilla, que hacía oficio de capitán general en lugar del Marqués su padre, las pidió para guardia de la ciudad mientras llegaba otra gente: todas las demás pasaron al campo, y con ellas más de sesenta caballeros aventureros de los principales de aquellas ciudades, que sirvieron a su costa toda aquella jornada, hasta que el marqués de Mondéjar les mandó volver a sus casas. Viendo pues los moriscos de las Albuñuelas que nuestro campo se iba engrosando, y por ventura temiendo no descargase la primera furia en ellos, acordaron de aplacar al marqués de Mondéjar con humildad. Esta embajada llevó Bartolomé de Santa María el alguacil, que dijimos que les aconsejaba que no se alzasen; el cual, siendo acepto y muy servidor del Marqués, vino por su mandado a tratar con él este negocio, y le suplicó admitiese aquellos vecinos debajo la protección y amparo real, y los perdonase, certificándole que si se habían alzado no había sido con su voluntad, sino forzados a ello por los monfís y moros forasteros, y que todos estaban con pena y les pesaba de lo hecho. El Marqués, que deseaba asegurar las espaldas antes de pasar adelante, holgó de admitirlos, y mandó que les dijese de su parte que se quietasen, y volviendo a sus casas, procurasen conservarse en lealtad, no receptando los malos entre ellos: y que le avisasen de todo lo que les ocurriese, porque haciendo lo que debían como buenos vasallos de su majestad, los favorecería y no consentiría que se les hiciese agravio. Luego se volvieron los moriscos al lugar, y el alguacil envió por su beneficiado, que aun estaba en el Padul, para que asistiese en su iglesia y les dijese misa; mas él paró poco entre gente tan liviana, que ya se habían comenzado a desvergonzar, y tanto más viendo que les reprendía haber puesto las manos en las cosas sagradas. Finalmente, no se teniendo por seguro, quiso volverse al Padul, y el alguacil le dio escolta de amigos que le acompañaron. Este morisco anduvo siempre bien con los cristianos, y, cuando después se puso gente de guerra en el Padul, hizo con los moriscos de su lugar que llevasen cada semana veinte cargas de pan amasado de contribución, para que comiesen los soldados, y dio avisos importantes y ciertos de lo que los moros trataban; mas nunca pudo conservar el pueblo en lealtad, y no fue merecedor de la muerte que después se le dio ni del cautiverio de su familia, si en alguna manera no lo causaran nuestros soldados furiosos, teniendo poco respeto a estos servicios, como se dirá en la destrucción que don Antonio de Luna hizo en este lugar. Digamos lo que en este tiempo hacía el marqués de los Vélez.

Capítulo V. Cómo el marqués de los Vélez, por los avisos que tuvo, juntó cantidad de gente y entró en el reino de Granada a oprimir los rebeldes

El aviso que el presidente don Pedro de Deza envió, la necesidad y peligro grande que representaban las ciudades de Almería, Baza y Guadix, que todas pedían socorro, fueron causa que el marqués de los Vélez apresurase su partida antes de llegarle orden de su majestad para poder entrar con campo formado en el reino de Granada, ateniéndose a lo que dice una ley tercera, título diez y nueve de la Segunda Partida, que deben hacer los vasallos por sus reyes en casos de rebelión, y aun queriendo satisfacer a la no vana opinión de quien había hecho elección y confianza de su persona para negocio tan grave y de tanto peso. Viendo pues que la gente ordinaria de su casa sería poca, y que podría hacer poco efecto con ella, según iban las cosas encaminadas, y que sería menester tiempo para recogerla del reino de Murcia, envió a llamar a gran prisa a sus amigos y vasallos y avisó a algunos pueblos comarcanos a la raya que le acudiesen. A don Juan Fajardo, su hermano, envió a Lorca, y mientras venía con la gente de aquella ciudad, atreviéndose a su hacienda, pues no tenía orden de gastar de la de su majestad, proveyó bastimentos y municiones y todas las cosas necesarias. Acudiole la gente con tanta presteza, que a 2 días del mes de enero tenía ya en su villa de Vélez el Blanco dos mil y quinientos infantes y trescientos caballos. De Lorca vinieron mil y quinientos hombres de a pie y ciento de a caballo muy bien en orden, como lo suelen siempre estar los de aquella ciudad. Capitanes desta gente eran Juan Mateo de Guevara, Pedro Helices, Alonso del Castillo, Martín de Lorita y Luis Ponce. De Caravaca vinieron los capitanes Andrés de Mora, Hernando de Mora y Pedro Martínez, con trescientos infantes y veinte caballos; de Moratalla, Juan López, con doscientos infantes y treinta caballos; de Hellín, Pablo Pinero, con ciento y cincuenta infantes y quince caballos; de Zehegín, Francisco Fajardo, con doscientos y cincuenta infantes y veinte caballos; de Mula, Diego Melgarejo, con doscientos infantes. Con esta gente escogida y voluntaria y la que salió de los Vélez Blanco y Rubio y de Librilla y Alhama con el capitán Hernando de León, partió el marqués de los Vélez a 4 días del mes de enero de 1569 años, dejando apercibidos los otros lugares de aquel reino para que le siguiesen, y fue a poner aquella noche su campo en la casa del Margen, donde llaman la Boca Oria. En el camino le alcanzaron este día Jaime Prado y otros caballeros de Orihuela, ciudad del reino de Valencia, que venían a hallarse con él en la jornada. Allí llegó un correo del presidente don Pedro de Deza, con cartas en que le decía que había sido muy buena prevención la que había hecho, y que recogiendo la más gente que pudiese, procurase entretenerla a costa de los pueblos, como se hacía en los lugares de la Andalucía, mientras venía la orden que se aguardaba de su majestad; mas el marqués de los Vélez, viendo cuán mal la podía sustentar de aquella manera, y que había de ser a su costa, tomando por achaque los avisos que de hora en hora tenía, y juzgando que ningún servicio mayor se podría hacer en aquella coyuntura a su majestad que socorrer a la necesidad presente, sin aguardar más orden, partió luego otro día con determinación de dar socorro y calor a la ciudad de Almería, porque no sabía él la rota de Benahaduz, aunque algunos creyeron haberse dado tanta prisa para que cuando llegase la orden le tomase dentro del reino de Granada. Y como después tuviese nueva del desbarate de aquellos moros, viendo que la ciudad estaba sin peligro, quiso ir sobre el castillo de Gérgal; y tomando lo alto de aquel valle, se fue a alojar aquella noche al lugar de Ulula, que es en el río de Almanzora. Allí llegó al campo don Juan Enríquez el de Baza con cien hombres entre caballos y peones. Otro día de mañana, partiendo de aquel alojamiento, atravesó por encima de la sierra de Filabres con un tiempo asperísimo de frío, agua y viento cierzo, que traspasaba los hombres y los caballos, y caminando siete leguas por veredas de sierras ásperas y fragosas, fue a alojarse a la villa de Tavernas, donde se detuvo hasta 13 días del mes de enero, así para que la gente descansase, como, según él nos dijo, para aguardar orden de su majestad y las compañías que habían de venir del reino de Murcia. No dejó de ser importante su estada en aquel lugar, porque los moros de la comarca mientras allí estuvo no se osaron levantar, como lo hicieron después. Esta entrada del marqués de los Vélez en el reino de Granada no fue bien recibida, especialmente de los que le tenían poca afición, aunque el vulgo y los que estaban ofendidos de los moros se alegraron con ella, entendiendo que lo había de llevar todo por el rigor de la espada y no reducir los lugares alzados, como lo hacía el marqués de Mondéjar. De aquí nacieron diferentes opiniones entre la gente noble, atribuyéndoselo unos a mal y otros a servicio muy señalado. Esta competencia duró mientras duró la guerra, que cuando unos se alegraban otros se entristecían, y por el contrario, según los sucesos destos dos generales, aumentando o diminuyendo sus hechos, como acaece donde envidia o enemistad reinan; y lo peor era que las relaciones iban a su majestad y a los de su real consejo tan diferentes, que causaban confusión en las resoluciones que se habían de tomar.

Capítulo VI. Cómo los moros del marquesado del Cenote cercaron la fortaleza de la Calahorra, y Pedro Arias de Ávila la socorrió

Habiendo entregado Juan de la Torre las moriscas que tenía en la fortaleza de la Calahorra a sus maridos, padres y hermanos, como queda dicho, el día de los Reyes se juntaron muchos monfís y moros de la Alpujarra con los del marquesado del Cenete, y con veinte y seis banderas tendidas y muchos escopeteros bajaron de la sierra, y dando grandes alaridos, entraron en el lugar de la Calahorra, y sin hallar resistencia, pusieron en libertad a los monfís que el alcaide Molina de Mosquera tenía presos, y cercaron la fortaleza con más de tres mil hombres, y sin perder tiempo comenzaron a combatirla, y pasaron tan adelante, que horadando unas paredes del rebellin, entraron animosamente por ellas, y se llevaron el ganado y los bagajes que allí había sin que los cristianos se lo pudiesen defender. Este cerco duró tres días peleando siempre, aunque desde lejos, con los arcabuces y escopetas. Y el alcaide Juan de la Torre en este tiempo mandó hacer ahumadas de día, y de noche almenaras, y tiró algunas piezas de artillería para que la ciudad de Guadix, que está tres leguas de allí el río abajo, le socorriese. La ciudad lo entendió luego, y se juntó para tratar del socorro; y aunque hubo diferentes pareceres en el cabildo, Pedro Arias de Ávila, que era corregidor, se arrimó a los más animosos, y con trescientos infantes y sesenta caballos que pudo juntar, y los caballeros y ciudadanos nobles, de que siempre estuvo adornada aquella ciudad, con más ánimo que fuerzas, por ser tan pocos en comparación de los enemigos, partió de Guadix a 8 días del mes de enero, y el mismo día llegó a la Calahorra. Por otra parte, los moros, viendo ir el socorro, dejaron atrás sus estancias, y haciéndose todos un tropel, salieron al encuentro en el cuchillo de un cerro donde está puesta la fortaleza, para defender a los nuestros la entrada de aquel camino que traían; lugar a su parecer seguro por ser áspero y no poderle hollar caballos; mas no lo era, por tener a las espaldas un torreón de la fortaleza, de donde los descubrían y tiraban con los arcabuces y con algunos esmeriles. Allí aguardaron que llegase la gente de la ciudad, y mientras los arcabuceros peleaban con los de la vanguardia, los que estaban descubiertos a la ofensa de la torre desampararon el sitio que tenían, y desordenándose los unos y los otros, como gente mal plática, dieron todos confusamente a huir la vuelta de la sierra, por donde los caballos no los pudiesen seguir. Un golpe dellos entró por el lugar, y poniendo fuego a las casas, quemaron la iglesia; otros se acogieron a una sierra que está frontero de la fortaleza a la parte de la Alpujarra, y se pusieron en cobro, no sin mucho daño, porque los caballos y algunos soldados que pudieron seguirlos mataron más de ciento y cincuenta moros, y hirieron muchos más. Con esta victoria quedó la fortaleza descercada, y Pedro Arias de Ávila volvió alegre y victorioso a Guadix, donde fue muy bien recibido; y por si los moros tornasen a cercar la fortaleza, dejó dentro al capitán Mellado con algunos arcabuceros y cantidad de munición.

Capítulo VII. De las diligencias que el conde de Tendilla hizo para proveer de bastimentos el campo del Marqués su padre

Luego como el marqués de Mondéjar partió de Granada, el conde de Tendilla, a cuyo cargo había quedado la provisión de las cosas de la guerra, envió a las villas de la jurisdicción de aquella ciudad por quinientos hombres de guerra, y los metió en la fortaleza de la Alhambra, porque había poca gente dentro; y para que el campo estuviese bien proveído de bastimentos, demás de los que iban con las escoltas ordinarias, proveyó dos cosas importantes y muy necesarias. Repartió los lugares de la Vega en siete partidos, y mandoles que cada uno tuviese cuidado de llevar diez mil panes amasados de a dos libras al campo el día que le tocase de la semana, y que los vendiesen a como pudiesen, sin que se les pusiese tasa en el precio, por manera que acudiendo cada día diez mil panes al campo, estaba suficientemente proveído. La otra fue mandar llamar a todos los regatones de la ciudad que trataban en cosas de bastimentos, y juntándose más de ciento dellos, les mandó que según el trato de cada uno llevasen al campo tocino, queso, pescado, vino y legumbres, y otras cosas de provisión, y para que con más voluntad lo hiciesen, hizo prestarles seis mil ducados por cuatro meses, y les dio licencia para que pudiesen traer de retorno lo que les pareciese, sin que incurriesen en pena de contrabando, porque había orden que los que se viniesen del campo con despojos, los desvalijasen y castigasen. Con esto y con lo que hallaban los soldados en los lugares por donde iban, estuvo el campo bien proveído.

Capítulo VIII. Cómo se mandó alojar la gente de guerra que acudía a Granada en las casas de los moriscos, y el sentimiento que dello hicieron

Acudía ya a más andar la gente de las ciudades y villas de la Andalucía que el marqués de Mondéjar había enviado a apercibir, y la ciudad de Granada se iba hinchiendo de soldados y de caballeros particulares que venían a hallarse en la jornada a su costa; y el Conde de Tendilla, cuidadoso, de su cargo, no hallando mejor orden para poderlos regalar y entretener, mandó que los alojasen en las casas de los moriscos, donde les diesen camas y de comer el tiempo que allí estuviesen, y a los que no querían comer en sus posadas, les mandaba dar sus contribuciones en dinero, ordenando a los pagadores que venían con ellos que guardasen el dinero que traían para adelante, porque deteniendo en la ciudad solamente las compañías necesarias para la guardia della, todos las demás enviaba luego al campo del marqués de Mondéjar. Este alojamiento, que comenzó a 9 días del mes de enero, era la cosa que más temían los moriscos, y la más grave opresión que se les podía hacer, y así lo sintieron extrañamente, no tanto por la costa que se les hacía, como por ser muy celosos de sus mujeres y hijas, y amigos de su regalo. Y sintiendo ya su desventura en casa, acudieron luego los principales del Albaicín con su procurador general al mismo conde de Tendilla, y viendo el poco remedio que les daba, acudieron al presidente don Pedro de Deza, y le significaron con muchas razones los inconvenientes que de aquel alojamiento se seguían, diciendo que se continuasen las guardas que al principio se habían puesto en el Albaicín, y si pareciese necesario, se acrecentasen otras a costa de los moriscos, y que la otra gente de guerra que venía de fuera de la ciudad la alojasen en las iglesias y en casas yermas, como lo había hecho el marqués de Mondéjar, y que los moriscos por sus parroquias les llevarían camas y de comer. Pareciéndole pues al Presidente que se podría hacer lo que decían, mandó a Jorge de Baeza que fuese al conde de Tendilla y le dijese lo que los moriscos le habían dicho, y la orden que daban en el alojamiento de la gente de guerra, y que le parecía que debía tomarse el menor inconveniente, teniendo consideración a lo de adelante, para que aquel alojamiento se pudiese conservar, como era razón que se conservase, pues los negocios de la guerra se alargaban. Con este recaudo fue Jorge de Baeza al conde de Tendilla, acompañado de aquellos moriscos, los cuales con palabras de humildad le representaron el agravio que se les hacía, poniéndole nuevos inconvenientes por delante, como era la poca seguridad de sus mujeres y hijas, y aun de sus personas y haciendas, si maliciosamente tocando alguna arma falsa de noche, les robaban las casas; todo lo cual cesaba con mandarlos aposentar, como se había hecho hasta allí. Mas el conde de Tendilla les respondió que la gente de guerra había de estar alojada en casas pobladas, y no yermas; y que los soldados habían de ser regalados y muy bien tratados, porque no se fuesen; y se les había de dar posadas y contribuciones, pues no había orden de poderlos entretener de otra manera; que al servicio de su majestad convenía que los moriscos no tuviesen libertad de poder meter moros de fuera ni hacer juntas secretas en sus casas, sino que estuviesen los soldados siempre delante para que viesen y entendiesen lo que decían y hacían diez mil moriscos que había en el Albaicín para poder tomar armas; y que si alguna desorden hiciesen, en tal caso lo remediaría castigando a los culpados; y con esta respuesta los despidió bien descontentos y tristes, y de allí adelante se alojó toda la gente de guerra en las casas pobladas, donde fue poca parte el castigo para que la licencia militar no soltase la rienda con más codicia y menos honestidad de lo que aquí podríamos decir. Pasó este negocio tan adelante, que muchos moriscos, afrentados y gastados, se arrepintieron por no haber tomado las armas cuando Abenfarax los llamaba, y otros enviaron a decir a Aben Humeya que mientras el marqués de Mondéjar estaba fuera de Granada se acercase por la parte de la sierra con alguna cantidad de gente, y se irían con él. El conde de Tendilla en este tiempo, usando de la preeminencia de capitán general, y viendo la necesidad que había de gente de ordenanza, nombró siete capitanes y les dio sus conductas para que la hiciesen. Hizo comisario y sargento mayor a Lorenzo de Ávila, que ya estaba sano de las heridas que le dieron en Dúrcal, mandándole que se alojase en el Albaicín para reparar las desórdenes de los soldados. No mucho después mandó su majestad ir a Granada a don Antonio de Luna, señor de Fuentidueña, y a don Juan de Mendoza Sarmiento, para las cosas que ocurriesen de la guerra, y el conde de Tendilla dio cargo de la gente de guerra de a pie y de a caballo que se alojase en los lugares de la Vega a don Antonio de Luna, y a don Juan de Mendoza dejó en Granada, hasta que después fue con orden al campo, estando ya de vuelta en Órgiba, como se dirá en su lugar.

Capítulo IX. Cómo nuestro campo ocupó el paso de Tablate

Teniendo ya el marqués de Mondéjar suficiente número de gente con que pasar a la Alpujarra, domingo por la mañana, a 9 días del mes de enero, partió del lugar de Dúrcal con todo el campo puesto en sus ordenanzas, la vuelta del lugar de Tablate, donde se habían juntado los rebeldes, creyendo poderle defender el paso que allí hay, y tenían recogidos tres mil y quinientos hombres con Gironcillo, Anacoz y el Randati, sus capitanes, y con otros sediciosos y malos, respetados, no por práctica de cosas de guerra ni por autoridad de personas, sino por sacrilegios y crueldades que habían hecho en este levantamiento. Aquella noche se alojó el marqués de Mondéjar en el lugar del Chite, dos leguas de Dúrcal, que estaba despoblado, y el campo estuvo puesto en arma, por ser el lugar dispuesto para cualquiera acometimiento; y el lunes bien de mañana caminó la vuelta de Tablate, donde sabía que le aguardaban los enemigos. Este lugar es pequeño de hasta cien vecinos, aunque nombrado estos días por la rota de don Diego de Quesada, y por el paso de una puente, por donde se atraviesa un hondo y dificultoso barranco, que con igual hondura y aspereza, sin dar entrada por otra parte en más de cuatro leguas arriba y abajo de la puente, atraviesa desde encima del lugar de Acequia basta el río de Melejix. Los moros tenían desbaratada la puente de manera que no podían pasar caballos ni aun peones sin grandísima dificultad y peligro, porque solamente habían dejado unos maderos viejos, que debieron ser estantes de la cimbra, al un lado, y sobre ellos un poco de pared tan angosta, que apenas podía ir por ella un hombre suelto; y aun este poco paso que para ellos habían dejado, ofreciéndoseles necesidad de pasar, le tenían descavado y solapado por los cimientos de manera, que si cargase más de una persona fuese abajo; y era tan grande la hondura del barranco por esta parte, que mirando desde arriba desvanecía la cabeza y quitaba la vista de los ojos. El marqués de Mondéjar iba muy bien apercibido, aunque no avisado de la rotura de la puente; llevaba la gente puesta en escuadrón, sus mangas de arcabuceros a los lados, y los corredores delante descubriendo el campo. Con esta orden llegó la vanguardia a unos visos que descubren el lugar y la puente que está antes de llegar a él. Luego se descubrieron los moros que estaban de la otra parte, y muchas banderas blancas y coloradas que campeaban por los cerros con apariencia de querer defender el paso. El Marqués, mandando que las mangas de los arcabuceros se adelantasen, dejó la caballería en batalla, y pasó a la vanguardia, para que los animosos soldados lo fuesen más con la presencia de su capitán general; y llegando al barranco y a la puente, los tiradores de entrambas partes comenzaron a tirar: los moros no pudieron resistir la furia de nuestras pelotas, y se arredraron, teniendo entendido que no había hombre tan animoso que osase acometer a pasar la desbaratada puente, que tenían por bastante defensa contra nuestro campo; mas un bendito fraile de la orden del seráfico padre san Francisco, llamado fray Cristóbal de Molina, con un crucifijo en la mano izquierda y la espada desnuda en la derecha, los hábitos cogidos en la cinta, y una rodela echada a las espaldas, invocando el poderoso nombre de Jesús, llegó al peligroso paso, y se metió determinadamente por él; y haciendo camino, no sin grandísimo trabajo y peligro, estribando a veces en las puntas de los maderos o estantes de la cimbra, y a veces en las piedras y en los terrones que se le desmoronaban debajo de los pies, pasó a la parte de los enemigos, que aguardaban con atención cuando le verían caer. Siguiéronle luego dos animosos soldados, aunque el uno con infelice suceso, porque faltándole la tierra y un madero, fue dando vueltas por el aire, y cuando llegó abajo ya iba hecho pedazos. El otro pasó, y tras dél otros muchos, no cesando de tirar siempre nuestros arcabuceros ni los moros, que estaban de mampuesto en un cercano cerro sobre la puente: finalmente cargó nuestra gente de manera, que los moros fueron retirándose, cediendo al riguroso ímpetu de los que reconocían ser suya la victoria. Ganada la puente y el lugar con poco daño nuestro y mucho de los moros, los soldados trajeron maderos y puertas, y con haces de picas, rama y tierra adobaron la puente de manera que pudo pasar aquel día el carruaje, caballos y artillería, y aquella noche se alojó el campo en el lugar. Cebáronse tanto este día los arcabuceros de las mangas en los enemigos que iban huyendo, que dejando muertos más de ciento y cincuenta, fueron siguiéndolos hasta llegar al río que está de la otra parte de Lanjarón. Allí reconocieron ser poca gente la que los seguía, y revolvieron sobre ellos con grandes alaridos, y los apretaron tanto, que se hubieron de retirar a las casas del lugar; y no se teniendo por seguros en él, tomaron algunas vasijas con agua y cosas de comer que hallaron, y se fueron a guarecer en los antiguos edificios de un castillo despoblado, puesto sobre una alta peña, donde solía en otro tiempo ser la fortaleza del lugar, por si fuese menester defenderse entre los caídos muros mientras nuestro campo llegaba. En este tiempo el marqués de Mondéjar, alegre con la victoria, no tanto por las muertes de los enemigos, como por haber ocupado aquel paso, que pudiera quedar famoso en aquel día con su muerte, si no acertara a llevar un peto fuerte, que resistió la pelota de una escopeta, que le venía a dar por los pechos, porque no sucediese alguna desgracia a los arcabuceros que iban delante, que le aguase el buen suceso, envió un diligente soldado con su anillo, a que dijese al capitán Caicedo Maldonado, vecino de Granada, que iba con ellos, que se retirase luego, y mandó al capitán Luis Maldonado que con cuatrocientos arcabuceros le asegurase el camino. Y como se acercase la noche, los moros, enemigos de pelear en aquella hora, se retiraron a las sierras, y nuestra gente toda se recogió a su alojamiento.

Capítulo X. Cómo nuestro campo pasó a Lanjarón, y de allí a Órgiba, y socorrió la torre

Toda aquella noche estuvo nuestro campo en Tablate con muchas centinelas por los cerros al derredor, por ser sitio dispuesto para poder hacer los enemigos cualquier acometimiento; y otro día, martes 11 de enero, dejando el marqués de Mondéjar en aquel presidio una compañía de infantería de la villa de Porcuna, cuyo capitán era Pedro de Arroyo, para que la gente y las escoltas pudiesen ir y venir seguramente, caminó la vuelta de Lanjarón, que está legua y media más adelante, en el camino de Órgiba. Este día tuvo nuestra gente algunas escaramuzas ligeras con los enemigos, que viendo marchar el campo, bajaron de las sierras, y tentaron de hacer algunos acometimientos en la vanguardia; mas luego se retiraron hacia una sierra que está a la parte de levante del lugar en el proprio camino real, donde se habían juntado muchos dellos con propósito de defender un paso áspero y dificultoso por donde de necesidad había de pasar nuestro campo el siguiente día. Teníanle fortalecido con reparos de piedras y peñas sueltas, puestas en las cumbres y en las laderas que venían a dar sobre el camino, para echarlas rodando sobre los cristianos cuando fuesen subiendo la cuesta arriba. El marqués de Mondéjar llevaba tanto deseo de socorrer la torre de Órgiba, que no quisiera detenerse aquel día; mas húbolo de hacer, porque llegó la retaguardia tarde, y llovía y hacía el tiempo trabajoso; y demás desto, no estaba determinado si pasaría adelante con la gente que llevaba, o si esperaría que llegase la otra que venía de las ciudades. Estuvo allí aquella noche a vista de los enemigos, que teniendo ocupado el paso con grandes fuegos por aquellos cerros, no hacían sino tocar sus atabalejos, dulzainas y jabecas, haciendo algazaras para atemorizar nuestros cristianos, que con grandísimo recato estuvieron todos con las armas en las manos. Al cuarto del alba llegó a la tienda de don

Alonso de Granada Venegas un soldado que venía de la torre de Órgiba, y dio nueva como los cercados se defendían. Otro día miércoles, antes que amaneciese, mandó el marqués de Mondéjar a don Francisco de Mendoza, su hijo, que con cien caballos y doscientos infantes arcabuceros subiese una ladera arriba, donde había una sola senda áspera y muy fragosa, y fuese a tomar las espaldas a los enemigos, llevando algunos gastadores con picos y hazadones que la allanasen, porque se entendió que puestos en lo alto, hallarían disposición en la tierra para poderla hollar. Y siendo el día claro, partió el campo, yendo los escuadrones proporcionados y bien ordenados, conforme a la disposición de la tierra, y dos mangas de arcabuceros delante, que por las cordilleras de los cerros de una parte y otra del camino que hacía el campo, iban ocupando siempre las cumbres altas. Desta manera fue caminando nuestra gente la vuelta del enemigo, que estuvo un rato suspenso entre miedo y vergüenza, no se determinando si pelearía, o si, dejando pasar a nuestro campo, le sería más seguro romperle las escoltas y necesitarle con hambre; mas aun esto no supieron hacer los bárbaros ignorantes, porque en viendo que los caballos habían subido con la oscuridad de la noche por donde apenas entendían que pudiera andar gente de a pie, entendiendo que no habría sierra, por áspera que fuese, que no hollasen, perdieron la esperanza de lo uno y de lo otro, y determinaron de tentar otra fortuna retirándose a la aspereza de las sierras, donde no les pudiese enojar la caballería; mas no lo pudieron hacer tan presto, que dejasen de recibir daño de los que ya les iban en el alcance; y dejando el paso y el camino desocupado, pasó nuestro campo a Órgiba, y aquella tarde se alojó en el lugar de Albacete con grande alegría de todos, mayormente de los cercados, que habían estado diez y siete días peleando noche y día con grandísimo trabajo y peligro. Habíales faltado ya el bastimento, y si no fuera por algunos moros padres y maridos de las mujeres que el alcaide había metido en la torre, que secretamente le habían dado agua y otras cosas de comer, poniéndolo de noche en parte que los cristianos lo pudiesen recoger, hubieran perecido muchos de hambre. También les habían traído munición de Motril, que les hubiera faltado si un animoso soldado natural de Órgiba, llamado Juan López, no se aventurara a ir por ella; el cual aprovechándose de la lengua árabe, en que era muy ladino, y del hábito de los moros, salió a media noche secretamente de la torre, y pasando por medio de su campo, fue a la villa de Motril y trajo un gran zurrón de pólvora y cantidad de plomo y cuerda a cuestas, con que se defendieron de aquellos lobos rabiosos ciento y sesenta almas cristianas, y entre los otros, cinco sacerdotes. El marqués de Mondéjar dio muchas gracias a Dios por tan buen suceso, y despachó luego correo con la nueva, que no fue menos bien recibida que la de Tablate. Y pareciéndole tener suficiente número de gente para allanar la tierra, escribió a don Francisco Hurtado de Mendoza, conde de Montagudo, asistente de Sevilla, que no le enviase la gente de aquella ciudad ni la de la milicia de Sevilla, Gibraltar, Carmona, Utrera y Jerez, que ya se había juntado para hacer la jornada. Esta carta llegó estando en Alcalá de Guadayra, y con él Juan Gutiérrez Tello, alférez mayor de Sevilla, con dos mil infantes arcabuceros con que servía la ciudad a su costa; y Gonzalo Argote de Molina, alférez mayor de la milicia de la Andalucía, con los capitanes y gente della. Luego despidió el Conde los dos mil arcabuceros de Sevilla, y mandó a Gonzalo Argote que con la gente de la milicia fuese a embarcarse en las galeras del cargo de don Sancho de Leiva; para guarnición dellas; de cuya causa no acudió la gente de Sevilla mientras el marqués de Mondéjar estuvo en campaña, hasta que adelante se le envió nueva orden para que la enviase, como se dirá en su lugar.

Capítulo XI. Cómo el marqués de Mondéjar pasó a la taa de Poqueira y la ganó

Siendo avisado el marqués de Mondéjar por algunas espías como Aben Humeya y Aben Jouhor juntaban a gran prisa los moros de la Alpujarra y los que se habían retirado del paso de Lanjarón para defender la entrada de la taa de Poqueira, aunque llevaba la gente fatigada del camino, otro día de mañana, que fue jueves a 13 días del mes de enero, salió de Albacete de Órgiba, dejando de presidio en aquel lugar al capitán Luis Maldonado con cuatrocientos soldados, para que recogiese los bastimentos y municiones que viniesen de Granada, y los fuese enviando al campo. Llevaba el marqués de Mondéjar su campo copioso de gente muy lucida y bien armada, porque habían llegado a él muchos caballeros, que dejando sus casas, iban a servir a su costa, deseosos de hacer ejemplar castigo en aquellos rebeldes por los sacrilegios que habían cometido; y crecíales cada hora más el deseo con ver los incendios y crueldades que hallaban por los lugares do pasaban. Sacó la infantería en tres escuadrones y la caballería a los lados, de manera que podía salir y acometer sin turbar las ordenanzas: las mangas de los arcabuceros iban de un cabo y de otro ocupando las cumbres, y delante iban las cuadrillas de la gente del campo suelta descubriendo la tierra.

Desta manera caminaba nuestro campo con paso lento y reposado, cuando llegaron a él cuatro caballeros veinticuatro de Córdoba con cuatro compañías de gente de aquella ciudad, las dos de caballería y las dos de infantería, que enviaba el conde de Tendilla desde Granada. De las primeras eran capitanes don Pedro Ruiz de Aguayo y Andrés Ponce, y de las otras dos Cosme de Armenta y don Francisco de Simancas. Con esta gente holgó el marqués de Mondéjar mucho, y fue prosiguiendo su camino; mas aunque entendían todos que su intento era ir a echar los moros de aquellos lugares fuertes donde se habían metido, su fin no era por entonces otro sino tomar un sitio fuerte y acomodado para su alojamiento cerca de los lugares de aquella taa, donde le parecía poder estar con seguridad y poder ser proveído de vituallas, como si estuviera en Albacete de Órgiba, y desde allí turbar a los enemigos con correrías, porque para la entrada de aquella tierra le parecía convenir mayor número de gente. Habiendo pues caminado las escuadras tres cuartos de legua, y llegado a un llano que llaman el Faxar Alí, los moros, que dejando atrás los pasos y lugares fuertes donde estaban, se habían puesto en tres emboscadas para recibir a nuestro ejército en la angostura de las sierras, cuando les pareció tener bien tendidas sus redes, salieron a las mangas de los arcabuceros que iban de vanguardia, y acometieron la que iba más alta tan determinadamente, que fue necesario reforzarla con más número de gente. Pasando pues el marqués de Mondéjar adelante para guiar algunos caballos que se hallaron en la vanguardia, le convino hacer alto, y formar escuadrón a tiro de arcabuz de los enemigos, y desde allí socorrió a todas partes, porque cargaban de manera, que en todas era bien menester socorro. La manga delantera, que llevaba Álvaro Flores, alguacil mayor de la inquisición de Granada, venía ya retirándose a más andar, dejando a su capitán con solos doce o trece soldados haciendo rostro, cuando don Francisco de Mendoza, a cuyo cargo iba la caballería, partió con una banda de caballos en su socorro; mas era tan grande la aspereza de la sierra, que cuando llegó a socorrerle no llevaba más de cuatro de a caballo consigo; que los demás no le habían podido seguir. Con estos hizo rostro, y dando vuelta, puso tanto ánimo a los soldados, que venían medio desbaratados, que se juntaron con su capitán, y sobreviniéndoles más gente de socorro, no solo resistieron el ímpetu de los enemigos, mas aun los desbarataron y pusieron en huida, subiendo tras dellos por lugares que aun para huir parecían dificultosos. Lo mismo hicieron los de la retaguardia, siendo socorridos por don Alonso de Cárdenas. Este recuentro fue muy peligroso al principio, mas después tuvo felice suceso por el mucho valor de los caballeros y de los capitanes que acudieron al peligro. Salieron heridos don Francisco de Mendoza de una pedrada que le dio un moro en la rodilla, al cual mató allí luego, y a don Alonso Portocarrero le dieron dos saetadas en los muslos. Hubo solo un escudero cristiano muerto, y de los moros murieron más de cuatrocientos y cincuenta: los nuestros siguieron el alcance por donde la aspereza y fragosidad de las sierras les daba lugar. Álvaro Flores, con los soldados que pudo recoger y algunos caballos, tomó por las cordilleras altas, yendo siempre superior a los enemigos, hasta llegar al lugar de Bubión; y hallándole solo, porque Aben Humeya no osó aguardar en él, entró dentro, y desde un reducto o mirador que estaba delante de la puerta de la iglesia comenzó a capear, llamando nuestra gente para que caminase a la victoria, porque el marqués de Mondéjar, recelando la dificultad del camino, había juntado a consejo, y estaba parado tratando del alojamiento que se había de tomar aquella noche; el cual, como vio el lugar ocupado por los cristianos, mandó que marchase todo el campo hacia él. Ganáronse las cuatro alcarías de aquella taa, sin hallar quien las defendiese, siendo la disposición de la tierra tan favorable a los moros, que si tuvieran ánimo de defenderla, fuera menester más tiempo y mayor número de gente para ganárselas. Llegado el campo a Bubión, los soldados subieron en cuadrillas por la sierra arriba, y cautivando muchas mujeres y niños, mataron los hombres que pudieron alcanzar, y les tomaron gran cantidad de bagajes cargados de ropa y de seda, que llevaban a esconder por aquellas breñas. Cobraron la deseada libertad en Bubión el vicario Bravo y ciento y diez mujeres cristianas, que tenían aquellos herejes cautivas. El siguiente día, viernes 14 de enero, estuvo el campo en aquel alojamiento, y desde allí envió el marqués de Mondéjar una escolta con los heridos y enfermos a Granada, con orden que a la vuelta acompañase los bastimentos y municiones que había en Órgiba, y envió a dar aviso al capitán Luis Maldonado del camino que pensaba hacer, para que de allí adelante supiese por dónde había de encaminar la gente y el bastimento que viniese al campo. Díjose aquel día misa con grandísima solemnidad, y oyéronla todos los cristianos con mucha devoción puestos en sus ordenanzas debajo de las banderas; que cierto era contento verles glorificar al Señor por la victoria y por la libertad de tantas almas cristianas como se habían redimido.

Capítulo XII. Cómo los moros degollaron la gente que había quedado de presidio en Tablate

Arriba dijimos como el marqués de Mondéjar dejó de presidio en Tablate al capitán Pedro de Arroyo con la compañía de infantería de la villa de Porcuna, para asegurar aquel paso a las escoltas que fuesen de Granada, con orden que no dejase pasar los soldados que se iban del campo sin licencia. Pudiendo pues hacer algún reducto donde meterse de noche, y tener su cuerpo de guardia y centinelas, como es costumbre de gente de guerra, estuvo tan descuidado, que los moros de la comarca tuvieron lugar de ofenderle a su salvo, porque su fin solo era salir al paso a los soldados que se iban del campo sin licencia, para quitarles por de contrabando los ganados, las esclavas y los bagajes que llevaban. Estando desta manera, el Anacoz y Gironcillo, que andaban atalayando por aquellos cerros, por ver si podrían romper alguna escolta, viendo el descuido de los nuestros, juntaron mil y quinientos moros, y los acometieron a media noche por tres partes; y entrando el lugar y la iglesia, degollaron todos los soldados que allí había, y los despojaron de armas y vestidos y de todas las cosas que tenían ellos tomadas por de contrabando; y no se teniendo por seguros entre las viles tapias de las casas, se tornaron a subir a la sierra. Esta nueva llegó a un mismo tiempo a Granada y al campo del marqués de Mondéjar, y fue volando a la corte de su majestad, y con ella se aguó algún tanto la victoria de aquellos días, porque juzgaban los contemplativos el daño y el peligro harto mayor de lo que era, diciendo que había sido ardid de guerra del enemigo dejar pasar nuestro campo a la Alpujarra, y cortar a las espaldas el paso por donde les había de entrar el bastimento, para necesitarle a que se retirase o pereciese de hambre. Mas luego cayó esta quimera, y se supo como Tablate estaba por los cristianos, porque el marqués de Mondéjar, sabiendo que los moros no habían osado parar allí, ordenó que la primera compañía que llegase, quedase en el lugar de presidio; y llegando Juan Alonso de Reinoso con la gente que enviaba la ciudad de Andújar, guardó la orden del Marqués y el paso con mucho cuidado; y hallando a Pedro de Arroyo caído entre los muertos con muchas heridas mortales, le hizo curar; mas él estaba tan debilitado, por haber estado tres días sin refrigerio, que llevándole a Granada murió en el camino. No se descuidó el conde de Tendilla en este socorro, porque luego que supo la rota de Tablate, aquella misma noche envió a llamar a don Álvaro Manrique, hijo del conde de Osorno, caballero del hábito de Calatrava, que estaba alojado en una alcaría de la Vega con ochenta caballos y trescientos infantes de las villas de Aguilar, Montilla y Pliego; el cual llegó antes que fuese de día a la puente Genil, donde ya el Conde le estaba aguardando con ochocientos infantes y ciento y veinte caballos; y entregándole toda aquella gente, le envió a poner cobro en aquel paso, con orden que, dejando buena guardia en él, pasase a juntarse con el campo del Marqués su padre; el cual partió luego, y hallando el lugar desembarazado, cumplió la orden del Conde, y se fue a juntar con nuestro campo en Juviles. El tiempo nos llama ya a que volvamos al marqués de los Vélez, que dejamos en el lugar de Tavernas.

Capítulo XIII. Cómo el marqués de los Vélez tuvo orden de su majestad para acudir a lo de Almería, y fue sobre los moros que se habían juntado en Guécija y los desbarató

Estaba todavía el marqués de los Vélez con su campo en Tavernas, y a 11 de enero, el día que el marqués de Mondéjar partió de Tablate, tuvo orden de su majestad, en conformidad de su ofrecimiento, para que con la gente que tenía junta acudiese a la parte de Almería por la seguridad de aquella comarca. Túvose por buena esta provisión, por hallarse ya dentro del reino de Granada con campo formado y recogido a su costa, aunque no dejaba de parecer que se hacía agravio al marqués de Mondéjar y a la razón de la guerra, habiendo en una provincia dos capitanes generales, que ninguno dellos quería igual. Hubo muchas personas que lo atribuyeron a permisión divina, que quiso que conviniesen a un mismo tiempo en esta guerra dos personajes de voluntad tan contrarios, que cuando con equidad uno intercediese por los rebeldes, procurando medios para reducirlos, otro con rigor y aspereza los persiguiese; de manera que siendo dignamente castigados, desocupasen el reino de Granada, donde pudiendo ser moros encubiertos, mantenían con menor dificultad la seta de Mahoma. Luego otro día partió el marqués de los Vélez de aquel alojamiento en busca de algunos enemigos; y siendo avisado que los moros de Guécija se fortalecían en aquel lugar, y que habían soltado las acequias del río para empantanar los campos, y cortado gruesos árboles que atravesar en los caminos y veredas, y hecho otros impedimentos para que por ninguna parte los caballos les pudiesen entrar, enderezó su camino hacia ellos. Llevaba cinco mil infantes, la mayor parte arcabuceros y ballesteros, gente ejercitada en los rebatos de la costa del reino de Murcia y acostumbrada a los trabajos de la guerra, y trescientos de a caballo muy bien armados; y habiendo hecho reconocer el camino y los impedimentos que los enemigos le habían puesto, tomó la halda de la sierra un poco alta, por donde entendió que la podría mejor hollar, y con sus ordenanzas tendidas caminó la vuelta del lugar, donde aun todavía se divisaba desde lejos el incendio y ruina de la torre y del monasterio en que los moros habían quemado tantos religiosos cristianos. No se mostraron los moros perezosos en salirle a recibir con dos escuadrones de gente tan bien ordenarlos, como lo pudieran hacer soldados viejos muy prácticos, y haciendo alto a vista de nuestro campo, degollaron cruelmente todos los cristianos cautivos que tenían. Era caudillo destos herejes el Gorri, principal autor de tanta crueldad, el cual hizo muestra o representación de batalla, y el Marqués, que con honrosa envidia deseaba hacer hechos dignos de su nombre, teniendo reconocido el sitio en que estaban y por donde se le podría entrar, hizo poco caso dellos; y enviando delante al capitán Andrés de Mora, sargento mayor, con quinientos arcabuceros por la halda de la sierra, y en su resguardo a don Diego Fajardo, su hijo, con sesenta caballos, les mandó que los fuesen entreteniendo con escaramuza mientras llegaba con el golpe de la gente. El Gorri hizo rostro animosamente y mantuvo un buen rato la pelea; mas al fin, no pudiendo resistir la furia de la arcabucería, se comenzó a retirar antes que la caballería le cercase; y tomando por delante la gente inútil, llevando a las espaldas nuestros soldados, se encaramó en las peñas de la sierra de Ílar que estaba cerca, donde tenía en un reducto de piedras que está en la cumbre de un alto cerro recogidos los ganados y bastimentos; y rehaciéndose en él para tornar a pelear, tampoco le aprovechó nada, y al fin se metió por las sierras de Fílix. Hubieron libertad este día muchas cristianas cautivas que se quedaron escondidas en las casas del lugar, y otras que dejaron los moros en las sierras cuando iban huyendo. El marqués de los Vélez se alojó en campaña, porque los soldados no entrasen a cargar de despojos y se fuesen, cosa muy ordinaria en esta guerra; aunque fue en vano su diligencia, porque luego se comenzaron a desmandar en cuadrillas por los lugares del Boloduí y del condado de Marchena, y cargados de ropa, yendo bien proveídos de esclavas y de bagajes, se volvían a sus casas; y así, hubo de estar el campo en aquel alojamiento más de lo que el General quisiera.

Capítulo XIV. De una entrada que la gente de Guadix hizo en el marquesado del Cenete

Mejor les hubiera sido a las moriscas del Deyre y de la Calahorra que sus maridos las hubieran dejado estar quedas en la fortaleza, donde el alcaide las tenía recogidas, que no sacarlas con el engaño que las sacaron; porque habiéndolas traído algunos días de sierra en sierra necesitadas de hambre, les fue forzado meterse en las casas del Deyre, confiadas en la guardia que Jerónimo el Maleh les hacía con la gente del marquesado, o como después nos dijeron algunas dellas, en la palabra que Juan de la Torre les había dado, diciéndoles que se asegurasen en sus casas, porque no recibirían daño. Sea como fuere, Pedro Arias de Ávila, corregidor de Guadix, fue avisado como el lugar estaba lleno de mujeres, y que había con ellas gente de guerra, y con parecer del cabildo acordó de ir a dar sobre él. No lo pudo hacer tan secreto, que los moros dejasen de ser avisados por los moriscos de paces que moraban en aquella ciudad. Juntando pues toda la gente de a pie y de a caballo, salió de Guadix sábado, 15 días del mes de enero, y a gran prisa fue la vuelta de la sierra, recelándose de algún aviso; y con todo eso, cuando llegó a vista del Deyre ya los moros y moras iban huyendo la sierra arriba. Adelantáronse don Hernando de Barradas, don Juan de Saavedra, don Cristóbal de Benavides, don Pedro de la Cueva y Hernán Valle de Palacios, Lázaro de Fonseca, y otros caballeros y ciudadanos, que por todos fueron catorce de a caballo, para alcanzarlos antes que encumbrasen el puerto de la Ravaha; los cuales, dejando atrás las mujeres y bagajes que iban alcanzando, subieron la sierra arriba hasta llegar a un llano que se hace en la cumbre alta del puerto. Allí había reparado el Maleh con tres banderas y un golpe de gente armada para hacer rostro, mientras se ponían en cobro las mujeres y los bagajes; el cual resistió a nuestros caballos, y cargando animosamente sobre ellos, los hubiera puesto en aprieto, si en la mayor necesidad no les acudiera el doctor Fonseca con cuarenta arcabuceros. Viendo los moros este socorro y otros que iban llegando, comenzaron a retirarse, no del todo huyendo, sino haciendo vueltas sobre nuestra gente, y en una montañeta se entretuvieron más de media hora peleando, hasta que del todo fueron desbaratados y puestos en huida, dejando de los suyos más de cuatrocientos hombres muertos y dos mil almas cautivas entre mujeres y niños, y mil bagajes cargados de ropa. Esta fue una de las mejores presas que se hicieron en esta guerra y con menos peligro;

con la cual Pedro Arias de Ávila volvió muy contento a Guadix, y los moros quedaron bien lastimados.

Capítulo XV. Cómo el marqués de Mondéjar pasó a Pitres de Ferreira, y de una plática que don Hernando el Zaguer hizo a los alzados

El mismo día que Pedro Arias de Ávila hizo la entrada en el marquesado del Cenete, partió el marqués de Mondéjar de la taa de Poqueira, para ir en seguimiento de Aben Humeya y del Zaguer, que tuvo nueva se iban retirando la vuelta de Pitres de Ferreira; y dejando el camino derecho, tomó la cordillera alta de una sierra que se hace, entre estas dos taas, llevando la artillería y los bagajes, no sin grandísimo trabajo, por hacer el tiempo áspero de frío y estar las sierras cubiertas de nieve. Mas entrando en la taa de Ferreira, no halló enemigos con quien pelear; y lo que hubo notable en este camino fue que, pasando por junto al lugar de Pórtugos, se vio un gran humo que salía de la iglesia, y era que unos cristianos cautivos, queriéndolos matar sus amos, se habían recogido y hecho fuertes en la torre del campanario, y los herejes le habían puesto fuego para quemarlos dentro. Luego sospechó el Marqués lo que debía ser, y mandó a don Luis de Córdoba y a don Alonso de Granada Venegas que con doscientos infantes y cincuenta caballos fuesen a ver qué era; los cuales llegaron a la iglesia sin impedimento, porque los moros se habían ido huyendo en viéndolos asomar. Contáronnos estos caballeros como llegaron a la iglesia, y entrando dentro, hallaron cinco mujeres cristianas muertas de heridas, tendidas por aquel suelo, y en la peaña del altar mayor un niño que parecía de hasta tres años, las manecitas atadas con un cordel y un puñal metido por el lado izquierdo, y la Sangre tan fresca, que aun no estaba resfriada, y los ojitos abiertos mirando tan tiernamente hacia el cielo, que parecía quejarse a su Criador del bárbaro sacrificio que de sus tiernos miembrecitos habían hecho aquellos herejes; y era tanta la hermosura del blanco y colorado rostro, que en la tierra mostraba bien el reposo con que el alma, libre de los temores desta guerra, glorificaba entre los ángeles al Señor; y que viendo aquel espectáculo de crueldad, movidos a compasión, les crecía igualmente tanta ira, que no vían la hora de tomar la venganza por sus manos, diciendo contra aquellos rústicos: «¡Oh, herejes descreídos! ¡No osáis aguardar a pelear con los hombres, que decís haberos ofendido, y como viles y cobardes tomáis venganza en las mujeres y en los niños, ensuciando vuestras viles y torpes espadas en su inocente sangre!» Había el fuego consumido una parte de los edificios de la torre, y si tardara el socorro un poco más, se acabara de quemar; mas los cristianos se habían metido en parte donde aun no los calentaba la llama, y uno dellos fue tan grande su determinación con el deseo de la libertad, que en viendo llegar nuestra gente, sin buscar la puerta por donde salir, se arrojó de la torre abajo, y no pudiendo las flacas canillas de las piernas sustentar la carga del pesado cuerpo, se quebraron entrambas, y todavía fue recogido por los soldados y llevado a las ancas de un caballo, y puesto con los demás en libertad. En este tiempo caminaba nuestra gente la vuelta de Pitres, lugar principal de aquella taa, el cual habían dejado los moros despoblado, y en la iglesia estaban ciento y cincuenta cristianas cautivas, que fueron puestas en libertad, no habiendo consentido Miguel de Herrera, alguacil de aquel lugar, que los monfís y gandules las matasen. Había entre estos algunos hombres nobles de buen entendimiento, a quien parecían mal las crueldades que se hacían, y ver que los alpujarreños perseverasen en el levantamiento viendo que los del Albaicín se estaban quedos, cargándoles la culpa, y aun pidiendo que fuesen castigados con rigor; y esto, tales, por echar de sí la furia de la guerra, atribuyendo el mal a los sediciosos y a la ignorancia de aquellos pueblos, no deseaban más que la paz y quietud de sus casas, y así hacían algunas obras que entendían serles provechosas algún día. El que hacía más instancia en que la tierra se apaciguase era don Hernando el Zaguer, a quien Aben Humeya había hecho su capitán general; el cual, viendo que los moros se habían retirado del paso de Lanjarón, y después de Poqueira, sin dar batalla a nuestro campo, y conociendo su perdición, juntó los alguaciles y hombres principales de las taas que tenía por amigos, y queriéndoles persuadir a que, pues no eran poderosos contra su majestad, buscasen algún buen medio para que los perdonase, les hizo una plática desta manera: «No sé cómo poderos decir, hermanos míos, el poco cuidado que tenemos de nuestra salud. Si no podemos hacer tanto como sería menester en favor de nuestras casas, mujeres y hijos, siendo, como querríamos ser, defensores de nuestra libertad, ¿por qué no seguiremos el consejo de los cuerdos, cediendo a la contraria fortuna, que tan enemiga se nos muestra, pues los que pudieran ser más poderosos que nosotros y que nos ponían más confianza, aun no se atrevieron a probarla? Cuerpos tenían como nosotros los granadinos, y ánimos para dar y recibir heridas, y la misma indignación que nosotros tenemos; mas no se quisieron arrojar precipitosamente por los despeñaderos de la ira, falta de consideración. Veamos agora, ¿qué nos aprovechará a nosotros el sacrificio de nuestra sangre en caso que una y más veces seamos vencedores, si al rey Felipe jamás le faltarán armas para combatirnos con mayor fuerza cuanto más indignado le tuviéremos? Por mejor tengo irnos a su clemencia y entregarle nuestras armas y banderas, que realmente son suyas, pidiendo perdón de nuestras culpas, pues somos ciertos que nos admitirá, y tanto mejor agora, que la fortuna de la guerra parece estar algo dudosa, que no perseverar en una liviandad tan grande como hemos intentado, agravada de tantos delitos y excesos como se han hecho, a nuestro parecer con justas causas; aunque, si bien lo consideramos, no fueron sino desatinos de gente de poco entendimiento, que nos sujetamos luego a nuestra voluntad y deseo de venganza. Estemos a cuenta con los cristianos, que cierto nos la tomarán bien estrecha. ¿Podremos negar que no tenemos agua de bautismo como ellos? ¿Negaremos que no somos vasallos súbditos naturales del rey Felipe? Pues tampoco podemos llegar sino que la premática que tanto nos ha alborotado fue hecha a buen fin, aunque nos ha parecido grave. ¿Vosotros no veis que ni somos bien moros ni bien cristianos? Pues si esto es así, cierto es haber ofendido con este levantamiento a Dios primeramente, y después a nuestro rey. Las cosas sagradas en cualquier parte se deben respetar; nosotros hemos violado los templos con incendios y destrucciones, robando y matando los sacerdotes; queremos obedecer a otro rey, como si lo hubiéramos de hallar mejor; procuramos socorrernos de gente berberisca, so color de ser moros como ellos: pues sed ciertos que ni podremos sustentarnos con otro gobierno, aunque toda África nos favorezca, ni los berberiscos vernán a favorecernos por nuestro bien, sino por codicia de robarnos, porque son tiranos ejercitados en robos y en latrocinios; y cuando más no puedan, se volverán cargados de los despojos de nuestras casas, dejándonos deshonradas nuestras mujeres y hijas, como lo han hecho en otras partes. No plega a Dios que tenga yo en tanto mi vida, que por salvarla cometa traición a mi nación ni deje de decir verdad. Esta que llamáis libertad será muy bien trocada por la paz. No sé qué pensamos sacar de la guerra, que ni sabemos ponerle el pecho ni volverle las espaldas, faltos de experiencia, de armas, de caballos, de navíos y de muros donde podernos asegurar, y que de necesidad habemos de andar de cueva en cueva y de sierra en sierra, cargados de mujeres y niños y huyendo de la fiereza de la gente española que nos sigue; y al fin ha de ser la hambre la que nos ha de rendir, como rindió a Granada y a otras muchas ciudades deste reino, cuando aun había mejor comodidad de poderle defender nuestros pasados. Yo sé que el marqués de Mondéjar nos admitirá en gracia del rey Felipe si acudimos a él con humildad; y no serán vergonzosas las condiciones con que nos recibiere quien tan gravemente ha sido ofendido de nuestra parte, aunque haga castigo ejemplar en algunos de nosotros, y sea yo el primero; que dichosa me será tal muerte, si con ella pagare las culpas de toda mi nación». Hasta aquí dijo el Zaguer; y aprobando su considerado parecer los ancianos que allí estaban, llamó a Jerónimo de Aponte y Juan Sánchez de Piña, a quien dijimos que había salvado las vidas en Ugíjar, y dándoles parte de lo que tenían acordado, les rogó que fuesen a tratar el negocio de la reducción con el marqués de Mondéjar, y le informasen del arrepentimiento que tenían los moriscos de la Alpujarra, y le suplicasen de su parte intercediese con su majestad para que perdonase aquel yerro, y se hubiese piadosamente con aquellos pueblos que humilmente se querían poner en sus manos; y que mientras esto se negociaba, rendirían las armas y las banderas, dándole una cédula firmada de su nombre, por la cual le asegurase su persona y familia. Con esta embajada, y una carta del Zaguer para el Marqués, en que se disculpaba de lo hecho y cargaba la culpa a los monfís, partieron Jerónimo de Aponte y Juan Sánchez de Piña de Juviles, y llegaron a Pitres el mismo día que entró el campo, y dieron su recaudo al marqués de Mondéjar; el cual, para responder a ella y dar orden en enviar las cristianas a Granada con escolta, por el estorbo que hacían, y poder informarse de los adalides del campo cómo se podría desechar un paso dificultoso que tenía por delante en el camino de Juviles, se hubo de detener en aquel alojamiento el día siguiente. La respuesta que dio a Jerónimo de Aponte fue que tornase al Zaguer y le dijese que, rindiendo las armas y las banderas, como decía, y dándose llanamente a merced de su majestad, holgaría de ser su intercesor para que se hubiese misericordiosamente con ellos; mas que se resolviesen, porque no suspendería un solo momento la ejecución del castigo que llevaba comenzado. Y disimulando la cédula de seguro que pedía, le despachó luego.

Capítulo XVI. Cómo los moros acometieron a entrar en Pitres estando nuestro campo dentro del lugar

Está el lugar de Pitres en la falda de la Sierra Nevada que mira hacia el mediodía, repartido en tres barrios, poco distantes uno de otro: en el principal está la iglesia, y delante della una plaza llana de mediana grandeza; todo lo demás del lugar son cuestas y barrancos, y al derredor ásperas sierras, aunque fértiles de arboledas, por la abundancia de fuentes que bajan de los valles. Los moros, que siempre andaban a vista de nuestro campo con más ánimo de espantar que de representar batalla, fuese con propósito de hacer algún efecto con la ocasión de una cerrada niebla que amaneció el domingo por la mañana, o porque, como después decían algunos dellos, entendieron que unas cuadrillas que el Marqués enviaba a reconocer el camino, era todo el campo que marchaba, y quisieron guarecerse en las casas de la tempestad del frío, pareciéndoles que estaban yermas, bajaron a gran prisa de los cerros, y por dos partes fueron a meterse en el lugar, y llegaron a él sin ser sentidos ni vistos por las centinelas: tanta era la oscuridad de la niebla. Los que entraron por la parte baja hacia el río dieron en unas casas algo apartadas, donde se había metido una escuadra de soldados, y hallándolos desapercibidos, los degollaron; solo un muchacho se les fue, que comenzó a dar voces y a tocar arma por una cuesta arriba, hasta llegar a cuerpo de guardia y a la posada del Marqués, el cual se puso luego a caballo y salió a la plaza de armas; y sospechando que debía ser ardid de guerra llamar al enemigo por la parte baja, para acudir de golpe por arriba y dividir desta manera nuestra gente, mandó recoger todas las compañías en sus cuarteles, y a los caballos que acudiesen a la plaza de armas. Ordenó a Juan Ochoa de Navarrete y a Antonio Flores de Benavides, capitanes de la infantería con que servía la ciudad de Baeza, que con sus compañías se metiesen en el barrio que estaba a la parte de levante algo apartado del de la iglesia, un gran barranco en medio, por si los enemigos viniesen a entrar por allí; y no le enga-ñó su sospecha, porque no eran bien llegados los capitanes al puesto, cuando los moros, que con las armas teñidas en sangre subían el barranco arriba, y otros que bajaban de la sierra, se encontraron con ellos. Peleose al principio animosamente de entrambas partes; mas acudiendo gente de parte de los moros, aunque menos de la que parecía con la oscuridad de la fosca niebla, y con la presencia del peligro los soldados, gente nueva, aflojaron, y a un tiempo volvieron las espaldas, dejando solos a sus capitanes. Los enemigos no fueron perezosos en seguirlos por un lado del barranco, hasta meterlos en el barrio principal. A esto acudió luego el Marqués, acompañado de muchos caballeros y capitanes, y reparando el peligro, hizo que los moros volviesen huyendo por donde habían entrado, quedando algunos dellos muertos. Señaláronse este día doce soldados que se hallaron en la boca de una calle por donde venía el golpe de los enemigos, y defendiendo la entrada, mataron y hirieron muchos; quitáronles tres banderas, y sobreviniéndoles socorro, los hicieron volver huyendo. Una dellas era un estandarte de damasco carmesí con fluecos de seda y oro, que solía ser guión delante del Santísimo Sacramento en Ugíjar, y lo traían los herejes por insignia de su traición y maldad. Retiráronse los enemigos de Dios a la sierra, viendo lo mal que les iba en el lugar; y pasando por entre las casas, mataron un pobre atambor que hallaron solo tocando a gran prisa arma con su caja. Juntándose pues con el golpe de la otra gente, que aun no se había descubierto, volvieron segunda vez al lugar para ver si podrían hacer algún efecto; mas luego quebrantaron los rayos del Sol aquella niebla y dieron claridad al día de manera que pudieron ser vistos: con todo eso, no dejaron de hacer su acometimiento y de llegar tan adelante, que con las piedras que tiraban a brazo alcanzaban a la plaza de armas; mas fue tanto el efecto que nuestros arcabuces hicieron por esta parte, que hubieron por bien de retirarse, entendiendo que cuanto más aclarase el día les iría peor, y por la orilla de la nieve volvieron a su alojamiento. Aquí murieron dos esforzados soldados, Juan de Isla, sobrino de Álvaro de Isla, corregidor de Antequera, y Jerónimo de Ávila, vecino de Granada, y otros cuyos nombres no supimos. No siguió nuestra gente el alcance, por ser ya tarde y caer una agua menuda mezclada con nieve, que impedía el tirar de los arcabuces.

Capítulo XVII. Cómo el campo del marqués de Mondéjar partió de Pitres en seguimiento del enemigo

El siguiente día, que fue lunes 17 de enero, partió el marqués de Mondéjar del alojamiento de Pitres, y con un temporal recio de agua y nieve, dejando el camino derecho que iba a Juviles, tomó la vuelta de Trevélez. No había caminado legua y media, cuando se descubrió el campo de los moros que iban hacia Juviles por la cordillera del cerro de la otra parte del río, donde había estado alojado aquella noche; los cuales entendiendo que nuestra gente hacía el mismo camino y que les tomaría la delantera, enviaron seiscientos hombres con tres banderas, que entretuviesen con escaramuzas mientras se adelantaban los demás. Viéndolos venir el marqués de Mondéjar, mandó a los capitanes Diego de Aranda y Hernán Carrillo de Cuenca que fuesen con sus compañías a darles carga. Los moros, pareciéndoles que era poca gente, hicieron rostro, y los nuestros, aunque hacían muestra de ir hacia ellos, no se alargaron todo lo que era menester. Entonces el Marqués envió a don Hernando y don Gómez de Agreda, hermanos, vecinos de Granada, y otros gentiles hombres que se hallaron par dél, a que reforzasen las dos compañías con quinientos arcabuceros; mas luego advirtió que era entretenimiento que procuraba el enemigo, para tener lugar de ponerse en salvo; y haciéndolos retirar, caminó con los escuadrones a paso largo, enviando delante a los capitanes Gonzalo Chacón y Lorenzo de Leiva, y Gonzalo de Alcántara con sus caballos y algunos peones sueltos, a que atajasen el campo de los moros, que iban a más andar por aquella loma. La caballería pasó el río y fue tomando lo alto; mas por mucha prisa que los capitanes se dieron, cuando llegaron arriba ya habían pasado, y solamente pudieron alancear algunos que se quedaron rezagados, y porque cerraba la noche, dejaron de seguirlos. Llegó nuestro campo a alojarse por bajo del lugar de Trevélez entre unos chaparros, cerca de un alcornocal y del río, por la comodidad del agua y de la leña tan necesaria para guarecer la gente del frío que hacía. Los moros tomaron lo alto de la sierra, y no pararon hasta meterse en la nieve, donde perecieron cantidad de mujeres y de criaturas de frío, y aun de los cristianos amanecieron helados a la mañana tres o cuatro, y algunos caballos reventaron de comer una maldita yerba que hallaron por aquellos valles.

Capítulo XVIII. Cómo el marqués de Mondéjar pasó al castillo de Juviles, y los caudillos de los moros se fueron huyendo sin pelear

Los moros que iban huyendo delante de nuestro campo fueron a parar aquella noche a Juviles, donde tenían recogidas las mujeres y la riqueza de aquellas taas, pensando defenderse en el sitio de aquel castillo antiguo que dijimos, el cual era asaz fuerte para cualquier batalla de manos. Su intento era entretenerse allí algunos días, mientras se trataba de medios de paz, porque Jerónimo Aponte les había dado esperanza dello, por lo que había entendido en Pitres de la voluntad del Marqués, aunque el Zaguer y los otros caudillos estaban temerosos de ver que no les había querido dar seguro firmado de su nombre, y sospechaban lo que por ventura llevaban en pensamiento, que haría algún castigo ejemplar en los autores del rebelión. Dando pues y tomando sobre este negocio de reducirse, hubo varias opiniones entre los moros aquella noche. Los malos, a quien las culpas hacían perder la esperanza del perdón, decían que degollasen todas las mujeres cristianas que tenían cautivas, y que se pusiesen en defensa y peleasen todo su posible, y cuando más no pudiesen, dejarían el sitio y se meterían por las sierras; lo cual podrían hacer fácilmente, por haber disposición para ello, a causa de la aspereza dellas, que era tanta, que no la podrían hollar caballos; y los que no se tenían por tan culpados, movidos del amor de sus mujeres y hijos, que veían padecer hambre, frío, cansancio y otras incomodidades, con esperanza de poder tener algún sosiego en sus casas, arrimándose a la opinión del Zaguer, no quisieron que las matasen; antes pensando aplacar, con ponerlas en libertad, la indignación de los cristianos, las sacaron aquella misma noche de las cuevas donde las tenían metidas en el castillo, y les dijeron que se fuesen a las casas del lugar y esperasen a sus parientes, que llegarían presto. Hubo muchas moras que las recogieron en sus casas y las acariciaron, a fin de que ellas las favoreciesen cuando los soldados entrasen. Siendo pues informado el marqués de Mondéjar del camino que el enemigo había hecho aquella noche, el martes, 18 días del mes de enero, bien de mañana levantó el campo, y caminó la vuelta de Juviles. No había bien entrado por aquella taa, cuando llegó Jerónimo de Aponte, y con él Juan Sánchez de Piña, y le dieron otra carta del Zaguer, en que repetía lo de la primera, pidiendo todavía un seguro por escrito para su persona y la de Aben Humeya. Estos cristianos refirieron al Marqués la voluntad que aquellos moros mostraban tener, y lo que habían tratado en sus juntas, y cómo habían defendido que los monfís no matasen las cristianas, certificándole que ellos habían sido la principal causa del mal que se había hecho en los templos y en los sacerdotes y en los vecinos cristianos, y procurando descargar al Zaguer y a Aben Humeya. El cual les respondió que volviesen a ellos, y les dijesen que se viniesen luego a rendir, porque él los admitiría, y a todos los que se viniesen con ellos, como se lo había dicho en Pitres; mas que entendiesen que no les había de dar una sola hora de tiempo, disimulando lo del seguro por escrito; y sospechando que era todo entretenimiento para sacar la ropa y las mujeres que allí tenían, mandó marchar más aprisa la gente. Vueltos los dos cristianos con la respuesta, los caudillos moros no se satisficieron nada della; y recogiendo la gente de guerra y, algunas cosas de precio que pudieron llevar, dejando orden que hiciesen todos lo mismo, dejaron el castillo y se fueron por las sierras hacia Bérchul. El marqués de Mondéjar, llegando cerca del lugar, hizo alto con los escuadrones, y envió a reconocerle a Gonzalo de Alcántara con algunos caballos, mandándole que no dejase entrar los soldados en las casas, porque no se desmandasen a robar y sucediese alguna desgracia. No tardó mucho que volvieron los dos cristianos, y dijeron al Marqués como los dos caudillos y toda la gente de guerra se habían ido la vuelta de Bérchul y de Cádiar, y con ellos la mayor parte de las mujeres, y que quedaban como quinientos hombres en el castillo, viejos y impedidos, y muchas moras que no se habían podido ir. Luego mandó marchar hacia el lugar, y junto a unas peñas que están cerca de las casas a la parte alta hacia poniente, salieron a recibirle las cristianas cautivas con un piadoso llanto verdaderamente digno de compasión; las más dellas llevaban sus hijitos en los brazos, y otros algo mayores que las seguían por sus pies, y todas con las cabezas descubiertas y los cabellos tendidos por los hombros, y los rostros y los pechos bañados de lágrimas, que entre gozo y tristeza destilaban de sus ojos. No había consuelo que bastase consolarlas viendo nuestros cristianos, y acordándose de los maridos, hermanos, padres y hijos que delante de sus ojos les habían sido muertos con tanta crueldad, y dando voces, decían: «No tomen, señores, a vida hombre ni mujer de aquestos herejes, que tan malos han sido y tanto mal nos han hecho, y sobre todos nuestros trabajos nos persuadían a que renegásemos de la fe con ruegos y amenazas». El Marqués se enterneció de ver aquellas pobres mujeres tan lastimadas, y consolándolas lo mejor que pudo, hizo que se apartasen a un cabo, y envió gente a tomar los pasos por donde le pareció que tenían la retirada los moros, a unas partes peones y a otras caballos, conforme al sitio y disposición de la tierra, y con el golpe de los soldados caminó la vuelta del castillo.

Capítulo XIX. Cómo el beneficiado Torrijos, y con él muchos alguaciles de la Alpujarra, vinieron a nuestro campo a tratar de reducir la tierra

Aun no habían llegado nuestras gentes a ocupar el castillo de Juviles, cuando el beneficiado Torrijos, y con él Miguel Abenzaba, alguacil de Válor, y otros dieciséis alguaciles de los principales de la Alpujarra, llegaron a tratar de medios de paz con el marqués de Mondéjar. Este Torrijos, como atrás dijimos, era beneficiado de Darrícal, y tan querido de un morisco del linaje de los antiguos alguaciles de Ugíjar, llamado Andrés Alguacil, que muchos creyeron ser su hijo; su madre era morisca; el cual y todos sus parientes por su respeto le favorecieron en este levantamiento, para que los monfís no le matasen. Y porque se entienda su historia mejor, que no fue la menos memorable, haremos aquí una breve digresión della. Dicho queda en el capítulo del levantamiento de la taa de

Ugíjar como un morisco su amigo le sacó de la torre donde se había metido, y le escondió en una cueva de la sierra de Gádor. Teniéndole pues en la cueva, fue avisado Andrés Alguacil dello, y le llevó a Ugíjar a su casa, donde le tuvo algunos días, y allí le fueron a hablar el Zaguer y el Partal y otros, que le aseguraron la vida; y mientras estos y Miguel de Rojas, suegro de Aben Humeya, estuvieron en el pueblo no tuvo de qué temer; mas después que se fueron, y entraron otros no tan amigos, Andrés Alguacil lo llevó al lugar de Nechite con intento de enviarle una noche a Guadix. Sucedió pues que en la hora que le habían de llevar hizo tan gran tempestad y cayó tanta nieve, que no se pudo atravesar la sierra; y después llegó al lugar Abenfarax, que andaba haciendo las crueldades dichas; y sabiendo que estaba allí, hizo pregonar que, so pena de la vida, ningún moro le encubriese, ni a otro cristiano, y que manifestasen luego el dinero, plata, oro y joyas que les hubiesen tomado, como lo hacía en todos los lugares donde llegaba. Dijéronle como Torrijos estaba malo en la cama, y que tenía seguro de Aben Humeya y del Zaguer; y con todo eso aprovechara poco, si cuatro mil ducados que llevaba en dineros y plata labrada no aplacaran la ira del tirano, poniéndoselos en las manos; y todavía le mató tres criados cristianos y otros dos mocitos que se habían librado de la muerte en Ugíjar, y los tenían sus madres en aquel lugar. Ido Abenfarax, los amigos de Torrijos le llevaron a Válor a casa de Miguel Abenzaba, hombre cuerdo y de los más ricos del lugar, y allí comenzaron a tratar del negocio de la reducción con él y con otros parientes suyos. Y llevándole después Andrés Alguacil a Nechite para el mismo efecto, vinieron a verse con él todos los alguaciles que agora le acompañaban, llevándole por intercesor para con el marqués de Mondéjar, y otros muchos que dejaban apalabrados; y trayéndole a la memoria los beneficios que dellos; había recibido, le rogaron que, apiadándose de aquella tierra, por cualquier vía que pudiese la procurase remediar, porque conocían muy bien su perdición, y él les había hecho grandes ofrecimientos y animádolos de su parte. Llegaron a nuestro campo con unas banderillas blancas en las manos en señal de paz; y luego que entendió el Marqués a lo que iban, mandó que los dejasen llegar a él. Los alguaciles se echaron a sus pies y pidieron misericordia y perdón de sus culpas, y el beneficiado le dijo quien eran, y como, conociendo el yerro cometido, venían a darse a merced de su majestad y a ponerse debajo de su protección y amparo, como lo harían los demás vecinos de sus lugares teniendo seguridad para poderlo hacer; y que le suplicaban humilmente fuese intercesor con su majestad para que los perdonase. Estas y otras palabras de descargo refirió Torrijos al Marqués de parte de los alguaciles, y él las recibió alegremente, y los aseguró, y mandó que se tuviese cuenta con que no se les hiciese más daño, porque los soldados no podían llevar a paciencia ver que se tratase de medios con los rebeldes, maldiciendo a Torrijos y a los que andaban en ello, como si les quitaran de las manos el premio de una cierta victoria; y cuando otro día se supo que los admitía, fue tan grande la tristeza en el campo como si hubieran perdido la jornada.

Capítulo XX. Cómo los cristianos ocuparon el castillo de Juviles, y de la mortandad que hicieron aquella noche en la gente rendida

Está el castillo de Juviles en la cumbre de un cerro muy alto, arredrado de las casas a la parte de levante; y aunque tiene los muros por el suelo, es sitio en que los enemigos se pudieran defender si su disconformidad no se lo estorbara. Caminando pues nuestra gente hacia él, a la media ladera del cerro bajaron tres moros ancianos con bandera de paz delante; y siendo asegurados para poder llegar, dijeron al marqués de Mondéjar como los caudillos con la gente de guerra se habían ido huyendo, y que ellos por sí y por los que dentro del castillo estaban, le suplicaban los quisiese recibir a merced. Entonces mandó a don Alonso de Cárdenas, y a don Luis de Córdoba, y a don Rodrigo de Vivero y a otros caballeros, que se adelantasen y se apoderasen del castillo y de lo que hallasen en él; los cuales lo hicieron luego, no sin murmuración de los soldados, pareciéndoles que lo aplicaría todo para sí; mas el Marqués les dio a saco todo el mueble, en que había ricas cosas de seda, oro, plata y aljófar, de que cupo la mejor y mayor parte a los que habían ido delante. Fueron los rendidos trescientos hombres y dos mil y cien mujeres; y porque tenía aquel sitio algunas veredas por donde poderse descolgar los que quisieran de parte de noche sin ser vistos, mandó que bajasen los cautivos al lugar, y metiendo las mujeres en la iglesia, pusiesen los hombres por las casas. Esto se comenzó a poner luego por obra; y como el cuerpo de la iglesia era pequeño, y la gente mucha, de necesidad hubieron de quedarse fuera más de mil ánimas en la placeta que estaba delante de la puerta y en los bancales de unas hazas allí cerca, poniéndoles gente de guerra al derredor. Sería como media noche, cuando un mal considerado soldado quiso sacar de entre las otras moras una moza: la mora resistía, y él le tiraba reciamente del brazo para llevarla por fuerza, no le habiendo aprovechado palabras; cuando un moro mancebo, que en hábito de mujer la había siempre acompañado, fuese su hermano o su esposo u otro bien queriente, levantándose en pie, se fue para el soldado, y con una almarada que llevaba escondida le acometió animosamente y con tanta determinación, que no solamente la moza, mas aun la espada le quitó de las manos, y le dio dos heridas con ella; y ofreciéndose al sacrificio de la muerte, comenzó a hacer armas contra otros que cargaron luego sobre él. Apellidose el campo, diciendo que había moros armados entre las mujeres, y creció la gente, que acudía de todos los cuarteles con tanta confusión, que ninguno sabía dónde le llamaban las voces, ni se entendían, ni veían por dónde habían de ir con la oscuridad de la noche. Donde el airado mancebo andaba, acudieron más soldados, y allí fue el principio de la crueldad, haciendo malvadas muertes por sus manos; y ejecutando sus espadas en las débiles y flacas mujeres, mataron en un instante cuantas hallaron fuera de la iglesia; y no quedaran con las vidas las que estaban dentro, sí no cerraran presto las puertas unos criados del Marqués que se habían aposentado en la torre, por ventura para mirar por ellas. Hubo muchos soldados heridos, los más que se herían unos a otros, entendiendo los que venían de fuera que los que martillaban con las espadas eran moros, porque solamente les alumbraba el centellear del acero y el relampaguear de la pólvora de los arcabuces en la tenebrosa oscuridad de la noche; y estos eran los que mayor estrago hacían, queriendo vengar su sangre en aquellas cuyas armas eran las lágrimas y dolorosos gemidos. En tanta desorden el Capitán General envió a gran prisa los capitanes Antonio Moreno y Hernando de Oruña y los sargentos mayores a que pusiesen algún remedio, y todos no fueron parte para ponerlo, por haberse movido ya todo el campo a manera de motín, indignados los soldados por un bando que se había echado aquel día, en que mandaba el Marqués que no se tomase ninguna mujer por cautiva, porque eran libres. Duró la mortandad hasta que, siendo de día, los mismos soldados se apaciguaron, no hallando más sangre que derramar los que no se podían ver hartos della, y conociendo otros el yerro grande que se había hecho. Luego comenzó a proceder el licenciado Ostos de Zayas, auditor general, contra los culpados, y ahorcó tres soldados de los que parecieron serlo por las informaciones. Este mismo día el Zaguer, que se había retirado a Bérchul, envió a decir al marqués de Mondéjar que se quería reducir; el cual envió a don Francisco de Mendoza y a don Alonso de Granada Venegas con un estandarte de caballos y una compañía de infantería a recoger los que quisiesen venir; mas después se arrepintió el Zaguer, temiendo que se haría algún riguroso castigo en él, y se embreñó en las sierras; y don Francisco de Mendoza llevó consigo a su mujer y hijas y familia, y obra de cuarenta cristianas cautivas que estaban con ellas; y con esto se volvió a Juviles, informado que Aben Humeya se había ido a meter en Ugíjar.

Capítulo XXI. Cómo el marqués de Mondéjar comenzó a dar salvaguardia a los moros reducidos, y envió las cristianas cautivas a Granada

Luego mandó el marqués de Mondéjar dar sus salvaguardias a los moros reducidos que habían venido con el beneficiado Torrijos, y les ordenó que fuesen a los lugares y hiciesen de manera que los vecinos se volviesen a sus casas, no consintiendo que se les hiciese mal tratamiento, porque otros se animasen viendo el acogimiento que se hacía a estos, y el rigor de que se usaba con los demás que estaban en su pertinacia. Esto que el General hacía no placía a los capitanes y soldados enemigos de la paz ni a los que se veían ofendidos de las tiranías de aquellos rebeldes, pareciéndoles que era demasiada misericordia la que usaban con ellos; y quien más lo sentía eran las cristianas que habían sido cautivas, que con lágrimas y sollozos tristes contaban las crueldades que habían hecho, los regocijos con que habían apellidado el nombre y seta de Mahoma, y el escarnio y menosprecio con que habían tratado las casas de nuestra santa fe delante dellas; mas todo lo atropellaba el marqués de Mondéjar, entendiendo ser aquello lo que más convenía. Habiendo pues de pasar el campo adelante, porque iba en él mucha gente inútil, envió a Tello de Aguilar con la compañía de caballos de Écija y dos compañías de infantería a Granada, con las cristianas cautivas y con los heridos y enfermos. Detuviéronse seis días en el camino, porque iban las mujeres a pie y eran ochocientas almas. Al entrar de la ciudad metió la infantería de vanguardia y los caballos de retaguardia, y ellas en medio a manera de procesión; los escuderos les llevaban cada dos niños en los arzones y en las ancas de los caballos, y algunos tres, dos en los brazos y el mayor en las ancas. Salió gran concurso de gente a verlas entrar por la puerta de Bibarrambla, y entre alegría y compasión, daban todos infinitas gracias a Dios, que las había librado de poder de sus enemigos. Llegándolas a saludar, había muchas que en queriendo hablar les faltaban las palabras y el aliento:

tan grande era el cansancio y congoja que llevaban. Había entre ellas muchas dueñas nobles, apuestas y hermosas doncellas, criadas con mucho regalo, que iban desnudas y descalzas, y tan maltratadas del trabajo del cautiverio y del camino, que no solo quebraban los corazones a los que las conocían, mas aun a quien no las había visto. Desta manera toda la ciudad hasta el monasterio de Nuestra Señora de la Victoria, que está encima de la puerta de Guadix, donde llegaron a hacer oración, y de allí fueron a la fortaleza de la Alambra a que las viese la marquesa de Mondéjar. Y volviendo a las casas del Arzobispo, las que tenían parientes las llevaron a sus posadas, y las otras fueron hospedadas con caridad entre la buena gente, y de limosna se les compró de vestir y de calzar.

Capítulo XXII. De la entrada que el marqués de los Vélez hizo estos días contra los moros de Fílix

Estuvo el marqués de los Vélez cinco días en Guécija, después de haber desbaratado al Gorri, sin determinarse hacia donde iría. Dábale prisa el licenciado Molina de Mosquera desde la Calahorra que fuese al marquesado del Cenete, porque sería de mucha importancia su ida para la seguridad de toda aquella tierra. Decíanle las espías que los moros tenían dos cuerpos de gente, uno en Andarax y otro en Fílix, y deseaba ir a deshacerlos; y a 18 días del mes de enero, martes, el mismo día que el marqués de Mondéjar fue a Juviles, partió con su campo de aquel alojamiento, y aquella noche fue a dormir en lo alto de la sierra de Gádor, casi a la mitad del camino de Fílix, para dar el miércoles, víspera de San Sebastián, sobre él. La nueva de esta partida llegó luego a Almería, y don García de Villarroel, hombre mafioso y codicioso de honra, queriéndole ganar por la mano, salió de la ciudad con setenta arcabuceros a pie y veinticinco hombres de a caballo, y el mismo día miércoles bien de mañana se puso en un puerto que está un cuarto de legua de Fílix, a vista del lugar por donde de necesidad había de entrar el campo del marqués de los Vélez. Su fin era que los moros, viéndole asomar, entenderían ser la vanguardia del campo y huirían, y podría robarle antes que el Marqués llegase; mas no le sucedió como pensaba, porque siendo descubierto, los moros se pusieron en arma; y dejando el lugar atrás, tocando sus atabales y jabecas, salieron a esperarlos puestos en escuadrón con dos manguillas de escopeteros delante. Primero enviaron cincuenta hombres sueltos a reconocer, y tras de ellos otros quinientos a que tomasen un cerro alto, que está a caballero del puerto; y para que se entendiese que tenían mucho número de gente, hicieron otro escuadrón de muchachos y mujeres cubiertas con las capas, sombreros y caperuzas de los hombres, y puestos al pie del sitio antiguo de un castillejo que allí había. Viendo pues don García de Villarroel tan gran número de gente como desde lejos parecía y la orden con que habían salido, cosa nueva para los de aquella tierra, entendió que debía de haber turcos o moros berberiscos entre ellos; y teniendo su juego por desentablado, volvió hacia donde iba nuestro campo, por ser aquel el camino más seguro para su retirada. No tardó mucho de verse con el marqués de los Vélez, y dándole cuenta de lo que pasaba, le preguntó si entendía que osarían aguardar los enemigos; y diciéndole que creía que sí, porque tenía aviso que estaba allí el Futey y el Tezi, y Puerto Carrera el de Gérgal, con más de tres mil hombres de pelea, y que tenían el lugar barreado y puesto en defensa, le pidió cincuenta soldados de los que llevaba, hombres sueltos y pláticos en la tierra; y dándoselos, se volvió aquella noche a la ciudad de Almería, y el marqués de los Vélez prosiguió su camino con los escuadrones muy bien ordenados, mil tiradores delante, la mayor parte dellos arcabuceros, y él con toda la caballería a un lado. Los moros, que ya se habían vuelto a meter en el lugar, entendiendo que eran los que habían visto retirar, tornaron a salir fuera, y por la misma orden que la otra vez aguardaron en medio del camino; y llegando la vanguardia a tiro de arcabuz de la suya, se comenzó una pelea harto más reñida y porfiada de lo que se pudiera pensar, porque los moros se animaban y hacían todo su posible; aunque al fin, cuando entendieron que peleaban contra el campo del marqués de los Vélez, a quien los moros de aquella tierra solían llamar Ibiliz Arraez el Hadid, que quiere decir diablo cabeza de hierro, perdieron esperanza de victoria. Estando pues la escaramuza trabada, nuestra caballería cargó por un lado, y haciendo perder el sitio a los enemigos, que era asaz fuerte, los llevó retirando hasta las casas del lugar. Allí se tornaron a rehacer y pelearon un rato; y siendo arrancados segunda vez, los fue la infantería siguiendo por la sierra arriba, que está a la parte alta, hasta encaramarlos en la cumbre, donde había buena cantidad de piedras crecidas, que naturaleza puso a manera de reducto; en las cuales hicieron rostro y comenzaron a pelear de nuevo, mostrando hacer poco caso del ímpetu de la infantería, por verse libres de los caballos; mas los arcabuceros, que fueron de mucho efecto este día, les entraron valerosamente, y matando muchos dellos, los desbarataron y pusieron en huida. Los que cayeron hacia donde estaban los caballos murieron todos, y los que tomaron lo alto de la sierra se libraron. Quedaron muertos en los tres recuentros y en el alcance más de setecientos moros, y entre ellos algunas mujeres que pelearon como animosos varones hasta llegar a herir con las almaradas en las barrigas de los caballos; y otras, faltándoles piedras que poder tirar, tomaban puñados de tierra del suelo y los arrojaban a los ojos de los cristianos para cegarlos y que llegasen a perder la vida y la vista juntamente. Murieron peleando el Tezi y Futey, y fue preso un hijo de Puerto Carrero con dos hermanas doncellas y mucha cantidad de mujeres. De los cristianos murieron algunos, y hubo más de cincuenta heridos. Ganose un rico despojo de bagajes cargados de ropa y de seda y mucho oro y aljófar, con que los soldados fueron satisfechos de la victoria; aunque su demasiada ganancia fue dañosa, porque con deseo de ponerla en cobro, dejaron muchos las banderas y se volvieron a sus casas. Desto se quejaba después el marqués de los Vélez, diciendo que al tiempo que más los había menester le habían llamado, y que por esta causa se había detenido en Fílix, proveyendo no se le fuesen los que quedaban. Estando en este alojamiento le llegó la gente de Murcia, que hasta entonces no se la había querido enviar el licenciado Artiaga, juez de residencia de aquella ciudad, sin que su majestad se lo mandase. Vinieron tres regidores por capitanes, don Juan Pacheco con un estandarte de cincuenta caballos, y Alonso Gualtero y Nofre de Quirós con dos compañías de doscientos y cincuenta arcabuceros y ballesteros cada una. Llegaron también don Pedro Fajardo, hijo de don Alonso Fajardo, señor de Polope, y don Diego de Quesada, que después de la rota de Tablate estaba en desgracia del marqués de Mondéjar, con ochenta soldados arcabuceros y veinte caballos aventureros que traían de Granada; con los cuales atravesaron el río de Aguas Blancas, y por el marquesado del Cenete y el Boloduí fueron a dar a Fílix, donde los dejaremos agora para volver al otro campo, que está en Juviles.

Capítulo XXIII. Cómo el campo del marqués de Mondéjar pasó a Cádiar y a Ugíjar, y combatió algunas cuevas donde se habían recogido cantidad de moros

El domingo 23 días del mes de enero partió nuestro campo de Juviles, y aquel día llegó al lugar de Cádiar, sin que en el camino hubiese cosa memorable, porque los moros se habían retirado hacia Ugíjar; y si algunos bajaron de las sierras a escaramuzar, luego se volvieron a ellas, no osando acometer más que con alaridos. Aquella noche, queriéndose don Alonso de Granada Venegas señalar en alguna cosa que fuese grata al marqués de Mondéjar, viendo los tratos que andaban sobre la reducción, le pidió licencia para escribir sobre ello a Aben Humeya, y siéndole concedida, le despachó luego un moro de los reducidos; mas no llegó la carta a sus manos esta vez, porque los soldados mataron al mensajero que la llevaba, y así no tendremos para qué hacer mención de lo que en ella se contenía, en este lugar, reservándolo para otra que después le escribió. El lunes bien de mañana salió el campo de Cádiar, y en el camino de Ugíjar se vinieron a reducir algunos moros, y entre los otros vino Diego López Aben Aboo, primo de Aben Humeya y sobrino del Zaguer, y trajo consigo al sacristán de la iglesia de Mecina de Bombaron, donde era vecino, para que certificase al marqués de Mondéjar como había defendido que los monfís no quemasen la iglesia, y le había tenido escondido a él y a su mujer y hijos en una cueva hasta aquel día porque no los matasen. El Marqués holgó mucho con la relación del sacristán, y loó al moro delante de los otros, diciendo que no todos los de la Alpujarra se habían rebelado con su voluntad; y le mandó dar luego una salvaguardia muy favorable para que nadie le enojase, y pudiese reducir todos los vecinos de aquel lugar y de fuera dél que quisiesen venir al servicio de su majestad. Caminó aquel día nuestra gente la vuelta de Ugíjar puesta en sus ordenanzas, porque se entendió que hallarían allí el golpe de los enemigos con quien pelear. Habíase recogido en este lugar Aben Humeya cuando huyó de Juviles, y juntando los caudillos de los alzados para ver lo que debían hacer, trataron de elegir un lugar fuerte, que lo pudiese ser por arte y por naturaleza de sitio, donde meterse para aguardar a nuestro campo, y probar la fortuna de las armas, defendiendo y ofendiendo, mientras la gente de los partidos hacía sus acometimientos a las escoltas que iban a los campos de los marqueses, que de necesidad habían de estar divididos. Sobre esta elección hubo pareceres diversos. Miguel de Rojas y los naturales de Ugíjar querían que fuese allí, porque andaban ya en tratos sobre las paces, y decían que Ugíjar era lugar fuerte de sitio, y que con facilidad se podría hacer mucho más, y que estando en medio de la Alpujarra, se podría acudir a todas las otras partes con brevedad. El Gorri y otros, que aborrecían la paz que se compraba con sus cabezas, pues siendo principales caudillos y autores de la maldad, tenían por cierto que se había de ejecutar en ellos el rigor de la justicia, no querían ponerse en parte que pudiesen ser acorralados; y teniendo más confianza en la fragosidad de las sierras que en los viles muros y reparos en que se podían meter, querían irse a

Paterna, lugar puesto en la falda de la sierra entre Ugíjar y Andarax, donde no podrían ser cercados, y tenían la retirada segura siempre que quisiesen irse; y como Miguel de Rojas tenía autoridad entre ellos, y era mucha parte en aquella tierra, atropellando los pareceres, hizo con Aben Humeya que se resolviese de hacer el fuerte en Ugíjar y así se determinó en aquella junta. Mas el Gorri y el Partal y el Seniz le tomaron luego aparte, y entre temor y malicia le hicieron creer que su suegro le engañaba; y que teniendo trato hecho con el marqués de Mondéjar, andaba por meterlos a todos en parte donde los pudiese coger en una red, y quedarse él con el dinero y plata que tenía en su poder; y pudo ser que dijesen verdad. Finalmente el miedo le hizo mudar propósito, y se fueron a Paterna; y no contentos con esto, le indignaron tanto, que sin más averiguación, violando la ley del parentesco, acordó de matar a su suegro; y enviándole a llamar a su casa, le aguardó con una ballesta armada a la puerta, acompañado de los otros malvados, y errando el tiro, porque el Miguel de Rojas, en viéndole encarar hacia él, se metió despavorido debajo de la ballesta, y la saeta fue por alto, el Seniz acudió con otro tiro, que le atravesó entrambos muslos, y luego todos con las espadas le acabaron de matar. De aquí nacieron grandes enemistades entre los parientes del muerto y Aben Humeya, el cual repudió luego la mujer, y juró que no había de dejar hombre dellos a vida; y el mismo día del homicidio siguió también a Diego de Rojas, su cuñado, por unas barranqueras abajo para matarle, y todos los demás parientes suyos y de los alguaciles de Ugíjar anduvieron de allí adelante recatados dél. Mató a Rafael de Arcos, mancebo de aquel linaje, y a otros, de donde se recreció tratarle la muerte a él y dársela, como diremos en su lugar. Volviendo pues a nuestro campo, que iba marchando en ordenanza la vuelta de Ugíjar, cuando llegó cerca del lugar halló que los moros se habían ido; y algunos, que no habían querido ir a Paterna, no se teniendo tampoco por seguros en los campos, se habían hecho fuertes en cuevas que tenían proveídas de bastimentos para aquel efecto, hechas las bocas y entradas entre roquedos y peñas tajadas tan altas, que no se podía subir a ellas sin largas escalas. Alojose nuestro campo en Ugíjar, con determinación de pasar luego en seguimiento del enemigo, por no darle lugar a que se pudiese rehacer ni fortalecer en ninguna parte; mas fuele forzado al marqués de Mondéjar detenerse, porque fue avisado que desde algunas de aquellas cuevas, los moros que estaban metidos dentro, como hombres que el temor del mal que esperaban los hacía arriscar el peligro, decían palabras contra nuestra santa fe católica, vanagloriándose de que eran moros y querían morir por Mahoma. Esto indignó grandemente al marqués de Mondéjar, y mucho más cuando supo que desde una dellas habían arrojado hacia los cristianos, como por escarnio la figura de un Cristo crucificado hecha pedazos, diciendo: «Perros, tomad allá vuestro Dios»; y otras cosas que no merecían menos que riguroso castigo, como en efecto se hizo, combatiéndolas y ganándolas por fuerza de armas, y justiciando a todos los hombres que hallaron dentro. En una destas cuevas se metieron dos moros con sus mujeres y hijos y con nueve cristianas cautivas, con fin de huir el rigor de los soldados y darse a partido después; los cuales se rindieron luego que nuestro campo llegó; y el Marqués no solamente los admitió, mas se sirvió dellos después para espías, y aprovecharon mucho en cosas que se ofrecieron. Reduciéronse en este alojamiento muchos moros de los principales, y todos eran admitidos graciosamente, y se les daban salvaguardias para que se volviesen seguramente a sus pueblos. Pero esta humanidad acrecentaba la ira a los caudillos monfís, porque veían que cargándoles a ellos toda la culpa, no les dejaban lugar de perdón; y aun los propios cristianos, qué sabían poco de la disensión que andaba entre los moros, juzgaban que los que se reducían eran compelidos de necesidad y de miedo, por verse metidos entre dos ejércitos enemigos en tiempo que no podían durar más en las sierras a causa de los duros fríos y grandes nieves que caían. Desde Ugíjar escribió otra carta don Alonso de Granada Venegas a Aben Humeya en conformidad de la primera, diciéndole que le pesaba mucho que un caballero de su calidad y de tan buen entendimiento hubiese tomado camino de tan gran perdición para sí y para toda la nación morisca; que compadeciéndose dél y de su nobleza, le aconsejaba como amigo lo remediase con darse llanamente a merced de su majestad, pues estaba a tiempo de poderlo hacer; que le certificaba que hallaría lugar de misericordia, porque era príncipe tan humano, que no miraría al yerro, sino al arrepentimiento; y que dejando aquella quimera vana y odiosa a los oídos de su señor y rey natural, tomase solución breve; que mucho le convenía, porque él sabía del marqués de Mondéjar que le sería buen intercesor. Hasta aquí decía la carta, la cual fue luego a sus manos, y le tuvo harto suspenso y casi determinado a rendirse, si fijando el ánimo entre temor y esperanza, no le cegara otro suceso que diremos adelante.

Capítulo XXIV. Cómo el campo del marqués de Mondéjar fue a Iñiza y a Paterna en busca de los enemigos, y de los tratos que hubo para que Aben Humeya se redujese

Avisado el marqués de Mondéjar como los moros estaban en Paterna, y que se habían juntado más de seis mil hombres, la mayor parte dellos del marquesado del Cenete, y puéstose en la cuesta de Iñiza, que está media legua de Paterna, con demostración de querer defender el paso, aunque la subida era áspera y tan dificultosa, que poca gente parecía poderla defender a mucha, quiso ir luego en su demanda antes que se fortificasen más. Haciendo pues reconocer el sitio del enemigo, que tenía dos retiradas, la una a la parte de Sierra Nevada, que no se le podía quitar por tenerla a las espaldas y ser de calidad que no la podían hollar caballos, y la otra a la sierra de Gádor hacia la mar, que para ir a tomarla se había de atravesar un gran llano que está entre Paterna y Andarax; mandó a los capitanes Gonzalo Chacón y Lorenzo de Leiva que con sus estandartes de caballos y trescientos arcabuceros, a orden del capitán Álvaro Flores, fuesen hacia Codbaa, que era uno de los lugares ya reducidos, a poner cobro en las cristianas cautivas que allí había, antes que los moros de guerra las matasen o se las llevasen a otra parte; y haciendo dar municiones y bastimento para marchar a toda la gente, el miércoles 26 días del mes de enero partió de Ugíjar con todo el campo puesto en su ordenanza, aunque le faltaban muchos soldados que se habían vuelto desde la desorden de Juviles. Y llegando cerca del lugar de Chirin, que está una legua pequeña de Ugíjar, vinieron a él tres moros con una banderilla blanca de paz, y le dieron una carta de Aben Humeya, en que decía que procuraría hacer que los alzados se redujesen, y lo mismo haría de su persona, dándole tiempo para ello, y que entre tanto que esto se hacía, no permitiese que pasase el campo adelante, porque alterando la tierra con desórdenes, no se interrumpiese el negocio de las paces. A esto le respondió el marqués de Mondéjar que lo que había de hacer y más le convenía, era abreviar y venirse a rendir llanamente con la gente, armas y banderas que tenía consigo, porque los demás cada uno miraría por su cabeza; y que haciendo lo que era obligado por su parte, le sería tan buen tercero, como vería por la obra; mas que si tardaba en determinarse, entendiese que le faltaría lugar de misericordia. Estas palabras, y dos cartas que le escribieron don Luis de Córdoba y don Alonso de Granada Venegas, rogándole que tomase el buen consejo, llevaron los tres moros por respuesta; mas nuestro campo no por eso dejó de proseguir su camino, yendo marchando siempre su poco a poco. No mucho después llegó otro moro con otra carta del mismo Aben Humeya en respuesta de la que don Alonso de Granada Venegas le había escrito desde Ugíjar, diciendo que tomaría su consejo y se reduciría, y que para que hubiese efecto y se tratase de la seguridad que había de haber, le rogaba diese orden como se viesen tres a tres. Esta carta mostró luego don Alonso Venegas al marqués de Mondéjar, y le suplicó que no pasase aquella noche el campo de Iñiza, y que le diese licencia para verse con Aben Humeya como decía; el cual holgó dello y se la dio; y con esto volvió el moro a Paterna. Llevaba el Marqués determinado de no parar hasta llegar al enemigo, y con esta novedad acordó de quedarse en Iñiza; y como para haberse de alojar el campo fue necesario que las mangas de la arcabucería pasasen delante del alojamiento para hacer escolta, como es orden de guerra, los moros, que estaban a la mira encima de la cuesta y del camino, puestos en dos escuadrones de cada tres mil hombres, entendieron que todo el campo iba la vuelta dellos, y mayormente cuando vieron que los arcabuceros cristianos tomaban lo alto de la sierra hacia donde tenían su retirada. No se había aun alojado el campo, mas quería el Marqués volver a tomar alojamiento en el lugar de Iñiza, que ya lo había dejado atrás, cuando la manga de la mano izquierda, que llevaba el capitán Juan de Luján y el sargento mayor Pedraza, se encaramó tanto, que llegó a escaramuzar con el escuadrón de los moros, que estaban hacia aquella parte; y acudiéndoles otra arcabucería, les hicieron perder el sitio, y los pusieron en huida. Sucedió pues que cuando la escaramuza comenzó, Aben Humeya acababa de oír la respuesta del Marqués, y tenía las cartas en las manos, que las abría ya para leerlas; y como vio que los cristianos iban la sierra arriba, y que los suyos huían desvergonzadamente, entendiendo que todo lo que don Alonso Venegas trataba era engaño, echó las cartas en el suelo, y subiendo a gran prisa en un caballo, dejó su familia atrás, y huyó también la vuelta de la sierra; luego lo siguió la otra vil gente, procurando cada cual ponerse en cobro. Nuestras mangas iban ya tan encumbradas con el suceso de la victoria, que le fue necesario apresurar el paso, y le hicieron dejar el caballo para embreñarse a pie por lo más áspero con solos cinco moros que le quisieron seguir, uno de los cuales desjarretó el caballo porque no hubiesen dél provecho los cristianos. Los demás todos, despertándolos el temor de la ira, hicieron lo mismo; y los soldados, siguiendo el alcance, mataron muchos dellos, y les tomaron gran cantidad de mujeres y de bagajes cargados de ropa;

y algunos se adelantaron tanto, que entraron en Paterna, y cautivaron la madre y hermanas de Aben Humeya, y a su no legítima esposa y a otras muchas moras, y pusieron en libertad más de ciento y cincuenta cristianas que tenían cautivas. El Marqués, que todavía quisiera aguardar a que se dieran a partido, viendo el efecto que se había hecho, llegó con su guión hasta unos encinares que tenían a caballero el lugar; y haciendo alto, mandó que la gente volviese a Iñiza, donde había de ser el alojamiento; y el siguiente día fue a Paterna, sin hallar quien le hiciese estorbo en el camino. Sobre este alto del encinar que el marqués de Mondéjar hizo, hubo hartas pláticas, como suele acaecer entre los que, sin saber los designios de los superiores, juzgan las cosas conforme a sus apetitos. Decían algunos que por hacer alto se había dejado de acabar la guerra aquel día, quitándoles de la mano una cumplida victoria, y que detener los soldados había sido que del todo no diesen cabo de los moros, que de tanta utilidad eran en aquel reino después de reducidos; y otros que sabían el fin por que se había hecho, y la voluntad de su majestad, que era allanar el reino con el menor daño que ser pudiese de sus vasallos, con mejor juicio aprobaban lo que se había hecho.

Capítulo XXV. Cómo partió el campo de Paterna y fue a Andarax, y como sin pasar adelante volvió a Ugíjar para hacer la jornada de las Guájaras

Estuvo nuestro campo en Paterna aquella noche, donde los soldados fueron abundantemente abastecidos de harina, aceite, queso, carne y cebada, de lo que los moros dejaron en sus casas, y fue harto menos lo que comieron que lo que desperdiciaron. Otro día, viernes 28 de enero, se fue a alojar a Lauxar de Andarax, donde estaban ya Álvaro Flores y los otros capitanes, menos conformes de lo que convenía en semejante ocasión. La causa de la discordia había sido codicia, porque los capitanes de la caballería quisieran tomar por esclavos todos los moros y moras que se habían venido a guarecer en las casas de los reducidos, diciendo que no se entendía con ellos la salvaguardia; y Álvaro Flores se lo había contradicho con la orden que llevaba del Marqués para conservar los que se hubiesen ya reducido y todos los que se viniesen a reducir; el cual mandó que no tocasen en los unos ni en los otros, sino que los dejasen estar libremente en sus casas, sin darles pesadumbre. Cobraron libertad en estos tres lugares, Codbaa, Lauxar y el Fondón, más de trescientas mujeres cristianas, y los reducidos presentaron al marqués de Mondéjar un niño, hijo de don Diego de

Castilla, señor de Gor, que le habían cautivado en el Boloduí. Estos dijeron como la gente que había huido de Paterna iba derramada por aquellas sierras, y que sin falta se reduciría la mayor parte della, y que a la parte de Ohánez se había recogido otra mucha gente, que los más eran viejos y mujeres y muchachos, que también se reducirían enviándoselo a requerir. Teniendo pues dada orden el marqués de Mondéjar a don Francisco de Mendoza y a don Juan de Villarroel, que con mil hombres entre infantes y caballos partiesen el sábado 29 de enero la vuelta de Ohánez, después la suspendió, por entender que se había ido de allí la gente de guerra, y que solamente sirviera aquella ida de dar que robar a los soldados y hacer que cautivasen gente inútil, que con rústica simpleza no sabían determinarse en lo que habían de hacer; y juntando los de su consejo para ver lo que más convenía, conforme a las órdenes de su majestad, se acordó que lo más seguro para allanar la tierra sería poner presidios en los lugares reducidos, y particularmente en Andarax, Ugíjar, Berja y Pitres de Ferreira, y que se llevasen allí todos los bastimentos que se pudiesen juntar de los otros lugares, y recogiendo a los que se viniesen a reducir buenamente, hubiese cuadrillas de soldados hombres del campo que corriesen la tierra y persiguiesen a los pertinaces. Para este efecto se mandó que Álvaro Flores con seiscientos soldados fuese luego a la sierra de Gádor, donde dijeron las espías que andaban muchos moros de los que habían huido de las rotas del marqués de los Vélez, persuadiendo y estorbando a los demás que no se viniesen a reducir, y allanase aquella tierra. Desde Andarax escribió el marqués de Mondéjar una carta al marqués de los Vélez, haciéndole saber lo que se había hecho en aquella guerra. Decíale como Aben Humeya había sido desbaratado cuatro veces, que no había osado parar en la Alpujarra, y con solos cincuenta o sesenta hombres que le seguían andaba huyendo de peña en peña, y que entendiendo que sería de más importancia poner presidios y enviar mil hombres sueltos en cuadrillas que deshiciesen algunas juntas de hombres perdidos que andaban desmandados, que traer campos formados, había acordado de lo hacer así; y le avisaba dello para que le enviase su parecer, conformándose con la orden que de su majestad tenía. Esto todo era a fin de que teniendo el marqués de los Vélez por acabado el negocio de la guerra con la reducción, se dejase de proseguir en ella; el cual respondió después de la de Ohánez bien diferente de lo que el marqués de Mondéjar pretendía, condescendiendo a su mismo efecto, que era acabar él por la vía del rigor la guerra. Habíanse recogido en este tiempo en los lugares de las Guájaras, que son tierra de Salobreña, muchos moros de los lugares comarcanos a la fama de un fuerte peñón que está por cima de Guájara alta, y de allí salían a correr la tierra, y salteando por los campos y caminos hacia la parte de Alhama, Guadix y Granada, mataban los caminantes, quemaban las caserías de los cortijos y llevábanse los ganados. Estas y otras correrías que los moros hacían a diferentes partes indignaban grandemente a los ministros de su majestad que residían en Granada, y a los ciudadanos, pareciéndoles que todo lo que decían los moros cerca de la reducción era fingido, para entretener y asegurar a los cristianos, pues por una parte mostraban quererse reducir, y por otra salían a hacer robos y salteamientos. Sospechando pues el marqués de Mondéjar que si se detenía mucho darían otro dueño a aquel negocio, y aun siendo avisado que el propio conde de Tendilla, su hijo, quería salir a hacer aquella jornada, teniendo ya por acabado lo de aquella parte donde andaba, dio vuelta a Ugíjar, suspendiendo por entonces el hacer de los presidios hasta tener allanadas las Guájaras. Cinco días estuvo en aquel lugar, dando orden en la jornada que había de hacer y aligerando el campo de la gente inútil, que solamente servía de embarazar los bagajes y comerse los bastimentos. Entre las otras cosas que proveyó, fue mandar entregar mil moriscas de las que habían quedado vivas en Juviles y cautivádose después en Paterna, a tres alguaciles reducidos que estaban en el campo, llamados Miguel de Herrera, alguacil de Pitres de Ferreira; García el Baba, de Ugíjar, y Andrés el Adrote, de Nechite; las cuales se les entregaron por mano del beneficiado Torrijos, con orden que las diesen a sus maridos, padres y hermanos, y les notificasen que las tuviesen en depósito para volverlas cada y cuando que les fuesen pedidas. El viernes vino a este alojamiento Álvaro Flores, habiendo corrido la sierra de Gádor y de Níjar y hecho poco efecto. También llegó el capitán Juan Rico con trescientos infantes que enviaba el marqués de Comares a su costa para servir en esta guerra.

Capítulo XXVI. Cómo el marqués de los Vélez partió con su campo hacia lo de Andarax, y desbarató los moros que se habían recogido en la sierra de Ohánez

Desde 19 de enero, que el marqués de los Vélez llegó a Fílix, no mudó el campo ni hizo cosa memorable, aguardando, según él decía, a que los soldados y caballos se restaurasen del cansancio del camino; hasta que a 30 del dicho mes se mudó para hacer algún efecto, con ocasión de una carta de su majestad, en que le avisaba como los rebelados habían enviado a pedir socorro a Berbería, y se tenía aviso cierto que para la Luna de febrero les vendrían navíos de Argel y de Tetuán con gente y municiones, y que convenía que estuviese sobre aviso. Queriendo pues ir a la sierra de Inox, donde tenía nueva que había un buen golpe de enemigos que se habían recogido en compañía de los de Níjar y de los otros lugares de la comarca, fue avisado como don Francisco de Córdoba, hijo de don Martín de Córdoba, conde de Alcaudete, que por mandado de su majestad había tres días que se había metido en Almería, iba allá con la gente de tierra y de las galeras del cargo de Gil de Andrada. Y pareciéndole que no había que hacer en aquella parte, por no estar ocioso acordó de ir la vuelta de Andarax, o por mejor decir, a Ohánez, donde se habían juntado aquellos moros que dijimos en el capítulo precedente, no teniendo aviso, o disimulándolo, de lo que el marqués de Mondéjar dejaba hecho. Con este presupuesto llegó a Canjáyar, lugar de la taa de Lúchar, a 31 días de enero; y como los corredores que iban delante volviesen a decirle que en una loma de Sierra Nevada, cerca del lugar de Ohánez, habían visto gran cantidad de moros, mandó enderezar hacia ellos el siguiente día, víspera de la Purificación de Nuestra Señora. Llevaba las ordenanzas muy bien repartidas, conforme a la disposición de la tierra, que es áspera; y apartándose obra de una legua del río, por laderas y cuestas difíciles de hollar con caballos, llegó la vanguardia a alcanzar la retaguardia de los enemigos en otro sitio más áspero y más fragoso del que primero tenían, porque en la hora que vieron nuestro campo procuraron tomar lo más alto de la sierra, echando las mujeres y bagajes por delante y quedándose los hombres de guerra atrás, obedeciendo a su capitán Tahalí, que animosamente hizo rostro, representando forma de batalla con las banderas tendidas y el sonido de los atabales y dulzainas y alaridos que atronaban aquellos valles; el cual los animó para la pelea con estas razones: «Adelante, valerosos hombres y hermanos míos; que no nos importa menos el vencer que librar nuestras personas, y las de nuestras mujeres y hijos de muerte y cautiverio. Los que decís que por mi respeto os levantasteis, pelead en esta ocasión; libraréis vuestra causa de culpa, lo que no podréis hacer siendo vencidos, porque ningún vencido es tenido por justo, quedando por juez della el vencedor enemigo». No esperaron los animosos bárbaros a que nuestra gente llegase, favorecidos del sitio; los cuales, tomando ánimo con las palabras que el moro les decía, aunque eran muchos menos y estaban peor armados, se vinieron a nuestros escuadrones, y los acometieron por el lado izquierdo, cargando a un mismo tiempo por diferentes partes. Era este lugar y sitio donde los moros se habían juntado asaz fuerte para poderse defender, aunque de agüero infelice a su nación, porque allí se habían juntado en la rebelión pasada en tiempo de los Reyes Católicos, y siendo cercados y acosados por el conde de Lerín, habían perecido de hambre, y por eso le llamaban el Cosar de Canjáyar, como si dijésemos, el lugar de la hambre. Serían los moros como dos mil hombres de pelea, sin la gente inútil, que era mucha; mas los nuestros eran cinco mil infantes, los mil y doscientos arcabuceros, y más de ochocientos ballesteros; los otros iban armados con lanzas, alabardas y espadas y rodelas, y cuatrocientos caballos muy bien en orden. Con esta gente resistió el marqués de los Vélez el ímpetu de los enemigos, que fue muy grande, y subiendo de abajo para arriba, se trabó una reñida y sangrienta pelea, en la cual comenzó nuestra vanguardia a aflojar, porque los moros peleaban con tiros, saetas y piedras tan determinadamente, que sin temor holgaban de trocar sus vidas con muerte de los que tenían delante. Convino que el marqués de los Vélez acudiese personalmente al peligro común, acompañado de muchos caballeros, gente valerosa, con los cuales socorrió y reparó la flaqueza de los suyos, acometiendo a los enemigos por el lado derecho; y peleando con ellos y con la aspereza de la tierra que no menor resistencia le hacía, los desbarató y puso en huida, y apretó de manera, que no les dejó lugar de rehacerse, siguiendo el alcance más de una legua la sierra arriba, por donde parecía imposible poder subir con los caballos. Murieron este día mil moros, y perdieron muchas banderas, y fueron cautivas mil y seiscientas almas entre mujeres y niños; y el despojo de bagajes cargados de ropas y joyas de precio, y de ganados, fue muy grande. Cobraron libertad treinta cristianas que llevaban cautivas, habiendo degollado con bárbara crueldad el día antes otras veinte, y entre ellas algunas doncellas hermosas y nobles, que las propias moras las habían hecho matar y vituperádolas con mil géneros de vituperios; mas no quedaron sin castigo, porque los soldados mataron algunas en la pelea y otras en el alcance, que, aunque moras, hacían lástima por ser mujeres; la cual se convirtió en ira luego que se entendió la maldad que habían hecho. Los moros que escaparon desta rota, unos se embreñaron por las sierras, otros se metieron en unas cuevas muy fuertes que están sobre aquel río, y allí se pusieron en defensa, y todos los que fueron presos, no habiendo osado morir peleando, fueron ahorcados. Cristianos hubo algunos muertos y muchos heridos de arcabuz y de saetas con yerba, y otros de pedradas y de cuchilladas, y peligraron hartos dellos. Habida esta victoria, se alojó nuestro campo en Ohánez, donde fue otro día celebrada la fiesta de la gloriosa Virgen Señora nuestra con gran solemnidad, yendo el marqués de los Vélez y todos los caballeros y capitanes en la procesión armados de todas sus armas, con velas de cera blanca en las manos, que se las habían enviado para aquel día desde su casa, y todas las cristianas en medio vestidas de azul y blanco, que por ser colores aplicadas a nuestra Señora, mandó el marqués que las vistiesen de aquella manera a su costa. Anduvo la procesión por entre las escuadras armadas, que le hicieron muy hermosas salvas de arcabucería, y entró en la iglesia cantando los clérigos y frailes del ejército el cántico de Te Deum laudamus, y glorificando al Señor en aquel lugar donde los herejes le habían blasfemado. Desta victoria concibió luego el marqués de los Vélez que si el marqués de Mondéjar, no queriendo gastar más tiempo en la Alpujarra, se salía della, así por tener la gente y los caballos fatigados del largo y fragoso camino por donde había andado, como por parecerle que estaba ya todo acabado, podría entrar él con cualquiera ocasión con su campo, que estaba descansado y brioso con el refresco de Ohánez, y hacerse dueño del negocio de aquella guerra para acabarla por su mano; y al fin lo consiguió, aunque no desta vez, porque se fueron la mayor parte de los soldados con los despojos, y hubo de levantar su campo de Ohánez y volver por la taa de Marchena a Terque, donde estuvo muchos días suspenso, hasta que después pasó a Berja; y con este intento escribió al marqués de Mondéjar en respuesta de la de Andarax, diciendo que los moros que habían huido de la rota de Ohánez eran muchos, y que le parecía ser necesario más que cuadrillas para deshacerlos, y que hiciese por su parte lo que pudiese, porque así haría él de la suya.

Capítulo XXVII. Cómo don Francisco de Córdoba fue sobre el fuerte de la sierra de Inox

Estando el campo del marqués de los Vélez en Fílix, don Francisco de Córdoba entró en Almería, y fue avisado cómo Francisco López, alguacil de Tavernas, y otros habían fortalecido un fuerte peñón que está sobre el lugar de Inox, y metídose dentro con las mujeres y muchos bastimentos, y que estaban con ellos moros de Berbería y turcos, que habían venido aquellos días en unas fustas, no enviados por sus reyes, sino aventureros; los cuales habían prendido poco antes una espía que enviaba don García de Villarroel, y dádole cruel muerte, espetado en un asador de hierro. Queriendo pues hacer esta jornada, y pareciéndole que había poca gente en la ciudad para poder llevar y dejar, escribió al marqués de los Vélez a Fílix, que le enviase alguna, conforme a la orden que de su majestad tenía para ello; porque cuando se mandó a don Francisco de Córdoba que fuese a meterse en Almería, y se le encomendó la guardia de aquella ciudad, se le avisó que el marqués de los Vélez tenía orden para proveerle de gente y de todo lo que hubiese menester: mas él no le respondió sí ni no. Y viendo don Francisco de Córdoba que tenía mal recaudo en él, despachó un correo a Pedro Arias de Ávila, corregidor de Guadix, y aun avisó a su majestad como aquellos alzados aguardaban por horas doce bajeles con setecientos turcos, y le envió una carta árabe que un moro escribía a un morisco de Almería, en que le decía que Aben Humeya había despachado dos moros para Argel pidiendo socorro. Estos despachos partieron de Almería a 28 de enero en la noche, y otro día de mañana llego a la playa Gil de Andrada con nueve galeras y cantidad de bastimentos y municiones para provisión de la ciudad; y dándole parte don Francisco de Córdoba del negocio de Inox, le pidió trescientos soldados para con ellos y la gente de la ciudad hacer la jornada; el cual se los dio, y por cabo dellos a don Juan Zanoguera, aunque difirieron al principio sobre la manera como se había de repartir la presa y sacar el quinto y diezmo della; que por nuestros pecados en esta era reinaba tanto la codicia, que oscurecía la gloria de las victorias; mas al fin se conformaron en que se hiciese dos partes della, y que la una llevase la gente de tierra, y la otra la de la mar, sacando primero el quinto y el diezmo para el Capitán General. Luego se apercibieron de todo lo necesario para el camino, y aquella misma tarde partieron de Almería, pensando hacer el efecto amaneciendo otro día sobre Inox, y volver a la noche a la ciudad; mas no fue posible, porque la guía los llevó rodeando, y cuando llegaron a vista de los enemigos, eran las nueve horas de la mañana, domingo 30 días del mes de enero. Este peñón tiene la entrada tan dificultosa y áspera, que parece cosa imposible poderlo expugnar, habiendo quien le defienda; y tiene otra montaña encima dél, de donde procede, que la fortalece por aquella parte, donde hace una bajada fragosísima de peñas y piedras, que no tiene más de una angosta senda para subir o bajar de la una parte a la otra; y como nuestros capitanes vieron los moros puestos en sitios tan fuertes, juntándose a consejo, trataron lo que se debería hacer, y hubo entre ellos diferentes pareceres. A los que parecía que habría dilación, se les representaba haber dejado la ciudad y las galeras en peligro, y a esto añadían otras muchas razones, que al parecer eran suficientes para dejar la jornada y volver a poner cobro en lo uno y en lo otro; mas al fin se resolvieron y conformaron en que se difiriese el acometimiento del fuerte hasta otro día, por ser tarde y parecerles que era bien comenzar desde la mañana. Y porque no quedase diligencia por hacer, don Francisco de Córdoba, queriendo entender el intento de los moros, y si se reducirían sin pelear, les envió a apercibir con un morisco de paces, diciendo que si se quietaban y se volvían a sus casas, dejando las armas y dándose a merced de su majestad, los favorecería para que no fuesen maltratados. Mas los bárbaros, mal confiados y sospechosos, teniendo por consejo poco seguro el de su enemigo, y pareciéndoles que el morisco iba con aquel achaque a espiar y ver la fortificación que tenían hecha, le prendieron y hicieron morir empalado, poniéndole en una alta peña a vista de nuestra gente. Había amanecido este día claro y sereno, y como hacia la tarde cargasen ñublados con tempestad de agua y vientos, los soldados, que por ir a la ligera no llevaban capas ni con que abrigarse, después de haber resistido un gran rato, esperando que pasasen unos turbiones tras de otros, se fueron a guarecer en las casas del lugar de Inox. No habían aun acabado de entrar dentro, cuando a gran prisa se tocó arma, porque vieron venir derechos a las mismas casas un tropel de moros, que con ser el tiempo fosco, representaban mayor número de gente de la que era; los cuales no pasaban de treinta hombres, y venían bien descuidados de que hubiese cristianos en aquel pueblo, huyendo de los soldados del campo del marqués de Mondéjar; y acercándose adonde andaban tres hombres desmandados, antes de reconocidos, les mataron uno de los compañeros; y como reconocieron el peligro, volvieron las espaldas la vuelta de la sierra. Don García de Villarroel los siguió, aunque tarde y de espacio, y el efecto que hizo fue recoger dos cristianas doncellas, hijas de un vecino de Almería, y un hijo del gobernador de Boloduí, que llevaban cautivos. Este día, con toda la tempestad que hacía, mandó don Francisco de Córdoba que fuesen los bagajes a la ciudad por bastimentos, y don García de Villarroel con doscientos arcabuceros de su compañía les hizo escolta, hasta ponerlos un cuarto de legua de allí, donde está un paso que necesariamente habían de pasar los enemigos queriendo atravesar de su fuerte al camino de Almería; y viendo andar en un barranco que está hacia el fuerte, cantidad de ganado con unos pastores, envió a Julián de Pereda con ocho soldados, que recogieron parte dello; con que la gente satisfizo a la necesidad humana aquella noche. Otro día de mañana, sospechando que los moros querrían restaurar aquella pérdida, dando en los bagajes cuando volviesen cargados de bastimentos, don García de Villarroel se puso en el mismo paso con sesenta arcabuceros y veinte caballos; y cuando los bagajes hubieron pasado al campo, queriendo él reconocer las fuerzas del enemigo y entender si tenía mucha escopetería, y qué turcos había, pasó el barranco, y mandó a dos cabos de escuadra que con cada doce soldados tomasen dos veredas fragosas, por donde los moros podían bajar del peñón hacia el mediodía, que era la parte donde él estaba, porque no tenían otra bajada por donde poderle acometer, sino era con mucho rodeo. Puso a Julián de Pereda con la otra infantería doscientos pasos atrás, cerca de donde hizo alto con la caballería, para darles calor y orden de lo que habían de hacer. Los moros bajaron luego de su fuerte, dando grandes alaridos; y siendo más de quinientos hombres, echaban a rodar grandes peñas sobre los nuestros, que estaban libres de aquel peligro, cubiertos de dos peñascos muy altos y derechos, que hacían pasar de vuelo las peñas y piedras sin ofenderlos. Tampoco les podían hacer daño con los arcabuces y saetas, porque las pelotas pasaban por alto y las saetas no llegaban; antes eran ellos ofendidos de la arcabucería, que les tiraba de abajo para arriba con más seguridad y mejor puntería. Andando pues la escaramuza trabada, los moros, que veían su pleito mal parado, comenzaron a desmayar, y muchos dellos volvían huyendo hacia el peñón, cuando un capitán turco llegó en su favor con algunos escopeteros, y haciendo volver a palos a los que huían de la escaramuza, cerró determinadamente con los soldados, diciendo a voces: «En vano fuera mi venida de África si pensara que cuatro cristianos se me habían de defender detrás de una piedra, en medio del campo, teniendo tanto número de valerosos mancebos al derredor de mí. Ea pues, amigos míos, seguidme; que con las cabezas destos pocos que tenemos delante aseguraremos nuestro partido». Con estas palabras se animaron, y llegaron con gran determinación a los soldados de los cabos de escuadra, que aunque eran pocos, defendieron su puesto y les hicieron perder la furia que traían. No aprovecharon las palabras, las obras, ni las amenazas del turco, ni muchos palos y cuchilladas que daba a los que huían de nuestra arcabucería, que ya estaba toda junta, a hacerles que bajase la vil canalla a pelear, hasta que vieron venir cuatro de a caballo y seis arcabuceros que don García de Villarroel había enviado a otro barranco que está a la parte de levante, con más de dos mil cabezas de ganado mayor y menor. Entonces movidos más del interés que por miedo de las bravatas del capitán turco, hicieron un acometimiento tan determinado, que se entendió que llegaran a las manos con nuestra gente; y al fin, siendo las veredas angostas, y hallándolas ocupadas de la arcabucería, que los hacía tener a lo largo no cesando de tirar, hubieron de retirarse con daño. Volvió don García de Villarroel a Inox, y refirió que a su parecer tenían los enemigos pocos tiradores, y que sería bien acometerlos antes que les acudiesen de otra parte. Solo había un inconveniente, que era no haber cesado la tempestad del viento, antes ido en crecimiento; mas, bien considerado, era igualmente fastidioso a los unos y a los otros; y así se determinaron los capitanes de subir el miércoles, día de la Purificación de nuestra Señora, al peñón, que fue el mismo día que el marqués de los Vélez celebró la fiesta en Ohánez. Aquella noche se juntaron a consejo para la orden que se había de tener en el combate, y lo que acordaron fue, que antes que amaneciese partiesen don Francisco de Córdoba y don Juan Zanoguera con la gente de a caballo y parte de la infantería de vanguardia; y luego don García de Villarroel y don Juan Ponce de León marchando poco a poco con la otra gente toda de retaguardia; porque los primeros, a la hora que encumbrasen el cerro, habían de tomar un rodeo hacia la parte de levante, donde había mejor disposición para bajar al peñón y quitar al enemigo la retirada; por manera que, compasando el camino, llegasen todos a un mismo tiempo. Y con esta resolución mandaron dar ración y munición a la gente, y que se apercibiesen para el combate.

Capítulo XXVIII. Cómo se combatió y ganó el fuerte de la sierra de Inox

Cesó la tempestad del viento aquella noche, y al cuarto del alba salió nuestra gente de Inox, dejando cien soldados en el lugar con dos esmeriles que habían llevado de Almería, pensando poderse aprovechar dellos. Allí quedó el bagaje y el ganado; y toda la otra gente, que serían seiscientos tiradores, doscientos hombres de espada sola y cuarenta caballos, puesta en dos escuadrones, fueron la vuelta del enemigo. La vanguardia, que llevaba don Francisco de Córdoba, comenzó a subir por una vereda áspera y tan angosta, que con dificultad podían ir por ella más que un hombre tras de otro, y con trabajo, por la grande oscuridad que hacía; el cual fue rodeando hacia Güebro, lugar de Almería que está a la parte de levante desta sierra, que, como dijimos, está a caballero sobre el peñón, donde tenían los enemigos hecho su alojamiento; los cuales, recelando la entrada de los cristianos por aquella parte, habían puesto su cuerpo de guardia y centinelas en la cumbre más alta; y siendo sentidos los que subían con el ruido que llevaban, comenzaron a saludarlos con las escopetas. Don Francisco de Córdoba recogió sus soldados lo mejor que pudo, y aunque era de noche, pasó adelante, siguiendo a los adalides del campo que guiaban, y fue a ocupar lo alto por el más conveniente lugar, para bajar por allí a dar en el enemigo, como estaba acordado. Don García de Villarroel, que llevaba la retaguardia, aunque oyó los tiros de las escopetas, no pudo ver con la oscuridad lo que la vanguardia hacía; y dándose prisa a caminar, cuando llegó cerca de unas peñas altas, halló obra de treinta cristianos que daban Santiago en unos turcos escopeteros que estaban detrás dellas; y creyendo que eran de los que iban con él, se adelantó y los fue animando hasta llegar a otras peñas tan altas y fragosas, que le compelieron a dejar el caballo para subir a ellas. En esto se detuvo tanto espacio, según lo que después nos decía, que cuando volvió a juntarse con los treinta cristianos, ya ellos andaban a las manos con los turcos; mas como era la noche tan oscura, los unos ni los otros sabían qué número de gente era la que tenían delante, y todos estuvieron de buen ánimo, hasta que, riendo el alba, los nuestros se reconocieron y se tuvieron por perdidos, viéndose tan pocos, opuestos a tan grande número de enemigos, que pasaban de quinientos hombres entre turcos y moros los con quien peleaban; y ellos eran por la mayor parte clérigos y acólitos de la iglesia mayor de Almería, y procuradores y papelistas, que ninguno había sido soldado, sino era un viejo de más de sesenta años, natural de Almazarrón, manco de las dos manos. Este viejo, con el ánimo ejercitado en las armas, se puso delante de todos con un lanzón en la mano y los comenzó a esforzar como lo pudiera hacer un animoso y fuerte capitán; y fue bien menester, porque a la mayor parte de arcabuceros se les habían apagado las mechas, por estar mal cocidas, codicia diabólica y tan perjudicial de los maestros que la hacen, que porque pese más no la dejan bien cocer, y aun de los proveedores que se la compran por más barata. No se defendían los nuestros ya sino con piedras, y piedras eran las que los ofendían; y era bien menester estirar los brazos y reparar las cabezas, porque caían sobre ellos como granizo las que los enemigos les enviaban, cargándolos tan denodadamente, que se tuvieron dos veces por perdidos; mas defendiolos el bienaventurado apóstol Santiago, invocando su victorioso y santo nombre. Estando pues la pelea suspensa, siendo ya claro el día, los enemigos dieron a huir; y sabida la causa, fue porque don Francisco de Córdoba, peleando con los que le defendían el otro paso, los había desbaratado y acudían a juntarse con los otros hacia el peñón, donde pensaban defenderse, por ser sitio más fuerte. Retirados los moros y ganada la sierra, nuestros capitanes los fueron siguiendo hasta el peñón, en el cual hallaron mayor resistencia de la que se pudiera pensar. Allí pelearon los enemigos como hombres determinados a perder las vidas por la libertad de sus mujeres y hijos, que tenían por compañeras en la presencia del peligro; y resistiendo valerosamente el ímpetu de nuestros soldados, mataron algunos y hirieron más de doscientos de escopeta, saeta y piedra. Al alférez Juan de las Eras hirió un moro de una puñalada; a don Diego de la Cerda dieron una mala pedrada en el rostro, y a Julián de Pereda le hicieron pedazos la bandera entre las manos y le molieron el cuerpo a pedradas; y llegó a tanto el negocio, que los soldados, olvidados de que eran acometedores, sin tener respeto a sus capitanes, volvieron las espaldas, dejando atrás las banderas, y el estandarte de caballos a discreción del enemigo; lo cual todo se perdiera si Dios no lo remediara, esforzando a los que pudieron ser parte para detener la gente que se retiraba, y para resistir la furia de los enemigos. Estos fueron don Francisco de Córdoba, don Juan Zanoguera, don García de Villarroel, don Juan Ponce de León, Pedro Martín de Aldana y Juan de Ponte, escudero particular; los cuales atajando una parte de la gente, socorrieron las banderas a tiempo que fue bien menester. Andando pues los capitanes recogiendo los soldados y haciéndolos volver a pelear, se acercaron a unas peñas que estaban a la mano izquierda del peñón, donde les pareció que había poca gente, no porque entendiesen que podían subir por ellas, porque eran muy ásperas, sino por ver si podrían divertir al enemigo llamándole hacia aquella parte. Mas sucedioles la ocasión en todo favorable, porque los moros, no pudiendo creer que pudiera subir por allí criatura humana, confiados en la fragosidad de las peñas, se habían descuidado de poner en ellas la guardia conveniente; y cuando pareció a los capitanes que era tiempo, subieron con tanta presteza, que no dieron lugar a los enemigos de poderles resistir; los cuales comenzaron luego a desmayar, y dando libre entrada a nuestra gente, se pusieron en huida, dejando muertos más de cuatrocientos hombres de pelea, no sin daño de los cristianos, porque mataron siete soldados y quedaron heridos más de trescientos. Murió peleando valerosamente el capitán de los turcos, llamado Cosali; fue preso Francisco López, alguacil de Tavernas; cautiváronse algunos moros, que don Francisco de Córdoba dio para las galeras, y dos mil y setecientas mujeres y muchachos; y fue tanta la ropa, dineros, joyas, oro, plata, aljófar y los bastimentos ganados y bagajes, que a la estimación de muchos valió más de quinientos mil ducados la presa. Sola una bandera se tomó a los moros, porque el turco no había consentido que se arbolase más que la suya, y aquella había tenido siempre arbolada en lugar que los cristianos la pudiesen ver. Habida esta victoria, don Francisco de Córdoba volvió a Inox, y de allí a Almería, donde fue alegremente recibido, y se repartió la presa conforme al concierto: digo que solamente se repartieron las mujeres y muchachos; que lo demás fuera imposible traello a partición, y aun desto hubo hartas piezas hurtadas. Gil de Andrada embarcó su parte y sus soldados, y se fue con las galeras a correr la costa; mas entre los capitanes de tierra quedó harta disconformidad sobre el repartir de la suya, y sobre el quinto y diezmo, de donde vinieron a disgustarse y a darse poco contento. Llegaron a Almería en 5 días del mes de febrero don Cristóbal de Benavides, hermano de don García de Villarroel, con trescientos soldados de Baeza y su tierra, a su costa, para hallarse en esta jornada, y el capitán Bernardino de Quesada con ciento y treinta soldados que Pedro Arias de Ávila enviaba a don Francisco de Córdoba para el mismo efecto, y Andrés Ponce y don Diego Ponce de León, y don Francisco de Aguayo; mas ya hallaron hecha la jornada, y solamente les cupo parte del regocijo, aunque adelante hicieron otros muchos buenos efectos.

Capítulo XXIX. Cómo el marqués de Mondéjar partió de Ugíjar para ir a las Guájaras, y la descripción de aquella tierra

El sábado 5 días del mes de febrero partió nuestro campo del alojamiento de Ugíjar, y fue a Cádiar; otro día a Órgiba, para pasar de allí a las Guájaras, y después a la Sierra de Bentomiz; porque el marqués de Mondéjar tenía no vana sospecha de que habían de levantar aquella tierra y la jarquía y hoya de Málaga los propios cristianos, y por esta causa no había osado enviar a nadie hacia aquella parte, temiendo alguna desorden, según estaba la gente codiciosa, y los ejecutores de las armas envidiosos de los despojos que habían otros ganado; plaga de este tiempo, queriendo con celo de virtud y cristiandad encubrir sus intereses propios, y honrarse, no con los medios por donde se gana la verdadera honra, sino con tratos y negociaciones que adquieren hacienda. Pareciendo pues a nuestro capitán general que llevaba poca gente para el efecto que se había de hacer, porque se le habían ido mucha parte de los soldados con lo que habían ganado, así para rehacer su campo, como para atajar una sospecha que se tenía de que en Granada se trataba de enviar persona que hiciese la jornada, con ocasión de estar él ocupado en la Alpujarra, despachó un correo al conde de Tendilla desde el alojamiento de Órgiba, mandándole que le enviase mil y quinientos infantes y cien caballos de los que estaban alojados en la ciudad y en las alcarías de la Vega, y para esperarlos se detuvo un día en aquel alojamiento. Y el mismo día despachó a don Alonso de Granada Venegas para la corte, a que informase a su majestad del estado en que estaban las cosas de la guerra, y la reducción de los alzados; y le suplicase de su parte los admitiese, habiéndose misericordiosamente con los que no fuesen muy culpados, para que él pudiese cumplir la palabra que tenía ya dada a los reducidos, entendiendo ser aquel camino el más breve para acabar con ellos por la vía de equidad. Esto que el marqués de Mondéjar decía, bien considerado, era lo que más convenía a la quietud general de todo el reino, y quedaba la puerta abierta para ejecutar el cuchillo de la justicia en las gargantas de los malos, cuando se pudiese hacer sin escándalo: aunque tenía por opósito el parecer de otros hombres graves, que juzgaban ser más necesario y seguro el rigor; y estos tales decían que en ningún tiempo podrían ser opresos los rebeldes mejor que en aquel, estando faltos de fuerzas, acobardados, discordes, y tan menesterosos de todas las cosas necesarias a la vida humana, que andaban ya buscando los frutos silvestres propios de los animales, y raíces de yerbas que poder comer, con la pena y fatiga que a los malhechores suele dar su propia conciencia. Otro día martes partió el campo a Órgiba, y fue a Vélez de Benaudalla. El miércoles marchó la vuelta de las Guájaras; y porque se entendió que había enemigos con quien pelear aquel día, mandó el Marqués a los escuderos que pasasen los soldados a las ancas de los caballos el río de Motril, para que no se mojasen, que fuera de mucho inconveniente, según el frío que hacía. Pasado el río, camino la gente toda en sus ordenanzas, y llegando a Guájar del Fondón, donde se veían las reliquias del incendio que los herejes habían hecho en la iglesia cuando mataron a don Juan Zapata, hallaron el lugar desamparado, aunque tenía un sitio fuerte donde se pudieran defender los moradores. De allí fue el campo a Guájar de Alfaguit, que también estaba solo, y allí se alojó aquel día. Siendo pues informado el Marqués que los enemigos habían tomado dos derrotas, unos hacia el lugar de Guájar el alto, que también llaman del Rey, y otros por el camino de la cuesta de la Cebada la vuelta de la Alpujarra, envió luego dos capitanes con cada trescientos arcabuceros, que los siguiesen y procurasen atajar. El capitán Luján llegó a un paso por donde de necesidad habían de pasar los que iban hacia la Alpujarra, y atajándolos, mató muchos dellos, y se recogió sin recibir daño, y el capitán Álvaro Flores siguió a los que iban hacia Guájar el alto, y alcanzando la retaguardia, cargaron tantos enemigos de socorro, que hubo de enviar un soldado a diligencia al Marqués a pedirle más gente, porque la que llevaba era poca para poderlos acometer; el cual mandó apercibir algunas compañías; y porque los soldados tardaban en recogerse a las banderas, ocupados en robar las casas, fue necesario ponerse a caballo para que no se perdiese la ocasión; y dejando orden a Hernando de Oruña que recogiese el campo, y marchase luego tras él, caminó hacia donde andaba Álvaro Flores escaramuzando con los moros. Fueron delante don Alonso de Cárdenas y don Francisco de Mendoza con un golpe de soldados que pudieron recoger de presto; los cuales dando calor a nuestra gente, acometieron a los enemigos, y los desbarataron y pusieron en huida; y matando algunos les ganaron dos banderas; los otros se recogieron a un fuerte peñón, que está media legua encima de Guájar el alto, donde tenían recogida la ropa y las mujeres. Este es un sitio fuerte en la cumbre de un monte redondo, exento y muy alto, cercado de todas partes de una peña tajada, y tiene sola una vereda angosta y muy fragosa, que va la cuesta arriba más de un cuarto de legua a dar a un peñoncete bajo, y de allí sube por una ladera yerta, hasta dar en unas peñas altas, cuya aspereza concede la entrada en un llano capaz de cuatro mil hombres, que no tiene otra subida a la parte de levante. A la de poniente está una cordillera o cuchillo de sierra, que procede de otra mayor, y hace una silla algo honda, por la cual con igual dificultad se sube a entrar en el llano por entre otras piedras, que no parece sino que fueron puestas a mano para defender la entrada, si humanos brazos fueran poderosos para hacerlo. En este peñón tenía puesta toda su confianza Marcos el Zamar, alguacil de Játar, caudillo de los moros de aquel partido, y en él metieron todas las mujeres con la riqueza de aquellos lugares, y más de mil hombres de pelea, cuando vieron que nuestro campo iba sobre ellos; y haciendo reparos de piedra, de colchones, albardas y otras cosas, tenían por bastante fortificación aquella para su defensa. Nuestros capitanes dejaron de seguir los enemigos; y volviendo a Guájar el alto, hallaron al marqués de Mondéjar en él con alguna gente de a caballo; el cual, por ser muy tarde, y el camino muy áspero y dificultoso para andarle de noche, envió a mandar a Hernando de Oruña que no marchase hasta que fuese de día, y con la gente que allí tenía se quedó alojado en aquel lugar. Estando nuestro campo en Guájar de Alfaguit, llegó de Granada el conde de Santisteban, acompañado de muchos caballeros deudos y amigos suyos, que iba a hallarse en esta jornada, y don Alonso Portocarrero, que ya estaba sano de la herida de Poqueira, con la infantería y caballos que había enviado el marqués de Mondéjar a pedir al conde de Tendilla.

Capítulo XXX. Cómo algunos caballeros de nuestro campo quisieron ocupar el peñón de las Guájaras, so color de irle a reconocer, y los moros los desbarataron, y mataron algunos dellos

Aquella noche pidió don Juan de Villarroel al marqués de Mondéjar le diese licencia para ir otro día a reconocer el peñón con alguna gente suelta, y a mucha importunación suya se lo concedió, mandándole que llevase consigo cincuenta arcabuceros, y que hiciese el reconocimiento de manera que no hubiese desorden. Era don Juan de Villarroel ambicioso de honra, y pareciéndole que los moros no habrían osado aguardar en el fuerte, o que en viéndole ir, entenderían que iba todo el campo y huirían, o se le darían a partido antes que llegase, comunicando su negocio con algunos caballeros y soldados particulares, que correspondieron a su deseo, salió del campo con solos los cincuenta soldados que había de llevar; mas luego le siguieron otros muchos, unos por codicia, y otros por mostrar valor, entendiendo que se haría efecto. No fue bien desviado del lugar, cuando la vanguardia comenzó a escaramuzar con algunos moros que estaban en las lomas de la sierra. Tocose arma, y corrió la voz al lugar, llamando caballería de socorro; y el marqués de Mondéjar, teniendo aviso de la desorden, recibió tanto enojo, que envió a decirle que no era bien socorrer desórdenes, y que se volviese; y viendo que no aprovechaba, y que pasaba adelante, salió él en persona con la caballería que se pudo recoger de presto, como si adivinara lo que sucedió. Los moros pues que andaban fuera del peñón, y los que habían comenzado a trabar la escaramuza, se retiraron luego a su fuerte; y cuando el marqués de Mondéjar llegó a una loma que está delante del peñón, ya los soldados iban por la ladera arriba a ocupar el cerro que dijimos que está por bajo dél, donde se habían puesto también otros moros a defenderlo. Iban con don Juan de Villarroel don Luis Ponce de León, vecino de Sevilla, don Jerónimo de Padilla, Agustín Venegas, Gonzalo de Oruña, hijo de Hernando de Oruña, y el veedor don Juan Velásquez Ronquillo, y otros hombres de cuenta y más de cuatrocientos soldados; y dejando los caballos los que los llevaban, por no se poder aprovechar dellos, subieron todos a pie por la cuesta arriba, y llegaron tan adelante, que lanzando a los enemigos del peñoncete, hubo algunos animosos soldados que llegaron a arrimarse con los propios reparos del fuerte. Y si todos llegaran tan adelante, pudiera ser que lo ganaran; mas no fueron seguidos, como fuera razón que lo hicieran los amigos, muchos de los cuales se quedaron a media cuesta, y otros abajo cerca del arroyo, remolinando y reparando donde hallaban peñas o cibancos con que poderse encubrir de las piedras que los enemigos echaban desde arriba. Habiendo pues durado el temerario asalto más de una hora, gastando nuestra arcabucería la munición sin hacer efecto, por estar los moros encubiertos detrás de sus reparos, un soldado, más animoso que práctico, comenzó a pedir munición de mano en mano; cosa muy peligrosa en semejantes ocasiones, porque no es más que advertir al enemigo, y dar a entender al amigo que está cerca de huir el que aquello dice. Y así sucedió este día, que los soldados que estaban abajo cerca del arroyo, sintiendo aquella flaqueza, fueron los primeros que huyeron; luego los otros de más arriba, y a la postre los que estaban delante, maravillados de ver tan gran novedad, y creyendo que la debía causar algún acometimiento grande de enemigos hacia otra parte, porque bien veían que no había para qué huir de los que tenían delante. En tanto desorden aun no osaban salir los que estaban en el fuerte, si Marcos el Zamar, que había muerto aquel día dos moros porque huían, asomándose a la parte de fuera y viendo lo que pasaba, no los animara. Saltaron fuera de los reparos cuarenta animosos mancebos de los más sueltos, armados de piedras y de lanzuelas, que hicieron un miserable espectáculo de muertos. Mataron este día a don Luis Ponce, y a Agustín Venegas, y a Gonzalo de Oruña, y al veedor Ronquillo, y a don Juan de Villarroel, y hirieron a don Jerónimo de Padilla, y acabárale un moro que le iba siguiendo, si no le acudiera un esclavo cristiano; el cual apretándole reciamente entre los brazos, y echándose a rodar con él por una peña abajo, no paró hasta dar en el arroyo, donde fue socorrido. Viendo pues el marqués de Mondéjar el desbarate de aquella gente liviana, y como los moros pasaban a cuchillo cuantos alcanzaban, sin poderlos favorecer con la caballería, porque ni tenía por donde pasar el barranco del arroyo, ni la tierra era para poderla hollar caballos, apeándose del caballo con una rodela embrazada y la espada en la mano, acompañado de los caballeros y escudero, que con él estaban, que todos se apearon, y de los alabarderos de su guardia y obra de cuarenta soldados arcabuceros, tomó un sitio fuerte donde poder recoger a los que venían huyendo, porque no los matasen los moros, que a gran prisa habían salido del fuerte y los seguían por todas partes; y como eran gente suelta y sabían la tierra, fueran pocos los que se les escaparan. Llegaron tan adelante los bárbaros este día en el alcance, que hirieron de dos escopetazos a dos alabarderos de los que estaban cerca del Marqués, y hicieran mayor daño si no temieran a la caballería. Al fin se retiraron a su salvo; y el Marqués se volvió al lugar, dejando la ladera y el barranco sembrado todo de cuerpos muertos. A este tiempo venía Hernando de Oruña marchando con todo el campo; mas no fue posible llegar a hora que se pudiese combatir el fuerte aquel día, por ser el camino tan áspero y angosto, que de necesidad habían de ir los hombres y los bagajes a la hila uno detrás de otro, y cuando llegó era va muy tarde, y por esta causa se difirió hasta el siguiente día viernes.

Capítulo XXXI. Cómo se combatió y ganó el fuerte de las Guájaras

Cuando estuvo el campo todo junto, el marqués de Mondéjar mandó dar por escrito a los capitanes la orden que se había de guardar en el combate, la cual fue desta manera: que Álvaro Flores y Gaspar Maldonado saliesen con seiscientos soldados a tomar un camino que va hacia la mar, y subiendo por él, fuesen ganando lo alto de la sierra entre mediodía y poniente. Que Bernabé Pizaño y Juan de Luján con cuatrocientos arcabuceros, tomando la ladera del peñón, llegasen a ocupar el cerro que está por bajo del fuerte. Que Andrés Ponce de León y don Pedro Ruiz de Aguayo con las ciento y veinte lanzas de la ciudad de Córdoba, y Miguel Jerónimo de Mendoza y don Diego de Narváez con sus dos compañías de infantería, y con ellos el capitán Alonso de Robles, tomasen la parte del norte, y dejando la caballería abajo, en lugar que pudiese aprovecharse de los enemigos, si quisiesen hurtarse la vuelta de la Alpujarra, procurasen subir la sierra arriba, lo más alto que pudiesen, hasta ponerse a caballero del enemigo; y que él con todo el resto del ejército iría por el camino derecho. Y porque los sitios donde habían de ponerse estas gentes no se descubrían desde el lugar donde estaba el campo, y convenía que el asalto se diese a tiempo que el peñón estuviese cercado, mandó que la señal de aviso se hiciese con una pieza de artillería de campaña. Había de tomar Álvaro Flores dos grandes leguas de rodeo para irse a poner en su puesto, y por ser la tierra tan áspera no pudo llegar hasta después de mediodía. A esta hora descubrieron los moros la gente que iba tomando lo alto, y saliendo a gran prisa a defender el paso del sitio, donde se iban a poner los capitanes Pizaño y Luján, no fueron parte para estorbárselo, antes se hubieron de retirar con daño. Estando pues el peñón al parecer muy bien cercado por todas partes, el Marqués mandó dar la señal del asalto, y la infantería subió el cerro arriba, donde aun se veían los regueros de la sangre cristiana, que destilaba por las heridas de los cuerpos desnudos; y hallando el primer peñoncete desocupado, porque los moros que estaban en él le dejaron viendo que Álvaro Flores se les había puesto a caballero en lo alto de la sierra, de donde les hacía mucho daño con los arcabuces, fueron retirándose hacia el fuerte. Comenzose a pelear desde lejos con los tiros de una parte y de otra, venciendo los ánimos de nuestros soldados la dificultad y aspereza de la tierra. Duró el combate hasta puesto el Sol, defendiéndose los moros en sus reparos, ejercitando los brazos los hombres y las mujeres en arrojar grandes peñas y piedras sobre los que subían. Desta manera resistieron tres asaltos, no con pequeño daño de nuestra parte, hasta que el marqués de Mondéjar, viendo que ya era tarde, mandó retirar la gente y difirió el combate para el siguiente día. Quedaron los bárbaros ufanos, aunque no poco temerosos, por conocer que la cercana noche les había alargado la vida; y cuando entendieron que podría haber algún descuido en nuestra gente, o que reposarían los soldados del trabajo pasado, llamando el rústico Zamar a Gironcillo y a otros moros de cuenta que allí estaban, les dijo desta manera: «Los antiguos nuestros que ganaron la tierra que agora perdemos, metidos entre estas sierras celebraron este peñón y sitio, donde tenían cierta guarida de cualquier ímpetu de cristianos, estando la comarca poblada de moros, y teniendo a su disposición la costa de la mar; mas agora no sé si le tuvieran en tanto, desconfiados de socorro como nosotros estamos, y que de necesidad nos ha de consumir la sed, la hambre y las heridas destos enemigos, que tan valerosamente hemos expelido cuatro veces de nuestros reparos. La que tenemos por victoria es propia indignación, para que con mayor crueldad pasen las espadas por nuestras gargantas, perseverando, como es cierto que perseverarán en los combates; y lo que más siento es que pasarán por el mismo rigor estas mujeres y criaturas inocentes. Tratar de rendirnos en esta coyuntura también será la postrera parte de nuestra vida; porque ¿quién duda sino que el airado Marqués querrá sacrificarnos a todos en venganza de las muertes de sus capitanes? Ea pues, hermanos, guardémonos para otros mejores efectos; y pues la noche nos cubre con su oscuridad, y los cristianos están descuidados pensando tenernos en la red, sirvámonos de las encubiertas veredas que sabemos, guiando a nuestras familias la vuelta de la sierra». Todos aprobaron este parecer, y siendo su capitán el primero, salieron lo más calladamente que pudieron, llevando tras de sí mucha cantidad de mujeres que tuvieron ánimo para seguirlos, bajando por despeñaderos que aun a cabras pareciera dificultoso camino, y sin ser sentidos de las guardas de nuestro campo que rodeaban el peñón, se fueron hacia las Albuñuelas. Quedaron en el fuerte los viejos y mucha parte de las mujeres con esperanza de salvar las vidas, dándose a merced del vencedor; y antes que esclareciese el día dijeron a un cristiano sacerdote que tenían cautivo, llamado Escalona, que llamase a los cristianos y les dijese como la gente de guerra toda se había ido, y los que allí quedaban se querían dar a merced. El cual se asomó sobre uno de los reparos, y a grandes voces dijo que subiesen los cristianos arriba, por- que no había quien defendiese el fuerte; mas aunque le oyeron las centinelas y se dio aviso al Marqués, no consintió subir a nadie hasta que fue claro el día. Entonces mandó a los capitanes don Diego de Argote y Cosme de Armenta que con cuatrocientos arcabuceros de Córdoba fuesen a ver si era verdad lo que aquel hombre decía; y hallando ser así, ocuparon el fuerte, y dieron aviso dello. Este día alancearon los caballos cantidad de moros y moras que iban huyendo; y el Zamar, que llevaba una hija doncella de edad de trece años en los hombros por aquellas sierras, porque se le había cansado, vino a parar en poder de unos soldados, que le prendieron, y en Granada hizo el conde de Tendilla rigorosa justicia después dél. Fue tanta la indignación del marqués de Mondéjar, que, sin perdonar a ninguna edad ni sexo, mandó pasar a cuchillo hombres y mujeres cuantos había en el fuerte, y en su presencia los hacía matar a los alabarderos de su guardia, que no bastaban los ruegos de los caballeros y capitanes ni las piadosas lágrimas de las que pedían la miserable vida. Luego mandó asolar el fuerte, dando el despojo a los soldados; y así para esto como para enviar una escolta a Motril con los enfermos y heridos, que eran muchos, se detuvo hasta el lunes 14 de febrero, que envió al conde de Santisteban con el campo a que le aguardase en Vélez de Benaudalla, y él se fue con sola la caballería a visitar los presidios de Almuñécar, Motril y Salobreña; y tornando a juntarse con él, volvió a Órgiba para proseguir en la reducción de los lugares de la Alpujarra. Por la toma deste peñón se hicieron alegrías en Granada, aunque mezcladas con tristeza por los cristianos que habían sido muertos, y lo mismo fue en otras muchas partes del reino.

Capítulo XXXII. Cómo se declaró que los prisioneros en esta guerra fuesen esclavos con cierta moderación

Había duda desde el principio desta guerra si los rebelados, hombres y mujeres y niños presos en ella, habían de ser esclavos; y aun no se había acabado de determinar el Consejo hasta en estos días, porque no faltaban opiniones de letrados y teólogos que decían que no lo debían ser; porque aunque por la ley general se permitía que los enemigos presos en guerra fuesen esclavos, no se debía entender así entre cristianos; y siéndolo los moriscos, o teniendo, como tenían, nombre dello, no era justo que fuesen cautivos. Y su majestad estando suspenso, mandó al Consejo Real que le consultase lo que les parecía, y escribió al presidente y oidores de la audiencia real de Granada que tratasen dello en su acuerdo (que es una junta general que ordinariamente hacen dos días en la semana), y le enviasen su parecer. Habiéndose pues platicado sobre negocio de tanta consideración, se resolvieron en que podían y debían ser esclavos, conformándose con un concilio hecho en la ciudad de Toledo contra los judíos rebeldes que hubo en otro tiempo, y por haber apellidado a Mahoma y declarado ser moros. Este parecer aprobaron algunos teólogos, y su majestad mandó que se cumpliese y ejecutase el concilio contra los moriscos, de la misma manera que se había hecho contra los judíos, con una moderación piadosa, de que quiso usar como príncipe considerado y justo: «que los varones menores de diez años, y las hembras que no llegasen a once, no pudiesen ser esclavos, sino que los diesen en administración para criarlos y doctrinarlos en las cosas de la fe». Y sobre ello se despachó provisión en forma de premática, que se pregonó y divulgó por todo el reino; y aun el día de hoy se guarda con aquellos que han sabido y saben pedir su justicia, porque en esto hubo desde el principio mucha desorden, herrando a los niños inocentes y vendiéndolos por esclavos. Hubo también otra duda sobre si se habían de volver los bienes muebles que los rebeldes habían tomado a los cristianos, porque los dueños, conociendo sus propias alhajas en poder de los soldados que las habían ganado en la guerra, se las pedían por justicia, y sobre ello había muchos pleitos y diferencias; y se determinó por el mismo acuerdo que no se las debían volver, por ser ganadas en la guerra, y porque el marqués de Mondéjar, yendo a entrar con su campo en la Alpujarra para animar los soldados que iban sin sueldo, había mandado echar un bando al pasar de la puente de Órgiba, declarando que la guerra era contra enemigos de la fe y rebeldes a su majestad; y que se había de hacer a fuego y a sangre.

Capítulo XXXIII. Cómo se prosiguió la reducción de la Alpujarra, y de las contradicciones que para ello hubo

Vuelto nuestro campo a Órgiba, los moros de la Alpujarra, que se vieron reducidos a extrema necesidad y desventura, porque con habérseles hecho la guerra en lo recio del invierno y echándolos de sus lugares, no tenían otra guarida sino las sierras, y perecían de hambre y de frío, andando cargados de mujeres y niños, con peligro de muerte y de cautiverio delante de los ojos, tomando el mejor consejo, comenzaron a venirse a reducir y darse a merced de su majestad sin condición, para que hiciese dellos y de sus bienes lo que fuese servido, como lo habían hecho los alguaciles de Juviles Ugíjar y Andarax y de los otros pueblos que dijimos. Prometíales el marqués de Mondéjar que intercedería por ellos para que su majestad los perdonase; y como iban viniendo, los recibía debajo del amparo y seguro real, y les daba sus salvaguardias para que la gente de guerra no les hiciese daño. Mandaba que trajesen al campo las armas y banderas los que eran de por allí cerca, y a los de más lejos señalaba iglesias particulares y personas que las recogiesen. Luego comenzaron a acudir de todas partes; aunque las armas que traían, venían tan maltratadas, que se dejaba entender no ser aquellas las que tenían para pelear, porque entregaban ballestas, arcabuces, chuzos y espadas, todo mohoso y hecho pedazos, y gran cantidad de hondas de esparto; y si les preguntaban dónde quedaban las buenas armas, decían que los monfís y gandules, que no querían rendirse, las habían llevado. Finalmente, los desventurados daban ya algunas muestras de quietud, y de consentir, no solo las premáticas, mas cualquier pecho que se les echara en sus haciendas; y en muy breve tiempo vinieron a Órgiba todos los lugares de la Alpujarra por sus alguaciles y regidores o por sus procuradores, siendo persuadidos e inducidos a ello por los dos moriscos de quien atrás hicimos mención, llamados Miguel Aben Zaba el viejo, vecino de Válor, y Andrés Alguacil, vecino de Ugíjar; los cuales habiendo hecho todo su posible en este particular, pidieron al marqués de Mondéjar con mucha instancia que los metiese la tierra adentro con sus mujeres y hijos, porque veían claramente que si quedaban en la Alpujarra no podían dejar de perderse; y él deseó mucho hacerles tan buena obra; mas no se atrevió a enviarlos, temiendo que según estaban los negocios enconados en Granada, luego como llegasen los prenderían los alcaldes de chancillería y los mandarían ahorcar. Y al fin murieron entrambos en la Alpujarra: al Miguel Aben Zaba mataron unos soldados que iban a hacerle escolta, y Andrés Alguacil, que era ya muy viejo, murió de enfermedad. Desde Órgiba envió el marqués de Mondéjar al beneficiado Torrijos con trescientos soldados a que redujese los lugares de la sierra de Filabres; el cual los redujo todos, y otros muchos de aquellas taas al derredor, y recogió las armas y las banderas que rendían, y las envió al campo, sin hallar quien le pusiese impedimento en ello. También redujeron muchos lugares los cuadrilleros Jerónimo de Tapia y Andrés Camacho, aunque estos hicieron hartas desórdenes, hurtando muchachos y bagajes a los reducidos; y lo mismo hacían otras cuadrillas de soldados desmandados, que salían a correr la tierra, sin orden, de los presidios de la costa, del campo del marqués de los Vélez, de Órgiba y de otras partes. Para excusar estos daños hubo algunos concejos que pidieron al marqués de Mondéjar soldados que estuviesen con ellos y los defendiesen, y les daban de comer y dos reales de salario cada día; y demás desto, enviaba de ordinario al capitán Álvaro Flores con su compañía a que corriese la tierra y retirase la gente, que hallase desmandada haciendo desórdenes; por manera que ya estaba la Alpujarra tan llana, que diez y doce soldados iban de unos lugares en otros sin hallar quien los enojase, y no eran quinientos hombres los que dejaban de acudir a sus casas debajo de salvaguardia.

En este tiempo mandó el marqués de Mondéjar notificar a los moriscos depositarios de las esclavas de Juviles que las llevasen luego a Órgiba; y Miguel de Herrera sacó cuatrocientas dellas de poder de sus maridos, padres y hermanos, y las llevó a entregar; y como los factores del Marqués le apretasen para que las entregase todas, viendo que sería imposible poderlas dar, porque algunas se habían muerto, y otras las habían cautivado de nuevo los soldados que andaban desmandados sin orden, por excusar su vejación, trató de componerse por todas las de la taa de Ferreira; y se efectuara si se pusieran con él en una cosa convenible, porque el moro daba veinte ducados por cabeza, y las personas a quien se cometió el negocio no quisieron menos de a sesenta ducados por cada una. Y al fin hubo de traer las que pudo recoger, y se vendieron muchas dellas en Granada en pública almoneda por cuenta de su majestad, y otras

murieron en cautiverio; lo cual todo era argumento de que los mal aventura-
dos deseaban ya paz y sosiego; y así lo escribía el marqués de Mondéjar a su
majestad y a los de su real consejo, teniendo el negocio ya por acabado. Mas
otras muchas personas graves hubo que con diferente consideración juzgaban
que no podía permanecer aquella paz, diciendo que los malos eran muchos, y
que en viniéndoles socorro de Berbería, volverían a inquietar a los otros; que
los moriscos, gente mañosa, habiendo hecho tantos males, y viendo que se
usaba misericordia con ellos, tomando experiencia en la condición del capitán
General, cuando viesen cesar el rigor de las armas tomarían mayor atrevimiento
para cometer otros mayores delitos; que se sabía por nueva cierta que Aben
Humeya había enviado un hermano suyo con cartas para Aluch Alí, gobernador
de Argel, pidiéndole socorro de navíos, gente, armas y municiones, y ofrecídose
por vasallo del Gran Turco; que en caso que esto no hubiese efecto, y después
de reducidos los alzados, hubiese de entrar la justicia de por medio a castigar
los principales autores del rebelión, como era justo se hiciese, eran tantos y tan
emparentados en la tierra, que no podría dejar de haber nuevas alteraciones en
ella; y que concediéndoseles perdón general, tampoco sería cosa conveniente a
la reputación de un rey y de un reino tan poderoso como el de Castilla, dejar sin
castigo ejemplar a quien tantos crímenes habían cometido contra la majestad
divina y humana. Estas cosas se platicaban en Granada, en la corte y por todo
el reino, quejándose del marqués de Mondéjar como autor de aquella paz, y
diciendo que lo que hacía era por su particular interese, porque si la tierra se
despoblaba, vernía a perder mucha parte de la hacienda que tenía en aquel
reino, y el provecho que sacaba del servicio que los moriscos le hacían, que
era muy grande; y a los que peor parecía esta paz, eran aquellos a quien los
rebeldes habían lastimado con tantos géneros de crueldades, y a otros que
esperaban haber buena parte del despojo de la guerra, porque la codicia no
mira más que al interés.

Capítulo XXXIV. Cómo el marqués de Mondéjar fue avisado dónde se recogían Aben Humeya y el Zaguer, y envió secretamente a prenderlos

En estos términos estaban las cosas de los alzados, cuando Miguel Aben Zaba
el de Válor, y otros deudos suyos, enemigos de Aben Humeya, y que le andaban
espiando para hacerle matar o prender, avisaron al Marqués de Mondéjar como

él y el Zaguer andaban por las sierras de los Bérchules, y que de día estaban escondidos en cuevas y de noche acudían a los lugares de Válor y Mecina de Bombaron; y lo más ordinario era recogerse en Mecina, en casa de Diego López Aben Aboo, por razón de la salvaguardia que tenía. El cual deseando haberlos a las manos, así por la quietud de la tierra, como porque sabía ya que su majestad trataba de enviar a don Juan de Austria a Granada, y quería tener hecho aquel efecto antes que llegase, hizo llamar a los capitanes Álvaro Flores y Gaspar Maldonado, y les mandó que con seiscientos soldados escogidos, llevando consigo las espías, que les habían de mostrar las casas sospechosas, fuesen a los dos lugares y los cercasen, y procurasen prender aquellos dos caudillos, o matarlos si se les defendiesen, y traerle sus cabezas, significándoles la importancia de aquel negocio; y advirtiéndoles que lo primero que hiciesen fuese cercar la casa de Aben Aboo, donde había más cierta sospecha que estarían. Están estos dos lugares en la falda de la Sierra Nevada, que mira a la Alpujarra y al mar Mediterráneo, apartados una legua el uno del otro; y como los capitanes llegaron a Cádiar, deseosos de acertar, acordaron de partir la gente en dos partes, y dar a un mismo tiempo en ellos; porque les pareció que si todos juntos llegaban a Mecina, y acaso no estaban allí, antes de pasar a Válor corría peligro de ser avisados. Con este acuerdo, aunque no era bastante razón para pervertir la orden de su capitán general, repartieron la gente en dos partes: Álvaro Flores fue a dar sobre Válor con cuatrocientos soldados, y Gaspar Maldonado con los otros doscientos, que para cercar la casa de Aben Aboo bastaban, caminó la vuelta de Mecina de Bombaron. Sucedió pues que aquella noche, que no era la última de su vida ni el fin de los trabajos de aquella guerra, Aben Humeya y el Zaguer y otro caudillo, alguacil de aquel lugar, llamado el Dalay, no menos traidor y malo que ellos, acertaron a hallarse en casa de Aben Aboo, los cuales, habiendo estado todo el día escondidos en una cueva, en anocheciendo se habían recogido al lugar, como inciertamente y a deshora lo habían hecho otras veces, confiados en que no irían a buscarlos allí, por estar de paces y tener salvaguardia. Gaspar Maldonado llegó lo más encubiertamente que pudo, haciendo que los soldados llevasen las mechas de los arcabuces tapadas, porque con la oscuridad de la noche no las divisasen desde lejos; mas no bastó su diligencia, ni el hervor del cuidado que le revolvía en el pecho, para que un inconsiderado soldado dejase de disparar su arcabuz al aire, y le interrumpiese aquella felicidad, que tan a la mano le estaba aparejada. Estaban los moros bien

descuidados, la casa llena de mujeres y criados, y la mayor parte dellos durmiendo; y el primero que sintió el temeroso golpe fue el Dalay, que, como más
astuto y recatado, estaba con mayor cuidado; el cual temeroso, sin saber de
qué, recordó a gran prisa al Zaguer, y corriendo hacia una ventana no muy baja
que respondía a la parte de la sierra, entre sueño y temor se arrojaron por ella, y
maltratados de la caída, se subieron a la sierra antes que los soldados llegasen.
Aben Humeya, que dormía acompañado en otro aposento aparte, no fue tan
presto avisado, y cuando acudió a la guarida ya los diligentes soldados cruzaban por debajo de la ventana; por manera que si se arrojara como los otros,
no pudiera dejar de caer en sus manos. Turbado pues, sin saberse determinar,
dando muchas vueltas por los aposentos de la casa, y acudiendo muchas veces
a la ventana, la necesidad, que le hacía revolver el entendimiento buscando
alguna manera de salud, le puso delante un remedio que le acrecentó la perdida
confianza y le aseguró la vida, guardándole para mayores desventuras. Había
llegado Gaspar Maldonado a la puerta de la casa, y viendo que los de dentro
dilataban de abrirle, procuraba derribarla, dando grandes golpes en ella con un
madero, cuando Aben Humeya, no hallando cómo poderse guarecer, llegó muy
quedo a la puerta, y poniéndose disimuladamente enhiesto, igualado entre el
quicio y la puerta, quitó la tranca que la tenía cerrada, para que con facilidad
se pudiese abrir; la cual abierta, los soldados entraron de golpe, y el se quedó
arrimado, sin que ninguno advirtiese lo que allí podía haber: tanta prisa llevaban
por llegar a buscar los aposentos, donde hallaron a Aben Aboo, y con el otros
diecisiete moros, que algunos eran criados del Zaguer y los otros vecinos del
lugar. El capitán los mandó prender a todos, y preguntándoles si sabían de
Aben Humeya o del Zaguer, dijeron que no los habían visto, y que los que allí
estaban se habían reducido con la salvaguardia que Aben Aboo tenía; y como
no pudiesen sacar dellos otra cosa, conociendo que no le decían verdad, hizo
poner a tormento a Aben Aboo, mandándolo colgar de los testículos en la rama
de un moral que estaba a las espaldas de su casa; y teniéndole colgado, que
solamente se sopesaba con los calcañales de los pies, viendo que negaba, llegó
a él un airado soldado, y como por desdén le dio una coz, que le hizo dar un
vaivén en vago y caer de golpe en el suelo, quedando los testículos y las binzas
colgadas de la rama del moral. No debió de ser tan pequeño el dolor, que dejara
de hacer perder el sentido a cualquier hombre nacido en otra parte; mas este
bárbaro, hijo de aspereza y frialdad indomable, y menospreciador de la muerte,

mostrando gran descuido en el semblante, solamente abrió la boca para decir: «Por Dios que el Zaguer vive, y yo muero»; sin querer jamás declarar otra cosa. Mientras esto se hacía, y los soldados andaban ocupados en robar la casa, Aben Humeya tuvo lugar de salir detrás de la puerta, y arrojándose por unos peñascos que caen a la parte baja, se fue sin que le sintiesen. Gaspar Maldonado dejó a Aben Aboo en su casa como por muerto, y se llevó los diecisiete moros presos; con los cuales, y con otros que después prendieron en el camino, y más de tres mil y quinientas cabezas de ganado que recogieron de aquellos lugares reducidos, y porque no pudieron hacer otro efecto los soldados que habían ido a Válor, se volvieron luego los unos y los otros a Órgiba, donde siendo reprehendidos de su capitán general, les fue quitada la presa por de contrabando, mandando poner en libertad a los moros que tenían su salvaguardia.

Capítulo XXXV. Cómo nuestra gente saqueó el lugar de Lároles, estando de paces

Entre las otras provisiones que el conde de Tendilla hizo estando en lugar de su padre en la ciudad de Granada, fue enviar a la fortaleza de la Peza al capitán Bernardino de Villalta, vecino de Guadix, con una compañía de infantería, porque estaba a su cargo aquella tenencia; el cual viendo que los negocios de la reducción estaban en el estado que hemos dicho, queriendo hacer alguna entrada de provecho hacia la parte donde él estaba, so color de ir a prender a Aben Humeya, pidió licencia y gente al Conde, diciendo que unas espías le habían prometido de dársele en las manos. El Conde le dio para este efecto tres compañías de infantería, cuyos capitanes eran don López de Jexas, Antonio Velásquez y Hernán Pérez de Sotomayor, y veinte caballos con el capitán Payo de Ribera. Toda esta gente se juntó con Bernardino de Villalta en Alcudia, cerca de Guadix, el postrer día del mes de febrero del año de 1569; y a 1.º de marzo partieron de aquel lugar, y atravesando el marquesado de Cenete, fueron a cenar y a dar cebada a los caballos al Deyre. Y entrando por el puerto de la Ravaha antes que amaneciese, dieron en el lugar de Lároles, que era uno de los reducidos, y se habían recogido a él muchos moros y moras de los otros pueblos, entendiendo estar seguros por razón de la salvaguardia que tenían del marqués de Mondéjar. Y como estuviesen descuidados de aquel hecho, entrando impetuosamente por las calles y casas, mataron más de cien moros, y cautivaron muchas mujeres, y les tomaron gran cantidad de ropa y ganados. Otro día de mañana, viernes a 2 de marzo, habiendo saqueado las casas y quemado la mayor parte dellas, llevando la presa por delante, volvieron a gran prisa a tomar el puerto de la Ravaha antes que los moros lo ocupasen; porque los que habían escapado de las manos de los soldados hacían grandes ahumadas por los cerros, apellidando la tierra, y comenzaba ya a descubrirse mucha gente que acudía a favorecerlos. No fue de pequeña importancia esta diligencia, porque apenas habían comenzado a encumbrar la sierra, cuando los acometieron por la retaguardia con tanta determinación y denuedo, que la tuvieron desordenada por dos veces; y corrieran peligro de perderse todos, si el capitán Bernardino de Villalta, que iba de vanguardia, no les acudiera con algunos amigos, resistiendo animosamente con harto peligro de sus personas; porque en una vuelta que hizo sobre un moro que acababa de matar a un soldado y corría en el alcance de otro, cayó del caballo, y hubiérale muerto a él también, si no fuera socorrido con mucha presteza. Desta manera fue subiendo nuestra gente hasta lo alto del puerto, y los moros, habiendo muerto dieciocho soldados y herido otros muchos, quedando ellos no menos lastimados, dejaron de seguirlos, y se volvieron a la Alpujarra, con determinación de irse para Aben Humeya y juntarse con él para que renovase la guerra. Estaba este día en la Calahorra un morisco llamado Tenor, con quien tenían concertado Juan Pérez de Mescua y Hernán Valle de Palacios, vecinos de Guadix, que si daba vivo o muerto a Aben Humeya, o le traía a parte que pudiese ser preso, le rescatarían a su mujer y a dos hijas que tenía cautivas; y estándoles diciendo cómo dejaba tratado con Diego Barzana, vecino de Guadix, casado con tía de Aben Humeya, y persona de quien mucho confiaba, que le traería a un encinar de Sierra Nevada, y que poniéndole dos o tres emboscadas en los pasos por donde había de pasar, le prenderían, vio venir a nuestra gente con tan grande presa de mujeres cautivas y de ganados y bagajes, y comenzando a llorar, les dijo: «Señores, Dios no quiere que yo vea libres a mi mujer y hijas. Esta cabalgada ha de desbaratar mi negocio; y de hoy más no ha de haber quien se ose fiar, y habrá cada día más mal, antes volverán a levantarse los reducidos». Y cierto dijo verdad, porque con este suceso quedó la tierra puesta en arma, y juntando Aben Humeya de nuevo gente, interrumpió la reducción. Sintieron mucho el marqués de Mondéjar y el Conde esta desorden, y mandando el Marqués prender a Bernardino de Villalta, fuera castigado rigurosamente si no se descargara con que había hallado gente de guerra en aquel lugar, y con algunas otras causas, al parecer justificadas; por donde las indefensas mujeres perdieron su libertad y fueron vendidas por esclavas.

Capítulo XXXVI. De las diferencias que hubo en la ciudad de Almería entre los capitanes sobre el partir de la cabalgada de Inox

Tenía don García de Villarroel comisión del marqués de Mondéjar para todas las cosas tocantes a la guerra en la ciudad de Almería; y como no se le revocase por la cédula de su majestad, que don Francisco de Córdoba llevó, pretendía pertenecerle la jurisdicción civil y criminal, y por el consiguiente, el repartir de la presa de Inox. Por otra parte don Francisco de Córdoba, usando de las pre-eminencias como capitán general, quería que se hiciese todo por su orden, y pretendía ser suyo el quinto y el diezmo de la presa. Andando pues en estas competencias, don Francisco de Córdoba, que no quería que se dijese dél cosa que oliese a codicia, dejó a don García de Villarroel que hiciese el repartimien-to, y aun se lo requirió por escrito; el cual, cuando hubo sacado el quinto y el diezmo aparte, proveyó un auto, al parecer justificado, en que declaró que por cuanto los soldados de la costa del reino de Granada de tiempo inmemorial tenían merced de los quintos de las cabalgadas, y los capitanes generales no estaban en costumbre de llevar los diezmos, se depositase lo uno y lo otro en poder del depositario general de aquella ciudad hasta que su majestad manda-se lo que se había de hacer dello en la presente ocasión. Desto se enojó don Francisco de Córdoba, y haciendo poco caso de aquel auto, mandó al capitán Bernardino de Quesada que con los soldados de su compañía fuese a la casa donde estaban recogidas las esclavas y las llevase a las atarazanas; y llevándo-las, no con pequeño escándalo, las repartió él por su persona, sacando primero el quinto y el diezmo. De aquí pudiera suceder grande mal, por estar la gente toda repartida en dos voluntades y haber algunos que quisieran que don García de Villarroel se pusiera en defenderlo; mas al fin miró por su cabeza, temiendo la indignación de su majestad. En este tiempo los del consejo de guerra, pare-ciéndoles que no convenía que para un mismo efecto hubiese dos cabezas en la ciudad de Almería, despacharon cédula, mandando a don García de Villarroel que obedeciese a don Francisco de Córdoba en todas las cosas tocantes a la guerra, y su majestad le hizo merced del quinto de las esclavas, que estaba depositado, y de la que se cautivasen; mas venida la ley, luego salió la duda, porque don Cristóbal de Benavides, hermano de don García de Villarroel, que tenía en Almería trescientos soldados que había llevado a su costa, pretendiendo que no se había de entender con él ni con su gente aquella cédula, no acudía a las órdenes de don Francisco de Córdoba, y si alguna cabalgada hacía, no se la ponía en las manos ni le daba parte della, de donde vinieron a tener descontentos y a darse poco gusto. Por otra parte el marqués de los Vélez, que no holgaba de ver a don Francisco de Córdoba en el partido que le había sido cometido, no dejaba de dar calor a los dos hermanos, y lo mismo el marqués de Mondéjar, como dueño del negocio, mayormente cuando entendió, por unas informaciones que don García de Villarroel le envió, como en los bandos que se echaban en Almería don Francisco de Córdoba se hacía llamar capitán general. Menudeando pues quejas por vía de agravio de todas partes, vino a estar don Francisco de Córdoba tan mohíno, que así por esto como por su indisposición, suplicó a su majestad le diese licencia para irse a su casa, y se la dio por carta de 28 de febrero, en que decía: «Vista la instancia con que nos pedís licencia para iros a vuestra casa, hemos tenido por bien de dárosla; y así, podréis ir a ella cuando os pareciere; que al marqués de los Vélez hemos escrito que envíe a esa ciudad la gente que le pareciere que será menester». Y por otra de la misma data envió a mandar al cabildo de la ciudad y al alcaide de la fortaleza y a don García de Villarroel que obedeciesen las órdenes del marqués de los Vélez. Recibidas estas cartas en 6 días del mes de marzo, don Francisco de Córdoba se fue luego de Almería, y el marqués de los Vélez envió comisión a don García de Villarroel para todos los negocios de guerra civiles y criminales; y quedando solo en Almería, lo primero que hizo fue ahorcar a Francisco López, alguacil de Tavernas, que estaba todavía preso; mandó subir dos piezas de artillería y algunas municiones a la fortaleza, de las que habían traído de Cartagena las galeras; dio orden en algunos reparos necesarios en los muros y hizo una plaza de armas en la Almedina. Y saliendo don Cristóbal de Benavides algunas veces a hacer entradas por aquellas sierras, se trajeron muchas y muy buenas presas de esclavas, ganados y otros bastimentos a la ciudad, y se mataron muchos moros; aunque no fueron pequeñas las desórdenes que los soldados desmandados hicieron en los lugares reducidos.

Capítulo XXXVII. Cómo su majestad acordó de enviar a Granada a don Juan de Austria, su hermano, y de otras provisiones que se hicieron estos días

Mientras estas cosas se hacían en el reino de Granada, ¿quién podrá decir las diferencias de relaciones que iban al consejo de su majestad, cargando a unos y descargando a otros? Estaba todavía don Alonso de Granada Venegas en la corte, esforzando el negocio de la reducción con muchas razones, y era tan mal oído de algunos de los del Consejo, que apenas sabía por donde poderles entrar, que no les hallase los pechos llenos de contradicción; y no hallando otro mejor medio, decía que su majestad hiciese merced a aquel reino de irle a visitar por su persona, porque con su presencia se allanaría todo, pararían las desórdenes, temerían los malos, y ternían seguridad los que deseaban quietud, y cesarían tantas muertes, robos y fuerzas como había en él, poniendo por ejemplo que los Reyes Católicos habían hecho otro tanto en las rebeliones pasadas, y las habían apaciguado luego. Mas aun esto, que les pudiera ser de algún provecho en lo de adelante, no lo merecieron las culpas de aquellos malaventurados, pareciendo al Consejo que ni era conveniente a la autoridad de un príncipe tan poderoso, ni daban lugar a ello las grandes ocupaciones de negocios que ocurrían de otras partes. Concurrieron en que su majestad no debía hacer mudanza el cardenal don Diego de Espinosa, por quien corrían estos negocios, y la mayor parte de los del Consejo; mas juntamente con esto fueron de parecer que fuese a Granada don Juan de Austria, su hermano, mancebo de grande esperanza, y que con su autoridad se formase en aquella ciudad un consejo de guerra, y en él se proveyesen todas las cosas de aquel reino, con que no se determinase en el mismo punto sin consultarlo con el supremo consejo: adición grande, que causó inconveniente por la dilación que después hubo en cosas que requerían brevedad y resolución precisa. Resuelto pues su majestad en que don Juan de Austria fuese a Granada, hizo dos provisiones, una a don Luis de Requesenes, comendador mayor de la orden de Santiago en el partido de Castilla, que estaba por embajador en Roma y era teniente de capitán general de la mar por don Juan de Austria, que con las galeras de su cargo que había en Italia y el tercio de los soldados viejos españoles de Nápoles viniese luego a España, y juntándose con don Sancho de Leiva, estorbasen el pasaje de bajeles de Berbería y proveyesen por mar los presidios de nuestra costa; y otra al marqués de Mondéjar, mandándole por carta de 17 de marzo que, dejando en la Alpujarra dos mil infantes y trescientos caballos a orden de don Francisco de Córdoba, o de don Juan de Mendoza, o de don Antonio de Luna, el que dellos le pareciese, con toda la otra gente de su campo se viniese a Granada, porque había acordado que don Juan de Austria, su hermano, fuese allí para los negocios de aquel reino, y convenía que estuviese cerca de su persona por la mucha noticia que dellos tenía. Esta provisión, divulgada antes de ser puesta en ejecución, causó mucho daño, porque los soldados, aguardando la venida de un príncipe de tanta autoridad, y no curando ya de las salvaguardias de los lugares de moriscos, se desmandaron a hacer entradas en los pueblos reducidos, alteraron la tierra, armaron los enemigos y pagaron muchos dellos con las vidas; y lo que peor es, que los mismos que iban con orden eran los que hacían las mayores desórdenes, como adelante diremos. Ordenose también al marqués de los Vélez que, guardando las órdenes que don Juan de Austria le diese, enviase luego a Granada relación del estado en que estaban las cosas de aquel partido, para que mejor pudiese dar orden en lo que convendría al bien y pacificación de aquel reino. Muchos hubo que entendieron que esta ida de don Juan de Austria a Granada había de ser para descomponer, con autoridad honrosa, a los dos marqueses; mas el fin de su majestad no fue otra cosa sino que, juntándose con él el duque de Sesa, el marqués de Mondéjar, Luis Quijada, presidente de Indias, el presidente don Pedro de Deza y el arzobispo de Granada, cuando ocurriesen negocios de conciencia buscasen los mejores medios para allanar la tierra, si fuese posible, sin rigor de guerra, considerando que los unos y los otros todos eran sus vasallos. Mas tampoco hubo conformidad en esto; que Dios no quería que la nación morisca quedase en aquel reino.

Capítulo XXXVIII. Cómo mataron los moriscos que estaban presos en la cárcel de chancillería

Estábanse todavía presos en la cárcel de chancillería los moriscos del Albaicín que el Presidente, tomando aviso de su ofrecimiento, había hecho encarcelar, como dijimos en el capítulo quinto del libro tercero desta historia; y como creciese cada hora más la indignación en la gente de la ciudad contra la nación morisca, por ver los incendios, muertes y crueldades que hacían, no faltó ocasión para degollarlos a todos dentro de la cárcel. Hubo algunos contemplativos que les pareció cosa acordada entre los superiores ministros de la justicia, para con castigo ejemplar poner temor a los demás, de manera que no se osasen rebelar; mas según lo que después se averiguó con mucho número de testigos, la causa de aquellas muertes fue la que agora diremos. Habíase divulgado una fama en Granada, diciéndose que Aben Humeya hacía instancia con los del Albaicín que le acudiesen con gente para acrecentar su campo, y daría vista a la ciudad y haría algún buen efecto; y que algunos se le habían ofrecido en haciéndoles señal de su venida desde la falda de Sierra Nevada con fuego de parte de noche; y demás de acudirle, habían ofrecídole que pornían en libertad a su padre y hermano, que estaban presos en la cárcel de chancillería, y a los moriscos que estaban presos con ellos. Con esta sospecha andaba la gente recatada, y se tenía especial cuidado con las centinelas y rondas del Albaicín y de la ciudad, y cada noche se juntaban los caballeros capitanes y ciudadanos honrados en el cuerpo de guardia que se hacía en las casas de la Audiencia y en la sala del Presidente, donde su negocio era tratar desta sospecha, como acontece muy de ordinario cuando hay que temer o desear. Estando pues en buena conversación una noche, que fue jueves a 17 días del mes de marzo, don Jerónimo de Padilla bajó del Albaicín, y se llegó al Presidente y le dijo de manera que nadie le pudo oír, como en una ladera de Sierra Nevada se habían visto fuegos que parecían señales, y que de ciertas ventanas y terrados del Albaicín habían respondido con otras lumbres; y aunque disimuló porque los que allí estaban no se alborotasen, no tardó mucho que don Juan de Mendoza Sarmiento, que estaba alojado en el Albaicín, y era cabo de la gente de guerra que allí había, le envió el mismo aviso con Bartolomé de Santa María, cuadrillero, que le dio el recaudo que todos lo pudieron oír. Entonces dijo el Presidente que era bien apercibir la gente, por si hubiese algo, no los tomase descuidados; y sospechando que debían de querer juntarse para soltar los moriscos que tenía presos en la cárcel, mandó al propio Bartolomé de Santa María que fuese a ver el recaudo que tenían, y si estaban con don Antonio de Válor y don Francisco, su hijo, un alguacil y seis soldados que les tenían puestos de guardia, y que dijese al alcaide de la cárcel de su parte que no se descuidase con los presos. Con este aviso tan particular llamó el alcaide algunos amigos y deudos suyos, y les rogó que le acompañasen aquella noche con sus armas, y buscando las que pudo haber prestadas, las repartió entre los cristianos que estaban presos. Estando pues todos prevenidos, la vela de la Alambra, que estaba en la torre de la Campana, que otros llaman del Sol, acertó a tocar el cuarto de la modorra más tarde y más apresuradamente que otras veces, repicando a menudo, como si tocara a rebato; y creyendo que lo era, toda la ciudad se alborotó. También se alborotaron los cristianos de la cárcel, y los moriscos juntamente, teniendo algún aviso o sospecha; y fue de manera el alboroto, que vinieron a las manos. Los moriscos peleaban con piedras, ladrillos y palos que sacaban de los calabozos, y los cristianos con las armas que el alcaide les había dado, o con los mástiles de los grillos, procurando cada cual deshacer la pared que le venía más a mano para sacar materia; que arrojar a su enemigo. Acudiendo pues el alcaide, se renovó la pelea con muertes y heridas de entrambas partes, sin que en más de dos horas se sintiese fuera. Contábanos después el corregidor Juan Rodríguez de Villafuerte que, estando él reposando sobre una silla en la sala de la Audiencia que responde a la cárcel, había sentido gran ruido, y que salió corriendo a las ventanas que salen a la plaza Nueva, y como vio los soldados del cuerpo de guardia sosegados, tornó a sentarse; y dende a poco rato, oyendo el mismo ruido, y pareciéndole que era en la cárcel, envió allá un soldado, que volvió a decirle como andaban los presos revueltos, peleando los moros con los cristianos, y que unos decían «viva la fe de Jesucristo», y otros «viva Mahoma»; y que había ido luego a dar aviso al Presidente, el cual mandó que la compañía de infantería que hacía cuerpo de guardia en la plaza Nueva cercase la cárcel, porque no se fuesen los presos. Mas ya a este tiempo la gente de la ciudad había acudido al rebato y muchos soldados a las vueltas; y entrando en la cárcel, combatían los calabozos y otros aposentos, donde los moriscos se habían retirado para defenderse; muchos de los cuales, declarando lo que tenían en el pecho, invocaban la seta. Otros, como desesperados, que ni querían carecer de culpa ni excusar la muerte en aquella última hora de su vida, juntando esteras, tascos y otras cosas secas que pudiesen arder, se metían entre sus mismas llamas, y las avivaban, para que, ardiendo la cárcel y la audiencia, pereciesen todos los que estaban dentro. Mas aun esto no pudieron ver, porque los cristianos apagaron el fuego, y entre polvo y humo los mataron a todos, sin dejar hombre a vida, sino fueron los dos que defendió la guardia que tenían. Duró la pelea siete horas, y murieron ciento y diez moriscos que estaban presos, y muchos dellos se hallaron estar retajados; las culpas de los cuales debieron ser mayores de lo que aquí se escribe, porque después pidiendo las mujeres y hijos de los muertos sus dotes y haciendas ante los alcaldes del crimen de aquella Audiencia, y saliendo el fiscal a la causa, se formó proceso en forma; y por sentencias de vista y revista fueron condenados, y aplicados todos sus bienes

344

al real fisco. Murieron cinco cristianos en esta refriega y hubo diecisiete heridos, y el alcaide fue bien aprovechado de los despojos de los muertos, porque como eran gente rica, tenían buena cantidad de dineros consigo. A este rebato acudió el conde de Tendilla cuando ya era de día, y estando diciendo al Presidente que quería ir a poner algún remedio en la cárcel, llegó el licenciado Pero López de Mesa, alcalde del crimen de aquella audiencia, que venía de la cárcel, y dijo que no había para qué ir allá, porque ya los moriscos quedaban muertos. No mucho después mandó su majestad llevar a don Antonio y a don Francisco de Válor, su hijo, donde les dio con que poderse sustentar, porque pareció no ser culpados en el rebelión, sino que el alcaide mayor de Osuna los había prendido viniendo del puerto de Santa María, donde estaban las galeras, a Granada, con orden. Este mismo día el conde de Tendilla, queriendo poner en efecto lo que mucho deseaba, que era juntar gente y salir en campaña a la parte de Bentomiz, envió a llamar al capitán Lorenzo de Ávila, que con la gente de las siete villas estaba alojado en los lugares de Béznar, Alfacar y Cogollos; y teniendo apercibida la que había en Granada y los lugares de la Vega, la Audiencia y la ciudad lo contradijeron, y paró con enviar a don Juan de Mendoza Sarmiento a Órgiba con trescientos hombres de la gente de las villas. En el siguiente libro diremos la causa por que no se prosiguió en la reducción, y cómo se tornaron a alzar todos los lugares de la Alpujarra que ya estaban reducidos.

Libro VI

Capítulo I. Cómo estando ya reducidos los lugares de la Alpujarra, Álvaro Flores y Antonio de Ávila saquearon a Válor, y se perdieron con la gente que llevaban

Procuraba el marqués de Mondéjar por todas las vías posibles cómo acabar el negocio de la reducción, y prender o matar a Aben Humeya y al Zaguer; y habiendo errado de prenderlos Gaspar Maldonado, traía espías sobre ellos, especialmente a los Aben Zabas de Válor, que eran sus enemigos. Estando pues con este cuidado, fue avisado como acudían algunas noches a aquel lugar, y que Aben Humeya había de venir a celebrar una boda a las casas de su padre, donde podría ser con facilidad preso si a deshora daban sobre él cuarenta o cincuenta hombres de hecho, porque eran pocos los moros que le acompañaban. Y mandando llamar a Jerónimo de Tapia y a Andrés Camacho cuadrilleros, hombres del campo y muy pláticos en aquella tierra, les encargó que con toda diligencia procurasen hacer aquel efecto con cuarenta soldados escogidos de sus cuadrillas. Partieron de Órgiba a 25 días del mes de marzo, y llegando de parte de noche a Válor el alto, dejaron la gente emboscada entre unas matas, y ellos dos solos llegaron a las casas; y hallando las puertas abiertas, entraron dentro y encendieron lumbre, y anduvieron todos los aposentos, y no hallando gente ni señal de haber morado allí nadie muchos días había, tornaron a salirse, y se fueron hacia donde habían dejado los soldados. En el camino oyeron ruido en Válor el bajo, y sintiendo crujidos de ballestas, y estando escuchando, vieron salir de las casas un moro con dos bagajes menores cargados; y aguardándole en un paso del camino, salieron a él y le prendieron, para saber qué gente era aquella que tiraba con las ballestas; el cual les dijo como Aben Humeya quedaba dentro del lugar en casa de un morisco su amigo haciendo la zambra de una boda, y que estaban con él muchos ballesteros y escopeteros, monfís y gandules, y otros que le habían ido a buscar después de la entrada de Lároles. Con esta nueva se volvieron los cuadrilleros, no se atreviendo a entrar en el lugar con tan poca gente, porque estaba muy poblado, a causa de haberse reducido en él los vecinos del lugar alto y de otras partes; y llegados a Órgiba, informaron al marqués de Mondéjar de todo lo que el moro les había dicho; y preguntándoles qué gente bastaría para cercar el lugar y hacer el efecto que se pretendía, le dijeron que cuatrocientos hombres sería número suficiente para ello. Aquella noche vino Álvaro Flores de fuera, y el Marqués les mandó a él y al capitán Antonio de Ávila, vecino de Madrid, que con seiscientos arcabuceros escogidos de todas las compañías, llevando consigo los dos cuadrilleros, fuesen a Válor el bajo; y, cercando de parte de noche el lugar de manera que no fuesen sentidos, avisasen a cualquiera de los Aben Zabas, para que les mostrasen las casas donde podía estar Aben Humeya; y cercándolos a un tiempo, trabajasen por prenderle o matarle; y no le hallando, se informasen si había estado allí aquellos días, y donde se había recogido. También se entendió que mandó a Álvaro Flores que pidiese a los regidores le entregasen las moriscas de su majestad, que se les habían dado en depósito en Juviles, y que las llevase a Órgiba, donde se recogían las demás. Con esta orden salieron los capitanes del campo miércoles 30 días del mes de marzo, y al pasar de la puente que está junto al lugar de Albacete, hicieron su reseña, y hallaron que llevaban seiscientos y cincuenta hombres, sin otros que los siguieron después sin orden, entendiendo que iban

346

a hacer algún buen efecto, y algunos aventureros que llevaban cantidad de dineros para emplear en esclavas, ropa y joyas, porque en semejantes jornadas que estas siempre tenían los soldados aprovechamiento de buena o de mala guerra; y hallando al pie de la obra quien se lo comprase, lo daban por poco dinero. Juntándose pues al pie de ochocientos hombres, caminaron todo aquel día hacia la mar, dejando a Válor a la mano izquierda, por desmentir las espías. Otro día encontraron cuarenta soldados del presidio de Motril, que estaban en una rambla bien descuidados esperando que llegasen otros compañeros para ir a saquear un lugar; y llevándoselos consigo, prosiguieron su camino, dando vueltas a una parte y a otra; y el viernes bien de mañana vieron bajar por un cerro abajo otros cincuenta soldados huyendo, y muchos moros que los venían siguiendo dando grandes alaridos. Estos eran de Adra, y habían salido más de ciento juntos, y repartidos en dos cuadrillas, para saquear a un tiempo los lugares de Murtas y Turón. En Turón se habían defendido los moros, y muerto once dellos; y en Murtas se habían aposentado la noche en la iglesia, y los vecinos les habían dado de cenar, y de almorzar a la mañana, y a la partida, en pago del hospedaje, les habían saqueado las casas, y cargados del despojo, iban huyendo, y los moros tras dellos dando voces; y si no acertara a llegar nuestra gente, los degollaran a todos. Recogiéndolos pues los capitanes con la otra gente, fueron haciendo un gran rodeo hasta Válor, donde llegaron sábado en la noche a 2 días del mes de abril; y antes de llegar al lugar repartieron la gente en dos partes para poderlo cercar a un tiempo. Antonio de Ávila y Jerónimo de Tapia tomaron la ladera por una vereda que iba derecha a las casas, y Álvaro Flores y Camacho fueron por un barranco que se había de pasar para tomar lo alto a la parte de la sierra. Habían de llegar todos a un tiempo; y como Álvaro Flores tenía más camino que andar y más impedimento, por ser el barranco grande y hondo, llegó Antonio de Ávila a su puesto primero que él. Los moros tenían su cuerpo de guardia en el camino junto a una cruz, por temor de los soldados que andaban haciendo daño; y adelantándose Jerónimo de Tapia, llegó a ellos y les dijo que no se alborotasen, porque eran soldados de Álvaro Flores que andaban visitando la tierra; y conociéndole uno de los Aben Zabas que estaba con ellos, se fue para él y le abrazó, y le rogó que entretuviese la gente mientras iba a verse con Álvaro Flores, porque ya tenía aviso de lo que iban a hacer. Sucedió pues que, yendo Aben Zaba el barranco arriba por defuera de las casas en busca de Álvaro Flores, llamándole por su nombre, y con la salvaguardia que tenía del marqués de Mondéjar en la mano, como hacía Luna y se divisaba el bulto desde lejos, un soldado le tiró un arcabuzazo, y no le errando, le derribó muerto en tierra. Los moros que iban con él dieron luego voces, y los cristianos tocaron arma; y dando los de Antonio de Ávila en los que estaban de guardia en la cruz, los unos y los otros entraron de tropel en el lugar, y matando cuantos moros les venían por delante, saquearon las casas, cautivaron las mujeres, y como si fueran muy de propósito a hacer aquel efecto, recogieron la presa en la iglesia. No era bien amanecido, cuando los moros que habían podido huir de los soldados comenzaron a echar ahumadas por la tierra, y los dos cuadrilleros, como hombres prácticos, dijeron a los capitanes que de su consejo dejasen la presa y se recogiesen con tiempo, porque tenían ocho leguas de camino áspero y fragoso hasta llegar a Órgiba, y si cargaban enemigos, correrían riesgo de perderse. Álvaro Flores quisiera tomar su consejo; mas Antonio de Ávila burló dél, diciendo que con la gente que allí tenía atravesaría toda África, llevando mayor presa que aquella. Con este no menos codicioso que soberbio parecer se conformaron todos los soldados y aventureros, y sacando las moras de la iglesia siendo ya alto el día, hicieron dos escuadrones; con el uno tomó la vanguardia Álvaro Flores, y el otro quedó de retaguardia a orden de Antonio de Ávila; y metiendo las moras en medio, que pasaban de mil y doscientas almas, con algunas mangas de arcabuceros a los lados, mientras marchaban los unos y los otros, Antonio de Ávila con doscientos y cincuenta soldados hizo alto junto a las casas, por si los enemigos, que ya acudían dando alaridos por aquellas laderas, quisiesen hacer algún acometimiento a la bajada de una loma, por donde necesariamente había de ir la gente a dar al camino real. A este tiempo los moros, despojados de sus mujeres y hijos y de sus haciendas, conociendo haber sido desorden la que se había hecho, enviaron dos hombres delante, que dijesen a los capitanes que mirasen que tenían salvaguardia del marqués de Mondéjar y estaban reducidos, y que no había causa por donde hacerles tanto mal; que si había sido inadvertencia de algunos soldados, lo pasado fuese pasado, y les dejasen sus mujeres y hijos, porque ellos querían paz y quietud en sus casas, y de lo contrario, tomaban a Dios por testigo. A los cuales respondió Antonio de Ávila con palabras injuriosas, llamándolos de perros traidores a Dios y al Rey, que teniendo al tirano en sus casas, le habían avisado para que se fuese; y les mandó tirar de arcabuzazos. Viendo esto los moros, acudieron como quinientos, la mayor parte desarmados, y acometieron como hombres desesperados a los doscientos y cincuenta soldados al tiempo que iban bajando la cuesta de la ladera; y desbaratándolos, mataron a Antonio de Ávila y más de treinta dellos; los otros dieron todos a huir vilmente hacia el escuadrón. Estaban todos los reducidos alterados por los daños que la gente desmandada les hacía desde la entrada de Lároles, y cuando corrió la fama por los lugares convecinos de lo que habían hecho en Válor, y como se llevaban todas las mujeres cautivas, no se mostraron nada perezosos en acudir a las ahumadas, y ejecutando animosamente por donde veían mejor entrada en los desordenados soldados, que a un tiempo les faltó consejo, disciplina y ánimo, como iban caminando, les salían de través por los pasos y veredas que sabían, y los herían y mataban a su salvo. Un golpe de moros cortó por medio de los escuadrones donde iban las mujeres cautivas, y matando más de cincuenta soldados, les quitaron más de trescientas dellas y se las llevaron. Tras destos entraron otros y otros, hasta que no dejaron ninguna, yéndose peleando tan flojamente de nuestra parte, que parecía ira del cielo la que perseguía aquellos codiciosos soldados. Caminando pues cuanto podían, llegó la vanguardia a una angostura que se hace entre dos sierras, donde forzosamente habían de pasar desordenados; y dejando de tomar las cordilleras altas, como gente de disciplina, se metieron por un valle angosto y hondo, donde apenas podían ir aparcados; y como los delanteros se diesen prisa a caminar por salir del mal paso, dejando a los traseros en el peligro, hicieron un hilo tan largo, que tuvieron lugar los moros de atajarlos; y entrándoles por muchas partes, los acabaron de romper, matando al capitán Arrieta, que animosamente había resistido gran rato, haciendo algunas vueltas sobre los enemigos. Mientras la gente se alargaba, el capitán Álvaro Flores y Camacho trabajaron su posible por detener los soldados que huían; y viendo que el trabajo era en vano, porque los moros crecían y los cristianos desmayaban cada hora más, acordaron de ponerse en cobro embreñándose por aquellas sierras hacia la parte que la fortuna los echase, y para ir más ligeros fueron dejando las armas y los vestidos. Camacho se salvó, y Álvaro Flores, faltándole el aliento, se arrimó a una peña, y allí le alcanzaron los enemigos y le mataron. Este fue un infelice suceso con que los moros tomaron ánimo, porque se perdieron aquel día al pie de mil cristianos y mucha cantidad de armas y de dineros que llevaban, con que se satisficieron bien del daño recibido en Lároles. Y verdaderamente pareció ser juicio de Dios, porque debiendo bastar un soldado para diez moros viles y desarmados, hubo moro que mató diez cristianos, hallándolos tan cargados de miedo y de codicia juntamente, que aun en la presencia del peligro no querían soltar la presa que llevaban en las manos. Sesenta soldados se apartaron por un Valle abajo, y fueron a parar a la villa de Adra, porque tuvieron buena guía. Otros cincuenta se hicieron fuertes en la torre de una iglesia, y allí los cercaron los moros y los quemaron vivos; pocos fueron los que pudieron escapar con los cuadrilleros por la sierra; los otros todos perecieron. Acabado de seguir el alcance, que duró más de cuatro leguas, porque como llegaban en paraje de los lugares cansados y fatigados de sed, salían de refresco los moradores dellos y los iban degollando, luego se retiraron los de Válor, y enviaron un hombre al marqués de Mondéjar, descargándose de la culpa que se les podría imputar, y cargando a los capitanes, diciendo que estaban prestos de entregar luego las armas que habían tomado a los cristianos, porque no deseaban más que quietud. El cual quiso oírlos y admitir su descargo; mas fue tanta la indignación de todos los del campo, chicos y grandes, que no hubo razón que bastase para aplacarlos, diciendo que cuanto trataban era engaño y maldad, y que el marqués de Mondéjar se dejaba engañar de aquellos herejes, que tenía como por vasallos; y no faltaron personas particulares que ocurrieron a su majestad con memoriales de quejas, tomando por ocasión esta gran pérdida.

Capítulo II. Cómo los moros de Turón mataron al capitán Diego Gasca, y sus soldados saquearon el lugar

Dos días después desto el capitán Diego Gasca quiso tomar satisfacción de los de Turón por los once soldados que le habían muerto, inducido a ello de algunos vecinos que solían ser de aquel lugar; amaneció sobre él una mañana con la gente de a pie y de a caballo de Adra, y le cercó. El alguacil y los regidores salieron luego a mostrarle la salvaguardia que tenían, y le dijeron que los de aquel pueblo habían sido leales al servicio de Dios y de su majestad, y puesto en libertad a los cristianos que moraban entre ellos, y no habían consentido quemar la iglesia; y cuando habían podido, habían acudido a reducirse, porque antes no lo habían osado hacer por miedo de los monfís; y que le pedían por merced los favoreciese y amparase, y no diese lugar a que se les hiciese agravio, como lo habían querido hacer ciertos soldados desmandados que los días pasados habían estado allí y querídoles saquear las casas. Diego Gasca les respondió que no iba a hacerles daño, sino a buscar las armas que tenían escondidas, y las que habían quitado a los cristianos que habían muerto, y a prender a los matadores para que fuesen castigados por justicia; y entrando en el pueblo, sin embargo de los requerimientos que los reducidos le hacían con la salvaguardia que tenían, comenzaron a desmandarse los soldados por las casas, buscando lo que convenía para su aprovecha miento. Y como Diego Gasca entrase en un zofí bajo, donde estaban escondidos unos moros sospechosos, uno dellos se le descomidió de palabras, diciendo que lo que hacía no era buscar malhechores, sino robar las gentes; y como él le quisiese dar de mojicones, sacando el moro un puñal que tenía escondido, se lo escondió en el cuerpo. Los soldados que se hallaron presentes mataron luego al matador y a los que con él estaban; y se airaron tanto, viendo el desdichado suceso de su capitán, que sin otra consideración tocaron arma a gran prisa, y dando igualmente en los vecinos armados y desarmados, mataron ciento y veinte dellos, y robaron el lugar, cautivaron todas las mujeres y niños, y dejando ardiendo las casas, volvieron a su alojamiento, y repartieron la presa, como si hubieran llevado orden particular para aquel efecto, que todo lo disimuló la muerte de su capitán. Era Diego Gasca mancebo animoso, y había desbaratado tres veces a Aben Humeya yendo sobre Adra, estando él dentro: la primera vez a 8 días del mes de enero del año de 1569, en la cual llevando el moro ocho mil hombres, y hallándose él con sesenta caballos y trescientos infantes, le desbarató, y mató doscientos moros; la segunda a 24 del dicho mes, que volviendo otra vez sobre aquel presidio, también le rompió, y le mató otros doscientos y veinte moros; y la tercera y última, cuando llevándole el ganado de Adra, salió a él y se lo quitó y hizo retirar con daño; y así por estas victorias como por otras entradas que había hecho la tierra adentro con felices sucesos, estaba bienquisto de la gente de guerra, y sintieron mucho su muerte, especialmente sus soldados, a quien procuraba siempre aprovechar cuanto podía; cosa con que mucho se gana la benevolencia.

Capítulo III. De otras desórdenes que la gente desmandada hizo estos días en los lugares reducidos

En este mismo tiempo los soldados que habían ido con el beneficiado Torrijos a reducir los lugares de la sierra de Filabres, enfadados de ver tanta paz, le dejaron ir; y desmandándose doscientos y cincuenta dellos, cuando hubieron andado rescatando los pueblos, llegaron al lugar de Bayarca, y le saquearon para salirse por aquella parte de la Alpujarra; mas los moros de la comarca se juntaron y dieron en ellos, y los degollaron a todos el mismo día que sucedió lo de Turón.

Salió también estos días del campo del marqués de los Vélez una compañía de infantería de los de Lorca, que anduvo por las taas de Berja y Dalías robando todos aquellos lugares, y llegando hasta Pezcina, donde estaban dos soldados de guardia que había dado el marqués de Mondéjar a los vecinos, para que si acudiese alguna gente desmandada mostrasen la salvaguardia y no dejasen hacerles daño, aunque salieron a recibirlos con el alguacil del lugar y se la mostraron, como si no fueran obligados a guardarla por no ser del marqués de los Vélez, entraron airadamente en las casas y las saquearon, y cautivaron mil y quinientas almas entre mujeres y niños, y mataron el uno de los dos soldados porque se lo reprehendía, y más de treinta moros de los reducidos. Los otros, que eran muchos, huyeron a las sierras, y juntando más gente de los lugares comarcanos, les salieron al camino, y con la ocasión de una niebla muy espesa y de una aguanieve que se les ofreció favorable, los acometieron por diferentes partes dando grandes alaridos; y como los soldados no se pudiesen aprovechar de sus arcabuces, porque a unos se les apagaron las mechas que llevaban encendidas, y a otros en descubriendo la cazoleta del fogón se les mojaba el polvorín, yendo así mismo embarazados con una presa tan grande de gente, ganados y bagajes, tuvieron lugar los moros de entrarles, y desbaratándolos, los degollaron a todos, y les tomaron mucha cantidad de arcabuces, ballestas y espadas, con que se acabaron de armar los que no lo estaban. Con esta victoria y con la presa que cobraron, volvieron los moros a sus lugares menos contentos de lo que lo suelen estar los vencedores, porque los hombres de buen entendimiento veían que era dar espuelas a su destrucción. No sucedió así a don Diego Ramírez de Haro, alcaide de la fortaleza de Salobreña, que yendo a Mulvízar, lugar de aquella jurisdicción, donde se habían recogido muchos de los reducidos, y con ellos otros moros de guerra, hallándolos cortando cañas dulces a jornal en unas hazas, los prendió a todos; y pasando al lugar, lo saqueó y trajo cautivas las mujeres, sin hallar quien le hiciese resistencia a la ida ni a la vuelta. Esta presa partieron entre don Sancho de Leiva y él, porque iba gente de mar y de tierra. Los moros se llevó don Sancho para las galeras, y las moras fueron vendidas por esclavas. No menos que esto hacían los capitanes y soldados de los presidios hacia la parte que les tocaba con pequeñas ocasiones, buscando sus aprovechamientos entre paz y guerra, antes que la tierra se acabase de allanar.

Capítulo IV. Cómo los moros de la Alpujarra se tornaron a levantar, y juntándose con Aben Humeya renovaron la guerra; y de algunas provisiones que su majestad hizo estos días

Estas desórdenes y otras muchas que sucedieron, estándose todavía el marqués de Mondéjar en Órgiba, esperando que don Juan de Austria partiese de la corte, fueron causa que los ya rendidos pueblos se alterasen de nuevo, dando crédito a los sediciosos, que les reprehendían haberse fiado tan de ligero y rendido las armas y las banderas, como si la hambre y la necesidad, que es la que suele rendir los lugares fuertes, no los hubiera combatido y doblado. «Cruel condición, decían, es la de nuestros enemigos para ponernos en sus manos, teniéndolos tan ofendidos. Apresuremos el paso, y tomemos la delantera con varoniles ánimos a una honrosa muerte, defendiendo nuestras mujeres y hijos, y haciendo lo que somos obligados por salvar las vidas y las honras que naturaleza nos obliga a defender». Estas y otras muchas razones que decían a la gente rústica acrecentaron los enemigos ánimos y dieron nuevas fuerzas a Aben Humeya; y cuando pensábamos tenerle ya vencido y deshecho, tornó a renovar la guerra con mayor confianza, viéndose rodeado de mucha gente que de todas partes le acudía, armados de las armas que quitaban juntamente con las vidas a nuestros codiciosos soldados. Hízose poderoso para entre aquellas sierras brevemente; y poniendo su ánimo en defender la Alpujarra y en levantar los otros lugares que hasta entonces no se habían levantado, con vana hinchazón imaginaba como poder ofender a Granada y a las otras ciudades de aquel reino; mas la fortuna de su acelerada muerte le entregará presto a las tinieblas, y la guerra tomará castigo de los que la despertaron, haciéndoles pagar con las gargantas los alborotos y las muertes que hicieren en ella. Cuando ya su majestad fue bien informado de tantas desórdenes, de los daños que los rebeldes habían hecho y de los males que había en aquel reino, apresurando la partida de don Juan de Austria, en que parecía consistir el remedio, mandó proveer dineros, bastimentos y municiones, no de otra manera que si hubiera de ir su real persona a dar fin a la guerra. Avisó a las ciudades y señores para que le obedeciesen y guardasen sus órdenes, mandándoles que rehiciesen sus compañías de gente, porque estaban ya casi deshechas, y a los que no las habían enviado, que las enviasen; y así, envió luego a Granada la ciudad de Sevilla los dos mil infantes con que se había ofrecido a servir en esta guerra a su costa, y doscientos caballos. Capitanes de la infantería fueron don Pedro de Pineda, escribano mayor del cabildo, don Alonso de Arellano, don Pedro Niño, Alonso Ochoa de Rivera, Pedro de Vergara, Diego Ortiz Melgarejo y el jurado Alonso de Arauz; y de la caballería don Juan de Velasco, hijo del conde de Nieva, y don Juan Portocarrero; y lo mismo hicieron las otras ciudades y villas de la Andalucía que no habían acudido. Era grande el contento de los soldados enemigos de la paz, pareciéndoles que resucitaba la guerra, y viendo que con estas nuevas apenas había ya quien osase mentar la reducción. Juzgaban que la ida de don Juan de Austria a Granada era dar fin de la nación morisca, por las nuevas muertes de aquellos soldados, y que para este efecto se había mandado al marqués de Mondéjar que saliese de la Alpujarra. Por otro cabo, los moriscos de Granada mostraban haber perdido mucha parte del temor, creyendo que con su presencia serían desagraviados y ternían fin sus trabajos, teniendo seguridad en las vidas y en las haciendas; porque no osaban salir a labrar los campos ni a trabajar en sus oficios, por miedo que no los matasen o por no dejar sus mujeres y hijas solas y las casas llenas de huéspedes. No menos conformes que esto estaban los ánimos de los unos y de los otros en Granada, esperando que don Juan de Austria viniese, cuando el marqués de Mondéjar, avisado como había salido de Madrid, partió del alojamiento de Órgiba a 8 días del mes de abril, dejando en él a don Juan de Mendoza Sarmiento con dos mil infantes y cien caballos; y con toda la otra gente entró en la ciudad la víspera de pascua de Resurrección, acompañado de muchos caballeros y ciudadanos nobles que le salieron a recibir. Metió la caballería delante con las banderas que había ganado a los moros, arrastrándolas por el suelo; luego iban los bagajes cargados de las armas que le habían rendido; tras destos iba su persona rodeada de los alabarderos de su guardia ordinaria, y de retaguardia toda la infantería puesta en sus ordenanzas: entrada cierto de mucho regocijo, si la demasiada alegría de algunos no despertara el dolor en los corazones lastimados de los que habían perdido sus padres, maridos, hijos y hermanos, y los encendiera en mayor ira; porque se les representaba que los rebeldes quedarían sin castigo, y que el Capitán General era autor de que fuesen perdonados. Salido el marqués de Mondéjar de la Alpujarra, Aben Humeya tuvo lugar de extenderse por ella a su voluntad; y perdiendo la vergüenza a toda crueldad, porque no le quedase a quien temer, hizo morir muchos hombres principales, alguaciles y regidores de los que se habían reducido, diciendo que por haberlo hecho sin autoridad suya. Y enviando sus mensajeros a Berbería a que publicasen de nuevo victorias y grandes muertes de cristianos, movió los

354

ánimos de muchos hombres inquietos, que hasta allí no se habían determinado, teniendo por cosa de aire el rebelión, para que le viniesen a socorrer, unos con sus personas y bajeles, y otros con armas y municiones por sus dineros.

Capítulo V. Del recibimiento que se le hizo a don Juan de Austria cuando entró en Granada

A 6 días del mes de abril partió don Juan de Austria de los jardines de Aranjuez, donde había ido a besar las manos a su majestad y a despedirse para proseguir su camino, llevando consigo a Luis Quijada; y tomando postas por jornadas moderadas, llegó en seis días a la villa de Hiznaleuz, que está cinco leguas de Granada. Alborotose la ciudad con regocijo cuando supo su llegada y que había de entrar otro día siguiente, deseosos todos de festejar un príncipe hermano de su rey y señor natural, que tan de corazón amaban. El marqués de Mondéjar salió el mismo día con la compañía de caballos de Juan de Carvajal y algunos capitanes entretenidos y caballeros, deudos y amigos suyos, y estuvo con él en Hiznaleuz aquella noche, y otro día de mañana, viniendo juntos la vuelta de Granada, se adelantó para dar lugar a los otros recibimientos que se habían de hacer, y se subió a la fortaleza de la Alambra. El conde de Tendilla fue el primero que salió a recibir a don Juan de Austria con doscientos jinetes muy bien aderezados, ciento de la compañía de Tello González de Aguilar, y ciento de la suya, cuyo teniente era Gonzalo Chacón. Estos iban todos vestidos a la morisca, y los otros con ropetas de raso y de tafetán carmesí a nuestra usanza, y los unos y los otros bien armados de corazas, capacetes, adargas y lanzas; de manera que entre gala y guerra hacían hermosa y agradable vista. Llegó hasta el lugar de Albolote, legua y media de la ciudad, y hecho su cumplimiento, se volvió para dar también lugar a otros caballeros y señores que iban al mismo efecto. Ya el Presidente tenía orden de su majestad de la que se había de tener en el recibimiento de su hermano, que era que viesen con él solos cuatro oidores y los alcaldes del crimen, y con el Corregidor cuatro veinticuatros y sus tenientes, y con el Arzobispo cuatro personajes del cabildo, los que él señalase. Y como supo que venía ya cerca, salió a juntarse con el Arzobispo en una encrucijada que se hace a la entrada de la calle Elvira, junto al pilar del Toro; y tomando el Arzobispo la mano izquierda, salieron al hospital real, y pasaron un tiro de ballesta más adelante hasta el arroyo de Beyro, donde se había de hacer el recibimiento. Llegando don Juan de Austria a un mismo tiempo, se adelantó el

Presidente el primero, cuando le vio venir cerca, y llegó humilmente a hacer su cumplimiento; el cual lo recibió muy bien y con el sombrero en la mano, y le tuvo un rato abrazado. Y apartándose a un lado, llegó el Arzobispo y hizo lo mismo con él; y luego llegaron por su antigüedad los oidores y alcaldes, y las dignidades de la iglesia, y el Corregidor y los veinticuatros por esta orden, y a la postre los caballeros y ciudadanos particulares. Y el Presidente le decía quien era cada uno, y él los recibía con tanto amor, que todos quedaban satisfechos. Acabado este recibimiento, el conde de Miranda, que venía al lado de don Juan de Austria, se adelantó, y el Presidente y el Arzobispo le tomaron en medio, yendo el Presidente a la mano derecha. Desta manera caminaron a la ciudad con increíble concurso de gente que cubría todos aquellos campos. Estaba hecho un escuadrón de toda la infantería en el llano de Beyro; y en llegando a emparejar con las primeras hileras, comenzó la arcabucería a disparar por su orden, y tan sin intervalo, que haciendo una hermosísima salva, pareció muy bien, no solo a los que no habían visto otra cosa semejante, mas aun a los soldados prácticos que habían sido muy experimentados en ello. Y el belicoso ánimo del mancebo para quien estaba guardado el triunfo de la victoria naval, no podía apartar los ojos de sobre aquella infantería, que pisaba el número de diez mil hombres. No hubo pasado muy adelante, cuando le salió otro recibimiento, espectáculo piadoso y digno de compasión, aunque industriosamente hecho para provocarle a ira contra los moriscos. Salieron más de cuatrocientas mujeres cristianas, de las que habían sido cautivas en la Alpujarra, todas juntas, faltas de atavíos y colmadas de tristeza, rociando el suelo con sus lágrimas y esparciendo por él sus rubios y mesados cabellos; y cuando le tuvieron cerca, poniendo algunas dellas silencio a sus dolorosos llantos, no sin falta de sollozos y gemidos, abrazando consigo su dolor, le dijeron desta manera: «Justicia, señor, justicia es la que piden estas pobres viudas y huérfanas, que aman el lloro en el lugar de sus maridos y padres; que no sintieron tanto dolor con oír los crueles golpes de las armas con que los herejes los mataban a ellos y a sus hijos, hermanos y parientes, como el que sienten en ver que han de ser perdonados». Y como prosiguiesen en sus quejas, hablando unas y otras tumultuosamente, don Juan de Austria, enternecido de verlas de aquella manera, les dijo que callasen, y las consoló con que tuviesen paciencia y fuesen ciertas que favorecería su justicia cuanto fuese posible. De allí entró en la ciudad, donde vio menos lástimas y más galas y regocijos; porque estaban las ventanas de las calles por donde había de pasar entoldadas de paños de oro y de seda, y mucho número de damas y don-cellas nobles en ellas, ricamente ataviadas, que habían acudido de toda la ciudad por verle. El cual pasó mirando a una parte y a otra, no menos hermoso que bien compuesto, hasta las casas de la Audiencia, donde le tenía hecho el Presidente su aposento en unas salas ricamente aderezadas conforme a quien se había de hospedar en ellas. Y antes que se apease se despidieron dél el Arzobispo y el conde de Tendilla, y el Presidente le acompañó hasta dejarle en su aposento.

Capítulo VI. Cómo los moriscos del Albaicín diputaron personas que fuesen a besar las manos a don Juan de Austria y a darle cuenta de sus trabajos

Cuando pareció a los moriscos que don Juan de Austria habría ya descansado del trabajo del camino, juntándose los más ricos y principales, diputaron cuatro personas entre ellos de los más ladinos, que con su procurador general fuesen a besarle las manos por toda la nación y a darle cuenta de sus trabajos; los cuales fueron a su posada, y después de haberle hecho humilde reverencia, el Procurador general habló desta manera: «Grande es el contento que todas estas gentes tienen de ver a vuestra excelencia en esta ciudad para el remedio de tan-tos males como hay en ella, que cierto les representaban su destrucción. Temen que algunos habrán desatado las lenguas y dado falsas nuevas de su fidelidad, diciendo ser autores del mal o favorecedores de los malos; mas confían en Dios y en la bondad y clemencia de su majestad, que los que hubieren sido leales serán favorecidos y bien tratados, como es justo sean rigurosamente castigados los que pareciere haber sido culpados en el levantamiento. Quéjanse que son molestados por los ministros de las cosas de justicia y de guerra con cohechos; que los soldados les roban sus haciendas y les deshonran sus casas, y que hasta agora los superiores no han puesto remedio en ello; y suplican a vuestra excelencia lo mande remediar de manera que, desagraviados de lo pasado, pre-viniendo a lo porvenir, cese el alojamiento de la gente de guerra en sus casas, y tengan libertad de poder ir seguros a sus labores. Bien saben que en esta ciu-dad cada uno da fuerza a la ruin opinión o la acrecienta de manera que muchos temen lo que ellos mismos inventaron; mas asegúralos la presencia de vuestra excelencia, en cuya protección y amparo ponen sus vidas, honras y haciendas». Hasta aquí dijo el Procurador general. Y don Juan de Austria, con una serenidad agradable que Dios puso en su rostro, les respondió estas palabras: «El Rey mi señor me mandó venir a este reino por la quietud y pacificación dél; sed ciertos que todos los que hubiéredes sido leales al servicio de Dios nuestro señor y de su majestad, como decís, seréis mirados, favorecidos y honrados, y se os guardarán vuestras libertades y franquezas; pero también quiero que sepáis que juntamente con usar de equidad y clemencia con los que lo merecieren, los que no hubieren sido tales serán castigados con grandísimo rigor. Y en cuanto a los agravios que vuestro procurador general dice que habéis recibido, darme héis vuestros memoriales, que yo lo mandaré ver y remediar luego; y quiéroos advertir que lo que dijéredes sea con verdad, porque de otra manera habríades hecho daño a vosotros mismos». Con esto se despidieron los moriscos, y don Juan de Austria nombró luego por asesor y auditor general al licenciado Pedro López de Mesa, alcalde de aquella real audiencia, a quien cometió todas las quejas de los moriscos; y para los bienes confiscados y negocios tocantes a la hacienda de su majestad dio comisión al licenciado Rodrigo Vázquez de Arce y al licenciado Montenegro Sarmiento, oidores della.

Capítulo VII. Cómo don Juan de Austria comenzó a entender en el negocio del rebelión, y las relaciones que el marqués de Mondéjar y el Presidente hicieron en el consejo

Estuvo don Juan de Austria en Granada esperando a que llegase el duque de Sesa algunos días sin hacer consejo, porque, como queda dicho, era uno de los consejeros que habían de asistir cerca de su persona; y en este tiempo visitó el Albaicín y todas las murallas de la ciudad por de dentro y por de fuera; ordenó los cuerpos de guardia, las centinelas y rondas en lugares necesarios y convenientes, así para la guardia y seguridad de la ciudad, como para que los moriscos no recibiesen daño; lo cual todo se hacía con asistencia del marqués de Mondéjar y de Luis Quijada. A 21 días del mes de abril llegó el duque de Sesa, y se comenzó a tratar de negocios. Luego el siguiente día se tomó muestra general para saber el número de gente de a pie y de a caballo que había en la ciudad y en los lugares de la Vega, así de vecinos, como de forasteros. Hecho esto, se juntaron a consejo para tomar resolución en lo que más convendría hacer, y porque su majestad mandaba que ante todas cosas se viesen las relaciones del marqués de Mondéjar y del Presidente, que eran los que mejor podían informar en aquel negocio. El marqués de Mondéjar fue el primero que propuso, explicando muy en particular el suceso de toda la guerra, y lo que de su parte había hecho hasta poner el negocio en el estado en que estaba, facilitando el efecto de la reducción con la disciplina de la gente de guerra, y loándola por el más breve y seguro remedio. Decía que la orden y traza que se podría dar para que hubiese brevedad, consistía en uno de tres medios. El primero y principal ponía en que la reducción pasase adelante, pues los lugares de la Alpujarra todavía lo deseaban y pedían; y que reducidos, le diese orden como recogerlos todos en las taas de Berja y Dalías, porque, según estaban obedientes, se podría hacer sin dificultad, y él se profería a ponerlos allí; y puestos en aquella tierra llana, con tomarles la parte de las sierras con la gente de guerra, teniendo, como tenían, la mar del otro cabo, podría ejecutarse en ellos lo que su majestad mandase fácilmente. El segundo era, no satisfaciendo el primero, que se pusiesen presidios de gente de guerra en los lugares convenientes, como él lo había pensado hacer, porque los pueblos lo pedían con instancia, y se obligaban a sustentarlos a su costa, para que los defendiesen de los males y daños que la gente desmandada les hacía; y que a la hora que estos presidios estuviesen puestos, con un alguacil se podían enviar a prender los más culpados, y los que pareciese que merecían algún castigo. Y el tercero, pareciendo que se debía usar de mayor rigor con ellos, sería darle licencia para volver a entrar en la Alpujarra con mil soldados y doscientos caballos; porque con ellos y con los que había dejado en Órgiba destruiría los panes y quemaría todos los bastimentos que tenían; lo cual había dejado de hacer por poderse aprovechar dello; y que proveyéndole a él de los que hubiese menester, de necesidad vendrían a darse las manos atadas. Hasta aquí dijo el marqués de Mondéjar; y don Juan de Austria, que había estado atento a lo que decía, volviéndose hacia el Presidente, le dijo que dijese también lo que le parecía que se debía hacer para que aquel negocio se acabase con brevedad. El cual propuso desta manera: «Aunque su majestad manda que asista yo aquí al lado de vuestra excelencia, nunca entendí que había de ser para dar parecer en cosas de guerra, porque ni la he usado ni las entiendo, y son muy fuera de mi profesión, especialmente estando aquí quien tan bien las entiende, como son el duque de Sesa y el marqués de Mondéjar y Luis Quijada; mas pues soy mandado, diré lo que siento y la experiencia me ha mostrado en estos días. Dos cosas son, excelente señor, las que a mi parecer se deben hacer antes que se trate de ningún medio para que estos negocios tengan buen fin: la una, sacar estos moriscos del Albaicín y los de las alcarías de la Vega y de la sierra, y meterlos la tierra adentro; porque mientras los tuviéremos aquí no han de dejar de favorecer y ayudar a los alzados con avisos, con armas y con gente, y será dificultoso querérselo estorbar, no se pudiendo poner puertas al campo; y la otra, que para aplacar a Dios nuestro Señor de tantos sacrilegios y maldades como los herejes traidores han hecho, convendrá que se haga un castigo ejemplar, y este será bien se comience por el lugar de las Albuñuelas, donde hay muchos de los que mayores daños han hecho en los templos, menospreciando y destruyendo toda, las cosas sagradas, y se han recogido allí so color de que se vienen a reducir; y acogiéndolos los vecinos en sus casas con esta disimulación, para poderlos mejor favorecer, salen juntamente con ellos a saltear y robar a los cristianos por toda la comarca; y della tenemos bastante relación. Estas dos cosas son de mucha importancia, y hechas, se podrá tomar resolución con más acuerdo en lo que vuestra excelencia viere que conviene al servicio de Dios y de su majestad». Con esto se acabó el Consejo este día, y en otros que adelante se hicieron se trató más largamente del negocio, como se dirá en el siguiente capítulo.

Capítulo VIII. De los pareceres que hubo en Granada sobre sacar de allí los moriscos y de algunas provisiones que don Juan de Austria hizo

Estas dos relaciones, no menos desconformes que lo estaban los que las hacían, tuvieron suspensos a los del Consejo muchos días, y en otros consejos, donde se trató del mismo negocio, no dejó de haber diversos pareceres y opiniones sobre ello. El duque de Sesa aprobaba la saca de los moriscos del Albaicín; dificultábanlo mucho el Arzobispo y Luis Quijada, pareciéndoles que sería imposible echar tanto número de gente de sus casas sin que hubiese grandísimo escándalo; y el marqués de Mondéjar lo contradecía, diciendo que cómo se había de despoblar un reino como aquel, donde se perderían los frutos de la tierra, que tan apropiada era para aquella nación, acostumbrada a vivir entre sierras, y a sustentarse con muy poco, y tan impropia para los cristianos. Estos días vino a Granada el licenciado Birviesca de Muñatones, del consejo y cámara de su majestad, para asistir también cerca de la persona de don Juan de Austria; al cual al principio no le parecía buen medio haber de echar los moriscos de la tierra, por los inconvenientes de adelante; mas después el Presidente y el licenciado Bohorques le trajeron a su opinión con muchas razones. Y el marqués de Mondéjar, viendo que ya su voto era solo, no se apartando del primer parecer, vino a querer lo que todos, porque cierto eran muy grandes los daños que los moros hacían en este tiempo, saliendo de los lugares que habían sido reducidos; mas era su conformidad de manera, que no contradiciendo, procuraba estorbarlo con grandes inconvenientes. Decía que no se podía negar sino que los moriscos habían cometido atrocísimos delitos, especialmente los que se habían alzado; mas que echar del reino todos los que había en él no lo tenía por seguro; antes entendía que se dejarían hacer todos pedazos primero que dejar sus casas y recogerse donde se les mandase; que no era bien que dejasen de ser castigados los culpados con rigor; pero que había muchos entre ellos que ni habían cometido los delitos que los otros, ni se habían levantado; y muchos lo habían hecho contra su voluntad, siendo forzados a ello por los malos; y que siendo esto así, sería bien tomar uno de los medios que había dicho, y no usar con estos tales de tanto rigor ni darles igual pena; y en caso que pareciese al Consejo otra cosa, el camino que había más breve para acabar con todos, era el postrero que había propuesto; y al fin viendo cuán mal le acudían a sus pareceres, poniéndolos por escrito, los envió a su majestad con don Íñigo de Mendoza, su hijo segundo. Sobre esto hubo dares y tomares, y alongamiento de tiempo, en el cual los rebeldes tuvieron lugar de rehacerse, como queda dicho; y añadiendo un daño a otro, se tomó resolución en que lo que más convenía era apretarlos con el rigor de las armas, hasta que viniesen a hacer lo que se les mandase. No se descuidaba don Juan de Austria en este tiempo, proveyendo en la seguridad de aquel reino; y cuando tuvo resolución que la guerra se prosiguiese, aunque la dilación della le había tenido ocioso, con mucha presteza hizo apercibir todas las cosas necesarias para ella. Solicitó con nuevas órdenes a las ciudades y señores que servían con gente, que enviasen dineros con que pagar los soldados porque no se fuesen; y en el entre tanto ordenó como fuesen socorridos de hacienda de su majestad, queriendo sobrellevar la costa que los moriscos del Albaicín y de la Vega tenían con ellos. Proveyó de nuevo capitanes que fuesen a levantar infantería y caballos a sueldo; formó tres tercios, y diolos a tres capitanes antiguos, para que con cabos tuviesen cargo dellos. Estos fueron Antonio Moreno, Hernando de Oruña, y don Francisco de Mendoza, vecino de Alcalá de Henares. Proveyó así mismo los presidios: en algunos dejó los capitanes que los tenían, y a otros envió nuevos gobernadores. El partido de Baza cometió a don Enrique Enríquez; la ciudad de Almería encomendó a don Diego de Villarroel; lo de Salobreña a don Diego Ramírez de Haro; a Almuñécar envió a don Lope de Valenzuela, vecino de Baeza, que servía el oficio de comisario general en el Albaicín por el marqués de Mondéjar; y lo de Motril dejó a cargo de don Luis de Valdivia; avisándoles a todos que estuviesen con mucho cuidado, porque se tenía nueva que habían llegado navíos de Berbería a la costa de la Alpujarra con gente, armas y municiones en favor de los alzados. También proveyó en las fortalezas y castillos y en la seguridad de los caminos; porque los moros, con la comodidad del verano, que tan favorable les era para su pretensión, salían atrevidamente a llevarse los hombres y los ganados, y a dar en las escoltas que iban al campo del marqués de los Vélez y a Órgiba. En la fortaleza de la Calahorra puso al capitán Navas de Puebla, y en la de Fiñana a Juan Pérez de Vargas, vecino de Granada; la de Gor encomendó a don Diego de Castilla, señor de aquel lugar, que moraba en él; en el Padul puso a Diego Ponce, vecino de Sevilla. La gente de Alhama encomendó al capitán Hernán Carrillo de Cuenca, con orden que hiciese algunas entradas a la parte de las Guájaras para asegurar aquella tierra. A don Alonso Mejía, veinticuatro de Granada, encargó la gente de las siete villas, y le mandó que se alojase en la villa de Hiznaleuz, y asegurase el camino de Granada y de Guadix, donde los moros bajaban de las sierras a hacer muchos saltos, y al capitán don Hernando Álvarez de Bohorques, vecino de Villa-Martín, que había venido a la fama del rebelión desde los primeros con veinte caballos y algunos peones a su costa, y tenía ya cumplida una compañía de doscientos y cincuenta soldados, mandó que se alojase en el lugar de Guevíjar, cerca de la sierra de Cogollos, y que corriese aquella comarca, y hiciese las entradas que le pareciese a la parte de aquella sierra por donde salían los moros de noche a llevarse los ganados de la Vega, y a hacer otros daños. Hechas todas estas provisiones y otras muchas que dejamos de decir, se ordenó a don Francisco de Solís, vecino de Badajoz, que por mandado de su majestad servía el oficio de comisario y proveedor general, y a Francisco de Salablanca, contador general del ejército, que diesen orden en comprar bastimentos, armas y municiones, y todas las otras cosas necesarias para la gente de guerra; y se mandó pregonar segunda vez que todos los moriscos que se habían venido al Albaicín, de las alcarías de la sierra y de la Vega, se volviesen luego a sus casas, so pena de la vida; y finalmente, se dio orden en todas las cosas necesarias para formar un ejército suficiente con que proseguir la guerra muy de propósito. Y porque los alzados no tuviesen aprovechamiento de los ganados de los moriscos de paces de los lugares comarcanos a Granada, mandó retirarlos todos a la Vega. A esto fueron don Antonio de Luna y don Luis de Córdoba, cada uno por su parte. Don Luis de Córdoba retiró los de la sierra de Cogollos, y envió a Gonzalo Argote de Molina con treinta arcabuceros de a caballo, con que servía a su costa, después de haber dejado la gente de la milicia en las galeras, como queda dicho, y con otras treinta lanzas, a que retirase los de los lugares de la sierra; y don Antonio de Luna retiró los de los lugares que caen a la parte del valle de Lecrín. Digamos agora lo que se hacía en este tiempo hacia la parte del marqués de los Vélez.

Capítulo IX. Cómo el marqués de los Vélez quiso meter su campo en la Alpujarra y hacer un fuerte en el puerto de la Ravaha, y cómo se le estorbó la entrada, y los moros desbarataron tos soldados que hacían el fuerte

Habiendo estado el marqués de los Vélez en Terque muchos días, deseoso de hacer algún buen efecto, sin consultar a don Juan de Austria su designio hasta haber movido con su campo de aquel alojamiento, caminó la vuelta de Andarax, enviando delante a don Juan Enríquez con la relación del estado de los negocios de la guerra que su majestad mandaba que le diese, y con aviso de su partida; y para que las escoltas que le habían de llevar bastimentos pudiesen pasar con seguridad desde Guadix, envió a Pedro Arias de Ávila, corregidor de aquella ciudad, orden que hiciese un fuerte en lo alto del puerto de la Ravaha, adonde pudiesen estar dos compañías de infantería de presidio, que asegurasen aquel paso. Luego que don Juan de Austria supo la mudanza del campo y el designio que llevaba, con parecer del Consejo despachó un correo a diligencia al marqués de los Vélez con orden que donde quiera que le alcanzase hiciese alto y no pasase adelante, porque así convenía al servicio de su majestad; dándole a entender que si entraba por aquella parte en la Alpujarra, los enemigos se retirarían a la parte de Órgiba y darían sobre el campo de don Juan Mendoza, que estaba flaco de gente, y podría ser que le desbaratasen; aunque no era esto lo que daba cuidado, sino por quitarle aquella entrada que con autoridad propia quería hacer. Finalmente, paró en alcanzando el correo, y dejando el camino que llevaba, se fue a poner en el lugar de Berja para estar más cerca de su pretensión, so color de dar calor a la ciudad de Almería y valerse de los partes que había en aquella taa y en la de Dalías. Tampoco hubo efecto lo del fuerte, porque habiendo enviado Pedro Arias de Ávila al capitán Gonzalo Hernández, hombre animoso, nacido y criado en Orán, a que le hiciese con tres compañías de infantería, las dos de gente de Úbeda, cuyos capitanes eran Jorge de Ribera y Arnaldos de Ortega, y la otra de Juan de Benavides, vecino de Guadix, y habiendo comenzado la obra y hecho algunas paredes bajas a manera de trincheras, donde poderse encubrir la gente, en 3 días del mes de mayo se juntaron tres capitanes moros, el Hanon de Guevíjar, el Futey de Lanteyra y el Zerrea de Zújar, y con poca más gente que la nuestra acometieron el fuerte a tiempo que los soldados andaban ocupados en dar prisa a la obra. Las centinelas tocaron arma y dieron aviso como venían moros, y Gonzalo Hernández sacó una manga de ciento y cincuenta arcabuceros, y la puso en el cuchillo de la sierra; y dejando orden a las banderas que se pusiesen en escuadrón fuera del fuerte, pasó a reconocer los enemigos con algunos soldados. Venían repartidos, aunque eran pocos, en muchas partes: unos por el camino real, hacia donde iba Gonzalo Hernández, y otros por veredas que ellos sabían; y acometiendo a un mismo tiempo a los que estaban con las banderas, dando grandes alaridos, creyeron que era mayor número de gente. Juan de Benavides quiso que se recogiesen dentro de los viles reparos contra la voluntad de algunos soldados viejos, que decían que en ningún tiempo se había de mostrar flaqueza al enemigo; y fue así, que en volviendo la cara y las banderas al fuerte, los moros fueron tan prestos, que entraron a las vueltas con ellos, y los nuestros se turbaron de manera, que no hubo quien les hiciese rostro. Mataron a Juan de Benavides y al alférez Pedrosa, que llevaba cargo de la compañía de Arnaldos de Ortega, que estaba enfermo en Guadix, y poniéndose los demás en huida, llevaron tras de sí los de la manga, sin que Gonzalo Hernández los pudiese detener: afrenta grande de nuestra nación. Los moros siguieron el alcance, mataron ciento y setenta soldados, ganaron la bandera de Juan de Benavides; las otras dos salvaron con harto trabajo Feliciano Chacón, alférez de Jorge de Ribera, la suya, y un negro libre la de Arnaldos de Ortega, que era abanderado. Gonzalo Hernández se escapó milagrosamente, como acaece muchas veces huir la muerte de quien menos la teme, porque atravesando por medio de los enemigos, ninguno le pudo ofender. Toda la otra gente llegó a Guadix desarmada, que para aligerar la carga soltaron los arcabuces y las espadas, y aun les pesaban los vestidos. Sabida esta desgracia en Granada, don Juan de Austria quiso poner persona de su mano en Guadix, pareciéndole que el Corregidor pudiera excusar lo que había hecho, mientras no tenía orden suya; y proveyó por cabo de la gente de guerra de aquel partido al capitán Francisco de Molina, vecino de Úbeda. Y porque no sucediese alguna desgracia a la parte de Órgiba, donde estaba don Juan de Mendoza Sarmiento, envió a reforzar aquel campo a don Luis de Córdoba con cantidad de gente de a pie y de a caballo; el cual partió de Granada lunes a 13 de junio, y aquel mismo día llegó a Órgiba, donde estuvo hasta que se dividió aquel campo, como se dirá en su lugar.

Capítulo X. De los apercibimientos y prevenciones que Aben Humeya hacía en este tiempo en la Alpujarra, y cómo alzó el lugar de la Peza

De cuanto se hacía en Granada tenía avisos Aben Humeya por moriscos del Albaicín que iban cada día a la Alpujarra; el cual, entendiendo que todo su negocio consistía en apresurar el socorro de Berbería, hacía grandísima diligencia, enviando presentes a los alcaides y alfaquís que sabía que eran privados del jarife Abdalá y de Aluch Alí, gobernador de Argel, para tenerlos gratos y que les persuadiesen a ello; y aunque el socorro no venía, ni aun creo que les pasaba por pensamiento enviarlo, todavía no dejaban de darles buenas esperanzas. En Tetuán se disimulaba con algunos mercaderes y soldados aventureros moros, que pasaban a la Alpujarra con armas y municiones y otras mercaderías de su provecho; y Aluch Alí decía que solamente aguardaba cuarenta galeras que el Gran Turco su señor le enviaba de levante, para con ellas y con la armada de Argel ir luego a socorrerle. Estas cosas hacía divulgar Aben Humeya harto más grandes de lo que eran, para que los moros alzados se animasen viendo que el Gran Turco los socorría, y los que no lo estaban se alzasen luego, pues en la Alpujarra no había ejército de cristianos que les pudiese ofender; dándoles a entender, como era verdad, que en Órgiba había muy poca gente y que el marqués de los Vélez se sustentaba con sola la opinión de su nombre, habiéndosele deshecho el campo y vuéltosele la mayor parte de los soldados que tenía en Terque. Finalmente, los alpujarreños comenzaron a poblar sus casas y a labrar de propósito los campos, y salían a correr la tierra en cuadrillas, como lo solían hacer sus pasados antes que aquel reino se ganase; y en la ciudad de Ugíjar de Albacete vinieron a tener mercado, donde se vendían armas, municiones, bastimentos y otras mercaderías, en tanta abundancia como en la ciudad de Tetuán. Viendo pues Aben Humeya la muchedumbre de gentes que de todas partes le acudía, vanaglorioso y soberbio con el vano nombre de rey de la Alpujarra, tan odioso a los oídos de los leales vasallos de su majestad, quiso establecer de propósito un nuevo estado, proveyendo alcaides y oficiales de la guerra y ministros de justicia. A Jerónimo el Maleh, alguacil de Ferreira, encomendó el marquesado del Cenete y río de Almanzora, y la frontera de Guadix y Baza; a Diego López Aben Aboo, que ya estaba sano de las binzas, el partido de Poqueira y Ferreira; a Miguel de Granada Xaba, la frontera de Órgiba; a Aben Mequenun, el de Gérgal, las taas de Lúchar y Marchena, sierras de Filabres y Gádor, con el río de Almería; y a Gironcillo y al Rendati, lo del valle de Lecrín y la frontera de Almuñécar, Salobreña y Motril, y a otros diferentes partidos, dándoles patentes firmadas de su nombre para que los moros les obedeciesen, y mandándoles que con toda diligencia levantasen los lugares, y a los que no quisiesen obedecer los matasen y les confiscasen los bienes para su cámara; y que cobrasen el quinto de todas las presas que se hiciesen para los gastos de la guerra; y para de su consejo dejó a don Hernando el Zaguer, al Dalay, a Moxarraf Calderón, vecino de Ugíjar, y a Hernando el Habaquí, que se había ido a la sierra estos días, porque habiendo estado preso en Guadix por sospecha de rebelión, o como él nos dijo después, porque había ido a contradecir las premáticas a la corte, y habiéndole soltado en fiado el corregidor de aquella ciudad, supo que le mandaban prender de nuevo. Todos estos y otros muchos que ya le acompañaban daban calor al nuevo estado, que ellos llamaban renovado y reformado por la gracia de Dios. Solo Aben Farax faltó en esta junta, que andaba huyendo de Aben Humeya, temiendo que le mandaría ahorcar, como en efecto lo hiciera si le pudiera haber a las manos, porque le alborotó muchas veces la gente y hizo grandes desafueros, queriendo ser obedecido por gobernador de los moros. Adelante diremos en lo que paró este traidor, porque no quede atrás cosa que pertenezca a la historia. Juntando pues Aben Humeya más de cinco mil hombres, fue a levantar el lugar de la Peza, y se llevó todos los moradores a la Alpujarra, la mayor parte dellos por fuerza maniatados, porque no querían levantarse; mas no esperó a combatir la fortaleza, ni el alcaide salió della hasta que se hubo retirado el enemigo. Entonces acabó de llevarse lo que había quedado en las casas, y se proveyó de muchos mantenimientos que no pudieron llevar los moriscos, y lo metió en la fortaleza.

Capítulo XI. Cómo él Maleh fue a levantar la villa de Fiñana, y Francisco de Molina socorrió la fortaleza con la gente de Guadix

Estos mismos días fue Jerónimo el Maleh sobre la villa de Fiñana, pensando ocupar aquella fortaleza, por ser el paso de las escoltas que iban con bastimentos al campo del marqués de los Vélez, y llevando consigo los moriscos del marquesado del Cenete y otros muchos de la Alpujarra, llegó a la hora que amanecía sobre ella, y recogiendo todos los vecinos, hombres y mujeres, con sus bagajes cargados y los ganados por delante, los envió la vuelta de la Alpujarra. No pudo ocupar la fortaleza ni hacer daño a los cristianos, porque no se teniendo por seguros entre sus vecinos, se habían metido dentro y la defendieron, hiriendo y matando algunos moros. Estaba una escuadra de soldados en la iglesia, allí junto, que guardaba los bastimentos que descargaban las escoltas que iban de Guadix, mientras venía la gente de guerra que los había de acompañar para ir adelante; y teniendo los moros mejor comodidad de poderla combatir, derribaron una pared por donde les podían entrar a pie llano; y así fue, necesario que los nuestros la dejasen y se recogiesen por una puerta alta que respondía a la fortaleza, y los enemigos, descontados de poderla ganar, pusieron fuego al templo y se volvieron a la sierra. Había tenido aviso Francisco de Molina aquel mismo día en Guadix como el Maleh iba sobre esta villa, y con ochocientos arcabuceros y dos estandartes de caballos salió luego a socorrerla; y caminando toda la noche, llegó otro día cuando amanecía, y hallando los moros idos, no quiso seguirlos, porque le parecía que le llevaban mucha ventaja, y dejando gente de guerra en la fortaleza, dio vuelta a la ciudad de Guadix. Después proveyó don Juan de Austria al capitán Juan Pérez de Vargas, como queda dicho, en guardia della con una compañía de infantería y algunos caballos; el cual la guardó mientras duró la guerra, y saliendo algunas veces de allí, hizo buenos efectos por aquella comarca.

Capítulo XII. Cómo los lugares de Guéjar, Dúdar y Quéntar se alzaron, y don Juan de Austria mandó retirar los vecinos de Pinos y de Monachil a la vega de Granada

El lugar de Guéjar cae tres leguas a levante de la ciudad de Granada, y entre él y la Sierra Nevada corren las primeras aguas del río Genil. Está repartido en tres barrios, y en el de en medio está un peñoncete, donde solía haber antiguamente un castillo. Cércanle por todas partes sierras altas, y queda metido en una hoya; y para ir a él, yendo de Granada, hay dos caminos ásperos y muy fragosos: el que sube a la mano derecha por el lugar de Pinos es el más corto y más áspero; y el otro que va por el río de Aguas Blancas a la mano izquierda, y por los lugares de Dúdar y Quéntar, sube dando vueltas la sierra arriba a la parte del cierzo. Estos lugares, y los demás que están cerca dellos metidos en las quebradas de las sierras, estuvieron siempre a la mira esperando lo que los moriscos del Albaicín hacían para seguir su fortuna. Hubo algunos vecinos que dejando sus casas, se fueron a juntar con los alzados al principio del rebelión, hallándose cargados de culpas, porque, como queda dicho, allí se habían hecho las escalas para escalar la fortaleza de la Alambra, y dellos eran la mayor parte de los que entraron a pregonar la seta de Mahoma en el Albaicín, y estos eran los que persuadieron a Aben Humeya que fuese a alzar aquellos lugares; el cual envió estos días a Pedro de Mendoza el Husceni con mucho número de gente a que los levantase. Sabido esto en Granada, don Juan de Austria hizo dos provisiones: la una fue que don Antonio de Luna con la gente de su cargo retirase los moriscos de Monachil y Pinos y de los otros lugares comarcanos, porque, como ellos decían, no los llevasen los moros a la sierra, y que los llevase a la Zubia y a Ugíjar, lugares de la Vega, donde parecía que estaban más seguros; la otra fue que se reconociese el peñón de Guéjar, para ver si se podría hacer en él algún fuerte donde poner presidio, porque bajaban por aquella parte los moros, y llegaban a correr hasta el lugar de Cenes, una legua de Granada, y hacían mucho daño. A esto quiso ir él personalmente, y mientras don Antonio de Luna recogía los lugares, pasó con la caballería y un tercio de infantería hacia Guéjar; mas no se efectuó lo del fuerte por entonces, porque Luis Quijada y el capitán Hernando de Oruña fueron de parecer que no se podría proveer ni socorrer sin grandísima dificultad a causa de la aspereza del camino, y que sería más la costa y el embarazo que el provecho, y así, se volvieron aquel mismo día a Granada. Don Antonio de Luna recogió la gente de aquellos lugares en las iglesias, no con pequeño desorden de los capitanes y soldados, porque hicieron que los moriscos y las moriscas encerrasen sus bienes muebles en dos casas grandes, so color de que estarían mejor guardados para cuando se fuesen; y después, sin dejárselo tomar, caminaron con ellos la vuelta de la Vega, y partiendo entre sí el despojo, hubo muchos que escondieron doncellas y muchachos, y se los llevaron por esclavos: tan grande era la codicia de nuestra gente en este tiempo, que cuanto veían delante de los ojos, así de amigos como de enemigos, todo se lo querían apropiar, y les pesaba porque no se acababa de levantar todo el reino para tener que cautivar y robar. Luego como nuestra gente salió de Guéjar, los moros que se habían ido a la Sierra Nevada bajaron a poblar sus casas, y Aben Humeya mandó a Pedro de Mendoza que se metiese en el lugar y le fortaleciese y guardase, como lo hizo, hasta que don Juan de Austria fue sobre él y lo ganó, como se dirá adelante.

Capítulo XIII. Cómo los moros robaron una escolta que iba de Granada a Guadix, y Francisco de Molina salió a ellos, y los desbarató y se la quitó

En este mismo tiempo salieron de la Alpujarra doscientos moros, y bajando por la sierra que cae sobre el río de Aguas Blancas, fueron a dar por cima del lugar de la Peza, y por una punta de sierra que está entre Hiznaleuz y Guadix, llamada el Puntal, llegaron a la venta de Tejada, y se pusieron en emboscada en unas quebradas que están allí cerca, aguardando que pasase alguna escolta de cristianos, porque está en el camino real que va de Guadahortuna a Guadix. Y acertando a pasar Feliciano Chacón con una escuadra de soldados y hasta cuarenta bagajes cargados de bastimentos, y una mujer recién casada con todo su ajuar, dieron en ellos, y matando ocho soldados, huyeron los otros, y les tomaron los bagajes y caminaron la vuelta de la sierra. Este aviso llegó luego a Guadix, y poniéndose a caballo Francisco de Molina con algunos ciudadanos que acudieron, salió en busca de los moros, dejando orden que la caballería y la infantería le siguiese; y tomando el rastro por donde iban, llegó a alcanzarlos cerca de la Peza, que se iban metiendo ya en la sierra; y aunque no llevaba más que trece de a caballo, porque los otros no habían podido seguirle, pareciéndole que con ellos podría entretenerlos mientras llegaba el golpe de la gente, puso las piernas al caballo, y apellidando el nombre de los bienaventurados Santiago y santa Bárbara, que tenía por sus abogados, los acometió animosamente; mas hubiérase de hallar burlado, porque entendiendo que los compañeros le seguían, cuando volvió la cabeza vio que solos tres estaban a su lado, que eran el doctor Fonseca, Hernán Valle de Palacios y Juan del Castillo, vecinos de Guadix, los cuales peleando como hombres de honra, fueron todos tres heridos, y les mataron dos caballos, y los mataran a ellos si no fuera porque Francisco de Molina, hallándose armado de todas armas, atravesó por medio del escuadrón de los moros dos veces, y revolviendo sobre ellos, los socorrió, ayudándose con mucho valor los unos a los otros, y turbando a los enemigos, alancearon algunos dellos, y los entretuvieron hasta tanto que los caballos que venían atrás y los que no habían querido acometer se juntaron; y haciendo sus entradas diversas veces, rompieron por el escuadrón de los moros, y los desbarataron y pusieron en huida. Murieron este día veintisiete moros, y fueron muchos heridos, y perdieron una bandera y los bagajes que llevaban con toda la presa, y de los cristianos no hubo ningún muerto; y con esta victoria volvieron aquella tarde a la ciudad de Guadix, donde fueron alegremente recibidos.

Capítulo XIV. Cómo el comendador mayor de Castilla, viniendo de Italia con veinticuatro galeras cargadas de infantería, corrió tormenta y aportó a Palamós

Mientras estas cosas se hacían en el reino de Granada, el comendador mayor de Castilla, que en cumplimiento de la orden de su majestad había embarcado a gran prisa la infantería española del tercio de Nápoles, y venía navegando hacia poniente con veinticuatro galeras, llegó al puerto de la ciudad de Marsella, en la costa de Francia; y partiendo con bonanza de allí, en entrando la noche comenzó a refrescar el viento narbonés, y se levantó una tormenta de mar tan grande, y con tanta fuerza de viento, que las galeras hubieron de disparar cada una por su cabo. La galera de Estéfano de Mar, genovés, embistió en medio del golfo con otra galera por un costado, y salvándose la embestida, se abrió esta y se fue a fondo. Perdiose toda la gente desta galera y de otras tres que dieron al través. Otras aportaron a Cerdeña, donde, pasada la tormenta, llegó don Álvaro Bazán, marqués de Santa Cruz, con las galeras de Nápoles de su cargo, que había quedado para asegurar con ellas la costa de Italia, el cual reparó con brevedad cinco galeras de las que estaban destrozadas de la tormenta, y en ellas en las suyas embarcó los más soldados que pudo, y navegó la vuelta de Palamós, donde halló al Comendador mayor con su capitana y otras nueve galeras que habían seguido su derrota. Duró esta tormenta tres días sin cesar, y fue necesario aligerar, hasta venir a echar los soldados las armas y los vestidos a la mar; y llegó tan destrozada la capitana a Palamós, que los turcos y moros forzados tuvieron atrevimiento de quererse alzar con ella; mas fueron sentidos, y el Comendador mayor mandó hacer justicia de los más culpados; y proveyendo a la necesidad de los soldados, lo mejor y más brevemente que pudo partió la vuelta de poniente, y el marqués de Santa Cruz le dejó la infantería que traía de aquel tercio en sus galeras, y se tornó a levante. Traía el Comendador mayor en estas galeras doce compañías de soldados viejos, diez del tercio de Nápoles, una del de Piamonte y otra del de Lombardía. Los capitanes de las del tercio de Nápoles eran el maese de campo don Pedro de Padilla, don Alonso de Luzón, Pedro Bermúdez de Santis, Ruy Franco de Buitrón, Pedro Ramírez de Arellano, Antonio Juárez, el capitán Martínez, Alonso Beltrán de la Peña, el marqués de Espejo y el capitán Orejón. Destos diez capitanes llegaron a España siete, porque los dos postreros se quedaron en Nápoles, y enviaron sus compañías con sus alféreces; y el capitán Martínez se ahogó en la mar, y se dio su compañía a Carlos de Antillón, que era sargento mayor del tercio. De la de Piamonte era capitán Martín de Ávila, y de la de Lombardía don Luis Gaitán. Demás desta gente traía muchos caballeros y soldados aventureros, que venían a su costa por solo hallarse en esta jornada; los cuales habían llegado a tierra tan desnudos y desarmados, que fue bien menester tiempo y diligencia para repararlos y rehacer las compañías de gente, armas y vestidos. Siendo pues avisado el marqués de los Vélez de la venida desta gente y de la calidad della, tuvo tiempo de escribir a su majestad, suplicándole se la mandase dar, ofreciéndose que con ella y con la que tenía en Berja daría fin al negocio del rebelión; y su majestad le envió una orden en que mandaba que en llegando el Comendador mayor a surgir a la villa de Adra, dejase toda aquella infantería en tierra, para que la juntase con su campo; mas no hubo efecto esto, porque el Comendador mayor llegó a la playa de Adra el primer día del mes de mayo, y no se deteniendo allí más que una sola hora, pasó la vuelta de Almuñécar y a Vélez, donde hizo el efecto del fuerte peñón de Fregiliana, como diremos en su lugar. Dejémosle ir navegando, y vamos a los movimientos que hubo estos días en la sierra de Bentomiz.

Capítulo XV. Que trata la descripción de la sierra de Bentomiz, y como los moriscos de Canilles de Aceituno comenzaron a levantar la tierra y cercaron la fortaleza

La sierra de Bentomiz cae en los términos de la ciudad de Vélez, y como atrás dijimos, es un brazo que se aparta de la sierra mayor por bajo de los puertos de Zalia, y va atravesando hacia el mar Mediterráneo. Tiene de largo desde su principio hacia la mar ocho leguas, y de ancho seis, más o menos por algunas partes. Toda esta tierra es fragosísima, aunque fértil, poblada de muchas arboledas, abundante de fuentes frías y saludables, de donde proceden muchos arroyos de aguas claras, que bajan acompañados entre las peñas y piedras de aquellos valles; y sacándolos en acequias por las laderas, riegan sus huertas y hazas los moradores. Es buena la cría del ganado en esta sierra porque gozan hermosos pastos de verano y de invierno. Cuando cargan los fríos y las nieves, los apacientan por los otros términos de la ciudad de Vélez, que son espaciosos y muy templados, los cuales tienen a poniente la jarquía de Málaga, a levante la tierra de Almuñécar, al cierzo la de la ciudad de Alhama y villa de Archidona, y al mediodía el mar Mediterráneo iberio. Hay por toda la sierra grandísima cantidad de viñas, y de la uva hacen los moradores pasa de Sol y de lejía, que venden a los mercaderes septentrionales, que vienen a la torre de la mar de Vélez cada año a cargar sus navíos, y la llevan a Bretaña, Inglaterra y a Flandes, y de allí la pasan a Alemania y a Noruega y a otras partes. Demás desto, la cosecha del trigo y de la almendra les vale mucho dinero, y cogen tanto pan, que les basta para su sustento. La cría de la seda es en cantidad y tan fina, que iguala con la mejor que entra en la alcaicería de Granada. Alcanza un cielo tan claro y tan saludable, que haciéndola amenísima, cría los hombres ligeros, recios y de tan grande ánimo, que antiguamente los reyes moros los tenían por los más valientes, más sueltos y de mayor efecto que había en el reino de Granada, y así se servían dellos en todas las ocasiones importantes. Tenía veintidós lugares poblados de gente rica, cuyos nombres, comenzando a la parte de la mar, son estos: Torrox, Lautin, Periana, Algarrobo, Cuheila, Arenas, Bentomiz, Daimalos, Nerja, Competa, Fregiliana, Sayalonga, Salares, Curumbila, Batarjix, Arches, Canilles de Albaide, Benesscaler, Sedella, Rubite, Canilles de Aceituno y Alcaucín. Está en Canilles de Aceituno una fortaleza importante, y el marqués de Comares, cuya es, tenía por alcaide della a un Gonzalo de Cárcamo, hombre cuidadoso y de mucha confianza, noble, de los Cárcamos de Córdoba; el cual siendo avisado del alzamiento de la Alpujarra, y teniendo la fortaleza mal reparada, aportillados los muros por muchas partes, escribió luego al marqués de Comares sobre ello, y mientras le venía gente y orden para repararla, metió dentro los cristianos que moraban en el lugar con sus mujeres y hijos. El marqués le envió sesenta soldados y cantidad de munición, y orden para que hiciese a los moriscos que reparasen los muros, los cuales lo hicieron dando peones y bestias que trabajasen en traer materiales, por manera que en poco tiempo la puso en defensa, sin que hubiese el menor estorbo del mundo, porque había entre aquellos serranos muchos hombres de buen entendimiento, que, disimulando su negocio, mostraban estar llanos en el cumplimiento de las premáticas, aunque les fatigaba demasiadamente lo de la lengua. Estando pues con muestra de pacificación y quietud, parece que vino a desasosegarlos un moro de los que escaparon de las Guájaras, llamado Almueden. Este tenía su mujer cautiva en poder de un cristiano vecino de Canilles de Aceituno, y con deseo de verla y de tratar de su rescate, por intercesión de algunos amigos fue con una cuadrilla de moros a un molino que estaba cerca del lugar, en el camino de Sedella, encubierto hacia la parte de la sierra, donde le fueron a ver los vecinos de aquellos lugares, unos por conocimiento, y otros por saber lo que pasaba en la Alpujarra. Viniendo pues a tratar de negocios del rebelión, el moro que los vio inclinados a novedad, los persuadió mucho a que se alzasen, ofreciéndoles que haría con Aben Humeya que les enviase socorro, y aun se lo traería él mismo si fuese menester; y contándoles fabulosamente prósperos sucesos, muertes de tantos cristianos como habían muerto los moros en Válor y en otras partes, y grandes socorros de Berbería, despertó los ánimos de aquellas gentes, y los alborotó de manera, que no veían la hora de estar ya con ellos. Solo un morisco, regidor de Canilles de Aceituno, llamado Luis Méndez, entre deseo y temor les aconsejó que por ninguna manera se alzasen mientras el Albaicín estuviese en pie, porque sería destruirse; mas aunque se conformaron con su parecer, no dejaron los mancebos de quedar alborotados. Estaba con Almueden otro monfí natural de Sedella, llamado Andrés el Xorairan, y deseando hacer algún salto antes que se fuesen, preguntaron dónde podrían ir que le hiciesen a su salvo; los de Canilles le dijeron que en la venta de Pedro Mellado, que estaba al pie del puerto de Zalia, había un ventero rico que tenía mucho dinero; mas que sería menester ir cantidad de gente, porque andaba por allí una cuadrilla de soldados de Vélez, y podría ser topar con ella; y ofreciéndosele que le irían a acompañar así ellos como los de Sedella y de otros lugares convecinos, con acuerdo que solamente entrasen los forasteros en la venta, se juntaron más de sesenta hombres armados de ballestas y escopetas. Y un sábado en la noche, a 23 días del mes de abril de 1569 años, fueron a emboscarse entre unos cerros, no muy lejos de la venta, y otro día domingo, ya bien tarde, viendo buena ocasión para hacer su salto, dejando la gente de la sierra en atalaya, bajó el Xorairan con veinte monfís forasteros a dar en la venta, y hallando las puertas abiertas, y a Pedro Ruiz Guerrero, que así se llamaba el ventero, y a otro soldado llamado Domingo Lucero, sentados en un poyo con sendos arcabuces en las manos, creyendo que toda la cuadrilla estaba dentro, tornaron a salirse fuera, y los dos cristianos tuvieron lugar de subirse a un sobrado, donde se hicieron fuertes, llevando consigo a la ventera y a una hija suya niña, porque no pudieron recoger a los demás. Luego tardaron los moros a entrar, y a vuelta dellos alguno de los de Canilles de Aceituno, y pusieron fuego a la venta, amenazando a los venteros que si no les daban el dinero que tenían los quemarían vivos. La ventera, con temor de la muerte, bajó luego y les dio una arquilla con cien ducados; y teniéndolos en su poder el Xorairan, echó mano della y le dijo que si no le daban también las armas, la matarían; la cual con muchas lágrimas las pidió a su marido, mas no las quiso dar, diciendo que había de morir con ellas en las manos. Estando pues en este debate, llegó la cuadrilla de Gaspar Alonso, vecino de Vélez, que andaba asegurando aquel peso, y comenzando a disparar algunos arcabuces contra los moros que estaban en atalaya, trabaron una ligera escaramuza con ellos, que solamente aprovechó a que los que estaban dentro de la venta se saliesen fuera, llevando robado lo que en ella había. En este tiempo los dos cristianos tuvieron lugar de salir al campo: el soldado tomó de la mano la niña y la escondió detrás de una mata, y él se escapó lo mejor que pudo, y lo mismo pudiera hacer el ventero; mas oyó dar voces a su mujer que la estaban hiriendo los enemigos de Dios, y queriéndola favorecer le mataron también a él, y no les quedando más que hacer, se retiraron a la sierra, dejando nueve personas muertas en la venta. Era alcalde mayor de la justicia en la ciudad de Vélez el bachiller Pedro Guerra, vecino de Málaga, el cual luego como supo lo que los monfís habían hecho en la venta, hizo información deste delito, y resultando culpa contra muchos vecinos de Canilles de Aceituno y de Sedella, Salares y Curumbila, procedió contra ellos, y valiéndose de la provisión que dijimos que ganaron los alcaldes de la chancillería de Granada para que las justicias realengas pudiesen entrar a prender los delincuentes en lugares de señorío, determinó de ir a prender los de Canilles de Aceituno, y llevando consigo al capitán Luis de Paz con los caballos de su compañía, y otra mucha gente por ciudad, fue a amanecer entre dos albas sobre el lugar, sin haber prevenido al alcaide Gonzalo de Cárcamo, que también era alcalde mayor de la justicia, del negocio que iba a hacer. Teníase aviso en Granada como Aben Humeya enviaba siete mil moros hacia poniente en favor de los de la sierra de Bentomiz, jarquía y hoya de Málaga, para que alzasen todos aquellos pueblos, y que había echado fama que tenía cartas de Aluch Alí, gobernador de Argel por el Gran

Turco, en que prometía de venirle a socorrer brevemente. Y porque se entendía que para recibir los navíos de los turcos procuraría ocupar alguna plaza marítima, había escrito don Juan de Austria a la ciudad de Vélez que estuviese sobre aviso, por ser aquel lugar cómodo para la pretensión del enemigo, y con esto el cabildo había hecho diligencia con los alcaides de los castillos de su partido, y especialmente había escrito a Gonzalo de Cárcamo, diciéndole cómo mandaba poner doce hombres en la cumbre de un alto cerro junto con el castillo de Bentomiz, de donde se descubre la ciudad y la fortaleza de Canilles de Aceituno, para que estuviesen de día y de noche en centinela; y que si acaso viniesen moros a cercarle, o supiese que entraban por aquella parte, siendo de día hiciese tres ahumadas en la torre del homenaje y de noche tres fuegos; y que en respondiéndole los del cerro, entendiese tener la ciudad aviso para socorrerle; y que siendo los moros muchos hiciese muchas ahumadas o echase abajo muchos hachos ardiendo, y que lo mismo entendiese que había de hacer si supiese que se levantaba la tierra; y él había mandado a los moriscos que pusiesen cada noche centinelas al derredor del lugar, y que si viesen venir algún golpe de gente, le avisasen; los cuales lo hacían con toda diligencia, dando a entender que les pesaba que viniese gente forastera a desasosegarlos. Llegando pues el licenciado Pedro Guerra con más de seiscientos hombres a la hora que dijimos, con intento de cercar el lugar y entrar a hacer sus prisiones, los que iban delante dieron con el cuerpo de guardia de los moriscos, que estaba par de a una cruz donde se juntan los caminos que van de Vélez y de Granada, y sospechando mal de aquella diligencia, sin más aguardar dieron en ellos, y hiriendo a uno, hicieron ir huyendo a los demás, y no parara el negocio en tan poco si el Alcalde mayor y el capitán Luis de Paz y Beltrán de Andía, regidor de aquella ciudad, que llevaba el cargo de la infantería, no detuvieran la gente con grandísimo trabajo de sus personas, porque cierto saquearan y destruyeran el lugar, según la indignación con que iban. El alcaide luego que sintió el rebato se puso en arma con la poca gente que tenía en la fortaleza, entendiendo que había moros forasteros en la tierra; y cuando supo que era la justicia de Vélez, procurando apaciguar el pueblo, requirió al Alcalde mayor que no entrase dentro, ni quebrantase la jurisdicción del marqués de Comares, ni le alborotase los vecinos que estaban quietos, haciéndole muchas protestaciones sobre ello, y con todo eso no pudo acabar que dejase de entrar con alguna gente, y prendiendo ocho moriscos, se volvió con ellos a Vélez. Luego los examinó en riguroso tormento, y de sus confesiones resultaron mucho número de culpados, así de Canilles como de otros lugares de la sierra; y haciendo prender algunos dellos y darles tormento, comenzó a hacer justicia. Y procediendo en el castigo a 22 días del mes de mayo de aquel año, envió su requisitoria al alcaide de Canilles de Aceituno, pidiéndole que prendiese cuatro moriscos que resultaban culpados, y los entregase a Alonso González Enríquez, vecino de Vélez, que con cuarenta soldados de su cuadrilla iba a traerlos; el cual los prendió luego y se los entregó, uno de los cuales era aquel morisco regidor llamado Luis Méndez, que dijimos que se halló en la junta del Molinillo, y otros viejos, cuya prisión sintieron tanto todos los vecinos, que algunos convocaron gente para salirlos a quitar en el camino; mas el cuadrillero puso tanta diligencia, que salió de aquellas sierras con ellos antes que llegasen a hacer el efecto. Estando pues la tierra alterada con estas prisiones, otro día lunes, viniendo un soldado de hacia la ciudad de Vélez con su arcabuz en el hombro, le tiraron una saetada desde una mata, que le cosieron las dos faldas del capotillo con la saeta, y el fin desto fue, que dos moriscos de los que andaban ya alborotados se pusieron en aquel paso aguardando algún cristiano desmandado de los que iban y venían a Vélez, para matarle y quitarle el arcabuz, y armarse el uno dellos con él. Mas no les sucedió como pensaban, porque el soldado les hizo rostro, y pasó por ellos sin que le enojasen, y fue a dar aviso a Gonzalo de Cárcamo, el cual, queriendo reconocer si había gente de mal vivir en la tierra, envió un cabo de escuadra llamado Martín Núñez con catorce arcabuceros, mandándole que no se alargase mucho, por si fuese menester retirarse con tiempo a la fortaleza. Los soldados fueron a dar con un morisco mancebo que estaba echado debajo de un olivo con una espada en la mano, y caminando hacia él, se levantó, y subió huyendo por una loma arriba que llaman Embarc Alahauyz, dando voces en algarabía y diciendo: «Valientes, favorecedme». Luego salieron de la hoya de una umbría más de doscientos moros, y delante dellos el Xorairan y otro capitán llamado Aben Audalla, con una bandera nueva de tafetán colorado, y cargando sobre los nuestros, los fueron siguiendo la vuelta del lugar. El cabo de escuadra y los que guiaron tras dél, por trochas y veredas que sabía, se salvaron en la fortaleza, y cuatro cristianos que tomaron por diferente camino fueron muertos. Entrando pues los moros de golpe por las calles, las moriscas comenzaron a llorar y a dar voces viendo que les decían los monfís que dejasen sus casas y caminasen a la sierra, y muchos moriscos se defendieron diciendo que los dejasen estar, porque no querían alzarse ni ir a otra parte. En este tiempo el alcaide tuvo lugar de recoger los vecinos cristianos que estaban fuera de la fortaleza, y entre ellos algunas casas de moriscos que acudieron a favorecerse dél; y echando fuera veinte peones que andaban en el reparo de los muros, se puso en defensa. Entendiose no haber sido cosa acordada entre todos los vecinos este levantamiento, y estar la mayor parte dellos ignorantes dél sino que los ofendidos, juntándose con aquellos hombres perdidos, lo comenzaron; porque si otra cosa fuera, cuando el cabo de escuadra y los otros soldados entraron huyendo por las calles del lugar, perdidos todos de cansancio y sin aliento, pudieran matarlos a su salvo y tomarles las armas; y no solamente no lo hicieron, antes los ayudaron y favorecieron hasta ponerlos en la fortaleza. Aun no era bien acabado de alzar el pueblo, cuando pareció en la plaza del lugar una bandera de tafetán colorado, ya deslucida de vieja, con unas lunas verdes muy grandes, y después se supo que la tenía guardada Francisco de Rojas, morisco de aquel lugar, que había sido de sus pasados en tiempo de moros, y la habían traído en las guerras de la serranía de Ronda; y al mismo punto pareció otra bandera blanca que pusieron en un peñón alto que está sobre el lugar a la parte de Sedella, donde llaman Haxar el Aocab, que quiere decir la piedra del Águila, para desde allí dar aviso en viendo que acudía la gente de Vélez; y por bravosidad se pusieron todos los mancebos y gandules las mangas de las marlotas de las moriscas en la cabeza, y tocas blancas a derredor para parecer turcos, y enviando las mujeres con los muebles y ganados al peñón que está encima del lugar de Sedella, cercaron el castillo, y le combatieron todo aquel día hasta que vino la noche, defendiéndose el alcaide valerosamente, con treinta y dos cristianos que tenía dentro, los veinte soldados, y los doce de los vecinos del lugar, porque los demás se habían ido. Este mismo día se alzaron los de Sedella y Salares y se juntaron.

Capítulo XVI. Cómo Arévalo de Zuazo, corregidor de Vélez, socorrió la fortaleza de Canilles de Aceituno

No se descuidó Gonzalo de Cárcamo en hacer ahumadas luego que los moros alzaron el lugar; mas como hacía el Sol recio y el día muy claro, no las determinaron los soldados de Vélez que estaban de centinela en el cerro que dijimos, o por ventura estuvieron descuidados. Y viendo que no le acudían con el contraseño, las mujeres, que se veían cercadas, comenzaron a afligirse, y con muchas lágrimas le pidieron que enviase algún hombre de los que allí estaban a dar aviso a la ciudad para que les fuese socorro; y aun ellas mismas rogaron a un morisco llamado Juan Navarro, que estaba preso por deudas, que fuese a hacer aquel efecto, prometiéndole mucha gratificación por ello, el cual se ofreció de ir y volver con la respuesta. Y el alcaide, pareciéndole que en caso que no hiciese lo que prometía se aventuraba poco tener un enemigo más en el campo, escribió una carta al cabildo de la ciudad de Vélez, y encargándole que hiciese el deber, porque haría bien su negocio, se la cosió en las espaldas en el aforro del sayo; y mientras los moros andaban embebecidos en sacar los muebles de las casas y enviar las mujeres al fuerte de Sedella, tuvo lugar de echarle por el postigo de la puerta de la fortaleza, diciéndole que si los moros le preguntasen algo, dijese que iba huyendo. El cual entró corriendo por las calles del lugar como hombre que se había soltado de la prisión; y encontrando tres moros, que le preguntaron cómo venía de aquella manera, les dijo que por amor de Dios le favoreciesen, que iban los soldados tras dél; y con esto no solamente le dejaron pasar, mas animándole a proseguir su camino, le encaminaron a la plaza, donde estaba otro hermano suyo con la bandera de los moros, y diciéndoles que quería ir primero por una ballesta que tenía escondida, tomó por el río de Laguiz abajo, y fue a salir al camino de Vélez; y avisando a los cristianos de los molinos y a otras personas como la tierra estaba alzada, llegó a la ciudad y dio la carta a Arévalo de Zuazo, que había venido allí de Málaga a poner cobro en la ciudad por otra carta de aviso que de don Juan de Austria tenía, y andaba entendiendo en hacer algunos reparos, donde se asegurasen los vecinos dentro de los aportillados muros. El cual, deseando saber si era el levantamiento de solos los vecinos, o si habían venido forasteros a levantar la tierra, antes que se determinase de hacer el socorro quiso enviar el propio morisco a Gonzalo de Cárcamo para que le avisase qué gente era la que había en la sierra; mas él no se atrevió a ir aquel día porque venía muy cansado. Estando pues todo el cabildo suspenso por no tener certinidad de cosa tan importante, temían por un cabo que si salía la gente de guerra a hacer el socorro de Canilles, que está tres leguas grandes de allí, podrían los moros de los otros lugares de la sierra acudir a la ciudad a tiempo que hiciesen algún efecto; y por otro deseaban socorrer aquella fortaleza, porque no se perdiese delante de sus ojos. Queriendo al fin saber lo que había, a trueco de esperar un día más, mandó el concejo de Bena Mocarra que enviase luego dos moriscos de confianza con una carta del

Corregidor para Gonzalo de Cárcamo, en que le decía que avisase si los que habían alzado el lugar eran los moros que se aguardaban de la Alpujarra, o si eran solos los vecinos, y qué gente le parecía que sería menester para socorrerle. Con esta carta fueron dos moriscos vecinos de aquel lugar, llamados Hernando el Zordi y otro, con orden que llegasen de noche por la parte baja de la fortaleza y la diesen al alcaide; y para que con más seguridad lo pudiesen hacer, les mandaron que llevasen dos arcabuces y sus espadas. Llegando pues cerca del lugar por la parte que les pareció que serían menos sentidos, dieron en el cuerpo de guardia y centinela que los monfís forasteros tenían; y aunque les hablaron en su lengua y les dijeron que eran de los alzados, dándoles poco crédito, quisieron matarlos, diciendo que iban con algún engaño; y libraran mal si no acertara a llegar allí un moro del propio lugar de Canilles, llamado Francisco Tauz, el cual conoció al Zordi y le abonó, diciendo que era hombre de crédito, y que no sería acertado hacerles mal, porque por la misma razón no habría quien osase venirse a ellos. También el Zordi, hombre astuto, les dijo que los de Bena Mocarra los enviaban a saber si era verdad que la sierra estaba alzada, porque querían hacer ellos lo mismo si les enviaban alguna gente de socorro que les hiciese escolta, porque como estaban desarmados, tenían miedo de los de Vélez. Oyendo estas palabras el Tauz, comenzó a dar saltos de regocijo, preguntándole muchas veces si era verdad lo que decía; y como le afirmase que sí, dijo a los monfís que mejor ni más alegre día no podía venir a los moros que saber que Bena Mocarra se quería levantar, porque no quedaría lugar en la jarquía y hoya de Málaga que no hiciese luego otro tanto. Y aplacándose con esto los forasteros, llevaron los dos moriscos a su capitán Xorairan, los cuales le dieron su recaudo fingido, que no les valió menos que las vidas; y supieron decírselo de manera, que les dio crédito; y alegrándose con ellos, les mandó que volviesen a Bena Mocarra y dijesen a los vecinos que dentro de tres días les daba su palabra de socorrerlos con más gente de la que pensaban. Cuando el Zordi le oyó decir aquellas palabras, entendiendo que esperaba alguna gente de fuera, le replicó: «Señor, no entiendo que podrán aguardar tanto, porque tienen ya liada la ropa; y si los de Vélez los sienten, los degollarán». Al moro pareció bien lo que decía, y estuvo un rato suspenso; y luego dijo que se fuesen, y les dijesen que otro día por la mañana les haría escolta con doscientos gandules valientes, que ninguno volvería el rostro a diez de los de Vélez, y que no habría falla en ello; y que por señas pornía en amaneciendo una bandera colorada encima del molino que dicen del Poaype para que supiesen que estaba aguardándolos; y haciéndoles dar muy bien de cenar, los despidió con aquella buena nueva. Otro día amaneció en el lugar un silencio tan grande, que parecía no haber quedado criatura viva en él, y los soldados quisieran salir de la fortaleza a recoger lo que los moriscos habían dejado en las casas; mas el alcaide, recelando algún engaño, no lo consintió, por mucho que le importunaron; y enviando otro morisco que se había recogido con su mujer y hijos a la fortaleza a que viese si los enemigos se habían ido, en entrando por la puerta del lugar fue preso y llevado al Xorairan, diciendo que era cristiano, pues se había recogido con los cristianos; el cual mandó que le llevasen al fuerte de Sedella y que le entregasen al cadí que ya tenía puesto de su mano para ejecución de la justicia. Queriendo pues cumplir la palabra que había dado a los de Bena Mocarra, envió delante su bandera colorada con diez moros a que la pusiesen en el viso de Fax Alaviz sobre una piedra que llaman Haxar Alabracana, que quiere decir la piedra de la Cornicabra, lugar alto y relevado, adonde se podía divisar muy bien; y recogiendo más de quinientos moros, bajó luego a juntarse con ellos para en viniendo la noche ir a emboscarse sobre el molino del Poaype, como había dicho. Dejó en el lugar a un moro, llamado Alonso Montical, con otro golpe de gente del pueblo y de Sedella y de otras partes, que habían acudido allí sabiendo que Canilles se había alzado, con orden que no cesase de combatir los cercados mientras iba a hacer el efecto de Bena Mocarra y volvía. Este combate fue muy recio y duró más de dos horas, defendiéndose el alcaide y los que con él estaban valerosamente, y al fin se retiraron los moros dél con daño dos horas antes del mediodía. Habíanse tardado el Zordi y su compañero más de lo que quisieran en llevar la nueva de lo que pasaba a la ciudad de Vélez, deteniéndolos la importunidad de los moros que acudían a certificarse dellos si era verdad que se querían alzar los de Bena Mocarra, porque era grande el contento que todos tenían dello, y estaba el Corregidor con cuidado, sospechando si los habían muerto o si se habían quedado con los moros. Y haciendo llamar al morisco que había llevado la carta del alcaide, le dio otra del tenor de la que le habían dado, y lo encargó mucho que procurase darla con toda brevedad, y volver luego con la respuesta. El cual llegó al tiempo que los moros se retiraban del combate; y poniéndose detrás de un olivo, algo arredrado de la fortaleza, hizo señal con la capa para que le asegurasen hasta llegar a ella; y el alcaide le entendió y le aseguró, mandando poner los arcabuceros hacia aquella parte, de manera que pudo llegar seguro a un lienzo del muro, donde estaba una ventana grande; y subiéndole con una soga arriba, el alcaide leyó una carta que llevaba, y luego le envió con otra en respuesta della, avisando a Arévalo de Zuazo que no había más moros que los de la tierra y pocos forasteros con ellos hasta aquel punto. Mas ya cuando el morisco llegó a la presa del río de Vélez, le encontró que iba a hacer el socorro con más de quinientos hombres de a pie y de a caballo, porque los dos moriscos de Mocarra habían llegado y dádole cuenta muy particular de lo que pasaba. Descubrieron nuestra gente los cercados, y los cercadores a un mismo tiempo, y abatiendo los moros la bandera blanca que tenían puesta en la peña del Águila, el Montical y los que con él estaban dejaron el cerco y salieron huyendo la vuelta de la sierra; y el Xorairan se volvió al puerto de Sedella, y de allí se fue a meter en el peñón; por manera que cuando el socorro llegó ya no había moros con quien pelear: mas pudiérase hacer mucho efecto si los siguieran, porque iban todos desbaratados y perdidos de miedo. Un escudero, llamado Diego Moreno, con otros compañeros se adelantó y pasó buen rato; mas el Corregidor le mandó que se retirase, contento con haber socorrido la fortaleza; y haciendo sacar cien mujeres y niños que había dentro, dejó veinte soldados al alcaide, y volvió aquella noche a Vélez, y los moros se metieron en su fuerte.

Capítulo XVII. Cómo Competa y los otros lugares de la sierra de Bentomiz se alzaron, y se recogieron al fuerte peñón de Fregiliana

Alzados los vecinos de Canilles de Aceituno, Sedella y Solares, los de Competa y de los otros lugares de la sierra de Bentomiz hicieron lo mismo, movidos por Martín Alguacil, vecino de Competa, hombre noble y de mucha autoridad entre ellos, por ser el principal del linaje de los Alguaciles, que en tiempo de moros tuvieron mando en aquella tierra. Este morisco daba a entender que era buen cristiano y muy servidor de su majestad; y con este nombre se hacía confianza de él, y se le encomendaba el repartimiento de la farda que pagaban los moriscos de aquel partido; y el presidente don Pedro de Deza les había cometido a él, y a Bernardino de Reina, regidor de Vélez, que también era de su nación, y tenía cargo de repartir la farda en la jarquía de Málaga, que distribuyesen los mantos y sayas de la limosna de su majestad entre las viudas y mujeres pobres, encargándoles que animasen aquellos pueblos a que dejasen el traje y hábito morisco, y se conformasen con las premáticas. Los cuales en esto habían hecho buen oficio, y se tenía entendido que por respeto de Martín Alguacil estaba la sierra de Bentomiz en pie; el cual había venido aquellos días a Vélez, y de su propia autoridad había hecho un protesto ante la justicia, diciendo que era buen cristiano, y que protestaba de vivir y morir en la fe de Jesucristo, y de servir bien y fielmente, como leal vasallo de su majestad, en todo lo que se le mandase. Mas era con engaño, porque supo que la ciudad trataba de traer algunos vecinos de los principales de la sierra, y detenerlos para que los otros no se alzasen; y sabiendo que había de ser él uno dellos, hizo aquella diligencia para poderse descabullir; y así fue que se tornó luego a Competa; y enviándole después a llamar Arévalo de Zuazo, para animarle a que perseverase en lealtad, y lo procurase con los vecinos, no quiso ir, y trató de levantar la tierra; y juntando los vecinos de Competa y de otros pueblos comarcanos, les hizo un razonamiento desta manera: «Hermanos y amigos, que pensábades estar libres de los trabajos desta malaventura que los alpujarreños han movido: bien veis el pago que se nos da en premio de nuestra lealtad, pues, por no desatino que hicieron los monfís forasteros en compañía de algunos mozos livianos y de poco entendimiento en la venta de Pero Mellado, quiere la justicia de Vélez destruirnos a todos, no se contentando con haber hecho morir muchos de nuestros amigos y parientes, que sabemos que ni fueron en ello ni aun lo supieron, haciendo que se condenasen ellos mismos con crueles invenciones de tormentos; y como les pesase de ver que estando toda la nación morisca alborotada, solo nosotros estemos quietos en nuestras casas, veis aquí una carta en que me envía a llamar el Corregidor. Yo entiendo que es para prenderme y hacerme morir, porque no tiene otro negocio conmigo, ni yo con él. También envía a llamar a Hernando el Darra. La muerte es cierta: yo pienso emplearla donde a lo menos no quede sin venganza, defendiendo nuestra libertad. Si muriésemos peleando, la madre tierra recibirá lo que produjo; y al que faltare sepultura que le esconda, no le faltará cielo que le cubra. No quiera Dios que se diga que los hombres de Bentomiz no osaron morir por su patria. Aben Humeya está poderoso; ha tenido muchas victorias contra los cristianos; viénele gente de África en socorro; el gran señor de los turcos le ha prometido su favor; espéralo por momentos. Toda Berbería se mueve a defendernos. Venga pues, señoréenos a todos, y démosle obediencia; que los cristianos por moros declarados nos tienen; y no demos lugar a que rompiendo la equidad de las leyes, ejecuten solamente el rigor, llevándonos a la horca uno a uno». Hasta aquí dijo Martín Alguacil; y loando todos su parecer, le respondieron que demasiada paciencia había sido la que habían tenido, sujetos a tantos agravios como se les habían hecho; y sin más aguardar, tomaron las armas que tenían escondidas, y ataviándole a él con ricos almaizares de seda y oro, como a hombre santo, le pusieron sobre una mula blanca, y llegaron todos a besarle la mano y la ropa. El cual declaró luego su corazón con las manos puestas y los ojos fijos en el cielo, diciendo: «Bendito y loado seáis vos, Señor, que me dejasteis ver este día». Allí nombraron capitanes particulares de cada lugar; y pareciéndoles que estarían mejor todos juntos en el peñón de Fregiliana, que era muy fuerte y cerca de la mar, enviaron a decir a los del fuerte de Sedella que se viniesen a juntar con ellos. Los cuales, confiados en la vana devoción que tenían con los sepulcros de cuatro morabitos que decían estar enterrados en la Rabita de Canilles de Aceituno, que está junto al fuerte, no querían desamparar el sitio hasta que, enviándoles gente y bagajes, los obligaron a no hacer otra cosa contra la voluntad de un moro viejo, llamado el Jorron de Leimon, que les decía que por ninguna cosa lo dejasen, porque era lugar dichoso, donde habían tenido siempre felices sucesos los moros con la protección de aquellos santos, y que esto se hallaba por sus escrituras. El cual, viendo que no le aprovechaban sus amonestaciones, y que holgaban más de obedecer a la voluntad de Martín Alguacil, dio tantas voces sobre ello, que vino a perder el juicio y juntamente la habla y el sentido. Habiéndose pues juntado todos en Competa, nombraron por su caudillo y capitán general a Hernando el Darra, que tenía entre ellos opinión de muy noble, porque sus pasados en tiempo de moros eran alcaides y algua-ciles de Fregiliana. Nombraron tres alfaquís para consejeros en las cosas tem-porales y de religión, uno de Sedella y otro de Salares, y el tercero de Daimalos. No hicieron daño estas gentes en los cristianos sus vecinos, porque con la sospecha que se tenía, se habían puesto todos en cobro; y los beneficiados que habían quedado entre ellos los enviaron a Vélez, entre los cuales fue uno Cristóbal de Frías, beneficiado de Competa, el cual se había metido en la torre de la iglesia con otros tres o cuatro cristianos. Y Martín Alguacil, queriéndose disculpar de aquel hecho con los de Vélez, y darles a entender que el levanta-miento había sido contra su voluntad, forzados de los moros forasteros, y que había muchos en la tierra, para que la ciudad no saliese a ellos hasta ponerse en cobro, hizo pasar la gente al derredor de la iglesia, haciéndoles mudar las armas y los vestidos porque pareciesen muchos; y cuando hubo hecho esto tres o cuatro veces, llegándose a la torre, llamó al beneficiado, y le dijo que estuviese de buen ánimo, porque no consentiría que se le hiciese agravio a él ni a los que con él estaban; que se fuesen a Vélez seguramente y dijesen a los ciudadanos que Gironcillo con gente forastera había levantado la tierra, y que a los de Bentomiz les pesaba mucho, porque siendo buenos cristianos y leales servidores de su majestad, no quisieran que de su parte hubiera novedad; y que les certificasen que no les harían daño a ellos ni a sus cosas, antes procurarían todo su bien como amigos y vecinos. Y dándoles algunos hombres armados que los acompañasen, los envió a la ciudad de Vélez, y él con todas las mujeres, ganados y ropa se fue a meter en el fuerte de Fregiliana.

Capítulo XVIII. Cómo Arévalo de Zuazo juntó la gente de su corregimiento y fue contra los alzados de la sierra de Bentomiz; y la descripción del peñón de Fregiliana

Cuando el beneficiado Cristóbal de Frías se vio en Vélez, dio muchas gracias a Dios por haberle librado del peligro en que se había visto; y hallando la ciudad alborotada, que se andaba la gente aprestando para salir aquella noche a la sierra, no teniendo aun perdido el miedo, exageraba las fuerzas de los alzados mucho más de lo que eran, diciendo que estaba la tierra llena de moros forasteros. Y aunque algunos de los compañeros que venían con él deshacían aquel temor, afirmando que la gente que había pasado al derredor de la iglesia tantas veces estando ellos dentro, eran unos mismos hombres, que habían conocido muchos dellos, y que el astuto moro lo había hecho de industria para que la ciudad entendiese que había venídoles socorro de la Alpujarra; el Corregidor suspendió la salida por aquella noche, no se determinando a quién daría más crédito. Mas otro día luego siguiente, haciendo instancia la ciudad sobre ello, y habiendo venido dos compañías de la ciudad de Málaga, cuyos capitanes eran don Pedro de Coalla, y Hernando Duarte de Barrientos, con esta gente y la de la ciudad, que eran otros ochocientos infantes y cien caballos, y capitanes de la infantería Alonso Zapata, Beltrán de Andía, Marcos de la Barrera y Juan Moreno de Villalobos, y de la caballería Luis de Paz, los unos y los otros regidores de aquellas ciudades, partió de la ciudad de Vélez a 27 días del mes de mayo de este año, y aquella noche fue al lugar de Torrox, que está en la marina, donde despunta la sierra de Bentomiz en la mar, y los moriscos deste lugar se habían recogido con su ropa, mujeres y hijos en la iglesia, diciendo que eran cristianos;

y cuando vieron asomar las banderas con tanto número de gente, quisieron meterse en el castillo; y no los queriendo acoger los cristianos que había dentro, caminaron la vuelta de la sierra y se fueron a juntar con los alzados. Nuestra gente se alojó aquella noche en Torrox, y allí llegaron ciento y sesenta saldados de Almuñécar, que, según ellos decían, habían salido a cobrar una manada de ganado que les llevaban los moros; y alargáronse tanto, que no se atrevían a volver, por temor de alguna emboscada. Otro día bien de mañana partió Arévalo de Zuazo la vuelta del peñón de Fregiliana, que estaba legua y media de allí; y llegó al pie dél a las diez horas del día por la parte de una fuente que llaman del Álamo, que cae entre poniente y mediodía, donde está un llano espacioso para poderse revolver la caballería. Allí hallaron algunos bagajes, ropa y bastimentos, que no habían tenido lugar de poderlo subir arriba los moros que iban a meterse en el fuerte; de donde se entendió que si los de Vélez no se detuvieran tanto en salir, los alcanzaran fuera del peñón, y con cualquier número de gente se pudiera hacer mucho efecto. Este peñón está entre el lugar de Competa y la mar; tiene a levante el río de Chíllar, que corre por asperísimas quebradas de sierras; a poniente el de Lautín, que con igual aspereza se va a meter en la mar; a tramontana hace la sierra de Bentomiz una quebrada muy honda, de donde comienza a subir el peñón en mucha altura; y al mediodía vuelve a bajar con otra descendida muy áspera, que se parte en dos lomas: la una va entre levante y mediodía a dar al lugar de Fregiliana, y la otra, más a poniente, al castillo de Nerja; y quedando el peñón mucho más alto que ellas, sin padrastro que de ninguna parte le señoree, tiene las entradas tan fragosas de riscos y de peñas tajadas, que poca gente puesta arriba las puede defender a cualquier numeroso ejército. Por la parte del río de Chíllar se saca una acequia de agua con que se regaban las tierras y hazas de Fregiliana, que estaba en este tiempo despoblada, y pasa la acequia al pie del peñón, que era la ocasión principal que los movió a meterse allí, porque no se les podía quitar el agua sin grandísima dificultad; y la fuente del Álamo, que está a estotra parte, entre poniente y mediodía, les caía algo arredrada. En lo alto del peñón se hace un espacioso ámbito no muy llano ni muy áspero, donde pudieran caber todos los moradores de la sierra de Bentomiz, y mayor número, si lo hubiera. Los moros pues, habiéndose retirado a lo alto, se pusieron en defensa, entendiendo que los cristianos, como hombres de guerra, asentarían su campo y después harían su requerimiento; y según nos certificaron algunos dellos, estuvieron tan desconformes y confusos cuando vieron ir tanto número de gente, que la mayor parte quería darse a partido; y por ventura se rindieran todos, y no costara tanta sangre cristiana como costó. Estando pues Arévalo de Zuazo tratando de lo que se debía hacer, una manga de soldados que había enviado a reconocer se alargaron más de lo que convenía la cuesta del peñón arriba, escaramuzando con algunos moros que les salieron al encuentro; los cuales fueron luego retirándose hacia lo alto, peleando tan tibiamente, que parecía ceder la entrada a los nuestros. A este tiempo Arévalo de Zuazo hizo caminar la demás gente, y comenzaron a pelear, siguiendo a los que se retiraban; mas luego acudieron hacia aquella parte los caudillos, que se habían puesto a hacer su consejo, cuando vieron ir los cristianos a ellos, y el Darra vistoso delante de todos con un palo en la mano, dando grandes voces y muchos palos a los que se iban retirando. Entre miedo y vergüenza los hizo volver sobre los nuestros, que todavía porfiaban por ir adelante con tan peligrosa como inconsiderada determinación, porque estaban más de tres mil moros puestos en ala a la parte alta; y aunque había entre ellos pocos escopeteros y ballesteros, tenían muchos honderos, y arrojaban tanta piedra, que parecía estar sobre nuestra gente una nube de granizo; y era tan grande el crujido de las hondas, que semejaba una hermosa salva de arcabucería; y las piedras venían con tanta furia, que aun las armas ofensivas eran poco reparo contra ellas. Vimos una rodela que pasó un moro este día con una piedra, teniéndola un soldado embrazada, y estaba una guija larga tan gruesa como el puño metida por ella, que pasaba la mitad de la otra parte. Acudiendo pues gente de un cabo y de otro, cargaron los enemigos de manera, que se hubieron de retirar los nuestros sin orden, dejando algunas banderas en peligro de perderse; y sin duda se perdieran las de Alonso Zapata y Juan Moreno de Villalobos, si ellos propios no las socorrieran y retiraran peleando y resistiendo el ímpetu de los enemigos. Valió mucho a nuestra infantería no osar salir los moros de la aspereza de su peñón por miedo de la caballería, que veían estar puesta en escuadrón, esperando que bajasen a lugar donde poderse aprovechar dellos, porque pelearan determinadamente hasta llegar a las espadas; y aunque murieron muchos de arcabuzazos, bajando descubiertos a la ofensa de nuestra arcabucería, que les tiraba de mampuesto, todavía mataron ellos veinte cristianos y hirieron más de ciento y cincuenta, y hicieran mayor daño si tuvieran armas y osaran seguir el alcance. Retirada la gente y curados los heridos, Arévalo de Zuazo mandó tocar a recoger, y sin intentar más la fortuna de la empresa, volvió aquella noche bien tarde a Vélez con poco contento y mucho deseo de castigar a aquellos bárbaros.

Capítulo XIX. Cómo tuvo aviso el marqués de los Vélez en Berja que Aben Humeya iba sobre él, y se apercibió para esperarle

Estaba el marqués de los Vélez con un pequeño campo en Berja, porque, como atrás queda dicho, se le había ido la mayor parte de la gente, unos por ir a poner en cobro lo que habían ganado, y otros no pudiendo sufrir el trabajo y la grande necesidad que allí se pasaba. Y como era hombre cuidadoso de su cargo, procuraba siempre saber lo que el enemigo hacía, y habiendo algunos días que no tenía nueva cierta dél, fue avisado como en la cumbre de un cerro cerca del alojamiento se veía cada noche un fuego, que parecía ser señal que los moros hacían; y mandando a un cuadrillero, llamado Francisco de Cervantes, que con veinte soldados de su cuadrilla fuese de parte de noche a ver lo que era, puso tan buena diligencia, que le trajo preso un moro espía de Aben Humeya, que, según lo que después se entendió, hacía de noche aquel fuego, y de día se escondía en el cañón de la chimenea de una casa en Dalías. Traído este moro a Berja, el Marqués le mandó dar tormento, y confesó como Aben Humeya había juntado toda la gente de guerra de la Alpujarra en el lugar de Válor, y que había hecho reseña general y pasaban de diez mil moros los que tenía juntos, mucha parte dellos armados de arcabuces y ballestas, y que tenía acordado de dar con toda aquella gente una alborada en Berja; porque habiendo enviado a decir a los moriscos del Albaicín de Granada y de la Vega y a los del río de Almanzora que cómo se sufría ver a su rey con las armas en las manos por su libertad, y estarse ellos quedos, teniendo obligación de ser los primeros, y que si no se alzaban luego, había de dar orden como los cristianos los destruyesen a todos; le habían respondido que mientras el marqués de los Vélez estuviese con campo formado en la Alpujarra no osarían determinarse, y que cuando le tuviese muerto o preso, ellos se levantarían; y que en tanto que se aprestaba para hacer aquella jornada, queriendo saber si el campo se mudaba de Berja, tenía puesta aquella espía, y la señal de que se estaba todavía quedo eran aquellos fuegos que hacía cada noche. Habían prendido los moros aquellos días cinco espías de nuestro campo, y el marqués de los Vélez estaba muy con cuidado, teniendo por ruin señal la demasiada diligencia que ponían; y viendo la confesión del moro, entendió que sin duda decía verdad, y que daban orden en algún acometimiento; y deseando tener más certidumbre de lo que tanto convenía saber, el capitán Tomás de Herrera, a cuyo cargo estaba la gente de a caballo de Adra después de la muerte de Diego Gasca, salió de parte de noche con algunos compañeros, y prendió tres moros, y los trajo maniatados al campo. El marqués de los Vélez se lo agradeció mucho, y mandando al licenciado Navas de Puebla, su auditor general, que les diese tormento, los dos dellos no quisieron confesar nada, y el tercero declaró ser verdad lo que la espía había dicho, y dijo que le ahorcasen si Aben Humeya no venía a dar sobre el campo dentro de tres o cuatro días, y que traería consigo toda la gente que tenía recogida en Válor, repartida en tres mangas, y con la una acometería el lugar por lo llano, para tirar la caballería hacia aquella parte y poder acometer más a su salvo con las otras dos los alojamientos; porque desta manera entendía dividir a los cristianos, para que en ninguna parte fuesen poderosos ni le resistiesen; y que todos los moros que venían con él era gente escogida, que el más mozo pasaba de veinte años y el mayor no llegaba a cuarenta. Estas confesiones acrecentaron el cuidado al marqués de los Vélez, y mucho más un día que llegaron los moros a correr a Berja y se llevaron ciertos bagajes de mozos que andaban haciendo yerba para los caballos; cosa que hasta entonces no habían osado acometer, entendiendo que su venida era ensayo para ver si la gente acudía de golpe al rebato, y qué tanto trecho se alargaba la caballería de la infantería. Queriendo pues hacer reseña y ver los soldados que tenía, sin que se entendiese para el fin que se hacía, mandó que saliesen caballos y infantes, como por vía de regocijo, a escaramuzar al campo, y después, siendo bien tarde, hizo llamar a don Juan Enríquez, que ya había vuelto de Granada, y a don Diego, don Juan y don Francisco Fajardo y a don Diego de Leiva, y a otros caballeros y capitanes que intervenían en su consejo; y cuando los tuvo juntos en su posada anduvo un gran rato paseándose por un aposento sin decirles nada, no sabiendo qué se hacer. Consideraba que si publicaba la venida de Aben Humeya se le iría la mayor parte de la gente que allí tenía, que no llegaban a dos mil y quinientos hombres de a pie y de a caballo; si lo encubría, temía que le hallaría el enemigo desapercibido; y al fin, habiendo estado vacilando en su entendimiento, les dijo desta manera: «Pensarán, señores, que lo que se ha hecho hoy ha sido por regocijo; pues quiero que sepan que fue para entender qué soldados tenemos, porque no he querido hacer muestra general, y hallo infantería muy ruin y caballos pocos y no muy buenos. Sin falta han de dar los moros esta noche en nuestro alojamiento:

vean lo que les parece que hagamos; que demás de ser la gente de la calidad que digo, ya habemos visto el sitio en que estamos; no es fuerte ni seguro ni lo podemos defender. Si nos vamos de aquí, perdernos hemos, y si esperamos también». Y repitiendo estas últimas palabras muchas veces, don Juan Enríquez le respondió que, pues sabía cuán poco fuerte era aquel sitio, ¿cómo no había mandado hacer un reducto en él y fortificádole, en un mes que había que estaba allí alojado? A lo cual respondió el Marqués muy enojado: «A eso no puedo decir nada hasta que estotro se haya acabado con bien o con mal». Y pasando la plática adelante, se tomó resolución que el mejor remedio en tanta brevedad sería mandar que los soldados se recogiesen a sus banderas y estuviesen con las armas para las manos, porque no los tomasen los enemigos descuidados. Este consejo pareció bien al Marqués; mas no quiso que se publicase el fin para qué lo hacía, sino que se les dijese que quería mudarse a otro alojamiento cerca de aquel en un sitio llano, apacible para los caballos. Con este acuerdo mandó al capitán Rodrigo de Mora, que servía el oficio de sargento mayor, que hiciese tocar a recoger, y que pusiese la gente toda en sus ordenanzas, y hiciese cargar los bagajes, diciéndoles que para mudar alojamiento; y por otra parte dijo a los del consejo que secretamente avisasen a los capitanes del intento, porque no se descuidasen y estuviesen apercibidos con los soldados. Hubo algunos que dieron el aviso tan diferente de lo que se había tratado, que solamente dijeron que, aunque viesen tocar las cajas, no se alborotasen, porque no era para más que recoger la gente; cosa que hubiera de costarles a todos caro. Finalmente el Marqués hizo reforzar los cuerpos de guardia, doblar las centinelas y poner gente de a caballo a lo largo, para que pudiesen avisar con tiempo; y con las armas a cuestas, que siempre las traía a prueba de arcabuz, y el caballo ensillado y enfrenado, estuvo lo que faltaba de la noche aguardando al enemigo.

Capítulo XX. Cómo Aben Humeya acometió el campo del marqués de los Vélez en Berja

Habían partido aquella tarde de Ugíjar Aben Humeya y don Hernando el Zaguer y Jerónimo el Maleh y Aben Mequenun y Juan Gironcillo, y otros muchos capitanes moros, con más de diez mil hombres; y llegando cerca de Berja a tiempo que los atambores del campo tocaban a recoger, aunque sospecharon que habían sido sentidos, no por eso dejaron de proseguir su camino. Llevaban delante muchos moros con las camisas vestidas sobre los sayos, a manera de encamisada, para conocerse en la oscuridad de la noche; luego seguían al pie de dos mil hombres, entre los cuales iban muchos berberiscos con guirnaldas de flores en las cabezas, porque habían jurado de vencer o morir muxehedines, que quiere decir mártires por la ley de Mahoma. Estos desventurados, engañados del demonio, que no temen la muerte, con vana esperanza de gloria eterna, se meten en grandes peligros de la vida, y llegaron tan determinadamente a nuestras centinelas, que no les dieron lugar a retirarse con tiempo, y entraron todos revueltos en el lugar, los unos tocando arma, y los otros dando el asalto con tanta furia de escopetería y tan grandes voces y alaridos a su usanza, que atronaban todos aquellos campos. Su entrada fue por el cuartel donde estaba el capitán Barrionuevo, vecino de Chinchilla, con una compañía de los manchegos de los lugares reducidos, que fueron del marquesado de Villena; y no hallando la defensa que fuera razón que hubiera en gente prevenida, pasaron tan adelante, que apenas se pudo el marqués de los Vélez poner a caballo para salir a la plaza de armas, que estaba junto con su posada, cuando ya estaban bien cerca dél. En este tiempo hubiera de ser dañoso el consejo del Marqués, porque los soldados se embarazaban con los bagajes, y los bagajes embarazaban las calles; y si los enemigos acertaran a entrar por la puerta por donde iban a salir, mataran mucha gente y pudiera ser que desbarataran el campo. Pasado pues el primer ímpetu del temor, que los había hecho retirar a los cuerpos de guardia, los caballeros Fajardos, y los capitanes Gualtero, Mora y León, que tenían a cargo la infantería, con hasta quinientos soldados resistieron, y acudiéndoles la gente que aun no se había acabado de recoger a las banderas, pelearon valerosamente con los porfiados enemigos, que trabajaban por salir con la victoria, y matando muchos dellos, los hicieron detener. Estaba a todo esto quedo el marqués de los Vélez en la plaza con la caballería sin hacer acometimiento, esperando ver buena ocasión para poder salir, porque tenía puesta su confianza en ella, y no quiso oponerla al primer ímpetu de los enemigos; y Aben Humeya, viendo lo que le importaba salir con la victoria, enviaba siempre gente de refresco; la cual, aunque no era tan furiosa como la primera, su gran número suplía la furia, y eran tantas las pelotas y saetas que caían sobre los alojamientos, que no había parte segura en todo el lugar. Creciendo pues los ánimos con las nuevas fuerzas, la pelea se renovó de manera, que el marqués de los Vélez hubo de acudir en persona a favorecer a los suyos, dejando a don Francisco Fajardo en la plaza con un escuadrón de infantería; y saliendo por un portillo que hizo romper en una tapia, porque la calle estaba tan llena de bagajes, que no podían pasar los caballos, acometió por dos veces a embestir con los enemigos. Mas don Juan Enríquez se le puso delante, diciéndole que se acordase de lo que la espía había dicho, y se detuviese hasta ver si por lo llano acudía mayor golpe de gente; el cual envió a don Alonso Habiz Venegas a que reconociese si había alguna polvareda o señal de más moros al derredor del lugar. A este tiempo ya nuestra gente llevaba lo mejor de la pelea y los moros se ponían en huida; y dando su propio desbarate mayor osadía a los soldados, los acabaron de romper; y siguiendo a don Diego Fajardo ya de día claro, fueron tras dellos por las huertas, hasta llegar a unas puntas que bajan de Sierra Nevada. Don Juan Fajardo subió por la sierra arriba con quinientos arcabuceros, y el capitán León fue con otros doscientos por el camino de Dalías. Quedaron atajados dentro del lugar en una calle sin salida sesenta y seis de los muxehedines, y allí fueron todos muertos. Murieron este día mil y quinientos moros, y perdieron diez banderas y algunos caballos y yeguas que llevaban con sillas y frenos, y muchos bagajes cargados de bastimentos. De los nuestros murieron veintidós soldados y dos escuderos, y hubo muchos heridos. Fue de mucha importancia este buen suceso; porque si el enemigo saliera de allí con opinión, no quedara morisco que no se alzara en todo el reino de Granada. Los que escaparon huyendo por las sierras llegaron a la taa de Andarax tan cansados y faltos de aliento, que si el marqués de los Vélez no detuviera la gente que los seguía, pudieran degollarlos con facilidad; mas no les consintió pasar adelante, temiendo siempre que Aben Humeya haría algún acometimiento por otra parte; y recogiendo toda la gente, se volvió a su alojamiento. Fue luego avisado que ciertos soldados, cuando los moros acometieron el lugar, se habían metido en unas torres mientras los compañeros peleaban; y haciéndolos traer ante sí, les preguntó de qué compañías eran; y diciéndole que de la de la Mancha, no poco temerosos que los mandaría castigar, se rió, y les dijo desta manera: «No me maravillo que los que no conocéis la condición de los moros ni os habéis visto con ellos, temáis sus gritos y algazaras; mas pues sois españoles, y no os falta otra cosa para ser soldados sino haber tratado con moros, la penitencia que os quiero dar por el descuido que habéis tenido es que recojáis todos los cuerpos muertos, y los amontonéis y queméis, porque desta manera perderéis el miedo que tenéis cobrado». Y mandando al auditor Navas de Puebla que fuese con ellos, juntaron mil cuatrocientos noventa y cuatro cuerpos de moros muertos, y los quemaron. Quemó también el auditor noventa moros que se hicieron fuertes en unas casas de molinos fuera del lugar; y porque el campo no estaba ya bien en aquel alojamiento, donde se padecía tanta necesidad de vituallas, se pasó a la villa de Adra ocho días después de la victoria. Allí se entretuvo muchos días con el trigo que los soldados traían del campo de Dalías, hasta que después se le envió más gente, y se le dio orden para entrar en la Alpujarra, que no fue poca parte para ello este suceso.

Capítulo XXI. Cómo don Antonio de Luna fue sobre el lugar de las Albuñuelas, estando de paces, porque recetaban moros de guerra

Hacían los moros tantos daños en este tiempo a la parte de Granada, Loja y Alhama, cautivando, matando y robando los cristianos, que no había ya cosa segura en todas aquellas comarcas; y de ordinario se ponían los de los lugares del Valle a esperar en el barranco de Acequia las escoltas que iban con bastimentos a los presidios de Tablate y de Órgiba; y algunas veces mataban los soldados y bagajeros, y se las llevaban, no embargante que decían estar reducidos. Y por que se entendió que se hallaban en ello muchos de los vecinos del lugar de las Albuñuelas, que estaba de paces, y que allí se acogían los otros, tomando don Juan de Austria el parecer del presidente don Pedro de Deza, determinó que se hiciese castigo ejemplar en ellos, diciendo que si jamás había sido guerra gobernada con severidad, en esta era necesario y muy conveniente reducir la disciplina militar a su antigua costumbre, para que los demás pueblos temiesen. Consultado pues con su majestad, se mandó a don Antonio de Luna, que con la gente de a pie y de a caballo que estaba alojada en las alcarías de la Vega, y con las cien lanzas de Écija, del cargo de Tello González de Aguilar, fuese a hacer el efecto del castigo que se pretendía; y porque el alguacil Bartolomé de Santa María había servido con avisos ciertos y de importancia, y no era justo que llevase igual pena que los malos, envió al beneficiado Ojeda, que era grande amigo suyo, y con la gente a que mirase por él. Llegó don Antonio de Luna al Padul el primer día del mes de junio, y allí supo cómo un día antes se había pregonado en las Albuñuelas que ningún vecino recogiese moro forastero, y que los que había en el lugar se saliesen luego fuera; y pareciéndole que debían de estar avisados, no quiso partir aquel día, hasta dar noticia a don Juan de Austria; el cual le envió a mandar que sin embargo ejecutase lo acordado. Con esta segunda orden partió del alojamiento de parte de noche, llevando consigo a don Luis de Cardona, hijo mayor del duque de Soma; y encontrando en el camino cuatro moriscos, que venían de las Albuñuelas al Padul con las cargas de pan que daban cada semana de contribución para la gente de guerra de aquel presidio, los mandó alancear, y sin detenerse pasó adelante, y dio sobre el barrio del lugar principal siendo ya de día. Lope, famoso monfí, que estaba dentro con gente de guerra, tuvo lugar de huir a la sierra; y quedándose la mayor parte de los vecinos disimuladamente en sus casas, como hombres que les parecía no haber cometido delito, y que bastaría para su disculpa haber echado fuera los moros forasteros, en sintiendo el estruendo de los soldados, que entraban furiosos por las calles, salieron algunos a dar su descargo; mas así ellos como los demás fueron muertos, sin que el beneficiado Ojeda tuviese tiempo de poder guarecer a su amigo el alguacil. La gente inútil huyó la vuelta de la sierra, pensando poderse salvar hacia aquella parte; mas Tello González de Aguilar, que iba de vanguardia con los caballos, los atajó por una ladera arriba, y hizo volver hacia abajo más de mil y quinientas mujeres y gran cantidad de bagajes, que todo ello vino a poder de la infantería. Y hubiérase de perder él en este alcance, porque yendo la sierra arriba se le metió el caballo entre dos peñas en una angostura tan grande, que ni lo pudo revolver ni pasar adelante, y le fue necesario apearse y dejarlo; mas luego acudieron dos escuderos de su compañía, y no lo pudiendo sacar, lo despeñaron por un barranco abajo; y dando sobre un montón de arena que tenía recogida la corriente del agua, se mancó de un brazo, y todavía bajaron por él y se lo llevaron, manco como estaba, no queriendo que en ningún tiempo se dijese que los moros habían tomado el caballo de su capitán. Este día un animoso moro se hizo fuerte en su casa con una ballesta en las manos, y por la ventanilla de un aposento mató al abanderado de la compañía de don Pedro de Pineda, que con la bandera entraba a buscar qué robar; y lo mismo hizo a otros dos soldados que quisieron retirar a cobrar la bandera. A esto acudió luego don Pedro de Pineda, y un soldado de su compañía, llamado Zayas, vecino de Sevilla, se lanzó animosamente con el moro cubierto de una rodela y una celada, que fue bien provechosa; y como el moro errase su tiro, Zayas le atravesó de una estocada; y el moro, pasado de parte a parte, cerró con él, y bregando le quitó una daga que llevaba en la cinta, y le hirió con ella sobre la celada tan reciamente, que se la hendió, y le matara si no fuera por ella. Mas al fin, no pudiendo resistir el desmayo de la muerte, cedió, y cayendo en el suelo, le cortó el soldado la cabeza, y el capitán retiró su bandera. Hecho esto, los capitanes y soldados quisieran saquear las casas, porque estaban llenas de muchas riquezas que habían traído de otros lugares, a causa de estar aquel de paces, y no les parecía que era bien dejarlas a los enemigos; mas don Antonio de Luna no lo consintió, diciendo que tenía aviso que venían de las Guájaras más de seis mil moros a las ahumadas, y que no convenía detenerse; y aunque hubo hartos requerimientos sobre ello, se hubieron de quedar las casas llenas. Volvió nuestra gente aquel día al Padul, que está dos leguas de allí, con más de mil y quinientas almas cautivas, y gran cantidad de bagajes y de ganados de toda suerte. Esta presa mandó don Juan de Austria que se repartiese entre los soldados, dando las moras por esclavas; y dio libertad a la mujer y hijas y sobrinas de Bartolomé de Santa María, pagando por ellas a los que les habían cabido por suerte seiscientos ducados de la hacienda de su majestad; y demás desto, les dio licencia para que pudiesen vivir en Granada, o donde quisiesen en aquel reino.

Capítulo XXII. Cómo el comendador mayor de Castilla llegó a la playa de Vélez, y avisado del suceso del peñón de Fregiliana, determinó de hacer la empresa por su persona con la gente que llevaba

El comendador mayor de Castilla llegó a Adra a 1.º de mayo, y no se deteniendo allí más de una hora, pasó con veinticinco galeras que llevaba a la ciudad de Almuñécar, donde fue avisado de todo lo que había sucedido a nuestra gente en el peñón de Fregiliana, en la sierra de Bentomiz. Y navegando hacia la playa de Vélez, llegó a la torre de la Mar, que está poco más de media legua de la ciudad, a tiempo que Arévalo de Zuazo estaba con harto cuidado de deshacer los moros que allí se habían juntado; el cual acudió, luego que vio las galeras, a la marina. Y como el Comendador mayor, deseoso de saber en particular lo que había pasado, y el estado en que estaban las cosas de aquel partido, enviase una fragata a tierra, Arévalo de Zuazo se metió luego en ella, y fue a verse con él a la galera real, donde trataron del negocio, y de lo mucho que convenía deshacer aquellos moros antes que se hiciesen más fuertes con socorros forasteros, expugnando aquel peñón, donde estaba recogida la gente y riqueza de la sierra de Bentomiz. El Comendador mayor, que ninguna cosa deseaba más que emplear aquellos soldadas tan aventajados donde pudiesen ser de provecho, dijo que holgara de tomar la empresa por su persona; mas que no traía orden para ello, ni venía proveído de bastimentos ni de las otras cosas necesarias; y que le parecía, según la cantidad de enemigos le decían que había juntos en sitio tan fuerte, que sería menester mayor número de gente, y una provisión muy de propósito. Mas al fin satisfizo a todas estas dificultades su buen deseo, y entender del Corregidor la cantidad de caballos y peones que se podrían juntar de su corregimiento, y la provisión de bagajes y bastimentos que se podría hacer en él. Solo faltaba la orden; y mientras se aprestaban las otras cosas, envió por la posta a don Miguel de Moncada, caballero catalán, su primo, a Granada, a que informase a don Juan de Austria de aquel negocio, y se la pidiese. Partido don Miguel de Moncada, mandó el Comendador mayor desembarcar la gente, y haciendo reseña, halló que tenía dos mil y seiscientos soldados de los de Italia, y cuatrocientos de los ordinarios de las galeras; y por no perder tiempo, mientras le venía la orden de don Juan de Austria, envió a don Martín de Padilla, que después fue adelantado de Castilla y general de las galeras de España, con doscientos arcabuceros de los de Vélez y sesenta caballos, a reconocer el fuerte y a ver si andaban los moros desmandados fuera dél, de quien poder tomar lengua. Don Miguel de Moncada llegó a Granada, y hizo relación en el Consejo del negocio a que iba; y con orden que el Comendador mayor hiciese la jornada, volvió con la misma diligencia a la ciudad de Vélez. Y luego envió el Consejo a mandar a don Gómez de Figueroa, corregidor de Loja, Alhama y Alcalá la Real, y al licenciado Soto, alcalde mayor de Archidona, que con el mayor número de peones y caballos que pudiesen recoger en sus gobernaciones fuesen a juntarse con él, entendiendo que sería menester más fuerza de gente de la que tenía para hacer aquel efecto; mas cuando llegaron fue ya tarde, por mucha prisa que se dieron.

Capítulo XXIII. Cómo el Comendador mayor juntó toda la gente en Torrox, y de allí fue a poner su campo sobre el peñón de Fregiliana

Estando pues apercibido todo lo necesario para la jornada, a 6 del mes de junio del año de 1569 partió Arévalo de Zuazo de Vélez con dos mil y quinientos infantes y cuatrocientos caballos de las dos ciudades de su corregimiento, y fue a poner su campo cerca del lugar de Torrox, en un sitio fuerte cerca del río. El mismo día saltó en tierra el comendador mayor de Castilla, y acompañado de don Juan de Cárdenas, que agora es conde de Miranda, y de don Pedro de

Padilla y de don Juan de Zanoguera, y de otros caballeros y capitanes, fue a reconocer el fuerte, y de vuelta vio la gente de las ciudades, que le dio mucho contento verla tan bien en orden. Aquella noche se volvió a las galeras, y otro día desembarcó su infantería en la playa del castillo de Torrox; y puestos los unos y los otros en sus ordenanzas, caminaron los dos campos, apartado el uno del otro, la vuelta de los enemigos. El Comendador mayor fue a poner su campo en la fuente del Álamo, y el Corregidor de la otra parte, donde llaman la fuente del Acebuchal, en una umbría que cae entre cierzo y levante, cerca del puerto Blanco. Capitanes de la infantería de Málaga eran Hernán Duarte de Barrientos, don Pedro de Coalla, Gómez Vázquez, Luis de Valdivia y el jurado Pedro de Villalobos; y de la de Vélez Antonio Pérez, Marcos de la Barrera y Francisco de Villalobos; y de la caballería Luis de Paz; y sargentos mayores el capitán Berengel Cáncer de Omos y Martín de Andía, vecinos de Vélez. Don Martín de Padilla reconoció el peñón, y refirió que era muy fuerte, y que no se podría subir a él sin grandísimo trabajo y peligro; y aunque al Comendador mayor le pareció lo mismo, su mucha prudencia y gran valor le hizo dar a entender a los soldados que había menos dificultad de la que parecía, diciéndoles que no había cosa tan áspera, donde la virtud y el esfuerzo del buen soldado no hiciese camino. Era el sitio que el Corregidor tenía, áspero y poco seguro; mas convenía mucho tenerle ocupado, por ser aquella la entrada por donde podía ser socorrido el enemigo, de la gente de la Alpujarra; y para ver cómo se había alojado el campo, y dar orden en lo que se había de hacer, pasó luego el Comendador allá, y vuelto a su alojamiento, estuvieron aquella noche todos puestos en arma, sin que hubiese cosa notable. Otro día de mañana se trabaron dos escaramuzas, la una con la gente de Vélez Málaga, defendiendo a los moros el agua del acequia, y la otra con don Miguel de Moncada, que fue a reconocer el peñón por la parte de levante con setecientos arcabuceros y cincuenta caballos; el cual anduvo al pie dél hasta llegar a la loma de Fregiliana, y subió tanto por ella escaramuzando con algunos moros, que llegó a descubrir el llano que se hace en la cumbre del peñón, y vio tantas tiendas y chozas de rama, que parecía estar junto en aquel sitio un ejército numeroso de gente. En estas escaramuzas murieron algunos moros, y se retiraron los cristianos a sus alojamientos sin daño. Estando apercibidos los ánimos y las armas para el asalto tan deseado de nuestra gente, la víspera de San Bernabé en la noche dio orden el Comendador mayor a los capitanes de lo que cada uno había de hacer. Por la loma de los

Pinillos, que cae entre poniente y mediodía, donde primero había estado Arévalo de Zuazo, mandó que fuese don Pedro de Padilla con tres mangas de infantería de su tercio, reforzadas a manera de escuadrones; por la otra, que llaman de Fregiliana, que cae a la mano derecha, don Juan de Cárdenas, hermano de don Pedro de Zúñiga, conde de Miranda, a quien después sucedió en el estado, con cuatrocientos aventureros y alguna gente de Italia; don Martín de Padilla, que agora es adelantado de Castilla y conde de Santa Gadea, por otra lomilla que se hace entre estas dos, con trescientos soldados de los de Galera y alguno de Málaga y Vélez, y una compañía de los del tercio de Nápoles; y por la parte de Puerto Blanco, hacia la umbría que dijimos, mandó que subiese la gente de las dos ciudades que estaba alojada hacia aquella parte, por la loma que dicen de Conca. Y porque el asalto había de ser a un mismo tiempo, y no se descubrían los unos a los otros, les ordenó que llegando a sus puestos hiciesen ahumadas, y que no se moviesen hasta oír tirar una pieza de artillería de su cuartel. En el siguiente capítulo diremos cómo se combatió y ganó el fuerte.

Capítulo XXIV. Cómo se combatió y ganó por fuerza de armas el fuerte de Fregiliana

Cuando estuvo la gente apercibida y puesta en sus lugares para en oyendo la señal dar el asalto, los soldados de Italia que iban con don Pedro de Padilla, queriendo llevarse la honra y el premio de la victoria, se anticiparon, y comenzaron a subir animosamente por el cerro arriba; mas presto fueron pocos los que quedaron libres de muertes o de heridas, porque los moros los aguardaron muchos detrás de sus reparos, y tirando muchas saetas y piedras, aunque pocas escopetas, porque no las tenían, los tuvieron arredrados con daño. Y aun se comenzaron a retirar, cuando el Comendador mayor, viendo la desorden, mandó dar la señal del asalto, para que no se acabasen de perder aquellos soldados atrevidos; lo cual se hizo con tanta furia y presteza, que daba bien a entender nuestra gente el deseo que tenía de llegar a las manos con los bárbaros infieles, subiendo por laderas tan ásperas y fragosas, que aun huyendo temieran otros de ir por ellas. Hubo muchos que antes de llegar arriba iban vencidos del cansancio, que les doblaba la necesidad de irse apartando y encubriendo de las peñas y piedras que los enemigos echaban rodando sobre ellos, que no era el menor peligro. A este se les juntaba otro inconveniente muy grande, y era que la loma por donde subían no tenía buena arremetida, y los moros industriosamente habían arrancado las matas y cortado los estribos que hacían las peñas, porque no hallasen los soldados donde estribar con los pies ni de qué asir con las manos; mas aunque estas dificultades aguaban el ímpetu de los animosos veteranos, muchos las vencieron con valor propio, hasta llegar a pegarse con los reparos de los enemigos. Allí se trabó una pelea harto reñida y porfiada de entrambas partes, no se oyendo más que un horrible estruendo de armas y los dolorosos gemidos de los que caían con desigualdad de las partes, por ser el sitio más favorable a los moros que a los nuestros. Ya comenzaban a salir del fuerte animosos bárbaros, que con pronta ligereza herían y mataban cristianos, y nuestra gente se retiraba para tornarse a rehacer, viendo que se peleaba con adversa fortuna, cuando las compañías de las ciudades de Málaga y Vélez, en oyendo la arcabucería, comenzando a subir por la loma o cuchillo de Conca, donde había una larga legua de cuesta, vinieron a conseguir la deseada victoria, ayudados de la desorden de los soldados de Italia. Estaban confiados los enemigos de la natural fortaleza que sin artificio de hombres tenía el peñón por aquella parte, atajando la entrada una peña tajada tan sin camino ni vereda, que parecía imposible poderla hollar hombre humano; y desta causa había acudido el golpe de la gente hacia donde les pareció haber más necesidad de resistencia. Iba la infantería repartida por tres partes, unos por la loma de Puerto Blanco, otros por la misma umbría, y el mayor golpe de gente por el cuchillo que dije de Conca, y el Corregidor con los caballos, de retaguardia; solos doscientos soldados quedaron de guardia de los alojamientos. Llegando pues los delanteros a la peña que dijimos, aunque hallaron alguna resistencia, comenzaron a subir a gatas y como mejor podían, ayudándose unos a otros, no sin muertes de algunos animosos, que señalaron con su sangre el camino por donde habían de ir los compañeros. Gonzalo de Bozmediano, vecino de Vélez, alzó arriba una tobaja blanca en la punta de la espada, y los alféreces Hernando de Caraveo, vecino de Málaga, y Gaspar Cerezo, vecino de Vélez, cada uno por su parte, fueron los primeros que arbolaron sus banderas y las campearon sobre el fuerte, acompañados de sus capitanes y soldados, que animosamente vencieron la dificultad de la subida y la ofensa de los enemigos, siendo bien servidos de piedras y saetas por aquella parte, y fueron ocupando tanto espacio del fuerte, que la otra gente tuvo lugar de subir arriba. Luego subieron los trompetas a pie y comenzaron a tocar el son de victoria, con que se acobardaron y perdieron el ánimo los enemigos, y lo cobraron los esforzados del tercio de Nápoles, que habían tornado a renovar el asalto, y les iba tan mal en él como en el primero, y el Comendador mayor los mandaba ya retirar. Cobrando pues nuevo aliento, no de otra manera que si entonces se comenzara la pelea, de doscientos moros o más que habían salido a darles carga, ninguno volvió al fuerte, que todos los pasaron a cuchillo; y hallando desocupada la entrada, cargaron a los otros de manera, que arrojándose por aquellos despeñaderos abajo, pusieron su esperanza en los pies, buscando lo más fragoso de la sierra, donde poderse guarecer huyendo. El mayor golpe de los enemigos fue dar a dos cañadas que caen, la una cerca de la loma de Fregiliana, y la otra hacia Puerto Blanco, donde los caballos que llevaba Arévalo de Zuazo dieron con ellos, y mataron muchos; otros acudieron a otras partes, que también cayeron en manos de la infantería. Finalmente, de cuatro mil moros que había en el peñón murieron los dos mil; los otros pudieron irse a la Alpujarra, y muchos dellos tan heridos, que murieron en el camino. Hubo algunas moras que pelearon como esforzados varones, ayudando a sus maridos, hermanos y hijos; y cuando vieron el fuerte perdido, se despeñaron por las peñas más agrias, queriendo más morir hechas pedazos que venir en poder de cristianos. A otras no les faltó ánimo para ponerse en cobro con sus hijos en los hombros, saltando como cabras de peña en peña. Fueron cautivas tres mil almas, y el despojo de seda, oro, plata y aljófar valió mucho precio. Tomose gran cantidad de ganado mayor y menor, trigo, cebada y otros bastimentos que tenían recogidos en el fuerte en tanta cantidad, que pudieran sustentarse con ello muchos días. No hubieron los nuestros la victoria sin sangre, porque murieron en los asaltos más de cuatrocientos hombres, y entre ellos don Pedro de Sandoval, sobrino del obispo de Osma, y hubo más de ochocientos heridos, la mayor parte dellos soldados de Italia, y casi todos los capitanes, y entre ellos don Juan de Cárdenas, don Antonio Luzón, don Luis Gaitán, Carlos de Antillón y otros caballeros. Ganado el fuerte y saqueado lo que había en él, el Comendador mayor se estuvo quedo en su alojamiento aquella noche, dejando encargadas las esclavas y el despojo que allí había al capitán don Alonso Luzón; y el siguiente día, habiendo hecho desbaratar los reparos y destruir los bastimentos y las otras cosas que no se podían llevar, y dado orden en curar los heridos, caminó la vuelta de Torrox, y de allí se embarcó para Málaga, donde fue bien recibido, y los ciudadanos con mucha caridad y amor recogieron los caballeros y soldados, y los acariciaron y hicieron curar, que lo habían bien menester, según el trabajo que habían pasado en la mar y en la tierra. Arévalo de Zuazo con la gente de su corregimiento se fue a Vélez, y los soldados que quedaron sanos fueron bien aprovechados; y lo fueran todos si el repartimiento de las esclavas que cupieron a los soldados del tercio de Nápoles se hiciera luego; mas dilatose algunos meses, hasta que se consumieron, como se suelen consumir las cosas de comunidad; y cuando vino a darse alguna parte, ya los que la habían de haber eran muertos o idos. No era bien acabado de ganar el fuerte de Fregiliana, cuando la gente de Loja, Alhama, Alcalá la Real y Archidona, que serían ochocientos hombres de a pie y de a caballo, llegaron a la sierra de Bentomiz, y viendo que no había qué hacer, la pasearon muy a su voluntad, y recogieron los ganados que pudieron haber en los campos, y de las casas de los moros sacaron muchos silos de ropa y joyas, que habían dejado escondido cuando se subieron al peñón; y no con menor despojo que los que habían combatido se volvieron a sus casas.

Capítulo XXV. Cómo Aben Humeya envió a levantar los lugares del río Almanzora, y la descripción de aquella tierra

Río de Almanzora quiere decir río de la victoria. Tiene principio de una fuente que nace en el camino que va de Canilles de Baza a Serón, llamada Fuencaliente, y corriendo por un valle lleno de arboledas, va a dar a la villa de Tíjola, dejando en los cerros de la mano derecha, algo apartadas del río, a Serón, el Deyre, Bayarca, Lúcar, Sierro, Sofloy, Almuña, Purchena, que tiene título de ciudad, Olula, Fínix, Lanteyra, Cantoria, Líjar, Códbar, Errax, el Borx, Alboleas, Sujura o Surgena, Overa, las Cuevas, Lubrín, Urriecal, Ante, Védar, Serena, Teresea, Cabrera, Benitagla, Albánchez; y en la torre de Montroy, una legua a poniente de la ciudad de Vera, se mete en el mar Mediterráneo. En las sierras que son a levante dél yendo hacia la mar están Lucus, Somontin, Partaloba, Códbar, Oria, Albox, Vélez el Rubio y Vélez el Blanco. Tiene a poniente la sierra de Bacares y la de Filabres, cuyo lugar principal se llama Tahalí. Los otros son Senes, Chercos, Alcudia, Alhabra, Benalguacil el alto, Benalguacil el bajo, Benicanon, Senimina, Xenecit, Castro, Ulela de Castro y Ulela del Campo. Y a tramontana, la hoya y comarca de Baza, donde están las villas de Canilles, Benamaurel, Zújar, Freyla, Cúllar, Güéscar, Castilleja, Orce, Galera, Cortes y otras; a levante tiene las sierras de los Vélez y de Mojácar, y a mediodía el mar Mediterráneo. Toda esta tierra es abundante de pan y de legumbres; crían los moradores mucha seda y muy buena, y tienen muchos ganados. En las laderas de las sierras de una parte a otra del río hay hermosas arboledas de huertas, que se riegan con el agua de las fuentes que nacen dellas y corren a dar al río principal, y las frutas todas son tempranas y muy sabrosas. La mayor parte de las villas tienen castillos antiguos puestos en sitios fuertes por naturaleza, y algunos son de calidad que con poco trabajo se podrían hacer inexpugnables. Quisieron los rebeldes levantar todos los pueblos deste río, cuando levantaron a Gérgal, y por temor del marqués de los Vélez, que, como atrás dijimos, entraba por aquella parte, lo dejaron de hacer. Este miedo les duró todo el tiempo que estuvo alojado en Terque; y como después salió el marqués de Mondéjar de la Alpujarra, y el marqués de los Vélez se recogió en Berja y después en Adra, acudiendo los moros por las sierras de Gérgal y de Bacares, comenzaron a hacer algunos saltos en el río de Almanzora. De aquí tomó atrevimiento Aben Humeya de enviar a levantar aquella tierra; y andándolo tratando, un moro de los que estaban con él fue al lugar de Almuña, y queriendo consolar a la mujer y hijas de Jerónimo el Maleh, que las tenía cautivas el alcaide Diego Ramírez, les dijo que estuviesen de buen ánimo, porque dentro de quince días tendrían libertad, y que el propio Maleh venía con mucha gente a levantar aquellos pueblos. Había hecho Diego Ramírez muy buen tratamiento a estas moriscas, y teníalas recogidas en casa de un morisco amigo suyo; y queriendo gratificarle la buena obra, le dijeron lo que el moro les había dicho, para que se pusiese con tiempo en cobro. El cual envió luego un correo a don Juan de Austria, suplicándole que enviase alguna gente de guerra con que poder asegurar aquella tierra antes que los moros entrasen en ella, porque de otra manera se perdería. Y como esto no se pudo hacer tan presto como la necesidad pedía, a 12 días del mes de junio deste año de 1569 bajaron de la Alpujarra el Gorri de Andarax y el Peligui de Gérgal, y con ellos el Maleh y otros capitanes moros con más de cuatro mil hombres de pelea; y dando primero en Purchena, se hubieran de perder los cristianos que allí había, si el bachiller Román, beneficiado de Macaela, que venía de cautiverio de la Alpujarra y había llegado la noche antes, no les avisara como dejaba junta aquella gente para venir a amanecer sobre ellos. Los cuales, viendo que en la fortaleza no había alcaide ni gente de guerra, aunque de sitio era muy fuerte, no osaron meterse dentro; y dejándola desamparada, se fueron huyendo a Oria y a Vera y a otras parte; por manera que cuando llegaron los moros había solas tres horas que se habían salido de la ciudad, y solamente hicieron que los moriscos que moraban en ella se rebelasen, y a los que no querían hacerlo, les daban muchos palos y los llevaban consigo maniatados.

Hubo tres moriscos de los principales, que por no alzarse dejaron sus mujeres y hijos; los dos dellos se metieron en Oria, y el uno en Cantoria; los otros todos, cual de grado, cual por fuerza, se fueron con sus mujeres y lujos a la Alpujarra. Los moros robaron y destruyeron la iglesia, luego saquearon las casas de los cristianos, y mataron una mujer vieja que no había querido irse con los demás; y no queriendo dejar aquella fortaleza desamparada, por ser de la calidad que era, metieron gente de guerra dentro para sustentarla, y de la madera de los techos de la iglesia, que desbarataron, hicieron aposentos y reparos en ella, y levantaron una torre de tapiería hacia aquella parte. Hecho esto pasaron a Olula y a los otros lugares, y levantando los moriscos dellos, saquearon y destruyeron las iglesias y las casas de los cristianos, mas no mataron ninguno, porque se habían puesto todos en cobro con el aviso de la mujer y hijas del Maleh. Los moriscos de Serón estuvieron tres días que no se alzaron, porque los entretuvo Diego de Mirones, vecino de Madrid, que tenía la tenencia de aquel castillo por el marqués de Villena, cuya es aquella villa; el cual habiendo enviado su mujer y hijos a Castilla con los soldados que tenía de guarnición y con los vecinos cristianos que vivían en aquel lugar, que por todos serían ciento y treinta hombres, se velaba con mucho cuidado; y cuando supo que los moros andaban alzando los lugares del río. Recogió todas las mujeres cristianas en el castillo. Estando pues los alcaides moros en el río, le enviaron a decir que por tenerle buena voluntad y pesarles de su trabajo, le aconsejaban que les entregase aquella fortaleza; y que si esto hacía, le dejarían ir con toda la gente que tenía dentro, y le acompañarían hasta ponerle en lugar seguro cerca de Baza; mas que si no lo hacía, supiese que no podían dejar de pasar él y con los que él estaban por el rigor de la muerte. Diego de Mirones recibió la embajada con alegre semblante, y hizo dar de comer a dos moros que la llevaban, y sendos pares de alpargates que la pidieron; y después les respondió que él agradecía mucho a los alcaides la voluntad que mostraban a sus cosas; mas que el castillo le tenía por el marqués de Villena, a quien había escrito para ver lo que mandaba que hiciese dél; y que venida la resolución, que sería muy en breve, podría responderles con más certidumbre. Vueltos los dos moros con la respuesta, los alcaides entendieron que era dilación, y dende a dos días el Maleh y el Hanon fueron con todo el golpe de la gente sobre él; y alzando los moriscos de la villa. Le tuvieron cercado doce días; y al fin, viendo que se les defendía, y que no tenían artillería con que poderle batir, ni se podía ganar a batalla de manos, levantaron el cerco y fueron sobre Tahalí, lugar de don Enrique Enríquez; y alzándose los moriscos del lugar, cercaron y combatieron el castillo, donde estaba don Álvaro de Luna, vecino de Bazar, con cincuenta soldados. Lo primero que hicieron fue acometer el reducto o rebelión, y picándole, hicieron un portillo, y entraron dentro, y sacaron dos caballos que estaban en una caballeriza. Luego enviaron a requerir al alcaide que se rindiese, diciendo que por ser aquel lugar de don Enrique Enríquez harían todo buen tratamiento a los que estaban dentro con él, y los dejarían ir libremente con sus armas y bienes muebles donde quisiesen; y aunque sobre esto hubo demandas y respuestas, estando el alcaide suspenso entre temor y esperanza, al fin aceptó el partido con que le diesen solos dos días de término, y los moros alzaron el cerco. Esto hizo don Álvaro de Luna contra la voluntad de un morisco llamado Juan Alguacil y de un hijo suyo, de los más ricos de aquel lugar, que se habían recogido con él en el castillo; los cuales le requirieron que no lo rindiese, porque ellos se ofrecían a defenderle con la gente que allí había, mas no le pudieron convencer, antes se enojó con ellos y los metió en una mazmorra, y dentro del término que los alcaides le habían dado salió dél con todos los soldados y cinco mujeres vestidas en hábito de hombres, y se fue a la ciudad de Almería. Los moros entraron en el castillo, y hallando en la mazmorra aquellos dos moriscos los sacaron fuera y los ahorcaron luego, no sin grandísima nota del que los había dejado allí. Certificáronnos personas que dijeron haberse hallado presentes, que murieron cristianos, diciendo que morían por no ser traidores a Dios ni al Rey. Ganado el castillo de Tahalí, los moros pasaron a Cantoria, y teniendo cercada aquella villa solo un día, se les dio, porque eran todos los vecinos moriscos. Y por esta orden fueron levantando todos los otros lugares del río, excepto a Oria, las Cuevas a Serón, que se defendieron los castillos por entonces.

Capítulo XXVI. Cómo los moros volvieron a cercar el Castillo de Serón, y yendo a socorrerle don Alonso de Carvajal, se le mandó que no fuese, y se volvió a su villa de Jódar

Queriendo pues Aben Humeya acabar de ocupar todos los lugares del río de Almanzora para hacer la guerra por aquella parte, recogió el mayor número de gente que pudo, y se fue a poner en la sierra de Bacares, y desde allí envió un alcaide, llamado el Mecebe, sobre el castillo de Serón; el cual le cercó con cinco mil moros, a 10 días del mes de junio deste año, con grandes regocijos y algazaras. El alcaide Diego de Mirones envió luego un soldado a Baza para que desde allí se diese aviso a su majestad y a don Juan de Austria del estado en que estaba; el cual salió de parte de noche, y pudo hacer el efecto a que iba sin que los moros se lo estorbasen. Mas ya en este tiempo don Juan de Austria sabía por algunas espías como los moros se aprestaban para ir sobre el castillo, y se había tratado del remedio, y tomádose resolución en el Consejo en que convendría que fuese a socorrerle suficiente número de gente, por si fuese menester pelear con el enemigo en campaña; y porque no la había de ordenanza que pudiese ir con la brevedad que el negocio requería, acordaron de cometerlo a don Alonso de Carvajal, señor de Jódar, encargándole que juntase el mayor número de gente que pudiese de sus deudos, amigos y vasallos, y hiciese aquel socorro. Este acuerdo había sido muy acertado, si otra provisión no lo interrumpiera; porque su majestad, siendo avisado del cerco, escribió aquellos mismos días al marqués de los Vélez que procurase socorrer aquella fuerza, pareciéndole que por tener su campo junto en Adra, nadie lo podría hacer con más brevedad. El aviso desta orden llegó a don Juan de Austria a tiempo que don Alfonso de Carvajal iba la vuelta de Baza con mil y quinientos arcabuceros y ciento y cincuenta caballos, y muchos caballeros y hijosdalgo de Úbeda y Baeza, amigos y allegados de su casa. Y casi a un mismo tiempo, estando un día don Juan de Austria con los del Consejo, le llegó un correo con carta del marqués de los Vélez, en que decía que habiéndole su majestad cometido el socorro del castillo de Serón, y viendo cuán malo lo podía hacer, por la distancia que había desde Adra, le había parecido que podría ir a hacerlo en su lugar una de tres personas, Juan Rodríguez de Villafuerte Maldonado, corregidor de Granada, don Luis de Córdoba, o don Rodrigo de Benavides, con mil y quinientos infantes y trescientos caballos, que era número suficiente y necesario para aquel efecto. Esta carta puso en confusión a los del Consejo por el inconveniente que traía, y estuvieron suspensos, no se determinando si pasaría adelante don Alonso de Carvajal con la orden que llevaba de don Juan de Austria, o si se le mandaría que parase. Luis Quijada decía que no se debía hacer otra provisión sobre la que su majestad había hecho en el marqués de los Vélez; el Presidente porfiaba que la que don Juan de Austria había hecho en don Alonso de Carvajal, pues el Consejo supremo no proveyera lo contrario si supiera lo que él tenía proveído, era la que se había de guardar, porque tenía poder y facultad para poderlo hacer, como capitán general; mayormente que se había de mirar el inconveniente que se presentaba de perder aquel castillo con cualquiera dilación, poniendo ejemplo en que en tiempo del emperador don Carlos, habiendo él mismo proveído la plaza de maese de campo del tercio de Nápoles, que estaba vaca, en un caballero particular, teniéndola proveída el virrey don Pedro de Toledo en otro, se había determinado que la provisión del virrey se había de cumplir, pues siendo capitán general, había podido proveerla. Deste parecer, fueron la mayor parte del Consejo; mas don Juan de Austria se arrimó a lo que Luis Quijada decía, y se resolvió en que don Alonso de Carvajal se volviese, porque llegó luego otra carta del marqués de los Vélez, avisando como, por parecerle que había dificultad en ir a hacer aquel socorro uno de los tres caballeros que había señalado, lo había cometido a don Enrique Enríquez, su cuñado, que estaba más a la mano en Baza. Toda esta diligencia que el marqués de los Vélez hacía, se entendió que era para deshacer la provisión de don Alonso de Carvajal, de que ya estaba avisado, queriendo enviar persona de su mano. Era el marqués de los Vélez valeroso y esforzado caballero y muy discreto; mas no se podía determinar cuál era en él mayor extremo, su esfuerzo, valentía y discreción, o la arrogancia y ambición de honra, acompañada de aspereza de condición, a que demasiadamente era inclinado. Volviendo pues a nuestra historia, don Juan de Austria escribió luego a don Alonso de Carvajal, mandándole que en el lugar que le alcanzase aquella carta parase y se volviese a su casa, y agradeciese de su parte a la gente que llevaba la voluntad con que se había movido a hacer aquella jornada, la cual convenía que parase por algunos respetos que había parecido al Consejo; y alcanzándole el correo en Cúllar, una legua antes de llegar a Baza, se volvió bien disgustado, por no dejarle llegar a hacer el efecto para que había salido. Dejemos agora el socorro deste castillo; que hubo hartas controversias en él, por encontrarse las dos provisiones, y vamos a echar los moriscos del Albaicín de Granada; cosa en que hacían grandísima instancia el Presidente y el duque de Sesa; pareciéndoles que aquella gente no era de provecho, y podría ser muy dañosa teniéndola en la ciudad.

Capítulo XXVII. Cómo se sacaron los moriscos del Albaicín de Granada, y los metieron la tierra adentro

Todas las ocupaciones del Consejo eran estos días en tratar de la orden que se ternía para echar los moriscos del Albaicín, viendo que los negocios de la guerra iban cada día empeorándose; porque los moros ya no alzaban los pueblos para sacar gente, como lo habían hecho hasta allí, sino para defenderlos, poniendo el ánimo y la confianza en mayores cosas; lo cual parecía causar la remisión que había de nuestra parte, no se acabando de resolver en cosa de cuantas se trataban. Al fin vino orden de su majestad para que con el menor escándalo que ser pudiese se metiesen la tierra adentro todos los moriscos de Granada y del Albaicín que fuesen de edad de diez años arriba y de sesenta abajo, y que los llevasen a los lugares de la Andalucía y a otros pueblos comarcanos fuera de aquel reino, y los entregasen por sus nóminas a las justicias para que tuviesen cuenta con ellos; y que para que esto se hiciese sin alboroto se les diese a entender como los apartaban de peligro por su bien y quietud, y que, allanada la tierra, se ternía cuenta con ellos, y serían remunerados los que hubiesen sido leales. Tomado pues acuerdo de la manera que esto se había de hacer, la víspera de San Juan de junio don Juan de Austria mandó apercibir la gente de guerra que había en la ciudad y en los lugares de la Vega. Luego se echó bando general que todos los moriscos y mudéjares que moraban en la ciudad de Granada y en su Albaicín y Alcazaba, así vecinos como forasteros, se recogiesen a sus parroquias; los cuales con harto miedo, como personas que sabían muy bien la pena en que habían incurrido, y temían que los encerraban para hacer algún castigo ejemplar en ellos, no pudiendo hacer otra cosa, obedecieron. Y viéndolos tan afligidos el padre Albotodo, fue al presidente don Pedro de Deza, y le dio parte del temor y aflicción con que estaban aquellas gentes; el cual le dijo que fuese de su parte a decirles que no temiesen, porque él les aseguraba las vidas; y que si para ello quisiesen una cédula firmada de su nombre, se la daría; el cual escribió luego la cédula y se la dio que la firmase, y se la firmó por solo asegurarlos. Y con esto tomaron algún consuelo, porque entendieron que siendo clérigo no los engañaría; aunque lo que más los aseguró fue la palabra que don Juan de Austria les dio, estando ya encerrados en las iglesias, en nombre de su majestad, diciendo que los tomaba debajo del amparo y seguro real, y les certificaba que no les sería hecho daño, y que sacarlos de Granada era para desviarlos del peligro en que estaban puestos entre la gente de guerra. También don Alonso de Granada Venegas les certificó que lo que se hacía era para su bien; y con esto se aseguraron los hombres de buen entendimiento, y estos tales aseguraron a los demás. Estuvieron aquella noche con algunas compañías de infantería de guardia en las puertas de las iglesias; y otro día de mañana, estando apercibida y puesta en sus escuadrones toda la gente de guerra en el llano que se hace entre la puerta de Elvira y el hospital Real, don Juan de Austria, el duque de Sesa, el marqués de Mondéjar, Luis Quijada y el licenciado Birviesca de Muñatones, cada uno por su parte, porque no hubiese algún escándalo, los sacaron de allí, y llevándolos recogidos en medio de las ordenanzas de los arcabuceros, los fueron encerrando poco a poco en el hospital Real, donde estaba Francisco Gutiérrez de Cuellar, caballero del hábito de Santiago y teniente de contador mayor de cuentas, que por mandado de su majestad había venido aquel día a Granada, y con él algunos contadores y escribanos, tomando por memoria los nombres y edades de los que encerraban, para que hubiese cuenta y razón con los que iban y quedaban, y se pudiesen entregar por sus listas a los corregidores de los partidos donde habían de ir. Fue un miserable espectáculo ver tantos hombres de todas edades, las cabezas bajas, las manos cruzadas y los rostros bañados de lágrimas, con semblante doloroso y triste viendo que dejaban sus regaladas casas, sus familias, su patria, su naturaleza, sus haciendas y tanto bien como tenían, y aun no sabían cierto lo que se haría de sus cabezas: ejemplo grande para que los súbditos entiendan cuán bien les está ser leales vasallos a sus reyes y señores naturales, pues al fin son ellos los que los han de amparar y defender; y por el contrario, nadie se paga del traidor. Con toda cuanta diligencia pusieron don Juan de Austria y los del Consejo en recoger los moriscos sin escándalo, este día se ofreció ocasión con que los hubieran de matar a todos, y fue que don Alonso de Arellano, uno de los capitanes de infantería de Sevilla, queriendo hacer una invención a diferencia de las otras compañías, puso un crucifijo en una asta de una lanza, cubierto con un velo negro, y le hizo llevar delante de su compañía; y viniendo por la calle Elvira con los moriscos de dos parroquias en medio de los soldados, viendo los desventurados aquella insignia, entendieron que los llevaban a matar, y aun las moriscas, que iban llorando tras dellos, creyeron lo mismo; una de las cuales vimos dar grandes voces, mesándose los cabellos y diciendo en aljamía: «¡Oh desventurados de vosotros, que os llevan como corderos al degolladero! ¿Cuánto mejor os fuera morir en las casas donde nacisteis?» Llegando pues con este miedo a la puerta del hospital Real, sucedió que un barrachel de campaña, llamado Velasco, dio un palo a un morisco mancebo algo falto de juicio, que llevaba medio ladrillo debajo del brazo; el cual se lo tiró y le hendió una oreja. A esto acudieron luego los alabarderos de la guardia, y matando al morisco, no parara allí el negocio, porque los mataran los soldados a todos, creyendo que era don Juan de Austria el herido, que iba vestido de las mismas colores que el Velasco, si el valeroso Príncipe no acudiera a detener la gente metiéndose en medio y diciendo a voces: «¿Qué es esto, soldados? Vosotros no veis que si a Dios desplace la maldad del infiel, por más ofendido se tiene de aquellos que profesan su ley; porque están más obligados a guardar verdad a todo género de gentes, principalmente en cosas de confianza. Mirad pues lo que hacéis; no quebrantéis el seguro que les he dado; porque hasta agora no hay cosa que lo pueda innovar; y si la justicia de Dios tardare, no disimulará el ejemplo de su castigo». Con estas y otras razones de ruego y amenazas los apaciguó; y porque no se alborotase la ciudad y matasen los moriscos que venían por las calles, mandó a don Francisco de Solís y a mí que nos fuésemos a poner en las puertas de la ciudad y no dejásemos entrar a nadie dentro; y demás desto, dijo al barrachel que se fuese luego a curar, y dijese que no le había herido nadie, sino que su mismo caballo le había dado una cabezada. Finalmente, se quietó el negocio, y fueron encerrados todos los moriscos en aquel hospital, que es un edificio muy suntuoso y muy grande, que la católica reina doña Isabel mandó hacer poco después de haber ganado aquella ciudad, para curar enfermos de todas enfermedades y recoger los locos; y de allí los llevó la gente de guerra a los lugares de la Andalucía, dejando por entonces, demás de los muchachos y viejos, muchos oficiales que eran menester en la ciudad, y otros que tuvieron favor. Quedaron también los mudéjares, porque alegaban no deber ser ellos tratados igualmente que los moriscos, por haber venido en vasallaje del pueblo cristiano en su prosperidad, y no opresos de necesidad como ellos, y haber servido sus antepasados en las guerras a los príncipes cristianos, en tiempo que pudieran servir a los reyes moros; y así, se disimuló con ellos por entones. Hecho esto, comenzó a sentirse más seguridad en la ciudad, aunque quedó grandísima lástima a los que, habiendo visto la prosperidad, la policía y el regalo de las casas, cármenes y huertas, donde los moriscos tenían todas sus recreaciones y pasatiempos, y desde a pocos días lo vieron todo asolado y destruido, y tan mal parado, que parecía bien estar sujeta aquella felicísima ciudad a tal destrucción; para que se entienda que las cosas más espléndidas y floridas entre la gente están más aparejadas a los golpes de fortuna. Tenían los del Albaicín cierto pronóstico que, según nos dijeron algunos dellos, les decía que vernía tiempo en que verían bajar por la cuesta de la Alcazaba un arroyo de sangre morisca, que cubriría una gran piedra que estaba a un lado de aquella calle, junto al pilar de la Merced. Y pudieron decir que se les cumplió este día, porque por toda aquella cuesta abajo vimos bajar tantos moriscos, que cubrieron la calle y la piedra; y si bien se considera, ellos eran la verdadera sangre que su pronóstico decía. Dejémoslos pues con su mala ventura, que los que quedan irán presto tras dellos; y volvamos al río de Almanzora, donde dejamos cercado el castillo de Serón.

Capítulo XXVIII. Cómo don Enrique Enríquez envió a don Antonio Enríquez, su hermano, en socorro del castillo de Serón, y los moros le desbarataron

En este tiempo los moros apretaban reciamente a los cristianos que tenían cercados en el castillo de Serón; y don Juan de Austria, siendo avisado que don Enrique Enríquez estaba mal dispuesto, y que no podía ir a hacer aquel socorro por su persona, como el marqués de los Vélez decía, acordó de enviar a ello a don Luis de Córdoba, uno de los tres caballeros que había señalado al principio; y mientras se aparejaba la gente que había de ir, y se daba orden en las cosas necesarias para la jornada, envió delante al capitán Antonio Moreno; el cual adoleció en Baza, de cuya causa se procedió en el socorro más lenta y espaciosamente de lo que convenía, y sucedieron los inconvenientes que adelante diremos; porque viéndose el alcaide Diego de Mirones en grandísimo trabajo por la falta de agua para tanta gente como tenía dentro, a culpa de los mismos soldados y vecinos, que por ocuparse en robar las casas del lugar cuando se fueron los moriscos, no habían querido henchir el aljibe, que les fuera de más provecho que los viles despojos que metieron en el castillo, hizo que se descolgasen por el muro de parte de noche tres soldados grandes arábigos, y les mandó que lo más encubiertamente que pudiesen pasasen por el campo de los enemigos cada uno por su parte, y fuesen a dar aviso a la ciudad de Baza del estado en que le dejaban, y dijesen a don Enrique Enríquez que le enviase socorro; y que de vuelta procurasen traer alguna pólvora a cuestas, como mejor pudiesen; avisándoles que cuando tornasen, si viesen que no podían llegar al castillo con seguridad, hiciesen una ahumada de día en el cerro del Javea, que está dos leguas de Serón a la parte de Baza; y si les respondiesen a ella desde la torre del homenaje, llegasen; y si no, se volviesen. Salieron estos tres soldados del castillo, de la manera que hemos dicho, día de San Pedro, a 29 de junio, y fueron tan venturosos, que pasaron por medio del campo de los moros sin ser conocidos, y llegaron a Baza y dieron su recaudo a don Enrique; el cual no fue a hacer el socorro, por estar enfermo, ni lo envió por entonces, porque no tenía cantidad de gente para ello y estaba aguardando que le viniese de fuera; y haciendo dar a cada uno dellos un zurrón de pólvora, los despidió, mandándoles que dijesen al alcaide Mirones que con mucha brevedad le socorrería, y que se entretuviese lo mejor que pudiese. Sucedió pues que los moriscos que moraban dentro la ciudad de Baza vieron los tres soldados, y supieron lo que iban a tratar, porque tenían espías dentro de la casa del propio don Enrique; y para dar aviso a los moros tomaron las señas dellos, y despacharon un morisco al alcaide Mecebe, avisándole que si acudiesen al campo, tuviese cuenta con prenderlos; el cual usó de un ardid de guerra que le pudiera aprovechar, y fue mandar que algunos moros aljamiados se llegasen a castillo, y dijesen como los tres cristianos que habían enviado a Baza eran muertos, y diesen las propias señas que tenían, y les persuadiesen a que se rindiesen, pues ya no tenían remedio, sino que se habían de perder. Mas los cercados entendieron luego que no era verdad lo qué decían, porque los soldados habían hecho la ahumada que se les había mandado en el cerro del Javea, y no les habían respondido, y entendieron claramente que se habían vuelto a Baza, conforme a la orden que llevaban; antes tomaron alguna manera de consuelo, por entender que habrían pasado a dar su recaudo. No mucho después don Enrique acordó de enviar el socorro con don Antonio Enríquez, su hermano, aunque fue muy flaco, porque no llevó más de quinientos arcabuceros y sesenta caballos, con orden que entrase por el paraje de Lúcar, que cae tres leguas de Serón en el mismo río. Con esta gente llegó don Antonio Enríquez a Lúcar, y hallando solas las mujeres en las casas, y doce moros que se habían hecho fuertes en el castillo, no quiso detenerse en combatirle; antes viendo que hacían grandes ahumadas, apellidando la tierra, y entendiendo que se juntaría mucha gente contra él, dio vuelta hacia Baza sin llegar a Serón; y no se engañó mucho, porque el Mecebe con toda su gente acudió luego a las ahumadas. Y estando en el cortijo del Jauca, que apenas acababan de llegar a él, dieron sobre ellos; y hallándolos desapercibidos, con improviso acometimiento los desbarataron; y matando más de doscientos soldados, pusieron los demás en huida; y cargados de armas y despojos, volvieron aquel día a Serón, haciendo grandes alegrías por la victoria. Luego envió el Mecebe un recaudo a Mirones, diciendo que no porfiase más en su vana defensa, que le había de aprovechar poco, porque le hacía saber como todos los cristianos que iban a socorrerle eran muertos, y ofreciéndole cualquier partido que pidiese si determinaba de entregarle aquel castillo.

Capítulo XXIX. Cómo Diego de Mirones salió a buscar socorro, y fue preso, y los cercados rindieron el castillo de Serón

Entendiendo pues los cercados que debía de haber alguna rota de nuestra parte, porque la pólvora con que los moros tiraban era de mejor respuesta que la con que habían tirado hasta allí, así por esto, como por ver los grandes regocijos que por todo el campo hacían, comenzaron a desmayar; y estando en gran confusión, vieron asomar cincuenta de a caballo, que don Enrique enviaba a que diesen vista al castillo desde lejos para entretener a los cercados en esperanza, mientras llegaba don Luis de Córdoba con la gente que iba de Granada; porque tenía aviso que le enviaba don Juan de Austria a hacer aquel socorro. Estos caballos los pusieron en mayor confusión, porque como dieron luego la vuelta sin llegar al castillo, entendieron que iban huyendo. Creciendo pues cada hora el temor y la falta del agua, que los aquejaba mucho, Diego de Mirones determinó de salir en persona con treinta arcabuceros de parte de noche, y rompiendo por medio del campo de los enemigos, ir a buscar socorro antes que la gente pereciese de sed. Con este acuerdo salió, y arcabuceándose con los moros, pasó por todos ellos sin perder hombre; y pusiéranse en salvo con mucha facilidad si los soldados, que iban muertos de sed, no se detuvieran tanto en el río bebiendo, que los moros tuvieron lugar de alcanzarlos; los cuales tomándoles los pasos por diferentes partes, siguiendo el rastro de las cuerdas que llevaban encendidas, dieron con catorce dellos, y los mataron; los otros dieciséis pudieron salvarse con la oscuridad de la noche, y llegaron otro día a Baza. Diego de Mirones, que iba a caballo, anduvo toda la noche perdido de un barranco en otro, con un solo mozo que le pudo seguir; y como no era práctico en la tierra, después de cansado de dar vueltas, dejó ir el caballo por donde quiso; y cuando creyó estar cerca de Canilles, en la hoya de Baza, se halló en las viñas de Serón, porque como el caballo había sido criado en aquel lugar, volvió a la querencia. Y descubriéndole los moros que estaban en las atalayas, bajaron a él y le tomaron los pasos; y al fin, no se pudiendo menear ya el caballo de cansado, le prendieron. Con esta prisión fueron los enemigos muy alegres, porque entendieron que se les entregarían luego los cercados; y llevándole a la tienda del Mecebe, donde estaba también el Maleh, que había venido aquellos días al campo, trataron con él que si hacía que los cristianos rindiesen el castillo, les darían libertad a él y a cuantos había dentro, chicos y grandes, hombres y mujeres, con que dejasen las armas y no llevasen consigo más de cada ocho reales; y entre ruego y amenazas le dijeron que si no lo hacían, le darían cruelísima muerte. Viéndose Diego de Mirones preso, y sabiendo el trabajo que había dentro del castillo, y cuán mal se podía ya sustentar, creyendo que los moros cumplirían su palabra, tuvo este medio por razonable; y llevándole maniatado a una casa junto a la puerta del castillo, llamó a González, su escribano, y a otros cristianos por sus nombres, y les dio cuenta de su desventura, y les rogó que saliese uno dellos debajo de seguro a tratar de partido, porque los alcaides le hacían tal, que le parecía que no era de desechar. Luego salió el escribano, y con él otros tres cristianos, que hicieron sus capitulaciones con los alcaides de la manera que dijimos, con aquellas condiciones; y a 11 de julio deste año de 1569 entregaron el castillo a los moros; mas los enemigos de Dios no les guardaron nada de cuanto les prometieron, porque tomaron las mujeres y niños por esclavos, y mataron cruelmente todos los hombres, y entre ellos dos clérigos de misa, y cuatro mujeres viejas. Y como dijese un moro vecino de Serón al Maleh que cómo permitía que se hiciese un tan mal hecho como aquel, mostró una carta de Aben Humeya, por la cual le mandaba que no diese vida a cristiano que pasase de doce años, y que luego le enviase a Diego de Mirones y a todas las mujeres a Bacares. Mataron este día ciento y cincuenta cristianos, y fueron cautivas ochenta mujeres. Otro día siguiente llegaron a vista de Serón don Antonio Enríquez y el capitán Antonio Moreno, que llevaban la vanguardia del socorro; y hallando las calles llenas de cuerpos de cristianos muertos y el castillo ocupado de moros, se volvieron; y lo mismo hizo don Luis de Córdoba desde el camino, cuando supo que era perdido Serón.

Capítulo XXX. Cómo don Juan de Austria mandó proveer de gente las fortalezas de los Vélez y Oria, y encomendó aquel partido a don Juan de Haro

Siendo el castillo de Serón perdido, los moros quedaron por señores de todos los lugares del río de Almanzora. Y como las villas de los Vélez y Oria estuviesen en peligro, por haber en ellas muchos moriscos y pocos cristianos, y la fortaleza de Vélez el Blanco, donde estaban las hijas del marqués de los Vélez, mal proveída de gente que la pudiese defender, y falta de agua, porque un aljibe que había dentro no la detenía, que estaba hendido, el presidente don Pedro de Deza pidió con mucha instancia a don Juan de Austria mandase proveer aquellas villas de manera que el enemigo no hiciese algún daño en ellas, estando, como estaba, el marqués de los Vélez metido en la Alpujarra, donde no podía socorrerlas, porque podría ser que fuese sobre ellas para ocuparlas y alzar aquellos moriscos; o a lo menos, cuando otra cosa no pudiese hacer, sacarle de la Alpujarra llamándole hacia aquella parte; cosa que sería de mucho inconveniente. A esto proveyó luego don Juan de Austria que se escribiese al licenciado Pedro del Odio, alcalde de corte de la Audiencia real, que estaba en la ciudad de Lorca haciendo justicia sobre un delito, que con toda brevedad proveyese aquellas villas de gente, bastimentos y municiones, y de todas las otras cosas necesarias para su defensa; y se envió orden a don Juan de Haro, capitán de los caballos del marqués del Carpio, que venía de camino hacia Granada, que con su compañía se metiese en Vélez el Blanco, y tuviese cuidado de guardar aquel partido, procurando que los moros no hiciesen daño en él. Pedro del Odio envió solos cuarenta soldados con Diego Ramírez, alcaide de Almuña, porque no pudo sacar más gente de Lorca; con los cuales y con otros sesenta arcabuceros que envió la ciudad de Murcia, se metió en la fortaleza de Oria; y pareciéndole no estar allí muy seguro, sacó cantidad de munición de pólvora, cuerda y plomo, y muchas esclavas moras, que el marqués de los Vélez tenía dentro, y lo llevó todo a Vélez el Blanco. Y con esta gente y la que don Juan de Haro llevó, se aseguraron aquellas villas por entonces, que no estaban en poco peligro si los moros fueran sobre ellas antes que este socorro les llegara, porque el Maleh con más de tres mil hombres intentó de ocupar la fortaleza de Oria; y hallando resistencia en los soldados que había dentro, alzó el lugar y se llevó todos los vecinos moriscos a la sierra, día de señor Santiago deste año de 1569.

Capítulo XXXI. Cómo Aben Humeya escribió a don Juan de Austria pidiéndole que le rescatase a su padre y hermano, que estaban presos en Granada

Habiendo Aben Humeya apoderádose de las fortalezas del río de Almanzora, dejó por general de aquel partido al Maleh, y se fue al Láujar de Andarax, y desde allí envió la gente a sus partidos; y vanaglorioso con aquel suceso, acordó que sería bien tratar de la libertad de su padre y de su hermano, que, como dijimos, estaban todavía presos en la cárcel de la chancillería de Granada.

Para esto despachó un mozuelo cristiano, que había sido preso en Serón, con tres cartas, una para don Juan de Austria, otra para don Luis de Córdoba, y la tercera para el marqués de los Vélez, en la cual le rogaba que encaminase aquel mozo a Granada con el despacho que llevaba. Y porque los moros no le hiciesen algún mal en el camino, le dio un pasaporte en arábigo, que traducido en romance decía desta manera: «Con el nombre de Dios misericordioso y piadoso. Del estado alto, ensalzado y renovado por la gracia de Dios, el rey Muley Mahamete Aben Humeya, haga Dios con él dichosa la gente afligida y atribulada del poniente. Sepan todos que este mozo es cristiano de los de Serón, y va a la ciudad de Granada con negocios míos, tocantes al bien de los moros y de los cristianos, como es costumbre tratarse entre los reyes. Todos los que le vieren y encontraren déjenle pasar libremente y seguir su camino, y ayúdenle, y denle todo favor para que lo cumpla; porque el que lo contrario hiciere, y le estorbare o prendiere, condenarse ha en perdimiento de la cabeza». Y abajo decía: «Escribiolo por mandado del Rey, Aben Chapela». Y a la mano izquierda, debajo de los renglones, estaban unas letras grandes, que parecían de su mano, que decían: «Esto es verdad»; imitando a los reyes moros de África, que no acostumbran firmar sus nombres sino por aquellas palabras, por más grandeza. Llegado el mozo, con el despacho a la Calahorra, el marqués de los Vélez lo encaminó a Granada, y él se fue derecho a la fortaleza de la Alambra, y lo dio al marqués de Mondéjar, y le dijo cómo Aben Humeya le enviaba a solo llevar aquellas cartas, y que para aquel efecto le había dado libertad; mas que no sabía lo que se contenía en ellas. Y el Marqués, llevando consigo al mozo, se fue luego a don Juan de Austria, y juntándose los del Consejo, algunos quisieran que el propio mensajero entrara a dar su recaudo; mas el licenciado Birviesca de Muñatones dijo que no convenía a la autoridad de don Juan de Austria dar audiencia a la embajada de un hereje y traidor que estaba con las armas en las manos, sino que se cometiese a uno de los que allí estaban, que viese las cartas y examinase aquel mozo, y hiciese después relación en el Consejo. Cometiéndoselo pues al propio licenciado Muñatones, abrió las cartas, y lo que se contenía en la que venía para don Juan de Austria era que había sabido que había dado tormento a don Antonio de Válor, y a don Francisco su hermano; los cuales no tenían culpa de lo que él hacía, y que la causa de aquel levantamiento solamente había sido por los agravios que los ministros de justicia habían hecho; que le rogaba mucho mandase hacerles buen tratamiento, porque de

414

otra manera mataría cuantos cristianos tenía en su poder; y que queriéndoselos dar por rescate o trueque, daría ochenta cautivos por ellos; y si fuese menester dar algunos de los que estaban en Berbería, los haría traer para aquel efecto, aunque estuviesen en poder del Gran Turco. Esto se contenía en la carta de don Juan de Austria; y en la de don Luis de Córdoba solamente le encomendaba que tratase aquel negocio con don Juan de Austria. Haciendo pues relación en el Consejo de lo que se contenía en las cartas, se acordó que no se le respondiese, sino que el propio don Antonio de Válor le escribiese, certificándole como se les hacía buen tratamiento, y que no se les había dado tormento, y lo que más a él le pareciese, aconsejándole como padre que se apartase de aquella liviandad en que andaba; lo cual se hizo así, y dende a pocos días tornó a escribir otra carta en respuesta de la de su padre, por la vía de Guéjar, y la encaminó al alcaide Xoaybi, que estaba de guarnición en aquel presidio, con otra para él, que decía desta manera: «Los loores a Dios del estado grande, venturoso, renovado por Muley Mahamete Aben Humeya, que Dios haga victorioso; salud en Dios, y su gracia y bendición, que desea a su especial amigo el alcaide Xoaybi de Guéjar. Hermano mío, lo que os ruego es que enviéis luego a Granada esta carta, que os será dada escrita en castellano; y guardaos no alcéis más alcaría ninguna hasta que venga respuesta della; que después desto yo os daré orden de lo que habéis de hacer. Y por Dios os encargo seáis hombre de secreto; que presto iré a veros y proveeré todo lo que os cumpliere. La salud y bendición de Dios sea sobre vos». Hasta aquí decía la carta del alcaide Xoaybi, la cual hallamos originalmente en su posada cuando después don Juan de Austria ganó el lugar de Guéjar; y según parece, el traidor no envió la otra a Granada, antes la debió de abrir, y visto lo que se contenía, la guardó para calumniarle con ella. Y así, parece que los moros, gente sospechosa, entendiendo que trataba de su daño se indignaron contra él, persuadidos por algunos ofendidos que le aborrecían por las crueldades que había hecho en los hombres más principales de su nación, y de secreto comenzaron a tratarle la muerte; y al fin se la dieron, como se dirá en su lugar.

Capítulo XXXII. Cómo Aben Humeya juntó su campo en Andarax para ir sobre Almería, y cómo don García de Villarroel dio sobre Guécija, y le desbarató el designio que llevaba

En el capítulo treinta y seis del quinto libro dijimos como don García de Villarroel hizo ahorcar a Francisco López, alguacil de Tavernas, luego que volvió al cargo de la gente de guerra de Almería; porque se temió que el marqués de los Vélez enviaba por él a ruego de unos moriscos deudos suyos, que andaban de paces y habían hecho que se redujese otro moro no menos valeroso que él, llamado Alonso López, con un hijo suyo que se decía Pedro López, que andaban estos días en nuestro campo, y después huyeron a la sierra; y juntando número de moros, hicieron grandes daños a los cristianos, corriendo la tierra; y cautivando y matando mucha gente, fortalecieron el castillo de Tavernas, y lo sustentaron hasta que don Juan de Austria ocupó las fortalezas del río de Almanzora, como diremos adelante; los cuales hacían instancia, pidiendo a Aben Humeya que fuese sobre Almería, facilitándole aquella empresa con decir que no había gente de guerra dentro suficiente para defenderla, en especial habiendo tanto número de moriscos de los muros adentro; con quien ellos tenían sus inteligencias. Y no se engañaban, porque por el mes de marzo pasado había pedido el marqués de los Vélez a don García de Villarroel su compañía de caballos para cierto efecto, y le había enviado a Juan de las Heras, su alférez, con treinta escuderos escogidos y una compañía de infantería del capitán Bernardino de Quesada, y no le había vuelto más la gente, y la que quedaba era poca, y la ciudad estaba como cercada, y era tan molestada de los enemigos, que no osaban salir de los muros, especialmente que tenían aviso como Aben Humeya había tratado de sacarlos por una parte, y teniéndolos arredrados de los muros, dar él por otra, y atajarlos fuera de la ciudad; y aun lo había ya intentado dos veces, enviando más de mil moros de parte de noche a que se metiesen en las huertas; los cuales se llevaron los moriscos de paces que moraban en ellas, y mataron algunos que no quisieron ir con ellos. Finalmente Aben Humeya, con determinación de poner cerco sobre Almería y ocupar aquel puerto, tan importante para recibir los navíos de África, juntó mucho número de gente en Andarax; y siendo avisado dello don García de Villarroel por sus espías, aunque no con certidumbre de lo que quería hacer, porque unos le decían que la junta era para dar sobre Almería, otros sobre Adra, para entender el designio que tenía, o interrumpírsele si pudiese, salió de Almería a 23 de julio con doscientos arcabuceros y treinta caballos; y sin declarar lo que iba a hacer, porque los moriscos de la ciudad no lo sintiesen y diesen aviso a sus parientes, caminó aquel día la vuelta de Inox, que está a levante de Almería, y cuando anochecía hizo alto; y recogiendo la gente, les dijo el fin para que los había sacado de la ciudad, y como iban a dar sobre Guécija, donde sabía que estaban moros de guerra, y esperaba en Dios hacer algún buen efecto. Está el lugar de Guécija cuatro leguas de Andarax, donde tenía Aben Humeya recogida su gente, y desta causa quisieran algunos de los que iban con don García de Villarroel que se dejara la empresa para mejor ocasión, cuando el campo del enemigo estuviese más apartado; mas él los persuadió de manera, que hubieron de proseguir su camino. Y volviendo sobre el norte, caminaron toda aquella noche con grandísimo trabajo, porque demás de ser el camino áspero y muy fragoso, hacía grande oscuridad; y al reír del alba fueron a dar sobre el lugar, y quedándose a la parte de fuera don García de Villarroel con cien arcabuceros y quince caballos puestos en su escuadrón, don Cristóbal de Benavides, su hermano, acometió con los demás el lugar; y matando muchos moros, salió de la otra parte con algunos soldados, siguiendo a los que se subían huyendo a la sierra. A este tiempo don García de Villarroel mandó tocar a recoger, porque se desmandaban mucho yendo cebados en los enemigos, y sabía que estando Aben Humeya tan cerca, no dejaría de acudir a las ahumadas que hacían por las sierras. Habiéndose pues recogido nuestra gente, dio vuelta hacia Almería con ciento y treinta esclavas y muchos bagajes cargados de ropa. No tardó mucho en llegar el socorro que enviaba Aben Humeya, y en el barranco que dicen del Ramón, dos leguas y media de Almería, los moros más ligeros alcanzaron la retaguardia, donde iban don García y don Cristóbal de Benavides y otros caballeros y soldados de honra; los cuales se pusieron en emboscada detrás de un cerro, aguardando a que los enemigos se acercasen para darles un Santiago; mas ellos se desviaron, y tomaron lo alto de una loma sobre mano izquierda, y desde allí comenzaron a escopetear a nuestra gente. Venía delante de todos un moro animando a los otros, y dando grandes voces que acometiesen sin miedo; al cual derribó un soldado de un arcabuzazo, y muerto aquel, todos los demás aflojaron y se fueron quedando por aquellos cerros; y no siendo los cristianos más seguidos, prosiguieron su camino con toda la presa, y entraron en Almería una hora antes de mediodía. Desta jornada se consiguió mucho efecto; por que Aben Humeya mudó parecer, entendiendo que le habían mentido los moriscos de Almería y que había en la ciudad más gente y mejor recaudo del que le habían dicho; y quedó tan enojado con ellos de allí adelante, que hacía matar cuantos le venían a las manos con sola información de que los hubiesen visto hablar con don García de Villarroel, creyendo que eran espías, y en poco tiempo faltaron veintitrés moriscos de la ciudad y su tierra, que hizo morir cruelísimamente. A unos hacía enterrar hasta la cinta y tirarles con las ballestas; a otros descuartizaba a vivos, y a uno hizo aserrar por medio con una sierra. Y fue tanto el miedo que de allí adelante tuvieron, que muchos dejaron el oficio, y sino era con grande interés, no se hallaba quien quisiese ser espía.

Capítulo XXXIII. De una entrada que don Antonio de Luna hizo en el valle de Lecrín, donde murió el capitán Céspedes, y de algunos recuentros que hubo estos días con los enemigos a la parte de Salobreña

Habíanse vuelto los vecinos de Pinillos del Valle a sus casas estos días, y como hubiese entre ellos algunos moros de guerra que hacían daño, don Juan de Austria mandó a don Antonio de Luna que con las compañías que estaban alojadas en la vega de Granada, y tomando de camino alguna gente de la que estaba en el presidio de Tablate, fuese a dar una alborada sobre aquel lugar, el cual recogió tres mil y doscientos infantes y ciento y veinte caballos, con que llegó a Tablate la víspera de señor Santiago. Y porque no halló allí al capitán Céspedes, cabo y gobernador del presidio, que era ido a uno de los lugares reducidos allí cerca, dejó orden al capitán Juan Díaz de Orea que en viniendo le dijese que dos horas antes que amaneciese enviase dos compañías de infantería de tres que allí tenía por el camino derecho de Pinillos, y fuesen a amanecer sobre el lugar, porque lo mismo haría él con toda la otra gente. Y porque entendió que los moros que le habían visto llegar estaban sobre aviso para desmentir las espías, acordó de volverse por donde había venido, para que entendiesen que era escolta que había traído bastimentos, y se volvía a Granada; y se fue a emboscar aquella noche en lo de Béznar, hasta que vio que le quedaba de la noche el tiempo que había menester para ir a amanecer sobre Pinillos. Apenas se había vuelto don Antonio de Luna, cuando el capitán Céspedes vino a Tablate, y vista la orden que había dejado, quiso ir él con la gente, no embargante que algunos amigos le aconsejaron que no hiciese la jornada, pues no tenía orden de don Juan de Austria para ello, ni estaban bien él y don Antonio de Luna. Otro día de mañana, que fue la fiesta de señor Santiago, a 25 de julio, al reír del alba, se halló toda nuestra gente sobre el lugar de Pinillos; mas no se pudo hacer el efecto, porque estaban los moros avisados y habían subídose con sus mujeres y hijos a las sierras. Y viendo que había errado el tiro don Antonio de Luna, dio vuelta hacia los lugares de las Albuñuelas y Salares, y llegando a Restával, que todos estos pueblos están juntos, ordenó al capitán Céspedes que fuese por el camino arriba que sube hacia las Albuñuelas, con doscientos arcabuceros, y con él Francisco de Arroyo con los soldados de la cuadrilla de Pedro de Vilches, y él con toda la otra gente pasó al lugar de Salares, a fin de cercar aquellos dos lugares a un tiempo. Llegando pues el capitán Céspedes a lo alto de la sierra que está entre Restával y las Albuñuelas, vio estar un golpe de moros en un cerro redondo que está a la mano izquierda en medio de un llano, y a las espaldas dél tenían las mujeres, bagajes y ganados en el valle de la sierra que está sobre Restával. Dejando pues el camino que llevaba, y enderezando hacia ellos, los tiradores comenzaron a trabar escaramuza, y a la primera rociada le dieron un escopetazo por los pechos, que le pasó un peto fuerte que llevaba, y le derribó muerto en tierra. Acudieron tantos moros de los que andaban derramados por aquellas sierras sobre los cristianos que con él iban, que hubieron de retirarse desordenadamente, dejando muertos algunos soldados, y entre ellos uno llamado Narváez de Jimena, que peleó este día como buen español al lado de su capitán por retirarle. No pudo don Antonio de Luna socorrerlos, hallándose de la otra parte de un barranco que se hace entre los dos cerros, y la caballería que estaba abajo en el río con don Álvaro de Luna, su hijo, se retiró luego desbaratada. Algunos dijeron que don Antonio de Luna no había querido socorrer al capitán Céspedes, mas no se debe presumir semejante crueldad en caballero cristiano, ni aunque le socorriera llegara a tiempo de poderle salvar la vida, porque le mataron luego como comenzó la escaramuza; antes se entendió haber sido causa de su muerte su demasiado ánimo y quererse meter donde estaban los moros de todo el valle, por ventura con deseo de hacer algún efecto importante. Finalmente, don Antonio de Luna no quiso pasar el barranco que estaba entre él y el cerro de la escaramuza; el cual, habiendo saqueado a Salares, juntó los capitanes a consejo para ver lo que se haría; y después de haber dado y tomado gran rato sobre ello, viendo que el número de los moros crecía, se fue retirando la vuelta del Padul por diferente camino del que había llevado, quedando el capitán Lázaro de Heredia, esforzado mancebo, de retaguardia con su compañía para recoger la gente, que venía medio desbaratada. Los moros siguieron el alcance todo lo que les duró la aspereza de la tierra, que no osaron pasar adelante por miedo de los caballos, y volviendo a Salares, mataron algunos soldados que se habían quedado saqueando las casas. El alférez de Céspedes se hizo fuerte en la iglesia con tres soldados, y se defendió allí tres días hasta que les pusieron fuego y los quemaron dentro. Solamente llevaron los escuderos algún ganado que toparon desmandado, y cantidad de bagajes y ropa que sacaron del lugar y seis moras cautivas. El suceso deste día puso mayor ánimo a los alzados, y luego la semana siguiente, yendo el alférez Moriz con la infantería de la ciudad de Trujillo, cuyo capitán era Juan de Chávez de Orellana, acompañando una escolta que iba del Padul a Tablate, el Macox envió trescientos escopeteros a esperarla en el barranco de Talará, y saliendo de una emboscada en que se había metido, la desbarataron, y mataron al alférez y a todos los soldados que iban con ella; mas luego envió don Juan de Austria otra más a recaudo con el capitán Íñigo de Arroyo Santisteban y Pedro de Vilches, Pie de palo, los cuales dejando el paso de Talará, donde se entendía que estarían los moros, fueron de parte de noche a pasar por otro paso más arriba, que llaman de los Nogales, y los burlaron de manera, que cuando era de día estaban de la otra parte del barranco, y llegaron seguramente a Tablate, donde quedó la mitad del bastimento, y la otra mitad llevó el capitán Gaspar de Alarcón, que vino por ello desde Órgiba. No mucho después se mandó sacar el presidio de Tablate, y se pasó a Acequia, lugar más conveniente para la seguridad del camino y de las escoltas.

Habíanse juntado algunas veces los moros del valle de Lecrín y de las Guájaras, y llevádolos Gironcillo a correr hacia lo de Motril y Salobreña, y saliendo a ellos los caballos, aunque pocos, les habían hecho mucho daño. Juntando pues el moro seiscientos tiradores estos días, fue a emboscarse detrás del cerro que llaman del Hacho, cerca de Salobreña, y andando unos cristianos desmandados en el campo, salió a ellos y mató uno y hirió otro; los demás volvieron huyendo a la villa. Y como las centinelas tocasen rebato, don Diego Ramírez de Haro hizo disparar una culebrina para dar aviso en Motril, que está una legua de allí y es todo tierra llana; y saliendo don Luis de Baldivia con sesenta caballos de su compañía, y de la de los contiosos de Arjona que estaban con él de guarnición en aquella villa, fue en busca de los enemigos, los cuales en sintiendo disparar la pieza de artillería se habían retirado hacia la sierra; y alcanzándolos en las cuestas de Termay, que están a poniente de Salobreña, andando peleando con ellos, salió don Diego Ramírez con solos siete caballos que tenía consigo, y acometiéndolos animosamente, los desbarataron y hicieron huir. Y pasando los capitanes hasta junto a Itrabo, pusieron fuego a los panes y quemaron todos aquellos montes; y como no llevaban infantería para combatir el lugar, se volvieron a sus presidios. Sucedió aquel día que un moro de a pie se abrazó con un escudero, y derribándole del caballo, se lo quitó y subió en él para llevárselo; mas otro escudero de Motril, llamado Diego Pérez Treviño, viendo que se iba con el caballo del cristiano, arremetió con el suyo contra él, y alcanzándole, le echó mano de los cabezones, y el moro asió dél tan recio, que entrambos vinieron al suelo, y bregando un buen rato, al fin mató Treviño al moro, y cobró el caballo y lo volvió a dar a su dueño.

Libro VII

Capítulo I. Cómo su majestad mandó reforzar el campo del marqués de los Vélez, y se le ordenó que allanase la Alpujarra

Estábase todavía el campo del marqués de los Vélez en Adra sin hacer efecto porque tenía muy poca gente, y gran falta de bastimentos, por haber consumido ya el trigo y cebada que había hallalo en el campo de Dalías, y deseoso de salir de allí, pedía que le engrosasen el campo, proveyéndole de gente y de todas las otras cosas necesarias con que poder deshacer al enemigo y allanar la tierra. Y habiéndose platicado largamente sobre su comisión en el consejo de su majestad, se tomó resolución en que se pusiese luego por la obra, no siendo tiempo de poderse dilatar más el negocio. Ordenose al comendador mayor de Castilla que con las galeras que traía a su orden llevase al campo del marqués de los Vélez los soldados pláticos de Italia y la gente que don Juan de Mendoza tenía en Órgiba, que iría a embarcarse a la playa de Motril, y cinco compañías que iban a orden del marqués de la Favara, las cuatro de la ciudad de Córdoba, cuyos capitanes eran don Francisco de Simancas, Cosme de Armenta, don Pedro de Acevedo y don Diego de Argote, y la otra suya; y a don Sancho de Leiva, que fuese a traer mil catalanes que estaban hechos en Tortosa, cuyo cabo era un caballero del hábito de Santiago, de aquella nación, llamado Antic Sarriera. Al capitán Francisco de Molina se mandó que entregase la gente de guerra que tenía en Guadix a don Rodrigo de Benavides, hermano del conde de Santisteban, y que con mil infantes y cincuenta caballos que se le darían en Granada, se fuese a meter en Órgiba, y que don Luis de Córdoba, general de la caballería que allí estaba, se viniese a Granada; todo lo cual se puso luego por la obra. El comendador mayor llevó los soldados viejos y toda la otra gente a la villa de Adra, y hizo tres viajes desde Motril, cargado de bastimentos, municiones y bagajes; y don Sancho de Leiva llevó el tercio de los catalanes. Los proveedores de Granada y Málaga aprestaron mucha cantidad de bastimentos; el de Granada los envió a Órgiba, y el de Málaga por mar a Adra. Solamente se dejó de poner bastimento en la Calahorra, cosa que el marqués de los Vélez pedía con instancia, entendiendo que no sería menester, o por los fines que al Consejo pareció; que, según lo que después sucedió, fuera de grande importancia, y fue de mucho daño no haberlos puesto allí. Tampoco se le proveyeron todos los bagajes que pedía, porque se habían con grandísima dificultad, a causa de que los bagajeros los huían, y muchos los desjarretaban o les dejaban morir de hambre por no servir con ellos: tantos eran los cohechos, robos y malos tratamientos que los alguaciles y comisarios les hacían. Había opiniones diferentes en el consejo de Granada en este tiempo sobre la orden que se había de dar al marqués de los Vélez: algunos querían que pasase a Vera para asegurar la sospecha que había de los moriscos de los reinos de Murcia y Valencia y de toda aquella costa, y allanar lo del río de Almanzora; otros que se estuviese quedo en Adra, y saliese de allí a hacer los efectos necesarios para allanar la Alpujarra y deshacer al enemigo. Y estando un día tratando sobre ello don Juan de Austria, dijo que le parecía que no podría ser bien proveído el campo en Adra, porque por tierra era muy largo el camino para las escoltas, habiendo de ir desde Granada a Órgiba, y desde allí a Adra, y por mar tampoco había seguridad de poder enviar los navíos, por los inciertos temporales; y que le parecía debía ponerse en parte donde estuviese más cerca del enemigo y fuese proveído con menos dificultad, y que sería bien que se pusiese en Ugíjar de la Alpujarra, lugar puesto entre las taas y en buen comedio para salir a conseguir el efecto que se pretendía; cosa que se podía hacer muy mal desde Vera, por estar a trasmano; y estando todos deste acuerdo, al marqués de Mondéjar se le representó un inconveniente a su parecer grande, y era que para pasar de Adra a Ugíjar se había de ir forzosamente a Berja, y entre Berja y Ugíjar había un paso por donde de necesidad se pasaba la sierra por una peña horadada, que no podía ir más que un hombre tras de otro; y si se ponían allí los enemigos, que habían de acudir a las ahumadas en viendo marchar el campo, podrían recibir mucho daño los cristianos. Esta dificultad tuvo algo suspensos a los del Consejo, entendiendo que no había otro camino por donde poder ir sino aquel; y mandando venir los adalides allí delante dellos, se informaron muy particularmente si había otra parte por donde se pudiese ir, queriendo desechar el paso que el marqués de Mondéjar decía; los cuales dijeron que rodeando una legua se podía excusar, yendo a dar a Lucainena, y de allí a Ugíjar; aunque también había otro mal paso en un barranco, que los moros llamaban Haudar el Bacar, que quiere decir el arroyo de las vacas, dificultoso no tanto como el de la Peña Horadada. Finalmente se concluyó aquel consejo con que se escribiese al marqués de los Vélez que tomase el camino que los adalides decían, y se fuese a poner en Ugíjar, no perdiendo el tiempo ni la ocasión en lo que se había de hacer; porque en lo que tocaba a las provisiones se harían las diligencias posibles para proveerle. En el siguiente capítulo diremos lo que le sucedió en el camino.

Capítulo II. Cómo el marqués de los Vélez partió con su campo de Adra, y cómo los moros le salieron al camino y los desbarató, y pasó a Ugíjar

Siendo avisado el marqués de los Vélez dónde había de ir y el camino que había de llevar, y teniendo aprestadas todas las cosas para la partida, mandó dar cinco raciones a la gente de guerra; y haciendo cargar todos los bastimentos y las municiones que pudieron ir en los bagajes, partió de la villa de Adra a 26 días del mes de julio de 1569 años con doce mil infantes y cuatrocientos caballos. Llevaba su campo puesto en ordenanza, repartida la infantería en tres escuadrones, el uno a vista del otro. La vanguardia llevaba el marqués de la Favara; de batalla iban don Pedro de Padilla y don Juan de Mendoza y don Juan Fajardo, a cuyo cargo estaba la infantería que el marqués de los Vélez tenía en Adra; y de retaguardia Antic Sarriera; el bagaje iba en medio, y el marqués de los Vélez detrás de todo el campo con la caballería. Aquella tarde llegaron al lugar de Berja, donde estuvo tres días alojado el campo; y habiéndose informado muy bien el marqués de los Vélez del camino que se había de tomar para huir el paso de Peña Horadada, partió otro día de mañana la vuelta de Ugíjar por el camino de Lucainena, llevando la misma orden que cuando salió de Adra, excepto que los tercios iban trocados. De vanguardia iba don Juan de Mendoza, luego el marqués de la Favara; seguíale el marqués de los Vélez con la caballería, y detrás dél Antic Sarriera y don Juan Fajardo; y de retaguardia de todos don Pedro de Padilla. Tenía ya aviso Aben Humeya del poderoso ejército que se aparejaba contra él, y hizo tres provisiones. A Hernando el Habaquí envió con cartas a Argel para que procurase traerle algún socorro; a don Hernando el Zaguer hizo ir a recoger el mayor número de gente que pudiese en los partidos de Almería, río de Almanzora y sierras de Baza y Filabres; y a Pedro de Mendoza el Hoscein, con cinco mil hombres, mandó que defendiese la entrada de la Alpujarra a nuestro campo, aunque el propio Hoscein nos dijo después que no llevaba orden de pelear, sino de espantar, porque tenían acordado de no pelear hasta tener toda la gente junta. Caminando pues nuestros escuadrones poco a poco, llevando sus mangas de arcabucería sueltas a los lados, y algunos caballos y peones descubriendo delante, a las ocho horas de la mañana, los descubridores llegaron a unas vertientes de sierras que están a mano derecha del paso de las Vacas, donde descubrieron los moros, que estaban derramados por aquellos cerros haciendo grandes algazaras. Don Juan de Mendoza prosiguió su camino y llegó a un llano que se hace junto al barranco, y allí hizo alto, tomando por frente a los enemigos, los cuales comenzaron a deshonrar a los soldados, diciendo y haciendo las deshonestidades que semejantes bárbaros acostumbran. Metiéronse algunos soldados en el barranco con deseo de arcabucearse con ellos a tiempo que el marqués de los Vélez asomaba por un cerro con la caballería; el cual, viendo trabada la escaramuza sin orden suya, envió a mandar a don Juan de Mendoza que parase, y pasando a la vanguardia, le reprehendió, diciendo que había sido atrevimiento, con el cual pudiera poner el campo en condición de perderse; y mostrando estar enojado con él, mandó a don Juan Fajardo que pasase adelante con dos mil infantes, y que acometiendo a los enemigos, procurase echarlos de aquellos lugares; y por otra parte envió a don Juan Enríquez con algunos caballos el barranco arriba a buscar paso por donde pudiese pasar la caballería. Los moros comenzaron a remolinar, y dende un poco se fueron retirando; mas luego dieron vuelta, mostrando querer hacer algún acometimiento, como gente que presumía defender aquel paso; y cuando vieron subir otra manga de arcabuceros, y entre ellos caballería que los iba cercando, no osando aguardar, dieron luego a huir. A este tiempo los soldados delanteros comenzaron a llamar la caballería para que los siguiese, y el marqués de los Vélez, dejando sobre el barranco a don Juan Enríquez con las banderas de los catalanes y del tercio de Nápoles, pasó y fue en su seguimiento. Iban ya los moros huyendo por aquellos cerros la vuelta de Lucainena, y no osando aguardar en ninguna parte, pasaron a Ugíjar y a Válor, donde estaba Aben Humeya, dejando muertos más de cincuenta dellos que pudo nuestra gente alcanzar; y matáranse muchos más si no fuera el calor que hacía tan grande, que desmayaba los hombres y los caballos; y hubo algunos soldados que perecieron de sed en el alcance. Aquella noche se alojó nuestro campo en Lucainena tan desordenadamente, que el marqués de los Vélez, viendo la mala orden del alojamiento, se apeó fuera del lugar a pie de una encina. A este tiempo don Juan Enríquez, que vio el paso del barranco desembarazado, hizo pasar la infantería adelante, y se quedó con los caballos de resguardo mientras pasaba el bagaje, por si acudiesen enemigos; y fue bien que no los hubiese, según el embarazo y la confusión grande que hubo, porque cayendo los bagajes cargados unos sobre otros en el barranco, murieron muchos; y siendo necesario poner cobro en la munición y bastimentos que llevaban, se detuvieron tanto, que sobrevino la noche; y juntándose los capitanes a consejo, acordaron de quedarse allí hasta otro día, y enviaron dos escuderos que avisasen al marqués de los Vélez para que mandase poner dos o tres compañías de guardia en el camino, que hiciesen escolta a los bagajes que iban enviando poco a poco; mas no hubo esto efecto, porque los escuderos no le hallaron aquella noche, por haberse apeado de la manera que dijimos. Otro día los capitanes hicieron cargar los bagajes, y los aviaron lo mejor que pudieron, no con pequeño trabajo, haciendo que los escuderos llevasen la pólvora, plomo y cuerda y pelotas de los bagajes que quedaban muertos delante, en los arzones de los caballos, porque no se quedase allí aquella munición. Recogida toda la gente, partió el marqués del alojamiento de Lucainena, y fue aquel día a Ugíjar, y se metió dentro a vista de los enemigos, que estaban puestos en ala por las laderas de las sierras; los cuales se retiraron luego a Válor sin hacer acometimiento. Esta misma noche llegó don Hernando el Zaguer con mucha gente que traía recogida de los lugares por donde había andado; y cuando vio nuestro campo en Ugíjar y supo cuán poca defensa había hecho el Hoscein en el paso que había ido a defender, y que tampoco había osado acometer el segundo día, desconfiado del negocio de la guerra, dijo que no era ya tiempo de aguardar más, y se fue la vuelta de Murtas; y en un lugar llamado Mecina de Tedel murió de enfermedad dentro de cuatro días. Estuvo el marqués de los Vélez en Ugíjar dos días, y siendo avisado que Aben Humeya había juntado la gente de la Alpujarra en Válor, y que estaba con determinación de pelear, pareciéndole que no había más que aguardar para deshacerle, quiso informarse del camino que podría llevar para que la caballería fuese superior y pudiese ejecutar el alcance. Y como las guías le dijesen que de ninguna manera se podría ir por tierra llana, sino era rodeando una jornada y haciendo noche en el camino en parte donde no había agua, quiso ir él en persona a reconocerlo; y pareciéndole que el camino derecho que va por el río arriba no era tan dificultoso como decían las guías, acordó de ir por él en busca del enemigo.

Capítulo III. Cómo nuestro campo fue en busca del enemigo, y peleó con él en Válor, y le venció

Habiendo reconocido el marqués de los Vélez el camino, y determinado de ir por él, a 3 días del mes de agosto, después de haber oído misa y encomendádose todos los fieles a Dios, comenzó a marchar con todo su campo en la misma orden que había venido hasta allí. Llevaba la vanguardia don Pedro de Padilla con los soldados viejos de su tercio y la mayor parte de la gente del tercio de los pardillos, mezclados unos con otros. Luego seguía el marqués de los Vélez con la caballería, armado de unas armas negras de la color del acero, y una celada en la cabeza llena de plumajes, ceñida con una banda roja, que daba una azada muy grande atrás, y una gruesa lanza en la mano, más recia que larga. El caballo era de color bayo; encubertado a la bastarda, con muchas plumas encima de la testera; el cual iba poniéndose con tanta furia, lozaneándose y mordiendo el espumoso freno con los dientes, que señoreando aquellos campos, representaba bien la pompa y ferocidad del Capitán General que llevaba encima. Detrás de la caballería iba el bagaje, y en la batalla el marqués de la Favara con sus compañías y algunas del reino de Murcia; y de retaguardia Antic Sarriera con los catalanes, y luego don Juan de Mendoza. Todos estos escuadrones llevaban sus mangas de arcabuceros a los lados, ocupando las laderas y las cumbres de los cerros de donde parecía que los enemigos podrían hacer daño; y desta manera caminaban poco a poco, guardando sus ordenanzas por el río arriba. Habíase puesto el enemigo con toda su gente en la ladera de un cerro que está por bajo de Válor con las banderas tendidas, tocando los atabalejos y las dulzainas con tanta armonía, que atronaban aquellos valles; y en un cerrillo que está a caballero del río y del camino por donde forzosamente había de pasar nuestra gente, tenía puestos quinientos escopeteros escogidos que defendiesen aquel paso. Llegando pues nuestra vanguardia a este cerrillo, don Pedro de Padilla y otros caballeros sus amigos, que se habían apeado de los caballos y puéstose en la primera hilera de la vanguardia, acometieron animosamente a los enemigos, los cuales esperaron y resistieron como si fuera gente de ordenanza; y de tal manera pelearon, que hubieron bien menester los nuestros las manos un buen rato; mas al fin se valieron tan bien dellas, que les entraron, matando más de doscientos moros, aunque murieron también de los nuestros treinta cristianos. Y fue bien menester que les acudiese la caballería, porque andaba Aben Humeya vistoso delante de todos en un caballo blanco con una aljuba de grana vestida y un turbante turquesco en la cabeza discurriendo de un cabo a otro, animando su gente y diciendo que fuesen adelante, y peleando animosamente tomasen venganza de sus enemigos; que no temiesen el vano nombre del marqués de los Vélez, porque en los mayores trabajos acudía Dios a los suyos; y cuando les faltase, no les podría faltar una honrosa muerte con las armas en las manos, que les estaba mejor que vivir deshonrados. Por otra parte, el marqués de los Vélez, viendo que los de la vanguardia pedían caballería de mano en mano, mandó a don Diego Fajardo, su hijo, que pasase con los caballos adelante; el cual pasó por una acequia a la mano izquierda del río, yendo un caballo tras de otro, porque, siendo el paso angosto, no desbaratasen las hileras de la infantería. Siguiéronle don Jerónimo de Guzmán con algunos caballos de Córdoba, y don Martín de Ávila con los de Jerez de la Frontera, y subieron por la halda del cerro, y fueron a salir con harto trabajo a unas viñas que estaban a media ladera, y por allí acometieron a los enemigos; los cuales subir por donde jamás pensaron que pudiesen correr caballos, comenzaron a desmayar, y teniéndose por perdidos, dejaron el sitio y el lugar y se pusieron todos en huida. Viendo pues Aben Humeya el desbarate de su gente, y que no podía hacerlos detener, volviendo también él las espaldas, llegó a un barranco donde se hacía una quebrada de peñas, entre Válor y Mecina; y apeándose del caballo, le hizo desjarretar, y se embreñó en las sierras con solos seis moros que le siguieron, dejando ahorcados a Diego de Mirones, alcaide de Serón, y a un alguacil de la sierra de Filabres llamado Juan Alguacil, que llevaba preso porque no quería ser contra nuestra santa fe, para con aquel espectáculo entretener nuestra gente. Los caballos subieron buen rato por la sierra arriba hasta encaramar a los enemigos en lo más alto della, donde no eran ya de provecho. La infantería llegó cerca de Válor, y pasando de largo, fue siguiendo el alcance hasta el propio barranco donde

Aben Humeya había hecho desjarretar el caballo, que estaba casi una legua más arriba, y allí se alojó aquella noche por haber agua y leña de chaparros en abundancia. Al marqués de los Vélez le reventó el caballo al subir de la cuesta, y tomando otro subió a mano derecha, y llegó al puerto de Loh con don Álvaro Bazán, marqués de Santacruz, y don Jorge Vique y otros caballeros, y obra de cincuenta caballos y siendo ya las cinco horas o más, pasó la sierra y se fue a la fortaleza de la Calahorra, no le pareciendo que sería acertado volver de noche con los caballos cansados por donde andaban los enemigos, o, como después decía, porque en el campo no había bastimentos más que para aquella noche y para otro día, cuando mucho; y especialmente les faltaban a los catalanes, que por no llevar las raciones a cuestas se habían dejado la mitad dellas en Adra; y quiso ir a dar orden en el despacho de los que hallase en aquella fortaleza, y no los habiendo, remediar con su presencia como se llevasen de otra parte; y como no halló ningunos que poder llevar, despachó luego a la hora a Guadix y a Baza y a Granada, para que con brevedad le proveyesen de algunos. Otro día de mañana fueron el obispo de Guadix y don Rodrigo de Benavides a visitarle, y le llevaron más de doscientos bagajes cargados de pan y de bizcocho, con que volvió aquel mismo día al campo, que halló alojado en Válor, donde se detuvo dos días aguardando otras escoltas; y como vio que no venían, ni tenía nueva que fuesen, dejando puesto fuego a las casas que Aben Humeya tenía en aquel lugar, se fue a poner en lo más alto del puerto de Loh. En este alojamiento se comenzaron a ir los soldados sin orden, que no fue posible detenerlos en viendo la tierra llana; y desde allí fueron a Guadix los marqueses de Santacruz y de la Favara y otros caballeros. Enfermó mucha gente con los aires delgados de la sierra; y fue tanto lo que aquejó la hambre a los que quedaban, que fue necesario bajar con todo el campo a la Calahorra, confiado en que, con las vituallas que traerían vianderos, se podría entretener mientras le proveían los ministros de su majestad. Puesto el campo en la Calahorra, comenzaron a irse los soldados más de veras, pudiéndolo hacer mejor; y aunque don Juan de Austria envió luego al licenciado Pero López de Mesa, alcalde de la chancillería de la ciudad de Granada, a que le proveyese de bastimentos con diligencia desde la ciudad de Guadix, no se pudo enviar tanta cantidad junta, que bastase a suplir la necesidad presente; y así se estuvo en aquel alojamiento muchos días consumiendo poco a poco los bastimentos de aquella comarca, sin hacer efecto. Estando pues el marqués de los Vélez en la Calahorra, don Enrique Enríquez, su cuñado, falleció en Baza de enfermedad, y don Juan de Austria envió en su lugar a don Antonio de Luna con mil infantes y doscientos caballos; el cual estuvo en aquella ciudad desde 14 días del mes de agosto hasta 15 del mes de noviembre; y en la vega de Granada quedó en su cargo don García Manrique, hijo del marqués de Aguilar. Vamos a lo que Hernando el Habaquí negoció en la ciudad de Argel con Aluch Alí sobre el socorro que Aben Humeya le pedía.

Capítulo IV. Cómo Hernando el Habaquí pasó a Berbería por socorro, y cómo Aben Humeya se rehizo con los socorros que le vinieron de Argel y de otras partes

Partió Hernando el Habaquí de España a 3 días del mes de agosto, el propio día que Aben Humeya fue desbaratado en Válor, y llegando a Argel dentro de ocho días, hizo instancia con Aluch Alí para que le diese socorro de navíos y gente, poniéndole por intercesores algunos morabitos que le moviesen a ello por vía de religión; el cual mandó pregonar que todos los turcos y moros que quisiesen pasar a socorrer a los andaluces, que así llaman en África a los moros del reino de Granada, lo pudiesen hacer libremente. Mas después, viendo que a la fama deste socorro había acudido mucha y muy buena gente, acordó que sería mejor llevarla consigo al reino de Túnez, y así lo hizo, dejando indulto en Argel para que todos los delincuentes que andaban huidos por delitos y quisiesen ir a España en favor de los moros andaluces, fuesen perdonados. Destas gentes recogió Hernando el Habaquí cuatrocientos escopeteros debajo la conducta de un turco sedicioso y malo llamado Hoscein; y embarcándose con ellos en ocho fustas, donde metieron algunos particulares mucha cantidad de armas y municiones para vendérselas a los moros, vino con todo ello a la Alpujarra. Con este socorro y con el de otras fustas que vinieron también de Tetuán con armas y municiones que traían mercaderes moros y judíos, los enemigos de Dios tomaron ánimo para proseguir en su maldad y se hicieron más fuertes, no habiendo en toda la Alpujarra ejército de cristianos que poder temer. Luego tornó Aben Humeya a proveer sus fronteras; y los moros, habiéndose recogido a sus pueblos, sembraban sus panes y labraban sus heredades y criaban la seda, como si estuvieran ya seguros y muy de reposo en sus casas. El Hoscein, hinchiéndolos de esperanza con decirles que Aluch Alí le enviaba por mandado del Gran Turco a que viese la disposición y calidad de la tierra y el número de gente morisca que había en ella para poder tomar armas, quiso ver los ríos de

Almanzora y Almería, y la sierra de Filabres y todos los lugares de la Alpujarra, y después entró secretamente en la ciudad de Granada y en la de Guadix y en la de Baza, y las reconoció. Y siendo informado de todo lo que quiso saber de los moradores dellas, diciendo que deseaba tener alas para ir volando a dar cuenta de lo que había visto al Gran Turco su señor, para que luego les enviase su poderosa armada de socorro, se tornó a Berbería cargado de preseas, joyas y cautivos que le dieron en aquellos partidos donde anduvo. Vamos a lo que se hacía en este tiempo a la parte del valle de Lecrín, y como los moros fueron sobre el lugar del Padul para alzarle y desbaratar el presidio que allí había para seguridad de las escoltas.

Capítulo V. Cómo los moros del valle de Lecrín combatieron el fuerte que los nuestros tenían hecho en el Padul, y quemaron parte de las casas del lugar

Con la nueva del socorro de África tornaron los alzados a su vana porfía, y los moriscos del Padul, que ya no podían sufrir la costa ordinaria y las molestias y vejaciones de la gente de guerra que tenían alojada en sus casas, teniendo aviso que andaban dando orden de irlos a levantar, y gobernándose por algunos hombres de buen entendimiento que había entre ellos, determinaron de pedir licencia a don Juan de Austria para irse a Castilla con sus mujeres y hijos. Y andando en esto, les aconsejó un clérigo beneficiado del lugar de Gójar que pidiesen que los dejase ir a poblar aquel lugar, que estaba despoblado y los moradores dél se habían ido a la sierra; lo cual les fue luego concedido, y con mucha brevedad mudaron sus casas a Gójar. No eran bien idos del lugar, cuando los moros del valle de Lecrín y de las Guájaras y de otros lugares comarcanos se juntaron; y siendo más de dos mil hombres de pelea, en que había muchos escopeteros y ballesteros, determinaron de ir a dar una madrugada sobre el Padul, y degollando los cristianos que estaban en él de presidio, llevarse los moriscos a la sierra. Con esta determinación partieron de las Albuñuelas a 21 días del mes de agosto deste año de 1569, y caminando toda aquella noche, fueron la vuelta de Granada para engañar las centinelas y poder tomar a los nuestros descuidados; y volvieron luego por el camino real que va desde aquella ciudad al Padul, puestos en su ordenanza, y caminando poco a poco, como lo solían hacer las compañías que iban acompañando alguna escolta. Desta manera llegaron al esclarecer del día cerca del lugar, y como la centinela que estaba puesta en lo alto de la torre de la iglesia los descubrió, aunque tocó la campana a rebato, diciendo que por el camino de Granada venían muchos moros, no por eso se alteraron los soldados ni se pusieron en arma; antes hubo algunos que le dijeron que debía de estar borracho, que cómo podía ser que viniesen moros de hacia Granada. Estando pues en esto, asomaron por un viso donde estaba un humilladero, no muy lejos de las casas, con once banderas tendidas; y acometiendo el lugar con grande ímpetu, antes que los nuestros se acabasen de recoger a un fuerte que tenían hecho al derredor de la iglesia, mataron treinta y seis soldados y tomaron treinta caballos de una compañía de gente de Córdoba que estaba allí de presidio, cuyo capitán era don Alonso de Valdelomar, y saqueando la mayor parte de las casas, se llevaron hartos despojos y dinero, y con la misma furia acometieron el fuerte, creyendo hallar poca defensa en él; mas el capitán Pedro de Redrován, vecino del Corral de Almaguer, que estaba allí por gobernador, y don Juan Chacón, vecino de Antequera, que por mandado de don Juan de Austria se había metido en aquel presidio con ciento y cincuenta soldados de su compañía dos días había, y otros dos capitanes, llamados Pedro de Vilches, vecino de la ciudad de Jaén, y Juan de Chávez de Orellana, natural de la ciudad de Trujillo, que después de la rota del barranco de Acequia había vuelto a rehacer su compañía, se defendieron valerosamente, y matando buena cantidad de moros, los arredraron de sí. Los cuales, viendo que no eran poderosos para entrarlos a batalla de manos, enviaron más de quinientos hombres a traer de las viñas cantidad de rama, espinos y paja, y pusieron fuego a todas las casas del lugar, creyendo poder también quemar las que estaban dentro del fuerte; y estando las unas y las otras cubiertas de llamas y de humo, no cesaban de dar asaltos por donde entendían poder tener entrada, horadando las casas y las paredes por muchas partes; lo cual todo resistía el notable valor y esfuerzo de los capitanes y soldados, no sin gran daño de los enemigos. Había una casa grande fuera del pueblo, donde vivía un vizcaíno, natural de Vergara, llamado Martín Pérez de Aroztigui, el cual, habiendo llevado su mujer y hijos a Granada, acertó a hallarse aquella noche en su casa con cuatro mozos cristianos y tres moriscos amigos suyos, de los que se habían ido a vivir a Gójar, que se quisieron recoger con él; y como el acometimiento de los moros fue tan de improviso por aquella parte, no teniendo lugar de recogerse dentro del fuerte, se fortaleció en la casa, atrancando las puertas con maderos y piedras. Y viéndose en manifiesto peligro, porque no había dentro más que una sola escopeta, dijo a los moriscos que tenía consigo que hablasen a los moros y les rogasen que no le hiciesen daño, en la persona ni en la hacienda, pues sabían que era su amigo y los había favorecido siempre en sus negocios en tiempo de paz; los cuales respondieron que así era verdad, y que les diese el dinero y la escopeta si quería que le dejasen ir libremente a Granada; mas él no lo quiso hacer, diciendo que dineros no los tenía, y que la escopeta había de ir juntamente con la cabeza. Entonces los enemigos combatieron la casa, y poniéndole fuego a todas partes, procuraron también hacer un portillo con picos y azadones en una pared que respondía al campo. No faltó ánimo a Martín Pérez para defenderse, viéndose combatido del fuego y de las escopetas y ballestas, que no le daban lugar de poderse asomar a tirar piedras desde las ventanas, y acudiendo a la mayor necesidad, hizo echar agua en la puerta de la casa que ardía; y echando grandes piedras al peso de la pared, donde los moros hacían el agujero, procuraba también ofenderlos con la escopeta, porque hasta entonces no lo había osado hacer, creyendo poderlos entretener con buenas palabras mientras llegaba el socorro. Finalmente se dio tan buena maña, que no hizo tiro que no derribase moro; por manera que cuando tuvo muertos siete de los que más ahincaban el combate, los otros tuvieron por bien de retirarse afuera. A este tiempo, habiendo ya más de cuatro horas que duraba la pelea en el fuerte y en la casa, la atalaya que los enemigos tenían puesta a la parte de Granada les avisó cómo venía gente de a caballo, y sin hacer más efecto del que hemos dicho, se retiraron la vuelta del valle. Había salido del Padul un escudero de los de Córdoba cuando los moros llegaron, y pasando por medio dellos, había ido a dar rebato a don García Manrique, que estaba en Otura, alcaría de la vega de Granada, y pasando a la ciudad, había también dado aviso a don Juan de Austria. Y la gente que los moros descubrieron eran sesenta caballos que se habían adelantado con don García Manrique; los cuales, juntándose con once escuderos que habían quedado en el Padul, se pusieron en su seguimiento y alancearon algunos que quedaron atrás desmandados. También acudió al socorro el duque de Sesa desde Granada con mucha gente de a pie y de a caballo; pero llegó tarde, a tiempo que ya llevaban los moros más de una legua de ventaja; y proveyendo la plaza de gente, que la había bien menester, porque habían sido muertos cincuenta soldados y muchos más heridos, loó a los capitanes lo bien que se habían defendido de tanto número de gente y de una violencia tan grande del fuego, que era lo que más se temía, y aquella noche volvió a Granada.

Capítulo VI. De las pláticas que hubo sobre la salida que el marqués de los Vélez hizo a la Calahorra, y cómo el marqués de Mondéjar fue llamado a corte

Aunque el marqués de los Vélez desbarató a Aben Humeya en Válor de la manera que hemos dicho, algunos contemplativos no le atribuían gloria entera de la victoria, por salir como salió a la Calahorra, dejándole en la Alpujarra, donde con facilidad pudo tornar a juntar gente y rehacerse, especialmente viendo que no había vuelto a entrar luego para acabarle de deshacer. Y como en los consejos suele siempre haber humores diversos y aficiones particulares que despiertan los juicios delicados a dar justas causas y sospechas de su desacuerdo, formando queja de lo que por ventura podría merecer loor, estando sanas y conformes las voluntades, no fallaba quien decía que los enemigos habían sido menos de los que había escrito; que se le había dado más gente al doble de la con que se había ofrecido a allanar la tierra; que había perdido ocasión por salir de la Alpujarra antes de tiempo; que la salida había sido más para dar a entender que se podía hollar la Alpujarra con caballos, cosa que se había dificultado en el consejo de don Juan de Austria algunas veces, que por necesidad de bastimentos; y, que habiendo consumido un campo tan numeroso, se estaba en el alojamiento consumiendo los bastimentos y la gente que le había quedado sin hacer efecto. Estas cosas aguaban la victoria al marqués de los Vélez, el cual se quejaba que cuarenta días antes que partiese de Adra había avisado al consejo de Granada que le pusiesen bastimento y municiones en la Calahorra, porque entendía acudir hacia aquella parte y proveerse de allí; y por no lo haber hecho, le había sido necesario sacar la gente a parte donde pereciese de hambre; ni menos le proveían para poder salir de donde estaba, de cuya causa se le iban cada día los soldados, y cargaba la culpa de todo ello al marqués de Mondéjar y al duque de Sesa y a Luis Quijada, entendiendo que le hacían poca amistad; el marqués de Mondéjar, por pasiones antiguas, renovadas por razón del cargo y preeminencia en que se había metido; el duque de Sesa, por tenerle por su enemigo, aunque era su sobrino; y Luis Quijada, según él decía, por ser su émulo y envidioso de su felicidad, y que había acriminádole la entrada en el reino de Granada sin orden de su majestad. Y porque nuestro oficio no es condenar ni absolver estas cosas, sino apuntarlas para los que esta historia leyeren, solamente diremos como su majestad, príncipe discretísimo, vistos los cargos que por vía de justificación se daban unos a otros, dijo que aunque no era tanto el daño de los moros como se había dicho, había sido importante cosa desbaratarlos y esparcirlos; y dende a pocos días, para mejor se informar, mandó al marqués de Mondéjar, por carta de 3 de setiembre, que fuese luego a la corte, y que el Consejo enviase relación de todos los bastimentos municiones que se habían llevado a la Calahorra. El cual partió de Granada a 12 días de dicho mes, y llegado a la villa de Madrid, satisfizo al negocio para que había sido llamado; y su majestad le mandó ir con él a la ciudad de Córdoba, donde había llamado a cortes; y así no volvió más al reino de Granada, porque le proveyó por virrey de Valencia, y después le envió por virrey de Nápoles.

Capítulo VII. Cómo el capitán Francisco de Molina se fortaleció en Albacete de Órgiba, y de una escaramuza que hubo con los moros sobre el quitar el agua

Habiéndose metido Francisco de Molina en Órgiba de presidio con la gente que dijimos, luego comenzó a fortalecerse en Albacete, lugar principal de aquella taa, atajándole de manera que se pudiese defender con menos gente; y porque tenía orden de don Juan de Austria para meter la torre y la iglesia en el reducto que hiciese, a causa de que se habían de encerrar dentro cantidad de bastimentos y municiones que estuviesen de respeto, y no se podía hacer la fortificación tan aventajadamente como convenía, por tener muchos padrastros que señoreaban desde fuera la plaza y el muro, fue necesario que se hiciesen dos murallas de tapia, la una a la parte de fuera, y la otra a la de dentro, para que entre ellas pudiesen estar los soldados encubiertos, y algunas trincheras por donde pudiesen atravesar de una parte a otra. Y porque no había agua dentro del lugar, ni se podía hallar en pozos a cincuenta ni a sesenta brazas, habiéndose de proveer necesariamente de una acequia que los moros podían quitar a todas horas, mandó cavar unos hoyos muy grandes al derredor del muro donde echarla, para tenerlos llenos si acaso le cercasen. Queriendo pues Aben Humeya ir sobre este presidio, el propio día que se acabaron de hacer los hoyos envió once banderas de moros que quitasen el agua de la acequia, y procurasen tomar algún prisionero de quien saber la gente que había quedado dentro y en qué términos estaba la fortificación; los cuales llegaron cerca del lugar y quitaron luego el agua, pudiéndolo hacer fácilmente, porque se tomaba a media legua de allí. Francisco de Molina pues, sospechando el designio del enemigo, y viendo ir las banderas hacia el tomadero de la acequia, envió al capitán Diego Núñez, vecino de Granada, con doscientos arcabuceros, a que se pusiese sobre el tomadero del agua, y se la defendiese de manera, que no dejase de ir su camino; el cual procuró de hacerlo así; mas eran los moros, tantos que no se atrevió a pasar de unas peñas, donde estuvo arcabuceándose con ellos gran rato. Entendiendo esto Francisco de Molina, envió luego al capitán Lorenzo de Ávila con otro golpe de gente, y después, pareciéndole que todo era poco para arrancar a los enemigos de donde se habían puesto dejando encomendado el fuerte a don Gabriel de Montalvo, vecino de Granada, que era capitán de infantería y sargento mayor de aquel presidio, salió él con cien arcabuceros y piqueros y veinte caballos, y llegando cerca de las peñas, halló que los dos capitanes estaban peleando con los moros; los cuales, viendo venir aquel socorro cargaron de manera, que matando algunos, los arredraron de sí tanto, que tuvieron lugar de volver la acequia hacia el lugar, y estuvieron guardando el tomadero hasta que fue de noche, escaramuzando siempre con ellos. A esta hora Francisco de Molina se retiró; y porque entendiesen los moros que todavía se estaba quedo, y no osasen bajar a quitar otra vez el agua, hizo dejar muchos cabos de cuerdas encendidas a los soldados entre las matas y al derredor de las peñas, y con este ardid de guerra los entretuvo burlados tirando toda la noche a los fuegos, y el agua corrió a los fosos hasta que se hinchieron; y como fue de día, los enemigos entendieron el engaño, y tornando a quitar el agua, se fueron la vuelta de la sierra sin hacer otro efecto. Francisco de Molina, queriendo ver si los hoyos detenían algunos días el agua, halló que se secaron a segundo día; entonces sacó una parte del fuerte más a fuera hasta un barranco que cae sobre el río, y desde allí hizo un camino cubierto a manera de trinchera, por donde los soldados pudiesen ir a tomar agua sin que los enemigos se lo estorbasen; y con esto aseguró aquella plaza por entonces.

Capítulo VIII. Cómo Aben Humeya alzó el lugar de las cuevas y fue a cercar a Vera, y cómo Lorca socorrió aquella ciudad

Estaba por alcaide mayor en la ciudad de Lorca el doctor Matías de Huerta Sarmiento, natural de la ciudad de Sigüenza; el cual, debajo de profesión de letras, era también soldado y había estado muchos días en Orán en tiempo que era allí capitán general don Alonso de Córdoba, conde de Alcaudete, y tenía práctica y experiencia en cosas de guerra. Y deseando conservar los lugares de su jurisdicción y saber el designio de los enemigos, enviaba algunas espías al río de Almanzora; puso tan buena diligencia en esto y en prender las de los enemigos, que a 17 días del mes de setiembre deste año le vinieron a las manos dos espías de Aben Humeya, y dándoles tormento, confesaron como se quedaba aprestando para ir a ocupar la ciudad de Vera, donde tenía pensado esperar el socorro de Berbería, por ser plaza a su propósito para aquel efecto, y que sería su venida sin falta a la entrada de la Luna de octubre, que era al fin de setiembre, con toda la gente que pudiese juntar, y que los moriscos de las villas de los Vélez se habían ofrecido de enviarle encubiertamente bastimentos; y demás desto declararon quién habían sido los moros que habían cautivado aquellos días ciertos cristianos de María y de Caravaca, y de los otros lugares sus comarcanos. Estas confesiones envió fuego a don Juan de Austria y al marqués de los Vélez, y al Comendador mayor, que todavía andaba por la costa con las galeras, para que estuviesen todos apercibidos, si fuese menester, hacer algún socorro por mar o por tierra. Avisó también a la ciudad de Vera con tres de a caballo que estuviesen sobre aviso, porque sin duda irían los moros a cercarla, y envió al cabildo el traslado de las confesiones de las dos espías, ofreciéndose que socorrerá con la gente de Lorca siempre que fuese menester. Y para tener aviso cierto y poder acudir con tiempo, hizo poner atalayas que se descubriesen unas a otras desde Lorca a Mojácar, y los de Mojácar hicieron lo mismo hasta Vera, para que de día con ahumadas, y de noche con almenaras de fuego, se correspondiesen y avisasen cuando llegase el enemigo; advirtiéndoles que en el punto enviasen tres de a caballo con toda diligencia con el aviso, por si acaso faltase alguna atalaya. Y para ver como correspondían, a 23 de setiembre se hizo el ensayo y prueba de las ahumadas de día y de las almenaras de noche; las cuales pasaron de mano en mano desde Vera a Mojácar, y al Como de Gali, y al cerro de en medio, y al cerro Gordo, y a la torre de Alfonsi de Lorca. No se engañaron los cristianos en hacer esta diligencia, porque Aben Humeya, viendo que el marqués de los Vélez se estaba quedo en la Calahorra, a que no había campo que le pudiese enojar, deseando ocupar la ciudad de Vera en aquella ocasión, bajó con cinco mil hombres al río de Almanzora, y juntando con ellos más de otros cinco mil de aquellos lugares, fue sobre la villa de las Cuevas, que es del marqués de los Vélez, y haciendo que se alzasen los vecinos, que eran todos moriscos, en venganza de las casas que le había hecho quemar en Válor, le hizo destruir y talar una hermosa huerta que allí tenía; y no pudiendo tomar

el castillo, porque lo defendían los cristianos que se habían metido dentro, pasó a la ciudad de Vera, y el día de San Mateo, a 24 de setiembre, puso su campo sobre Vera la vieja, y desde allí hizo una gran salva de arcabucería contra la ciudad de Vera la nueva, que está a la parte de abajo. Era alcalde mayor desta ciudad el licenciado Méndez Pardo, el cual salió a reconocer el campo con treinta de a caballo; y habiendo escaramuzado un rato con los enemigos, se retiró a la ciudad, y dio luego aviso a las ciudades de Lorca y Murcia por las atalayas y con gente de a caballo, como estaba tratado. Queriendo pues Aben Humeya poner temor a los ciudadanos, plantó dos pecezuelas de artillería de bronce que llevaba, y comenzó a batir un lienzo de muro viejo, tirando asimismo a las casas que se descubrían por aquella parte; mas luego reventó la una dellas, y un arcabucero hirió desde una tronera al artillero que tiraba la otra, y paró la batería. En este tiempo las atalayas daban prisa con las ahumadas, que se alcanzaban unas a otras; y estando la gente de Lorca en el sermón poco antes de mediodía, llegó la guardia de la atalaya de la torre del Alfonsín con el aviso al alcalde mayor; el cual, sospechando lo que debía ser, hizo luego tocar a rebato, y haciendo alarde de la gente de la ciudad, proveyó de armas a los que no las tenían, y juntando a cabildo, se nombraron por capitanes de la infantería Juan Navarro de Álava y Alonso de Ortega Salazar, y de los caballos, Diego Mateo Jerez, todos regidores. Y estando haciendo el nombramiento, llegó un escudero de Vera, que había corrido nueve leguas, a dar aviso como habían llegado domingo de mañana más de doce mil moros; y como tiraban con dos piezas de artillería a la ciudad, pidiendo que fuese luego el socorro. Y siendo todos de conformidad que se hiciese así, entre las dos y las tres de la tarde se juntaron en el campo que dicen de Nuestra Señora de Gracia, novecientos y setenta y dos infantes y ochenta caballos muy bien en orden; y antes que partiesen de allí, envió el alcalde mayor sus cartas requisitorias y notificatorias a la ciudad de Murcia, y a las villas de Cehegín, Caravaca, Calasparra, Moratalla, Sevilla, Alhama y Alumbres del Almazarrón, avisándoles como iba a socorrer a Vera con la gente de Lorca, y requiriéndoles de parte de su majestad que hiciesen lo mismo. Y prosiguiendo su camino, anduvo toda aquella noche, y al amanecer entró en la ciudad de Vera, que son nueve leguas de camino; mas cuando él llegó, los moros habían tenido aviso del socorro que iba, y estando para picar el muro, porque no tenían ya con qué batir, habían dejado la obra y retirádose hacia las Cuevas. Juntándose pues la gente de Lorca con la de Vera, fueron en su seguimiento hasta el río de las

Cuevas. De allí se volvieron los de Lorca, porque les pareció que no convenía ir más adelante con tan poca gente, siendo tan grande el número de los enemigos, y habiendo conseguido el efecto que se pretendía, que era descercar a Vera; y en el camino encontraron la gente de Murcia que iba al socorro, y eran tres mil infantes y trescientos caballos. Y juntándose los alcaldes mayores y capitanes a consejo sobre si sería bien ir todos en seguimiento del enemigo, aunque hubo algunos que decían que no había para qué, pues Vera estaba descercada, los más votos fueron de parecer que le siguiesen, porque no hiciese daño en otra parte. Y estando con esta determinación, nació entre ellos una diferencia honrosa: los de Lorca decían que les pertenecía por privilegio antiquísimo llevar en la guerra del reino de Granada la vanguardia yendo hacia el enemigo, y la retaguardia a la retirada; y los de Murcia querían llevarla ellos, por ser cabeza de reino y de aquel corregimiento, y sobre ello hubieran de llegar a las armas; y viendo esto los alcaldes mayores, mudaron parecer, y recogiendo su gente, se volvieron a las ciudades. Aben Humeya tornó a Purchena, y de allí al Láujar de Andarax, y envió la gente a sus partidos.

Capítulo IX. Cómo unos soldados que se iban sin orden del campo del marqués de los Vélez hirieron a don Diego Fajardo queriéndolos volver al campo

Era tan grande el disgusto que nuestra gente tenía en verse acorralada en el alojamiento de la Calahorra sin salir a hacer efecto, que no había reparo que bastase a detener los soldados; y aun los mismos capitanes por ventura holgaban que se les deshiciesen las compañías, por tener ocasión de salir de allí so color de tornarlas a rehacer; y así había muchas banderas que no habían quedado diez hombres con ellas. El marqués de los Vélez hacía sus diligencias, y no le pareciendo tener suficiente número de gente, ni la provisión de vituallas que había menester para volver a entrar en la Alpujarra, de necesidad había de estarse quedo gastando las que el licenciado Pero López de Mesa le enviaba de un día para otro desde Guadix. Culpábanle mucho de remiso, y no los que sabían qué cosa era gobernar ejércitos, y aventurarlos tan a costa de la autoridad y reputación de los capitanes generales. Estando pues no con pequeño cuidado y congoja en ver que se le iba cada día deshaciendo más el campo, y que apenas tenía de quien poder fiar las rondas y centinelas, que cada noche mandaba poner dobladas, mas para guardar que la gente no se fuese que por temor del enemigo, fue avisado que tenían concertado de irse juntos más de cuatrocientos soldados; y encomendando a don Rodrigo de Benavides, que había venido de Guadix con la compañía de caballos del duque de Osuna, y a don Diego Fajardo, su hijo, con un estandarte de caballos de Córdoba, que estaba a cargo de don Jerónimo de Guzmán, la ronda de la noche en que le habían dicho que se tenían de ir, sucedió que andando rondando don Diego Fajardo, y con él don Jerónimo de Guzmán y el capitán Castellanos, comisario de la caballería, al cuarto de la modorra sintieron salir gente por hacia donde don Rodrigo de Benavides andaba, que era a la parte de levante del lugar; y volviendo el capitán Castellanos por los escuderos de Córdoba, que habían quedado en el cuerpo de guardia, fueron los dos hacia donde estaba otra compañía de caballos de Osuna, y llamándolos, acudió también don Rodrigo de Benavides, y juntos se metieron por los soldados fugitivos, que iban atropellados sin orden, y hicieron volver muchos dellos a sus alojamientos. Otros, que no quisieron dejar de proseguir su camino, subieron por un cerro arriba que cae hacia aquella parte de levante, y a paso largo procuraron tomar lo alto y más agrio dél, donde los caballos no pudiesen aprovecharse dellos. Los capitanes se pusieron en su seguimiento, y llegando cerca don Diego Fajardo, les dijo que no hiciesen cosa tan fea como era dejar las banderas, y que se volviesen a sus cuarteles, porque él les daba su palabra que no les sería hecho mal ni daño por aquella salida; mas ellos no le quisieron oír ni responder, prosiguiendo siempre su camino a la sorda con las mechas de los arcabuces encendidas. De ver esto se airó mucho don Rodrigo de Benavides, y llamando a voces a don Diego Fajardo, para que los soldados le conociesen y temiesen, dijo: «Corramos, señor don Diego; por esta ladera atajarlos hemos, y cerrando con ellos, caiga el que cayere; que desta manera se han de tratar estos bellacos traidores». Estas palabras indignaron a los determinados soldados de tal manera, que como hombres agraviados dellas, respondieron que el que las decía y los que con él iban eran los traidores y malos caballeros, y que se hiciesen adelante, verían cómo les iba. De aqueste desacato se enojó don Rodrigo de Benavides; y aunque no eran más de catorce de a caballo los que estaban juntos para poder acometer, porque los otros se habían quedado muy atrás, hizo con don Diego Fajardo que los acometiesen, apellidando don Rodrigo de Benavides el nombre del señor Santiago; y pasando por ellos los que estaban a la parte alta, pareciéndoles que los trataban como a moros, disparon sus arcabuces. Don Diego Fajardo se fue metiendo a media ladera, yendo par dél don Jerónimo de Guzmán y un escudero de Córdoba, y allí le dieron un arcabuzazo, que le pasó la rodela acerada que llevaba por junto a la embrazadura, y le quebró un dedo de la mano izquierda, y pasó la bala a la tetilla derecha, donde paró. Fue tan grande el golpe, que el caballo cayó y echó por cima de la cabeza a don Diego Fajardo medio aturdido; y apeándose don Jerónimo de Guzmán y el escudero, le alzaron del suelo. Era don Diego Fajardo esforzado caballero, afable y muy amigo de soldados, y viéndose herido de tan mala manera, pidió su rodela para ver si estaba pasada, y cuando vio el agujero que había hecho la bala, entendió que le habían muerto; y sintiendo en sí un estímulo de virtuosa congoja, que no le dejaba descansar en otra cosa, dijo que le llegaba al alma que cristianos le hubiesen puesto en aquel estado; y subiendo lo mejor que pudo en su caballo, se volvió a la Calahorra. Encontrole en el camino el marqués de los Vélez, que había salido con toda la caballería en oyendo tocar al arma; el cual viéndole de aquella manera recibió tanta alteración, que no le pudo hablar; y mandando a don Juan Fajardo, su hermano, y a don Rodrigo de Benavides, que también se había vuelto, que diesen orden de atajar aquellos soldados por tres o cuatro partes con caballos y infantes, se subió a la fortaleza. Los soldados se fueron, que no bastó nada a detenerlos, y de allí adelante se fueron otros muchos; por manera que vino a quedar aquel campo, en que había doce mil hombres, en menos de tres mil, la mayor parte dellos del tercio que llamaban de los pardillos y del de don Pedro de Padilla, que como gente obligada y de ordenanza vieja, tuvieron más sufrimiento.

Capítulo X. De una victoria que don García Manrique hubo del Anacoz en el valle de Lecrín

Andaba en el valle de Lecrín el Anacoz con más de mil hombres haciendo daño en las escoltas que iban de Granada a Órgiba; el cual había muerto los doscientos soldados de la compañía de Juan de Chávez de Orellana, que dijimos, entre Acequia y Lanjarón, y hecho otros muchos daños en la Vega y en lo de Alhama. Y queriendo el Consejo refrenar la insolencia de aquel hereje, mandaron llamar a Pedro de Vilches, por sobrenombre Pie de palo, porque tenía una pierna cortada de la rodilla para abajo, y en su lugar otra de madera, hombre plático en toda aquella comarca y muy animoso. Y preguntándole qué orden se podría tener para hacer una emboscada al Anacoz, dijo que le dejasen ir a él de parte de noche a las Albuñuelas y a Salares, donde se recogían aquellos moros, y que les daría un arma, y se vendría retirando a la mañana entreteniéndolos, hasta sacarlos de día al río, porque de noche era cierto que no saldrían; y que estuviese la caballería metida en emboscada en los llanos que caen entre la laguna del Padul y Dúrcal, y que él se los pondría en las manos de manera que los pudiesen alancear a todos. Este consejo pareció bien a don Juan de Austria y a los del Consejo, y luego se mandó a don García Manrique que apercibiese la gente de la Vega, y dejando ir delante a Pedro de Vilches, se pusiese él en emboscada con la caballería en el lugar que le señalase; el cual partió de Otura con cien caballos y cuatrocientos arcabuceros de los que estaban alojados en las alcarías de la Vega, llevando consigo a Tello González de Aguilar con las cien lanzas de Écija, que fue para aquel efecto desde Granada, y se fueron a meter antes que amaneciese en unas huertas que están por bajo del barranco del río de Dúrcal. Pedro de Vilches se fue derecho a los lugares de los Albuñuelas y Salares con los soldados de las cuadrillas, y ellos se estuvieron quedos esperando a que viniese huyendo de los enemigos, como había dicho; lo cual se hizo con tanto recato, que las centinelas que tenían puestas los moros hacia aquella parte no lo sintieron, y las nuestras las veían a ellas. Pedro de Vilches tocó su arma al amanecer del día; luego comenzaron las ahumadas, y los moros salieron a él con grande grita: hizo un poco de resistencia, y dando a entender que tenía miedo, comenzó a retirarse con orden hacia la emboscada. Los moros fueron creciendo cada hora en tanto número, que cubrían aquellos cerros, y apretaron tanto a Pedro de Vilches, que cuando llegó cerca del socorro, ya le habían muerto dos soldados y herido algunos; y veían tan cerca dél, que fue necesario que don García Manrique, viendo venir a las vueltas moros y cristianos saliese a ellos, sin aguardar que bajasen todos a lo llano, como, estaba acordado; y matando seis turcos, que venían delante de todos, y más de doscientos moros, el Anacoz con todos los demás se pusieron en huida, metiéndose por los barrancos y despeñaderos del río, donde no pudieron los caballos seguirlos, ni la gente de a pie, que no llegó a tiempo de poderlos alcanzar. Más adelante llevó la pena de sus maldades; porque siendo preso, le mandó justiciar el duque de Arcos en Granada. Ganaron los nuestros en esta victoria tres banderas, y para regocijar la ciudad entraron por ella arrastrándolas y llevando los escuderos las cabezas y las manos de los moros en los hierros de las lanzas. Estando pues todos muy contentos en Granada con este suceso, solo el animoso Vilches se quejaba de don García Manrique, diciendo que por haber salido la caballería tan presto a favorecerle, no habían alanceado aquel día todos aquellos moros; y como le dijese el Presidente que si había salido antes de tiempo, había sido porque no le matasen los moros a él, siendo hombre impedido, y trayéndolos tan cerca a las espaldas, le respondió muy enojado: «Bien entiendo yo, señor, que lo hizo por eso; mas ¿qué iba en ello que matasen un hombre como yo, a trueco de alancear dos mil moros?» Respuesta de hombre leal, que no estimaba la vida por el servicio de Dios y de su rey.

Capítulo XI. De algunas provisiones que su majestad hizo estos días para el breve despacho de la guerra

Hizo su majestad estos días dos provisiones muy importantes para la brevedad que se pretendía en esta guerra, con parecer de don Juan de Austria y de los consejeros que quedaron cerca de su persona. La una fue mandar que acabasen de sacar los moriscos que habían quedado en Granada, y los metiesen la tierra adentro, por sospecha que dellos se tenía que daban avisos a Aben Humeya de todo lo que se hacía, teniendo sus inteligencias con los que andaban levantados; y la otra mandar que se publicase la guerra a fuego y a sangre; cosa que aun hasta este tiempo no se había publicado; porque solamente se trataba en el supremo consejo de Guerra con nombre de castigo en los rebeldes, no les queriendo dar otra autoridad; y aun se ofendían con muy justa razón los señores del reino de que llamasen rey, ni aun tirano, a Aben Humeya, a quien mejor cuadraba el nombre de traidor, pues lo era contra su rey y señor natural y dentro de su propio reino. Concedió asimismo campo franco a todos los cristianos que sirviesen debajo de bandera o estandarte, y que aprehendiesen en sí todos los bienes muebles, dineros, joyas y ganados que tomasen a los enemigos, y que no pagasen quinto ni otra cosa alguna de las personas que cautivasen, haciéndoles de todo ello gracia y merced por esta vez y presente ocasión, para animar la gente, que andaba ya muy disgustada, a que sirviesen voluntariamente, sin que fuese menester otro rigor, porque estaban escandalizados los pueblos de la Andalucía de oír las quejas que daban los soldados que se iban huyendo del campo del marqués de los Vélez. Y para que mejor se pudiesen entender con la paga ordinaria, les mandó acrecentar el sueldo a respeto de como se acostumbraba pagar la gente de guerra en Italia, que es cuatro escudos de oro cada mes al coselete y al arcabucero, y tres al piquero, que llaman pica seca. Y porque los cabildos, concejos y señores, a quien se mandó que rehiciesen las compañías con que servían, y las acrecentasen a mayor número, estaban ya muy gastados, no les bastando los propios ni las sisas que con licencia del Consejo Real echaban sobre los bastimentos, para pagar la gente, ordenó que desde el primero día del mes de noviembre luego siguiente se pagase toda la infantería del dinero de su real hacienda, y que los cabildos, concejos y señores pagasen solamente la gente de a caballo. Lo cual todo se publicó en la ciudad de Granada por bando general a 19 de octubre deste año de 1569; y luego le enviaron traslados autorizados a todas las ciudades y señores del Andalucía y reino de Granada, para que se supiese en todas partes las gracias y mercedes que su majestad hacía a la gente de guerra. Dejemos agora el provecho que resultó destas provisiones, que fue muy grande, y digamos cómo Aben Humeya pagó la pena de sus crímenes y maldades por mano de los propios rebeldes que le ordenaron la muerte.

Capítulo XII. Cómo los moros mataron a Aben Humeya, y nombraron en su lugar a Diego López Aben Aboo

Mientras estas provisiones se hacían de nuestra parte, Diego Alguacil, vecino de Albacete de Ugíjar, y otros deudos suyos, enemigos de Aben Humeya, que andaban ausentes dél por miedo que los mandaría matar, trataban de darle ellos la muerte por librarse de aquel temor y tomar venganza de las crueldades que había usado con los naturales de la tierra, y especialmente con Miguel de Rojas, su suegro, y Rafael de Arcos, y con otros alguaciles y hombres principales de aquella taa y de la de Juviles, que había hecho morir por consejo de los capitanes de los monfís que traía consigo; y al fin vinieron a tomar venganza dél matándole por sus propias manos, como agora diremos. Entre otras cosas que Aben Humeya había hecho, de que se sentía muy agraviado Diego Alguacil, era haberse llevado de Ugíjar una prima suya viuda, con quien estaba amancebado, y traerla consigo por amiga contra su voluntad, aunque otros entendieron que la causa del enojo que tenía con él no eran celos, sino punto de honra, afrentado de que, siendo mujer principal, que podía casar con ella, la traía por manceba. Más desto nos desengañó después el tiempo cuando la vieron casada a ley de maldición con el propio Diego Alguacil en Tetuán, seis años después de aquesta guerra. Finalmente, sea como fuere, él tuvo buena ocasión para conseguir el efecto que deseaba, siendo la misma mora la secretaria de su enemigo y el instrumento de su mal. Era ya Aben Humeya extrañamente aborrecido y casi tenido por sospechoso en toda la Alpujarra, después que se supo lo que había escrito a don Juan de Austria y al alcaide Xoaybi de Guéjar, entendiendo que andaba en tratos para entregar la tierra a los cristianos, procurando solamente su particular seguridad y aprovechamiento, y por ventura tenía aquel deseo; mas era tan pusilánime y hallábase tan cargado de culpas, que no se osaba fiar, teniendo por cierto que la culpa del rebelión había de ser atribuida a pocos, y necesariamente castigado el que hubiese sido cabeza dél; y como hombre que tenía poca seguridad de su persona, tenía en Láujar de Andarax, donde se había recogido después de la jornada de Vera, los caudillos y capitanes más amigos con dos mil moros, que repartían la guardia cada noche por su rueda, y tampoco se descuidaban de día, teniendo barreadas las calles del lugar de manera, que nadie pudiese entrar en él sin ser visto o sentido. Y porque no se fiaba de los turcos ni estaba bien con ellos, o por ventura no tenía con qué pagarles el sueldo mientras estuviesen ociosos, por apartarlos de sí los había enviado a la frontera de Órgiba a orden de Aben Aboo. Sucedió pues que como estos hombres viciosos eran todos cosarios, ladrones y homicidas, donde quiera que llegaban hacían muchos insultos y deshonestidades, forzando mujeres y robando las haciendas a los moros de la tierra. Y como fuesen muchas quejas dellos a Aben Humeya, escribió sobre ello a Aben Aboo, encargándole que lo remediase; el cual le respondió que los turcos no hacían agravio a nadie, y que si alguna desorden hiciesen, él lo castigaría. Sobre esto fueron y vinieron correos de una parte a otra; y así de lo que se trataba, como de la indignación que Aben Humeya tenía contra los turcos, avisaba por momentos la mora a Diego Alguacil; y de aquí tuvo principio la traición que le urdió, revolviéndole con ellos para que viniesen a descomponerle y matarle, como lo hicieron; porque queriendo estos días ir a alzar los moriscos que vivían en Motril y saquear la villa, sin dar a entender su designio a Aben Aboo, le envió a decir que recogiese los turcos y caminase con ellos la vuelta de las Albuñuelas, y que en el camino le alcanzaría otro correo con la orden de lo que había de hacer; y como estos correos pasaban forzosamente por Ugíjar, y la mora avisaba a Diego Alguacil de los despachos que llevaban, saliendo a esperar en el camino al postrero en compañía de Diego de Arcos y de otros sus amigos, le mataron y le quitaron la carta que llevaba; y contrahaciéndola Diego de Arcos, que había servido de secretario a Aben Humeya y firmado algunas veces por él, como decía que volviese luego con los turcos a dar sobre Motril, puso que los llevase a Mecina de Bombaron, y que después de tenerlos alojados de manera que no se pudiesen juntar con la gente de la tierra y con cien hombres que llevaba Diego Alguacil, los desarmase y hiciese degollar a todos, y que lo mismo hiciese de Diego Alguacil después que se hubiese aprovechado dél. Esta carta enviaron luego a Aben Aboo con persona de recaudo; el cual, maravillado de tan gran novedad, entendió que sin duda era verdad lo que se decía que Aben Humeya andaba en tratos para entregar la tierra. Y estando suspenso sin poderse determinar en lo que haría, Diego Alguacil, que había medido el camino y el tiempo, llegó con los cien hombres a su puerta; y hallándole alborotado, le dijo como Aben Humeya le había enviado a mandar que fuese con aquella gente a hallarse en la muerte de los turcos; mas que no pensaba intervenir en semejante crueldad, por ser personas que habían venido a favorecer a los moros y puesto las vidas por su libertad; antes, cansado de servir un hombre ingrato, voluntario, de quien no se podía esperar otra mejor paga, pensaba avisarlos dello para que mirasen por sí. Y estándole diciendo estas palabras, acertó a pasar por delante de la puerta donde estaban Huscein, capitán turco; y como Diego Alguacil quisiese hablarle, Aben Aboo se adelantó porque no le previniese, temiendo que le matarían los turcos, o por ventura queriendo ganar él aquellas gracias; y llamándole a él y a Caracax, su hermano, les mostró la carta; los cuales avisaron luego a Nebel, y a Alí arráez, y a Mahamete arráez, y al Hascen y a otros alcaides turcos; y alborotándose todos entre temor y saña, comenzaron a bravear, cargando las escopetas y diciendo que aquello merecían los que habían dejado sus casas, sus mujeres y sus hijos por venirlos a socorrer; y apenas podía Aben Aboo apaciguarlos, diciéndoles estuviesen seguros porque no se les haría el menor agravio del mundo. Diego Alguacil, viendo los turcos alterados y su negocio bien encaminado, para acreditarle más sacó una yerba que llaman haxiz, que los turcos acostumbran a comer cuando han de pelear, porque los hace borrachos, alegres y soñolientos, y dijo que se la había enviado Aben Humeya para que se la diese estando cenando a los capitanes, porque se adormeciesen y pudiesen matarlos aquella noche. Tratose allí que no convenía que reinase aquel hombre cruel que mataba toda la gente noble, sino que le matasen a él y criasen otro rey. Diego Alguacil decía que lo fuese el Huscein o Caracax; mas ellos, aunque aprobaban en lo de la muerte, no quisieron aceptar la oferta, diciendo que Aluch Alí los había enviado, no a ser reyes, sino a favorecer al rey de los andaluces, y que lo más acertado era poner el gobierno en manos de alguno de los naturales de la tierra que fuese hombre de linaje, de quien se tuviese confianza que procuraría el bien de los moros, mientras venía aprobación del reino de Argel. Esto pareció a todos bien, y sin perder tiempo nombraron a Aben Aboo, harto contra su voluntad, a lo que mostró al principio; mas al fin aceptó el cargo y honra que le daban, con que le prometieron de matar luego a Aben Humeya y de prender todos los alcaides y hombres principales que tenía por amigos, y de no soltarlos hasta que llanamente fuese obedecido. Era Caracax hombre escandaloso y malo, y por muchos delitos que había cometido andaba desterrado de Argel cuando su hermano el Huscein vino con el socorro que trajo el Habaquí; y poniendo luego por obra lo que Aben Aboo pedía, hizo primeramente que todos los que allí estaban le obedeciesen por gobernador de los moros por tres meses, mientras venía aprobación de Argel. Luego se puso en camino la vuelta de Andarax con doscientos turcos y otros tantos moros, y con él Aben Aboo y Diego Alguacil, y Diego de Rojas con los cien moros que llevaban. Y llegando a media noche al Láujar, aseguró las guardas con decirles que eran turcos que iban a hablar con el Rey; y dejándolos pasar, llegaron a la posada de Aben Humeya, y haciendo pedazos las puertas, entraron dentro; y hallándole que salía a la puerta con una ballesta armada en la mano, le prendieron. Algunos dicen que estaba acostado durmiendo entre dos mujeres, y que la una era aquella prima de Diego Alguacil, y que ella misma se abrazó con él hasta que llegaron a prenderle. No sé cómo puede ser esto, porque había sido avisado a prima noche, y tenía dos caballos ensillados y enfrenados para irse, y por no dejar una zambra, en que estuvieron gran rato de la noche, no había querido decir nada; y después, cansado de festejar, se había ido a su posada, donde tenía veinticuatro escopeteros y más de trescientos moros de guardia al derredor del lugar para caminar antes que amaneciese. Sea como fuere, ninguno de los que con él estaban le acudió la hora que le vieron preso; y atándole las manos con un cordel Aben Aboo y Diego Alguacil, le hicieron luego cargo de sus culpas y le mostraron la carta; y conociendo la firma, dijo que su enemigo la había hecho, y que no era suya, y les protestó de parte de Mahoma y del Gran Turco que no procediesen contra él, sino que le tuviesen preso, porque no eran ellos sus jueces ni tenían autoridad de juzgarle, y que era buen moro y no tenía trato con los cristianos; y envió a llamar al Habaquí para justificar su negocio. Mas la razón tuvo poca fuerza entre aquella gente bárbara indignada y llena de codicia, porque le saquearon la casa; y metiéndole en un palacio,

446

Diego Alguacil y Diego de Arcos se encerraron con él so color de guardarle, porque no se les fuese; y antes que amaneciese, echándole un cordel a la garganta, le ahogaron, tirando uno de una parte y otro de otra. Dicen que él mismo se puso el cordel como le hiciese menos mal, concertó la ropa, cubrió la cabeza, y que dijo que iba bien vengado y que era cristiano. Desta manera dio fin aquel desventurado a su desconcertada vida y a su nuevo y temerario estado, en conformidad de moros y de cristianos. Hubo algunos que afirmaron haberle oído decir muchos días antes que le traía desasosegado un sueño que había soñado tres noches arreo, pareciéndole que unos hombres extranjeros le prendían y le entregaban a otros que le ahogaban con su propia toca, y que por esta causa andaba imaginativo y se recelaba de los turcos de donde se puede colegir que el espíritu del hombre en las cosas que teme, el hervor que le eleva a la contemplación dellas le hace pronosticar en futuro parte de su suceso, porque como los cuidados del día hacen que el espíritu entre sueños esté de noche imaginando muchas cosas, que después vemos puestas en efecto por razón de una simpatía natural a que la naturaleza obedece, así en futuro la misma simpatía, que está obediente a las influencias celestiales, hace afirmar, no por fe, sino por temor, parte de lo que se teme. Y no hay duda sino que Aben Humeya tenía entera noticia de los reyes moros a quien los turcos habían favorecido al principio en África para ponerlos en estado; y después los habían ellos mismos muerto y quedádose con todo lo que les habían ayudado a ganar, y estaba con temor de que harían otro tanto dél. Volviendo pues a nuestra historia, otro día de mañana le sacaron muerto y le enterraron en un muladar con el desprecio que merecían sus maldades; saqueáronle la casa, cobró Diego Alguacil su prima, y los otros alcaides repartieron entre sí las otras mujeres; y dando el gobierno y mando a Aben Aboo con término limitado de tres meses, envió por confirmación de su elección al gobernador de Argel, como a persona que estaba en lugar del Gran Turco. A esto fue Mahamete Ben Daud, de quien al principio desta historia hicimos mención, con un presente de cristianos cautivos y de cosas de la tierra; y no mucho después Daud le envió el despacho, y se quedó allá; que no osó volver más a España. De allí adelante se intituló el hereje Muley Abdalá Aben Aboo, rey de los andaluces, y puso en su bandera unas letras que decían: «No pude desear más ni contentarme con menos». Los turcos prendieron todos los alcaides que no querían obedecerle, y hicieron que le diesen obediencia, sino fue Aben Mequenun, hijo de Puertocarrero, que se apartó con cuatrocientos moros en el río de Almería, y a la parte de Almuñécar Gironcillo, llamado por otro nombre el Archidoni. Nombró Aben Aboo por general de los ríos de Almería, Boloduí, Almanzora y sierra de Baza y Filabres y tierra del marquesado del Cenete, a Jerónimo el Maleh; al Xoaybi y al Hascein de Güéjar encargó el partido de Sierra-Nevada, tierra de Vélez, Alpujarra y valle y sierra de Granada, con patentes que les obedeciesen todos los otros capitanes; y dende a poco tiempo despachó al alcaide Hoscein, turco, con segundo presente para el gobernador de Argel y para el mefti de Constantinopla, encargándole que por vía de religión encomendase sus negocios al Gran Turco, para que le mandase dar socorro de gente, armas y municiones mientras bajaba su poderosa armada; y ordenando una milicia ordinaria de cuatro mil tiradores, mandó que los mil dellos asistiesen por su rueda cerca de su persona, los doscientos hiciesen cada día guardia, y pusiesen centinelas de noche dentro y fuera del lugar donde se hallase, como personas en quien tenía puesta su confianza y que pensaba gobernarse por su consejo.

Capítulo XIII. Cómo Aben Aboo juntó la gente de la Alpujarra y fue a cercar a Órgiba

Cuando Aben Aboo hubo asentado las cosas de la Alpujarra, juntando el mayor número de gente que pudo, fue a reconocer el valle de Lecrín, y dio vuelta a Lobras y vista a Salobreña, y se alojó en la boca del río de Motril, y de allí ordenó de ir a combatir el fuerte de Órgiba. Habían salido de aquel presidio aquellos días ochenta soldados de la compañía de Antonio Moreno a hacer una entrada con Vilches, su alférez, y engañados por una espía que los llevaba vendidos, habían dado en una emboscada de moros, que los aguardaba en el barranco de la Negra, y los habían muerto a todos; y entendiendo el moro que debía quedar poca gente dentro, que podría ocupar aquella plaza, partió del lugar de Cádiar a 26 días del mes de octubre con diez mil hombres de pelea, y entre ellos seiscientos turcos y moros berberiscos. Y el siguiente día, víspera de San Simón y Judas, en la noche llegó cerca de nuestro fuerte; y emboscando toda la gente en unas ramblas que se hacen dos tiros de arcabuz, el otro día domingo de mañana echó cuatro moros delante que disimuladamente, como que andaban cazando, procurasen sacar a lo largo una escuadra de soldados que salían de ordinario a descubrir la tierra para poder tomar lengua. Mudábase cada mes la gente de guerra deste presidio, porque los soldados huían de ir a él por causa del mucho trabajo que padecían; y don Juan de Austria enviaba desde Granada con las escoltas las compañías que habían de quedar, y con los bagajes vacíos se volvían las que habían estado su temporada; y esto era cada mes. Con esta orden habían llegado poco antes que los moros matasen al alférez Vilches y a los ochenta soldados, en una escolta seis compañías de infantería, las tres con sus propios capitanes, llamados Gaspar Maldonado, don Alonso de Arellano y Gaspar Delgado, sobrino del obispo de Jaén, que servía a costa de su tío con trescientos arcabuceros; y las otras tres, que eran de Antonio Moreno y Francisco de Salante y Alonso de Arauz, capitán de los de Sevilla, llevaban sus alféreces, porque quedaban ellos ocupados en Granada; y dos estandartes de caballos, el uno de Juan Álvarez de Bohorques, y el otro que servía Lorenzo de Leiva por don Luis de la Cueva; y con el infelice suceso de aquella gente estaba Francisco de Molina muy recatado, y no dejaba salir del fuerte a nadie sin primero descubrir y reconocer muy bien toda la tierra al derredor, entendiendo que con la vanagloria de aquellas muertes no dejarían los moros de venirle a correr y a poner emboscadas. Y como aquel día saliese una escuadra a descubrir hacia la parte donde los cuatro moros andaban, y ellos diesen luego a huir, el caporal que iba con ella, llamado Francisco Hidalgo, sin considerar lo que podía haber en las ramblas, se puso en su seguimiento, y fue cebándose tanto en ellos, que dio de golpe en una de las emboscadas; y saliéndole los moros de muy cerca, le cercaron por todas partes y le mataron, y con él otros cuatro soldados que iban delante; los otros se retiraron con mucho peligro al fuerte y dieron aviso a Francisco de Molina del suceso. El cual envió luego a Lorenzo de Leiva con seis caballos suyos y cuatro del capitán Juan Álvarez de Bohorques, que estaban alojados fuera del fuerte, a que reconociese qué gente era aquella, con los cuales llegó al lugar donde los moros habían estado emboscados, y hallándolos retirados, pasó tan adelante, que llegó adonde estaba el propio Aben Aboo con el golpe de la gente; y deteniéndose para reconocer bien, se hubiera de perder, porque le cargaron tantos escopeteros, que matando el caballo a un escudero, le hirieron el suyo, y se hubo de retirar con harto trabajo, yéndole siguiendo siempre los enemigos con grandes alaridos hasta meterle dentro del fuerte. Y este día, que fue 28 días del mes de octubre, cercaron el sitio que tenían los nuestros por todas partes, ocupando todos los lugares que le tenían a caballero para poderlos ofender con las escopetas; y haciendo un recio acometimiento, mataron algunos cristianos, y entre ellos a Cristóbal de Zayas, alférez de don

Alonso de Arellano, y a un escudero de la compañía de Juan Álvarez de Bohorques, llamado Pescador. Viendo pues nuestra gente la determinación que traían los enemigos, y que los muros del fuerte eran tapias de tierra y paredejas de piedra seca tan bajas que en algunas partes no cubrían un hombre, acudiendo animosamente al reparo con sus personas y con la arcabucería puesta de mampuesto en las saeteras y traveses, mataron y hirieron muchos dellos, y les hicieron perder la furia que traían Juan Álvarez de Bohorques con sus escuderos se puso a defender un portillo que aún no estaba acabado de cerrar, entre el cuartel de Salante y el de don Alonso de Arellano, por donde a pie llano pudiera entrar un buen golpe de gente. Y cierto fue provisión divina la inadvertencia de los moros este día, porque si acometieran por tres o cuatro partes el fuerte, según los muros estaban bajos y mal reparados, y la muchedumbre que eran, fácilmente pudieran entrarle. Viendo pues Aben Aboo la resistencia que había en nuestros cristianos, retiró su gente, y repartiéndola en cuatro cuarteles, cercó el fuerte por cuatro partes; y quitando el agua de la acequia, comenzó a dar orden en los combates. En este tiempo repartió Francisco de Molina los cuarteles, señalando a cada compañía lo que habían de defender. A la parte del norte, donde sale el camino que va a Granada, puso la compañía de Arauz, y con ella a Jerónimo Casaus, su alférez; y a la mano izquierda dél a Gaspar Maldonado con la suya, teniendo a las espaldas la iglesia; a la parte del río que responde hacia poniente la de Salante con Alonso Velásquez de Portillo, su alférez; a la parte de mediodía, donde sale el camino para Motril, a don Alonso de Arellano: y entre él y el cuartel de Arauz a Gaspar Delgado. Los capitanes de caballos quedaron sobresalientes para acudir a pie donde viesen ser más necesario, y con ellos para el dicho efecto don Antonio Enríquez, Gonzalo Rodriguel, el capitán Medrano y Francisco Jiménez, soldados prácticos entretenidos por haber tenido cargos en la milicia, a quién su majestad había mandado ir a servir en esta guerra, y don Juan de Austria los había enviado aquellos días a Órgiba. Lo primero que los enemigos hicieron fue ocupar la casa de un horno que estaba tan cerca, que sola una calle había entre ella y el muro; y mandando juntar mucha fajina, la echaron por una ventana en otra casa que estaba incorporada en el propio muro para ponerle fuego y quemarla, porque dende unos traveses bajos que había hechos en ella les hacían daño los nuestros con los arcabuces, y porque también entendieron que quemando aquella casa les quedaría la entrada llana por aquella parte. Mas no les sucedió como pensaban, porque antes que hubiesen arrojado tanta fajina que bastase para hacer el efecto que pretendían, nuestros capitanes hicieron echar sobre ella muchas esteras ardiendo untadas con aceite, y se les quemó toda; y arrojando cantidad de alcancías de fuego por las ventanas en la otra casa del horno, les fue necesario desampararla y que se retirasen con daño. No por eso dejaban de acercarse los enemigos por otras partes haciendo impetuosos acometimientos; y eran tantas las piedras que echaban sobre los que estaban en las troneras y en los traveses, que fue menester que el capitán Juan Álvarez acudiese hacia aquella parte, y cubriendo los soldados con las adargas y rodelas de los escuderos, resistió el ímpetu y furia de piedras; y los moros, viendo cuán poco les aprovechaba, tomaron unos cerros al derredor que descubrían el ámbito del fuerte; y poniéndose algunos escopeteros en un palomar alto y en unas casas que habían sido de los Abulmestes, entre los cuarteles de Gaspar Maldonado y don Alonso de Arellano, mataron ocho caballos y hirieron algunos soldados y escuderos que atravesaban de una parte a otra; y para reparar este daño fue necesario hacer trincheras por donde atravesase nuestra gente encubierta. Hicieron también los moros cuatro minas, que respondían a diferentes partes. La que iba hacia el cuartel de Gaspar Maldonado pensaron meter debajo de la iglesia, donde entendían que estaban los bastimentos y municiones; mas el capitán levantó luego un caballero alto para sujetar a los trabajadores y poderles descubrir en la obra que hacían; y acudiendo hacia aquella parte los capitanes Juan Álvarez de Bohorques y Lorenzo de Leiva, fueron también de mucha importancia las adargas este día, porque resistieron con ellas la furia de las piedras que los de fuera tiraban. La otra mina enderezaron hacia el cuartel del capitán Delgado, la cual pasó tan adelante, que llegaron a encontrarse con los soldados en una contramina que les hicieron; y peleando con ellos, mataron algunos moros dentro y se la hicieron desamparar, y les tomaron las herramientas con que cavaban. Las otras dos, que respondían al cuartel de don Alonso de Arellano, no hubieron efecto, porque toparon luego con una peña viva que las atajó. Dejando pues la obra de las minas porque vieron el ruin suceso dellas los turcos comenzaron a hacer un terraplano de tierra, fajina y piedra en una casa junto a la muralla, que no habían tenido lugar los cristianos de derribarla. Desde allí señoreaban otra casamata que había entre los cuarteles de Gaspar Maldonado y Arauz; y fue tanta la presteza con que lo hicieron, que los nuestros no tuvieron otro remedio sino retirarse al segundo muro de la casamata, dejando el primero desamparado y el ámbito della hecho plaza. Allí hicieron nuevos traveses, porque los enemigos les cegaron los que tenían a la parte de fuera, hinchiendo la calle de tierra, piedra y rama de manera, que entendían poder entrar a pie llano por encima de los terrados. Como vio Aben Aboo que los cristianos habían desamparado la casamata, creyendo que también habían dejado el muro y recogídose a la torre y a la iglesia, mandó que se les diese por allí un recio combate; y juntándose hacia aquella parte los turcos y toda la mejor gente de los moros, con muchos sones de atabalejos y dulzainas y grandes alaridos a su usanza acometieron el fuerte, día de Todos Santos. Fue tanta la presteza de los bárbaros, que antes que Francisco de Molina y los otros capitanes que andaban visitando los cuarteles acudiesen, habían entrado ya muchos dellos dentro del fuerte; y aunque Jerónimo de Casaus, alférez de Arauz, que guardaba aquel cuartel, resistió su ímpetu animosamente, andando envuelto en polvo y sangre de los enemigos, no fuera parte para defenderles la entrada, porque los soldados se retiraban, si no llegara Francisco de Molina, el cual, armado de un coselete dorado, con la espada en la mano se opuso valerosamente a los enemigos; y acudiéndole Juan Álvarez de Bohorques y Lorenzo de Leiva y el alférez Portillo, y con ellos muchos animosos escuderos y soldados, resistieron su acometimiento. Este día hizo Francisco de Molina oficio de capitán y valiente soldado, el cual, discurriendo de una parte a otra, animaba a los unos y amenazaba a los que veía que aflojaban; y peleando por su persona donde veía que era menester, retiró y echó fuera a los enemigos, que tenían ya arboladas dos banderas sobre el muro, la una de damasco blanco, y la otra de tafetán carmesí con una media Luna blanca en medio bordada de oro y las borlas guarnecidas de aljófar; y cayendo los alféreces moros que las traían, se las quitaron, y mataron más de doscientos moriscos. Cerca dellas un alférez destos quedó caído a la parte de fuera del muro con los muslos atravesados de un arcabuzazo, el cual, viendo huir su gente, comenzó a dar grandes voces diciéndoles que volviesen a pelear, porque más valía morir como hombres que huir como mujeres; y viendo que no acudían a retirarle, los comenzó a deshonrar de perros cobardes, y rogó a los cristianos que bajasen y le acabasen de matar, porque mayor honra le sería morir a sus manos, que vivir entre gente tan vil; y no tardó mucho que bajó un soldado del fuerte y le cortó la cabeza. Después deste, queriendo Aben Aboo dar tercero asalto, mandó que se metiesen más de dos mil moros en unas casas que estaban destechadas par del muro, los cuales, estando cubiertos con las paredes de la ofensa de los arcabuces, comenzaron a tirar por encima dellas tanta multitud de piedra, que apenas se podían defender della los soldados, porque les caía de peso encima; y estando Francisco de Molina cerca de la puerta de Granada, quitada la celada de la cabeza, le descalabraron. Fue tanta la furia de las piedras este día, que derribaron mucha parte de la pared de una casa donde posaba el capitán Delgado, con ser de cal y ladrillo, y hicieron portillos en otras, por donde pudieran entrar a placer si los soldados no los repararan luego. Acudiendo pues a esta parte el capitán Juan Álvarez de Bohorques, tomó por remedio ofender a los enemigos con sus mismas armas; y juntando él mayor número de soldados y mozos que pudo, les mandó que volviesen a arrojar contra las casas donde se habían metido los enemigos las mismas piedras que ellos tiraban; y como no tenían adargas ni celadas con que cubrir las cabezas, como los cristianos, fueles forzado salir huyendo y dejarlas desamparadas; y con esto cesó aquel asalto, y de allí adelante no osaron llegar más a tirar piedras. Este capitán Juan Álvarez de Bohorques era natural de Villamartín, hermano del otro capitán don Hernando Álvarez de Bohorques, de quien hice mención, y servía con una compañía de caballos de su mismo pueblo, y don Juan de Austria le había mandado que llevase a Órgiba la escolta última que dijimos. Y porque estaba enfermo y tenía necesidad de curarse, le había dado licencia para que en llegando al presidio dejase allí sus escuderos y se volviese a Granada; el cual, como supo que había sospecha de cerco, no le pareciendo que convenía a su honra dejar la gente y volverse a Granada, dijo a Francisco de Molina que no quería usar de la licencia, sino esperar la común fortuna; el cual se lo tuvo en mucho, porque todos huían de estar en aquel presidio; y cierto fue su quedada importante, porque era hombre animoso y de muy buen entendimiento. Viendo · pues Aben Aboo el poco efecto que hacían los suyos en los asaltos, y que cada día había mayor defensa en los cercados, determinó de tomar el fuerte por hambre. Veía que tomando los pasos por donde habían de venir las escoltas de Granada, de necesidad les había de faltar el bastimento, y que quitándoles el agua del río y de la acequia, perecerían de sed en acabándoseles la que tenían en los fosos, los cuales se secaban luego al principio, mas después se había ido apretando la tierra y detenían ya el agua; y poco antes que el campo de los enemigos llegase, los habían henchido, y de allí bebían los soldados, aunque salían a tomarla con peligro, hasta que se hizo una mina por de dentro para poder llegar encubiertos a ellos, y no les quedaba ya agua para dos días. Por otra parte Francisco de Molina, en retirándose los moros del asalto, dio orden como aquella noche saliesen del fuerte dos soldados que sabían la lengua arábiga y eran muy prácticos en la tierra, y tocando arma por diferentes partes, para pervertir al enemigo y que tuviesen lugar de pasar adelante encubiertos, los envió a Granada con una carta para don Juan de Austria. Y por si acaso los prendiesen en el camino, porque no se entendiese la flaqueza que había en el fuerte, decía en ella que no tuviese su alteza pena, porque aunque los moros eran muchos, con mil y quinientos hombres que allí había y cantidad de bastimentos y municiones que le quedaban para más de un mes, estaba seguro el presidio, y aun entendía salir a ofender al enemigo. Y por otra parte mandó a los dos soldados que dijesen de palabra la falta que había de lo uno y de lo otro, y lo mucho que convenía socorrer con brevedad. Estos dos soldados se dieron tan buena maña, que pasando por medio del campo de los moros, fueron a Granada y dieron aviso a don Juan de Austria del estado del cerco; mas ya se tenían otros avisos por espías, y se aparejaba el duque de Sesa para ir a hacer el socorro, como diremos en el siguiente capítulo.

Capítulo XIV. Cómo el duque de Sesa salió a socorrer a Órgiba, y cómo Aben Aboo alzó el cerco y le fue a defender el paso

Como se supo en Granada el aprieto en que estaba Órgiba, el duque de Sesa, a quien estaba cometido el socorro, salió con la gente de guerra que había en la ciudad y en los lugares de la Vega, y fue al Padul, y de allí pasó al lugar de Acequia. Por cabo de la infantería iba don Pedro de Vargas, y de los caballos don Miguel de León; y capitanes eran don Jerónimo Zapata y Ruy Díaz de Mendoza. En este alojamiento se detuvo muchos días, así por aguardar que llegase la gente de la Andalucía que don Juan de Austria había enviado a pedir aquellos días para que llevasen los moriscos que habían quedado en Granada, como porque le dio la enfermedad de la gota, y don Juan de Austria quiso enviar a Luis Quijada en su lugar, mas luego mejoró. Siendo pues avisado Aben Aboo que el Duque estaba en campaña y que iba a socorrer aquel presidio, al octavo día acordó de alzar el cerco y salir a esperarle en el paso de Lanjarón para defenderle la entrada y pelear con él con ventaja de sitio. Y porque los cercados no le sintiesen partir, levantó el campo a media noche, y tan a la sorda, que no se entendió en el fuerte hasta otro día de mañana, que Francisco de Molina, viendo que no bullía cosa viva en el campo, hizo abrir una puerta que salía a los fosos del agua, y envió al alférez Portillo a reconocer las trincheras de los enemigos, el cual refirió cómo se habían ido. Esta fue una alegre nueva para los cercados, y dando muchas gracias a Dios por verse libres de aquel peligro, salieron a los alojamientos, donde hallaron muchos cuartos de carne y otras cosas de comer que se habían dejado con la prisa de la partida, y lo recogieron todo; y echando la acequia en los fosos, los tornaron a henchir de agua, porque, como queda dicho, tenían ya mucha falta della. Luego envió Francisco de Molina otros dos soldados con segundo aviso a don Juan de Austria de como el enemigo había alzado el cerco, y entendía que se iba a poner en la sierra de Lanjarón para defender el paso a la gente del socorro. En este tiempo, los dos soldados que habían ido primero a Granada volvieron a Órgiba con la respuesta de don Juan de Austria, en que decía que se había tratado en el Consejo de retirar aquel presidio y dejar el fuerte, y que no se había acabado de tomar resolución hasta ver su parecer; por tanto, que avisase luego, y si le parecía que convenía defenderle, enviase las causas, con relación de la gente y de las otras cosas que serían menester para ello. A esto respondió Francisco de Molina que al servicio de Dios y de su majestad convenía que aquel fuerte se sustentase por muchos respetos, y especialmente porque los moros cobrarían ánimo viéndole retirar; que conforme a esto le parecía que se debía socorrer con brevedad, y llegando la gente del socorro, podría quedar el número que pareciese suficiente para defenderle. Mas este parecer no fue aprobado; antes el Consejo se resolvió en que se desamparase, retirando la gente que había dentro, por ser lugar más costoso que provechoso, y no de momento para el enemigo. Después desto tuvo otra carta del duque de Sesa con los segundos soldados, en que decía que, habiendo llegado hasta el lugar de Acequia para socorrer aquella plaza, estaba aguardando que llegase la gente que venía de las ciudades para ir adelante, y que le avisase luego para cuantos días tenía de comer, porque para el día y hora que le dijese iría a sacarle de allí, como estaba acordado, advirtiéndole que estuviese a punto para retirarse con brevedad, porque no llegaría más que hasta el barranco de Lanjarón. El cual le respondió que tenía solo pan para cinco días, y que para cualquiera hora que fuese menester estaría apercibido; mas que había en el fuerte ochenta soldados heridos y enfermos, y algunas mujeres y niños, y otras muchas cosas de munición, que para llevarlo sería necesario llegar hasta el lugar de Órgiba con algunos bagajes. Dejemos agora a Francisco de Molina en Órgiba, y digamos lo que sucedió en Acequia al campo del duque de Sesa estos días.

Capítulo XV. Cómo Aben Aboo, procurando que nuestro campo no pasase a socorrer a Órgiba, peleó con él entre Acequia y Lanjarón

Usaba de muchas mañas Aben Aboo para entretener al duque de Sesa que no pasase a socorrer a Órgiba, porque entendía que los cristianos que estaban dentro no podían dejar de perderse muy en breve, faltándoles los bastimentos. Hacía grandes representaciones de gentes por aquellos cerros, fingía cartas exagerando el poder de los moros, y aún echaba fama que ya era perdido el fuerte y que eran muertos todos los cristianos de hambre. Estas cosas divulgaban los moriscos de paz en Granada, las espías en el campo, y los unos y los otros tan disimuladamente, que tenían suspenso al duque de Sesa, no se determinando si pasaría con la gente que allí tenía, o si esperaría la que venía de las ciudades, que no acababa de llegar. Estando pues con este cuidado, deseoso de prender algún moro de quien tomar lengua, Pedro de Vilches, Pie de palo, se le ofreció que se lo traería, dándole licencia para ello. Quisiera el Duque excusarle de aquel trabajo, por ser hombre impedido y hacer la noche oscura y tempestuosa de agua y viento: mas el animoso Vilches porfió tanto con él, y la necesidad era tan grande, que hubo de darle la licencia que pedía, enviando con él a Francisco de Arroyo, otro cuadrillero, con su gente. Los cuales salieron a prima noche, y emboscándose con los soldados en unas trochas que sabían, cuando vino el día tenían ya presos seis moros que venían hacia donde estaba Aben Aboo con cartas suyas. Con esta presa volvieron al campo; y queriendo saber el duque de Sesa lo que se contenía en aquellas cartas, porque estaban en arábigo y no había allí quien las supiese leer, escribió luego al Presidente que le enviase un romanzador que las declarase; el cual envió al licenciado Castillo, que las romanzó, y eran, según lo que después nos dijo, para los alcaides de Guéjar, Albuñuelas y Guájaras, diciéndoles que al bien de los moros convenía que recogiesen luego toda la gente de sus partidos, y se fuesen a juntar con él, porque quería dar batalla al duque de Sesa, que estaba en Acequia con fin de pasar a socorrer a Órgiba, y sin duda le desbaratarían; y que se había dejado de proseguir en el cerco de Órgiba para venirle a esperar en el paso; y que los cristianos quedaban ya de manera, que no podrían dejar de perderse brevemente.

Y en la carta que iba para el alcaide Xoaybi de Guéjar decía otra particularidad más: que saliese con seis mil moros de los que allí tenía, y tomando el barranco entre Acequia y Lanjarón, cuando el campo del Duque hubiese pasado, cortase el camino a las escoltas, que de necesidad habían de ir con bastimento, porque esto solo bastaría para desbaratarle. Por otra parte había hecho que se divulgase en Granada que el fuerte era ya perdido y que los cristianos habían sido todos muertos, para que don Juan de Austria mandase al duque de Sesa que retirase el campo, o a lo menos le entretuviese en aquel alojamiento; y habialo sabido hacer de manera que, para que se diese más crédito, había escrito que lo dijese algún morisco a un religioso en forma de confesión; y estando un día don Juan de Austria solo en su aposento, llegó a él un fraile a decírselo por cosa muy cierta. Esta nueva puso en harto cuidado al animoso Príncipe, y mandando juntar luego consejo, propuso lo que el fraile le había dicho, para ver el remedio que se podría tener; y dando y tomando sobre el negocio, jamás se pudo persuadir el presidente don Pedro de Deza a que fuese verdad, diciendo que sin duda era algún trato de moros; porque si otra cosa fuera, no era posible dejar de haber venido alguna persona que depusiera de vista; y tanto más dejó de creerlo cuando don Juan de Austria le dijo de quién y cómo lo había sabido. Dando pues todavía prisa al duque de Sesa que pasase adelante, determinó de hacerlo; y enviando a Pedro de Vilches con ochocientos infantes a que reconociese el barranco que atraviesa el camino real y baja a dar a Tablate, le mandó que tomase lo alto dél, y se pusiese donde el camino de Lanjarón hace vuelta cerca de Órgiba, y desde allí diese aviso a Francisco de Molina; y para asegurarle envió luego en su resguardo ochocientos hombres, y él siguió con todo el resto del ejército, que serían poco más de cuatro mil infantes y trescientos caballos, sospechando que los unos y los otros habrían menester socorro. Luego que los enemigos vieron caminar nuestra gente, repartiendo la suya en dos partes, el Huscein y el Dali, capitanes turcos, fueron a encontrar a nuestro cuadrillero con la una, y la otra quedó de retaguardia; y encubriéndose los delanteros, antes de llegar a ellos comenzó Dali a mostrarse tarde y a entretenerse escaramuzando; y entre tanto apartaron seiscientos hombres, trescientos con el Rendati, para que se emboscase a las espaldas, y trescientos con el Macox, que fuese encubiertamente a ponerse junto al camino de Acequia, donde dicen Calat el Haxar, que quiere decir atalaya de las piedras: cosa pocas veces vista, y de hombres muy prácticos en la tierra, apartarse con gente estando escaramuzando, y emboscarse sin ser sentidos de los que estaban a la frente ni de los que venían a las espaldas. Cayó la tarde, y cargó Dali reforzando la escaramuza a la parte del barranco cerca del agua, de manera que a los nuestros pareció retirarse hacia donde entendían que venía el Duque. A este tiempo se descubrió el Rendati, y fue cargando sobre ellos; los cuales, hallándose lejos del socorro y viendo que cerraba ya la noche, se retiraron a un alto cerca del barranco con propósito de parar allí hechos fuertes; y pudieran estar seguros, aunque con algún daño, si el capitán Perea, natural de Ocaña, tuviera sufrimiento; mas en viendo el socorro que les iba, desamparó el cerro, y bajando el barranco abajo, fue seguido de los enemigos y muerto peleando con parte de los soldados que iban con él. Los otros pasaron adelante, siguiéndolos los moros, hasta que llegaron donde estaba el Duque ya anochecido, el cual los socorrió y retiró; mas dando en la segunda emboscada del Macox, y hallándose por una parte apretado de los enemigos, y por otra incierto del camino y de la tierra, con la oscuridad y confusión, y con el miedo de la gente que le iba faltando, fue necesario hacer frente al enemigo con su persona. Quedaron con el Duque don Gabriel de Córdoba y don Luis de Córdoba, y don Luis de Cardona, Pagan de Oria, hermano de Juan Andrea de Oria, y otros caballeros y capitanes, muchos de los cuales se apearon con la infantería, y con la mejor orden que pudieron se retiraron al alojamiento casi a media noche. Hubo algunas opiniones que si los moros cargaran como al principio, corrieran peligro de perderse todos los nuestros; mas el daño estuvo en que Pedro de Vilches partió a hora que no le bastó al Duque el día para llegar a Órgiba ni para socorrer, porque le faltó el tiempo: cosa que engañó a muchos en el reino de Granada, que no le medían bien por la aspereza de la tierra, hondura de barrancos y estrechura de caminos. Murieron cuatrocientos cristianos y hubo muchos heridos, y perdiéronse muchas armas, según lo que los moros decían; pero según nosotros, que en esta guerra nos enseñamos a disimular y encubrir la pérdida, solos sesenta fueron los muertos, no con poco daño de los enemigos y con mucha reputación del Duque, que de noche, sospechoso de la gente, apretado de los enemigos, impedido de la persona, tuvo libertad para poner en ejecución lo que se ofrecía proveer a todas partes, resolución para apartar los enemigos y autoridad para detener a los soldados, que habían ya comenzado a huir.

Capítulo XVI. Cómo Francisco de Molina dejó el fuerte de Órgiba, y se retiró con toda la gente a Motril, y el duque de Sesa se volvió a Granada

En este tiempo Francisco de Molina, viendo que los cinco días en que el duque de Sesa había enviado a decir que le socorrería eran ya pasados, y otros cinco más, considerando que, pues su entrada no era para más efecto que para sacarle de allí, podría excusarse con salir él; el propio día que recibió la carta última, tomando consigo a los capitanes Juan Álvarez de Bohorques y Gaspar Maldonado y otros tres de a caballo, salió a reconocer el sitio donde se había puesto el campo del enemigo; y pasando por muchas centinelas de moros que estaban puestas por aquellos cerros, llegó hasta el castillo de Lanjarón, dos leguas de Órgiba, donde había una escuadra de soldados a su orden; a los cuales preguntó qué nuevas tenían del campo de los moros; y diciéndole que no sabían más de que todos aquellos cerros estaban cubiertos dellos, considerando que su intento no era más que defender aquella entrada, volvió luego al fuerte por otro camino; y aquella misma noche hizo, calentar con las astas de las picas y alabardas de la munición unas piezas de artillería de campaña que había dentro; y haciéndolas pedazos, enterró el metal y otras cosas de peso, que entendió que no se podían llevar. Y haciendo subir los enfermos y heridos y algunas mujeres en los caballos de los escuderos, lo mejor que pudo, tomando por estandarte un crucifijo, a quien todos se encomendaron con mucha devoción, sin hacer ruido con las cajas, sacó toda la gente del fuerte a las diez de la noche, y caminó la vuelta de Motril, llevando las cruces, los retablos y los ornamentos de la iglesia consigo. Dejó cuatro soldados en la torre de la campana, con orden que tañesen siempre, como se tenía de costumbre, hasta que la gente se hubiese alargado de la otra parte del río; y que en viendo cierta señal que se les haría con fuego, se retirasen. Desta manera se fueron todos por el camino de Motril, sin hallar quien les hiciese estorbo, donde llegaron otro día de mañana; y se excusó la entrada del duque de Sesa por entonces, dejando burlado al enemigo. Llegada nuestra gente a vista de Motril, los de la villa estuvieron harto temerosos, creyendo que eran moros, porque la misma noche que salieron de Órgiba habían venido los enemigos de Dios a dar en las casas del barrio de los moriscos, y se los habían llevado a la sierra, a unos por fuerza y a otros de grado, y habían peleado buen rato con los cristianos, que tenían barreadas las bocas de las calles, y las mujeres y niños metidos en la iglesia, que es a manera de una fortaleza. Mas cuando supieron que eran los soldados de Órgiba, no se puede encarecer el contento que recibieron, así por verlos libres del cerco, como por entender que la villa estaría guardada; y porque tenían falta de bastimentos, y los nuevos huéspedes llevaban pocos, acordaron luego de salir a buscar qué comer a los lugares de Lobras, Patabra y Mulvízar. Otro día siguiente salió el capitán Juan Álvarez de Bohorques con la gente de a caballo y algunos arcabuceros de a pie, y dando sobre ellos, los saqueó, y recogió muchas cosas de comer y cantidad de paja, que era lo que más habían menester para los caballos; mas no hizo daño a los moros en sus personas, porque tuvieron aviso de cómo iba, y se subieron a la sierra. Cuando don Juan de Austria supo lo que Francisco de Molina había hecho, loó mucho su buena diligencia; y mandándole que se quedase en Motril por cabo de la gente de guerra que allí había, hizo hartos buenos efectos en los moros; y cuando hubo de ir al río de Almanzora, le mandó que fuese a servir aquella jornada. Por otra parte, el duque de Sesa, que todavía estaba con su campo en Acequia, viendo que ya no había para qué pasar adelante, dio vuelta hacia las Albuñuelas, donde se habían recogido muchos moros, y acabando de destruir aquellos lugares, dejó allí mil hombre de presidio, y se fue a Granada. El primero que dio aviso cómo Francisco de Molina había dejado a Órgiba y retirado la gente a Motril, fue un cristiano cautivo que acudió a la Calahorra, y dijo al marqués de los Vélez como los moros habían hecho grandes alegrías por toda la Alpujarra, y que era tan grande su regocijo, que se había descuidado su amo con él, y había tenido lugar para poder huir; el cual despachó luego con la nueva a su majestad y a don Juan de Austria.

Capítulo XVII. Cómo Jerónimo el Maleh alzó la villa de Galera, y cómo los de Güéscar fueron a socorrer unos soldados que se hicieron fuertes en la iglesia

La villa de Galera era de don Enrique Enríquez, vecino de Baza; el cual a pedimento de los propios vecinos, que todos eran moriscos, para defenderlos si viniesen algunos moros a hacerles que se alzasen, había enviádoles sesenta arcabuceros con Almarta, su criado, encargándole que no los alojase en las casas, porque no diesen pesadumbre a los moriscos; el cual estaba alojado con ellos en la iglesia, que está fuera de la villa a la parte del cierzo, en un llano que se hace entre las casas y el río. La torre del campanario era fuerte, en ella tenía su centinela de noche y de día. Andaba en este tiempo Jerónimo el Maleh con otro campo de moros a la parte del río de Almanzora y Baza, solicitando todos los pueblos de moriscos a rebelión, y haciendo el daño que podía en los cristianos, y traía consigo un capitán turco llamado Caravajal con doscientos escopeteros berberiscos; y queriendo levantar a Galera, para recoger allí la gente de Orce y Castilleja, por ser sitio fuerte, del cual haremos adelante mención, los vecinos se excusaban con decir que no podían alzarse mientras Almarta estuviese allí con aquellos soldados; y para quitárselos de delante, había metido secretamente en la villa doscientos moros armados que los matasen; cosa que pudiera hacer con mucha facilidad, según estaba Almarta confiado de que no le harían traición, porque subían cada mañana los soldados de dos en dos y de tres en tres a la plaza a comprar bastimentos, tan descuidados como si todos fueran unos, ellos y los vecinos. Ordenaron pues los enemigos de Dios de ponerse una mañana a trechos por las calles y por las casas, y como fuesen subiendo los soldados, matarlos, y acudir luego a la iglesia y ponerle fuego para quemar a los que hubiesen quedado dentro. Estando pues con esta determinación la noche antes del día que habían de hacer el efecto, un moro llamado Anrique, natural de Purchena, de los que el Maleh había enviado, que había sido monfí en tiempo de paces, pareciéndole que era buena coyuntura la que se ofrecía para alcanzar gracia y perdón de sus culpas, determinó de meterse en la iglesia, y dar aviso a los cristianos del engaño que les tenían ordenado; y arrojándose por la ventana de una casa, aunque fue sentido de las centinelas y de otros moros sus compañeros, que salieron en su seguimiento y le descalabraron, todavía corrió más que ellos, y se metió con los cristianos en la iglesia, y les descubrió lo que tenían acordado para matarlos, y cómo había en la villa doscientos moros que el Maleh había enviado, y que él era uno dellos. Almarta le agradeció mucho el aviso, y envió luego dos soldados a Güéscar, que está una legua de allí, pidiendo al alcaide Francisco de Villa Pecellin, caballero del hábito de Calatrava y gobernador de aquel estado, que es del duque de Alba, y al doctor Huerta, alcalde mayor, que le socorriesen con alguna gente para poderse retirar con la poca que tenía consigo. Los cuales juntaron a gran prisa los caballos y peones, y fueron a Galera; mas ya cuando llegaron la villa estaba alzada y los moros tenían, cercada la iglesia, y la habían combatido y puéstole fuego para quemarla; y como los de Güéscar llegaron, se retiraron escaramuzando hacia la villa; de manera que los cercados tuvieron lugar de poder salir por unas ventanas que salían hacia el río con igual trabajo que peligro; y sin hacer otro efecto más que retirar aquella gente, se volvieron el mismo día a Güéscar, dejando aquella villa alzada y puesta en arma, con propósito de volver mejor apercibidos sobre ella.

Capítulo XVIII. Cómo la gente de Güéscar volvió sobre Galera, y volviendo desbaratados, quisieron matar los moriscos que vivían en Güéscar

Vuelta nuestra gente a Güéscar, creció tanto la ira popular en ver la insolencia con que se habían alzado los de Galera, y el trato que aquellos moros tan regalados de su señor tenían hecho para matar a los soldados que les había enviado para que los defendiesen, que indignados contra toda la nación morisca, quisieron matar a los que vivían entre ellos, y saquearles las casas antes que viniesen a hacer otro tanto. Y como anduviese este ruido entre la gente común, el comendador Pecellin recogió todos los moriscos en las casas de las tercias, que son unos alholís muy grandes, donde se encierra el pan que pertenece al duque de Alba de sus rentas, dejando solas las moriscas en las casas. Apaciguose el pueblo por entonces con esperanza de saquear a Galera; y enviando a llamar a los vecinos de la villa de Bolteruela para que los acompañasen, fueran luego a hacer el efecto, aunque confusa y desordenadamente, como hombres que llevaban menos celo y más codicia de la que era menester en aquella coyuntura. Llegados a Galera, pelearon dos días con los moros sin hacer nada ni quererse retirar; y viendo la resistencia que les hacían, y que sería menester más fuerza de gente, enviaron a pedir socorro a don Antonio de Luna, que, como queda dicho, estaba por cabo de la gente de guerra de Baza. En este tiempo doña Juana Fajardo viuda, mujer de don Enrique Enríquez, porque no le saquease aquellos vasallos, entendiendo poderlos apaciguar, envió a don Antonio Enríquez, su cuñado, con algunos caballos, a que les hablase de su parte, y les persuadiese a que dejasen las armas y se redujesen al servicio de su majestad; el cual llegó a la villa estando sobre ellos los de Güéscar; y acercándose a las casas, llamó por sus nombres a algunos de los vecinos que conocía, y les dijo que se maravillaba mucho de ver novedad tan grande en gente que siempre habían sido leales, y que bien se dejaba entender no ser ellos los autores de la maldad, sino los moros forasteros que habían hecho que se alzasen por fuerza; que el remedio estaba en la mano, porque él venía a defenderlos, y a dar orden como tampoco recibiesen daño de la gente de guerra; por tanto les rogaba que, asegurando sus cabezas, volviesen al servicio de su majestad, y que él haría con los de Güéscar que se volviesen a sus casas sin que el daño pasase más adelante. Destas palabras escarnecieron los bárbaros ignorantes, engañados de su propia confianza y de la que les ponían los turcos que estaban con ellos; y sin dejar hablar a los llamados, algunos de los moros berberiscos respondieron que los de aquella villa no conocían más que a Dios y a Mahoma, y que se quitase de allí, porque le tirarían con las escopetas. Con esta respuesta se airaron nuestros cristianos de manera, que quisieron luego, combatir la villa contra la voluntad de los capitanes, a quien don Antonio Enríquez hacía muchos requerimientos que no lo consintiesen, diciendo que él haría con los moriscos que se rindiesen, porque no eran los vecinos, sino los moros forasteros los que habían respondido de aquella manera; y al fin pudo tanto la ira en la gente común, poco acostumbrada a obedecer, que sin aguardar orden se fueron determinadamente hacia las casas; y subiendo unos tras de otros por las calles, llegaron hasta cerca de la plaza con voz de declarada victoria; y si fueran seguidos de toda la otra gente, pudiera ser que tomaran la villa en aquel día, y no costara la sangre que costó después ganarla; mas como los capitanes estaban suspensos, no sabiendo cómo se tomaría aquel hecho, y detenían la gente, fue necesario que los atrevidos se retirasen, y a la retirada mataron y hirieron los moros muchos dellos; los cuales no salieron de la villa, contentándose con lo hecho y con defender sus paredes, porque tenían mucho temor a los de a caballo. Los cristianos volvieron tan desbaratados a Güéscar y con tanta indignación contra la nación morisca, que entrando en la ciudad, así hombres como mujeres, comenzaron a dar voces, diciendo que por qué habían de quedar vivos los moriscos que Pecellin había recogido en las tercias, pues los de Galera sus parientes habían muerto y herido tantos cristianos, y apellidado el nombre y seta de Mahoma; añadiendo a esto que quien los defendía era peor que ellos; y a furia de pueblo corrieron unos a combatir las tercias, y otros a saquear las casas de la morería. Los que fueron a las tercias pusieron fuego a las puertas, porque las hallaron cerradas; y tirando con los arcabuces por las lumbreras de los sótanos, donde los moros estaban metidos, mataron algunos dellos; y los mataran a todos si el mismo fuego encendido en su daño no les fuera favorable, porque creció tanto la llama con la fuerza del trigo y de la cebada que allí había, que estando ardiendo las puertas, umbrales y techos, hecho todo una llama, no hubo cristiano que osase entrar dentro, y se quedaron los moriscos metidos en las bóvedas. A este tiempo los que habían acudido a robar las casas de la morería se llevaron cuanto había en ellas, sin haber quien se lo contradijese; y como acudiesen también a la fama del despojo los que combatían las tercias, Pecellin tuvo lugar de favorecer los moriscos; y haciendo apagar el fuego, los sacó de las bóvedas y los llevó a casa de don Rodrigo de Balboa, y de allí a unos sótanos que había en el revellín del castillo, donde los tuvo encerrados muchos días por miedo que se los matarían, hasta que su majestad mandó que los metiesen la tierra adentro con los demás de aquel reino.

Capítulo XIX. Cómo el marqués de los Vélez fue avisado que Jerónimo el Maleh iba a cercar la fortaleza de Oria, y cómo fue luego socorrida

Sabiendo Jerónimo el Maleh que en la fortaleza de Oria había mucha gente inútil y falta de bastimentos y de municiones, quisiera mucho ocuparla, por ser plaza muy importante para su pretensión; y como anduviese juntando gente y haciendo otras prevenciones, el marqués de los Vélez fue avisado dello, el cual escribió desde la Calahorra a Baza a don Juan Enríquez, y a Vélez el Blanco a don Juan de Haro, ordenándoles que cada uno por su parte procurasen abastecer con toda brevedad aquella fortaleza, y que sacasen las mujeres y gente inútil que había dentro, y los llevasen a los Vélez y a otros lugares apartados del peligro, y que si el capitán Valentín de Quirós, cabo del presidio, hubiese menester más gente de la que tenía, se la dejasen. Don Juan Enríquez salió de Baza con ciento y cuarenta de a caballo, y dando vista al campo del enemigo que andaba junto a Canilles, envió a don Antonio, su hermano, con ciento y veinte escuderos, y otros tantos costales de harina en las ancas de los caballos, la vuelta de Oria, mientras hacía representación con los otros veinte, y burlando desta manera a los moros, hizo el efecto del socorro. También envió don Juan de Haro cuarenta de a caballo desde Vélez el Blanco, y con ellos cien arcabuceros, los cuales entraron en Oria el primer día del mes de noviembre con algunos bastimentos y municiones, y orden de retirar la gente inútil que allí había; y siendo el Maleh avisado dello, tomó consigo dos mil moros escogidos, y a gran prisa fue a tomarles un paso, donde llaman la boca de Oria, por donde forzosamente habían de volver a Vélez el Blanco. Y pudiera ser que hiciera mucho daño, si no fuera por la diligencia de un clérigo llamado Martín de Falces, beneficiado de Vélez el Blanco, hombre aficionado a la caza de montería, y por esta razón muy plático en toda aquella tierra; el cual quiso ir a reconocer el camino antes que partiese la gente de Oria, y dando con la emboscada de los moros, volvió luego a los capitanes, y les requirió que no partiesen de allí hasta tanto que el paso estuviese desembarazado, o hubiese mayor número de gente con que poder pasar. Con este aviso se detuvo la escolta, y los capitanes escribieron luego a don Juan de Haro el estado en que quedaban, para que diese orden como asegurarles el camino. Luego escribió don Juan de Haro al cabildo de la ciudad de Lorca, avisando del peligro en que estaban aquellos cristianos, y pidiendo que le acudiesen con el mayor número de gente que ser pudiese, porque convenía socorrer aquella fortaleza, y desocupar el paso que el enemigo tenía tomado a la escolta. Y como la carta fuese con alguna manera de superioridad, los regidores, enfadados de ver el término con que escribía, respondieron que enviarían primero a Murcia y a Caravaca para que se recogiese la gente, y que venida, harían el socorro. Luego se entendió en Vélez el Blanco la causa porque no habían acudido los de Lorca, y las hijas del marqués de los Vélez, doncellas discretas y de mucho valor, escribieron por su parte a la ciudad y al doctor Huerta Sarmiento, alcalde mayor, representando la mucha necesidad que había de que fuese socorrida la gente que estaba en Oria, y encargándoles que fuese con toda brevedad. Y juntándose sobre ello otra vez a cabildo, aunque de doce regidores fueron los ocho de parecer que todavía se dilatase el negocio hasta que la gente de Murcia y de Caravaca viniese, el alcalde mayor no quiso arrimarse a los más votos, sino acudir a la necesidad presente; y luego hizo avisar a las villas de los Alumbres, Totana y Librilla, para que fuesen a esperarlo en Vélez el Blanco, y recogiendo la gente de la ciudad, partió de Lorca a 5 días del mes de noviembre, con ochocientos infantes y cien caballos. Capitanes de la infantería eran Juan Navarro de Alba, Juan Helices Gutiérrez y Diego Mateo de Guevara, y de los caballos Juan Hernández Manchiron. Con esta gente llegó el alcalde mayor a Vélez el Blanco, y se alojó fuera de la villa en el arrabal, en las casas de los moriscos, que según pareció, tenían liada la ropa para caminar a la sierra, y había dentro de las casas algunos moros de los alzados de las Cuevas, que aguardaban un capitán moro llamado Francisco Chelen, que había de ir a levantarlos. En este alojamiento estuvieron los de Lorca hasta que llegó la gente de los Alumbres, Totana y Librilla; y a 10 días del mes de noviembre partieron con toda la gente en ordenanza, y fueron a dormir aquella noche a Chiribel, llevando cantidad de bagajes cargados de bastimentos y municiones para dejar en Oria. Enviaron delante dos hombres pláticos en la tierra, que reconociesen aquel paso, con orden que volviesen luego al amanecer del día por el mismo camino. Estos hombres pasaron tan adelante, que cuando quisieron tornar a dar aviso, no pudieron, porque los moros les tomaron el paso; y metiéndose por aquellas sierras, fueron a parar desde a cuatro días a Lorca. El alcalde mayor, viendo que no venían, como se les había ordenado, llevando sus descubridores delante, prosiguió su camino, y cuando llegó al paso, halló que los moros se habían retirado aquella noche; y entrando pacíficamente en Oria, metió los bastimentos y municiones que llevaba, y sacó toda la gente inútil que allí había, y la envió a los Vélez y a otros lugares; y dejando la plaza proveída, fue de vuelta sobre Cantoria, y quemó a los moros una casa de munición que allí tenían, y peleó con ellos y los venció, como se dirá en el siguiente capítulo.

Capítulo XX. Cómo la gente de Lorca, habiendo socorrido a Oria, y pasando a Cantoria, quemado a los moros la casa de munición que allí tenían, de vuelta pelearon con ellos y los vencieron

Habiendo los de Lorca socorrido la fortaleza de Oria, y sacado la gente inútil que allí había, quisieran mucho ir luego sobre la villa de Galera, sabiendo que los moriscos della estaban alzados, y el daño que habían hecho en los de Güéscar; y juntándose con los capitanes a consejo, no vinieron en ello, diciendo que no habían salido por aquel efecto, ni era bien poner el estandarte de su ciudad debajo del de don Antonio de Luna sin orden de su majestad. Y siendo avisado, que en la villa de Cantoria había muchas mujeres, ropa y ganados, y que tenían los moros una casa de munición, donde hacían pólvora, acordaron de ir sobre ella; y repartiendo munición a los arcabuceros, a media noche salieron de Oria con propósito de llegar a darles una alborada, por estar Cantoria cuatro leguas de allí; mas es tan áspero el camino, que no pudieron llegar hasta que ya era alto el día, porque les amaneció en Partaloba, y hallando los moros apercibidos, pasaron con la gente en ordenanza por las huertas, y caminando por el río abajo, descubrieron la fortaleza de Cantoria, y vieron estar en la muralla y sobre los terrados mucha gente haciendo algazaras con instrumentos y voces que atronaban aquella tierra, y muchas banderas tendidas por las almenas; los cuales comenzaron luego a tirar con dos tirillos de artillería que tenían. El alcalde mayor envió una compañía de arcabuceros por una ladera arriba a que tomase un peñón que está a caballero de la fortaleza; y con toda la otra gente se arrimó a la puerta del revellín, y comenzó a pelear con los de dentro, que se defendían con escopetas y ballestas y hondas. Duró la pelea desde las siete de la mañana basta las dos de la tarde. En este tiempo nuestra gente ganó el peñón, y teniendo desde allí la muralla y los terrados a caballero, que no se podía encubrir nadie de los que andaban de dentro, mataron algunos moros, y tuvieron lugar de poder llegar los que estaban con el alcalde mayor a desquiciar las puertas primeras del revellín con rejas de arados y con azadones y hachas, donde los moros tenían metido todo el ganado. Y entrando dentro, aunque de las saeteras y traveses del muro principal herían algunos soldados, se metieron en la casa de la munición que estaba entre los dos muros, y desbarataron el ingenio de refinar el salitre y de hacer la pólvora, y pegaron fuego al edificio y lo quemaron todo. Y porque no se podía entrar la fortaleza sin artillería o escalas, sacaron dos mil y setecientas cabezas de ganado menudo y trescientas vacas, y se retiraron. Y enviando delante a Martín de Molina con treinta caballos y trescientos peones, que se alargase con la cabalgada y procurase llegar aquella noche al lugar de Güércal de Lorca, porque se tuvo entendido que acudirían muchos moros, según las grandes ahumadas que hacían, llamándose unos a otros por todo el río de Almanzora, caminó luego el alcalde mayor con toda la otra gente; y como cerca del lugar de Alboreas se descubriesen cantidad de enemigos, que venían al socorro de Cantoria, del río de Almanzora, y hallando nuestra gente retirada, la seguían, estuvo un rato hecho alto para que el ganado tuviese lugar de alargarse; y entre tanto envió algunos caballos a reconocer qué gente era la que parecía, y tras dellos fue él propio, y reconoció cuatro banderas de moros que iban algo arredradas, y parecía que caminaban a meterse en las huertas de Alboreas, donde había un paso peligroso por la espesura de las arboledas y de las acequias que cruzaban de una parte a otra sin puentes. Y temiendo que si los moros tomaban aquel paso podrían hacerle daño, porque de necesidad habían de ir las hileras desbaratadas, hizo muestra de aguardarlos para pelear a la entrada de las huertas. A este tiempo había pasado ya la presa de la otra parte de las huertas, y los moros, teniendo entendido que pues aquella gente hacía alto para pelear, debía tenerles armada alguna emboscada, dejando el camino del río, que llevaban, subieron a gran prisa por encima de una venta que dicen de Bena Romana, y desde allí comenzaron a arcabucear a nuestra retaguardia. En este lugar quisieran los de Lorca dar Santiago en los enemigos; mas el alcalde mayor no lo consintió, diciendo que pasasen adelante; que él les daría orden para ello en hallando disposición de sitio donde los caballos se pudiesen revolver. Y habiendo pasado la venta y atravesado el río y un lodazar grande que se hacía par della, llegando como media legua adelante cerca de donde dicen el Corral, puso toda la gente en orden de batalla. Los enemigos llegaron hechos una grande ala, y como prácticos en la tierra, enviaron tres turcos de a caballo y cinco moros de a pie que descubriesen nuestras ordenanzas y viesen la orden que llevaban y el sitio y disposición en que estaban puestos; porque, como habían venido hasta allí algo arredrados, aún no sabían bien con quién habían de pelear. Y habiéndolos reconocido y descubierto una emboscada de infantería y de caballos que el capitán Diego Mateo les había puesto a un lado del camino, pareciéndoles que era poca gente, según la mucha que ellos traían, acometieron con grandes alaridos, disparando sus escopetas y ballestas; mas los hombres de Lorca, acostumbrados a no temer, habiendo hecho su oración y encomendádose a Dios, dieron Santiago en ellos, y la caballería procuró atajarlos y entretenerlos con su acometimiento mientras llegaba la infantería; y fue tan grande el ímpetu de los unos y de los otros, que no tuvieron lugar de tirar más que una rociada de arcabucería, porque llegaron luego a las manos; y peleando esforzadamente caballos y peones, mataron algunos turcos y moros que venían de vanguardia, y pusieron los otros en huida, y les tomaron cinco banderas. Peleó este día un moro que llevaba la una destas banderas admirablemente, el cual estando pasado de dos lanzadas y teniéndole atravesado con la lanza el alférez de la caballería, con la una mano asida de la lanza del enemigo, y la otra puesta en la bandera, estuvo gran rato lidiando, hasta que el alcalde mayor mandó a un escudero que le atropellase, con el caballo, y caído en el suelo, jamás pudieron sacarle de las manos la bandera mientras tuvo el alma en el cuerpo. Estas banderas eran de los lugares de Códbar, Líjar, Albánchez, Purchena, Serón, Tavernas, y Benitagla, y venía con ellas un hijo del Maleh. Siendo pues los moros vencidos, y muertos más de cuatrocientos y cincuenta dellos, los otros se derribaron por unas ramblas abajo, y por ser ya noche, no pudieron seguir los nuestros el alcance. Murieron de nuestra parte dos soldados, y hubo heridos treinta y siete, y entre ellos cinco escuderos y catorce caballos muertos: algunos desbarrigó un moro al pasar por junto a una paredeja de piedra, estando cubierto con ella, con una lanzuela en la mano. Y siendo ya anochecido, caminaron a paso largo hasta alcanzar a Martín de Molina, y aquella noche se alojaron en Güércal de Lorca con buenas guardas y centinelas. Allí recibió el alcalde mayor una carta de su cabildo, encargándole que volviese a poner cobro luego en aquella ciudad, porque había cada hora rebatos de moros; a la cual no quiso responder más de enviar a Martín de Molina y a Pedro de Oliver con las nuevas del buen suceso. Otro día a 13 de noviembre caminó la vuelta de Lorca, donde fueron todos alegremente recibidos de los ciudadanos; y las banderas que se ganaron a los moros quedaron por trofeo en aquella ciudad en memoria desta victoria, y votó el cabildo de los regidores de celebrar cada año la fiesta de señor san Millán, por haber sido en el día de su festividad.

Capítulo XXI. De algunas provisiones que don Juan de Austria hizo a la parte de Granada estos días, por los daños que los moros de Guéjar hacían

La dilación en las provisiones de la guerra que de nuestra parte se habían de hacer, causaba mayor atrevimiento a los rebeldes. Habíanse recogido en Guéjar con Pedro de Mendoza el Hoscein tantos moros, que demás de la gente del presidio que allí tenía, que eran seiscientos hombres, se juntaban algunas veces tres y cuatro mil con los capitanes Xoaybi, Choconcillo, el Macox y el Mojájar, y otros que se mudaban a temporadas, por la comodidad que tenían en la aspereza de aquellas sierras para salir a robar y poderse retirar a su salvo; y como desasosegasen a Granada, llegando a todas horas cerca de los muros de la ciudad, don Juan de Austria puso alguna gente de guerra en presidios, con que asegurar la tierra y excusar los daños que hacían. A los lugares de Pinos y Cenes, que están en la ribera de Genil, envió dos compañías de infantería. En el cerro del Sol se pusieron dos cuadrillas de las ordinarias, porque desde aquella cumbre alta se descubren todos los cerros que hay hasta la sierra de Guéjar. Hizo alzar un muro de tapias, que atravesaba por la ermita de los mártires, y cerraba toda la entrada de la loma por aquella parte; y en la ermita hacía cuerpo de guardia una compañía, otra en Antequeruela, y otra en la puerta de los Molinos. Y porque se tardaba en salir, cuando había rebatos, la caballería, aguardando orden, mandó a Tello González de Aguilar que en sintiendo rebato, a cualquiera hora que fuese, saliese con sus caballos en busca de los enemigos, y que no perdiese tiempo en esperar órdenes. Y para asegurar las entradas de la Vega, demás de la gente de guerra que estaba alojada en las alcarías, envió a don Jerónimo de Padilla, hijo de Gutierre López de Padilla, a que se alojase en Santa Fe con una compañía de caballos, y otra a la villa de Hiznaleuz para que asegurase aquel paso. Desta manera estaba la ciudad de Granada rodeada de presidios, por razón de la molestia de los moros de Guéjar, cuando don Juan de Austria propuso un día en el Consejo cuán importante cosa sería que el marqués de los Vélez, pues estaba consumiendo los bastimentos en la Calahorra sin hacer efecto, fuese a expugnar aquella ladronera con la gente que allí tenía; y que a la parte de Granada podría salir otro campo que atajase los enemigos que respondiesen por allí, porque no podían en ninguna manera atravesar la sierra, que estaba cargada de nieve. Y como pareciese a todos que sería cosa acertada, y fuese el marqués de los Vélez avisado dello, previniendo a la orden, quiso hacer la jornada, y envió secretamente a Tomás de Herrera a que reconociese el lugar y la cantidad de gente que había dentro; y mientras iba y venía, escribió a don Rodrigo de Benavides que, dejando buena guardia en la ciudad de Guadix, se viniese con toda la otra gente a la Calahorra, porque pensaba hacer una importante entrada. Hizo reseña general, y apercibió todas las cosas necesarias para ella; mas venido Tomás de Herrera, fue de calidad la relación que le trajo que le hizo mudar parecer, fuese por tener poca gente, siendo menester mucha para cercar y acometer el lugar por diferentes partes, como era necesario que se hiciese, por estar repartido en tres barrios arredrados uno de otro, y metidos entre asperísimas sierras, o porque entendió que don Juan de Austria saldría luego de Granada, y llevando consigo a Luis Quijada, vendrían a juntarse de necesidad; cosa que él procuraba excusar todo lo posible. Sea como fuere, él despidió la gente de Guadix, agradeciendo la voluntad con que habían venido, y dijo a don Rodrigo de Benavides que brevemente le enviaría a llamar para otra cosa de mayor importancia; y así, se dejó de hacer la jornada de Guéjar por entonces, hasta que después hubo de hacerla don Juan de Austria por su persona.

Capítulo XXII. De la entrada que el marqués de los Vélez hizo en el Boloduí

Cuatro días después desto vinieron unas espías al marqués de los Vélez con aviso como Aben Aboo había enviado gran número de mujeres a coger la aceituna en los lugares del río del Boloduí, y ochocientos moros de guardia con ellas; y tornando a enviar a llamar a don Rodrigo de Benavides con su gente, y a los caballeros de la ciudad de Guadix, juntó un campo de dos mil y quinientos infantes y trescientos caballos, con el cual partió de la Calahorra dos horas antes de mediodía, sin dar parte a nadie de lo que iba a hacer. Aquella tarde llegó a la villa de Fiñana, y a las nueve de la noche, cuando entendió que la gente había ya cenado, mandó tocar las cajas y las trompetas a recoger, y que luego marchasen los escuadrones de la infantería, llevando don Pedro de Padilla la vanguardia y don Juan de Mendoza la retaguardia; y con la caballería y las guías por delante tomó la vuelta de Santa Cruz del Boloduí, donde decían las espías quedaban las moras y los moros que Aben Aboo había enviado. Este camino quisiera hacer el marqués de los Vélez con mucha brevedad para ir a amanecer sobre los enemigos, que estaban cinco leguas de allí; mas iban los soldados tan desmayados de hambre y de enfermedad, y hacía una noche tan áspera de frío, que no fue posible, especialmente habiendo de pasar el río más de diez veces por aquel camino. El cual, viendo que la infantería se iba quedando y que aclaraba ya el día, envió a decir a don Pedro de Padilla que anduviese todo lo que pudiese; y poniendo las piernas a su caballo, corrió al galope hasta meterse en la rambla donde están aquellos lugares del Boloduí y Santa Cruz; mas con toda esta diligencia, cuando llegó habían descubierto las atalayas y comenzado a hacer ahumadas por las sierras, apellidando la tierra. Viendo pues que había sido sentido, envió a don Rodrigo de Benavides con cien caballos por la rambla abajo; y atajando él por una vereda harto áspera y fragosa, fue a ponerse encima del lugar del Boloduí sobre el propio río, en un cerro alto que descubría toda aquella tierra. Desde allí hizo ir los caballos en seguimiento de los moros, que iban huyendo por aquellas sierras arriba, llevando las mujeres por delante; los cuales alcanzaron algunos hombres y los mataron, y cautivaron mucha cantidad de moras, y tomaran muchos bagajes. Don Rodrigo de Benavides fue siguiendo el alcance por la rambla abajo hasta cerca de Guécija, y recogió muchas mujeres, y mató algunos moros de los que habían acudido hacia aquella parte; porque siendo sobresaltados de aquella manera, huían cada cual hacia donde la fortuna le echaba, y andaban los cristianos como en montería tras dellos. En este tiempo los moros que había enviado Aben Aboo en guardia de las mujeres acudieron a las ahumadas, y entreteniendo la caballería con escaramuza, hicieron alguna resistencia, y dieron lugar a que se pusiesen en cobro muchas dellas. Llegó la infantería como a las nueve de la mañana, y viendo el marqués de los Vélez que no era ya de efecto, y podría serlo si los moros acudiesen, mandó que hiciese alto en la rambla, puesta en su ordenanza, y que ningún soldado se desmanda- se de las banderas, so pena de la vida, hasta que, siendo ya más de mediodía, hizo que las trompetas tocasen a recoger. Venía a este tiempo don Rodrigo de Benavides retirándose por unas lomas abajo a dar a un paso, por donde forzosamente había de bajar al río; el cual, era tan angosto, que de necesidad habían de pasar los caballos uno a uno a la hila, y venían siguiéndole muchos moros con tanta determinación, que algunos llegaban a echar mano de las colas de los caballos. Y como el Marqués los vio venir de aquella manera, mandó a gran prisa que veinte soldados arcabuceros tomasen un cerro, donde le pareció que estarían bien para asegurar el paso a los nuestros; los cuales llegaron a tan buen tiempo, que repararon el daño, y don Rodrigo de Benavides y los que con él venían se pudieron retirar. Recogida la gente y la presa, mandó el marqués de los Vélez al auditor Navas de Puebla que con treinta de a caballo fuese a tomar un paso de la vereda, por donde dijimos que había entrado, temiendo que se irían por allí los soldados desmandados con las moras, y causarían al desorden; el cual llevó consigo al capitán Juan Zapata, vecino de Albacete, y otros capitanes sus amigos; y deteniéndose en el camino más de lo que convenía, cuando llegó a lo alto halló que los moros le tenían tomado el paso; y, queriendo romper por ellos para juntarse con la otra gente, al pasar mataron de un escopetazo en la frente al capitán Juan Zapata, y desbarataron a los demás. Hubo algunos que acudieron a la retaguardia de la infantería, donde iba don Pedro de Padilla; y otros, tomando por guía un escudero que sabía la tierra, volvieron el río abajo y fueron a parar a la ciudad de Almería, y con ellos el licenciado Navas de Puebla. El marqués de los Vélez no pudo volver a socorrerlos, aunque se tocó arma, porque iba muy adelante y se daba prisa por subir a tomar lo alto antes que fuese de noche, y dejar aquellos lugares angostos, donde no podían los caballos rodearse. Y no siendo más seguido de los enemigos, fue a alojarse aquella noche a la venta de Doña María, donde estuvieron los soldados con las armas en las manos, y con una tempestad de nieve de viento tan grande, que perecieron de frío algunas criaturas de las que llevaban las moras. Otro día pasó a Fiñana, y allí se detuvo dos días, y al tercero llegó a la Calahorra. Murieron en esta jornada doscientos moros, y fueron cautivas ochocientas mujeres y niños, y tomáronse mucha cantidad de bagajes. De los cristianos faltaron dieciocho, y hubo algunos heridos.

Capítulo XXIII. Cómo el marqués de los Vélez tuvo orden de su majestad para acudir al partido de Baza, y cómo el Maleh fue sobre Güéscar, y lo que sucedió estos días hacia aquella parte

Vuelto el marqués de los Vélez a la Calahorra, tuvo orden de su majestad para ir a lo de Baza, y que con la gente que allí tenía, y la que había en aquella ciudad a orden de don Antonio de Luna, y mil hombres que el marqués de Camarasa había enviado aquellos días de las villas del adelantamiento de Cazorla, procurase poner freno al enemigo, que andaba campeando. El cual partió de aquel alojamiento a 23 días del mes de noviembre deste año de 1569, con mil infantes y doscientos caballos, porque ya no le habían quedado más. Don Antonio de Luna salió de Baza con orden de don Juan de Austria, y volvió a servir su oficio de general de la gente que estaba alojada en la vega de Granada. El marqués de los Vélez estuvo algunos días en aquella ciudad apercibiendo las cosas necesarias para ir adelante. Y en este tiempo Jerónimo el Maleh fue con más de seis mil hombres a la villa de Orce, y sacando todos los moriscos que vivían en ella, los envió con sus mujeres y hijos y bienes muebles a la villa de Galera; y no pudiendo ocupar la fortaleza de Oria, que se la defendió el alcaide Serna, y le mató algunos moros, pasó a Castilleja y recogió también los moriscos de aquella villa, y los metió en Galera; y pensando hacer allí la masa de la guerra, encerró dentro gran cantidad de trigo, cebada y harina y otros bastimentos. Ordenó un molino de pólvora, y atajando las calles, comenzó a fortalecer aquella villa con toda diligencia, entendiendo en la fortificación aquel capitán turco que dijimos, llamado Caravajal, que era hombre ingenioso en cosas de guerra; y pareciéndole buena ocasión para ocupar a Güéscar, fue a ponerse una noche en emboscada en unas viñas cerca del pueblo con más de cinco mil hombres, para en amaneciendo, antes de ser sentido, hallarse en las calles y casas, y ponerles fuego y cercar la fortaleza, donde sabía que estaban los moriscos encerrados en los sótanos; y cuando no los pudiese sacar de allí ni ganarla, hacer todo el daño que pudiese en los cristianos y llevarse las moriscas. Sucedió pues que a 18 días del mes de diciembre entre las siete y las ocho horas de la mañana, estando veinte de a caballo forasteros en la plaza, que habían madrugado para irse a la fortaleza de Orce, vieron venir corriendo la calle adelante un fraile de santo Domingo, revestido para decir misa, tocando arma y diciendo que los moros entraban por las calles; y como se hallaron a punto, juntándose con ellos otros diez o doce de a caballo de los vecinos, corrieron hacia donde les dijo que venían, y cuando llegaron, andaban ya muchos moros poniendo fuego a las casas, y apenas habían sido sentidos, porque Güéscar es un pueblo grande, llano y desparramado, y no tiene cercado más que la villa vieja y el castillo, y habían podido llegar encubiertos a entrar por las calles, donde no había guardias ni defensa de muros que se lo impidiese. Mas presto acudió el verdadero muro, que son los ánimos de los hombres esforzados, y recogiéndose obra de doscientos arcabuceros con calor de la gente de caballo, se les opusieron, y pelearon valerosamente con ellos más de tres horas y acudiendo siempre gente de refresco en favor de los cristianos, que peleaban por sus propias casas, mujeres y hijos; y al fin los enemigos fueron desbaratados y puestos en huida, con muerte de más de cuatrocientos dellos y de solos cinco cristianos. Traía el Maleh doscientos turcos escopeteros, que fueron siempre haciendo rostro mientras su gente se retiraba, y si no fuera por ellos recibiera mucho más daño; el cual se recogió a Galera, y dejando bastante número de gente dentro, y a Caravajal con ciento y cuarenta turcos, pasó con la otra gente al río de Almanzora. Los de Güéscar quedaron alegres y muy regocijados, dando infinitas gracias a Dios por haberlos librado de aquel peligro y dádoles tan señalada victoria. Tres días después desto les llegó el socorro de Caravaca, Cehegín y Moratalla, que eran cuarenta de a caballo y quinientos infantes muy bien en orden; y queriendo el alcalde mayor ir a cercar a Galera, le envió a mandar el marqués de los Vélez que no fuese. Y dende a ocho días partió él de Baza con cuatro mil infantes y doscientos caballos, y pasando por junto a Galera, dejó allí al capitán Diego Álvarez de León con cantidad de gente, entendiendo que los moros se irían y no osarían aguardar el cerco; y fue a media noche a Güéscar a dar orden en las cosas que le pareció convenir. Y dende a tres días, viendo que se estaban quedos los moros, salió con todo el campo y cercó aquella villa, y la batió con seis piezas de bronce y dos lombardas de hierro, aunque con poco efecto, porque salían los moros fuera cada día, y hacían daño sin recibirlo, y no hubo asalto ni cosa memorable. Dejémosle agora aquí, y vamos a lo que se hacía a la parte de Granada.

Capítulo XXIV. Cómo Tello González de Aguilar desbarató los moros de Guéjar que venían a correr a Granada

Estos mismos días salieron de Guéjar cuatrocientos moros con el Choconcillo, y llegaron hasta la casa de las Gallinas cerca de la ciudad de Granada, día de San Nicolás, a 16 de diciembre. Y como las centinelas del cerro del Sol los descubrieron y tocaron arma, Tello González de Aguilar salió con los escuderos de Écija, de su cargo, por la puerta de Fraxal Leuz, y bajando al río Darro, subió luego al cerro donde estaban las cuadrillas, y siendo avisado que los moros se iban retirando la vuelta de Guéjar y que iban cerca de allí, tomó consigo veinte arcabuceros y se puso en su seguimiento. Los moros iban recogidos, caminando poco a poco, y como descubrieron los caballos, comenzaron a echar ahumadas por los cerros, y dando muestras de querer pelear, reparar en la cumbre de un cerro, haciendo las algazaras que suelen. Tello de Aguilar, porque venían los escuderos atrás, que no le habían podido seguir más de veinte caballos, hizo también alto, y mandó tocar las trompetas para que se diesen prisa a caminar. No tardó mucho que se juntaron ochenta de a caballo; y porque algunos decían que detrás del cerro donde los moros se habían parado había emboscada, envió dos escuderos que le reconociesen, el uno hacia el río Genil, donde había grandes quebradas, y el otro a la parte alta del cerro, los cuales partieron sin saber uno de otro. Y venido el que había ido a la parte de Genil, dijo que no había en todo aquello más moros de los que se descubrían; y el segundo diferentemente refirió que había más de cuatro mil moros emboscados detrás del cerro; mas luego se entendió que el primero decía verdad, porque si hubiera gente emboscada, era cierto que los enemigos no hicieran ahumadas; y que si las hacían, era llamando socorro. Poniendo pues Tello de Aguilar los caballos en orden, mandó tocar las trompetas y dio Santiago. Los moros hicieron rostro, y en la primera rociada de las escopetas, porque no se les dio lugar a tirar otra, hirieron dos escuderos y mataron tres caballos, y a él le pasaron el adarga por la embrazadura; mas luego los atropelló la caballería, y desbaratándolos, mataron cincuenta moros y hirieron muchos: los otros dieron a huir echándose por aquellas quebradas hacia Genil, y dejaron muchas escopetas y ballestas por ir más ligeros. Los caballos los siguie- ron gran rato, y del pie de las sierras de Guéjar les tomaron cien vacas y treinta bagajes vacíos, y con esta presa no pensada se retiraron la vuelta de Granada. A este tiempo acudieron muchos moros a las ahumadas, y cargando a nuestra gente, fueron escaramuzando con ellos, y les necesitaron a que dejasen parte de la presa, no la pudiendo guiar toda por aquellos lugares ásperos y fragosos; mas llegando al cerro del Sol, donde los caballos podían mejor revolverse, no osaron pasar adelante. Este efecto fue importante para refrenar los moros del presidio de Guéjar, porque de allí adelante salían menos veces, y no se atrevían llegar a hacer daño tan cerca de la ciudad.

Capítulo XXV. Cómo su majestad mandó formar dos campos contra los alzados, y que don Juan de Austria fuese con el uno

El poco efecto que nuestro campo hacía en Galera, y la dilación del castigo de los alzados, dio materia a que don Juan de Austria, mancebo belicoso y de grande ánimo, cargase la mano con su majestad, como agraviado de que le hubiese enviado a Granada, y le tuviese allí metido en tiempo que todos andaban ocupados, y él solo estaba ocioso, siendo el que menos convenía holgar. Representábale el deseo que tenía de emplear su persona, el entretenimiento de los moros en la Alpujarra, el espacio con que se hacía la guerra en el río de Almanzora, el peligro que había de que el rebelión pasase a los reinos de Murcia y Valencia si los enemigos se afirmaban en las plazas de Serón, Tíjola, Purchena, Tahalí, Gérgal, Cantoria, Galera y otras que tenían ocupadas, lo mucho que convenía tomar el negocio de la guerra con calor, y la merced tan particular que recibiría en que se le diese licencia para salir de Granada y ir a acabarla por su persona. Considerando pues su majestad todas estas cosas, y condescendiendo con tan buenos deseos, ordenó que se formasen de nuevo dos campos, uno a la parte del río de Almanzora, donde andaba el marqués de los Vélez, y que fuese en su lugar don Juan de Austria, y otro a la parte de Granada, para que entrase en la Alpujarra el duque de Sesa por aquella parte. Hiciéronse grandes prevenciones, y proveyéronse muchos bastimentos, armas y municiones para esta jornada. Salieron alcaldes de corte y de chancillería a proveer en las comarcas todas las cosas necesarias, y a mí se me ordenó que fuese a las ciudades de Úbeda y Baeza y al adelantamiento de Cazorla, a dar orden en la provisión de bastimentos y municiones, que de allí habían de ir, y los cabildos nombraron comisarios de sus ayuntamientos, y se les dejó dinero para ellos y para los bagajes. El comendador mayor de Castilla fue a traer de Cartagena artillería, armas y municiones, y mucha cantidad de bastimentos por tierra. Nombráronse nuevos capitanes con conductas para hacer gente. Apercibiose a las ciudades que rehiciesen las compañías con que servían, y a las que no las habían enviado, que las enviasen. Fue grande el regocijo de la gente de guerra cuando se publicó la salida de don Juan de Austria en campaña. Acudieron al campo muchos caballeros y soldados particulares que hasta entonces no se habían movido: hinchiéronse los ánimos de las gentes de buena esperanza, y temieron los moros, pronosticando su perdición, por ver que con la autoridad de un tan gran príncipe cesaría la dilación que los entretenía y les era tan favorable. Y porque, habiendo de salir de Granada don Juan de Austria, no era bien dejar atrás a Guéjar, determinó de ir por su persona a expugnar aquella ladronera antes que partiese; y aunque tuvo algunas contradicciones en ello, la expugnó, como diremos adelante. Vamos a lo que en este tiempo se hacía a la parte de Bentomiz.

Capítulo XXVI. Cómo los moros de la sierra de Bentomiz volvieron a poblar sus casas, y quemaron la fortaleza de Torrox, y hicieron otros daños en la tierra

Luego como el comendador mayor de Castilla ganó el fuerte de Fregiliana, Martín Alguacil y Hernando el Darra y los otros caudillos de los moros de la sierra de Bentomiz se recogieron a la Alpujarra; los cuales anduvieron muchos días con Aben Humeya, y después con Aben Aboo, ganando sueldo; y todo lo que hay desde 11 de junio hasta 13 de diciembre estuvo despoblada la sierra, y tan segura, que andaban los de Vélez por ella sin peligro ni sospecha dél, buscando las cosas que habían dejado los alzados escondidas; y como había ganancia, a esta fama acudió tanta gente a la ciudad, que parecía haber en ella un grueso presidio, de cuya causa los moros no osaban volver a la tierra; y así padecían trabajo y hambre los que estaban en la Alpujarra; y andaban ya tan necesitados por tierras ajenas, que el Xorairan se determinó de ir con sesenta compañeros a reconocer la sierra y ver cómo estaba; y hallándola sola y llena de frutos, volvió a ellos y les dijo como sus casas estaban solas, los árboles que se desgajaban de fruta, y que aun pájaros no había que les enojasen; y con esta nueva se vino luego el Darra con toda la gente a Competa, y de allí se repartieron el Xorairan a Sedella, y los capitanes cada uno a su lugar. Lo primero que hicieron con ejemplo de lo que habían visto en la Alpujarra, fue quemar las iglesias, y corriendo la tierra, de allí adelante hicieron grandes daños, cautivando y matando cristianos, y llevándoles los ganados; y demás desto, pusieron en tanto aprieto la fortaleza de Canilles de Aceituno, que era menester gruesa escolta para proveería, y obligaron a que el marqués de Comares viniese en persona con más de mil hombres de la villa de Lucena a requerirla y proveerla, porque el Darra vino a tener más de siete mil hombres de pelea en la sierra, con que desasosegaba a todas horas la ciudad de Vélez, llegando hasta las propias casas, y retirándose a su salvo, por serles el tiempo y la disposición de la tierra favorables. Luego se publicó que fortalecían a Competa para poner allí su frontera contra Vélez, y que no aguardaban otra cosa los lugares de la jarquía y hoya de Málaga para alzarse; mas fue nueva fabricada por personas a quien pesaba de ver aquellos pueblos pacíficos, por el provecho que de su inquietud les podía venir. Arévalo de Zuazo, entendiendo ser verdad lo que le decían de Competa, juntó mil y seiscientos infantes y ciento y sesenta caballos de su corregimiento, y trescientos soldados de las galeras, que le dieron don Sancho de Leiva y, don Berenguel Dornos, y con toda esta gente fue a amanecer sobre aquel lugar; mas los moros fueron avisados con tiempo, y no osando aguardar, se retiraron a la sierra. Tomáronseles muchos bastimentos, bagajes y ganados; y no consintiendo que la gente pasase del puerto Blanco en su seguimiento, mandó destruir el lugar, donde no había fuerte ni señal de quererle hacer, y se volvió a Vélez. No mucho después envió el Darra novecientos moros, que quemaron el lugar de Alfarnatejo, y de vuelta mataron veinte soldados que el alcaide de Canilles enviaba de escolta con un alguacil, donde dicen la Tinajuela de Canilles. Y teniendo aviso como los cristianos que vivían en Torrox se recogían en la fortaleza, y que de día salían a hacer las labores en el campo, y dejaban un hombre solo con las mujeres, envió cantidad de moros que de parte de noche se emboscasen en las casas del lugar, y aguardando a tiempo que estuviesen fuera los cristianos, la ocupasen. Los cuales se emboscaron, y cuando les pareció tiempo, hicieron ladrar un perro, y saliendo a ver qué ruido era aquel un hombre poco avisado, llamado Hernando de la Coba, le mataron de una saetada; y poniendo fuego a la puerta de la fortaleza, las temerosas mujeres, que no tenían quien las defendiese, se rindieron, y las llevaron cautivas a la Alpujarra; y no les pareciendo que podrían defender la fortaleza, le pusieron fuego y se volvieron a la sierra.

Capítulo XXVII. Cómo don Juan de Austria fue sobre el lugar de Guéjar, y lo ganó

Guéjar es un lugar grande, que, como queda dicho, está repartido en tres barrios, metidos en el seno de una sierra muy fragosa que procede de la Sierra Nevada, al pie de la umbría que los moros llaman Hofarat Gihenen, de donde proceden las fuentes principales del río Genil; el cual corriendo por entre aquellas sierras, baja por asperísimas peñas con el lecho pedregoso y desigual, hasta llegar al lugar de Pinillos, y poco más abajo se junta con Aguas Blancas, que viene por los lugares de Quéntar y Dúdar, por un valle más llano y apacible; y juntos van a dar a la alcaría de Cenes, y de allí a la ciudad de Granada; y sale a una vega llana, la más fresca y graciosa que puede ser para el deleite de la vista, porque sus huertas y arboledas parecen un solo jardín en que naturaleza, con la diversidad de frutas que allí puso, se quiso deleitar en su pintura; por manera que la sierra de Guéjar es la que cae entre estos dos ríos, y fenece donde se vienen a juntar. Queriendo pues don Juan de Austria salir en campaña a la parte de Baza y río de Almanzora, y estando acordado que se hiciese primero la empresa de Guéjar, nacieron algunas dificultades en el Consejo. Los que habían diputados para el efecto principal quisieran desviarla, como cosa que podría ser menos útil que dañosa; porque, si sucedía bien, paraba en solo expugnar aquel presidio, y no había donde ir adelante por aquella parte; y si mal, se venía a perder mucha reputación, siendo aquella la primera jornada que don Juan de Austria hacía por su persona. Y el presidente don Pedro de Deza, a cuyo cargo había de quedar lo de Granada, decía que convenía ante todas cosas quitar de allí aquella ladronera para asegurar la ciudad de correrías y no dejar enemigo atrás; que no era tanta la aspereza del sitio, la fortificación que los moros habían hecho, ni el presidio era tan grande como se publicaba, y que parecía cosa impertinente querer ir a buscar al enemigo a otra parte tan lejos, dejándole cerca de casa. Era negocio de mucha consideración este, especialmente en aquella coyuntura; y por dificultarse tanto, don Juan de Austria mandó llamar al Consejo a don Antonio de Luna, y a don Juan de Mendoza Sarmiento, y a don Diego de Quesada, hombre nacido y criado entre aquellas sierras y muy plático en todas ellas, para que, juntamente con los del Consejo, platicase lo que más convenía hacer en él. Y como no se acabasen de resolver, por no tener certidumbre de lo que había en Guéjar, don Diego de Quesada se ofreció de traerles dos o tres moros del propio lugar, que pudiesen dar razón de lo que se deseaba; y como don Juan de Austria le dijese que no quería ponerle en aquel peligro, respondió que peligro no lo había, trabajo sí; mas que los pies lo pagarían. Esto pareció muy bien a todos, y quedando a su cargo la diligencia, se mandó también a don García Manrique y a Tello González de Aguilar que con doscientos caballos fuesen a reconocer el lugar por el camino de Aguas Blancas; mas este reconocimiento solamente sirvió para aventar parte del presidio que allí había, como adelante diremos. Don Diego de Quesada tomó consigo doce hombres bien sueltos, y rodeando por la villa de Hiznaleuz, y por las sierras de la Peza, donde era natural, fue a pie a dar a unas trochas que él sabía a las espaldas de la sierra de Guéjar, y prendiendo tres moros que venían del mismo lugar, dio luego vuelta con ellos a Granada. Estos dieron noticia de la fortificación que los moros hacían, y dijeron como estaba dentro el Xoaybi con cuatrocientos escopeteros de la tierra y sesenta turcos y moros berberiscos, con aquel capitán turco llamado Caravajal, que dijimos que andaba con el Maleh el cual se había salido estos días de Galera, diciendo a los moros que la desampararasen, porque se perdería y que también estaba allí el Rendati y el Partal, y otros capitanes moros con sus cuadrillas; que todos se velaban con mucho cuidado, y tenían atajado el camino que sube de Aguas Blancas con una trinchera de piedra ancha y más alta que un estado, que atajaba la silla del portichuelo de un cerro a otro, que está como un tiro de ballesta del primer barrio a la parte del cierzo; y que en el barrio de en medio, donde antiguamente estaba el castillo, andaban haciendo un muro de tapias en la frente del cerro, por donde era menos dificultosa la entrada, por estar todo lo demás cercado de una alta peña tajada que asombra las aguas de Genil. Habiéndose pues tomado lengua de los tres moros, que fueron conformes en lo que dijeron, cosa pocas veces vista en esta guerra, don Juan de Austria mandó llamar los adalides y algunos hombres pláticos en la tierra; de los cuales se entendió que, poniéndose un poco de más trabajo, se podría entrar en el lugar por dos partes, sin tocar en los caminos ni en la trinchera, partiendo la gente de manera, que mientras los unos subiesen por el cuchillo de la sierra que sube de la parte del río de Aguas Blancas, los otros, tomando un largo rodeo, viniesen a entrar por la parte de levante a un mismo tiempo, salvando los unos y los otros la entrada de la Silla, y bajando entre ella y el lugar por las laderas de los dos cerros, sin que los enemigos diesen en ello, estando confiados en que no era posible entrarles por otra parte que por los caminos. Finalmente, se tomó resolución en que la jornada se hiciese, y porque se ofreció una diferencia honrosa entre el conde de Tendilla y el corregidor Juan Rodríguez de Villafuerte sobre cuál había de llevar a su cargo la gente de la ciudad, el uno como alcaide, y el otro como corregidor, y se hubo de remitir esta duda al supremo Consejo, se dilató hasta que vino orden que el Corregidor fuese con ella. Estando pues todo puesto a punto para partir, don Juan de Austria hizo dos partes de la gente de guerra, que eran nueve mil infantes y setecientos caballos; y con la una, en que iban cinco mil infantes y cuatrocientos caballos, salió de Granada viernes a 23 días del mes de diciembre a las tres de la tarde, para tomar el rodeo que se había de hacer, y entrar por la parte de levante; y por el lugar de Veas, donde cenó y reposó un rato aquella noche, prosiguió su camino. La otra dejó a cargo del duque de Sesa con cuatro mil infantes y trescientos caballos, y con orden que partiese a medianoche, porque tenía menos camino que andar. Iban con don Juan de Austria los tercios de la infantería pagada y parte de la gente de la ciudad. Llevaba la vanguardia Luis Quijada con dos mil infantes, y él con ella; don García Manrique iba con la caballería, y en la retaguardia, donde iba su guión, el licenciado Pedro López de Mesa, y con la artillería y bagaje don Francisco de Solís, proveedor general. El duque de Sesa llevaba las compañías de milicia de la ciudad; de vanguardia iba don Juan de Mendoza y su persona; el Corregidor con la caballería; el artillería y bagaje a su cargo, y algunas compañías de infantería de retaguardia, y delante de todo el campo las cuadrillas de la gente suelta. Detúvose un gran rato el duque de Sesa en el camino para que don Juan de Austria tuviese lugar de hacer su rodeo, y cuando le pareció tiempo, por junto a la puente que dijimos, que está donde el río de Aguas Blancas se junta con Genil, tomó una cordillera y cuchillo de la sierra de Guéjar, yendo siempre por las cumbres más altas, y mandando hacer almenaras de fuegos para que don Juan de Austria, que iba de la otra parte, viese dónde llegaba, y hiciese la diligencia de manera, que por las señales de los fuegos pudiesen llegar a un tiempo. Los adalides que don Juan de Austria llevaba guiaron por camino tan fragoso y rodearon tanto, que no fue posible llegar al cerro de levante de la Silla hasta que ya el día iba bien alto; y en este tiempo los soldados de las cuadrillas que guiaban la vanguardia del Duque, como tuvieron menos que andar y por mejor camino, llegaron más presto al cerro de poniente, por donde había de bajar, y entre dos albas fueron a dar con las centinelas de los moros, que estaban en la cumbre dél; y por la parte de dentro, como si les fueran mostrando ellos mismos el camino por donde habían de entrar, fueron huyendo a dar rebato en el cuerpo de guardia que tenían puesto en la trinchera. Siguiéronlos los soldados sin orden y con tanta determinación, que no les dieron lugar a poder resistir, y dieron todos a huir la vuelta del lugar. Cargando pues toda nuestra gente, caminaron al otro fuerte, que también desampararon luego los moros; y llevando por delante las mujeres y algunos bagajes cargados de ropa, se subieron a la Sierra Nevada, cuya guarida tenían tan cerca, que no hay más que el cristalino Genil en medio. El Duque, viendo entrado el lugar y el fuerte, pasó al barrio bajo y al vado del río, donde los moros escopeteros hacían rostro para dar lugar a que las mujeres se adelantasen. Aquí mataron al capitán Quijada de una pedrada en la cabeza, y treinta y cinco soldados que con codicia de atajar las moras y los bagajes que iban huyendo se desmandaron; y fuera mayor el daño si el día que llegó don García Manrique no se hubieran ido los turcos, y después el Rendati y el Partal y los otros caudillos con la mayor parte de los tiradores; porque estos hombres ladrones, que no buscaban más que robar, y para esto habían ido allí por la comodidad de las sierras, no quisieron ponerse en peligro de defender el lugar, tomando por ocasión que iban a recoger más gente para dar en las espaldas de nuestro campo, si fuese sobre él. Murieron este día cuarenta moros, y fue poca la presa que nuestros soldados hicieron, habiendo poco que saquear. Con todo eso se les tomó cantidad de ganado mayor y menor, y algunos bastimentos y ropa que tenían metido en sitios. En la casa donde posaba el alcaide Xoaybi, hallé yo muchos papeles, y entre ellos la carta que Aben Humeya le había escrito mandándole que no alzase más alcarías hasta que se lo mandase, como queda dicho atrás. Ya los moros eran idos y el lugar ganado cuando don Juan de Austria asomó por el cerro donde había de bajar; y viendo que no le había dejado el Duque nada que hacer, mostró mucho sentimiento dello. Pusiéronsele los ojos encendidos como brasa, de puro coraje; no sabía si culparía a los adalides por haberle guiado mal, o al Duque por no haber aguardado a que llegase; el cual se disculpó y satisfizo muy bien con que desde el camino le había enviado un billete con un soldado, diciendo que le parecía que se detenía mucho, y si aclaraba el día y los moros habían sentimiento, podría perderse ocasión; que viese lo que era servido que hiciese; y le había respondido que hiciese lo que mejor le pareciese; no embargante que tampoco había sido en su mano, porque los soldados de las cuadrillas habían dado de improviso sobre las centinelas de los enemigos, y no se había podido dejar de seguirlos. Con todo eso don Juan de Austria no quiso detenerse allí, y mandando a don Juan de Mendoza que se quedase en el fuerte que los moros habían comenzado a hacer en el barrio de en medio, mientras se proveía quien había de estar en él de presidio, sin comer bocado en todo aquel día se volvió a la ciudad de Granada. No mucho después fue allí don Juan de Alarcón, señor de Buenache, con cuatro compañías de su cargo y algunos caballos; el cual estuvo hasta que don Luis de Córdoba y el capitán Oruña redujeron el fuerte en menor ámbito, y quedó en él don Francisco de Mendoza con quinientos infantes.

Capítulo XXVIII. Del fin que hubo el traidor de Farax Aben Farax

Bien vemos que habrá ido pidiendo cuenta el lector de lo que hacía en este tiempo Farax Aben Farax, habiendo sido principal autor deste rebelión, creyendo que nos hemos olvidado dél; y porque no quede atrás cosa que se pueda desear, diremos su discurso en este lugar, que no será lo menos agradable desta historia. Ya dijimos como Aben Humeya, cuando en el valle le dieron los de Béznar el vano nombre de rey, por desechar de sí este mal hombre, le envió a que recogiese la plata, oro y dinero que los alzados hubiesen tomado a los cristianos de la Alpujarra y de las iglesias; el cual hizo tantas tiranías y crueldades por toda la tierra, con favor de doscientos monfís que traía consigo, que temió que se le alzaría con el gobierno y mando de los moros. Y haciéndole venir al lugar de Láujar, le mandó que entregase todo el dinero, oro y plata que tenía recogido, a Miguel de Rojas, su suegro, que, como queda dicho, le había hecho su tesorero; y enviando los doscientos monfís a diferentes partes, so color de servirse dellos y aprovecharlos, le mandó a él que no se partiese del campo sin su licencia y mandado, so pena de la vida; y desta manera le trajo consigo muchos días, hasta tanto que el marqués de Mondéjar desbarató el campo de los moros y se comenzó a reducir la tierra. Entonces el solemne traidor, hallándose tan aborrecido de los moros como de los cristianos, por las insolencias y crueldades que con los unos y con los otros había usado, se retiró al lugar de Guéjar, Y allí estuvo encubierto hasta que Aben Humeya se hizo con nuestras desórdenes y tornó a resucitar la guerra. Y viendo que si volvía a él le iría mal, y si se iba a los cristianos peor, no sabiendo a qué parte se echar, tomó por remedio presentarse en el santo oficio de la Inquisición y pedir misericordia de sus culpas, entendiendo que allí no le matarían, dándole alguna pena corporal. Dando pues cuenta de su determinación a un mal cristiano tintorero que andaba en su compañía, le dijo desta manera: «Hermano, nosotros andamos ya aborrecidos de las gentes; nuestro negocio no ha correspondido como pensábamos, porque los moros, malamente conformes, no se han sabido gobernar; hannos despreciado, y traemos el cuchillo de Aben Humeya cerca de las gargantas. Si los cristianos nos prenden o nos vamos a ellos, tampoco nos faltará la soga. Solo un remedio tenemos para sustentar algunos días esta miserable vida, y es irnos a poner en manos de la Inquisición, donde si nos dieren algún castigo en penitencia de nuestras culpas, no nos matarán. Yo soy muy conocido en Granada, y no podrá ser menos sino que entrando por la ciudad me maten o prendan, y lo mismo harán a ti yendo conmigo. Pues para evitar este inconveniente, me parece que vayas tú solo delante, y presentándote ante los inquisidores, les pidas de mi parte que manden venir un familiar o dos por mí, con quien pueda ir seguro». Esto pareció bien al compañero, y quedaron de acuerdo que en anocheciendo partiría de una cueva donde estaban escondidos, y iría a Granada. Mas en este tiempo, Farax Aben Farax se echó a dormir, y el compañero, enfadado de traerle tanto tiempo consigo, o por ventura pensando ganar el perdón más fácil con su muerte, determinó de acabar con él y con sus maldades; y alzando una piedra muy grande que halló par de sí, le dio en la cabeza tantos golpes, que le quebró los dientes y las muelas y las quijadas, y le deshizo las narices y la boca y los ojos y toda la cara; y creyendo que le dejaba muerto, se fue derecho a Granada, y no parando hasta la sala del aposento del Arzobispo, dijo a un paje que entrase a su señoría, y le dijese como estaba allí un soldado que quería darle parte de cierto negocio importante en confesión; el cual le oyó, y le envió luego a los inquisidores, en cuyo poder le dejaremos. Volviendo pues a Aben Farax, estuvo dos noches y un día en la cueva sin sentido, como hombre muerto, hasta que llegando acaso por allí unos moros de Guéjar, y viendo aquel hombre tendido con la cabeza y la cara hinchada, y las heridas llenas de gusanos, llegaron a reconocer si era moro o cristiano, y hallándole vivo y retajado, le llevaron a su lugar sin poderle conocer; y siendo curado, vino a sanar de las heridas, y quedó como monstruo tan disforme, que no tenía después semejanza de hombre humano; y cuando había de comer o beber, le habían de echar el agua y el mantenimiento con un cañuto de caña por un pequeño agujero que le había quedado en el lugar de la boca. Y cuando don Juan de Austria ganó a Guéjar, como queda dicho en el capítulo precedente, estaba allí, y huyó con los otros moros, y anduvo después por la Alpujarra pidiendo limosna; y en la reducción general se redujo con los moros del valle de Lecrín, y con ellos le metieron la tierra adentro. No pudimos saber lo que fue dél ni en qué paró, aunque lo procuramos con toda diligencia entre los que fueron con él.

Libro VIII

Capítulo I. Cómo don Juan de Austria fue a la jornada del río de Almanzora, y el marqués de los Vélez alzó el cerco de sobre Galera

Para la salida que don Juan de Austria había de hacer se apercibieron y aprestaron muchas cosas. Hiciéronse gran cantidad de provisiones en los pueblos comarcanos al reino de Granada, cometiéndolas a los propios concejos, y enviándoles dineros para ello, por excusar los robos, sobornos y cohechos, que con mayor disolución de lo que aquí podríamos decir hacían los comisarios y los alguaciles de las escoltas. Y porque convenía quedar recaudo en la ciudad de Granada, antes de su partida diputó cuatro mil infantes que le guardasen; con los cuales, estando ya los moriscos fuera, Guéjar por nosotros, la Vega con su guarda, y andando las cuadrillas corriendo la tierra, quedó suficientemente asegurada, y lo estuvo todo el tiempo que duró la guerra. Partió don Juan de Austria a 29 días del mes de diciembre del año del Señor 1569 con tres mil infantes y cuatrocientos caballos, llevando consigo a Luis Quijada y al licenciado Birviesca de Muñatones, del consejo y cámara de su majestad, que por su mandado asistía en el Consejo, y dejando lo de aquella ciudad a cargo del duque de Sesa hasta que fuese tiempo de salir con el otro campo; el cual se pasó luego a su aposento, y comenzó a dar orden, juntamente con el Presidente, en la provisión y en las otras cosas necesarias para la expedición de la guerra. El primer día fue don Juan de Austria a la villa de Hiznaleuz; que está cinco leguas de allí, el segundo a Guadix, que los antiguos llamaron Aciurge, y los moros Guer Aix, el tercero a Gor, donde hallaron a don Diego de Castilla con todas las moriscas del lugar encerradas en el castillo, porque no se las llevasen a la sierra, y aun para tener seguridad de los moriscos que no se alzasen. El cuarto día llegó a la ciudad de Baza, que los moros llaman Batha, y los antiguos Basta, y a la provincia bastetana. Allí estaba el comendador mayor de Castilla esperando; el cual había venido de Cartagena, y traído la artillería, armas, munición y bastimentos que dijimos, y de paso se había visto con el marqués de los Vélez y proveídolo de algunas cosas destas, que le había pedido. Estuvo don Juan de Austria en aquella ciudad pocos días, esperando gente y proveyendo otras cosas que convenían, siendo mucha la prisa que llevaba; y porque para ir a combatir a Galera se había de hacer la máquina de la guerra en Güéscar, envió delante, dos días antes que partiese, todos los carros y bagajes que había en el ejército, cargados de los bastimentos y municiones, con orden que volviesen luego a llevar lo que quedaba en su partida. Toda esta diligencia se hacía con recelo que el marqués de los Vélez, agraviado de la idea de don Juan de Austria, en sabiendo que partía de Baza, alzaría el cerco de sobre Galera; y por ventura le habían oído decir algunas palabras personas que habían avisado dello; porque fue así, que la noche antes que partiese la primera escolta de Baza, despojó aquel alojamiento, donde con adverso favor de la fortuna había estado muchos días, y alzó el campo y se retiró a Güéscar, dejando a los moros libres para poder salir donde quisiesen; y pudiera correr riesgo de perderse la escolta, donde iban setecientos carros y mil y cuatrocientos bagajes cargados de armas y municiones si tuvieran aviso de dar en ella, porque no llevaba más de trescientos caballos de guardia y ninguna infantería. Esta escolta iba a mi cargo, y siendo avisado en el camino de la retirada del marqués de los Vélez y de como los moros andaban fuera de Galera, no quise aventurarme a pasar sin que se me enviase mayor número de gente de guerra, y me recogí aquella noche al cortijo de Malagón sobre el río de Benzulema y avisé a don Juan de Austria y al marqués de los Vélez, para que me asegurase el paso de una atalaya que estaba cerca de Galera; y con dos compañías de infantería, que estaban alojadas en Benamaurel, y una de caballos que don Juan de Austria me envió, proseguí otro día bien de mañana mi camino; por manera que en medio día de dilación se aseguró la escolta; y llegando a Güéscar aquella noche, torné a enviar luego los carros y bagajes a Baza. Partió don Juan de Austria con todo el campo, y en una jornada fue a Güéscar, que son siete leguas por el camino derecho, y nueve por el carril. Pasose grandísimo trabajo este día, porque los moros, soltando las acequias, habían empantanado todas las vegas, y héchose tan grandes atolladeros, que no podían salir los carros ni los bagajes. Salió el marqués de los Vélez a recibir a don Juan de Austria como un cuarto de legua con algunos caballeros, dejando mandado a sus criados que mientras iba y volvía cargasen su recámara para irse a su casa, porque aun no había desocupado los aposentos del castillo, donde había de aposentarse don Juan de Austria, y había entretenido al licenciado Simón de Salazar, alcalde de casa y corte, que tres días antes había ido a hacer el alojamiento. No podía el marqués de los Vélez disimular el sentimiento que tenía de la ida de don Juan de Austria; y aunque se había visto con el comendador mayor de Castilla y dádose buenas palabras de ofrecimientos, sabía muy bien que le hacía poca amistad, y que había escrito a su majestad que no le parecía a propósito para dar fin a aquella empresa; y por ventura habían venido a su noticia las cartas primero que a las de su majestad, y lo había disimulado; y por esta causa huía de hallarse en un consejo con él y con Luis Quijada, y solamente quiso hacer el cumplimiento de salir a recibir a don Juan de Austria, y sin apearse tomar el camino para su casa, como en efecto lo hizo; porque habiendo llegado a besarle las manos y a darle el parabién de su venida, volvió con él hasta la puerta de la fortaleza, dándole cuenta del estado de las cosas de la guerra; y sin apearse se despidió dél y de todos aquellos caballeros que le acompañaban, y se fue de camino a la villa de Vélez el Blanco con la gente de su casa y una compañía de caballos de Jerez de la Frontera, cuyo capitán era don Martín de Ávila.

Capítulo II. Cómo don Juan de Austria fue sobre la villa de Galera, y la cercó

Habiéndose acrecentado el campo a número de doce mil hombres, don Juan de Austria mandó al capitán Francisco de Molina, que había venido de Motril por su mandado a servir en la jornada, que con diez compañías de infantería se fuese a poner en la villa de Castilleja, una legua de Galera, que estaba despoblada, porque era importante tenerle tomado a los enemigos aquel paso, por donde había de ser la entrada del socorro o se habían de retirar. Luego partió con el resto de la gente, y a 19 días del mes de enero de 1570 años caminó la vuelta de Galera. Esta villa era muy fuerte de sitio: estaba puesta sobre un cerro pro-longado a manera de una galera, y en lo más alto dél, entre levante y mediodía, tenía los edificios de un castillo antiguo cercado de torronteras muy altas de peñas, que suplían la falta de los caídos muros. La entrada era por la misma villa; la cual ocupando toda la cumbre y las laderas del cerro, se iba siempre bajando entre norte y poniente hasta llegar a un pequeño llano, donde a la parte de fuera estaba la iglesia que dijimos, con una torre nueva muy alta, que señoreaba el llano, y un río que bajando de la villa de Orce, se junta con el de Güéscar, y viene a romper las aguas en la punta baja de Galera, y desviándose luego, cerca el llano donde estaba la iglesia, y poco a poco corre hacia la villa de Castilleja. No estaba cercada de muros, mas era asaz fuerte por la dificultosa y áspera subida de las laderas que había entre los valles y las casas, las cuales estaban tan juntas, que las paredes eran bastante defensa para cualquier furioso asalto, no se pudiendo hacer en ellas batería que fuese importante, porque estaban puestas unas a caballero de otras en las laderas, de manera que los terrados de las primeras igualaban con los cimientos de las segundas, y el fundamento era sobre peñas vivas, alzándose hasta la más alta cumbre; y por esta causa eran los terrados tan desiguales, que no se podía subir ni pasar de uno en otro sin muy largas escalas; y teniendo los moros hechos muchos reparos y defensas en las calles, tampoco se podía andar por ellas sin manifiesto peligro. Había dos calles principales que subían desde la puerta de la villa que salía a la iglesia, hasta el castillo; las cuales, demás de ser muy angostas, las tenían los moros barreadas de cincuenta en cincuenta pasos, y hechos muchos traveses de una parte y de otra en las puertas y paredes de las casas, para herir a su salvo a los que fuesen pasando; y para poderse socorrer los unos a los otros en tiempo de necesidad, las tenían horadadas y hechos unos agujeros tan pequeños, que apenas podía caber un hombre a gatas por ellos: por manera que aunque faltaban los muros, no se tenían por menos fuertes con esta fortificación que si los tuvieran muy buenos. Y porque dentro no había pozos ni fuentes, habían hecho una mina, que iba cubierta desde las casas bajas hasta el río, donde salían a todas horas a tomar agua, sin que se les pudiese defender. Habiendo pues de cercar don Juan de Austria esta fuerte villa, donde había más de tres mil moros de pelea, y algunos turcos y berberiscos entre ellos, antes de asentar su campo quiso reconocerla por su persona; y tomando consigo al comendador mayor de Castilla y a Luis Quijada, con toda la gente de a caballo y algunos arcabuceros sueltos, la rodearon por unos cerros altos que la señorean a lo largo. Y puestos en una cumbre, donde mejor se descubría, entendieron que para tenerla bien cercada convenía repartir la gente en tres partes y ponerle tres baterías: la una hacia el mediodía, por la parte del castillo; la otra hacia levante, donde había un padrastro que tomaba la villa por través; y la tercera al norte, hacia la iglesia. Y para que se pudiesen socorrer mejor estos cuarteles, y los alojamientos estuviesen más acomodados, asentó el campo poco más arriba de donde el marqués de los Vélez había tenido el suyo, cubierto con un cerro que cae a la parte de levante cerca del río, y seguro de los tiros de los enemigos; y mandando al maese de campo don Pedro de Padilla que se pusiese con su tercio a la parte del norte por bajo de la iglesia, quedó la villa cercada por todas partes. Este mismo día murió en Güéscar el licenciado Birviesca de Muñatones, de enfermedad; cuya muerte se sintió mucho en el campo, porque era hombre de valor y de consejo; y habiendo andado mucho tiempo fuera destos reinos en servicio del cristianísimo emperador don Carlos, había dado buena cuenta de los cargos que había tenido, y era muy práctico y experimentado en las cosas de la guerra y de gobernación.

Capítulo III. Cómo se plantaron las baterías contra la villa de Galera y se dieron dos asaltos, uno a la iglesia y otro a la villa

Teníanse todavía los enemigos la iglesia y la torre del campanario; y porque hacían daño en el cuartel de don Pedro de Padilla con las escopetas, y convenía echarlos luego de allí, don Juan de Austria mandó que ante todas cosas Francisco de Molina, que ya servía el oficio de capitán de la artillería, y en su lugar había ido a Castilleja don Alonso Porcel de Molina, regidor de Úbeda, hiciese traer de Güéscar la artillería que había venido de Cartagena y estaba a cargo de Diego Vázquez de Acuña, y les plantase batería; el cual puso tanta diligencia en hacer lo que se le mandó, que en una noche hizo un carril desde Güéscar a Galera, y dos pontones de madera sobre el río, por donde pasaron las carretas, y una plataforma cubierta con sus cestones de rama terraplenados; y antes que amaneciese comenzó a batir la iglesia con dos cañones gruesos. A pocos tiros se hizo en la pared un portillo alto y no muy grande, y juntándose con don Pedro de Padilla, el marqués de la Favara y don Alonso de Luzón y otros caballeros animosos, dieron el asalto y la entraron con muerte de los moros que la defendían, y no sin daño de los cristianos; y metiendo en la torre dos escuadras de arcabuceros, hicieron una trinchera, por donde podían llegar los soldados encubiertos de los tiros de los enemigos. Luego se puso en obra otra trinchera a la parte de mediodía, que bajaba por la ladera abajo, dando vueltas hasta el valle cerca del castillo, donde se hizo otra plataforma y se plantaron seis piezas de artillería para batir un golpe de casas que estaban a las espaldas dél, puestas sobre la torrontera que le cercaba a la parte de fuera. A esta obra atendía personalmente y con grandísimo cuidado don Juan de Austria, haciendo oficio de soldado y de capitán general, porque habiéndose de ir por la atocha de que se hacía la trinchera a unos cerros algo apartados, a causa de que los enemigos habían quemado la que había por allí cerca, para que los soldados se animasen al trabajo, iba delante de todos a pie, y traía su haz a cuestas como cada uno, hasta ponerlo en la trinchera. Demás desta plataforma se puso otra con diez piezas de artillería en el padrastro que dijimos, que tomaba la villa por través a la parte de levante, para batir por allí las casas y unos paredones viejos del castillo, y quitar las defensas a los enemigos, echándoles los edificios encima cuando se diese el asalto por las otras baterías, porque por esta no había arremetida, aunque se tenía todo el costado de la villa a caballero, porque había en medio un valle muy hondo fragoso. Estando pues las cosas en estos términos, no faltaron animosos pareceres que importunaron a don Juan de Austria que mandase dar un asalto por el cuartel de don Pedro de Padilla, diciendo que pues los de Güéscar habían entrado por aquella parte hasta cerca de la plaza, lo mismo harían nuestros soldados; y sería de mucha importancia ir ganando a los moros algunas casas, y llevarlos retirando a lo alto. Este consejo parecía ir fundado en alguna manera de razón a lo que se veía desde fuera, porque todas las casas que estaban delante de la iglesia eran de tapias de tierra y no se descubría otra defensa; mas entrando dentro, estaba la fortificación bien diferente de lo que parecía, porque ni la artillería podía hacerles daño ni los nuestros ir adelante; y ellos podían hacer mucho mal a los que iban entrando, con las escopetas y con piedras desde lo alto, estando siempre encubiertos. Diose el infelice asalto, habiendo hecho algunos portillos en las paredes con la artillería; y como los capitanes y soldados hallasen los impedimentos dichos, y grandísima resistencia en los enemigos, después de haber peleado un buen rato, se hubieron de retirar con daño, dejando dentro acorralados muchos hombres principales, que porfiaron por ir adelante. Uno dellos fue don Juan Pacheco, caballero del hábito de Santiago y vecino de la villa de Talavera de la Reina, el cual fue preso por los enemigos, y viendo el hábito que llevaba en los pechos, le despedazaron miembro a miembro con grandísima ira. Había llegado este caballero al campo dos horas antes que se diese el asalto, y no había hecho más de besar las manos a don Juan de Austria en la trinchera, y bajar a visitar a don Pedro de Padilla, que era su deudo y de su tierra; y hallando que querían dar el asalto, quiso hacerle compañía; y pasó tan adelante, que cuando se hubo de retirar no pudo.

Capítulo IV. Cómo se dio otro asalto a la villa de Galera, en que murió mucha gente principal

Con el infelice suceso deste asalto no se alteró nada don Juan de Austria; antes viendo que la artillería hacía poco efecto en las casas, y que solamente horadaba las paredes de tapias, y no derribaba tanta tierra que pudiese hacer escarpe por donde poder subir la gente, acordó de hacer una mina al lado derecho de la batería alta, que entrase por debajo dellas y alcanzase parte del muro del castillo; porque se veía que volando todo aquel trecho, haría escarpe suficiente la ruina, por donde la infantería pudiese subir arriba y tomar a caballero a los enemigos en la villa. Esta obra se cometió al capitán Francisco de Molina, el cual hizo la mina con mucha diligencia; y habiendo acabado el horno y metido dentro cantidad de barriles de pólvora, y algunos costales llenos de trigo y de sal para que el fuego surtiese con mayor furia, a 20 días del mes de enero se mandó a las compañías de la infantería que bajasen a las trincheras, y diesen muestra de querer acometer a subir por unos portillos que había hecho la artillería, y por las casas que estaban a las espaldas del castillo, que caían encima de la mina, para llamar a los enemigos hacia aquella parte y poderlos volar; y por si fuese menester acudir con mayor fuerza para cualquier suceso, se puso don Juan de Austria con un escuadrón de cuatro mil infantes a la mira de lo que se hacía por frente del enemigo. Estaban los moros muy descuidados de que los nuestros pudiesen minar por aquella parte, donde había tan grande altura de peñas, que parecía cosa imposible poderlas levantar el fuego; los cuales, viendo entrar las banderas en las trincheras y ponerse las otras en escuadrón, entendieron que sin duda querían darles algún asalto por los portillos de la batería; y acudiendo luego a la defensa, se metieron más de setecientos escopeteros y ballesteros en las casas que estaban sobre la mina, y comenzaron a tirar con las escopetas a unos soldados que andaban descubiertos. Cuando pareció ser tiempo, dio señal para que se pusiese fuego a la mina, la cual disparó con tanta violencia, que voló la peña y las casas y mató más de seiscientos moros, y hizo una ruina tan grande de la tierra, piedras y maderos que voló, que parecía que el escarpe daba entrada larga y capaz para cualquier número de gente. Luego envió los reconocedores, por si fuese menester quitar algunas defensas antes que la gente acometiese el asalto; y había sido bien acordado, si los animosos soldados que estaban en las trincheras no quisieran serlo ellos mismos. Era gran contento ver salir algunos moros de entre el polvo, como cuando se cae alguna casa vieja; mas presto se aguó, porque los soldados se desmandaron tras dellos, y comenzaron a subir por la ruina de la mina sin orden, hasta llegar al muro del castillo. A este tiempo don Juan de Austria mandó dar la señal del asalto, y acometiendo los alféreces con las banderas en las manos, se comenzó una pelea menos reñida que peligrosa. Los nuestros trabajaban por ocupar un portillo que la artillería había hecho en el muro del castillo, no hallando entrada por otra parte, porque la mina no había pasado tan adelante como convenía, y solamente había volado la peña y las casas que estaban a la parte de fuera, dejando los enemigos más fortalecidos; los cuales estaban prevenidos de manera, que para cada casa era menester un combate, según las tenían atajadas y puestas en defensa. Acudiendo pues los enemigos a la defensa del portillo, y siendo forzoso que los alféreces y soldados reparasen al pie del muro, era grande el daño que recibían de los traveses y de las piedras que les arrojaban a peso desde un reducto alto donde estaban los moros berberiscos, y entre ellos algunas moras que peleaban como varones, siendo bien proveídas de piedras de las otras mujeres y de los muchachos, que se las traían y daban a la mano. Habiendo pues estado detenida nuestra gente recibiendo el daño que hemos dicho, los animosos alféreces se adelantaron, y subiendo a raíz del muro uno tras de otro, porque no podían ir de otra manera, fueron a entrar por el portillo, siendo el delantero el de don Pedro Zapata, que puso su bandera sobre el enemigo muro con tanto valor, que si la disposición de la entrada diera lugar a que le pudieran seguir dos o tres de los otros se ganara la villa aquel día; mas como no pudo ser socorrido, los moros cargaron sobre él, y dándole muchas heridas, le derribaron por la batería abajo, llevando siempre la bandera entre los brazos, que no se la pudieron quitar, aunque le tiraban reciamente della. Luego cerraron a gran prisa el portillo con maderos, tierra y ropa, y le fortalecieron de manera, que no se pudo llegar más a él. Estaba en este tiempo don Juan de Austria mirando todo lo que se hacía, y pareciéndole que se podía entrar la villa por los terrados de las casas que caían a la parte de levante, mandó a los capitanes don Pedro de Sotomayor, don Antonio de Gormaz y Bernardino de Quesada, que con los arcabuceros de sus compañías fuesen a intentarlo, y que procurasen quitar del reducto del castillo los moros y moras que hacían daño con las piedras; los cuales, aunque conocían el peligro que llevaban, rindiéndole las gracias por la merced que les hacía en darles muerte tan honrosa, se adelantaron luego, y llegando a la batería, procuraron hacer lo que se les mandaba, tentando la entrada por diferentes partes; mas era por demás su trabajo, porque los enemigos, esperándolos encubiertos con sus reparos, los herían de mampuesto desde los traveses con las escopetas y ballestas, y matando más de ciento y cincuenta soldados, fueron también los capitanes heridos. Estando pues nuestra gente con esta dificultad descubiertos a la ofensa de los enemigos sin hacer otro efecto, y habiendo durado el asalto más de dos horas, don Juan de Austria, viendo la resistencia que había, y que convenía hacer mayor batería, mandó tocar a recoger, y se retiró la gente a tiempo que no iba mejor a los soldados del tercio de don Pedro de Padilla, que habían acometido a entrar por su cuartel. Murieron este día muchas moros, aunque fue mayor el daño de los cristianos, porque mataron cuatrocientos soldados y hubo más de quinientos heridos, y entre ellos muchos hombres de cuenta, que como el ánimo es de personas nobles que desean honra, mataban y herían en ellos como en hombres destroncados, antes de poder llegar a mostrar su valor. Murieron los capitanes Martín de Lorite, Juan de Maqueda, Baltasar de Aranda, Alonso Beltrán de la Peña, Carlos y Fadrique de Antillón, hermanos, y Pedro Mírez, alférez de don Antonio de Gormaz, y otros; y fueron heridos don Juan de Castilla, de escopeta en un brazo; don Antonio de Gormaz, vecino de Jaén, de muchas pedradas, y el capitán Abarca, de otra escopeta en el rostro, y murieron dentro de pocos días de las heridas. Fueron también heridos don Pedro de Padilla y su alférez Bocanegra, el marqués de la Favara, don Luis Enríquez, sobrino del almirante de Castilla; Pagan de Oria, don Luis de Ayala, y los capitanes don Alonso de Luzón, Juan de Galarza, Lázaro de Heredia, don Antonio de Peralta, y su alférez y sargento don Pedro de Sotomayor, y don Diego Delgadillo, su alférez; Bernardino de Quesada, Diego Vázquez de Acuña, don Luis de Acuña, su hijo; Bernardino Duarte, Bernardino de Villalta y su hermano Melchor de Villalta, Francisco de Salante y su alférez Portillo, Alonso de Alvarado, alférez de don Alonso de Vargas; Velasco, alférez de don Juan de Ávila Zimbrón, y otros muchos que por excusar prolijidad no ponemos aquí.

Capítulo V. Cómo don Juan de Austria mandó hacer otras dos minas en la villa de Galera, y la combatió y ganó por fuerza de armas

No paró en lágrimas ni en gemidos el dolor que don Juan de Austria sintió cuando vio tantos cristianos muertos y heridos; antes, furioso, con justa y santa piedad hizo enterrar a los unos y llevar a curar los otros. Y mandando juntar luego a los del Consejo, les dijo desta manera: «La llaga de hoy nos ha mostrado la cierta medicina. Yo hundiré a Galera y la asolaré y sembraré toda de sal, y por el riguroso filo de la espada pasarán chicos y grandes, cuantos están dentro, por castigo de su pertinacia y en venganza de la sangre que han derramado. Aperríbanse luego los ingenieros, y el capitán de la artillería no repose hasta tener hechas otras dos minas, que entren tanto debajo del castillo, que vuelen el revellín de donde hemos recibido el daño, por manera que quede la entrada abierta a nuestra infantería por aquella parte; que sin duda no habrá resistencia que se lo impida. Y si se pone la diligencia que conviene en ello, yo espero en Dios que con la infelice nueva llegará juntamente la de la victoria a oídos del Rey mi señor». Diciendo estas palabras el animoso mancebo, su voz fue recibida del consentimiento de todos y muy loada; y acrecentó tanto el ánimo y ardor del ejército, que los capitanes y soldados, menospreciando el peligro, no deseaban cosa más que volver a las armas con los enemigos para tomar entera venganza por sus manos. Mientras de nuestra parte se trabajaba en las minas, los cercados no se descuidaban en la obra de sus reparos y en todo aquello que entendían serles necesario para su defensa; mas faltábales ya la munición, que era lo principal, habiéndola gastado en los asaltos, y habían perdido la mayor parte de la gente de guerra; y con todo eso pensaban poderse defender, confiados en la vana promesa que el Maleh les había hecho, de que los vendría a socorrer con todo el poder de los moros. Salieron una noche doscientos moros a impedir la obra de una de las minas, donde acertó a hallarse el capitán Francisco de Molina, y con él el alférez Rincón y obra de veinte soldados, que todos hubieron menester menear bien las manos, porque llegaron determinadamente a la boca della y hirieron algunos de los nuestros; mas como se tocase luego arma, fueron retirados con daño, y no se atrevieron a salir más, ni contraminaron, teniendo por imposible que la pólvora pudiese volar un monte tan grande y tan alto como aquel sobre que estaba edificado el castillo, y entendieron que reventaría por lo más flaco antes de llegar a él. Esto es lo que después nos dijeron algunos moros, aunque lo más cierto fue que no se atrevieron a hacer la contramina, porque fuera necesario cavar más de cuarenta estados en hondo para ir a dar con ella. Sea como fuere, ellos no hicieron diligencia en este particular, habiendo hecho muchas en las otras defensas. Estando ya a punto las ruinas para poderlas volar, don Juan de Austria mandó batir con la artillería todas las defensas por cuatro partes. Don Luis de Ayala batió con cuatro cañones a la parte de mediodía, las casas y los muros del castillo que se podían descubrir. Los capitanes Bernardino de Villalta y Alonso de Benavides batieron con otras cuatro piezas el castillo por través, y las casas que se descubrían de un cerro algo relevado que está a la parte de poniente. Don Diego de Leiva, con dos piezas, las casas y defensas bajas por el cuartel de don Pedro de Padilla, a la parte del norte; y Francisco de Molina con diez piezas de artillería batía por través el castillo y unos paredones antiguos de la torre del homenaje, donde los enemigos tenían puesta la cabeza del capitán León de Robles, natural de Baza, que lo habían muerto estando allí el marqués de los Vélez, y todas las casas de la villa que caían en la ladera que responde a la parte de levante. Habíase salido de Galera huyendo estos días un muchacho morisco, y dado muy cierto aviso del estado en que estaban las cosas de los moros, y de la fortificación que tenían hecha, certificando a don Juan de Austria que la mina pasada había muerto más de setecientos moros escopeteros y ballesteros. El cual, entendiendo que acudirían a ponerse a la defensa en parte que las nuevas minas pudiesen volar, los que quedaban, a 10 días del mes de febrero mandó que toda la infantería bajase a las trincheras, y que la gente de a caballo se pusiese al derredor de la villa, por si los enemigos acometiesen a salir; y estando todos a punto con las armas en las manos, los que tenían cargo de las minas pusieron fuego a la primera, que estaba junto con la mina vieja; la cual salió con tanta furia, que voló peñas, casas y cuanto halló encima; mas no llegó al Castillo ni hizo daño en los moros, que, escarmentados de lo pasado, se habían retirado a la parte de dentro en una placeta que se hacía allí junto, dejando solos tres hombres de centinela en lo alto, echados de pechos, que no podían estar de otra manera, con orden que en viendo subir a nuestra gente les diesen aviso, para acudir con tiempo a la defensa. Volada la una mina, la artillería no dejó de tirar sin intervalo, y dende a un rato salió la otra, que estaba hacia poniente; la cual hizo tanta ruina, que los enemigos, atemorizados del gran terremoto y temblor de tierra que hizo estremecer todo el cerro, no subieron a descubrir al castillo, creyendo por ventura que aun no eran acabadas de salir todas las minas, ni las centinelas osaron aguardar en lo alto, porque venían tan espesas las pelotas sobre ellos de todas partes, que no tenían donde poderse guarecer. A este tiempo envió don Juan de Austria tres soldados a que reconociesen si las minas habían hecho suficiente entrada para el asalto, y si quedaba algún impedimento que lo estorbase; uno de los cuales llegó hasta el propio muro del castillo, donde a la parte de poniente tenían los enemigos puesta una bandera grande colorada; y sin hallar quien se la impidiese, la tomó y se bajó con ella en la mano hasta la trinchera. Viendo pues los soldados que el capitán Lasarte, que así se llamaba el que trajo la bandera a la trinchera, había subido hasta arriba y tomádola sin resistencia, pareciéndoles que no había para qué perder tiempo, sin esperar otra señal salieron de las trincheras; y subiendo por las baterías, antes que los enemigos acudiesen a la defensa, ya tenían ocupado lo alto del castillo; y tomándolos a caballero, les fueron ganando las calles y las casas, saltando de unos terrados en otros por los mismos pasos que ellos se retiraban. Ayudó mucho para divertirlos y desanimarlos el acometimiento que a un mismo tiempo hizo por la parte baja don Pedro de Padilla con su tercio; el cual pasando a largo de la villa por la ladera de poniente, entró animosamente por los portillos que la artillería había hecho en las paredes de las casas; por manera que siendo los moros cercados y combatidos por muchas partes, desatinados con la niebla del temor, se iban a meter huyendo por las armas de nuestros soldados; y temiendo de caer en ellas, daban ellos mismos consigo en la muerte. Estaba una placeta junto a la puerta principal, donde se iban recogiendo, y en ella acabaron de morir la mayor parte dellos. Fueron de mucho efecto las diez piezas de artillería con que batía Francisco de Molina, porque entró por allí el golpe de la gente; y como se descubrían los terrados por través, no dejaban parar moro en ellos, y los soldados, con las propias escalas que tenían los enemigos aparejadas para ir de unos terrados en otros, subieron y se los fueron ganando; y horadando los techos de las casas con maderos, los arcabuceaban y se las hacían desamparar, y les fueron ganando la villa palmo a palmo, hasta acorralar más de dos mil moros en aquella placeta que dijimos, Recogiéronse algunos en una casa pensando darse a partido; mas todos fueron muertos, porque aunque se rendía, no quiso don Juan de Austria que diesen vida a ninguno; y todas las calles, casas y plazas estaban llenas de cuerpos de moros muertos, que pasaron de dos mil y cuatrocientos hombres de pelea los que perecieron a cuchillo en este día. Mientras se peleaba dentro en la villa, andaba don Juan de Austria rodeándola por defuera con la caballería; y como algunos soldados, dejando peleando a sus compañeros, saliesen a poner cobro en las moras que habían cautivado, mandaba a los escuderos que se las matasen; los cuales mataron más de cuatrocientas mujeres y niños; y no pararan hasta acabarlas a todas, si las quejas de los soldados a quien se quitaba el premio de la victoria, no le movieran; mas esto fue cuando se entendió que la villa estaba ya por nosotros, y no quiso que se perdonase a varón que pasase de doce años: tanto le crecía la ira, pensando en el daño que aquellos herejes habían hecho, sin jamás haberse querido humillar a pedir partido; y así hizo matar muchos en su presencia a los alabarderos de su guardia. Fueron las mujeres y criaturas que acertaron a quedar con las vidas cuatro mil y quinientas, así de Galera como de las villas de Orce y Castilleja y de otras partes. Hallose tanta cantidad de trigo y cebada, que bastara para sustento de un año, y ganaron los capitanes y soldados rico despojo de seda, oro y aljófar, y otras cosas de precio, que aplicaron para sí. Luego despachó don Juan de Austria correo con la segunda nueva de la victoria, que no fue menos bien recibida en la corte de lo que había sido mal oída la primera. Alcanzó a su majestad en Nuestra Señora de Guadalupe, que iba de camino para la ciudad de Córdoba, donde había hecho llamamiento de cortes con deseo de ver los pueblos de la Andalucía, cosa que no había podido hacer hasta esta ocasión desde que el cristianísimo Emperador su padre le había hecho dejación de los reinos, por las muchas y grandes ocupaciones que había tenido; más no se hicieron por ello alegrías ni otra demostración de placer; solo dar gracias a Dios y a la gloriosa Virgen María, encomendándoles el católico Rey aquel negocio, por ser de calidad que deseaba más gloria de la concordia y paz que de la victoria sangrienta. Don Juan de Austria me mandó a mí que hiciese recoger el trigo y cebada que tenían allí los moros, y que la villa fuese asolada y sembrada de sal, y partió con todo el campo la vuelta del río de Almanzora.

Capítulo VI. Cómo don Juan de Austria fue a Baza y envió a reconocer a Serón

Habiendo mandado don Juan de Austria asolar todas las casas de Galera y sembrarlas de sal, partió de aquel alojamiento con toda la gente de guerra para el lugar de Cúllar. Mas comenzando a caminar la vanguardia, se entendió que no podrían por aquel camino las carretas de la artillería ni los bagajes, porque había llovido y nevado mucho la noche pasada, y estaba la tierra hecha pantanos y barrizales, y había grandes atolladeros; y así fue necesario que las tiendas y todo el carruaje del campo se llevase a Güéscar; y dejándolo a mi cargo, prosiguió su camino con sola la infantería y caballos, mandándome que se enviase pan y cebada para sola aquella noche, y que otro día luego siguiente juntase carros y bagajes en que fuese todo el bastimento, armas y municiones que allí había, y lo llevase a la ciudad de Baza, donde le hallaría. Alojose aquella noche en Cúllar, y allí le envié cantidad de pan y cebada; y llegando el día siguiente a la ciudad el carruaje, se juntó allí todo el campo, y se dio luego orden en la ida del río de Almanzora. Lo primero fue mandar a don García Manrique y a don Antonio Enríquez y a Tello González de Aguilar, que con ciento y sesenta lanzas y cincuenta arcabuceros de a caballo de la compañía de don Alonso Portocarrero, llevando consigo los capitanes Jordán de Valdés y García de Arce, fuesen la vuelta de Serón, que era la primera plaza que se había de combatir, y reconociesen la disposición de la tierra y el sitio de aquella villa y el lugar donde se podría poner bien el campo; porque, aunque se había enviado a reconocer desde Galera, no se había podido hacer el reconocimiento, a causa de que acudieron muchos moros a defenderlo. Estos capitanes llegaron al lugar de Canilles de Baza al anochecer, y a las nueve de la noche, después de haber dado cebada a los caballos, caminaron la vuelta de Serón; mas era tan grande la oscuridad que hacía, que la guía que llevaban perdió el uno de la tierra; y viendo que iba perdido, tomó por remedio descabullirse de la gente y dar a huir por los montes. Sucedió pues que apartándose don García Manrique a beber en una laguna de agua que estaba junto al camino con solos dos de a caballo, y no acertando después a volver a él, convino que diesen voces, y que la otra gente les respondiese para atinar adónde estaban, y por esta causa vinieron a ser sentidos de los moros, según lo que después se entendió. Hallándose don García sin guía con una oscuridad tan grande, acordó de hacer alto hasta que amaneciese en un monte que está antes de llegar a la Fuen Caliente; y en siendo de día claro, comenzó a caminar, enviando delante sus atajadores. Y como no parecía moro por todo el camino, entendiendo que habían dejado a Serón, pasaron los corredores tan adelante, que llegaron cerca de la villa, yendo siempre el río abajo. Tenían los enemigos hecha una empalizada en la entrada del camino, por donde se sube al río de Serón; y estando puestos allí de emboscada, habían echado doce vacas y seis bagajes hacia el río, para mientras los cristianos fuesen a tomarlas salir a ellos; mas luego fueron descubiertos, porque llegando los atajadores al ganado, los moros salieron de la emboscada y los fueron retirando el río arriba hasta la otra gente. Estos eran doce escuderos de la compañía de Tello de Aguilar; los cuales refirieron a don García Manrique como detrás de aquella empalizada había mucho número de enemigos; y entendiendo que debían de tener más emboscadas que aquella, no quiso pasar adelante ni volver por donde había entrado; y tomando una vereda que don Antonio Enríquez sabía, dieron vuelta por la halda de la sierra hacia Canilles, dejando de retaguardia los arcabuceros de a caballo de don Alonso Portocarrero y los escuderos de Écija. Los moros saltaron fuera de aquellos valles, viendo retirar nuestra gente, y con grandes alaridos fueron siguiéndolos hasta que salieron de la sierra; mas aunque tenían ochenta de a caballo, no osaron apartarse de la escopetería, temiendo que nuestra caballería daría la vuelta sobre ellos; lo cual quisieron hacer muchas veces, mas los capitanes no se lo consintieron. Esta retirada por diferente camino del que los nuestros habían entrado fue de mucha importancia; y si salieran por el camino derecho, hubieran bien menester las manos, porque les habían ya tomado el paso más de dos mil moros; de donde se entendió que habían sido sentidos aquella noche cuando don García Manrique se apartó de la gente. Este día un escudero de los de la compañía de Tello de Aguilar, llamado Leiva, yendo a retirar unos compañeros que habían quedado haciendo atalaya sobre un cerro, vio estar en una ladera diez o doce hombres de a caballo, vestidos de colorado; y entendiendo que eran escuderos de su compañía, porque traían todos aquella divisa, se fue para ellos y les dijo: «Ea, compañeros, retiraos; que hay emboscada». Los cuales le rodearon, y tomándole en medio, le prendieron y le llevaron a Serón, porque eran turcos y moros berberiscos; y no quisieron matarle. Retirado don García Manrique sin hacer el reconocimiento, volvió a puesta de Sol al lugar de Canilles, donde estaba ya don Juan de Austria con todo el campo esperándole para ir a cercar a Serón; y viendo que habían dejado de reconocer la villa por ir poca gente, se acordó en el Consejo que fuesen mayor número de caballos y de infantes a hacer aquel efecto.

Capítulo VII. Cómo don Juan de Austria fue a reconocer a Serón y los moros le desbarataron, y la muerte de Luis Quijada

La propia noche que don García Manrique volvió a Canilles, se tomó resolución de que fuesen a reconocer a Serón dos mil arcabuceros escogidos y doscientos caballos, porque convenía mucho entender bien la disposición que había, para cercar la villa de manera que no le pudiese entrar socorro, y que los cuarteles se pudiesen socorrer los unos a los otros cuando fuese menester; cosa que dificultaban mucho todos los que habían estado en aquel pueblo, diciendo que era tierra muy quebrada, y que por haber falta de agua en algunas partes, no se podía bien cercar. Don Juan de Austria quiso ir personalmente con esta gente, y acompañado del comendador mayor de Castilla y de Luis Quijada y de otros caballeros y gentiles hombres de su casa, partió del lugar de Canilles a las nueve de la noche. Llevaba tres compañías de caballos, una del duque de Medina-Sidonia, cuyo capitán era Francisco de Mendoza, vecino de Gibraltar; otra de la ciudad de Jerez de la Frontera, que llevaba don Luis de Ávila, por indisposición de don Martín de Ávila, su hermano, que era el capitán; y la tercera del adelantamiento de Cazorla, y capitán della Hernando de Quesada. Con la infantería iban el maese de campo don Lope de Figueroa, y don Miguel de Moncada, y Juan de Espuche, y otros capitanes y gentiles hombres de cuenta. Caminando pues toda aquella noche sin parar, a la hora que amanecía se emboscó la infantería en unas quebradas que están antes de llegar a Serón en la propia falda de la sierra; y pasando adelante don García Manrique con cien lanzas de la compañía del duque de Medina, se le dio orden que entrase al galope por el río abajo, dando muestra a los enemigos que iba a reconocer la villa, porque si hubiese algunos moros emboscados, saliesen a él; el cual llegó desta manera hasta la empalizada que dijimos; y viendo que no salía nadie, volvió hacia donde había dejado la otra gente. Viendo pues don Juan de Austria que los moros no habían salido como la otra vez, mandó a don Francisco de Mendoza que con sus cien lanzas y algunos caballos más fuese por el río abajo, y se pusiese de la otra parte de Serón en el paso por donde podían venir moros de Tíjola y de Purchena. Y haciendo de la infantería dos escuadrones, el uno dio a Luis Quijada para que fuese por la ladera de la mano derecha del río, y con él Juan de Espuche; y el otro dio al comendador mayor de Castilla para que fuese ocupando la otra parte del río hacia la mano izquierda, y con él don Lope de Figueroa; y por el lecho del río mandó ir la gente de a caballo con su guión, quedándose él con los alabarderos de la guardia y algunos gentiles hombres, y obra de cien soldados en un cerro que descubría toda aquella tierra; porque el Comendador mayor y Luis Quijada no le consintieron pasar adelante, hasta que se entendiese que estaba todo el río seguro de emboscada, y que podría llegar cerca de la villa sin peligro de su persona, que era lo que más se procuraba. Con esta orden caminó toda la gente, y comenzando los moros a hacer ahumada, acudieron muchos de todos aquellos cerros con sus banderas; y así los de Serón como los que venían de otras partes, poniéndose en los recuestos, comenzaron a tirar de mampuesto con las escopetas a la gente de a caballo que iba por medio del río; de cuya causa mandó don Juan de Austria que se subiese su guión donde él estaba, porque recibían daño los que le acompañaban, tirándoles los enemigos como a terrero. Tello González de Aguilar, que iba esta jornada con solos cuatro escuderos de su compañía cerca de la persona de don Juan de Austria, y acompañaba el estandarte, con otros caballeros y gentiles hombres, pasaron adelante, y fueron a juntarse con el escuadrón de Luis Quijada, que marchaba poco a poco buscando lugar dispuesto para poder acometer a los moros, que ocupaban las cumbres de aquellos cerros; el cual llegando en el paraje de una atalaya antigua, que estaba frontero de la villa en un cerro antes de llegar al camino que sube del río, repartió la gente en dos partes: la una dio a Tello González de Aguilar para que subiese derecho a la torre; y con la otra subió él por cerca del camino que va a Serón. Y subiendo animosamente los soldados escaramuzando con los enemigos, fueron retirándolos hasta la propia villa; y no osándolos tampoco aguardar allí, la desampararon, y se subieron a una sierra alta que está por cima de las casas. Las moras corrieron luego a meterse en el castillo, donde estaban muchos moros, que no cesaban de hacer ahumadas llamando socorro. A este tiempo llegó la gente del escuadrón que llevaba don Lope de Figueroa, y entrando los soldados por las casas, comenzaron a desmandarse, y algunos fueron por las calles hasta llegar a las puertas del castillo y cautivaron muchas moras de las que iban a meterse dentro; y muchos codiciosos, teniendo más cuenta con el interese que con la honra de la nación, se encerraron en las casas para guarecer la presa que habían ganado. Mientras esto se hacía, el Comendador mayor y Luis Quijada comenzaron a reconocer la villa, y andando mirando la disposición de aquella tierra, se descubrieron más de seis mil moros, que acudieron a las ahumadas de Tíjola y de Purchena y de los otros lugares del río, con Hernando el Habaquí y el Maleh y otros capitanes moros; los cuales llegaron donde estaba el capitán Francisco de Mendoza a tiempo que la mayor parte de los escuderos se le habían ido a saquear las casas de la villa; y no se hallando poderoso para resistir a tan gran golpe de enemigos, comenzó a retirarse, tocando arma, por el río arriba. El Comendador mayor y Luis Quijada enviaron a don Miguel de Moncada con cantidad de caballos y de infantes a que le socorriese y reforzase la guardia de aquel paso; mas ya cuando llegó era tarde, porque encontró los caballos que venían retirándose a más andar; y los unos y los otros se retiraron, dejando libre el paso a los enemigos. A esto acudió luego el Comendador mayor en persona, y con mucha brevedad y presteza hizo un cuerpo de los soldados y caballos que pudo recoger, donde se favorecieron los que venían desmandados. Por otra parte los moros, hallando el paso desocupado, subieron hacia Serón; y juntándose con ellos los que habían salido huyendo de la villa, entraron por la parte alta; y hallando a nuestra gente desordenada, ocupados los soldados en robar, mataron muchos de los que se les opusieron; otros arrojaron vilmente las armas y dieron a huir, no siendo parte los más animosos para detenerlos. Don Lope de

Figueroa fue herido de un escopetazo en un muslo; y matáranle si los escuderos de Écija no le retiraran. Estos escuderos libraron también al compañero, que los turcos de a caballo habían cautivado y le tenían en una mazmorra. Fue tanto el temor y poca vergüenza de algunos soldados este día, que pareció ira del cielo, porque sin aguardarse unos a otros, no sabiendo por dónde poner las espaldas a los enemigos huyendo, ni por dónde el pecho peleando, iban de corrida hasta el río un buen cuarto de legua, y aun allí no se tenían por seguros. En tanta desorden don Juan de Austria bajó del cerro donde estaba, y acudió animosamente a mostrarse a nuestros cristianos, para que hiciesen rostro, o a lo menos se retirasen con orden, diciéndoles: «¿Qué es esto, españoles? ¿De qué huís? ¿Dónde está la honra de España? ¿No tenéis delante a don Juan de Austria, vuestro capitán? ¿De qué teméis? Retiraos con orden, como hombres de guerra, con el rostro al enemigo, y veréis presto arredrados estos bárbaros de vuestras armas». Con estas y otras palabras animaba y recogía los soldados, metido en el común peligro, porque los moros crecían, yendo siempre ejecutando su victoria. Este día, andando Luis Quijada recogiendo la gente y poniéndola en escuadrón, fue herido de un escopetazo en el hombro, que le entró la pelota en lo hueco; y don Juan de Austria mandó retirarle luego y que Tello González de Aguilar con los caballos de Jerez de la Frontera le llevase a curar a Canilles; y con toda la otra gente se fue retirando lo mejor que pudo con grande ejemplo de su invicto valor, acudiendo a todas las necesidades con peligro de su persona, porque le dieron un escopetazo en la cabeza sobre una celada fuerte que llevaba, que a no ser tan buena, le mataran. Finalmente los moros, habiendo seguido más de un cuarto de legua a nuestros cristianos y hecho poco daño en la retaguardia, se volvieron aquella noche a Serón, y don Juan de Austria pasó a Canilles. Hubo algunos soldados de los que entraron en la villa, que no se pudiendo retirar, se hicieron fuertes en las casas y en las iglesias, y pelearon tres días con los moros, defendiéndose hasta que les pegaron fuego y los quemaron dentro. Murieron este día seiscientos hombres de nuestra parte y de los enemigos hubo fama que cuatrocientos, y hubo muchas moras cautivas. Perdimos con la reputación más de mil arcabuces y espadas. Teniendo ganada la villa, los moros quedaron ufanos por aquella victoria, y hicieron grandes regocijos. Estuvo nuestro campo algunos días en Canilles; y en este tiempo murió Luis Quijada de la herida, cuya muerte sintió don Juan de Austria tiernamente, porque era muy buen caballero, y había servido al

Emperador su padre desde niño, y halládose con él en todas las ocasiones de las guerras que se le habían ofrecido, y por la mucha confianza que de su virtud tenía, se lo había encomendado y lo había criado desde su niñez, cuando aun no sabía cuyo hijo era, y así le llamaba tío, y él a él sobrino. La nueva deste suceso tuvo su majestad en Córdoba por carta de don Juan de Austria de 19 de febrero, dándole cuenta como por la desorden de los soldados se había dejado de ganar la villa de Serón, y pidiendo mayor número de gente con que poder proseguir adelante; y luego se despachó correo a las ciudades de Úbeda y Baeza y Jaén, por donde habían de pasar dos mil infantes que iban de Castilla y del reino de Toledo, con orden que donde quiera que los alcanzase, parasen; y dejando de ir a Granada, como les había sido ordenado, fuesen al campo de don Juan de Austria. Y al duque de Sesa se le escribió que le enviase el mayor número de gente que pudiese, quedando él proveído de manera que por falta della no dejase de hacer los efectos que se pretendían por aquella parte; encargándole brevedad en su entrada en la Alpujarra, por ser cosa que daría mucho calor a lo que don Juan de Austria había de hacer en el río de Almanzora. Mas ya cuando le llegó este mandato había salido de Granada, y estaba recogiendo su campo en el lugar del Padul, como diremos en el siguiente capítulo. Dejemos agora a don Juan de Austria rehaciendo su campo, y vamos a lo que se hizo en este tiempo a la parte de Granada.

Capítulo VIII. De lo que proveyó el duque de Sesa en Granada, y cómo salió a juntar su campo en el lugar del Padul para entrar en la Alpujarra

Antes que el duque de Sesa saliese de Granada, porque en la ciudad y presidios comarcanos hubiese la guardia y seguridad que convenía, proveyó las cosas siguientes: que en la fortaleza de la Alambra quedasen los capitanes Lorenzo de Ávila y Gaspar Maldonado con sus compañías, y Antonio Martínez Camacho, con cincuenta soldados, a orden del conde de Tendilla; en la ciudad seis compañías de infantería, capitanes Juan Núñez de la Fuente, don Cristóbal de León, don Diego de Vera, Francisco Montesdoca, don Lope Osorio y Bartolomé Pérez Zumel, capitán y cabo de toda esta gente, y Juan Franco, sargento mayor; y tres estandartes de caballos del marqués de Mondéjar, de don Bernardino de Mendoza y de Martín Noguera, y Jerónimo López de Mella con su gente. Éste era vecino de Medina de Ríoseco, hombre caudaloso en aquella tierra, y había venido con un hermano suyo, llamado Blas López de Mella, ciento y sesenta leguas, a servir en esta guerra a su costa con ocho escuderos de a caballo y diez arcabuceros de a pie, y después se le había acrecentado el número de la gente. En la Vega mandó quedar las compañías de Antonio de Baena y Pedro Navarro, con seiscientos infantes, y con orden que en la ciudad de Santa Fe pusiesen cincuenta soldados, que estuviesen allí de ordinario con la caballería del duque de Arcos. Quedaron asimismo en la Vega dos estandartes de caballos de Lázaro de Briones y de Gaspar de Aguilera. En Alfacar, la Zubia y Gójar Hernán López con trescientos hombres de las cuadrillas. En Guéjar cuatro compañías de infantería, capitanes Pedro de la Fuente, Luis Coello de Vilches, Hernando Becerra de Moscoso y don Francisco Hurtado de Mendoza, capitán y cabo del presidio; el cual pusiese cien soldados en Pinillos para guardia de aquel paso, y en Níbar la compañía de don Francisco, del partido de Alcántara. Dio orden al corregidor Juan Rodríguez de Villafuerte, que apercibiese de nuevo los capitanes de cada colación, para que tuviesen la gente de la ciudad a puño, así la de a pie, como la de a caballo, señalando por cabo de las compañías de infantería a don Pedro de Vargas, veinticuatro de aquella ciudad, y por sargento mayor a Jorge de Baeza; y que las guardas, rondas y centinelas se hiciesen de la misma manera que hasta allí. Quedó el gobierno de paz y de guerra al presidente don Pedro de Deza, y que don Gabriel de Córdoba, como superintendente de la gente de guerra, asistiese en el Consejo con él, y se ejecutase lo que allí se ordenase, haciendo oficio de capitán general; asistiendo asimismo con ellos el Corregidor y los que más pareciese al Presidente, según las ocasiones que se ofreciesen. Todas estas cosas proyectó el duque de Sesa antes de salir de Granada; y cuando le pareció tiempo, a 21 días del mes de febrero deste año de 1570, partió de aquella ciudad, y aquel propio día llegó al Padul, donde se había de juntar toda la gente. Estaba don Juan de Mendoza en las Albuñuelas, que había ido a recoger las compañías que iban viniendo de las ciudades y señores; el cual vino al Padul a 23 de febrero. Detúvose el Duque en aquel alojamiento muchos días con harta importunidad, esperando gente y vituallas y armas, que habían de venir de Málaga, y haciendo reductos en Acequia y en las Albuñuelas y en las Guájaras. En las Albuñuelas puso de presidio a don Gutierre de Córdoba con mil infantes y un estandarte de caballos; a las Guájaras envió al capitán Antonio de Berrio con quinientos arcabuceros, sin caballería, por no ser la tierra dispuesta para ella; y en el Padul y Acequia ordenó otros presidios para en su partida. A Jayena envió a don Alonso de Granada Venegas con cincuenta arcabuceros y el estandarte de caballos de Baeza de Juan de Carvajal, porque su majestad había mandado que se pusiese allí con alguna caballería, para que por su medio, como persona de confianza, de quien la podían tener los rebeldes, se pudiese tener alguna inteligencia con ellos para que se redujesen, como él lo había ofrecido, que era el lenguaje que más se trataba; porque su majestad, como atrás dijimos, deseaba más la concordia que la victoria de sus vasallos. Y porque la gente no estuviese ociosa comiendo el bastimento en el Padul, mientras se engrosaba el campo, y llegaban los bastimentos, armas y municiones que esperaba de Granada y de Málaga y de otras partes, mandó hacer el Duque algunas correrías, y se pusieron emboscadas a los moros que andaban por el valle, y fueron presos algunos, de quien se entendió el designio del enemigo, y como había enviado al Habaquí a lo del río de Almanzora con autoridad de capitán general, y puéstose él con toda la gente de la Alpujarra en Andarax, no con propósito de defender la entrada a nuestro campo, sino para molestarle, dando en la retaguardia y en las escoltas de los bastimentos, y necesitándole a que, fatigado de hambre, de cansancio, y sin ganancia, le dejasen, porque deste parecer eran el Habaquí y los capitanes turcos. Y que a la parte de poniente había enviado cuatro mil moros con el Rendati y el Macox y con otros, la mayor parte de los cuales eran de aquellas comarcas y de la sierra de Bentomiz, para el mismo efecto; mandándoles que metiesen cuatrocientos hombres en el castillo de Lanjarón, y procurasen defenderle, para desde allí salir a hacer sus saltos cuando el campo del duque de Sesa pasase, ofreciéndoles que los socorrería con todo su poder cuando fuese menester, y que estaba confiado en el socorro que le prometía su esperanza que había de venirle de Argel. En este lugar ponemos dos cartas, una que Aben Aboo escribió al menfti de Constantinopla, que es como obispo; y otra del secretario de Aluch Alí, a fin de que se entienda que no se descuidaba en este particular; y luego volveremos a nuestra historia.

CARTA DE ABEN ABOO AL MENFTI DE CONSTANTINOPLA, PIDIENDO SOCORRO DEL GRAN TURCO

«Loores a Dios. Del siervo de Dios, que está confiado en él, y se sustenta mediante su esfuerzo y poderío. El que guerrea en servicio de Dios, el gobernador de los creyentes, ensalzador de la ley, y abatidor de los herejes descreídos, y aniquilador de los ejércitos que ponen competencia con Dios, que es Muley Abdalá Aben Aboo; ensálcele Dios ensalzamiento honroso, y haga señor de notorio estado y señorío. El que sustenta el alzamiento de la Andalucía, a quien Dios ayude y haga victorioso, mediante la fuerza de su brazo, que es el que tiene el cuidado y el poderío para ello; a nuestro amigo y especial querido nuestro, el señor engrandecido, honrado, generoso, magnífico, adelantado, justo, limosnero y temeroso de Dios, a quien Dios galardone con la felicidad del perdón, y después desto la salud de Dios general y comprehendiente sea con vuestro estado alto, y la gracia y bendición abundante de Dios. Hermano y amigo muy preciado nuestro, ya hemos tenido noticia de vuestro estado alto y ser tan generoso, y como de compasión que habéis tenido de la desamparada y abatida gente, habéis siempre preguntado con cuidado por nosotros para certificaros de nuestros sucesos, y os habéis dolido de todo nuestro trabajo y aprieto en que nos han puesto estos cristianos; y también nos envió una carta el alto y poderoso Rey, sellada con su sello, prometiéndonos socorro de gran número de gente con su armada, y todo lo que más hubiésemos menester para sustentar esta tierra. Y porque estamos con estos malos en gran congoja, ocurrimos de nuevo a las altas y muy poderosas puertas, y pedimos el socorro de vuestra parte y la victoria por vuestra mano. Por tanto socorrednos; socorreros ha Dios altísimo sobre todas las gentes. Y vuestra señoría informe de nuestro negocio al Rey poderoso, y le haga saber de nuestro ser y estado, y de la grandísima guerra que de presente tenemos entre las manos. Y dígasele a su alteza que si es servido de nos favorecer, nos socorra presto y se dé mucha prisa, antes que perezcamos, porque vienen dos ejércitos poderosos contra nosotros para acometernos por dos partes; y si nos perdemos, le será pedida cuenta de nosotros, y terná largo juicio el día de la resurrección; y la razón desto se podría alargar en esta parte; y porque el hombre no tiene más poder ni esfuerzo para hablar, ceso. La salud de Dios y su gracia y bendición os acompañe. Que es escrita martes a 11 días de la Luna de Xahaban el acatado del año de 977; que conforme a nuestra cuenta, fue a 11 días de la Luna de febrero en el año de 1570. Y decía en el sobrescrito: Sea dada al señor alto vicario y consejero mayor de Constantinopla, que está debajo del amparo de Dios». El registro desta carta se tomó en la cueva de Cástares entre los papeles de Aben Aboo, y se mandó romanzar después en Granada, dándola el comendador mayor de Castilla a don Juan de Austria; el cual la envió al presidente don Pedro de Deza para aquel efecto.

CARTA DEL SECRETARIO DEL REY DE ARGEL PARA ABEN ABOO

«Con el nombre de Dios poderoso y misericordioso. Guarde Dios el estado alto, cumplido, generoso, venturoso del rey Mahamete Abdalá Aben Aboo. La salud de Dios sea con vos, y su gracia y bendición. Hacémoos saber que recibimos el recaudo que nos enviasteis acerca de los negocios de vuestro estado y de los enemigos de nuestra ley, y entendimos lo que nos dijisteis que dijo el señor de España, que está determinado de acabaros. Nosotros seremos aquellos que con el ayuda de Dios le acabaremos a él; y para esto os enviamos la s armas, escopetas, pólvora y plomo que veréis, en lo cual hicimos de presente toda nuestra posibilidad; y en lo que decís, que no os hemos socorrido porque las ciudades que tenemos están flacas de gente, juro por Dios que tal acá no he sabido que se haya dicho; antes os queremos socorrer por el grande amor que os tenemos, y por el grande amor que el Rey, Dios le ensalce, os tiene. Por tanto no temáis, que el Rey tuvo necesidad de ir a las ciudades de África, que es la ciudad de Túnez, y no se partió hasta que envió una galeota a la costa de Turquía a la casa alta del Rey, que Dios ensalce, haciéndole saber el estado en que estáis; y nuestro rey, que Dios conserve su estado, acabado este viaje partirá luego para esa tierra, mediante Dios. Hemos sabido que se ha visto con el rey de Túnez sobre una ciudad que se llama Bexa, y que le echó de ella, y dio Dios la victoria a nuestro rey y le rompió su ejército, y le mató cantidad de dos mil hombres, y huyó el rey de Túnez con número de doscientos de a caballo, y entró el rey nuestro en Túnez, y prestamente vendrá a esta ciudad y irá a socorreros, y enviará la armada que baja para vuestro intento y socorro, mediante Dios. Hemos oído decir que cautivasteis al hermano del Marqués: si es así y ha venido a vuestra mano, enviadlo al Rey, y enviad con él otra cosa antes que venga, para que el día que llegare se lo presentemos, diciéndole: Veis aquí el presente que os envía el rey de la Andalucía; y con esto le aumentaremos el deseo que tiene de ayudaros, porque vosotros el día de hoy sois un cuerpo con nosotros. Y por Dios os encargo que lo hagáis así, y esta es la verdad que os certificamos; y lo demás os informará nuestro amigo Cacim, criado nuestro; y no sigáis las palabras de las gentes, y haced lo que Cacim os dijere. Esto es lo que os hacemos saber. Dios os haga saber todo bien. La salud sea con vuestra alteza, y la gracia y bendición de Dios. El que tiene necesidad de su socorro, secretario de nuestro señor el Rey, que Dios ensalce». Estaba puesto en la carta el sello de Aluch Alí, que conocimos; y decía en el sobrescrito: «Guarde Dios al gobernador grande, ensalzado, acatado, Mahamete Abdalá Aben Aboo». También vino esta carta originalmente a poder de don Juan de Austria, y la romanzó el licenciado Castillo en Granada por su mandado.

Capítulo IX. Cómo don Antonio de Luna corrió la sierra de Bentomiz y puso presidio en Zalia, y retiró los moriscos de algunos lugares de la jarquía de Málaga

Demás de las provisiones que dijimos que hizo el duque de Sesa cuando salió de Granada, fue una, que pudiera ser muy importante si la gente no faltara al mejor tiempo, que fue enviar a don Antonio de Luna a correr y asegurar la sierra de Bentomiz y la tierra de Vélez Málaga, donde el Darra y los otros caudillos de los moros hacían muchos daños, y a recoger los moriscos de paces de los lugares del Borge, Comares, Cútar y Benamargosa, y enviarlos la tierra adentro, y hacer tres fuertes, y poner presidios en Zalia, Competa y Nerja, y entrar luego corriendo la costa hacia Almuñécar para divertir a los enemigos, y quemarles los bastimentos y necesitarlos con hambre. Para este efecto se ordenó a los corregidores de Antequera y Málaga que le acudiesen con su gente de a pie y de a caballo; los cuales acudieron luego, don Fadrique Manrique con la de Antequera, don Gómez Mejía de Figueroa con la de Loja, Alhama y Alcalá la Real, y Arévalo de Zuazo con la de Málaga y Vélez, y el licenciado Soto con la de Archidona, que serían todos al pie de cinco mil hombres. Y juntándose en Canilles de Aceituno a I.º de marzo, fue a Competa, pensando hallar alguna resistencia; y no hallándola, pasó a Nerja, y de camino corrió el fuerte de Fregiliana, donde se mostraron al pie dél hasta cien moros, que escaramuzaron con los soldados sueltos de la vanguardia; y volviendo luego huyendo al fuerte con una bandera, subieron tras dellos los nuestros, y matando seis moros, se derrocaron los otros por aquellas sierras, de manera que no fueron más vistos, y cautiváronse doce moras. Aquella noche durmió el campo en Nerja, y estuvo el siguiente día en aquel alojamiento, aguardando las vituallas que iban de Vélez y de Loja; y en este tiempo envió don Antonio de Luna dos mangas de arcabuceros a correr la sierra por dos partes, que mataron otros dos o tres moros y cautivaron otras seis mujeres, y siendo avisado que el Darra tenía hecha una fusta para pasarse a Berbería, llevando el moro que le dio el aviso a que se la mostrase, la halló en una rambla metida, y en otra rambla halló otra comenzada a labrar, y una caldera de brea para brearla, y madera, y lo hizo quemar todo. El sábado 4 de marzo, queriendo partir de allí, halló que se le había ido casi toda la gente, unos con achaque que les faltaba la comida, y otros por entender que era jornada de poca ganancia, por haber ya poco que saquear en aquella tierra. Decía después don Gómez Mejía de Figueroa que don Antonio de Luna le había mandado que se fuese a Loja con la gente de aquellas tres ciudades, pareciéndole que bastaba la de Antequera, Málaga y Vélez, por el poco bastimento que había. Sea como fuere, hallándose con solos mil hombres, determinó pasar adelante con ellos por el camino de la marina derecho a Almuñécar; y porque no se podía ir por otra parte con los caballos y bagaje, hizo noche en el camino en la boca del río de la Miel. Llegado a Almuñécar, tomó algún refresco de vitualla para ir al lugar de Lentejí, donde dijo una espía que había más de cinco mil moros, y era mentira, porque no había sino obra de quinientas almas. Estuvo la gente algo temerosa con esta nueva, y tomando doscientos soldados de los de aquel presidio, fue aquella noche a alojarse legua y media de allí en la mitad del camino. Otro día martes, a 7 de marzo, tomó la mañana, y llegó a las nueve al lugar, donde pensaba hallar los enemigos; mas halló que habían huido de media noche abajo. Mataron los soldados cinco que hallaron en el lugar, y cautivaron uno, y tomáronse algunos bagajes. Los soldados de Almuñécar, que estaban algo lastimados de aquellos moros, pusieron fuego al lugar y le quemaron todo. Hallose cantidad de pasa y mucho aceite, y poco pan en las casas y cuevas, que todo se quemó y derramó; y lo mismo se hacía en los lugares donde llegaban, destruyendo y quemando todos los bastimentos. Súpose del moro que se prendió como los moros iban la vuelta de los prados de Lopera, y por ser temprano, determinó don Antonio de Luna de ir tras dellos, y fue a dormir aquella noche a un cortijo del marqués de Mondéjar. Los moros que iban delante echaron sobre mano izquierda antes de llegar a los prados, y fueron la vuelta de Almijar. Aquella noche, estando en el cortijo, se le fueron más de quinientos hombres, y cuando quiso partir, hallándose solamente con obra de seiscientos soldados de Vélez y de Málaga, y pocos de los de Antequera, pasó a la ciudad de Alhama, donde llegó a 9 de marzo; pidió a la ciudad bastimentos y doscientos hombres; y con ellos, y con otros doscientos que escribió al corregidor de Loja que le enviase, y la gente que le había quedado, volvió al castillo de Zalia, donde dejó al capitán Cristóbal de Reinoso con los caballos contiosos de Andújar y alguna infantería; y entrando en la Jarquía, retiró los moriscos de los lugares sospechosos sin escándalo ni alboroto, porque los hallaron descuidados. A los del Borge retiró Arévalo de Zuazo, don Fadrique Manrique a los de Comares, y don Antonio de

Luna a los de Cútar y Benamargosa; los cuales caminaron la tierra adentro a 16 de marzo. Y porque no llevaba gente que poder dejar en Competa, no se puso aquel presidio desta vez.

Capítulo X. Cómo se comenzó a hacer negociación para que los alzados se redujesen

Deseaba su majestad mucho que se efectuase la reducción de los alzados, movido de su natural clemencia, y por ver que había muchos entre ellos que ni se habían alzado con voluntad, ni cometido los sacrilegios y delitos que otros; y demás desto se trataba de la liga y confederación de los príncipes cristianos contra el Gran Turco, que amenazaba los pueblos de levante con su poderosa armada; y habiendo de ir don Juan de Austria por generalísimo del ejército de la liga, convenía que diese fin a lo que tenía entre manos; porque papa Pío V, de felice memoria, había enviádole su embajada con el maestro don Luis de Torres, natural de la ciudad de Málaga, que después fue arzobispo de Monreal, exhortándole, como verdadero pastor, a la general concordia y defensa del pueblo católico. Con este aviso fue al campo Juan de Soto, y a servir de secretario a don Juan de Austria. Y entendida la voluntad de su majestad, se trataba con calor el negocio de la reducción; y hubo algunas personas principales, que solían tener amistad con los caudillos de los moros antes que se alzasen, que se ofrecieron a reducirlos, especialmente don Alonso de Granada Venegas, que, como dijimos, se había ido a poner de presidio en Jayena, para desde allí procurar alguna inteligencia con ellos; y don Hernando de Barradas, vecino de Guadix, y otros que deseaban hacer algún buen efecto en este particular, y con la paz y reducción excusar la saca que se trataba de los moriscos de paces del reino. Don Hernando de Barradas había tenido licencia de don Juan de Austria para poder escribir a Hernando el Habaquí, que era grande amigo suyo, y aun se había visto con él en 15 días del mes de febrero en un monte de Sierra Nevada sobre el lugar del Deyre, viniendo el moro hecho ya capitán general en lugar de Jerónimo el Maleh, que era fallecido de enfermedad, con quinientos escopeteros, y entre ellos cien turcos con un sanjaque o estandarte colorado; y llevando don Hernando de Barradas solos cinco de a caballo, había tratado con él del negocio, y aconsejádole que ganase perdón y gracia con su majestad, pues tenía buena ocasión para ello; y él le había prometido que lo trataría con sus amigos por los mejores medios que pudiese, y dádole a entender que nadie lo deseaba más que él, y que había muchos de esta opinión entre los alzados; y con estos principios se hicieron algunas diligencias para atraerlos a este propósito por algunas vías. El presidente don Pedro de Deza, para que generalmente entendiesen los alzados que tenían lugar de misericordia con su majestad si dejaban las armas, cosa que les desviaban de creer los monfís y los que tenían las conciencias cargadas de gravísimos delitos, industriosamente mandó al licenciado Castillo que escribiese en lengua árabe una carta persuatoria, disminuyéndoles el ayuda y favor de los turcos, deshaciendo los pronósticos que tenían, encareciendo mucho el poder y clemencia de su majestad, y aconsejándolos con buenas razones que tratasen de algún medio para reducirse; el cual la escribió, y sin poner en ella nombre de autor, porque entendiesen que era algún morabito o alfaquí que se condolía de sus trabajos y de ver su perdición, se sacaron muchos traslados della, que llevó una espía a los lugares de la Alpujarra, y echó en parte donde pudo ser hallada y leída. La cual fuimos después informados que hizo mucho efecto en los hombres de buen entendimiento, y generalmente en todos los que deseaban quietud; y por esta razón la pornemos en este lugar, que traducida en lengua castellana a la letra, decía desta manera:

CARTA PERSUASORIA

«Con el nombre de Dios piadoso y misericordioso. No hay esfuerzo ni poderío sino en Dios, y la santificación sea sobre el mejor de sus mensajeros y sobre su gente y familias. La salud cumplida sea con aquellos que honró, y no les desamparó el bien; que son en este mundo dichosos, y en el otro serán con su ayuda gozosos. Los caudillos, ancianos, alcaides, alguaciles belicosos, y otros señores y amigos, vecinos y conquistadores de la Alpujarra y de sus anejos, salud en Dios, y gracia y bendición sea con todos nosotros, y nos esfuerce con su favor y ayuda. Esto es lo que os desea un especial amigo vuestro, que de nuestro general bien y conservación de nuestras vidas y honras está muy solícito y congojoso; el cual ha tenido siempre cuidado de considerar los sucesos desta nuestra guerra, y lo que della pretendemos sacar, andando siempre entre vosotros tanteando las cosas que suceden y las que podrán suceder adelante para amparo de nuestras vidas y honras. Y habiéndome desvelado para hallar manera como se pueda sustentar y continuar lo comenzado, es verdad que me obliga vuestro grande amor, y lo que debo al servicio de Dios altísimo, a que os declare lo que en realidad de verdad siento dello, mediante lo cual pienso alcanzar gracia ante el acatamiento divino, en el día que a ninguno aprovechará la hacienda ni las familias, sino limpieza de corazón de toda mácula y culpa. Y lo que con mis fuerzas he alcanzado a saber es, que andamos muy errados y fuera del camino de la verdad en esta conquista que pretendemos todos, confiados, miserables y desventurados de nosotros, en razones flacas, y fuerzas inválidas y vanas promesas, que no pueden guiarnos al fin que pretendemos. Y si nos atendemos a ellas, sed ciertos que nos perderemos confiando en el socorro de los turcos, y asegurándonos dellos; los cuales vemos claramente que nos burlan y engañan y desean nuestra perdición; porque ellos no pretenden más que aprovecharse de nuestras riquezas y de nuestras mujeres y hijas, como lo hemos visto; y cuando se hallaren ricos, se irán a sus tierras, y nos dejarán cargados de molestias y vejaciones, usando de su acostumbrada tiranía y maldad, que lleva su natural condición; y después se reirán de nosotros, como lo han hecho y hacen muy de ordinario donde llegan. Y ciertamente os digo que ha pasado así en efecto, y que muchos dellos me han dicho, que si no ven en nosotros más provecho del que han visto hasta agora, nos han de saquear y tomar cuanto tenemos, y se han de ir, y que más vale que lo lleven ellos que no que quede a los cristianos. Y no dudéis en ello, que ya lo han comenzado a hacer, por ser, como son, estas gentes extranjeras, bárbaras, y que carecen de toda lealtad y misericordia, y de condición tiranos y muy avarientos; lo cual es muy ordinario en los levantiscos y en la gente de Berbería; y así dice nuestro antiguo proverbio, que tenemos acerca desto, que todo lo que viene de levante es bueno, salvo el hombre y el aire. Esto es así, y se comprueba por lo que vemos que hacen cada día y por lo que han hecho en otras partes, como fue en Argel, que, so color de socorrer el Rey de aquella ciudad, vimos todos que se le alzaron con el reino, y sujetaron toda la gente dél, y hasta hoy está debajo de su dominio, tiranía y tributo; y es cierto que los naturales querrían más ser tributarios de otro cualquier rey cristiano que dellos. Lo mismo hicieron en Túnez en tiempo de Hayredin Barbarroja; el cual, fingiendo querer socorrer a un rey de aquella ciudad, se alzó con el reino, y fue causa de la destrucción de los moros, como todos sabemos. Estas y otras cosas semejantes se han hecho en nuestros días. Y pues lo sabemos, y entendemos lo que se puede fiar de los turcos, miremos bien lo que hacemos y lo que nos cumple; no se venga a cumplir en nosotros lo que nuestra profecía dice, que nuestra generación ha de perecer beyn barbar y agem, que quiere decir entre bárbaros y advenedizos.

Asimismo me parece que las causas que nos movieron a seguir esta conquista, como son los pronósticos que nos prometen los juicios que tenemos della, no son ciertas ni bastantes; porque en estos pronósticos más se promete nuestra perdición que otra cosa. Y los socorros que dicen que ternemos no consta cómo ni cuándo, ni hay en ellos tiempo limitado; y lo que dicen unos, deshacen y contradicen otros. Y en cuanto al año que ha de entrar en sábado, también hubo yerro y falta por nuestro poco saber; porque el año que dice el pronóstico es conforme a nuestra computación lunar, y no a la computación del año solar, como lo fue el año que comenzamos esta guerra, que es año de los cristianos, del cual no habla nuestro pronóstico. Y dado caso que entrase el año en sábado, no hay razón que satisfaga a que fuese aquel día más que otros muchos sábados, en que ha comenzado muchas veces el año, y comenzará de aquí adelante; en los cuales no nos movimos a comenzar esta guerra. Demás desto, vemos claramente la contradicción que hay en los pronósticos, y, no se ha de dar crédito a cosas semejantes, contrarias y diferentes en todo género de contradicción; porque en uno de los juicios dice que en esta nuestra conquista no perecerá más de un solo hombre de nosotros, de oficio bajo, y que será molinero; y el otro, que es el juicio de Zaid el Guergali, que es el más cierto de los juicios que tenemos, dice que serán muy pocos en número los que de nosotros quedarán en esta conquista. Otras contradicciones y repugnancias hay, y cosas imposibles, que parecen fabulosas ficciones para engañar a los que saben poco, como es lo de las nubes y de las aves, y del arcángel Gabriel y de Miguel, y de la mano de Josef, y de la espada de Idris, rey de Fez, y otras fábulas que se refieren en ellos; y no es de creer que sean profecías ni dichos de nuestro Profeta ni de otro ninguno que tuviese espíritu de profecía; antes deben ser consuelo y entretenimiento que algunos alfaquís modernos compusieron para entretener con esperanza a nuestros antepasados y a nosotros en estos reinos de la Andalucía. Y por Dios todo poderoso os juro que esto me certificaron personas de grande erudición y saber, diciendo que esta fue la intención y la razón destos pronósticos. Y si otra cosa fuera, no hubiéramos dejado de hallar alguna mención dellos en el Alcorán o en alguna otra doctrina de la Zuna y ley que tenemos aprobada por los halifas y sucesores de nuestro Profeta; la cual no se halla, y es lo que totalmente quita la devoción de darles crédito en poco ni en mucho; antes es en contrario dellos lo que se halla en la Zuna acerca desto, porque es nuestra total destrucción, y triunfo perpetuo que los cristianos ternán de las tierras de Europa, como se refiere por estas palabras que nuestro Profeta dice: «Sacaros han los rumís della en diversas juntas a las partes más ásperas de sus tierras». Demás desto, no sé yo quién pone duda en el poder del gran rey de España, y en que nosotros comparados con él somos como la mosca con el elefante. Y por el descomedimiento que le hemos hecho podría decirnos, como nos lo dice la lengua de la representación desta guerra, lo que el grandísimo roble dijo al mosquito, que habiendo susurrado dentro dél un buen rato, pidiéndole perdón por el ruido que le parecía que había hecho, le respondió el roble: «Por cierto no tienes que pedirme perdón, porque ni sentí cuando entraste entre mis ramas ni cuando saliste dellas». En verdad os digo, hermanos, que si este poderosísimo rey no tuviera en más nuestra locura que el ruido del mosquito, y pretendiera de nosotros alguna venganza, que en una hora diera cabo de nuestras vidas, aunque no enviara de sus pueblos más que los cojos. Y si nos confiamos en los socorros que estos mentirosos burladores nos prometen, tanto más le enojaremos, y daremos causa para que haga lo que hizo Hércules con los Pigmeos, que los hizo pedazos a todos, viendo su contumacia de querérsele poner encima estando durmiendo. También os quiero desengañar, que aunque todos los socorros de turcos y árabes y reyes de África vengan, no podrán ganar nada con el rey de España, porque es invencible, y el día de hoy le temen todos los reyes de levante y de poniente, y ninguno hemos visto que le haya osado acometer; antes piensan no hacer poco en guardarse y defenderse dél, y les ha ganado sus fronteras; las cuales no han podido recuperar con todo el poderío que tienen, estando dentro de los límites de sus reinos. Pues si esto es así, ¿qué confianza tenemos, o en qué podemos fundarnos, para pensar que le han de ganar las tierras que él tiene y posee dentro de sus límites en España? Considerando pues estas tan válidas y convencibles razones, me parece, hermanos míos, que miremos muy bien lo que hacemos, y que alcemos la mano de la guerra, procurando algún medio que menos dañoso nos sea, siguiendo la doctrina de los cuerdos, que dicen que de dos males se debe escoger el menor, que más vale tuertos que ciegos. Yo entiendo, por la mucha equidad y templanza que hemos visto en este rey, que se nos concederá, procurándolo con tiempo y no enojándole más; porque la culpa del yerro hecho inconsideradamente, cuanto al principio tiene la puerta del remedio abierta, la tiene después cerrada con la perseverancia y contumacia; y como dice nuestro refrán antiguo, «el que no pudiere ganar el juego, bien es que lo haga maña».

Bien sé que nos concederá esta maña, por lo que hemos visto que nos ha esperado; porque si otra cosa hubiera pretendido, en un almuerzo o cena nos despachara; y a mi juicio debe de haberlo hecho de lástima y de compasión que de nosotros tiene, a lo menos de algunos que entiende no haber sido participantes deste mal en poco ni en mucho, como en efecto es la verdad. Atengámonos pues a la buena razón y al buen consejo, y alcemos este juego antes que nos dé mate, y tal, que no podrá ser mayor ni más malo ni de tanta perdición, porque será pérdida de haciendas, de honra y de cabezas; y por ventura valdrá más mi consejo que las vanas promesas de los turcos y moros de Berbería y que los pronósticos en que tan neciamente hemos puesto nuestra confianza. Por ventura podrá ser que este rey, a cuyo cargo estábamos, terná compasión de nosotros, especialmente de los que entiende y es informado que están inocentes desta liviandad que hemos intentado, como lo ha hecho con los granadinos; a los cuales ha mandado amparar y recoger en sus tierras, no permitiendo que se les haga mal ni daño en poco ni en mucho, por la constancia que tuvieron en no alzarse ni venir a estos desesperaderos de sierras a padecer tanta malaventura como padecemos, esperando la miel del vientre de las hormigas. Dios sea el que nos guíe por el camino que más sea servido, y nos esfuerce para ello, y agradezca la voluntad con que os significo todas estas cosas, y se apiade de nosotros y de nuestros hijos. Y perdonadme que no os declaro quién soy, declarándoos mi intención, porque lo hago de miedo de la calumnia de los que quieren seguir esta mala ventura, y porque la verdad fue siempre odiosa a los que no se precian della. Que es escrita en esta Alpujarra por uno de vuestros especiales amigos, que el bien general de todos desea, a 20 días de la Luna de Ramadán el grande del año de 977. Dios nos haga participantes de sus bienes y bendición por su infinita misericordia». Y en el sobrescrito decía: «A los señores caudillos, alguaciles, regidores de la Alpujarra, que Dios altísimo tenga debajo de su amparo. Esto es lo que decía la carta. Volvamos al campo de don Juan de Austria.

Capítulo XI. Cómo don Juan de Austria fue sobre la villa de Serón y la ganó

Cuando don Juan de Austria hubo reforzado su campo en Canilles de Baza, donde estuvo algunos días, y proveídose de bastimentos, artillería y municiones para ir al río de Almanzora, sabiendo que ya el duque de Sesa había salido de

Granada con el otro campo, partió de aquel alojamiento con ocho mil infantes y quinientos caballos. La primera jornada que hizo fue a la Fuen Caliente, y a la hora que llegó, que sería a vísperas, mandó a Tello González de Aguilar que con los caballos de su cargo diese vista a Serón desde unos cerros que están de la otra parte del río por frente de la viña, y que no se quitase de allí hasta que el campo estuviese alojado. Los moros pensaron hacer lo que la vez primera, y en descubriendo la caballería salieron huyendo la vuelta de la sierra para aguardar el socorro y volver a dar sobre nuestra gente; mas como vieron que no iba nadie a ocupar la villa, volvieron aquella noche a meterse dentro. Otro día de mañana marchó nuestro campo en su ordenanza por el río abajo, llevando la vanguardia de la infantería el capitán Antonio Moreno con el tercio de su cargo, y la caballería delante; y como los enemigos entendieron que se les iba a poner cerco de propósito, no se asegurando en la villa ni en el castillo, le pusieron fuego de parte de noche; y dejándole ardiendo, tornaron a subirse a la sierra, como de primero. Viendo pues don Juan de Austria que el castillo ardía, y entendiendo que los moros le habían desamparado, mandó a Tello González de Aguilar que fuese a ponerse en el proprio paso donde había estado Francisco de Mendoza, y a don García Manrique que con mil y quinientos arcabuceros tomase lo alto de la sierra sobre la villa a la parte de Tíjola, que eran los pasos por donde los moros habían de entrar con el socorro. Habíanse recogido a las almenaras que toda la noche habían hecho los de Serón, más de siete mil moros en Purchena, donde había venido Hernando el Habaquí; y al tiempo que nuestra gente caminaba la vuelta de la villa, comenzaron a descubrirse como venían el río arriba puestos en sus escuadrones, con sus banderas tendidas, tocando sus atabalejos y dulzainas, a manera de representación de batalla. Don Juan de Austria envió luego a don Martín de Ávila que fuese a reconocerlos con las cien lanzas que servía Jerez de la Frontera; el cual los reconoció, y refirió que era mucha gente, y que le parecía traer determinación de pelear. Entonces mandó cesar el alojamiento, y ordenó sus escuadrones y exhortó los capitanes y soldados; y apeándose del caballo, se puso en la vanguardia delante del escuadrón de la infantería. El Habaquí traía la vanguardia de su campo con ochenta caballos, y luego seguía un escuadrón de infantería a veinte y cinco por hilera, puestos en tan buena orden como si fueran soldados muy prácticos, y dos mangas de escopeteros sueltas, que fueron acercándose hacia nuestra caballería, tirando con las escopetas para provocar a que los nuestros hiciesen algún acometimiento desordenadamente. Y hiciérale Tello González de Aguilar si don Juan de Austria quisiera darle licencia para ello; el cual le mandó que se estuviese quedo; y haciendo apartar el escuadrón de la vanguardia sobre mano izquierda para que pudiese tirar la artillería contra los enemigos, bastó aquello para que dejasen el camino que llevaban y tomasen la vuelta de la sierra hacia donde don García Manrique estaba; y cargándole con grandísima furia, comenzaban ya nuestros soldados a aflojar y muchos dellos a huir; y perdiéranse todos si don Juan de Austria viendo ir al enemigo la vuelta dellos, no enviara dos mil arcabuceros en su socorro, los cuales reforzaron la pelea por nuestra parte cargando animosamente a los enemigos, que firmes se sustentaron más de una hora. En este tiempo mandó don Juan de Austria a Tello González de Aguilar que con sus cien lanzas subiese la sierra arriba, y con él dos adalides que guiasen, porque era tan fragosa, que apenas parecía poderla hollar caballos: tardó en subir más de media hora por la parte hacia donde nuestra gente peleaba; y cuando llegó arriba no llevaba más de cuarenta caballos con su estandarte, porque no le habían podido seguir los otros. Y siendo a tiempo que don García Manrique tenía frente a los enemigos y los comenzaba a arrancar con la gente del socorro, hizo tocar las trompetas y los acometió. Fue tanta la turbación de los moros en ver caballería donde entendían que no podía subir, que perdiendo la furia y el ánimo juntamente, dieron a huir. Siguiose el alcance por nuestra parte, matando y hiriendo muchos dellos, y prendiendo algunos, les tomaron siete banderas, y el Habaquí, dejando muerto el caballo, se escapó huyendo a pie. Habida esta victoria, la villa y el castillo quedó por nosotros: alojose nuestro campo en unas viñas junto al río, y mandose a los gastadores que terrasen los cuerpos de los cristianos muertos, que aun estaban tendidos por aquellos campos desde la rota pasada. Detúvose don Juan de Austria allí algunos días, porque comenzaban a faltar los bastimentos para ir adelante, mandándome a mí que fuese a las ciudades de Úbeda y Baeza y al adelantamiento de Cazorla a proveer el campo, como lo hice. Y cuando fue tiempo, partió sobre Tíjola, dejando de presidio en Serón al capitán Antonio Sedeño con cuatro compañías de infantería y una de caballos para asegurar las escoltas, y en el castillo a Cristóbal Carrillo, criado del marqués de Villena, con doscientos soldados que había enviado a su costa para aquel efecto. Vamos a lo que en este tiempo hacia el duque de Sesa.

Capítulo XII. Cómo el duque de Sesa fue con su campo a Órgiba, y de algunas escaramuzas que tuvo con Aben Aboo estando en aquel alojamiento

Treinta días estuvo el duque de Sesa en el primer alojamiento aguardando la gente, armas y bastimentos, que con harta importunidad se le enviaba desde Granada; tanto, que fue necesario dar por coadjutores al Proveedor general, al licenciado Pedro López de Mesa y al Corregidor Juan Rodríguez de Villafuerte. Y como todo estuviese ya aprestado, y su majestad diese prisa por razón de que don Juan de Austria estaba ya en el río de Almanzora, y cualquiera dilación era muy dañosa, especialmente que enfermaba la gente y se consumían los bastimentos, don Pedro de Deza fue a visitarle y a solicitar su partida; y a 9 días del mes de marzo, yendo con él el contador Francisco Gutiérrez de Cuéllar, marchó con todo el campo, en que iban diez mil infantes y quinientos caballos y doce piezas de artillería de campaña y muchos caballeros del de Andalucía y de Granada, parte con cargos, y otros que de su voluntad le acompañaban. Aquella noche se alojó en Béznar, donde llegó la retaguardia muy tarde, por ser mucho el bagaje y el camino malo. Estuvo en aquel alojamiento dos días, y en este tiempo se descubrieron algunas banderas de moros, con más ánimo de espantar y entretener que de pelear, porque encargándoles nuestra gente, se retiraron y fueron a meterse en el castillo de Lanjarón, flaco de muros, aunque de sitio fuerte para batalla de manos. Y como fuesen algunos de parecer que lo combatiesen, el duque de Sesa no lo consintió, diciendo que los moros no tenían agua ni bastimento dentro, y que de necesidad se habían de ir de allí aquella noche, y le dejarían el paso libre y desembarazado, que era lo que se pretendía, como en efecto lo hicieron. Pasó otro día, 12 de marzo, nuestro campo a Lanjarón, y los moros mostraron querer hacer algún acometimiento; mas don Martín de Padilla con la caballería de la vanguardia les dio la carga hasta el lugar de Cáñar, y los escarmentó de manera, que no parecieron más. Y de un moro que se prendió se supo como Aben Aboo había encomendado el castillo de Lanjarón al Rendedi con cuatrocientos moros, con orden que lo sustentase, mas no se atrevió a parar en él; antes en viendo llegar nuestra vanguardia, salieron huyendo los que estaban dentro, y se pusieron a dar grita a los cristianos desde la otra parte del río. No pudo llegar la retaguardia aquella noche a Lanjarón, y para esperar la escolta que iba de Acequia se detuvo un día en este alojamiento, y a 14 de marzo caminó la vuelta de Órgiba. Desde este alojamiento fue

Francisco Gutiérrez de Cuéllar a informar a su majestad del estado de las cosas de la guerra, y volvió luego a Granada con la orden de lo que se había de hacer, y asistió en el Consejo con el Presidente hasta que se acabó de allanar la tierra. Llevaba el Duque su campo bien ordenado conforme a la disposición de la tierra por donde iba, que era difícil de hollar por su aspereza. Iban los escuadrones de la infantería prolongados de a once soldados por hilera para formarlos con brevedad cuando fuese menester, y las mangas de arcabucería ocupando de un cabo y de otro las cumbres y los pasos peligrosos; el bagaje muy recogido, y guarnecidos los lados de arcabucería, y la caballería puesta siempre en parte que pudiese salir a hacer sus acometimientos sin turbar las ordenanzas, y las cuadrillas de la gente del campo sueltas delante descubriendo la tierra, y algunos caballos con ellas. Y llegando al paso donde se entendía que habría alguna resistencia, el Rendedi y otros capitanes con él, que tenían tomadas las cumbres de las sierras, se descubrieron con más de tres mil moros; y dando muestra de querer defender el paso, comenzaron a desvergonzarse y a hacer algunos acometimientos animosos, aunque de poco efecto, porque el Duque les mandó dar una fuerte carga; y se les dio tal, que no pararon hasta meterse en las sierras, recibiendo daño y haciendo poco, y dejando algunas armas, y entre ellas la más hermosa escopeta turquesca que se había visto en estas partes, porque tiraba onza y cuarta de pelota, y tenía diez palmos de cañón. Desocupado el paso, nuestro campo fue a alojarse a Albacete de Órgiba, donde estuvo más de veinte días haciendo un fuerte en que poder dejar mil hombres de presidio, por causa de las escoltas. En este tiempo Aben Aboo llegó algunas veces a desasosegar nuestro campo: envió cuatrocientos escopeteros, a 19 días del mes de marzo, a que procurasen prender algún cristiano para tomar lengua; los cuales llegaron a tiempo que pudieran hacer algún efecto si el duque de Sesa no previniera, enviando luego cien caballos y doscientos arcabuceros, que pelearon con ellos un buen rato y los desbarataron; y matando diez y siete moros, les ganaron una bandera y cautivaron dos alpujarreños, de quien se supo la cantidad de gente que Aben Aboo tenía en Poqueira, y como pensaba pelear en aquel paso y le tenía reparado. Dos días después desto envió dos mil hombres; y estando el duque de Sesa en misa, que quería recibir el Santísimo Sacramento, hincado de rodillas delante el preste, se descubrieron de la otra parte del río como trescientos moros escopeteros con una bandera blanca, puestos en tan buena orden como si fueran soldados prácticos. Y como los atambores tocasen arma y los soldados se recogiesen alborotadamente a las banderas viendo que llegaban los enemigos cerca de los alojamientos, el Duque, conociendo del sacerdote que se había alterado, le dijo mansamente que se reportase y que prosiguiese en el oficio sin alteración; y cuando hubo comulgado con mucha devoción, salió luego a poner su gente en ordenanza. Mandó a don Jorge Morejón, vecino de Antequera, que con la caballería de su cargo y algunos arcabuceros a las ancas fuese la vuelta de los moros, los cuales les hicieron rostro, y hechos una muela sobre un cerrillo, comenzaron a escaramuzar con ellos, saliendo de diez en diez con tan buena orden, como si fuera gente disciplinada en la milicia. Desta manera tuvieron suspenso y puesto en arma nuestro campo hasta las cuatro de la tarde, y a esta hora, dando muestra que se retiraban a la sierra que cae a la parte de mediodía, asomaron las banderas con el golpe de la gente hacia Poqueira. Mas ya a este tiempo el duque de Sesa, sospechando el ardid del enemigo, y que llamaba por una parte para acometer por otra, se había puesto a su frente; y mandando a don Jorge Morejón que se retirase, estaba con sus ordenanzas aguardando a que los enemigos bajasen. Luego se entendió que no venían a pelear y que aquella representación que hacían, solamente era para desasosegar nuestro campo y para que no se entendiese la flaqueza que de su parte había. Desta manera estuvieron los unos y los otros puestos en arma. Los moros hicieron gran cantidad de fuegos por todos aquellos cerros al derredor, y estuvieron haciendo algazaras hasta media noche y tocando los atabalejos y dulzainas, y al cuarto del alba se retiraron a Poqueira. El duque de Sesa estuvo siempre puesto en arma hasta que supo que el enemigo estaba retirado, y entonces mandó que se fuesen las banderas a sus cuarteles. Dejemos agora al duque de Sesa; que adelante diremos otras cosas que sucedieron en este alojamiento, y digamos la orden que se tuvo en este tiempo en sacar los moriscos de paces de la vega de Granada.

Capítulo XIII. Cómo se sacaron los moriscos de paces de los lugares de la vega de Granada, y los llevaron la tierra adentro, y la orden que en ello se tuvo

Para necesitar a los rebeldes y reducirlos a extrema miseria, ninguna cosa convenía más que quitarles los moriscos de paces que quedaban en el reino de Granada; porque metiéndolos la tierra adentro, se les quitaba de todo punto la comodidad de poderse rehacer de gente, y especialmente de avisos, armas y bastimentos, que les daban secretamente. Deste parecer había sido siempre el licenciado Alonso Núñez de Bohorques, y lo estaban ya los del Consejo, y especialmente el duque de Sesa y don Pedro de Deza; y habiéndose dado y tomado sobre el negocio, y consultádolo a su majestad, se resolvió en que se hiciese así. Quisiera mucho su majestad que don Juan de Austria sacara los de Guadix y Baza y de los lugares de su jurisdicción antes de entrar en el río de Almanzora; y así lo había escrito por carta de 24 de febrero, que los recogiese con el menor escándalo que ser pudiese, dándoles a entender que se hacía por su bien, y dejándoles llevar sus mujeres y hijos y bienes muebles; el cual había dejado de hacerlo por hallarse ya en el alojamiento de Serón cuando recibió la carta, y parecerle que no convenía volver atrás ni dividir el campo, y que se podría hacer con mejor comodidad cuando llegasen las banderas de los dos mil infantes que venían de Castilla y del reino de Toledo a cargo de don Juan Niño de Guevara, deteniéndolos algún día en aquellas ciudades con achaque de tomarles muestra, porque de necesidad los habían de encerrar en las iglesias en un mismo día, como se había hecho con los del Albaicín de Granada, para quitarles la comodidad de poderse ir a las sierras; cosa que ninguno dejara de hacer pudiendo, según lo mucho que sentían haber de dejar sus casas; y así lo escribió a su majestad. Después desto, por carta de 5 de marzo su majestad replicó que le había parecido bien lo que decía; y que después de haberle enviado la primera orden, se había acordado en el Consejo que en todo el reino de Granada no quedase morisco de paces; y que pareciéndole, lo remitiese al presidente don Pedro de Deza, dándole calor y gente para que lo ejecutase, por estar menos ocupado que él ni el duque de Sesa. Y aunque todavía don Juan de Austria dificultaba el negocio por el poco número de gente que había fuera de los dos campos, y decía que en la forma de ponerlo el Presidente en ejecución se le representaban las mismas dificultades que a él, y que en ninguna manera se podía desmembrar parte de la gente que llevaba, sin la fuerza de la cual no se debía intentar negocio tan arduo como era sacar los moriscos de sus casas; y que todavía sería bien aguardar a que llegase la gente de Castilla, como había dicho, y a que se hiciese algún buen efecto en lo que traía entre manos, como hombre que deseaba hacerlos todos por su persona, todavía su majestad, resuelto en que no convenía dilación, por otra carta de 21 de marzo le avisó como, por excusar que no se dividiese el campo, se había cometido al Presidente que lo hiciese él con la gente de las ciudades y de los señores que estaban cerca de Granada; y que por no perder ocasión había parecido no aguardar a la que venía de Castilla. Con esta carta se le envió la orden para que la enviase al Presidente y le advirtiese de lo que le ocurría sobre ello. Hubo duda si quedarían algunos moriscos principales regidores, y que tenían privilegios particulares para traer armas, y otros que no las traían y habían servido extraordinariamente después del levantamiento, o si sería el llevarlos cosa general, de manera que no quedase ninguno; y su majestad, como príncipe justo, quiso guardar las preeminencias a los que lo merecían, y así mandó que se hiciese. Llegada esta orden a don Pedro de Deza, luego puso en ejecución lo que tocaba a despoblar las alcarías de la vega de Granada. Nombró por comisarios, regidores y personas principales de la ciudad, que fuesen a encerrarlos en las iglesias, y les dijesen cómo su majestad, por hacerles bien, los quería apartar del peligro en que estaban, y meterlos la tierra adentro, donde viviesen seguros mientras se acababan aquellos trabajos; y mandó que les dejasen vender todos sus bienes muebles, y que no les consintiesen hacer molestia ni vejación alguna. Y para que tuviesen mejor despacho en el pan y ganados, que no podían llevar consigo, mandó al Proveedor general que lo tomase para provisión de la gente de guerra, pagándoles el trigo y cebada de contado a la tasa, y los ganados a precios justos y moderados. Con estas cosas se aseguraron, y con igual quietud y desconsuelo se encerraron en las iglesias domingo de Ramos, 19 días del mes de marzo deste año de 70, y los llevaron al hospital real de Granada. Juan Sánchez de Obregón, veinte y cuatro de aquella ciudad, sacó los de Otura con la gente que allí estaba alojada. Los de Ugíjar, la alta y la baja, retiró don Pedro de Vargas con la gente que estaba alojada en las propias alcarías y otra que se le dio de la ciudad; y don Martín de Loaysa, con una compañía de infantería de Villanueva de la Serena, recogió los de Churriana. Este fue el primer tercio, y en el segundo fueron para el mismo efecto Pedro Nuño, con infantería de la ciudad, a Albolote; Alonso López de Obregón, con la gente de la hermandad y la de su parroquia, fue a Armilla; Juan Moreno de León, a Belícena, y don Diego Zapata al Atarfe; y a Pinós, Luis de Béjar, alguacil mayor de Granada, con gente que a todos estos se dio de la que había en la ciudad y la que don Diego Zapata traía consigo. En el otro tercio fueron el capitán don Antonio de Tejeda, vecino de Salamanca, con su compañía de infantería, a Alhendín, y don Pedro y don Miguel de León, con la gente de Medina del Campo, a Gabia la Grande. Hecho esto se echó un bando general, que todos los moriscos que habían quedado en Granada y en las otras alcarías y cortijos de su jurisdicción, saliesen luego del reino, so pena de la vida. Los del primer tercio se juntaron en Churriana, y el siguiente día fueron con escolta a Santa Fe, y de allí a Illora y a Alcalá la Real con otra escolta de gente de la tierra. En esta ciudad los detuvieron un día, esperando que llegasen los del segundo tercio, que se habían juntado en el Atarfe y salido por Pinós a Moclín, y con la gente de aquella villa y de sus cortijos, volviéndose la escolta, los llevaron a Alcalá la Real, donde se juntaron con ellos, y juntos fueron a Alcaudete, a la Torre de don Jimeno, a Mengíbar, a Linares, a las ventas de Arquillos, a Santisteban del Puerto, al Castellar, a Villamanrique, a Valdepeñas, a Almagro y a Ciudad Real, donde los entregaron a las justicias para que tuviesen cuenta con ellos, y allí quedaron hechos moradores. El postrer tercio de los de Alhendín y Gabia fueron el siguiente día con escolta a Colomera, y los de aquella villa los llevaron al Campillo de Arenas, y de mano en mano a Jaén, a Baeza, a la torre Perogil, a Villacarrillo, y a la Torre de Juan Abad, donde los entregaron al gobernador del partido de Montiel para que los repartiese en aquellos lugares. Esta nueva llegó a su majestad estando en Córdoba, y holgó extrañamente de ver la facilidad con que se había hecho, porque le ponían mil inconvenientes, y loó la buena diligencia y la resolución que se había tenido en la ejecución de aquel negocio. Dejemos agora la saca de los otros moriscos de paces, que a tiempo seremos, y vamos a don Juan de Austria, que ha rato que nos espera en el río de Almanzora.

Capítulo XIV. Cómo don Juan de Austria fue sobre la villa de Tíjola, y cómo el capitán Francisco de Molina y don Francisco de Córdoba tuvieron pláticas con el Habaquí, persuadiéndole a que se redujese

Partió don Juan de Austria del alojamiento de Serón, donde se detuvo algunos días dando orden en la provisión de los bastimentos, a 11 días del mes de marzo, y fue el mismo día a poner su campo sobre Tíjola. Esta villa está una legua de Serón, yendo el río abajo en la propia acera. Fue antiguamente edificada por los moros sobre un monte áspero y fragoso, cercado todo de peñas muy altas, que no dan más de una entrada bien dificultosa a la parte de la sierra; y los moradores, por caerles tan a trasmano la morada antigua para sus labores, habían bajádose a vivir al pie del monte, cerca de las huertas y del río. Los cuales en la ocasión de este levantamiento repararon los caídos muros, y se recogieron a lo alto con sus mujeres y hijos; y fortaleciéndose lo mejor que pudieron, cuando supieron que don Juan de Austria iba sobre ellos, metieron dentro a Caracax con cincuenta turcos de guarnición; y estando confiados en la fortaleza del sitio, y proveídos de bastimentos, pensaban defenderse dentro de cualquier impetuoso acometimiento. Alojose nuestro campo en el lugar bajo y las huertas; y para tener cercados a los enemigos y quitarles el socorro, mandó luego don Juan de Austria que don Pedro de Padilla con su tercio ocupase la montaña que cae a la parte de Purchena, por donde les podía venir; y que mil arcabuceros del tercio de don Lope de Figueroa ocupasen otra montaña que cae hacia Serón, donde se habían de poner las baterías. Había dentro del fuerte mil moros de pelea, y entre ellos trescientos escopeteros; los demás todos eran de armas enhastadas de poca importancia; los cuales salieron algunas veces a escaramuzar, queriendo defender el alojamiento, y siempre se retiraron con daño. Atendió don Juan de Austria a plantarles la artillería por dos partes, y no se pudo comenzar a batir hasta 21 de marzo, por ser muy dificultoso el subirla a lo alto; tanto, que fue necesario desencabalgar cuatro piezas de bronce, de las que llamaban de la nueva invención, de peso de diez y ocho quintales cada una, para subirlas con un nuevo artificio en el aire, arrimando dos árboles gruesos y muy largos a una peña tajada, y por cima de ellos tiraban las piezas arriba con carruchas y maromas: tanto puede el ingenio y la fuerza de los hombres; y de la misma manera subieron las cureñas y las ruedas, y los tablones y maderos para hacer la plataforma. Mientras esto se hacía, el capitán Francisco de Molina, que tenía conocimiento con Hernando el Habaquí, general de los moros, y había posado en su casa en el lugar de Alcudia siendo cabo de la gente de guerra de Guadix, y héchole algunas buenas obras antes que se fuese a la sierra, pidió licencia a don Juan de Austria para escribirle una carta aconsejándole que se redujese, porque entendía que tomaría su consejo. Estaba el Habaquí en Tíjola poco antes que nuestro campo llegase; y como hombre poco amigo de estar cercado, había ídose a meter en Purchena, y allí tenía recogida la fuerza de los moros del río de Almanzora; y como Francisco de Molina sabía los tratos que había entre él y don Hernando de Barradas, quisiera que se efectuara el negocio por su mano, confiado en la amistad que con él tenía. Y siéndole concedida la licencia que pedía, le escribió luego que holgaría mucho que se viesen, con ocasión de tratar algunas cosas convenientes y muy necesarias al bien de los cristianos y de los moros, y de dar orden en lo de los prisioneros, porque los turcos se quejaban que en prendiendo alguno dellos le ahorcaban, y que se les hacía mala guerra, siendo soldados aventureros, y no vasallos rebelados. Esta era la letra de la carta; mas el moro, que tenía buen entendimiento, coligió el fin a que se le escribía, y respondió que el siguiente día saldría media legua de Purchena con cuarenta de a caballo y cincuenta escopeteros de a pie, y que fuese de su parte con otros tantos, porque allí tratarían de lo que decía. Salió Francisco de Molina al puesto con cuarenta caballos, y entre ellos algunos caballeros y capitanes, que holgaron de acompañarle por ver al Habaquí y a los turcos que venían con él; y hallando al moro que le estaba esperando con cuarenta de a caballo y quinientos peones escopeteros, le envió a decir que no era razón que llegase con más gente de la que él llevaba; que dejase atrás los peones, y se adelantase con sola la caballería. El moro holgó dello, y adelantándose los dos capitanes, el nuestro solo, y el Habaquí con dos turcos aljamiados a los lados, que como gente sospechosa, no se fiando de su capitán, quisieron hallarse presentes y oír lo que trataban, estuvieron un rato hablando en conformidad de lo que Francisco de Molina había escrito, y concluyeron su plática con que era cosa razonable hacer buena guerra a los prisioneros, y lo contrario crueldad; y que se hiciese así, porque ellos holgarían mucho dello. Queriendo pues Francisco de Molina apartar al Habaquí de los turcos para decirle el negocio principal, como por vía de amistad le dijo: «Estos gentileshombres turcos tendrán gana de beber; a mí me traen ahí unas conservas: comámoslas y bebamos en buena conversación; que no es inconveniente para que mañana dejemos de darnos de lanzadas». El moro entendió el fin a que lo decía, y dijo que le placía; y haciendo traer allí Francisco de Molina una acémila en que llevaba cosas de comer y unos frascos de vino, llegaron los turcos a comer y beber de lo que iba en los cestones. Y mientras comían y bebían tuvo lugar de apartar al Habaquí, y le dijo desta manera: «Señor Hernando el Habaquí, sabed que no me trae aquí otro negocio sino el amor que os tengo por el regalo que recibí en vuestra casa; y como amigo os aconsejo que volváis al servicio de su majestad, teniendo consideración cuán estrecha cárcel es la en que están los que sirven a tiranos si se quieren conservar en la tiranía, y a que los que sirvieron a los Reyes Católicos y perseveraron en lealtad se les hizo mucha merced, y los que dellos descienden están hoy en día ricos y muy honrados. Y pues tenéis buena ocasión para entrar en este número, no será bien que la dejéis pasar». A esto respondió el moro que le agradecía mucho el buen consejo que como verdadero amigo le daba, y que holgaría de tomarle; mas que había de ser de manera que los turcos ni los moros no recibiesen daño por su respeto. «Muchos medios habrá, dijo Francisco de Molina, por donde eso se pueda conservar, y el servicio que de presente podréis hacer, es que aconsejéis a los moros que dejen las fuerzas del río de Almanzora y se recojan todos a la Alpujarra; y después de juntos podréis persuadirlos a que se reduzcan, pues ven cuán mal pueden sustentarse contra el poder de un rey tan poderoso, que tan aparejado está para usar con ellos de clemencia si se ponen libremente en sus manos, siendo, como son, sus vasallos y naturales de su reino». El Habaquí le respondió que en cuanto a las fortalezas, él haría de manera que su majestad entendiese que le deseaba servir, y en cuanto a lo demás se vería con Aben Aboo y con sus deudos y amigos, y le respondería dentro de diez días. Y con esto se despidieron el uno del otro sin que los turcos entendiesen la materia de que habían tratado, según nos certificó después el Habaquí; el cual escribió a 20 días de marzo otra carta a Francisco de Molina, diciéndole que se tornasen a ver; y por estar ocupado en plantar la artillería, mandó don Juan de Austria a don Francisco de Córdoba, que por mandado de su majestad había venido aquellos días al campo para asistir en el Consejo en lugar de Luis Quijada, fuese a ver lo que quería; el cual se fue a ver con él, y confirmó el moro lo que había prometido a Francisco de Molina, y quedó muy contento de la oferta que don Francisco de Córdoba le hizo de parte de don Juan de Austria.

Capítulo XV. Cómo don Juan de Austria combatió y ganó la villa de Tíjola

Vuelto el Habaquí a Purchena a 21 días del mes de marzo, hizo pregonar que todos los moros se recogiesen a la Alpujarra, diciendo que no les convenía defenderse en las fortalezas, porque los cristianos los degollarían a todos, como habían hecho a los de Galera, y harían a los de Tíjola si no se salían con tiempo antes que les echasen los muros encima; y despachó aquella noche un moro a los cercados, a que les dijese que se saliesen del fuerte lo más secretamente que pudiesen, porque en ninguna manera los podía socorrer. En este tiempo estuvo toda la artillería a punto para poder batir, y se tuvo aviso cierto del estado de los cercados por un renegado siciliano, natural de la ciudad de Trapana, llamado Felipe, y en turquesco Mami, que se vino a nuestro campo. Este dijo la gente que había dentro, y como estaban los moros tan acobardados, que a palos no podían los turcos hacerlos ir a la muralla, por miedo de la artillería. Que habían intentado de huir la noche pasada cuando llegó el hombre del Habaquí; y no habiendo podido, pensaban salir huyendo la siguiente noche por la puerta del lugar que sale al río, desconfiados del socorro de Purchena; aunque algunos había que no tenían perdida la esperanza de ser socorridos. Que tenían trigo y cebada en abundancia, y unos molinillos de mano en que lo molían; carne poca, y no otro género de bastimentos. Que bebían del agua de una cisterna después que se les había quitado poderla tomar del río, y la repartían por una medida pequeña; y había tanto número de mujeres y niños, que no les podía durar dos días, y que los moros estaban inclinados a rendirse, si no fuera por los turcos que se lo defendían. Habían batido los nuestros este día, que fue miércoles de la Semana Santa, 22 días del mes de marzo, la villa y el castillo por seis partes desde la mañana hasta la tarde; y aunque la una batería, que estaba puesta a la parte del castillo, había hecho muy grande efecto, y parecía que se podría entrar por ella, no se resolvió don Juan de Austria en que se hiciese, por los inconvenientes que suelen suceder en los asaltos que se dan de noche; y como el principio de la presente fuese con muy grande niebla y oscuridad y con alguna agua, los moros, que se vieron perdidos, aprovechándose de la ocasión del tiempo, salieron por diferentes partes del lugar, y se repartieron, huyendo por las cañadas y quebradas de los montes, cada cual hacia donde su fortuna le echaba, dejando las riendas de su huida al antojo, que guiase por do quisiese. La gente que estaba de guardia sintió el ruido, y tocando arma, cuando entendieron que los moros se iban, corrieron los soldados a la batería, y entraron por ella sin hallar quien la defendiese; de manera que en muy poco espacio el lugar fue lleno de cristianos; y de los enemigos que cayeron en manos de las guardas que estaban puestas a todas partes por el aviso del renegado, fueron muertos muchos; cautiváronse muchas mujeres, y ganose un rico despojo que habían recogido los moros en aquel lugar fuerte. Y hiciéraseles mucho mayor daño si la oscuridad de la noche no fuera tan grande, que con ella y con tomar el nombre y contraseño a los cristianos, se salvaron muchos moros aljamiados, ellos y sus compañeros. Hubo muy grande desorden en nuestra gente, porque dejó la artillería y los cuarteles, y se fue a saquear el lugar; coyuntura bien importante al enemigo, si llegara con algún socorro; aunque don Juan de Austria mandó recoger los más soldados que se pudieron haber, y envió personas de recaudo que estuviesen en la artillería; y porque se iban muchos con la presa, proveyó luego cuarenta caballos que corriesen la vuelta de Serón, con orden que no dejasen pasar ningún soldado. Escribió a don Juan Enríquez a Baza, y a Antonio Sedeño a Serón, que todos los que acudiesen hacia aquella parte los prendiesen y se los enviasen; lo cual todo proveyó con increíble presteza aquella noche. Otro día en amaneciendo subió al lugar, y al parecer era tan fuerte, que si se hubiera de tomar por asalto, no pudiera ser sin gran daño de nuestra gente. Luego se entendió como los moros que se habían ido había sido por ciertas quebradas que fuera imposible podérselo estorbar los soldados; con todo eso fueron muertos y cautivos más de cuatrocientos, y los que huyeron aportaron a Purchena con tanto miedo y espanto, que fue causa que huyesen la mayor parte de los que allí había, como lo hicieron; y los que quedaron se dieron a merced de su majestad a don García Manrique, a quien don Juan de Austria envió con la gente de a caballo a saber lo que pasaba; el cual se metió luego en la fortaleza, y recogió dentro todas las mujeres y ropa, pareciéndole pertenecerle por haberse rendido a él; mas don Juan de Austria gustó poco de aquella diligencia, y envió a don Jerónimo Manrique que se fuese a poner en ella con cuatro compañías de infantería mientras llegaba el campo; y ordenó a Lorenzo del Mármol, mi hermano, que se apoderase de todas las moras y de los bienes muebles que había en la fortaleza, en nombre de su majestad, para repartirlo todo por su mano, como lo hizo.

Capítulo XVI. Cómo don Juan de Austria pasó a Purchena

Sábado víspera de pascua de Resurrección, a 25 días del mes de marzo, partió don Juan de Austria con su campo de Tíjola, dejando destruida y asolada aquella villa, y fue a alojarse en las huertas que están debajo de Purchena: pareciole el lugar tan fuerte, que holgó de ver que los enemigos hubiesen hecho tan buena obra en dejarle y irse. Habían quedado dentro como doscientas personas, los más dellos impedidos, que no pudieron huir. Señaló cuatro compañías de infantería y una de caballos para la guardia della y seguridad de las escoltas, a orden de Antonio Sedeño, que mandó venir allí de Serón, y en su lugar envió al capitán Hernán Vázquez de Loaysa. Mandó repartir las moras y todos los bienes muebles que había dentro de la fortaleza entre los capitanes y gentileshombres que andaban cerca de su persona, y el siguiente día envió a don Francisco de Córdoba con dos mil infantes y algunos caballos a la fortaleza de Oria, donde fue avisado que el alcaide no había querido recibir ciertos moros que se le venían a reducir, por no concederles las vidas; aunque lo más cierto era que los entretenía hasta dar aviso a algunos capitanes sus amigos que saliesen a esperarlos en el camino, y los cautivasen cuando fuesen a reducirse. Esto se entendió luego en nuestro campo, y don Juan de Austria mandó a los capitanes que estaban aparejados para ir a correr, que no fuesen, y a don Francisco de Córdoba que se informase si había alguna cautela o engaño en el negocio; y si acaso viniesen a reducirse, los admitiese, y no consintiese hacerles daño, porque no convenía que se siguiese tan grande inconveniente en coyuntura de la reducción que el Habaquí comenzaba a tratar. Llegó don Francisco de Córdoba a Oria, y halló en una rambla junto al castillo algunos moros, que se le dieron luego llanamente a merced de su majestad con sus mujeres y hijos; y queriendo saber del alcaide con qué orden trataba de reducir los moros, y cómo no había dado aviso a don Juan de Austria, dio por descargo que ellos mismos se le habían ofrecido, que entendiendo que no le decían verdad, no había dado noticia. Luego entendió don Francisco de Córdoba la malicia, y llevando el negocio cuerdamente admitió aquellos moros, y dejó orden al alcaide que los recogiese allí hasta que se le enviase a mandar lo que había de hacer dellos, y que admitiese todos los que viniesen a reducirse, y les hiciese todo buen tratamiento. Y con esto, viendo que los moros habían desamparado la fortaleza de Cantoria, volvió aquel día a Purchena, donde dejaremos agora a don Juan de Austria, para acudir a lo que hacía en este tiempo el duque de Sesa con el otro campo que tenía en la villa de Órgiba, y decir lo que don Diego Ramírez, alcaide del castillo de Salobreña, y don Juan de Castilla hicieron sobre el castillo de Vélez de Ben Audalla y el fuerte de Lentejí.

Capítulo XVII. Cómo se ganaron estos días el castillo de Vélez de Ben Audalla y el fuerte de Lentejí

Estando el duque de Sesa en el alojamiento de Órgiba, supo cómo los moros habían puesto gente de guarnición en el castillo de Vélez de Ben Audalla, y que salían a hacer daño a los que pasaban por el camino de Motril y por toda aquella costa; y luego envió sobre él a don Juan de Castilla con mil infantes y doscientos caballos, y escribió a don Diego Ramírez, alcaide de Salobreña, avisándole del efecto para que enviaba aquella gente, y pidiéndole con mucha instancia que fuese a hacer aquella jornada por su persona, porque convenía mucho al servicio de su majestad quitar de allí aquella ladronera. Llegado don Juan de Castilla a Salobreña, don Diego Ramírez puso en orden dos piezas de batir, una culebrina y un cañón reforzado, y otras dos pequeñas, para tirar a las defensas; y porque los moros no se fuesen antes que llegase, mandó a Francisco de Arroyo el cuadrillero que se adelantase con la gente de su cuadrilla y una compañía de caballos, y se fuese a meter de parte de noche en las casas del lugar, que estaban despobladas, por bajo del castillo al pie del cerro; y con toda la otra gente partió de Salobreña a 26 días del mes de marzo cuando anochecía. Y porque no podía ir la artillería encabalgada, a causa de la mucha aspereza del camino, la hizo desencabalgar y llevar arrastrando sobre tablones a fuerza de brazos al pie de dos leguas por el río de Motril arriba. Francisco de Arroyo se metió harto encubiertamente en las casas, conforme a la orden que llevaba; mas los soldados no tuvieron el silencio que convenía, y fueron sentidos por los moros, que estaban escandalizados de haber visto pasar la gente que llevaba don Juan de Castilla; mas luego se aseguraron, porque Francisco de Arroyo tuvo habla con ellos, y les dijo que era una escolta grande que iba por bastimentos. No pudo allegar nuestra gente hasta otro día, por el embarazo de la artillería, y aquella noche despachó don Juan de Castilla al duque de Sesa un peón pidiéndole más gente y vituallas; el cual le envió quinientos arcabuceros con los capitanes Juan de Borge, Íñigo de Arroyo Santisteban y Luis Álvarez de Sotomayor. Y poniendo luego cerco al castillo, que está sobre un cerro redondo, alto y fragoso, tan exento, que no se podía subir arriba sin manifiesto peligro, fueron luego los capitanes a reconocerle, y determinaron de plantar la artillería en lo alto del cerro, en un sitio harto llano a cincuenta pasos del muro, y porque no podía subir en las carretas, la llevaron los soldados sobre los tablones y puertas que hicieron quitar de las casas del lugar, allanando con fagina y piedra algunos pasos dificultosos. Plantada la artillería, comenzaron a batir la misma tarde, siendo ya la oración; y estando repartiendo la pólvora a sus soldados el capitán Luis Godínez de Sandoval, prendió fuego en ella, y se quemaron él y los que estaban allí cerca. Los moros se defendían, y mataron dos soldados desde los traveses con las escopetas; y viendo que les aprovechaba poco su vana defensa, tuvieron habla con algunos soldados de los que hacían guardia delante de la puerta del castillo, y dándoles buena suma de dineros, los dejaron ir a media noche con sus mujeres y ropa. Esto se entendió ser trato, porque aunque las centinelas tocaron arma, los que iban guiando a los moros les dijeron que era la ronda que andaba requiriendo las centinelas, y desta manera pasaron, dejando burlados a los capitanes, sin que se pudiese saber quién fueron los autores del negocio, aunque hubo algunos indiciados, que después los tuvo presos el duque de Sesa sobre ello. Otro día de mañana, viendo que los moros no tiraban, envió don Juan de Castilla a reconocer el castillo; y hallándole solo, que no habían quedado dentro sino un moro viejo y tres moras que no se podían menear, le ocuparon; y dando aviso al duque de Sesa del suceso, holgó que no le hubiesen batido, y mandó meter cien soldados dentro de guarnición, por estar en paso conveniente, dando orden a Juan González Castrejón que levantase ciento y cincuenta hombres para aquel efecto, porque no fuese menester dejar allí la gente del campo. No fue pequeño el daño que hicieron los codiciosos en dejar ir aquellos moros; porque, demás de estar dentro siete capitanes de cuadrillas, en quien se pudiera hacer ejemplar castigo, en saliendo de allí fueron a tomar los pasos por donde habían de volver nuestros soldados al campo del duque de Sesa; y como fuesen muchos desmandados, dieron en ellos, y mataron y cautivaron tantos, que se pagaron bien del daño recibido. En este mismo tiempo el capitán Antonio de Berrío, que estaba de presidio en las Guájaras, fue sobre el lugar de Lentejí, donde los moros tenían hecho un fuerte, en que se habían metido algunos dellos, y acometiole con tanta determinación, que no osaron aguardalle. Desmandáronse los soldados con codicia de cautivar cantidad de moras que iban huyendo; y hubiéranse de perder, si el capitán, como hombre práctico y experimentado, no mantuviera cuerpo de gente junta, porque los moros, viendo sus mujeres y hijas cautivas, tornaron a rehacerse, y dando en los desordenados, mataron y hirieron algunos dellos; mas Berrio socorrió animosamente su gente, y desbaratando a los enemigos, recogió la presa y se retiró con ella a su alojamiento.

Capítulo XVIII. De un ardid que usó Aben Aboo para romper una escolta que iba al campo del duque de Sesa con bastimentos

Estaba el duque de Sesa a punto para arrancar de Órgiba con un hermoso campo bien armado y de gente muy lucida; solamente le faltaban bastimentos, porque había consumido una infinidad dellos en aquel alojamiento; y para efecto que viniese una gruesa escolta, envió al capitán Andrés de Mesa con quinientos arcabuceros y algunos caballos y todos los bagajes, a que los hiciese cargar en Acequia y en el Padul, y acompañase los que venían de la ciudad de Granada. Siendo pues avisado el enemigo como iba tan grande escolta la vuelta del Padul, pareciéndole que ninguna cosa haría más a su propósito que romperla, determinó de dar en ella; y para poderlo hacer más a su salvo, mandó a Pedro de Mendoza el Xoayby y al Macox y al Dali que fuesen a meterse en emboscada con dos mil moros y le atajasen el camino a la vuelta; y mientras ellos hacían el efecto, fue con la otra gente que tenía a dar vista a nuestro campo para entretener al duque de Sesa. Había nueve días que no se descubría moro ni se tenía nueva cierta de donde estaba el enemigo; y aquella mañana una cuadrilla que había ido a correr trajo dos moros presos, de quien se supo como estaba todavía en Poqueira, y que se habían venido para él muchos moros del río de Almanzora. Este día, 4 de abril, a las cuatro de la tarde se descubrieron los enemigos en tres emboscadas, a la parte de la sierra de Bujol y sobre el camino a la mano derecha que va al puerto de Jubiley. El Duque envió a don Jorge Morejón con algunos caballos y arcabuceros de a pie a que los alargase de donde estaban; con los cuales tramó escaramuza, y los moros se fueron retirando a lo alto, yendo tan cebados en ellos los caballos, que entendiendo el duque de Sesa lo que fue, mandó que les hiciesen espaldas mayor número de arcabuceros; porque los moros, reconociendo su ventaja y que los de a caballo no se podían aprovechar en la tierra donde estaban, acometieron a darles una carga; mas no les fue bien dello, porque nuestros arcabuceros se hubieron valerosamente con ellos y los retiraron con daño, quedando un solo cristiano herido. En este tiempo parecieron hacia Poqueira gran cantidad de enemigos, tan tarde, que no había ya una hora de Sol, y hasta tres o cuatro caballos con ellos; y comenzando a bajar hacia donde los otros estaban, dieron muestra de querer ceñir nuestros alojamientos. Por otra parte el Duque hizo poner en Orden los escuadrones: reforzó unos cerrillos donde tenía gente y artillería, y asestándola contra los enemigos, trabó la arcabucería una buena escaramuza con ellos, habiendo un solo valle en medio. Los moros estuvieron arredrados; que no se osaron acercar hasta que, siendo ya tarde, nuestra gente pasó el barranco; y cargándoles la sierra arriba, los fueron siguiendo gran rato, matando y hiriendo muchos dellos; y como fuese ya muy tarde, el Duque mandó tocar a recoger, y Aben Aboo, sin hacer otro efecto, se retiró a la sierra, dejando más de cincuenta moros muertos. Hernando de Oruña, capitán viejo por edad y por larga experiencia, sospechando el designio del enemigo, dijo al duque de Sesa este día que sin duda aquel había sido ardid de guerra, y que debía de haber enviado gente a tomar el paso a la escolta, y convenía enviar luego infantería y caballos que la asegurasen. Esto confirmó luego un moro que cautivaron tres soldados que siguieron el campo de Aben Aboo; el cual dijo como su intento había sido entretener al Duque. Y luego que se entendió, envió a don Martín de Padilla con quinientos arcabuceros y ochenta caballos a que reforzase la escolta, y tras dél otros quinientos arcabuceros, porque fue avisado que se habían descubierto como ciento y cincuenta moros. Había Andrés de Mosa escrito al duque de Sesa aquel día desde Acequia avisándole como venía, y habíanle dado tan tarde la carta, que, según estaba confiado en la gente que había llevado, pudieran hacer los enemigos mucho efecto; los cuales, bajando por la sierra de Órgiba, se habían puesto en cuatro emboscadas en el paso entre Acequia y Lanjarón, y esperaban a que pasase para dar en la escolta, la cual había partido del Padul la propia mañana con dos mil y quinientos bagajes cargados, y venido aquella noche al lugar de Acequia. Y otro día de mañana, yendo la vuelta de Lanjarón, en llegando al paso del barranco, los moros de las emboscadas salieron por cuatro partes, y acometieron con tanto ímpetu que los soldados que iban repartidos en vanguardia y retaguardia no pudieron defender que no atajasen por medio y la rompiesen. Ocupáronse los enemigos luego en derramar vitualla, matar bagajes y escoger otros que llevarse cargados la vuelta de la sierra. El capitán Andrés de Mesa, viendo cuán mal podía pasar a favorecer la vanguardia ni remediar en tanta confusión el peligro presente, porque ocupaba la escolta más de una grande legua de camino, tomando por delante los bagajes que pudo recoger, dio vuelta al lugar de Acequia, y puso en cobro todos los que no habían pasado del barranco. Don Pedro de Velasco, que por mandado de su majestad iba a dar prisa en la partida del Duque y a tomar relación del campo, peleó como esforzado caballero este día; y lo mismo hicieron Juan de Porras vecino de Zamora, y Alonso Martín de Montemayor, vecino de Córdoba, y Lázaro Moreno de León, capitán de arcabuceros de a caballo y vecino de Granada, por defender hacia la parte que les tocaba; y matándole el caballo entre las piernas, se hubiera perdido don Pedro de Velasco, si no lo socorriera don Antonio de Sotomayor, hijo del licenciado Sotomayor, alcalde de chancillería de Granada. En esta refriega murieron doce moros y fueron heridos muchos, y de los cristianos hubo dos muertos y cuatro heridos. Y fuera mucho mayor el daño, si don Martín de Padilla no llegara a tiempo que pudo socorrer la gente y cobrar la mayor parte de los bagajes que llevaban los enemigos; y trayendo consigo los que se habían recogido en Acequia, dio vuelta con todos ellos al campo aquella noche bien tarde. Lleváronse los enemigos cuarenta bestias mulares cargadas de harina y de bizcocho; y hicieron tanto regocijo con ellas, como si hubieran ganado una grande victoria. Prendió nuestra gente dos moros, el uno del Albaicín de Granada y el otro del lugar de Dílar; estos dijeron en el tormento que habían sido más de dos mil hombres los que habían dado en la escolta; que Aben Aboo tenía más de doce mil hombres, y doscientos turcos escopeteros entre ellos, y que había fortalecido el paso de la puente de Poqueira, que está por bajo del lugar de Capileira, y en toda la cuesta había hecho grandes reparos y trincheas, y atravesado gruesos árboles en los caminos y veredas para que la caballería no pudiese pasar. Recogida la escolta en Órgiba, el duque de Sesa determinó de partir el siguiente día, y dando raciones y municiones a la gente, se puso todo en orden para marchar.

Capítulo XIX. Cómo el duque de Sesa partió de Órgiba y fue a alojarse al aljibe de Campuzano, y de una refriega que tuvo con la gente de Aben Aboo

Con el aviso que tuvo el duque de Sesa de la fortificación del enemigo, acordó de hacer diferente camino del que pensaba; y dejando mil hombres de presidio en el fuerte que había hecho en Albacete de Órgiba, partió de aquel alojamiento a 6 de abril, yendo en su compañía el conde de Orgaz, el conde de Bailén, el marqués de la Favara, don Juan de Mendoza Sarmiento, don Martín de Padilla, don Luis de Cardona, don Luis de Córdoba, don Ruy López de Ávalos y don Gonzalo Chacón, y otros muchos caballeros aventureros. Llevaba en el campo ocho mil infantes, los seis mil y ochocientos tiradores, y quinientos y cincuenta caballos, sin la gente de los señores y de particulares, que era mucha; doce piezas de artillería de campaña y mil y quinientos bagajes; porque los demás envió luego a que fuesen trayendo bastimentos, y con ellos se volvió don Pedro de Velasco a Granada, para ir a dar cuenta a su majestad de lo que se le había cometido. Comenzó a subir nuestro campo por la sierra de Poqueira arriba, donde se había puesto el enemigo haciendo representación de mucha gente y de tener ocupadas las cumbres, caminando los escuadrones poco a poco, a paso tan lento, que habiendo partido bien de mañana, era ya hora de vísperas cuando llegó la vanguardia a vista de Poqueira, legua y media de camino, bien cerca de donde Aben Aboo estaba aguardando con toda la gente en el paso, creyendo que nuestro campo entraría por aquella parte, mas el Duque tomó diferente camino el río abajo por el rodeo, para ir entre Ferreira y el río Cádiar por el de Juviles, a un aljibe que llaman de Campuzano, que está a la asomada de Pórtugos. Hallándose el moro burlado, mandó hacer grandes ahumadas llamando los moros que acudiesen hacia donde marchaba nuestra gente, para que ocupasen otro paso de la sierra de Pitres, por donde forzosamente había de pasar, y hiciesen diversos acometimientos por muchas partes. Detúvose nuestro campo en pasar el río, que tenía las entradas y el lecho barrancoso y muy fragoso de peñas y piedras, tanto espacio, que los enemigos tuvieron lugar de llegar a tomar la delantera, a tiempo que el marqués de la Favara, habiendo pasado con la vanguardia, subía por el cerro arriba con la compañía de herreruelos de Sancho Vélez de Terán Montañés, y los caballos del conde de Tendilla y cuatrocientos arcabuceros, a ocupar la cumbre alta, que tenía a caballero el sitio donde se había de alojar el campo; el cual llegó peleando con los enemigos a unos peñascos tan ásperos y fragosos, que no pudo pasar; y estando los enemigos de la otra parte, le fue forzado hacer alto y esperar que llegase la batalla. A este tiempo los moros, que bajaban loor las laderas de las sierras, acometieron la retaguardia, y fue por tantas partes, que el Duque hubo de volver con la artillería y parte de la gente de a caballo, y acudiendo por su persona a todas las necesidades, con un tiempo frío, ventoso y lleno de nieblas, se entretuvo hasta puesto el Sol, que llegó don Juan de Mendoza con la batalla bien tarde al lugar del alojamiento; y dando carga con la arcabucería a los moros que hacían muestra de quererse defender, los hizo retirar con daño, aunque hicieron muchos acometimientos. Quedaron los capitanes Centeno, vecino de Ciudad Rodrigo, y Luis Álvarez de Sotomayor, con sus compañías de infantería, de retaguardia de todo el campo en unos casarones que había en un llano y en un cerrillo junto a ellos, para hacer cuerpo mientras nuestra gente pasaba el río, y allí fueron acometidos por el Xoaybi con más de quinientos escopeteros y otra mucha gente de honda y asta; mas los capitanes defendieron su partido animosamente; y siendo socorridos por don Luis de Córdoba y Hernando de Oruña, que llevaban la retaguardia, retiraron los enemigos y mataron y hirieron muchos dellos, y llegada nuestra gente al río, los moros los acometieron de nuevo por muchas partes, y lo mismo hicieron a la subida de la cuesta del aljibe, aunque con poco daño, porque les acudieron el buque y don Martín de Padilla y otros caballeros, que trabajaron harto este día. Y viendo los enemigos que no podían hacer efecto con sus acontecimientos, subieron a gran prisa a tomar el cerro que cae sobre el aljibe a la parte de Pórtugos; mas el Duque, sospechando algún acontecimiento por allí, mandó asestar la artillería contra ellos; con la cual, y con la caballería y gente de a pie que cargó hacia aquella parte les defendió que no le ocupasen, y le ocupó él. Ya comenzaba nuestro campo a alojarse y se ponían las centinelas, cuando el marqués de la Favara se retiró. Hubo alguna desorden en el hacer del alojamiento, por ser de noche y el tiempo áspero; y fue herido don Gonzalo Chacón, que iba con el marqués de la Favara, y otros muchos soldados. Aben Aboo recogió su gente y se fue a poner frontero de nuestro alojamiento, el río en medio, tan cerca, que las escopetas alcanzaban a placer de una parte a otra, y hacían daño. Encendió muchos fuegos, y estuvieron los moros escopeteando a nuestra gente más de dos horas; y eran tantas las pelotas y las jaras que tiraban desde aquellas laderas, que no había seguridad en ningún cabo. El Duque se fortaleció con la arcabucería lo mejor que pudo hacia aquella parte, y anduvo siempre a caballo requiriendo los cuerpos de guardia y las centinelas; siendo la noche tan oscura, que solamente se veían los hombres con el resplandor del fuego de los arcabuces. Duró el tirar desta manera hasta media noche, y de allí adelante el cansancio y las tinieblas hicieron treguas; y dejando los fuegos encendidos, caminaron los moros antes que amaneciese la vuelta de Juviles sin hacer más efecto; y si queremos decir verdad, ellos acometieron como muy buenos soldados este día; mas enflaquecieron y desbaratáronse como ruines. Entendiose que si cargaran de golpe aquella noche, corriera peligro nuestro campo, porque la confusión fue muy grande, y las palabras entre la gente común tan viles, que mostraban miedo, metiéndose muchos debajo de los bagajes, porque no les diesen las pelotas y jaras que volaban por el aire; mas valió mucho la resolución de los capitanes, caballeros y gente particular, y la provisión del Duque, enderezada a deshacer el enemigo sin aventurar un día de batalla; en lo cual parecía conformarse Aben Aboo y él, porque cada uno pensaba deshacer al otro, y romperle con el tiempo y falta de vituallas.

Capítulo XX. Cómo pasó el duque de Sesa a Pórtugos, y envió a correr las sierras

El duque de Sesa veló toda la noche, y la pasó con harto trabajo de su persona; y luego en siendo de día claro, queriéndose apartar de aquellos lugares ásperos y fragosos, mandando que toda la gente se pusiese en orden para caminar, y teniendo aviso de dos cristianos que vinieron huyendo del campo de los moros aquella noche, como el enemigo iba la vuelta de Juviles, y que tenía fortalecido el castillo, pensando defenderse en él, tomó por la loma de la sierra de Juviles, y sin llegar a Pórtugos, caminó todo aquel día hasta las tres de la tarde, que llegó al lugar de Cástares; y en un prado que está encima dél, donde había agua, aunque poca, alojó el campo, y mandó estar toda la gente en arma, creyendo que los enemigos harían algún acometimiento, porque estaba el alojamiento al pie de la sierra. Aquella misma noche mandó a don Jorge Morejón que con sus caballos y los del conde de Tendilla, y cuatro compañas de infantería, cuyos capitanes eran don Hernando Álvarez de Bohorques, Juan Fernández de Luna, don Carlos de Samano y Íñigo de Arroyo Santisteban, fuese a reconocer a Juviles; el cual lo reconoció, y hallando que los moros lo habían dejado desamparado, y que no había nadie en el castillo, dio luego vuelta al Duque. Otro día siguiente partió el campo de Cástares, y fue a ponerse en Pórtugos, y en el camino las cuadrillas que iban delante descubrieron muchos moros, que hacían poca demostración de querer huir; mas el Duque llevaba la gente tan recogida, que no se desmandó nadie a escaramuzar con ellos. Desde este alojamiento fueron don Juan de Mendoza y don Luis de Córdoba con dos mil infantes y doscientos caballos a correr la tierra; los cuales pasaron por lo alto de la sierra que cae sobre Ferreira, y dando de improviso en el lugar de Poqueira, le saquearon, y cautivaron como cien personas que hallaron dentro. Derribaron el reparo y trinchea que tenía hecho el enemigo, que estaba muy curioso y fuerte; y corriendo toda aquella sierra, mataron y cautivaron algunos moros, y se volvieron al campo sin hallar quien les hiciese estorbo, porque el enemigo, no habiendo podido conseguir su intento el día del aljibe, tampoco había osado aguardar en Juviles, y se había retirado con todo el campo a Mecina de Bombaron y a otros lugares dentro de la Alpujarra. Algunos entendieron que lo hizo por consejo del Habaquí, que decía que no se pusiese a riesgo de batalla con el Duque, que en todo le era superior, sino que le cansase acometiéndole con escaramuzas y necesitándole con hambre; porque aunque le desbaratase, habría ganado poco si formando su majestad mayor ejército, tornaba a enviarle sobre él; y que lo mejor sería entretenerle hasta que le viniese algún socorro de gente forastera. Esto mismo nos dijo después en Andarax, Caracax, que le había aconsejado él, y que de esta causa no habían acometido el campo del Duque aquella noche. Desde este alojamiento mandó el duque de Sesa al licenciado Castillo, que iba con él, que escribiese algunas cartas en arábigo a sus amigos y conocidos, persuadiéndolos a que se redujesen y ni perseverasen en el camino de perdición que llevaban, y dándoles a entender que su majestad usaría de clemencia con ellos; una de las cuales llegó a manos del Darra; el cual, no se queriendo reducir a quedar en la tierra, se embarcó en unas fustas con su mujer y hijos y amigos, que pudo llevar, y se pasó a Tetuán.

Capítulo XXI. Del progreso que el campo de don Juan de Austria hizo desde que partió de Purchena hasta que se alojó en Santa Fe de Rioja; y las diligencias que se hicieron cerca de la reducción de los moros

Habiendo don Juan de Austria mandado asolar y destruir a Tíjola, y puesto presidios en Serón y en Purchena, pasó la vuelta de Cantoria, y dejando de presidio en aquella fortaleza, que halló despoblada, al capitán Bernardino de Quesada con una compañía de infantería y otra de caballos, partió de aquel alojamiento a 3 de abril, y fue a Surgena de Aguilar, donde puso de guarnición a don Luis Ponce de León con su compañía de caballos y otra de infantería. Otro día a las cuatro de la mañana partió de allí, y fue al río de Aguas, que son más de cuatro leguas. En este alojamiento se detuvo un día esperando vituallas, y a los 6 de abril pasó a Sorbas, donde se detuvo hasta los quince. Desde este alojamiento envió a don García Manrique y a Juan de Espuche con quinientos infantes arcabuceros y doscientos caballos a la sierra de Filabres, con orden que se metiesen en Tahalí, y dejando allí presidio, pasasen a reconocer a Gérgal. Era el intento de don Juan de Austria quitar a los moros que no se proveyesen de aquella parte de trigo y cebada, como se entendía que lo hacían, por no tener otra de donde llevarlo, y quede hambre viniesen a tomar algún término de los que se pretendían con ellos. Hallaron los capitanes el castillo de Tahalí solo, y pusieron dentro al capitán Juan Garrido de Salcedo con una compañía de infantería y algunos caballos, y pasaron a reconocer a Gérgal, y en todo el camino no hallaron moros juntos, aunque muchos esparcidos buscando de comer. Tomóseles mucho ganado, y hallaron muchos silos de trigo y de cebada, de donde se sacó cantidad para los presidios; y lo que no se podía recoger, mandaba don Juan de Austria que le echasen agua o lo quemasen, porque los moros no se aprovechasen dello. Y porque en este tiempo iba muy adelante el negocio de la reducción con el Habaquí, y se entendía que la mayor parte de los alzados lo deseaban, mandó a don Alonso de Granada Venegas que, dejando en Jayena a don Jerónimo Venegas, su hermano, fuese luego donde quiera que estuviese el campo, para tratar de aquel negocio, por ser persona a quien los moros daban mucho crédito. También quisiera que entendiera en esto don Gonzalo el Zegrí, vecino de Granada; mas él se excusó, diciendo que pelear con los moros él lo haría, mas que reducirlos, no; porque no estaba tan bien con sus cosas, que le pareciese que merecían perdón de tan graves delitos como habían cometido. Hecha esta diligencia, y otras que pareció convenir para el fin de que se trataba, partió nuestro campo la vuelta de Tavernas, dejando en Sorbas de presidio al capitán Salido de Molina con otra compañía de infantería y algunos caballos, y por cabo y superintendente de todos los presidios del río de Almanzora, en Purchena para abajo, a don Diego de Leiva. El siguiente día estuvo en aquel alojamiento, esperando que llegasen las escoltas que iban con bastimentos. Envió todos los bagajes del campo a la ciudad de Almería para que cargasen los que allí había, con una gruesa escolta, en que fue el comendador mayor de Castilla a curarse de unas tercianas que le habían dado estos días. Aquí tuvo aviso don Juan de Austria como el campo del duque de Sesa se le venía acercando; y porque convenía pasar luego al río de Almería para apretar los enemigos por aquella parte, sin aguardar que volviese la escolta, hizo cargar todo el fardaje del ejército, y los bastimentos y municiones, en los bagajes de los capitanes y gentiles hombres que habían quedado. Y dejando en aquella plaza por gobernador al capitán Peña Roja con infantes y caballos, fue aquel día, lunes 17 de abril, a dormir al pago de Rioja, donde se detuvo con harta necesidad de bastimento, por no haberse podido proveer por mar, a causa del mal tiempo; mas esto se remedió luego con las escoltas que yo le envié de Úbeda y Baeza y del adelantamiento de Cazorla. Remediada esta necesidad, pasó el campo a Santa Fe, y en estos días se mataron algunos moros y se tomaron otros cautivos, que declararon ser extrema la necesidad que pasaban de hambre. Ya en este tiempo había su majestad enviado comisión a don Juan de Austria para que admitiese a los que viniesen a reducirse llanamente; y en este alojamiento mandó divulgar un bando general en la forma siguiente:

BANDO EN FAVOR DE LOS QUE SE REDUJESEN

«Habiendo entendido el Rey mi señor que la mayor parte de los moriscos deste reino de Granada que se han rebelado, fueron movidos, no por su voluntad, sino compelidos y apremiados, engañados e inducidos por algunos principales autores y movedores, cabezas y caudillos, que han andado y andan entre ellos; los cuales por sus fines particulares, y por gozar y ayudarse de las haciendas de la gente común del pueblo, y no para hacerles beneficio alguno, procuraron que se alzasen; y habiendo mandado juntar algún número de gente de guerra para castigarlos, como lo merecían sus culpas y delitos, y tomádoles los lugares que tenían en el río de Almanzora y sierra de Filabres y en la Alpujarra, con muerte y cautiverio de muchos dellos, y reducídolos, como se han reducido, a andar perdidos y descarriados por las montañas, viviendo, como bestias salvajes, en las cavernas y cuevas y en las selvas, padeciendo extrema necesidad; movido por esto a piedad, virtud muy propia de su real condición, y queriendo usar con ellos de clemencia, acordándose que son sus súbditos y vasallos, y enterneciéndose de saber las violencias, fuerzas de mujeres, derramamiento de sangre, robos y otros grandes males que la gente de guerra usa con ellos, sin se poder excusar, nos dio comisión para que en su nombre pudiésemos usar de su real clemencia con ellos, y admitirlos debajo de su real mando en la forma siguiente:

»Prométese a todos los moriscos que se hallaren rebelados fuera de la obediencia y gracia de su majestad, así hombres como mujeres, de cualquier calidad, grado y condición que sean, que si dentro de veinte días, contados desde el día de la data deste bando, vinieren a rendirse y a poner sus personas en manos de su majestad, y del señor don Juan de Austria en su nombre, se les hará merced de las vidas, y mandará oír y hacer justicia a los que después quisieran probar las violencias y opresiones que habían recibido para se levantar; y usará con ellos en lo restante de su acostumbrada clemencia, así con los tales, como con los que, demás de venirse a rendir, hicieren algún servicio particular, como será degollar o traer cautivos turcos o moros berberiscos de los que andan con los rebeldes, y de los otros naturales del reino que han sido capitanes y caudillos del rebelión, y que obstinados en ella, no quieren gozar de la gracia y merced que su majestad les manda hacer.

»Otrosí: a todos los que fueren de quince años arriba y de cincuenta abajo, y vinieren dentro del dicho término a rendirse y trajeren a poder de los ministros de su majestad cada uno una escopeta o ballesta con sus aderezos, se les concede las vidas y que no puedan ser tomados por esclavos, y que demás desto puedan señalar para que sean libres dos personas de las que consigo trajeren, como sean padre o madre, hijos o mujer o hermanos; los cuales tampoco serán esclavos, sino que quedarán en su primera libertad y arbitrio, con apercibimiento que los que no quisieren gozar desta gracia y merced, ningún hombre de catorce años arriba será admitido a ningún partido; antes todos pasarán por el rigor de la muerte, sin tener dellos ninguna piedad ni misericordia».

Deste bando fueron diversos traslados por todo el reino de Granada, y don Juan de Austria envió órdenes a todos los ministros de su majestad para que en virtud dél admitiesen cuantos moros viniesen a reducirse. Y para que supiesen dónde habían de acudir, les señaló su campo y el del duque de Sesa, y los lugares principales y más cercanos de donde se hallasen. Y porque fuesen conocidos, y la gente de guerra no les hiciese daño, se les mandó que trajesen una cruz de paño o lienzo de color en el hombro izquierdo cosida sobre el vestido, tan grande, que se pudiese bien divisar desde lejos. Échose otro bando este mismo día, mandando que no se hiciesen correrías, porque no se interrumpiese el negocio de la reducción, que se trataba con desórdenes, como se había hecho la primera vez.

Capítulo XXII. Del progreso que hizo el campo del duque de Sesa desde que partió de Pórtugos hasta negar a Újijar, y como Aben Aboo repartió su gente

Hallábanse los alzados en este tiempo en tal estado, que ni podían hacer guerra ni estar en paz. Faltábanles fuerzas para sustentar ejército; y aunque muchos dellos deseaban la paz, no se podían inducir a ella, por el dolor de las mujeres y hijos y haciendas que habían perdido. Aben Aboo pues, sin perder un punto de ánimo, luego que vio el campo del duque de Sesa dentro de la Alpujarra, repartió su gente a que tomasen los pasos a las escoltas. Mil y quinientos moros puso entre Ugíjar y Órgiba, mil en la sierra de Gádor, mil y doscientos hacia Adra y Almería, y ochocientos a la parte de la sierra de Bentomiz. Otro golpe de gente envió a Sierra Nevada y hacia el Puntal, que corriesen los caminos de Granada y de Guadix; y dejando para sí cuatro mil tiradores, traía los dos mil dellos siempre sobre el campo del duque de Sesa por lo alto de las sierras y lugares fragosos, porque desta manera pensaba entretenerse, aprovechándose de los frutos de la tierra con mejor comodidad, y necesitar a nuestro campo con hambre. Por otra parte, el duque de Sesa, entendiendo el designio del enemigo, y lo mucho que importaba quitarle los bastimentos, y que no había cuchillo que lo acabase tan presto como la falta dellos, en toda la comarca donde llegaba hacía talar y destruir los sembrados, enviando cuadrillas de gente a unas partes y a otras, que corriesen la tierra con tanta orden y recato, que los enemigos no eran parte para enojarlos, ni aun osaban hacerles rostro. Esta orden tuvo nuestro campo desde 12 días del mes de abril que partió de Pórtugos, hasta que llegó a Ugíjar. En la primera jornada, que fue a Juviles, se descubrieron algunos moros que mostraban tener gana de pelear; mas luego se recogieron a la sierra, y el Duque se alojó en el lugar, que estaba despoblado, porque no se habían asegurado en él ni en el castillo, que habían comenzado a reparar y fortalecer, y tenían ya hechos bastiones con sus casamatas y trincheas de tapias gruesas, y de aljibes grandes para recoger el agua de las lluvias, y un horno de pan, y una casa para munición y morada de Aben Aboo, con intento de defender aquella plaza, que cierto era fuerte de sitio, porque tenía una sola entrada por dos puertas que habían comenzado a hacer. El Duque subió a verla fortificación, y pareciole tal, que si los enemigos osaran defenderla, le dieran bien en qué entender para ganársela, porque con una pieza de artillería que pusieran en la entrada pudieran hacer grandísimo daño. Y no estaban sin ella, que Aben Aboo la había pedido al gobernador de Argel, y se la había dado por setecientos ducados de oro, y enviádosela en una galeota; mas no había tenido tiempo ni aun industria para subirla al castillo, y teníala abajo en el río, media legua de allí, con todos sus aderezos. Desto dio aviso un moro berberisco que se vino huyendo a nuestro campo, y envió el Duque por ella; y no la pudiendo sacar de donde estaba, la mandó enclavar y enterrar de manera que el enemigo no la hallase. Desde este alojamiento fueron a correr la sierra don Luis de Cardona y don Luis de Córdoba con dos mil infantes y ciento y cincuenta caballos, y volvieron con algunas mujeres y muchachos que cautivaron, y cantidad de ganado. En este tiempo mandó deshacer el Duque los reparos del castillo de Juviles, y recogida la gente, fue a Cádiar, y sin detenerse pasó aquella noche a Yátor. Este día se descubrieron los moros por lo alto de las sierras de Bérchul, y el Duque no quiso alojar el campo en el lugar, por estar muy pegado con la sierra, sino abajo en el río, entre unos cerros que mandó luego ocupar a las cuadrillas para que el campo estuviese más seguro. Y siendo ya bien tarde, los enemigos se acercaron y hicieron grandes fuegos en las cumbres de las sierras, con que tuvieron toda la noche en arma nuestro campo, sospechando que querían hacer algún acometimiento. Este era Aben Aboo con sus cuatro mil escopeteros y los turcos y moros berberiscos y otra mucha gente de hondas y enhastadas, que venía con más ánimo de espantar que de pelear, diciendo a los que le aconsejaban que pelease, que no había para qué probar el salitre de la pólvora de los arcabuces de los cristianos, porque ellos se hartarían de andar y dejarían la tierra mal de su grado. Y cierto fue providencia divina no acometer algunas destas noches, porque pudiera ser que hiciera daño. Partió el campo deste alojamiento otro día viernes por la mañana, y sin estorbo llegó a Ugíjar, que también estaba despoblada, y se alojó dentro del lugar de Albacete. Aquí trajo un moro de Juviles a don Diego Osorio, que por mandado de su majestad iba con despachos al duque de Sesa, en que se trataba la resolución de la guerra y lo que se había de hacer en la reducción que se platicaba; el cual había salido de Órgiba con quince escuderos de la compañía de Osuna de escolta, creyendo hallar el campo en Juviles; mas había ya una hora que era partido. Y como llegó cerca del lugar, y vio las calles llenas de gente, entrando dentro, no halló en el hospedaje que pensaba, porque no eran cristianos, sino moros, que en viendo salir nuestro campo habían bajado de las sierras; los cuales le dejaron entrar, y cercándole, le prendieron con todos los escuderos, y le tomaron los despachos; y después de haberle atormentado, lo dieron en guarda a este moro, que tenía a su mujer y una hija cautivas; el cual fue, tan hombre de bien, que le regaló y le tuvo sin prisiones, y le dijo que si se atrevía a irse con él, le llevaría a nuestro campo, como le prometiese de darle a su mujer y hija. El cual, maravillado de ver en moro aquella cortesía, rindiéndole las gracias por tan buen tratamiento como le hacía, siendo su cautivo, prometió de darle lo que pedía, y hacer con su majestad que le hiciese otras muchas mercedes. El moro le replicó que no le tenía por prisionero, antes lo era él suyo, y sabía que había menester su favor, seguir el desatino que los moriscos habían hecho en levantarse con la tierra que no podían sustentar. Y diciendo y haciendo, otro día de mañana le llevó al campo del duque de Sesa, que estaba en Ugíjar; y llegando de parte de noche, porque las centinelas no los dejaron entrar, se detuvieron hasta ser de día. Don Diego Osorio dijo al Duque la cortesía que el moro le había hecho, y le suplicó le hiciese merced y favor; el cual le loó mucho aquel hecho, diciéndole que pidiese gratificación, porque se le haría de muy buena voluntad; y él pidió que le diesen a su mujer y a su hija, que las habían cautivado en la correduría que don Luis de Córdoba había hecho, y una salvaguardia para poder ir y venir libremente al campo, porque entendía poner en libertad algunos cristianos de los que habían sido cautivos con don Diego Osorio, y reducir mucho número de los alzados a merced de su majestad. El Duque prometió de darlo a su mujer y hija, que las habían llevado a la Calahorra, y le dio luego la salvaguardia, y le despachó al campo de don Juan de Austria con avisos; y antes de llegar allá le prendieron unos moros de Aben Aboo, los cuales, hallándole la salvaguardia y el despacho en el seno, le llevaron ante él, y le mandó ahorcar de un olivo, y muerto, le hizo jugar a la ballesta. No mucho después desto el Habaquí suplicó a don Juan de Austria por la libertad de aquellas mujeres, que eran sus parientas, y pagó doscientos ducados por el rescate dellas, y las puso en libertad.

Capítulo XXIII. Cómo don Antonio de Luna volvió a correr la sierra de Bentomiz, y puso presidios en Competa y en Nerja

Mientras estas cosas se hacían en los dos campos, su majestad, a instancia del duque de Sosa, mandó a don Antonio de Luna, que se había recogido ya a Huétor Tájar, después de haber despoblado los cuatro lugares de la jarquía de Málaga, y puesto alguna gente de presidio en ellos, por estar en el paso por donde se va de la Alpujarra y sierra de Bentomiz a los otros lugares de la hoya de Málaga y serranía de Ronda, que tornase a entrar en la sierra de Bentomiz, y dando el gasto en la tierra, hiciese un fuerte en competa, y pusiese presidio en él y en el castillo de Nerja, por ser plaza de importancia para la seguridad de aquella costa y del paso de Almuñécar; y hecho esto, pasase adelante hasta el Cehel, donde se tenía aviso que los moros habían recogido muchos bastimentos para entretenerse en la aspereza de aquellos montes mientras les venía socorro de Berbería. Para esta jornada mandó su majestad a los corregidores de las ciudades comarcanas, que recogiendo la gente de sus corregimientos, se volviesen a juntar con él y estuviesen a su orden, guardando don Antonio de Luna la que el duque de Sosa le diese; y porque no se siguiese el inconveniente de volverse los soldados si acaso fuese menester más de diez días, se mandó a Pedro Verdugo, proveedor de Málaga, que los proveyese de los bastimentos necesarios. Era el intento del duque de Sosa desbaratar el designio de los enemigos y quitarles la esperanza de levantar de nuevo lugares, despoblándolos y necesitándolos con hambre y trabajo de guerra; y hacía instancia con su majestad en que mandase meter la tierra adentro todos los moriscos de paces de la jarquía y hoya de Málaga y serranías de Ronda, para que los alzados no pudiesen valerse dellos. Don Antonio de Luna aceptó la jornada; mas temía hacerla con gente de ruego y poco disciplinada, y pidió soldados de ordenanza, diciendo que no era bien tornar a arrojar su honra y crédito a la ventura; y que le pusiesen vitualla en la ciudad de Vélez, en Nerja, en Almuñécar y en Motril. El duque de Sesa le dio dos compañías de infantería, una suya y otra del duque de Alcalá, y dos estandartes de caballos de los duques de Medina-Sidonia y Arcos; ordenó a los proveedores que pusiesen bastimentos en los lugares que decía; y con esta gente y la de las ciudades volvió don Antonio de Luna a entrar en la sierra de Bentomiz, y con poco trabajo dio el gasto a la tierra, escaramuzando con los moros, que andaban como salvajes por aquellas sierras, matando y cautivando algunos dellos; y perdiendo a las veces soldados, comenzó el fuerte en Competa. Y habiendo enviado mil hombres a correr el río de Chíllar, con poca presa y pérdida igual, sin hacer otro efecto, dio fin a la jornada, dejando de presidio en Competa al capitán Antonio Pérez, regidor de Vélez, con doscientos soldados, y en el castillo de Nerja a Diego Vélez de Mendoza con otra compañía de infantería, y fue a la ciudad de Antequera, donde se vino a ver con él Pedro Bermúdez, cabo de la gente de guerra que estaba en Ronda, para dar orden en cómo se habían de despoblar los lugares de aquellas serranías, porque su majestad, informado que algunos andaban alborotados, le pareció sacallos de allí antes que se acabasen de declarar, y cometió la ejecución dello a don Antonio de Luna.

Capítulo XXIV. Cómo los moros desbarataron la escolta que llevaba el marqués de la Favara a la Calahorra

Comenzaba ya a faltar bastimento a nuestro campo en Ugíjar; y no le viniendo tan a cuento proveerse del que Pedro Verdugo enviaba por mar desde la ciudad de Málaga a la villa de Adra, el duque de Sesa mandó juntar todos los bagajes, y que fuese una gruesa escolta con ellos a traerlo de la Calahorra, camino más corto, que se podía ir y volver en un día, aunque áspero y peligroso, por estar las fuerzas del enemigo hacia aquella parte, y haber de pasar el puerto de la Ravaha. Mas estas dificultades previno con diligencia y fuerza de gente, encomendando el viaje al marqués de la Favara; y dándole mil infantes y cien caballos que le acompañasen, partió del alojamiento de Ugíjar a 16 días del mes de abril, una hora antes que amaneciese, yendo él de vanguardia con doscientos infantes y cuarenta caballos: luego seguía el bagaje con algunos arcabuceros sueltos a los lados, y de retaguardia dejó la infantería de Sevilla y sesenta caballos. Desta manera comenzó a subir nuestra gente por la sierra arriba, sin noticia de los enemigos ni de la tierra, y aun sin ocupar lugares aventajados, para asegurar el bagaje. Y como se adelantase demasiadamente la vanguardia, y el embarazo de las mujeres, enfermos y heridos impidiese poder seguirla, fue necesario quedar entre ellos y el bagaje mucho espacio de tierra. No fue menor descuido el de la retaguardia, caminando a paso tan lento, y deteniéndose en recoger algunos ganados, que por ventura los enemigos les echaron a las manos, que hubieron de hacer el mismo intervalo entre ellas y el bagaje. Estaba Aben Aboo a la mira, y viendo salir de nuestro campo tanto número de bagajes juntos, no sabiendo para dónde caminaban, mandó al alcaide Alarabi, que tenía cargo de aquel partido, que los siguiese. Traía este moro quinientos hombres, y muchos aradores entre ellos; y repartiéndolos en tres escuadras, tomó la una para sí con obra de cien escopeteros, otra dio al Picení de Guéjar con doscientos hombres, y la tercera al Martel de Cenete, mandándoles que mientras él daba en el bagaje, acometiesen el uno la retaguardia por frente, y el otro la rezaga de la vanguardia, metiéndose por entre ella y el bagaje. Con este acuerdo se emboscaron en partes que pudieron estar bien encubiertos; y dejando pasar la vanguardia, cuando tuvieron la escolta en la mayor angostura del camino, el Alarabi salió a ella con sus cien hombres en tres cuadrillas. Con la primera, en que llevaba cuarenta escopeteros, acometió el bagaje, cargando luego la segunda y la tercera; y hallando poca defensa, porque los arcabuceros, poco cuidadosos de lo que llevaban a cargo, se habían desmandado a buscar algún aprovechamiento, rompió por medio, poniendo a los bagajeros, enfermos y heridos en confusión. A un mismo tiempo dio el Picení en la caballería de la retaguardia, y desbaratándola, desbarató ella la infantería; lo mismo hizo el Martel en el rezago de la vanguardia: lo uno y lo otro con grandísima presteza y tanto silencio, que no parecía ser moros, sino soldados de disciplina antigua. Iba el Picení siguiendo la retaguardia de manera, que parecía que los nuestros huían. El Martel hizo otro tanto, y entrambos siguieron su alcance sin que los caballos a los soldados se rehiciesen. El Alarabi fue matando bagajeros, enfermos y bagajes, y todos a una mataban soldados y escuderos. Llegó el arma con silencio y temor de los nuestros al marqués de la Favara tan tarde, que no pudo remediar el daño; aunque con obra de veinte caballos y algunos arcabuceros procuró llegar a tiempo, porque se lo impedía la fragosidad del camino, bagajes caídos y otros impedimentos que había en él; y al fin prosiguió su camino, yendo los moros a las espaldas hasta cerca de la Calahorra. Murieron este día al pie de ochocientos cristianos, los seiscientos enfermos y heridos, que iban a curarse a Guadix. Lleváronse los moros seiscientas moriscas que iban cautivas, y trescientos bagajes escogidos, sin otros muchos que mataron, y cautivaron quince hombres, sin perder uno ni más de los suyos. Fue tanta la turbación de los bagajeros y soldados que escaparon de allí, que en llegando a la Calahorra se fueron huyendo la mayor parte dellos; y así no hubo quien volviese con la escolta al campo. La nueva deste suceso llegó a Ugíjar aquella misma noche, porque el marqués de la Favara en llegando a la Calahorra envió al capitán Lázaro Moreno de León con seis caballos a dar aviso al Duque, el cual pasó por el mismo camino sobre los cuerpos muertos, y llegó antes que amaneciese con la desastrada nueva, que sintió gravemente el duque de Sesa. Y hallándose sin bagajes y sin bastimento, animosamente determinó de ir luego la vuelta de Válor para entender de más cerca lo que había, y pelear con el enemigo si le aguardase, y con los bagajes que pudiese juntar, enviar por bastimento o ir por ello; porque habían quedado muchos enfermos, y, faltándole la gente que había llevado el marqués de la Favara, le quedaba poca que enviar para aquel efecto.

Capítulo XXV. Cómo el duque de Sesa fue a poner su campo en la villa de Adra

Otro día de mañana, 17 de abril, partió el duque de Sesa de Ugíjar con todo el campo puesto en ordenanza, y fue a Válor harto congojado de ver la flaqueza de nuestra gente: halló el lugar solo; que los moros se habían recogido a las sierras. Desde allí despachó espías a Guadix y a Granada, encargando al presidente don Pedro de Deza que diese orden como el marqués de la Favara recogiese la gente, y juntase otra de nuevo con que irle luego a buscar donde quiera que estuviese. Aquella noche tuvo toda la gente puesta en arma y mucho recaudo de centinelas y cuerpos de guardia a la parte de la sierra, por si los enemigos hiciesen algún acometimiento de noche; los cuales habían soltado las acequias y empantanado los barbechos y sembrados al derredor del lugar, para que los caballos atollasen y no fuesen de provecho, y se habían puesto a la mira en la halda de Sierra Nevada. Contonos un moro de los que se hallaron con Aben Aboo este día, que cuando iba caminando nuestra gente hacia Válor, estaba mirando desde la cumbre de una sierra a los soldados que subían por aquellas cuestas arriba; y pareciéndole que iban muy cansados, había dicho que era hermosa procesión aquella, y muy buena ventana la en que él estaba mirando como pasaba, y que con sola la vista pensaba desbaratarlos, sin hacer otro acometimiento. El duque de Sesa, considerando el daño que se le podía seguir de salir a la Calahorra, porque se le deshiciera el campo, y el enemigo viéndole fuera de la Alpujarra le tomaría los puertos, y le sería dificultoso tomarlos a cobrar, así por esto, como porque en opinión de moros y cristianos no faltaría quien dijese que salía roto y desbaratado, acordó de dar vuelta a la villa de Adra, donde entendía hallar recaudo de bastimentos. Para esto juntó los caballeros y capitanes a consejo, y como hubiese algunos de contrario parecer, don Juan de Mendoza Sarmiento se les opuso, diciendo que no se sacaba otro fruto de salir a la Calahorra sino perder reputación, pues era cierto que en viéndose los soldados fuera de la Alpujarra, harían lo que habían hecho en el campo del marqués de los Vélez. El Duque pues, arrimándose al más sano consejo, hizo un razonamiento a los capitanes y soldados, enconnendándoles que guardasen las ordenanzas y no se desmandasen, y dio vuelta hacia Ugíjar. Los moros, viendo el camino que tomaba, bajaron a gran prisa de la sierra y habiendo pasado el río nuestra vanguardia y batalla, dieron en la retaguardia, y escaramuzaron más de tres horas con los soldados para entretener el campo. Llegaba el duque de Sesa a la ermita de San Sebastián, cerca de Ugíjar, cuando sintió tocar arma; y mandando hacer alto, acudió a reforzar la retaguardia. Y porque la escaramuza era en lugar donde la caballería no podía aprovechar, hizo cargar a los enemigos con dos mangas de arcabuceros, que les hicieron volver las espaldas, y en parte se pagaron del daño recibido en el puerto de la Ravaha; con todo eso, se llevaron una carga de moneda que hallaron desmandada. Llegó la gente a Ugíjar, donde hallaron muertos algunos soldados y bagajeros que habían quedado enfermos en el hospital, que estaba en una mezquita que los moros habían hecho de nuevo para su zalá, y algunos bastimentos robados que había dejado el tenedor en la casa de la munición, por no tener bagajes en que poderlos cargar. Esto habían hecho unos moros que andaban por aquellos montes; los cuales, viendo salir el campo, habían bajado a las casas del lugar. Sintiolo mucho el duque de Sesa, y reprendió gravemente a los capitanes y comisarios a cuyo cargo había sido recoger el campo aquel día; y sin detenerse allí, pasó a Lucainena, enviando gente delante que reconociese el camino por donde había de ir. Llegando cerca de Lucainena, tuvo aviso que tenían tomado el paso los enemigos, y no por eso dejó de pasar adelante.

Los moros, viendo la determinación que llevaba, dejaron el lugar que tenían tomado, y se fueron retirando a Darrícal. Pasó el campo por Lucainena, y poniendo fuego los soldados a las casas, como lo hacían en todos los lugares donde llegaban, fue a alojarse aquella noche a un aljibe tres leguas y media de Adra, donde llegó la gente cansada, mojada y bien muerta de hambre, tanto, que, sin querer hacer franqueza, hubo soldados que compraron un pan por seis reales y una azumbre de vino por ducado y medio. Hicieron los enemigos algunos acometimientos a la parte de Berja; pero el Duque mandó asestar la artillería contra ellos, y se retiraron luego. Otro día miércoles de mañana marchó el campo la vuelta de Berja con tanta hambre, que aunque se caminaba por tierra llana, no podían los hombres ni los bagajes andar, y hubo muchos que se cayeron de su estado. Y pasando por el lugar a mediodía, llevando siempre a vista los enemigos, fue a los aljibes de Adra hacia la costa de la mar; y llegando a repechar en la cuesta que baja hacia la villa, halló a Hernando de Narváez, capitán del presidio, que le había salido a recibir con cincuenta caballos. Alojose el campo aquella noche en las huertas fuera de los muros, y allí mandó armar el Duque sus tiendas; que no quiso entrar dentro de la villa. Era tanta la hambre de la gente y de las bestias, que en término de una hora no quedó cosa verde que no cortasen y destruyesen en las huertas y en las hazas; pero remediose otro día con el bizcocho y harina que había de respeto en los almacenes de su majestad.

Capítulo XXVI. De lo que se hizo en Adra mientras el campo del duque de Sesa estuvo en aquel alojamiento; y cómo se apercibió para ir sobre Castil de Ferro

Llegado el duque de Sesa a Adra, corrió con la caballería las taas de Dalías y Berja y parte de la sierra de Gádor, hacia donde entendió que andaban moros; y volviendo al alojamiento con algunas presas, estuvo aguardando que llegasen las galeras del cargo de don Sancho de Leiva para embarcarse en ellas y dar sobre Castil de Ferro, donde tenía puestos los ojos, y los moros su esperanza. Este castillo está en la marina en el paraje de la taa de Órgiba, y era del duque de Sesa. Habíale vendido un mal cristiano, hijo de una morisca, por cuatrocientos ducados a el Hoscein de Motril; y para hacerlo a su salvo, había muerto a traición al alcaide, o como algunos decían, lo habían ganado con emboscadas los moros; y deseaba mucho el duque de Sesa cobrarle antes que le fortaleciesen más de lo que estaba, y para este efecto solicitaba las galeras; porque habiendo de ir por tierra, eran siete leguas de camino áspero y muy trabajoso para llevar las carretas de la artillería. En este tiempo llegaron a la playa de Dalías tres galeotas cargadas de trigo y arroz, y de armas y municiones que traían de Berbería; y habiéndolo ya desembarcado los arraeces turcos, supieron cómo los alzados andaban en tratos para rendirse; y blasfemando dellos, quisieron tornarlo a embarcar y volverse a su tierra; pero no lo pudieron hacer tan a su salvo, que dejasen de perder la mayor parte del trigo y de las otras cosas que tenían fuera, porque los descubrieron nuestras atalayas; y acudiendo la gente de a caballo, no les dio más lugar de cuanto pudieron embarcar las personas y hacerse a largo. Tomóseles, entre las otras cosas, un costal de angeo encerado lleno de libros árabes, en que venían algunos Alcoranes y un libro intitulado Instrucción de la guerra y ardides della, que según pareció, los enviaban los alfaquís de Argel a los moros; y decía el título que venía en el encerado Habices para los andaluces, como que los enviaban en limosna. Esto fue a 26 días del mes de abril, y aquella misma noche tocaron en tierra otras siete galeotas, en que venía el alcaide Hoscein, hermano de Caracax, con cuatrocientos turcos de socorro y muchas armas y municiones; el cual, avisado asimismo de los conciertos en que andaban de moros de la tierra, se volvió luego a la ciudad de Argel. Tenía el duque de Sesa ya en su poder dos días había el bando y la orden de don Juan de Austria para admitir los moros que se viniesen a reducir, y había hecho que el licenciado Castillo sacase traslados de todo ello traducido en arábigo, y enviádolos a diversas partes de la Alpujarra con un morisco llamado el Zambori, para que se divulgase a un tiempo por todas las taas. Y como se publicasen en Adra a 277 días del mes de abril, aquel mismo día se le fueron más de cien soldados, diciendo que ya había paces; y pudiera ser que se fuera la mayor parte de la gente, si no llegaran las galeras aquella noche, y se embarcara luego otro día para Castil de Ferro, donde le iremos a buscar cuando sea tiempo. Vamos a lo que se hacía en el negocio de la reducción.

Capítulo XXVII. Cómo don Alonso de Granada Venegas escribió a Aben Aboo persuadiéndole a que se redujese; y lo que el moro le respondió

Por el discurso de esta historia se ha entendido la instancia que don Alonso de Granada Venegas hacía, intercediendo con su majestad y con los de su consejo por los moriscos del reino de Granada que no habían sido culpados, y les habían hecho otros que se rebelasen por fuerza, ofreciéndose a que haría con ellos que se redujesen. Para este efecto había su majestad mandado a don Juan de Austria que le pusiese de presidio en Jayena con alguna gente de a pie y de a caballo, y el duque de Sesa le había proveído de la que dijimos; el cual había hecho estos días algunas entradas, y carteádose con algunos caudillos de los alzados, amigos y conocidos suyos, persuadiéndolos a que dejasen las armas y conociesen su desatino, y la merced que su majestad les hacía. Y como se comenzase a encaminar el negocio bien, en 18 días del mes de abril deste año, antes de ir al campo, escribió una carta a Aben Aboo del tenor siguiente:

CARTA DE DON ALONSO DE GRANADA VENEGAS PARA ABEN ABOO

«Señor Aben Aboo: Muy espantado he estado que una persona tan cuerda y de tan buena casta como sois, haya venido a parar en un camino de tan gran perdición, así para el alma como para la vida, y destrucción de toda esa tierra y gente della. Y porque me pesa mucho dello, y deseo vuestro bien y el de todos, y poner remedio en ello, os pido por merced que me enviéis algunas personas de confianza con quien tratarlo; que yo prometo como cristiano y caballero de les dar toda seguridad, como de presente se la doy, para que puedan ir y venir libremente a Jayena, donde me hallarán; porque quiero tratar con ellos cosas que podrían ser muy convenientes al Servicio de Dios nuestro Señor y de su majestad, y para el bien de toda la gente. Y creedme que digo verdad sin ninguna malicia y engaño; y espero lar respuesta, la cual venga luego. Y al que ésta lleva se le haga todo buen tratamiento por amor de mí, pues lo que me mueve a enviarlo es el bien que a todos deseo; y querría mucho que nos viésemos para tratar destos negocios. Fecha en Jayena, a 8 días del mes de abril».

Y juntamente con la carta dio una salvaguardia al mensajero, encargando a don Gutierre de Córdoba, gobernador de las Albuñuelas, que le dejase ir y volver libremente, porque iba a negocio que cumplía al servicio de su majestad. Esta carta recibió Aben Aboo en Mecina de Bombaron, estando ya el duque de Sesa en Adra; y por consejo de Hernando el Habaquí, que se halló presente cuando se la leyeron, le respondió desta manera:

RESPUESTA DE ABEN ABOO

«Señor don Alonso: Por vuestra carta entendí el buen celo que tenéis del sosiego deste reino y del servicio de nuestro rey, como buen cristiano; y esto os obliga procurar el remedio, para que cese tanto mal y dirijo como ha venido por la cristiandad y por los deste reino, y la pacificación y sosiego dél. En lo que decís que estáis espantado que yo me pusiese en tan gran peligro del alma y del cuerpo, en lo que toca al alma, Dios sabe lo mejor; en lo del cuerpo, ya tenemos entendido que el rey don Felipe es poderoso y puede mucho; mas también se ha de entender que le podemos hacer mucho daño más del que se le ha hecho, porque a los deste reino no les queda ya qué perder, y lo que les puede venir agora ya lo tienen tragado. Y todo la que ha venido y viniere a los unos y a los otros cuelga de quien no lo ha remediado con tiempo, creyéndose de livianos juicios, y no de los caballeros que le informaron de lo que convenía al servicio de Dios y suyo. No hay de qué hacerme a mí culpado ni a los deste reino acerca deste negocio, pues la causa de haberse encendido este fuego fue malos consejeros; y a éstos tales se les debe echar la culpa, que ordenaron tantas liviandades, que los del reino no podían ya vivir; y como entre ellos hay hombres, quisieron tragar la muerte antes que padecer tantos trabajos y sin justicias como se les hacían. Esto ha sido la causa de tanto mal y daño como ha venido, y de tantas muertes de criaturas inocentes; y por esta razón no se ha de hacer culpa a ninguno de los naturales, sino a los que fueron causadores; porque si los agravios que se hacían a estas gentes se hicieran al más cuerdo hombre que hay en la cristiandad, no se contentara con hacer lo que ellos hicieron, sino que hiciera mucho más mal. Cuanto a lo que decís que envíe dos hombres de quien mucho me confío a Jayena debajo de vuestro seguro y palabra, bien tengo entendido que como caballero lo cumpliréis; mas habrá otros de diferente opinión, que harán lo contrario; y hasta que haya comisión del Rey o de don Juan de Austria no se atreverán a ir. Don Hernando de Barradas escribió a Hernando el Habaquí, que es general desta tierra levantada, los días pasados, pidiendo que se juntase con él en el marquesado del Cenete, y juntos trataron del remedio para que este fuego se apague; y de allí se fue el Habaquí al río de Almanzora, donde también le escribió Francisco de Molina, y se vio con él; y después fueron a verso con él don Francisco de Córdoba y otros caballeros, y el Habaquí nos vino a dar cuenta de todo, como hombre a quien tenemos dada comisión para estos negocios. Si quisiéredes veros con él, enviadle seguro del Rey para él y los que fueren de nuestra parte con él, porque de la nuestra aseguramos a vos y a los que vinieron con vos. Y para tratar deste negocio, y que venga a tener efecto, nos parece que se podrá negociar por la vía de Guadix, pues está allá comenzado y puesto en buenos términos; y si no, en Órgiba os podréis ver con él, porque es persona que holgaréis de verle y de tratar con él cualquier negocio. Fecha en la Alpujarra, a 22 del mes de abril de 1570 años. Muley Abdalá Aben Aboo.»

Capítulo XXVIII. Del progreso del campo de don Juan de Austria desde que partió de Santa Fe hasta que se alojó en Padules de Andarax, y cómo se prosiguió en la reducción de los alzados

Publicado el bando y hechas otras diligencias en el alojamiento de Santa Fe, así para apretar a los moros como para reducirlos, don Juan de Austria pasó con su ejército a Terque; y siendo informado que en Fínix había algunos moros y turcos berberiscos con los de la tierra, y que hacían daño a la parte de Almería, envió contra ellos a Jordan de Valdés con dos mil infantes, y a Tello González de Aguilar con las cien lanzas de Écija, ordenándoles que diesen antes que amaneciese sobre el lugar, y procurasen degollarlos, porque los otros temiesen y se apresurasen a tomar el buen consejo. Partieron del alojamiento cuando anochecía, y caminando de noche, llegaron a hora que pudieran hacer efecto si las diligentes atalayas y centinelas de los moros no los sintieran y fueran a dar rebato; por manera que cuando nuestra gente llegó, ya los moros iban la sierra arriba con las mujeres por delante caminando cuanto podían; y poniéndose la caballería en su alcance, pelearon un buen rato con ellos, hasta que cargó la arcabucería y los desbarataron y mataron. Murieron al pie de cien moros, y cautivaron cuatrocientas mujeres. Y pareciendo a los capitanes que no era bien meterse más adentro en la sierra, porque los enemigos apellidaban la tierra y se rehacían, dieron vuelta hacia el lugar, y entrando dentro, le saquearon; y cargados de despojos, con mil cabezas de ganado que pudieron recoger de presto tornaron aquel mismo día bien tarde a Terque. A este alojamiento vino don Alonso de Granada Venegas, que, como atrás dijimos, le había enviado a llamar don Juan de Austria para que tratase el negocio de la reducción con los moros; y vista la respuesta de Aben Aboo a su carta, se le mandó que continuase la plática que había comenzado con él, y le volviese a escribir en el negocio. El cual despachó luego un morisco con otra carta, en que le decía que conforme a lo que le había escrito los días pasados, con el deseo que tenía de excusar tan gran perdición como la gente de aquella tierra traía, se había dado la prisa posible en suplicar a su majestad usase con ellos de clemencia, entendiendo lo mucho que deseaban reducirse a su servicio y ponerse en sus reales manos; y que para efectuar aquel negocio, como se lo había prometido, había venido a Terque, y deseaba verse con él y con el Habaquí, y con las demás personas que quisiese, y donde él señalase; porque habiendo tantas largas de su parte, en cosa que solo aquel remedio les quedaba para no ser muerte general, no podía don Juan de Austria dejar de darse la prisa que era justo para ejecutarla en todos con mucho rigor: por tanto, que se aprovechase de tan buena coyuntura, pues teniendo la espada en la mano, deseaba también usar de la clemencia que su majestad les concedía, como lo habían entendido por los bandos que se habían publicado. La cual singular gracia y merced debían estimar y recibir con alegría, y creer que había sido mucha parte la buena intercesión de don Juan de Austria, y lo que él había ofrecido de parte de todos los de la nación morisca, confiado en el arrepentimiento que les había conocido; avisándoles asimismo como el bando que se había publicado no era para suspender la guerra sola una hora, sino con aquellos que se fuesen a reducir dentro del término en él contenido; y que estos tales, aunque hubiesen sido capitanes, alcaides o caudillos de los alzados, su majestad los admitía en su gracia, y no consentiría que se les hiciese mal ni daño. Que estuviese cierto que las palabras del bando se habían de cumplir, diciéndolas don Juan de Austria de parte de su majestad, que tan inviolablemente las guardaba; y que para que mejor entendiese esta verdad, y la llaneza y bondad con que don Juan de Austria trataba de su negocio, holgaría mucho se viese con él y con otras personas de crédito que pudiesen satisfacer. Esto todo decía don Alonso de Granada Venegas, porque Aben Aboo y los que con él estaban entendían diferentemente el bando, y había escrito el Habaquí sobre ello a don Hernando de Barradas, entendiendo que se suspendía la guerra con todos mientras se trataba de la reducción, y aun parecía que no aseguraba a los caudillos. También había escrito Hernando el Habaquí que los de la Alpujarra, entendiendo que se trataba de sacar los moriscos de las ciudades de Guadix y Baza, que no se habían rebelado, estaban escandalizados, y don Alonso de Granada Venegas satisfizo en esta propia carta, diciendo que entendiesen el buen celo con que su majestad lo hacía, y vería que solo era para apartarlos de las molestias y malos tratamientos de la gente de guerra, que ni se podían reparar ni sufrir; y que no iban tan lejos de sus casas, que cuando los negocios tuviesen buen término dejasen de volver a ellas acrecentados de mercedes que su majestad les haría; y que él había suplicado a don Juan de Austria que detuviese el campo en aquel alojamiento algún día para tratar del negocio, y se lo había concedido por seis días: por tanto, que enviase los que habían de verse con él con la verdad y llaneza que era justo, pues había entendido la voluntad de su majestad, y no debían dar lugar a que de todo punto cerrase la puerta de su clemencia. Estos mismos días se tornó a ver don Hernando de Barradas con el Habaquí en el castañar de Lanteira, y le dijo cómo tenía en buenos términos el negocio de la reducción, y que suplicase a don Juan de Austria de su parte, mandase que no llevasen los moriscos de Guadix la tierra adentro, porque había sabido que los tenían ya encerrados en las iglesias para dar con ellos en Castilla; y que él se ofrecía a hacer de manera que todos los de la Alpujarra rindiesen las armas; y se diesen a merced de su majestad, y que Aben Aboo viniese también en ello. Don Juan de Austria, aunque entendió que era negociación de los propios moriscos para que no los sacasen de sus casas, no embargante que muchos dellos había días que pedían se les señalase dónde pudiesen irse, que estuviesen seguros de los trabajos de la guerra, fuera del reino de Granada, por atajar inconvenientes mandó que los dejasen estar mientras otra cosa se proveía. Y porque se habían de juntar con el Habaquí y con los caudillos moros que viniesen a tratar de la reducción algunos caballeros de nuestra parte, mandó venir a don Juan Enríquez de Baza, don Alonso Haibz Venegas, de Almería, y don Hernando de Barradas, de Guadix, y les dio orden y comisión para que, juntamente con don Alonso de Granada Venegas, entendiesen en ello; y a 30 días del mes de abril partió con todo el campo de Terque. Aquel día se alojó en el lugar de Instinción, y el siguiente fue a la Rambla de Canjáyar, donde vino a darse un moro conforme al bando, y dijo como los alzados perecían de hambre, y que valía entre ellos la anega de trigo ocho ducados y la de cebada seis, y que no se hallaba. Desde este alojamiento se enviaron algunos traslados del bando, escritos y traducidos en lengua árabe, a diferentes partes para que lo entendiesen mejor; y porque acabado lo del río de Almería había de ir el campo a los Padules de Andarax, donde don Juan de Austria pensaba detenerse algunos días, por ser lugar cómodo para tratar la paz o proseguir la guerra, ordenó a todos los proveedores y comisarios que teníamos cargo de enviar bastimentos al campo, así de Granada, como de Jaén a Baza, Úbeda, Cazorla y otras partes, que los encaminásemos por la vía de Guadix, y que los proveedores de Málaga y Cartagena los enviasen por mar a la villa de Adra. Dejando pues el río de Almería a la mano izquierda, yendo por camino harto áspero y trabajoso, por ser la mayor parte, dél cuestas, a 2 días del mes de mayo fue a poner el campo en los Padules, dos leguas pequeñas de Andarax, cinco de Ugíjar, tres del puerto la Ravaha, cinco de Fiñana, ocho de Almería, y otras cinco de Berja y de Dalías. Aquí hizo asiento, pareciendo a los del Consejo que no convenía pasar adelante por el mucho impedimento de bagajes, aspereza de la tierra, y ventaja que podían tener los enemigos, que perdido un sitio, se podían pasar a otro sin daño, y hacerle a nuestro campo; y por ser muy a propósito, según el estado de las cosas y lo que se pretendía; y demás desto era tierra acomodada de árboles, abundante de aguas, y tenía un sitio apto para poderle fortalecer a poca costa, que era lo que mucho hacía al caso para recoger dentro los bastimentos y el campo, cuando los tercios saliesen a correr o fuesen a hacer escoltas, que de necesidad habían de ser grandes y muy acompañadas de gente de guerra, para quitar a los alzados la esperanza de poderlas romper y valerse de los bastimentos que tornasen, como lo habían hecho otras veces.

El designio de don Juan de Austria era enviar desde este alojamiento cuatro o cinco mil hombres de a pie con doscientos de a caballo, sin bagajes, y con mochilas para cinco o seis días, a que corriesen la sierra por la parte que más pareciese convenir, y entrasen adentro todo lo que fuese posible, haciendo a los alzados el daño que pudiesen si no se venían luego a reducir; el cual no podía dejar de ser mucho, hallándose, como se hallaba, el duque de Sesa en Adra, tres leguas de Ugíjar, cuatro de Válor, tres de Lucainena, y cuatro de Poqueira, que podía con gente suelta hacer el mismo efecto en la Alpujarra; y si viesen que convenía, darse los unos a los otros la mano. El día que llegó el campo a Padules, se hallaron cantidad de moros metidos en cuevas sobre el río, y por bajo del lugar y del proprio alojamiento; y como se defendiesen dentro por ser fuertes y estar puestos en torronteras de peñas muy altas, don Juan de Austria les hizo combatir con ritmo, con bombas de fuego, con artillería y con escalas, conforme a la disposición de cada uno, y todos los moros que había dentro fueron muertos o presos, no sin daño de los combatidores. A 6 días del mes de mayo llegó a Padules un moro con una carta del Habaquí para don Alonso de Granada Venegas, en conformidad del negocio que se trataba de la reducción; la conclusión de la cual fue que el Habaquí con los caudillos principales de los alzados viniese al lugar del Fondón de Andarax, una legua de Padules, y dando rehenes de su parte, irían los caballeros que estaban diputados a verse con ellos. Otro día luego siguiente fue avisado don Juan de Austria como en la sierra de Baza y Filabres había muchas cuadrillas de moros, y que andaban con ellos Aben Mequenun, hijo de Puertocarrero el de Gérgal, y el Moxahali, y el negro de Almería, que llamaban Andrés de Aragón; los cuales corrían la tierra y hacían daños; y para castigarlos envió a don Pedro de Padilla con mil y doscientos soldados de su tercio, y a don Diego de Argote con setenta lanzas de Córdoba y treinta de las de Écija, a que corriesen la sierra y les hiciesen todo el daño que pudiesen. Esta gente anduvo tres días de una parte a otra, sin que las guías pudiesen atinar a dar sobre los enemigos, hasta que una noche acaso descubrieron lumbres en un valle muy hondo; y, caminando hacia ellas, al amanecer del día fueron a dar cerca de unas fuentes, donde estaban más de tres mil moros y mucha cantidad de mujeres, bagajes y ganados. Los hombres hicieron rostro y trabaron una asaz reñida pelea en que murieron algunos soldados y fueron muchos heridos; pero al fin se hubieron tan valerosamente los capitanes, que matando al pie de cuatrocientos moros, los desbarataron y pusieron en huida, y les tomaron las mujeres, bagajes y ganados; y recogiendo la presa, dieron luego vuelta al campo, llevando más de cinco mil almas cautivas. Mas no les sucedió como pensaban, porque los moros se rehicieron; y acometiendo la retaguardia, mataron doce escuderos, siete de Córdoba y cinco de Écija, y muchos y muy buenos soldados, y cobraron la mayor parte de la presa, que por ser tan grande y ocupar tanto camino, no pudieron guarecerla toda; y fuera mayor el daño deste día, si los capitanes no acudieran a resistir tan grande ímpetu como los enemigos traían, y los retiraran. Todavía salvaron mil y cien esclavas que iban en la vanguardia, y alguna cantidad de bagajes y de ganados, con que volvieron a Padules.

Capítulo XXIX. Cómo el duque de Sesa ocupó a Castil de Ferro

En el capítulo XXVI deste libro dijimos cómo el duque de Sesa se embarcó en Adra para ir sobre Castil de Ferro. Llevando pues la gente en diez y nueve galeras del cargo de don Sancho de Leiva y en una nao, salió de aquel puerto a 28 días del mes de abril; y el mismo día le dio un soldado una carta escrita en arábigo, que, según él dijo, la había tomado a un moro, y era del alcaide, de Castil de Ferro, que la enviaba a Berbería, en la cual daba cuenta de la artillería y gente que tenía en el castillo y de la fortificación que hacía para que no le pudiesen batir, pidiendo con instancia a los arraeces moros y turcos que llegasen con las fustas a hacer escala en aquel puerto, diciendo que allí estarían seguros de los cristianos y podrían poner sus contrataciones. El Duque holgó mucho con la carta, y llegando aquel mismo día a Castil de Ferro, echó la gente en tierra en la playa que está a la parte de levante, donde llaman el Pararique, lugar cubierto de la artillería del castillo. Luego mandó ocupar una montañeta que le tiene a caballero, donde los enemigos habían comenzado a hacer un baluarte y tenían cantidad de cal, arena y piedra recogida para él: y haciendo subir dos piezas de artillería con harto trabajo, por ser la tierra áspera, comenzó a batir las defensas. Los moros mostraron gran determinación de no quererse rendir, tirando con una pieza gruesa y con otros tirillos pequeños que tenían; y el Hoscein, que, como dijimos, había comprado el castillo, conociendo flaqueza en un moro que decía que no se podían defender, y que sería bien que se rindiesen, le despeñó vivo por cima de las almenas, diciendo que haría lo mismo a todos los que tratasen de dar el castillo a los cristianos. Otro día siguiente mandó el Duque subir otras dos piezas gruesas de batir, con que se prosiguió en la batería más de propósito, y se quebró a los enemigos la pieza principal con que tiraban. A este tiempo faltó la munición, y mandó hacer dos mantas de madera de las arrumbadas de las galeras para picar el muro del castillo; y enviando a reconocer el lugar donde se habían de arrimar, a las diez de la noche, los reconocedores se encontraron con el Hoscein; el cual, desengañado de poderse defender salía con treinta moros para irse a la sierra; y prendiendo algunos dellos, se echaron otros a la mar, y fueron nadando hacia una serrezuela que despunta en la playa a la parte de Motril; el Hoscein y otro moro viejo granadino, llamado el Taibili, fueron muertos. Aquella misma noche tuvieron los nuestros habla con los moros que habían quedado dentro del castillo, los cuales trataron luego de rendirse; y el Duque, por no acabar de echarle por el suelo, holgó de concederles las vidas y que no los echaría en galeras. Y mandando a don Juan de Mendoza y al marqués de la Favara y a don Juan Niño de Guevara, capitán de la infantería con que servía la ciudad de Toledo, que subiesen a ocuparle, fue restaurado y vuelto a poder de cristianos en 2 días del mes de mayo. Los turcos que había dentro repartió el Duque entre los capitanes y gentiles hombres que le pareció que habían trabajado; los moros de la tierra remitió a la Inquisición para que los castigase conforme a sus culpas; y a los que habían intentado de irse, para ejemplo de otros los hizo ahorcar, y que a cuenta de su majestad se pagase veinte ducados por cada uno a los que los habían tomado; y las moras y todo el mueble mandó repartir entre la gente de guerra. Ganado Castil de Ferro, don Sancho de Leiva fue con las galeras a traer bastimentos de Málaga para ellas y para el campo, que ya faltaban; y como se detuviese en el viaje cinco días, hubiera de deshacerse de todo punto el campo, según la necesidad que pasaban los soldados, especialmente de agua, porque era menester ir por ella a una fuente que está media legua de allí, y no eran parte el Duque ni los capitanes para detenerlos que no se fuesen desmandados en cuadrillas la vuelta de Órgiba y de Motril, y los moros mataban muchos dellos en el camino. En este tiempo llegaron de parte de noche dos fustas de turcos a vista de Castil de Ferro, y hicieron señal con los eslabones, creyendo que estaba todavía por los moros; y aunque no le respondieron, llegaron a la playa y saltaron en tierra, sin que las centinelas echasen de ver en ello, porque como vieron bajar aquellos dos bajeles, creyeron que eran algunos barcos de los que el mismo día habían venido de Almuñécar, Motril y Salobreña con refresco. Subieron hacia el castillo quince turcos; y cuando llegaron a las centinelas y reconocieron que eran de cristianos, dieron vuelta huyendo a las fustas, y metiéndose dentro, tomaron una barca que venía de Motril, y se fueron sin recibir daño, dejando nuestro campo todo puesto en arma; el cual Se embarcó para volver a Adra a 8 días del mes de mayo, quedando de guarnición en aquel castillo el capitán Juan de Borja con cien soldados.

Capítulo XXX. Del progreso que hizo el campo del duque de Sesa desde que volvió a Adra hasta que se juntó con el de don Juan de Austria

Vuelto el duque de Sesa a Adra, no fueron menores inconvenientes que los pasados los que allí tuvo por falta de bastimentos, enfermedades y fuga de soldados, que se le iban cada día por mar y por tierra sin poderlos detener. Estaban los moros en este tiempo tan divisos que si unos, compelidos de necesidad, venían a rendirse, otros muchos andaban haciendo daños, no perdiendo coyuntura ni ocasión en que poder ofender a los cristianos; por manera que no salía hombre ni bagaje fuera del campo desmandado que no lo cautivasen o matasen. Y el mayor daño de todos era el descontento que nuestra gente tenía de ver que no les dejaban hacer correrías, las cuales estorbaba el Duque, no porque le faltaba voluntad de castigar los rebeldes, que siempre había sido de aquel parecer, sino por excusar el daño que podían hacer en los rendidos. Vínose a disminuir en tanta manera el campo con estas cosas, que de más de diez mil hombres que había metido en la Alpujarra, no le quedaban cuatro mil, y destos se le iban cada día a más andar. Pasose al lugar de Dalías, donde estuvo algunos días, y vinieron muchos moros de todas las taas de la Alpujarra a rendirse conforme al bando; y los que no podían ir luego, daban sus poderes al Habaquí, como autor de aquella paz. En este alojamiento se refrescó la gente con la frescura y delicadeza de las aguas de las fuentes de aquel lugar; mas pasando de allí a Berja, donde era necesario que estuviese el campo para que las escoltas que pasaban con bastimentos desde Adra al campo de don Juan de Austria fuesen con más seguridad, las aguas malas y calientes de aquella taa y los calores, que iban creciendo cada día más, causaron muchas enfermedades, de que vino a morir mucha gente; y por esta razón deseaba el Duque extrañamente que los dos campos se juntasen, y hacía instancia en ello antes que el suyo se le acabase de deshacer. En este tiempo sucedió que un moro berberisco, espía de Aben Aboo, que hablaba muy bien la lengua castellana y estaba por soldado en una compañía de infantería, persuadió a unos soldados que andaban movidos para irse del campo, diciendo que sabía muy bien la tierra y que los llevaría por toda la Alpujarra seguros de moros y de cristianos; y para acreditarse más con ellos les pidió intereses por su trabajo e industria. Los soldados, que eran más de setenta, creyéndose de sus palabras, le ofrecieron que le daría cada uno un real, y el solemne traidor, cuando los tuvo apalabrados, dio aviso a Aben Aboo del camino que pensaba hacer para que les tomase los pasos. Salieron a la hora que anochecía del alojamiento, y guiolos el moro hacia Mecina de Bombaron. El Duque tuvo aviso de como se iban, y envió dos estandartes de caballos y dos compañías de infantería tras dellos; mas aunque los alcanzaron, no fueron parte para que por bien ni por mal quisiesen volver; antes se defendieron con tanta determinación, que las compañías, no queriendo derramar su misma sangre, hubieron de tornarse al campo sin hacer efecto; y ellos, guiados de su falso consejero, llegando cerca de Mecina de Bombaron, dieron en una emboscada que Aben Aboo les tenía puesta, y fueron todos muertos o cautivos. Estos días vino un capitán moro llamado el Picení, natural de Berja, con trescientos escopeteros al campo del Duque, a tratar de rendirse y a disculparse de que le habían dicho que estaba informado que enviaba él moros de noche a que matasen y robasen los cristianos, caballos y bagajes que se desmandaban del campo; el cual ofreció al Duque reduciría al servicio de su majestad cinco o seis mil ánimas, y le certificó que los daños no eran con su consentimiento, antes había ahorcado dos moros de los que los hacían con muy pequeña información. El Duque le mandó hacer muy buen tratamiento, y cuando hubo de volver donde habían dejado su gente, envió con él cincuenta de a caballo que le hiciesen escolta;

pero el Picení no quiso después reducirse, pareciéndole que los negocios iban encaminados de manera que no le podía suceder bien dello; y juntando sus compañeros, les dijo: «Hermanos, los cristianos nos miran con odio terrible; la tierra está perdida; malo es estar en ella como enemigos, y peor como amigos. Mi parecer es que nos pongamos en cobro; que si mujeres y hijos perdiéremos, otras mujeres hallaremos, y otros hijos podremos tener donde quiera que fuéremos». Y dende a pocos días se pasó con ellos a Berbería en unas fustas de turcos que vinieron a la costa. Estando el Duque en este alojamiento, le escribió don Juan de Austria que tenía necesidad de verse con él para tratar de algunas cosas que convenían al servicio de su majestad; y él le respondió que iría a besarle las manos; y así, hubieron de partir el camino, y se juntaron en el cortijo que dicen de Leandro o de Juan Caballero, donde comieron y trataron de los negocios, y de allí se volvieron a sus alojamientos. Don Juan de Austria se fue a Padules de Andarax, y el duque de Sesa a Berja, y no mucho después partió de aquel alojamiento, y fue a juntarse con él en Padules, y de allí adelante asistió cerca de su persona.

Libro IX

Capítulo I. Cómo el Habaquí y otros alcaides moros se juntaron en el Fondón de Andarax con los caballeros comisarios para tratar del negocio de la reducción

Dábase mucha prisa don Juan de Austria por concluir el negocio de la reducción mientras los alzados padecían hambre, porque entendía que pasado el mes de mayo, hallarían en cada parte la mesa puesta de los frutos que producía la tierra, y que sería menester engrosar de nuevo el ejército a mucha costa y con grande embarazo, especialmente que el Habaquí lo traía ya en buenos términos, y venían muchos a reducirse. A unos traía el temor de morir y la esperanza del perdón, a otros el amor de las mujeres y hijos que tenían cautivos, pensando rescatarlos; y por la mayor parte, a todos el deseo de quietud y paz, cansados de tantos trabajos y desventuras. Habiéndose pues juntado en el alojamiento de Padules los caballeros diputados que don Juan de Austria había mandado venir para tratar del negocio, a 13 días del mes de mayo vinieron al Fondón de Andarax Hernando el Habaquí, y Hernando el Galip, hermano de Aben Aboo, y Pedro de Mendoza el Hosceni, y un hijo de Jerónimo el Maleh, y Alonso de

Velasco el Granadino, y Hernando el Gorri, y doce turcos de los principales con ellos, y mil escopeteros de guardia. El mismo día escribió el Habaquí a don Alonso de Granada, avisándole cómo había venido a cumplir lo prometido, para que suplicase a don Juan de Austria mandase ir luego los caballeros que habían de tratar del negocio, significándole que ninguna cosa deseaban más que paz y volver al servicio de su majestad, concediéndoseles algunas cosas fuera de las contenidas en el bando. Luego que don Juan de Austria supo la venida del Habaquí al Fondón de Andarax con los alcaides moros y turcos, mandó que los caballeros diputados fuesen a ver lo que querían, y con ellos el doctor Marín y los beneficiados Torrijos y Tamarín. Lo primero que trataron fue ponderar con arrogancia cuán mal se podían guardar las premáticas, los daños que dellas se les seguía, y los malos tratamientos que recibían de las justicias y de los ministros ejecutores dellas. Quejábanse de no haberles guardado nada de cuanto se había asentado con ellos desde que se quisieron reducir al marqués de Mondéjar, refiriendo lo de Álvaro Flores en Válor, lo de Villalta en Lároles, y las mujeres que habían tomado por esclavas en la Calahorra yéndose a reducir; y mostraban mucho sentimiento de que llevasen a Castilla los moriscos que no se habían alzado, diciendo que si aquello se hacía con los que habían sido leales, qué podían esperar les rebelados. Finalmente dijeron que su pretensión era que don Juan de Austria nombrase personas de quien ellos se fiasen, que recibiesen y amparasen a los que se fuesen a reducir, recogiendo a cada uno en su partido; que se diese paso libre a los de Berbería, porque como gente que había venido a ayudarlos, querían que no se les hiciese daño por ninguna manera. Que se los ayudase para el rescate de las mujeres y hijos, y no se consintiese sacarlas de Castilla, y que darían luego todos los cristianos que tenían cautivos en su poder; que los dejasen vivir en el reino de Granada, y que volviesen los que habían metido la tierra adentro; que se les guardasen las provisiones que tenían antiguas, y que una vez perdonados y reducidos hasta aquel día, había de haber perdón general, sin que hubiese recurso contra ellos por ninguna persona. Esta relación enviaron luego los caballeros comisarios con Hernán Valle de Palacios a don Juan de Austria, el cual llegó al campo a media noche, y aquella misma noche se juntó el Consejo; y visto lo que pedían los moros, se les respondió que ante todas cosas trajesen poder de Aben Aboo y de los otros caudillos en cuyo nombre se venían a rendir, y que presentasen, juntamente con él, su memorial en forma de suplicación, pidiendo lo que viesen que les convenía, tratando solamente de aquellas cosas que fuesen pertinentes. Y porque se entendió que por falta de estilo no lo habían hecho, Juan de Soto, secretario de don Juan de Austria, que también lo era del Consejo, les envió la orden que habían de tener en lo que quisiesen pedir. Con este despacho volvió aquella noche Hernán Valle de Palacios al Fondón, y los moros holgaron de hacerlo así. Y para que el negocio fuese más acertado, suplicaron a don Juan de Austria mandase a Juan de Soto que fuese también a hallarse en la conclusión dél, ofreciéndose de volver luego con los poderes. Y con esto se partieron los unos y los otros, y el Habaquí prometió de hacer que dentro de ocho días viniesen con los recaudos al mismo lugar.

Capítulo II. Cómo volvieron los caballeros comisarios al Fondón de Andarax, y concluyeron el negocio de la reducción

El Habaquí cumplió su palabra, y el viernes 19 días del mes de mayo volvió al Fondón de Andarax y con él los otros alcaides, excepto Hernando el Galip, que maliciosamente, de envidia de ver que hacían los caballeros cristianos más cuenta del Habaquí que dél, no quiso volver con ellos. Sabida su venida en el campo, don Juan de Austria mandó que fuesen luego las personas que habían intervenido en las pláticas pasadas, y con ellos el secretario Juan de Soto y García de Arce; los cuales partieron el mismo día del campo, y encontrando en el camino diez moros que el Habaquí enviaba en rehenes, los entregaron a don Martín de Argote, que con los caballos de su compañía iba haciendo escolta, y ellos pasaron adelante. Llegados al lugar del Fondón, el Habaquí presentó sus poderes, y hizo sus memoriales en la forma que Juan de Soto le dijo que habían de ir; y con ellos partió luego Hernán Valle de Palacios al campo, y los presentó en el Consejo. Aquella noche quedaron los caballeros comisarios en buena conversación con los moros, y cenaron todos juntos; aunque se hubiera de convertir aquel placer en mayor desasosiego por la inadvertencia de un capitán de caballos del campo del duque de Sesa, llamado Pedro de Castro, que escribió una carta al Habaquí, con que los alteró a él y a todos los que habían venido a tratar del negocio de las paces, porque cierto en aquella coyuntura pudiera excusar los términos della. Salían los escuderos del campo del duque de Sesa a buscar de comer para los caballos, y desmandábanse tanto algunas veces, que llegaban hasta cerca de Andarax; y el Habaquí, por quitar inconvenientes, entendiendo que hacía servicio, había mandado pregonar en su campo que ningún moro fuese osado de hacerles daño, y había escrito sobre ello al Duque, avisándole de la diligencia que había hecho, para que mandase a los escuderos que no pasasen de ciertos límites que señalaba en la carta, porque hasta allí llegarían seguros. Desto hizo poco caso el duque de Sesa, y Pedro de Castro, ofendido que hubiese tenido atrevimiento aquel moro de querer poner límites a su capitán general, le respondió por su parte que bien sabía él que todas las veces que el Duque había querido pasear la Alpujarra, lo había hecho a pesar suyo y de todos los moros della, y que lo mismo haría de allí adelante, y otras palabras a este propósito. Esta carta acababa de recibir el Habaquí cuando Hernán Valle de Palacios entró por el lugar con la resolución del Consejo; el cual le llamó desde la ventana de su aposento, estando con él el Maleh y Pedro de Mendoza y Alonso de Velasco, tan indignados todos, que tenían acordado de matar a los comisarios, y no hablar más en el negocio, entendiendo que cuanto se trataba con ellos era engaño. Mas Hernán Valle los aplacó, mostrándoles el despacho que les traía, y con buenas razones los persuadió a que no hiciesen caso de las palabras de Pedro de Castro, diciéndoles que confiasen de los caballeros que allí estaban, pues eran los mayores amigos que tenían, y tales, que ellos propios los habían escogido para tratar con mayor confianza de su bien; y que mirasen que cualquiera desorden que hiciesen les sería tan dañosa, que jamás tornarían a enristrar su negocio ni hallarían lugar de clemencia en su majestad. El Habaquí le dio la carta para que la fuese a mostrar a Juan de Soto, y le prometió que no dejaría salir de aquel aposento a ninguno de los que con él estaban hasta que los comisarios se juntasen. Los primeros que vieron la carta fueron don Juan Enríquez y Juan de Soto; los cuales entraron luego en la posada del Habaquí, y enviando a llamar los compañeros, trabajaron tanto con él y con los otros alcaides, que los pusieron en razón, y sin salir de allí concluyeron el negocio desta manera: que el Habaquí, en nombre de Aben Aboo y de los otros cuyos poderes tenía, fuese a echarse a los pies de don Juan de Austria pidiendo misericordia de sus culpas, y le rindiese las armas y la bandera, y que su alteza los admitiría en nombre de su majestad, y daría orden como no fuesen molestados, cohechados ni robados, y enviaría a los que se redujesen con sus mujeres y hijos y bienes muebles a las partes y lugares donde habían de vivir, porque no habían de quedar en la Alpujarra. Con estas cosas y otras particulares que el Habaquí pidió para Aben Aboo y para los amigos y para sí mismo, que todas se le concedieron, partió aquel día para los Padules, llevando consigo a Alonso de Velasco y trescientos escopeteros, y fue a hacer la sumisión a don Juan de Austria en nombre de su majestad. Entró en nuestro campo acompañado de los caballeros comisarios y sus trescientos escopeteros moros puestos en orden a cinco por hilera, a los cuales tomaron en medio cuatro compañías de infanteril que los estaban aguardando. Luego entregó la bandera de Aben Aboo, por mandado de don Juan de Austria, a Juan de Soto, y él la cogió en el hasta; y pasando por medio de los escuadrones de la gente de a pie y de a. caballo, que estaban puestos en sus ordenanzas tocando sus instrumentos de guerra, hicieron una hermosa salva de arcabucería, que duró ni cuarto de hora. Estaba don Juan de Austria en su tienda acompañado de todos los caballeros y capitanes del ejército, y llegando el Habaquí cerca, se apeó del caballo y fue a echarse a, sus pies, diciendo: «Misericordia, señor, misericordia nos conceda vuestra alteza en nombre de su majestad, y perdón de nuestras culpas, que conocemos haber sido graves»; y quitándose una damasquina que llevaba ceñida, se la dio en la mano, y le dijo: «Estas armas y bandera rindo a su majestad en nombre de Aben Aboo y de todos los alzados cuyos poderes tengo»; y Juan de Soto arrojó a sus pies la bandera de Aben Aboo. Don Juan de Austria estuvo a todo esto con tanta serenidad, que representaba bien la majestad del cargo que tenía; y mandándole que se levantase, le tornó a dar las damas quina, y le dijo que la guardase para servir con ella a su majestad, y después le hizo mucha merced y favor. Los trescientos moros se volvieron a Andarax, y el Habaquí quedó en el campo. Llevole a comer a su tienda don Francisco de Córdoba, y sobre comida se trataron algunas cosas concernientes al bien de los negocios, que quedaron apuntadas. Otro día le llevó a comer el obispo de Guadix, que no holgó poco de verle con demostración de arrepentimiento y contento de haber hecho aquel servicio a Dios y a su majestad. Y a 22 de mayo volvió a la Alpujarra a dar cuenta a Aben Aboo y a los otros caudillos de lo que dejaba efectuado. Este mismo día partió don Juan de Austria de Padules, y se fue a poner en Codbaa de Andarax.

Capítulo III. Cómo don Antonio de Luna fue a despoblar los lugares de la sierra de Ronda

La ciudad de Ronda, que los moros llamaron Hizna Rand, que quiere decir castillo del laurel, está en la parte más occidental del reino de Granada: fue fundada por los alárabes sectarios en lugar algo apacible, aunque rodeada de asperísimas sierras, donde se acaba la sierra mayor. A poniente tiene los términos de las ciudades de Gibraltar, Jerez de la Frontera y Sevilla, al cierzo los lugares de la tierra llana de Andalucía, al mediodía la de Marbella, y al levante la de Málaga. Su sitio es fuerte por naturaleza, porque la rodea por las tres partes una muy honda cava de peña tajada, por la cual corre un río, que la mayor parte dél nace debajo de la puente de la misma cava; la demás que viene por aquel lugar son juntas de arroyuelos que bajan de las sierras, y se secan a tiempos en el año; por manera que la verdadera fuente está debajo de la propia ciudad, donde no se le puede quitar por cerco el agua. Donde no la cerca la cava ni el río, que es entre poniente y mediodía, la fortalece un castillo, bastante defensa para guardar aquella entrada. Sus términos son fértiles, vestidos de arboledas, de olivares y de viñas; y tiene grandes montes para cría de ganados, y muy buenas tierras para sembrar pan. Los lugares de su jurisdicción son muchos; están metidos en los valles de las sierras, dolido corren aguas frescas y saludables de fuentes y de ríos que nacen en ellas. Atraviesa por esta tierra de levante a poniente la sierra mayor con nombre de Sierra Bermeja; aunque los moradores la llaman diferentemente, conforme a las poblaciones que están en ella. Su principio es en la sierra de Arboto, cerca de Istán, y fenece en Casares y Gausin, últimos pueblos del Havaral o algarbe de Ronda, que está a poniente de aquella ciudad. El río que sale de la cava llaman al principio Guadal Cobacín, y cuando va más abajo Guadiaro, y con este último nombre se mete en la mar entre Gibraltar y la torre de la Duquesa, llevando consigo las aguas de otros ríos que le acompañan. Sobre Igualeja, que ese más alto lugar desta sierra, nace otro río que corre por el valle del Havaral, donde hay muchos lugares de una parte y otra dél, y le llaman Genal. El primer lugar que está en la ladera a mano derecha es Parauta, luego Cartagima, Júscar, Faraxam, Pandeire, Atajate, Benadalid, Benalabría, Benamaya, Algatucin, Benarrabá y Gausin, donde fenece el Havaral. En la otra ladera de la mano izquierda están Pujerra, Moclón, Jubrique, Botillas, Benameda, Ginalguacil, Benestepar y Casares, que está en el paraje de Gausin. En Júscar hay una torre antigua, labrada, de cuatro esquinas, que sirve de campanario en la iglesia, que en tiempo de moros fue mezquita; la cual con fuerza de un hombre puesto sobre el pretil alto, donde está la campana, se menea tanto, que se tañe sin llegar a ella. No hallamos quien nos dijese la causa de su movimiento; mas puesto arriba, consideré que es la delicadeza de la fábrica; y así dicen unas letras árabes que están en ella, que la hizo el maestro de los maestros del arte de albañilería. Volviendo a nuestro propósito, el río corre siempre a poniente hasta llegar a Casares, y allí vuelve hacia mediodía; y dejando a mano izquierda aquella villa, se va a meter en la mar entre Gibraltar y Estepona. Vadéanse estos dos ríos por todas parles, sino es dos o tres leguas de la mar, que Guadiaro se pasa en barca. Casares y Gausin son villas fuertes por naturaleza de sitio. Casares está cercada de una cava de peña tajada, de la manera que Ronda, y también Gausin, aunque la cava no es tan alta; y en tiempo de moros era la llave del Havaral. Otra serranía está tres leguas desviada del Havaral a la parte del cierzo, que llaman de Villaluenga, la cual solía ser de Ronda, y agora es de señorío, y en ella hay siete villas. Esta sierra es alta y prolongada, y tiene cinco leguas de largo del norte a mediodía. Tornando pues a la parte de levante de Ronda, donde llaman la Jarquía, encima de la villa de Tolox, que es de la joya de Málaga, cuatro leguas de la mar, está la Sierra Blanquilla, más alta que otra del reino de Granada, fuera de la Sierra Nevada; en la cual están las fuentes de tres ríos. El uno es Río Verde, que, como dijimos en la descripción de Marbella, corre hacia aquella parte. El otro llaman Río Grande, sale entre Tolox y Yunquera, y por bajo de Alozaina pasa a Casapalma; y juntándose con el río que baja de Alora, va a entrarse en la mar una legua a poniente de Málaga junto a Churriana. El tercero río, que baja de Sierra Blanquilla, nace a la parte del Burgo; y pasando junto a la villa, va al castillo de Turón, fortaleza importante cuando la tierra estaba por los moros, y a la villa de Hardales; y juntándose con él otros ríos en unas sierras, se va a despeñar entre dos peñas tajadas de grandísimo altor, que están media legua abajo de la junta, donde llaman el despeñadero: allí entra el río por una angostura o golizo muy largo, donde antiguamente gustaban dos grandes poblaciones, cuyas reliquias se ven el día de hoy apartadas media legua del río, la una hacia el mediodía y la otra hacia el norte. La de mediodía llaman los modernos Villaverde y la otra Abdelagiz, donde está una población pequeña que corruptamente llaman Audalajix. De allí va el río a Alora, y en Casapalma, dos leguas más abajo, se junta con el Río Grande que dijimos.

Estando pues su majestad y los de su consejo resueltos en que se despoblasen todos los lugares de moriscos de paces que estaban por alzar en el reino de Granada, para que los alzados acabasen de perderla esperanza que en ellos tenían, y se rindiesen o deshiciesen presto, aunque con la ocasión de la reducción que se trataba en Andarax, había don Juan de Austria suspendido la saca de los de Guadix y Baza, no se asegurando de los de la serranía y Havaral de Ronda, por haber algunos levantados en aquellas sierras, mandó a don Antonio de Luna que, valiéndose del corregidor de aquella ciudad y de Pedro Bermúdez de Santis, a cuyo cargo estaba la gente de guerra de la guardia della, y de los corregidores de las otras ciudades comarcanas, con el mayor número de gente que pudiese fuese a sacarlos de allí, y los llevase la tierra adentro a los lugares de Andalucía y hacia la raya de Portugal con la menor molestia que fuese posible, porque no tuviesen ocasión de resistir el mandato y orden que se les daba. Para este efecto partió don Antonio de Luna de Antequera, donde había venido Pedro Bermúdez de Santis a comunicar la jornada con él, a 20 de abril, y llevando dos mil infantes y sesenta de a caballo, fue a la ciudad de Ronda, donde cumplió el número de cuatro mil infantes y cien caballos; luego puso en ejecución la orden que llevaba; y a un mismo tiempo juntó Arévalo de Zuazo la gente de su corregimiento, y fue a despoblar a Monda y a Tolox, que confinan por aquella parte con la serranía de Ronda, así porque no había mucha seguridad de los moriscos que moraban en ellos, como para tomar el paso a los de la Hoya y Jarquía, en caso que quisiesen hacer alguna novedad. Siendo avisado don Antonio de Luna que para el buen efecto del negocio convendría ocupar ante todas cosas la parte alta de la sierra antes que los moriscos entendiesen lo que se iba a hacer, mandó a Pedro Bermúdez de Santis que con quinientos soldados se fuese a poner en el lugar de Jubrique, sitio a propósito para asegurar las espaldas a los que habían de ir a despoblar los otros lugares del Havaral. Hecho esto, repartió las compañías, dándoles orden que a un tiempo y en una hora los encerrasen en las iglesias y los comenzasen a sacar. Partieron a las ocho de la mañana, no pareciendo cosa conveniente ir de noche, por la aspereza de los caminos poco conocidos; y los moros, que estaban sospechosos y recatados, en descubriendo nuestra gente se subieron con sus armas u la sierra, dejando las casas, las mujeres, los hijos y los ganados a discreción de los soldados; los cuales, como gente bisoña y mal disciplinada, comenzaron a robar y cargarse de ropa y a recoger esclavos y ganados, hiriendo y matando sin diferencia a quien en alguna manera daba estorbo a su codicia. Viendo los moros esta desorden, movidos de ira y de dolor, bajaron de la sierra, y acometiendo a los que andaban embebecidos en robar, los desbarataron. Creció esta desorden con la oscuridad de la noche, y como algunos soldados desamparasen la defensa de sí y de sus banderas, Pedro Bermúdez, dejando alguna gente en la iglesia de Genalguacil en guardia de las mujeres, niños y viejos que tenía allí recogidos, tomó fuera del lugar un sitio fuerte donde guarecerse. Entraron los moros determinadamente por las casas, y cercando la iglesia, la combatieron, y sacando los que había dentro, le pusieron fuego y la quemaron, y a los soldados, sin que pudiesen ser socorridos. Luego acometieron a Pedro Bermúdez, el cual se defendió animosamente, y al fin le mataron cuarenta soldados; y quedando muchos heridos de una parte y de otra, se recogieron los enemigos a la sierra. Vista la desorden y el poco efecto que se había hecho, retiró don Antonio de Luna las banderas con obra de mil y quinientos soldados, bien cargados de moriscas y de muchachos y de ropa y ganados, que vendían después en Ronda, como si fuera presa ganada de enemigos. Luego se deshizo aquel pequeño campo, yéndose cada uno por su parte, como lo suelen hacer los que han hecho ganancia y temen por ella castigo; y don Antonio de Luna, dando licencia a la gente de Antequera, y enviando los moriscos que había podido recoger la tierra adentro, sin hacer más efecto partió para Sevilla, donde había su majestad ido aquellos días, a darle cuenta de sí y del suceso, porque los de Ronda y los moros le cargaban culpa; los unos diciendo que, habiendo de dar al amanecer sobre los lugares, había dado en ellos alto el Sol y dividida la gente en muchas partes, y que había dado confusa la orden, dejando en libertad a los capitanes y oficiales; y los otros, que había quebrantado el seguro y palabra real, que tenían como por religión, y que estando resueltos en obedecer lo que se les mandaba, les habían robado las casas, las mujeres, los hijos y los ganados, y que no les quedando más que las armas en las manos y la aspereza de las sierras, se habían acogido a ellas por salvar las vidas; y que todavía estaban aparejados a dejarlas, y volverían a obediencia tornándoles las mujeres, hijos y viejos que les habían llevado cautivos, y la ropa que con mediana diligencia se pudiese cobrar. A lo primero decía don Antonio de Luna haber repartido la gente como convenía en tierra áspera y no conocida; que si caminara de noche, fuera repartir a ciegas y llevarla desordenada y deshilada; de manera que fácilmente pudiera ser desbaratada, por estar los enemigos avisados, saber los pasos, y serles la oscuridad de la noche favorable. Y a lo segundo, aunque parecía no ir los moros fuera de razón, eran tantos los interesados, que por solo esto fueron habidos por enemigos, no embargante la demostración de haberse movido provocados y en defensa de sus vidas; por manera que las razones de don Antonio de Luna fueron admitidas, y se dio culpa a la desorden de los soldados. Y en efecto, no sirvió esta jornada más que para acabar de levantar aquella tierra y dejarla puesta en arma.

En este tiempo Arévalo de Zuazo llegó a la villa de Tolox con la gente de su corregimiento, y mandó encerrar los moriscos de aquella villa en la iglesia con alguna manera de quietud; mas teniendo puestas guardas al derredor de la villa, los soldados se descuidaron, y tuvieron muchos moriscos lugar de irse a la sierra con sus mujeres y hijos; y recogiendo el ganado que tenían en ella, fueron a juntarse con los demás alzados que andaban a la parte del Río Verde. Despoblada aquella villa, dejó en ella al capitán Juan de Pajariego con ciento y treinta hombres, mientras se recogían los bienes muebles; el cual, siendo avisado como los moros que habían huido a la sierra tenían más de tres mil cabezas de ganado y muchas mujeres y niños, y que se podrían desbaratar fácilmente, por ser gente desarmada, juntó ciento y veinte hombres de Alhaurín y de Alozaina y de otros lugares, que andaban aventureros, y fue a buscarlos; y llegando al puerto de las Golondrinas, vieron el ganado cabrío en unas ramblas junto a la majada que dicen de la Parra, con tres moros que lo andaban guardando. Habían los enemigos puesto allí aquel ganado de industria cuando vieron ir los cristianos, Y puéstose en emboscada; y como el capitán hiciese alto en un cerrillo y enviase cuatro mozos ligeros, que lo recogiesen, salieron de la emboscada dando grandes alaridos, y a gran prisa subieron a tomar los puertos más altos para revolver sobre ellos. Viendo esto algunos temerosos cristianos, dieron a huir; que no bastaban los ruegos del capitán ni del alférez ni de los otros oficiales a detenerlos, ni las amenazas que les hacían. Algunos hombres de vergüenza repararon y comenzaron a hacer un escuadrón mal ordenado, porque ya los enemigos venían tan cerca, que no tuvieron lugar de poderío formar; y fueron acometidos con tanta determinación, que los rompieron, y matando siete cristianos, hirieron treinta y les hicieron pedazos el tafetán de la bandera y la caja del atambor. Yéndose retirando desta manera, llegaron a la loma de Corona, que es una cordillera alta que da vista a todas aquellas sierras; y allí salió otra manga de moros que los fue cercando; y renovando la pelea, mataron otros cuatro cristianos y hirieron veinte. Y como ya estuviesen cansados y faltos de munición, se arrojaron la sierra abajo, que es fragosa y sin arboleda; y los moros, yendo a la parte alta, echaban a rodar sobre ellos peñas y piedras grandes con que los iban apocando. Quedábase atrás el capitán Pajariego metido entre unas matas, y un hijo suyo volvió animosamente en busca de su padre, y pasando por medio de los enemigos, con catorce soldados llegó al lugar donde estaba y le retiró. Y sin duda se perdieran todos si el capitán

Luis de Valdivia, vecino de la ciudad de Málaga, no los socorriera con veinte caballos y la gente de a pie que había en Tolox; el cual los retiró; y llevando los heridos a curar a Alozaina, dejaron a Tolox despoblado. Idos los cristianos de allí, los moros bajaron luego a la villa, y quemaron la iglesia y las casas de los cristianos que vivían entre ellos.

Capítulo IV. Cómo el Habaquí volvió al campo de don Juan de Austria con resolución, y se dio orden a los caballeros comisarios que habían de recoger los moros que viniesen a reducirse

El día de Corpus Christi, que fue este año a 23 de mayo, volvió el Habaquí al campo de don Juan de Austria con resolución de lo que se había platicado con él, y con el consentimiento de Aben Aboo y de los otros caudillos; principales de los alzados y de los turcos, y especialmente de la gente común, que no deseaban cosa más que verse en quietud. Y porque a la hora que llegó andaba la procesión del Santísimo Sacramento, salieron a entretenerle mientras se acababa, don Hernando de Barradas y Hernán Valle de Palacios, los cuales estuvieron con él hasta que se acabó la fiesta, que fue muy solemne, porque anduvo la procesión por una calle hecha de alamedas y frescuras al derredor de la tienda donde se ponía el altar para decir misa, estando los escuadrones de la infantería y la gente de a caballo de un cabo y de otro con sus banderas tendidas tocando los instrumentos de guerra, y se hicieron tres salvas de arcabucería, que duró cada una un cuarto de hora. Iban en la procesión el obispo de Guadix con los clérigos y frailes que había en el campo, y todos los caballeros, capitanes y gentiles hombres con hachas y velas de cera ardiendo en las manos. Llevaban las varas delanteras del palio del Santísimo Sacramento don Juan de Austria y el comendador mayor de Castilla, y las traseras don Francisco de Córdoba y el licenciado Simón de Salazar, alcalde de la casa y corte de su majestad. Cierto era cosa de ver el abatir de los estandartes y banderas, las gracias que todos daban al Soberano, loando su infinita bondad y misericordia en aquel lugar, donde tantas abominaciones y maldades habían cometido los herejes rebeldes contra la majestad divina y humana. Aquel día predicó un fraile de san Francisco, el cual con muchas lágrimas alabó a nuestro Señor por tan gran bien y merced como había hecho al pueblo cristiano en traer aquellas gentes a conocimiento de su pecado; y sobre esto dijo hartas cosas con que se consoló la gente. Acabada de solemnizar la fiesta deste día, el Habaquí entró en el campo, y se le dieron luego los recaudos que hacían al caso para el despacho de su negocio, y un bando firmado de don Juan de Austria en confirmación del pasado con algunas declaraciones y prorrogación de tiempo. Diéronse comisiones a los caballeros comisarios a cuyo cargo había de ser el recoger los moros que se viniesen a reducir, para que fuesen luego a los partidos donde había de estar cada uno. A don Juan Enríquez se cometió lo de Baza y su hoya, río de Almanzora, sierra de Filabres y tierra de Vera; a don Alonso de Granada Venegas, todo lo de la Alpujarra, sierra, vega de Granada, taa de Órgiba, costa de la mar, valle de Lecrín y río de Alhama; a don Hernando de Barradas, lo de Guadix, la Peza, Fiñana, Abla, Lauricena, Guécija, Dílar, Ferreira y la Calahorra; a don Alonso Habiz Venegas, lo de Almería y su río; a Juan Pérez de Mescua, lo del Deyre, Elquif, Nanteira y Jériz; y a Tello González de Aguilar y Hernán Valle de Palacios se mandó recoger todos los que viniesen a reducirse al campo de don Juan de Austria. Y porque Hernando el Darra y los de la sierra de Bentomiz trataban también de rendirse, y habían enviado a don Alonso de Granada Venegas dos moriscos llamados Gonzalo Gaytán, vecino de Competa, y Jorge Abud Hascen, vecino de Canilles, por toda la sierra, se envió comisión a Arévalo de Zuazo para que él y Alonso Vélez de Mendoza, vecino de Vélez, los recogiesen. La orden que se les dio a todos fue que los dejasen ir a morar en las partes y lugares donde pareciese que había más comodidad, a su libre voluntad, con que fuese en tierra llana fuera de las sierras, y apartados de la costa de la mar todo lo que fuese posible, haciendo lista de todos los hombres de quince años arriba y de sesenta abajo, con relación del día en que se reducían, de las armas que entregaban, y del lugar donde querían ir a vivir; y que les dejasen vender o llevar los bienes muebles, sin que se les pusiese impedimento en ello. Ofreciose el Habaquí a reducir también los de la serranía de Ronda y Marbella que anduviesen alzados; y con ánimo de ir encaminando luego los de la Alpujarra, diciéndoles a dónde habían de acudir y por qué caminos habían de ir seguros, se partió del campo con orden de embarcar los turcos y moros berberiscos que andaban en la tierra, y enviarlos a Berbería; cosa que aunque al parecer era áspera de sufrir, bien considerado, fue importante para quitar a los alzados la esperanza que de su socorro tenían, y quien los pudiese persuadir a que no se redujesen; porque aunque eran pocos, podían mucho en este particular, y era una cosa en que el Habaquí había hecho instancia por quitar este inconveniente que podía

572

interrumpir su negocio, aunque también le debió de mover a ello haberlos traído él de Argel, y por ventura persuadidos a que se volviesen con ganancia y seguridad antes que todo se perdiese.

Capítulo V. Cómo don Alonso de Granada Venegas fue a verse con Aben Aboo

Había de ir don Alonso de Granada Venegas a ponerse en Otura, lugar de la vega de Granada, para recoger los moros que viniesen a reducirse de su partido; y porque diese esperanza a Aben Aboo de todo lo que el Habaquí le había dicho, don Juan de Austria le mandó que hiciese camino por el Alpujarra y fuese a verse con él, y que de su parte le dijese la merced que en nombre de su majestad le hacía, y cómo, condoliéndose de verle embarazado en cosa tan fuera de su buena inclinación, entendiendo su inocencia y sencillez, como se lo había significado el Habaquí, le había tomado debajo de su protección y amparo para suplicar a su majestad, como se lo suplicaría, que le hiciese toda merced y favor; y que debajo desto podría estarse en su casa sin salir della, pues aunque se ordenaba a los demás que estaban en la Alpujarra que saliesen, no se debía esto entender con su persona ni con algunos particulares de los que él quisiese nombrar, teniendo por cierto que haría el servicio que había ofrecido. Y porque llevaba también orden de ir a Mecina de Bombaron a recoger las armas de todos los que se redujesen, y enviarlas a Granada, se mandó que en este particular no hiciese novedad con Aben Aboo, pues ya el Habaquí había hecho el auto de sumisión con poder suyo. Peligrosa comisión era la que don Alonso de Granada Venegas llevaba entre gente bárbara indignada, y holgara harto poder excusar aquel camino, temiendo algún desatino de quien tantos había hecho, con el cual venía a desbaratarse el negocio; y diciéndolo así a don Juan de Austria, el animoso Príncipe le respondió que no había que parar en el peligro, porque en los grandes hechos grandes peligros había de haber. Viendo pues don Alonso Venegas la determinación de don Juan de Austria, domingo a 28 de mayo, a más de las cuatro de la tarde, partió de Codbaa de Andarax; y llevando consigo al beneficiado Torrijos y al alférez Serna y otras once o doce personas, llegó a puesta de Sol a Alcolea, donde estaba Pedro de Mendoza el Xoaybi, que le salió a recibir con dos de a caballo y cincuenta arcabuceros y ballesteros. Quedó allí aquella noche, y no quiso pregonar el bando que llevaba, por ser el distrito de otro comisario; mas dijo de palabra a los vecinos las partes donde habían de ir a rendirse, la seguridad con que lo podían hacer, la confianza del buen acogimiento que hallarían en todos los caballeros que estaban diputados para aquel efecto, y lo mucho que les convenía reducirse con brevedad. Los moros forasteros de Granada y de otras partes que estaban en el lugar mostraron estar en el cumplimiento del bando llanos; mas los de la tierra sentían mucho haber de dejar sus casas; y con todo eso le dijeron que harían lo que se les mandaba. Y porque se temían de ir con sus mujeres y hijos y ropa por entre los monfís, le rogaron que escribiese a don Juan de Austria que, como el Habaquí tenía comisión de poder traer gente, la tuviesen algunos particulares, como Pedro de Mendoza el Xoaybi y otros, que asegurasen los caminos y los acompañasen hasta ponerlos en salvo; el cual les dijo que lo haría así, y les avisó que ninguno fuese al campo sin orden, y que llevándola, entrasen de día, y no de noche, por el inconveniente que podría haber. Otro día de mañana partió de Alcolea y llegó a Albacete de Ugíjar, donde fue bien recibido, y mandó pregonar y fijar el bando en una puerta; y diciendo a los moros que halló en el lugar lo que había dicho a los de Alcolea, fue por el camino derecho a Cádiar, donde supo que le aguardaban Aben Aboo y el Habaquí. Y era verdad que le habían estado aguardando el domingo, y se lo habían enviado a decir así; y porque el mensajero no había tornado con la respuesta, se habían vuelto a Mecina de Bombaron, y enviaron a Alonso de Velasco con seis de a caballo el camino adelante que les fuese a encontrar; el cual le topó media legua de aquel cabo de Ugíjar, y se fue con él a Cádiar. Había en aquel pueblo mucha gente de Cogollos y de los lugares de la vega y sierra de Granada, que le recibieron con mucho contento y le aposentaron y regalaron mucho, regocijándose todos con todos con la nueva de las paces. Aquel mismo día vinieron a Cádiar Aben Aboo y el Habaquí con trescientos moros; escopeteros y cincuenta turcos, y se fueron a apear a la posada de don Alonso de Granada Venegas; y apartándose con ellos el beneficiado Torrijos, toda la plática de Aben Aboo fueron descargos, dando a entender que no había tenido culpa en el levantamiento; antes había amparado a los cristianos de su lugar y defendido a los alzados que no quemasen la iglesia, aconsejándoles que no hiciesen semejante maldad. Que después desto había sido de los primeros que se habían reducido al marqués de Mondéjar y hecho que se redujesen otros muchos; que por fuerza y contra su voluntad había aceptado el cargo de la gobernación de los moros, y que siendo cristiano de corazón, no había permitido que se hiciesen crueldades en los cristianos

574

cautivos, y había comprado los que había podido, a fin de que no los matasen. Y últimamente concluyó con decir que venía allí a que don Juan de Austria hiciese dél, y de sus armas, y de todo lo demás, lo que fuese servido; y que ordenándosele, iría con los de la Alpujarra donde se le mandase, aunque le parecía que serviría más en encaminar la gente a sus distritos, sin que hubiese desorden que pudiese impedir lo que tanto deseaba, y en hacer embarcar los turcos y moros berberiscos, que era la cosa que de presente más cuidado le daba, por ser gente tan ocasionada para cualquier mal efecto, y tan desconfiados, que dañaban a los demás, de cuya causa los traía consigo a fin de no dejarlos desmandar, por ser mozos y los que más mano tenían en la tierra con los malos; y que desde el día que su majestad había abierto la puerta de la misericordia, había hecho cuanto había podido para dar a entender a los alzados lo mucho que les importaba reducirse, aunque había tenido hartas contradicciones en ello. Con estas y otras cosas que Aben Aboo decía daba a entender que tenía voluntad de reducirse; mas no se asegurando de sus mismas culpas, como si tuviera el cuchillo a la garganta, temía la muerte. Don Alonso de Granada Venegas le dijo que don Juan de Austria estaba muy satisfecho de su persona, y que se diese prisa en concluir aquel negocio, que era lo que más le convenía para su quietud y descanso; pues, como el Habaquí le había dicho, el dejar la tierra y las armas no se entendía con su persona ni con algunos de los que él nombrase. Con estas y otras razones que le dijo, quedó Aben Aboo al parecer algo más asegurado, y prometió de hacer todo cuanto don Juan de Austria le mandase; solamente pidió a don Alonso de Granada Venegas que no tratase de recoger las armas, como se lo mandaba por su instrucción, diciendo que la gente que traía consigo era para servir a su majestad y hacer el efecto que tenía prometido; el cual holgó dello, y le dijo que no había ya para qué traer banderas ni otra insignia; y en su presencia las mandó luego Aben Aboo quitar, y con esto se volvió aquel mismo día a Mecina de Bombaron.

Capítulo VI. Cómo don Alonso de Granada Venegas avisó a don Juan de Austria de lo que había pasado con Aben Aboo

Estuvo don Alonso de Granada Venegas en Cádiar dos días inquiriendo las voluntades de aquellas gentes; y aunque no hizo pregonar públicamente el bando, porque Aben Aboo le rogó que lo suspendiese hasta que los turcos fuesen embarcados, no dejó de hacer mucho efecto divulgándolo de palabra, y asegurando a los que se fuesen a reducir. Y luego avisó a don Juan de Austria, y particularmente como el Habaquí decía que estaban ya los turcos a punto para embarcarse en sabiendo que había navíos en que poderse ir; y que convenía mucho despacharlos con brevedad, porque no alterasen la tierra, porque andaban diciendo que los cristianos debían de tratar cómo meterlos a todos juntos en parte donde los pudiesen degollar en una hora; y que pedían navíos de remos en que pasar, no se asegurando en otros de otra suerte. Avisó más: que sería bien que se hallase presente al embarcar alguna persona particular, que tuviese cuenta con que no llevasen moriscas ni moros de la tierra, ni cristianos cautivos, ni otras cosas de las que estaban prohibidas; y porque la ocasión de los cristianos que tenían cautivos no los entretuviesen, procurando embarcarlos a escondidas en fustas o en otros navíos, fuese servido mandar enviar algún dinero que se les diese por ellos, pues Aben Aboo y los otros alzados no los rescataban, ni tenían con qué poderlo hacer; y el Habaquí se ofrecía a concertarlos en muy poco precio. Hechas estas diligencias, y otras que parecieron convenir al bien del negocio, don Alonso de Granada Venegas pasó a la Vega de Granada, y haciendo su asiento en Otura y en Zubia, comenzó a recoger los que se iban a reducir, que fueron muchos. Repartíalos por los lugares como iban viniendo, asegurábalos, y proveíalos de bastimentos; todo esto con grandísimo trabajo, por las desórdenes de nuestra gente, que salían a los caminos y los mataban y robaban, y hacían esclavas las mujeres, escondiéndolas y llevándolas a vender la tierra adentro. No fue menor inconveniente el que hubo en los otros partidos, donde por la misma orden los recogían los otros caballeros comisarios, sin que se pudiese reparar ni remediar, aunque algunos soldados fueron castigados ejemplarmente; y su majestad envió a mandar a los corregidores de las ciudades y a los cabos de la gente de guerra, que diesen orden como no recibiesen agravio y fuesen bien tratados los que se viniesen a reducir, castigando a los transgresores.

Capítulo VII. De algunas entradas que los capitanes hicieron estos días en diferentes partes del reino contra los que no se iban a reducir

Tenían orden general los capitanes de la gente de guerra, en que se les mandaba que no cesasen de correr la tierra a la parte que sintiesen haber moros de guerra, para quitarles los mantenimientos, necesitándolos a que con hambre se diesen prisa a reducir, mandándoles asimismo que no hiciesen correrías, porque no se siguiese algún estorbo o inconveniente que interrumpiese lo que estaba asentado con ellos; mas esto se disimulaba con los que las hacían en parte donde andaban moros inobedientes. Con este calor se hicieron muchas entradas entre paz y guerra en diferentes partes del reino, algunas de las cuales ponemos en este capítulo, porque fueron espuelas para traer a obediencia la mayor parte de los alzados, aunque lo pudieran ser para lo contrario. Había enviado el presidente don Pedro de Deza desde Granada una gruesa escolta con muchos bagajes cargados de bastimentos a Guadix con Bartolomé Pérez Zumel y Jerónimo López de Mella; los cuales de vuelta fueron por encima del lugar de la Peza a dar a Valdeinfierno sobre Guéjar, donde sabían que se habían recogido muchos moros con sus mujeres, hijos y ganados; y llegando de improviso sobre ellos, cautivaron sin resistencia ciento y trece personas, y les tomaron mucha cantidad de ganado. Eran los nuestros seiscientos infantes y cien caballos, y no osando aguardar los moros, dieran a fluir por aquellas sierras. Fue de mucho efecto el duito que se les hizo este día, porque la mayor parte de los que huyeron fueron luego a reducirse, pareciéndoles que pues los habían ido a buscar en aquella umbría, tenían poca seguridad en otra parte; y porque se averiguó que de allí bajaban a correr ir Guéjar y hacían otros daños, fueron dadas por esclavas las personas que cautivaron. Don Diego Ramírez y don Alonso de Leiva fueron en este tiempo con la gente de Motril y Salobreña y alguna de las galeras al lugar de Itrabo, donde había muchos moros juntos; mas hicieron poco efecto, porque fueron avisados y huyeron a la sierra. Supieron que estos y otros muchos se habían puesto en Pinillos de Rey, seis leguas de Salobreña y cinco de Granada; y avisando a don Juan de Austria como, estando reducidos los de Restával y Melejix allí cerca, se estaban quedos ellos, confiados en la aspereza del sitio de aquel lugar, les mandó que fuesen en su busca, y sin tocar en los lugares reducidos, porque no se alborotasen, procurasen destruirlos. Con esta orden, y con dos mil infantes y cien caballos, partieron nuestros capitanes de Salobreña una tarde, y fueron aquella noche a la garganta del Dragón, que es una angostura de peñas muy larga, por donde el río de Motril sale al lugar de Pataura y a la mar. Otro día pasaron a Vélez de Ben Audalla, donde tuvieron aviso del alcaide de la fortaleza como andaba por allí un capitán moro llamado Moxcalan, que hacía mucho daño con una cuadrilla de moros forasteros y naturales de la tierra; el cual venía de ordinario a las casas del lugar, y hablaba con los soldados, y les decía que se quería reducir. Con este aviso acordaron los capitanes de detenerse allí aquel día puestos en emboscada hasta que fuese tarde, para ir a amanecer sobre Pinillos; mas el moro, que había estado en atalaya y vístolos partir de la boca del río, bajó luego a la angostura, y encontrando tres soldados que venían de Motril en busca de nuestra gente, mató al uno, al otro cautivó, y el tercero fue huyendo, y dio rebato en Vélez de Ben Audalla a nuestra gente. Entendiendo pues los capitanes que el cautivo habría descubierto a los moros el designio que llevaban, mandando tocar las cajas, a gran prisa recogieron la gente y caminaron la vuelta de Pinillos, pensando poder llegar a dar sobre el lugar antes que el Moxcalan avísase; mas aprovechó poco su diligencia, porque los moros estaban ya avisados y se habían comenzado a ir. Don Diego Ramírez puso la caballería a la parte alta para tomarles el paso de la sierra, y con la infantería cercó el lugar por las otras partes donde había disposición de poderle cercar, porque está en un sitio muy fragoso, y a la parte baja, que cae sobre el río de Melejix, tiene grandes barranqueras y despeñaderos. Era tanta la gente que había en este lugar, que aunque fueron avisados, no se pudieron poner todos en cobro; la mayor parte dellos, los cuales sidieron tarde y acudieron hacia la sierra, dieron en manos de la caballería y se perdieron; los otros se arrojaron por aquellas barranqueras abajo con sus mujeres y hijos, y fueron a meterse en Restával y en Melejix, que, como dijimos, estaban de paces, y allí se guarecieron porque don Diego Ramírez no consintió que los soldados pasasen adelante. Ochenta moras que no pudieron descabullirse fueron cautivas y dadas por esclavas; toda la demás gente que allí había se redujo luego, y dejando saqueado el lugar, con muchos bagajes cargados de ropa volvió la gente a Salobreña. Estaba en lo de Almuñécar otro moro llamado Cacem el Mueden, que en la furia de la guerra traía ochocientos hombres de pelea, la mayor parte dellos escopeteros, y había hecho mucho daño por toda aquella comarca, corriendo la tierra hasta las puertas de la ciudad; el cual viendo que le iba dejando la gente para irse a reducir, había recogídose en la sierra de Mínjar con ciento y cincuenta moros y las mujeres, y de allí salía algunas veces a hacer saltos. Desto fue avisado don Diego Ramírez, y con cien soldados de los que tenía en Salobreña, y cincuenta que don Luis de Valdivia le envió de Motril, y doce de a caballo, partió una tarde de Salobreña, y fue a ponerse antes que amaneciese bien cerca de donde estaban los moros metidos en una rambla; y para tomarles los pasos por donde se le podían ir hizo tres partes de la gente. Los soldados de Motril mandó que se adelantasen y fuesen a ocupar un paso por donde de necesidad los enemigos habían de salir a tomarlas otras sierras, y cincuenta de los de Salobreña envió por la cordillera de la propia sierra, que fuesen siempre a caballero, y acudiesen a la parte donde viesen que podían hacer mejor efecto; y con los otros cincuenta soldados y los doce caballos se puso él en la boca de la propia rambla, que sola aquella entrada tenía por llano. Siendo pues ya claro el día, los moros descubrieron la gente que iba por la cordillera de la sierra; y reconociendo ser cristianos, dieron rebato al Mueden, que estaba muy de su espacio almorzando con las mujeres; el cual, viendo que le tenían tomada la sierra, y que la importancia de su negocio consistía más en tomar la aspereza de los montes que en hacer armas, dijo a los compañeros que le siguiesen; y tomando una vereda en la mano, comenzó a subir la sierra arriba, hacia donde estaban los cincuenta soldados de Motril, llevando consigo las mujeres. Tenía este moro una cueva muy secreta junto a la vereda por donde iba, metida entre unas peñas, y la boca della salía entre unas matas tan espesas, que por ninguna manera se podía ver; y emparejando con ella, dejó pasar toda la gente adelante; y haciendo que las mujeres se metiesen dentro, quebrándose también él entre las matas, hizo lo mismo. Los otros moros fueron a dar donde estaban los soldados de Motril, y rompiendo determinadamente por ellos, tuvieron lugar de escaparse y de subirse a las otras sierras; y lo mismo pudiera hacer el Mueden, si no se tuviera por más seguro en su cueva. Mas no le sucedió como pensaba, porque un soldado le vio quedar entre aquellas matas, y teniendo cuenta con él, como no le vio salir hacia ninguna parte, dio aviso a otros, que entraron a buscarle y toparon con la boca de la cueva; y entrando dos dellos dentro, anduvieron buen rato por ella sin encontrar con nadie; y queriéndose ya salir, el trasero volvió la cabeza, y vio el rostro de un hombre en lo último de la cueva. Estaba el Mueden con la ballesta armada en las manos, y entendiendo que había sido descubierto, disparó y dio una saetada en los lomos al soldado; mas no le hirió, porque acertó a dar la saeta en unos alpargates de cáñamo que llevaba en la cinta. A este tiempo llegó don Diego Ramírez, y viendo aquel moro puesto en defensa, porque no matase algún cristiano, hizo que lo dijesen en arábigo que se rindiese, y que le salvaría la vida; y al fin se rindió, y le llevó preso al castillo de Salobreña, donde le tuvo algunos días, hasta que el presidente don Pedro de Deza y los del Consejo que estaban en Granada enviaron por él; y porque tan graves delitos como había hecho no quedasen sin castigo, le mandaron entregar al auditor de la guerra, que hizo justicia dél. Las mujeres que se hallaron en la cueva fueron cautivas, y la mayor parte de los moros que de allí escaparon, hallándose desarmados, porque unos no habían tenido lugar de tomar las armas, y otros las habían soltado para huir, fueron a reducirse. Andaban los turcos y moros berberiscos en este tiempo con voluntad de pasarse a Berbería, desconfiados de las cosas de la Alpujarra; y aunque algunos confiaban de las palabras del Habaquí, que les ofrecía navíos en que pudiesen pasar seguros, otros no se aseguraban de ir en bajeles de cristianos, y aguardaban fustas de Berbería en que meterse. Estando pues muchos dellos y de los rebelados en el cabo de Gata con el negro de Almería y cincuenta cristianos cautivos para pasarse, don García de Villarroel con orden de don Juan de Austria fue a dar sobre ellos, llevando doscientos soldados y veinte y cinco de a caballo. No se pudo hacer tan secreto, que los enemigos dejasen de ser avisados: el negro huyó con parte de la gente armada de la tierra; los turcos y moros berberiscos, y con ellos algunos de los rebelados, con los cincuenta cristianos, se mudaron a otra parte, y la gente inútil se fue luego toda a reducir; por manera que cuando don García de Villarroel llegó donde tenía aviso que estaban, no halló más de seis personas que habían quedádose durmiendo; mas prendió en el camino dos moriscos de los de Almería, que habían ido con el aviso, de quien supo como se habían ido aquella noche. Y entendiendo que no podían estar muy lejos, por los rastros que halló nuestra gente, fue a dar a los Frailes del cabo de Gata, que son unas peñas cerca de la mar; y tomando los pasos aquella noche, otro día 9 de junio repartió ciento y veinte soldados en cuatro cuadrillas, que subiesen por cuatro partes en busca de los enemigos, que parecía no haber pasado adelante, y fuesen a juntarse en lo alto del fraile mayor al salir del Sol. El caporal Pedro de Aguilar fue el primero que se encontró con ellos, que iban retirándose de la cuadrilla que llevaba Villaplana, porque le habían visto ir subiendo el cerro arriba hacia donde estaban; los cuales dejaron muertos en el camino siete cristianos de los cincuenta que llevaban cautivos, porque no podían caminar con las cargas que llevaban a cuestas. Y como se descubrieron los unos y los otros, comenzaron a pelear valerosamente; y aunque los enemigos eran más de doscientos hombres escogidos, todavía los treinta soldados, ayudados del sitio que tenían tomado, que era fuerte, y con esperanza de socorro, les daban bien en qué entender. A este tiempo asomó Villaplana con su cuadrilla, que iba siguiendo el rastro; y creyendo los treinta soldados de Pedro de Aguilar que los unos y los otros eran moros, comenzaron a aflojar, y algunos volvieron las espaldas. No faltó Pedro de Aguilar con palabras y obras de animoso soldado a su gente, tanto, que les hizo disponerse a morir o vencer; y tornando a renovar la pelea, tuvieron rostro al enemigo, hasta que llegó Villaplana a juntarse con ellos, y se mejoró su partido. No tardaron mucho que llegaron las otras dos cuadrillas, que llevaban Julián de Pereda y Diego de Olivencia, y todavía los turcos peleaban animosamente, hasta que los nuestros cerraron con ellos, y viniendo a las espadas, mataron al capitán turco y los pusieron en huida. Murieron algunos en el alcance, fueron cautivos treinta y cinco, y entre ellos un chauz del Gran Turco, por quien se gobernaba Aben Aboo, y treinta y tres moros de los de la tierra, con Alonso el Gehecel, natural de Tavernas, y cincuenta mujeres y muchachos; y lo que en más se tuvo, que se dio la deseada libertad a cuarenta y tres cristianos que estaban para perecer de hambre, y habían querido matarlos un día antes los moros porque no tenían qué darles de comer, y los turcos no lo habían consentido, diciendo que era inhumanidad matar los cautivos; y tenían acordado que si dentro de tres días no venían navíos de Berbería en que poderse embarcar, que los matasen o hiciesen lo que les pareciese dellos. Esta jornada fue importante para que los otros turcos abreviasen su partida con menos condiciones de las que pedían. Otros muchos efectos dejamos de poner que se hicieron estos días, excediendo los capitanes en la orden que de don Juan de Austria tenían para que castigasen a los rebeldes pertinaces, de manera que no recibiesen daño los obedientes; y excusábanse con decir que en son de amigos hacían más daños que cuando eran enemigos, y que era imposible castigar a los unos sin hacer daño a los otros, estando todos juntos, pues los soldados que habían de ser ministros del castigo no los conocían, y cuando los conociesen o tuviesen orden de poderlos conocer, no había tanta justificación en gente de guerra, que, pudiéndolo hacer, dejasen de vengar los daños que habían recibido de sus enemigos, hasta tanto que estuviesen apartados los reducidos de los rebeldes; y así se disimulaban muchas cosas que en otros tiempos y ocasiones merecieran riguroso castigo.

Capítulo VIII. Cómo el Habaquí embarcó los turcos, y vinieron otros de nuevo en socorro de los alzados; y cómo Aben Aboo mudó parecer

Acudían en este tiempo a todas horas navíos de Berbería a nuestra costa, cargados de bastimentos, gente, armas y municiones que los moros andaluces que habían pasado a Tetuán y a Argel procuraban enviar a los alzados para entretenerlos que no se redujesen, sabiendo los tratos en que andaban compelidos de pura necesidad. Venían también otros muchos cosarios turcos y moros berberiscos a pasar gente a Berbería por su flete; y estos tenían más ganancia, porque tomaban la mitad de los muebles, joyas y dineros que llevaban los pasajeros; y algunas veces se lo quitaban todo, como hombres que no tenían más fin que al interés. Y aunque don Sancho de Leiva ponía diligencia en quitarles estos socorros, andando de día y de noche por la costa con las galeras de su cargo, no se podía excusar, siendo el pasaje tan breve, que dejasen de llegar algunos navíos a tierra, y desembarcasen la gente y lo que traían. En este mes de junio les tomó trece fustas en diferentes partes de la costa. El propio día que don García de Villarroel fue al cabo de Gata, como dijimos en el capítulo antes déste, llegaron a la playa de Castil de Ferro de parte de noche dos fustas, en las cuales se embarcaron secretamente algunos turcos de los que el Habaquí tenía recogidos para enviar con salvoconduto a Berbería, por llevarse los cristianos cautivos que tenían consigo; pero el alcaide del castillo fue avisado dello, y disparó una pieza de artillería de aviso por si las galeras estuviesen donde la pudiesen oír; y no estando muy lejos, acudieron hacia aquella parte, y las tomaron yendo navegando; y poniendo en libertad aquellos pobres cristianos, fueron los turcos y moros cautivos. El Habaquí pues, que ninguna cosa deseaba más que acabar el negocio que había comenzado, de donde pensaba sacar honra y provecho, daba grande prisa que le diesen navíos en que embarcar los turcos que quedaban en la tierra antes que viniesen otros que los alborotasen; y aunque le pedían bajeles de reinos, diciendo que no sabían navegar en otros, hizo tanto con ellos, que los embarcó en navíos mancos, haciéndoles dejar todos los cristianos cautivos que tenían, y los envió a Berbería. Estando pues los turcos embarcados y a pique para partirse, llegaron a la propia playa cinco fustas con gentes, bastimentos y municiones; y aunque nuestras galeras las tomaron, fue después de haber dejado doscientos turcos y moros berberiscos en tierra, que subieron a la sierra y fueron en busca de Aben Aboo, y se juntaron con él, y le dieron nueva como en Argel esperaban por momentos navíos de levante con que socorrerle. Era Aben Aboo hombre mudable, aunque de mediano entendimiento; deseaba reducirse, quedando con honra y con provecho; y pareciéndole que esto lo procuraba el Habaquí para sí mismo y para sus deudos, y que no se hacía tanto caudal de su negocio como él quisiera, estaba envidioso dél y aun sospechoso de que no le trataba verdad en lo que le decía; y teniendo el lobo por las orejas, no osaba soltarle, ni sabía como tenerlo asido, de miedo que en reduciéndose le habían de matar. Y creciendo cada hora más en él esta envidia y sospecha, aunque no impedía públicamente a los que se querían ir a reducir, favorecía a los turcos y moros berberiscos, y a los escandalosos de la tierra, y entretenía a los demás con decir que se hacían malos tratamientos a los reducidos, que se guardaba mal lo capitulado en el Fondón de Andarax, y que el Habaquí había mirado mal por el bien común, contentándose con lo que solamente don Juan de Austria le había querido conceder, y procurando el bien y provecho para sí y para sus deudos. Y según lo que después nos dijeron personas con quien comunicaba su pecho, su fin era, viendo al Habaquí hecho tan señor del negocio de la reducción, quitárselo de las manos y hacerlo él, para asegurar más su partido con servicio tan particular; mas el vulgo todo entendió haberse arrepentido con el nuevo socorro de Berbería, y hacérsele de mal dejar la seta y en vano nombre de rey mientras le durase la vida. Lo primero mostró en las cartas que después escribió a particulares que tenía por amigos, rogándoles que intercediesen con don Juan de Austria de manera que hubiese efecto la paz que se pretendía; y lo segundo, por otras que escribió a Berbería, que las unas y las otras irán en esta historia para satisfacción de los que la leyeren. Por manera que cuando el Habaquí pensó tener acabado el negocio con haber echado los turcos de la tierra, que tenía por amigos, se le puso de peor condición, y sobre todo se le recreció ignominiosa muerte, como adelante diremos.

Capítulo IX. Cómo el Habaquí quiso prender a Aben Aboo viendo que mudaba parecer, y cómo Aben Aboo lo hizo prender y matar a él

Luego que los turcos fueron embarcados, el Habaquí fue a dar cuenta de lo que había hecho a don Juan de Austria; y aunque entendió la mudanza de Aben Aboo, estaba tan confiado en sí y teníale en tan poco ya que no haciendo caso dél, ofreció al Consejo que le haría cumplir lo que había prometido, o le traería maniatado al campo: solamente pedía quinientos arcabuceros cristianos, para con ellos y con los moros deudos y amigos suyos ir a dar sobre él cuando más descuidado estuviese. Don Juan de Austria no quiso dar la gente que pedía, por parecerle que no sería bien aventurarla; y mandándole dar ochocientos ducados de oro, con que levantase cuatrocientos moros de quien pudiese tener confianza para el efecto que decía, partió el Habaquí contento de Andarax la vuelta de Bérchul, donde tenía a su mujer y a sus hijas, para sacarlas de allí y llevarlas a la ciudad de Guadix primero que comenzase a levantar la gente. Era el Habaquí astuto, pero muy confiado de sí mismo; y viéndose tan favorecido de don Juan de Austria, que cierto le hacía mucha merced, entendía que nadie sería parte para ofenderle; el cual llegando al lugar de Yegen el segundo día que partió de Andarax, y viendo estar parados en la plaza muchos moros, llegó a ellos y soberbiamente les dijo que a qué aguardaban, por qué no se iban a reducir a los partidos que les estaban señalados, como lo hacían los demás. Y como le respondiese uno dellos que aguardaban orden de Aben Aboo, replicó que la reducción estaba bien a todos, y que cuando Aben Aboo de su voluntad no lo hubiese, le llevaría él atado a la cola de su caballo. Estas palabras llegaron el mismo día a oídos de Aben Aboo, y acrecentando con ellas su indignación, envió luego a que le prendiesen los ciento y cincuenta turcos que tenía consigo, y dos cuadrillas de moros de los de su guardia; los cuales le espiaron, sabiendo que estaba en el lugar de Bérchul, le cercaron la casa de parte de noche, estando bien descuidado de aquel hecho y de pensar que hubiese en la Alpujarra quien osase acometerle; y sintiendo el ruido de la gente, tuvo lugar de salir hacia el arroyo del lugar sin que le sintiesen; y hubiérase escapado del peligro si sus propios vestidos no le acusaran; porque estando en una quebrada otro día de mañana, divisaron los que le buscaban el cafetán de grana que llevaba vestido y el turbante blanco de la cabeza; y aunque iba bien lejos, le siguieron por aquellas peñas y le prendieron junto a unos molinos, y le llevaron a Cujurio, donde estaba Aben Aboo, el cual le tomó luego su confesión, y como le preguntase el Habaquí la causa por qué le había mandado prender, pues nunca le había hecho deservicio, le dijo que por traidor, que le había tratado mentira, procurando el bien y la honra para sí y para sus parientes tan solamente. Esto fue jueves, y el viernes siguiente lo hizo ahogar secretamente, y mandó echar el cuerpo en un muladar, envuelto en un zarzo de cañas, donde estuvo más de treinta días, sin saberse de su muerte; y para disimularla, envió luego a decir a su mujer y a sus hijas que se fuesen a Guadix, y que no tuviesen pena, porque él le tenía preso y brevemente le soltaría. Muerto el Habaquí, Aben Aboo despachó a su hermano Hernando el Galipe a las sierras de Vélez y Ronda a que estorbase la reducción, y animase a los que no se habían alzado para que se alzasen. Y para disimular más; escribió luego a don Hernando de Barradas una carta en letra arábiga, que traducida en nuestro romance castellano, decía desta manera:

CARTA DE ABEN ABOO A DON HERNANDO DE BARRADAS

«Las alabanzas sean a Dios solo antes de lo que quiero decir. Salvación honrada al que honró el que da la honra. Señor y amigo mío, el que yo más estimo, don Hernando de Barradas: Hago saber a vuestra honrada persona que si quisiéredes venir a veros conmigo, vernéis a vuestro propio hermano y amigo muy seguramente, y lo que de mal os viniere será sobre mi hacienda y fe; y si quisiéredes tratar destas benditas paces, lo que tratáredes tratarlo héis conmigo, y haré yo todo lo que vos quisiéredes con verdad y sin traición. Paréceme que el Habaquí, de todo lo que hacía ninguna parte me daba, antes encubría de mí la verdad, porque todo lo que pidió lo aplicaba para sí y para sus parientes y amigos. Esto hago saber a vuestra honrada persona, y conforme a ello podrá hacer lo que le pareciere, y lo que viere que estará bien a los cristianos y a nosotros; y Dios permita este bien entre nosotros, y que vuestra honrada persona sea causa dello. Y perdonadme, que por no haber tenido quien me escribiese no he escrito antes de ahora. La salvación sea con nosotros, y la misericordia de Dios y su bendición. Que fue escrita día martes».

A esta carta respondió luego don Hernando de Barradas que holgaría mucho de verse con él para efectuar el negocio de la reducción por la orden que decía, y que le hiciese placer de avisarle dónde estaba el Habaquí y lo que se había hecho dél y Aben Aboo le tornó a escribir otra carta en castellano, del tenor siguiente:

OTRA CARTA DE ABEN ABOO A DON HERNANDO DE BARRADAS

«Muy magnífico señor: la de vuestra merced recibí; y en cuanto me envía a decir por ella de la prisión del Habaquí y si hubo causa para ella, digo que las causas que hubo para prenderle fueron éstas que ahora diré. La primera, que andaba engañando a vuestra merced y a mí; porque cosas que yo le decía no las iba él a decir allá, ni menos me daba parte de lo que se hacía ni qué era lo que trataba; porque si yo lo hubiera dado mi sello, entendiera vuestra merced que yo lo sabía y que pasaría por lo que él hiciese; mas entendí que andaba engañando a una parte y a otra, y hallele que también había hecho una barca para irse con sus hijos a Berbería; y por estas razones y otras le tengo preso hasta que estas paces se acaben de efectuar. Y de mi parte ruego a vuestra merced las acabe, y que se apague este fuego para que se quite tanto mal. Hecho esto, yo le soltaré. Y entienda vuestra merced que no tiene, mal ninguno, porque si al presente estuviera aquí cerca, él escribiera a vuestra merced de su mano. Vuestra merced consuele a sus hijos, y les diga cómo está bueno, y que yo les doy la palabra, como quien soy, de no tratarle mal, sino que le torné preso por algunos días. Y vuestra merced acabe lo que ha comenzado; que todo se hará como vuestra merced manda».

No mucho después, viendo Aben Aboo que la ida de don Hernando de Barradas a verse con él se dilataba, escribió otra carta a don Alonso de Granada Venegas, que decía así:

CARTA DE ABEN ABOO A DON ALONSO DE GRANADA VENEGAS

«Señor: Sabrá vuestra merced que de pocos días a esta parte me ocurrieron ciertas cosas en los negocios de las paces, y fue que los de la Alpujarra sospecharon mal en Hernando el Habaquí, por donde pensaron que los había de engañar y que les hacía traición; y como les vino a notificar el bando que salgan de la tierra dentro de seis días, sintiéronlo tanto, que entendieron ser traición, y luego le prendieron; y creo que sucedió mal: nuestro Señor lo remedie. Y quisiera mucho que vuestra merced estuviera cerca; porque quizá se pudiera remediar, porque, después de Dios, entendemos que vuestra merced podrá remediar mucho en este negocio; y pues ha hecho lo mucho, es menester que se haga alguna diligencia para que se acabe esta buena obra; y esto sea con brevedad, porque así cumple al servicio de su majestad. Y si acaso no pudiere venir por acá, escriba a don Juan de Austria, para ver si remedia algo. Y si determinare de venir hacia Órgiba o hacia el campo, y le pareciere traer en su compañía al beneficiado Torrijos y a Pedro de Ampuero, hágalo; que podrá ser que aprovechen harto; y si recelan de algo, para su seguridad les enviaré la gente que fuere menester».

Hasta aquí decía la carta de Aben Aboo, la cual envió luego don Alonso de Granada Venegas a don Juan de Austria, que todavía estaba en el alojamiento de Andarax aguardando el efecto de la reducción, aunque harto suspenso de ver que ya no venían moros a reducirse, y porque no se podía acabar de entender bien por las cartas de don Hernando de Barradas, ni por otros avisos, el encantamiento del Habaquí, si era vivo o muerto, se acordó en el Consejo que don Hernando de Barradas diese buena esperanza a Aben Aboo, y procurase verse con él, como se lo pedía en su carta. Y porque su ida no hubo efecto, se tomó resolución que Hernando Valle de Palacios fuese en su lugar, y que entendiese dél qué era lo que quería, y supiese lo que se había hecho del Habaquí, y procurase espiar con mucho cuidado el estado en que estaban las cosas de los moros; qué designio era el de Aben Aboo, la cantidad de gente armada que tenía, así de naturales como de extranjeros, y a qué parte estaba la mayor fuerza dellos, y todas las otras cosas que le pareciese convenir. Diosele para este efecto una instrucción de lo que había de tratar con Aben Aboo, y una carta de don Hernando de Barradas en respuesta de la última suya, remitiéndose a Hernán Valle de Palacios, con quien podría tratar sus negocios como con su misma persona. Y para que mejor se entienda la dobladura con que Aben Aboo andaba, y su disimulación y maldad, ponemos en el siguiente capítulo una carta que escribió en el mismo tiempo a unos alcaides turcos sus amigos, que estaban en Argel, y después diremos lo que Hernán Valle de Palacios hizo en su viaje.

Capítulo X. Cómo Aben Aboo escribió a unos alcaides turcos de Argel, dándoles cuenta de la muerte del Habaquí

Estos mismos días tomaron nuestras galeras una fusta de moros andaluces que iban a Berbería, y entre otras cosas, les hallaron una carta escrita en arábigo, que según el tenor della pareció ser de Aben Aboo, que la enviaba a unos alcaides turcos amigos suyos, que estaban en Argel, dándoles cuenta del suceso de sus negocios y pidiéndoles todavía socorro; y porque el lector se vaya entreteniendo, la ponemos en este capítulo, traducida en lengua castellana:

«Los loores sean a Dios, que es uno solo. Del siervo de Dios soberano a los alcaides Bázquez Aga, Con Coxari, Albázquez Busten y Aga Baxa, y a todos los otros turcos nuestros amigos y confederados: Hacemoos saber como estamos buenos, loado sea Dios, y que para nuestro contentamiento no nos falta más que ver vuestras presencias. Habéis de saber que Nebel y el alcaide Caracax nos han destruido ya todo este reino, porque ellos vinieron a decirnos que se querían ir a sus tierras; y aunque no quisimos darles licencia para que se fuesen, esperando el socorro de Dios y de vosotros, todavía trataron de irse y se fueron. Los que allá dijeren que yo di licencia a los andaluces para hacer paces y rendirse a los cristianos, tenedlos por mentirosos y por herejes, que no creen en Dios; porque la verdad es que el Habaquí y Muza Cache y otros fueron a los cristianos, y se concertaron con ellos de venderles la tierra, y éstos se conformaron después con Caracax y con Nebel y con Alí arráez y con Mahamete arráez; y ellos y los otros mercaderes les dieron sesenta cautivos de los que tenían en su poder, porque les diesen navíos en que pasasen seguramente a Berbería. Y habiendo hecho este concierto, vino el Habaquí a los moros andaluces, y les dijo que habían de entregarse todos a los cristianos, y retirarse a Castilla; y pensando yo que andaba procurando el bien de los moros, hallé después que nos andaba vendiendo a todos, y por esta causa le hice prender y degollar. Lo que acá ha sucedido después que Caracax y sus compañeros se fueron, es que los cristianos nos acometieron, y hubo entre nosotros y ellos muy gran pelea, y matamos muchos dellos; por manera que ya no les queda ejército en pie con que podernos ofender; mas tememos que su rey juntará otro campo y lo enviará contra nosotros. Por tanto, socorrednos con brevedad, socorreros ha Dios; y ayudadnos, ayudaros ha Dios. Y por amor de Dios nos avisad qué nueva tenéis de la armada de levante. Y si no hay aprestados en esa costa navíos, alquilad los que pudiéredes, en que pasemos las mujeres y los hijos, porque nosotros queremos quedar guerreando con nuestros enemigos hasta morir. Y mirad que si no nos socorréis, os lo demandaremos en el día del juicio ante el acatamiento divino. Conmigo está Alí, e Válquez con ciento y cincuenta turcos y muchas mujeres y criaturas desamparadas: tened piedad dellas, pues a vosotros más que a otra persona del mundo toca este socorro, como cosa en que pusisteis las manos». Que es fecha esta carta a 15 días del mes de Zafar del año de la hixara 987 (que a nuestra cuenta fue en 17 días del mes de julio del año del Señor 1570). Y abajo decía la firma: Mahamud Aben Aboo.

Capítulo XI. Cómo los vecinos de Alora mataron al Galipe, hermano de Aben Aboo, que iba a recoger los alzados de la sierra de Ronda

Había enviado Aben Aboo estos días al Galipe, su hermano, a levantar los moros que no se habían alzado, y hacer que los alzados no se redujesen, dándoles a entender que esperaba socorro de Berbería, y la armada del Gran

Turco en su favor. Este moro había sido uno de los de la Junta de Andarax para el negocio de la reducción; y pareciéndole que los caballeros cristianos habían hecho más caso del Habaquí que él, se había ido muy enojado y procuraba estorbar todo cuanto se hacía; y para este efecto se partió con doscientos escopeteros la vuelta de la serranía de Ronda, y llegó a la sierra de Bentomiz, estando Arévalo de Zuazo, corregidor de Málaga, en la ciudad de Vélez tratando con los de aquella tierra que se redujesen al servicio de su majestad. Y como supo que un morisco, vecino de la villa de Comares, llamado Bartolomé Muñoz, andaba en ello, y que estaba allí, mandó luego prenderle, y queriéndole justiciar, acudieron a él los amigos que tenía, y le dijeron que no permitiese que se hiciese mal ni daño a aquel hombre, que debajo de su palabra había venido a tratar del bien de los moros, y a rescatarles sus mujeres y hijas, que tenían cautivas, a trueco de unos mozos cristianos; y pudieron tanto con él, que le mandó soltar y que luego se fuese de la sierra, y hizo pregonar que ninguno se redujese, so pena de la vida. No fue perezoso Bartolomé Muñoz en ponerse en la ciudad de Vélez, y dando aviso a Arévalo de Zuazo de la venida de aquel moro, y como traía doscientos escopeteros, y entre ellos algunos berberiscos, y que había de pasar a lo de Ronda, despachó luego a la ciudad de Málaga y a las villas de su jurisdicción, para que enviasen gente que tomase los pasos por donde se entendía que había de pasar para ir a Ronda; y particularmente encomendó esta diligencia a Hernando Duarte de Barrientos, vecino de Málaga. Estando pues toda la tierra apercebida, el Galipe partió de Bentomiz con su gente y algunos de la sierra que le quisieron acompañar, llevando su guía que le guiase por los caminos y trochas de las sierras que caen sobre la hoya de Málaga, por donde entendía pasar seguro. Esta guía se le murió en el camino, y llegando los moros en el paraje de la villa de Almoxia, cautivaron un cristiano que andaba requiriendo unos lazos, y preguntándole si sabría guiarlos a Sierra-Bermeja, dijo que sí, porque sabía muy bien los caminos y las trochas de aquellas sierras. Y diciéndole el Galipe que guiase hacia un lugarito pequeño de cristianos que le habían dicho que estaba allí cerca, los guió la vuelta de Alora, y llevándolos por las viñas para ir a dar en el río, el moro oyó campanas; y pareciéndole que no eran de lugar pequeño, preguntó al cazador qué vecindad tenía; el cual le dijo que hasta noventa vecinos; y no se fiando dél, envió dos renegados, uno valenciano y otro calabrés, a reconocer, los cuales llegaron a Alora, y como los vecinos andaban sobre aviso, luego echaron las guardas de ver que no eran hombres de la tierra, y los prendieron, y se supo cómo los moros quedaban en el arroyo que dicen del Moral. Luego se tocó a rebato, y en siendo poco más de media noche, salieron trescientos hombres repartidos en tres cuadrillas a buscarlos. Por otra parte el Galipe, viendo que los renegados tardaban y que las campanas repicaban todavía, entendió que el cazador le llevaba engañado, le hizo matar, y tornó a tomar el camino por dónde iba. Habíase puesto Hernando Duarte de Barrientos con su gente en una trocha muy cierta, por donde entendía que habían de pasar los moros, y como llegasen las escuchas que llevaban delante, y hacia tan grande oscuridad, entendieron las centinelas que era el golpe de los moros que venían juntos. Y saliendo a ellos, los hallaron tan arredrados, que tuvieron lugar de apartarse de aquella trocha, y tomando otra, fueron a dar en manos de la gente de Alora; y como se vieron cercados de cristianos, luego desmayaron, y muriendo algunos que hicieron defensa, los otros dieron a huir. Un vecino de Alora, llamado Alonso Gavilán, prendió al Galipe, que se había escondido en unas matas, y llevándole preso, lo mató Melchor López, alférez de la gente de la villa, que no bastó decirle que era el Rey, diciendo que no conocía él otro rey sino a don Felipe, ni tenía cuenta con moros. De todos los que iban con el Galipe, solos veinte quedaron vivos; los doce cautivaron aquel mismo día y después los vendieron, y del precio hicieron una ermita a la advocación de la Veracruz, que hoy está en pie en memoria desta victoria, no poco celebrada en aquella villa. La misma noche sucedió que unos vecinos de Alozaina, que iban a la ciudad de Antequera, llegaron al río de Cazarabonela, donde dicen el paso del Saltillo, y unos moros que aguardaban la venida del Galipe los mataron y cautivaron, que no escaparon más que tres dellos. Y como fuese el uno a dar rebato a Alora, luego enviaron dos escuderos a dar aviso a los de Alozayna, para que sabesen a tomarles el paso por la trocha que llevaban, y saliendo doce caballos y cincuenta peones, fueron la vuelta de la villa de Tolox, y hallando por aquellos cerros muchas cuadrillas de moros que habían bajado de las sierras a recibir al Galipe, arbolaron una banderilla blanca en señal de paces, y les preguntaron si querían rescatar los cristianos que habían cautivado en lo de Cazarabonela; mas ellos respondieron con las escopetas, y los cristianos comenzaron a retirarse por el camino que va de Tolox a Coin, yendo los moros en su seguimiento. Un animoso escudero, llamado Martín de Erencia, fue parte este día para detenerlos, revolviendo sobre los enemigos y exhortando a los amigos de manera, que siendo los nuestros como sesenta hombres, y los moros más de trescientos, los desbarataron, y mataron muchos dellos, y entre los otros, a un mal moro, natural de la villa de Yunquera, llamado León. Este moro, teniéndole pasado de una lanzada un escudero llamado Juan de Moya, se le metió por la lanza, y con un chuzo que llevaba le hirió el caballo, y le matara a él si la muerte le diera un poco de más lugar. Entre otras cosas que ganaron los soldados este día, fue una haquita en que venía mi moro santo al recibimiento de su nuevo rey y a echarle la bendición, porque era grande la confianza que aquellos serranos bárbaros tenían en él, y pensaban hacer grandes cosas con su presencia.

Capítulo XII. Cómo los moros de la sierra de Ronda fueron sobre la villa de Alozaina y la saquearon

No estaban muy quietos en este tiempo los moros alzados de la serranía de Ronda; los cuales, habiéndose juntado en Sierra Bermeja, salían a correr la tierra, y desasosegaban los lugares comarcanos, llevándose los ganados mayores y menores; y no podían los cristianos salir a segar sus panes ni recoger sus esquilmos sin manifiesto peligro, porque eran más de tres mil hombres de pelea los que se habían juntado con Alfor, Lorenzo Alfaquí, y el Jubelí, sus caudillos, aguardando al Galipe, hermano de Aben Aboo, con cuya presencia esperaban hacer mayores daños. Juntándose pues el Jubelí y Lorenzo Alfaquí con seiscientos hombres de pelea en la villa de Tolox, a 3 días del mes de julio, acordaron de ir sobre Alozaina, lugar pequeño, de hasta ochenta vecinos, que está una legua de allí, y eran todos cristianos, gente rica de ganados y de pan; y tornando por el camino de Yunquera para ir más encubiertos por la sierra de Jurol, fueron a dar sobre él. Llevaban doce moros por delante a trechos, de cuatro en cuatro, que han descubriendo la tierra, y antes que amaneciese llegaron al arroyo de las Viñas, donde estuvieron emboscados el miércoles 7 días del mes de julio con sus centinelas en el portichuelo de los Olivares, como tres tiros de ballesta del lugar. Desde allí descubrían toda la tierra y veían los que entraban y salían; y viendo que los vecinos se iban a segar los panes, bien descuidados de que estuviesen ellos en la tierra, bajaron el jueves a las nueve de la mañana puestos en su escuadrón de ocho por hilera, con seis caballos a los lados, que parecían cristianos que venían del Burgo a hacer alguna entrada; y así aseguraron a las atalayas que los del lugar tenían puestas en lo alto de las barrancas. Y pudieran hacer mucho más daño del que hicieron, si no se pararan a matar dos cristianos que andaban segando cerca de las casas: al uno, llamado Luis del Campo, mataron de un arcabuzazo, que alborotó el lugar; el otro, llamado Francisco Hernández, dio a huir, y siguiéndole un moro de a caballo, revolvió sobre él y le ganó la lanza; y estando bregando para sacársela de las manos, llegó otro moro, que por mal nombre llamaban Daca Dinero, y le desjarretó; y juntamente mataron a su mujer, que había ido a llevarles el almuerzo a la siega aquella mañana. Luego como se entendió que eran moros los que entraban por el lugar, comenzaron a tocar arma y a repicar las campanas; y acudiendo dos escuderos que estaban con sus caballos en el campo, porque otros ocho, de diez que allí había de presidir, se habían ido con su capitán a Coin, el uno partió la vuelta de Alora a dar rebato, y el otro, llamado Ginés Martín, entró en el lugar; y rompiendo una y más veces por el escuadrón de los moros, pasó animosamente adelante; y si, como era uno solo, fueran los diez que allí estaban de presidio, hicieran mucho efecto; mas él hizo harto en recoger la gente hacia el castillo. Es Alozaina lugar abierto, y tiene un castillo antiguo y mal reparado, donde está la iglesia y algunas casas, y allí se pudieron recoger tumultuosamente las mujeres y niños, llevándolas por delante don Íñigo Manrique, vecino de Málaga, que se halló allí este día. También se halló allí el bachiller Julián Fernández, beneficiado de Cazarabonela, que servía el beneficio de Alozaina aquel año; el cual acudió luego a su iglesia para consumir el Santísimo Sacramento si los enemigos entrasen dentro, porque no había en el lugar más de siete hombres. Mas las mujeres, animándolas aquel caballero y el beneficiado, suplieron animosamente por los hombres, haciendo el oficio de esforzados varones, y acudiendo a la defensa de los flacos muros, con sombreros y monteras en las cabezas y sus capotillos vestidos, porque los enemigos entendiesen que eran hombres; y otras puestas en el campanario no cesaban de tocar las campanas a rebato. Los moros se repartieron en tres partes para acometer a un tiempo: el Jubeli con dos banderas fue hacia la puerta del castillo, y Lorenzo Alfaquí con otras dos fue a la plaza del Burgo, y la tercera con los de a caballo cercó el pueblo para atajar los que saliesen o viniesen a meterse en él; y dieron tres asaltos a los muros, en los cuales perdieron diez y siete moros que les mataron, y fueron heridos más de setenta. Aquí me ocurre por buen ejemplo decir el valor de una doncella llamada María de Sagredo; la cual viendo caído a Martín Domínguez, su padre, de un escopetazo que le había dado un moro, llegó a él y le tomó un capotillo que traía vestido, y se puso una celada en la cabeza, y con la ballesta en las manos y el aljaba al lado subió al muro, y peleando como lo pudiera hacer un esforzado varón, defendió un portillo, y mató un moro, y hirió otros muchos de saeta, y hizo tanto este día, que mereció que los del consejo de su majestad le hiciesen merced de unas haciendas de moriscos en Tolox para su casamiento. Fue tanta la turbación de las pobres mujeres este día, que yendo una mujer al castillo con un niño en los brazos, y un moro de a caballo tras de ella para cautivarla, se metió en una casa, y en un poco de estiércol que allí había escondió el niño; y como tirasen desde el castillo una saeta al moro y le pasasen el muslo, se hubo de retirar, y la mujer tuvo lugar de volver por su hijo y ponerse en cobro. Otra mujer tenía una niña de tres meses en la cuna y turbada, tomó un lío de paños en los brazos, entendiendo que llevaba su hija, y se fue huyendo al castillo; y entrando un moro en la casa, halló la niña en la cuna, y la tomó por los pies para dar con ella en una pared; y como otro moro, que era amigo de su padre, se la quitase de las manos, la arrojó en el suelo; y cuando la mujer volvió a buscar su hija, siendo ya idos los moros, la halló viva. Viendo pues los enemigos la resistencia que había en la villa, y que no podían conseguir el efecto que pretendían, acordaron de retirarse, porque acudía ya la gente de campo, y las mujeres con sogas subían algunos hombres por donde estaba el muro más bajo; y dejando quemadas más de treinta casas en el arrabal, y robado y destruido cuanto había en ellas, se retiraron, llevando cuatro mozas cautivas y una vieja, que después mataron, porque entendía su algarabía, y más de tres mil cabezas de ganado que acaso tenían los vecinos junto para llevar parte dello a la feria de Antequera; y volviéndose a Tolox, repartieron entre ellos la presa, y se fueron a sus partidos, Lorenzo Alfaquí a la sierra de Gaimón, y Diego Jubeli a la de Ronda. Llegó el socorro de los lugares aquel mismo día, aunque tarde para poder hacer algún efecto. De Cazarabonela llegó él beneficiado Juan Antonio de Leguizamo con cuarenta hombres que envió don Cristóbal de Córdoba; de Alhaurín, don Luis Manrique con mucha gente de a caballo, y dende a un cuarto de llora llegó la gente de Alara, y luego los de Coin. Y estando toda esta gente junta, y sabiendo el camino que los moros llevaban, se trató de ir en su seguimiento; mas como eran muchas cabezas, no se conformaron. Y otro día a las nueve de la mañana llegó Arévalo de Zuazo con la gente de Málaga, y dejando algunos soldados de presidio, se volvió a la ciudad.

Capítulo XIII. Cómo Hernán Valle de Palacios que a verse con Aben Aboo en lugar de don Hernando de Barradas, y lo que trató con él

Teniendo ya Hernán Valle de Palacios instrucción y orden para lo que había de hacer, partió del alojamiento de Andarax a 30 días del mes de julio, llevando consigo a Mendoza el Jayar, vecino de Granada, que había servido de secretario al Habaquí, y otros moriscos de los que se habían venido ya a reducir. Aquella noche fue al lugar de Soprón, y posó en casa de un alcaide llamado el Mohahaba; y desde allí despachó un moro a Aben Aboo, avisándole cómo iba a tratar con él negocios de parte de don Hernando de Barradas, para que le diese seguro. Y otro día luego siguiente vino a Soprón un moro llamado el Roquemí con cuarenta escopeteros, que le hizo escolta hasta el lugar de Almauzata, donde halló orden de Aben Aboo y seguro para pasar adelante, y fue a dormir a Válor el alto. En este lugar estaba un moro, primo de Aben Humeya, llamado don Francisco de Córdoba, enemigo capitán de Aben Aboo, así por la muerte de su primo, como por otras cosas que había entre ellos; el cual, aunque no había tratado a Hernán Valle de Palacios, pareciéndole hombre de buena razón, hizo confianza dél, y se le descubrió, y le dio entera noticia de todo lo que quiso saber del hecho de los moros. Cuanto a lo primero le dijo con certidumbre la muerte del Habaquí, y el ruin propósito que Aben Aboo tenía de reducirse, y como quedaban cinco mil hombres de pelea en la Alpujarra bien armados a su devoción; porque aunque se había publicado que no les quedaban armas, en cielo tenían más de doce mil arcabuces y ballestas, y las que habían rendido eran las inútiles. Díjole más: que todos estos moros estaban dentro de siete leguas, y tenían ochocientos hombres de presidio en Pitres, y que para cualquier suceso habían de acudir a ciertas ahumadas que tenían por señal; y que habiendo ya cogido en lo del Cehel los panizos y alcandías, con esto y con algunos silos de trigo y de cebada que les quedaban, había bastimento para más de tres meses, y que los turcos hacían pólvora, y tenían la que habían menester; y estaban confiados en que les vendría socorro, porque no había más que seis días que habían llegado siete turco, de Argel, y les habían certificado que parte de la armada turquesca bajaba de levante en su favor, y que si Aben Aboo había callado la muerte del Habaquí, era temiendo que don Juan de Austria entraría luego en su busca, y por dar lugar al tiempo y poderse entretener algunos días hasta ver cómo se ponían los negocios. Con estos y otros avisos que el moro dio a Hernán Valle, quedó muy satisfecho de que le trataba verdad, y le ofreció de interceder con don Juan de Austria para que le hiciese merced; y otro día de mañana partieron juntos de aquel lugar, y fueron a Válor, donde había enviado a decir Aben Aboo que le hallarían; y llegando cerca del lugar, encontró dos moros que le iban a buscar para decirle que pasase a Mecina de Bombaron. Y pasando adelante, cuando llegó cerca, antes de entrar en el lugar, salieron quinientos escopeteros moros hacia él en son de guerra tirando con las escopetas; mas luego les mandó Aben Aboo que dejasen llegar aquel cristiano para ver el recaudo que traía, porque solamente hacía estas demostraciones a fin de que se entendiese que aún estaba poderoso. Luego se apartaron los turcos, y entre ellos algunos moros bien aderezados, que por todos serían hasta trescientos tiradores puestos en su ordenanza; y poniendo una batidera en la ventana del aposento de Aben Aboo, tomaron las bocas de todas las calles al derredor; y cuando Hernán Valle de Palacios llegó, en apeándose para entrar en el aposento donde el moro estaba, le quitaron las armas y lo buscaron si llevaba algunas secretas. Recibiole Aben Aboo con autoridad bárbara arrogante, sin levantarse de un estrado donde estaba sentado, cercado de unas mujercillas que le cantaban la zambra; y desta manera estuvo escuchando las razones que Hernán Valle de Palacios decía, con muchos ofrecimientos de parte de don Juan de Austria, para persuadirle a que se redujese al servicio de su majestad y no fuese causa de la total destrucción de la nación morisca, sin darle respuesta por entonces. Luego hizo que se juntasen los turcos y moros con quien se aconsejaba, y respondiendo por escrito a la carta de don Hernando de Barradas que Hernán Valle de Palacios le llevaba, le dijo también a él de palabra que Dios y el mundo sabían que no había procurado ser rey, y que los turcos y moros le habían elegido y querido que lo fuese; que no había impedido ni iría a la mano a ninguno de los que se quisiesen reducir, mas que entendiese don Juan de Austria que había de ser él el postrero. Que cuando no quedase otro sino él en la Alpujarra, con sola la camisa que tenía vestida, estimaba más vivir y morir moro que todas cuantas mercedes el rey Felipe le podía hacer; y que fuese cierto que en ningún tiempo ni por ninguna manera se pondría en su poder; y cuando la necesidad lo apretase, se metería en una cueva que tenía proveída de agua y bastimentos para seis años, durante los cuales no le faltaría una barca en que pasarse a Berbería. Con esta respuesta se despidió Hernán Valle de Palacios de Aben Aboo, y don Francisco de Córdoba dio orden como llevase seis cristianos cautivos entre los moros que iban a hacerle escolta hasta el puerto de Rejón, que cae por encima del lugar de Jeriz. Hacíase en este tiempo un fuerte en el lugar de Codbaa de Andarax, donde dejar suficiente presidio de infantería y caballos que corriesen toda aquella tierra, porque su majestad había enviado a mandar que de nuevo se formasen dos campos, que entrasen por dos partes en la Alpujarra: el comendador mayor de Castilla con el uno por la parte de Gramada, y don Juan de Austria y el duque de Sesa por Guadix; los cuales fuesen a encontrarse en medio de la Alpujarra, talando y quemando los panes, alcandías y panizos a los moros de guerra, viendo la remisión que había en la reducción. Y estando ya el fuerte puesto en defensa, bastecido de todas las cosas necesarias, dejando en él doce compañías de infantería y un estandarte de caballos a orden de don Lope de Figueroa, partió don Juan de Austria a 2 días del mes de agosto de aquel alojamiento, y por el puerto de Guécija fue a la ciudad de Guadix, donde había de rehacerse de gente, porque era poca la que le había quedado en su campo. Tres días después desto llegó Hernán Valle de Palacios con relación cierta de lo que había en la Alpujarra y de lo que le había parecido de la resolución de Aben Aboo; y así se tomó luego de que se le hiciese la guerra, para castigarle como merecían sus culpas. Escribiose al consejo de Granada que se diesen prisa en hacer provisiones para juntar la gente que había de llevar el Comendador mayor; y haciéndose la misma diligencia en Guadix, se comenzó a levantar nuevo campo de los lugares más numerosos de la Andalucía y reino de Granada.

Capítulo XIV. Cómo Aben Aboo tornó a escribir diciendo que se quería reducir; y cómo se acabó de entender el fin por qué lo hacía, y se dio orden en la entrada de la Alpujarra

Luego que Hernán Valle de Palacios partió de Mecina de Bombaron, Aben Aboo y los otros moros que le aconsejaban, entendiendo que su majestad mandaría que don Juan de Austria juntase nuevo ejército contra ellos, para entretener y dilatar esta entrada cola esperanza de que se irían a reducir, acordaron que se escribiese una carta a Juan Pérez de Mescua, por la cual le encargase cuán encarecidamente pudiese que intercediese en el negocio de las paces, diciendo que se quería reducir por su intercesión, y que fuese a verse con él al lugar de Lanteira, donde le hallaría y podría llegar con toda seguridad. Esta carta se escribió luego, y la envió Aben Aboo a Guadix con seis moros de los principales que habían quedado con él, con poder suyo y de otros particulares, para que se les diese más crédito; los cuales dieron la carta a Juan Pérez de Mescua, y él la llevó a don Juan de Austria; y leída en el Consejo, causó harta confusión, viendo cuán diferente era aquello que decía de lo que Hernán Valle de Palacios había referido. Y mandándole llamar, para entender dél si era posible aquella mudanza en Aben Aboo, les dijo que no era determinación la que había visto en él para que hiciese nada de lo que decía en la carta. Estando en esto llegó otro moro con una carta de don Francisco de Córdoba, aquel primo de Aben Humeya que dijimos, para Hernán Valle de Palacios, en la cual declaraba el trato de los moros, y le decía que avisase luego dello a don Juan de Austria, porque su fin solamente en entretener a los cristianos mientras retiraban las mujeres al Cehel, porque Aben Aboo no había mudado propósito de lo que había visto y entendido dél; y que para más certidumbre cotejasen las cartas, y verían cómo eran entrambas escritas de su mano y letra, porque se había comunicado el negocio con él. Con esto se verificó lo que don Francisco de Córdoba decía, y se entendió que todas las pláticas que había traído Aben Aboo estos días eran falsas, y que su fin era morir tan moro como nació y había vivido; y que lo que convenía era atender a dar fin al negocio con castigar rigurosamente a los rebeldes pertinaces, pues no habían querido gozar del bien y merced que su majestad les hacía, no cerrando la puerta a los que se fuesen reduciendo, y prorrogándoles los términos del bando; porque se entendió, que muchos dejaban de hacerlo por ignorancia, o por temor que tenían de poca seguridad en los caminos. La orden que se dio en esta última entrada de la Alpujarra fue que el Comendador mayor levantase la gente de la ciudad de Granada, que estaba descansada de algunos días atrás; y con ella y la que se juntaba de las ciudades convecinas entrase por la parte de Órgiba; que don Juan de Austria no entrase más en la Alpujarra, sino que se pusiese en Jeriz o en otro lugar de los del marquesado del Cenete, donde pudiese valerse de vituallas, para desde allí enviar a hacer correrías a los enemigos. Mas después se acordó que no partiese de Guadix, y que los tercios de la infantería con los estandartes de caballos entrasen por el puerto de Loh; y dando el gasto a la tierra, talasen los panizos y alcandías que había nacidos, y fuesen a juntarse en Cádiar con el campo del Comendador mayor, y estuviesen a su orden. Queriendo pues don Juan de Austria gratificar a don Francisco de Córdoba el servicio que había hecho a su majestad en dar tan ciertos avisos, mandó dar una salvaguardia a Hernán Valle de Palacios para que se la enviase, y le escribiese que viniese a reducirse solo, cuando no pudiese traer otra gente consigo, porque deseaba hacerle merced. El cual, dejando de tomar tan buen consejo, respondió que entendía hacer más servicio a su majestad en el lugar donde estaba, que reducido; y al fin vino después a rendirse en una cueva que combatieron los soldados del campo del Comendador mayor, y de allí fue llevado a servir a las galeras, como adelante diremos.

Libro X

Capítulo I. Cómo su majestad cometió al duque de Arcos la reducción de los moros de la serranía de Ronda, y lo que se trató con ellos

Luego que don Antonio de Luna partió de la ciudad de Ronda, como dijimos en el capítulo ni del noveno libro, los soldados que quedaron desmandados en compañía de la gente de la ciudad comenzaron a salir por la tierra a robar las alcarías y lugares; y los moros, por huir estos daños, indignados y persuadidos de los que iban huyendo de la Alpujarra, hallándose libres de todo embarazo, comenzaron a hacer la guerra descubierta. Recogieron las mujeres y hijos y los bastimentos que les habían quedado; y subiéndose a lo más áspero de la Sierra Bermeja, se fortificaron en el fuerte de Arbote cerca de Istán, tomando la mar a las espaldas para recibir el socorro que les viniese de Berbería. De allí pasaban hasta las puertas de Ronda, desasosegando la tierra, robando ganados, matando cristianos, no como salteadores, sino como enemigos declarados. Su majestad pues, como príncipe considerado y justo, informado que estas gentes no habían sido participantes en el rebelión, y que lo sucedido había sido más por culpa de los ministros, cometió a don Luis Cristóbal Ponce de León, duque de Arcos, gran señor en la Andalucía, que los redujese a su servicio, volviéndoles las mujeres, hijos y muebles que les habían tomado; y que recogiéndolos, los enviase la tierra adentro por la orden que don Juan de Austria le daría. Tenía el duque de Arcos una parte de su estado en la serranía de Ronda, y por aprovechar más se llegó a la villa de Casares, que era suya, para tratar desde cerca con los alzados el negocio de la reducción. Luego les envió una lengua que le refirió cómo mostraban deseo de quietud, y pesar de lo sucedido, y que enviarían personas que tratasen del negocio de las paces dónde y cómo se les mandase, y se reducirían. No tardó mucho que enviaron dos hombres, principales y de autoridad entre ellos, llamados el Alarabique y Atayfar; los cuales bajaron a una ermita que estaba fuera de Casares, y con ellos otros particulares de las alcarías levantadas. El Duque, por no escandalizarlos y mostrar confianza, salió a hablarles con poca gente; y persuadiéndoles con eficacia, respondieron lo mismo que le habían enviado a decir, y le dieron ciertos memoriales firmados, de cosas que habían de concedérseles; y con decirles que avisaría a su majestad se partió dellos, dejándolos llenos de buena esperanza. Luego despachó correo a su majestad, dándole aviso del estado en que estaban las cosas, y le envió los memoriales que habían presentado; y antes que volviese la respuesta, le vino Orden para que, juntando la gente de las ciudades de la Andalucía comarcanas a Ronda, estuviese a punto, por si hubiese de hacer la guerra por aquella parte, en caso que los moros no quisiesen reducirse, porque había su majestad enviado sus reales cédulas de 21 de agosto a las ciudades y a los señores de la Andalucía, mandándoles que acudiesen a orden de don Juan de Austria con toda la gente de a pie y de a caballo que pudiesen recoger, y vitualla para quince días, que era el tiempo que parecía bastar para dar fin al efecto que se pretendía. Mientras la gente se juntaba, acordó el duque de Arcos que sería bien ir al fuerte de Calaluy, por si convendría ocuparle en caso que se hubiese de hacer guerra, antes que los enemigos se metiesen dentro; y vista la importancia dél, envió dende a pocos días una compañía de infantería que lo guardase. Vínole en este tiempo resolución de su majestad, que concedía a los alzados casi todo lo que pedían en sus memoriales. Luego comenzaron algunos a reducirse, aunque con pocas armas, diciendo que los que quedaban en la sierra no se las dejaban traer. Estaba entre los moros uno escandaloso y malo llamado el Melchi, imputado de herejía, y suelto de las cárceles de la Inquisición, ido y vuelto a Tetuán; el cual, juntando el ignorante pueblo, que ya estaba resuelto en reducirse, les hizo mudar de propósito, afirmando que cuanto trataban el Alarabique y el Atayfar era todo engaño; que habían recibido nueve mil ducados; del duque de Arcos, y vendido por precio su tierra, su nación y las personas de su ley; que las galeras habían venido a Gibraltar; que la gente de las ciudades y señores de la Andalucía estaba levantada; y que los cordeles estaban a punto con que los principales habían de ser ahorcados, y los demás atados y puestos perpetuamente al remo, a padecer hambre, azotes y frío, sin esperanza de otra libertad que la de la invierte. Con estas palabras tales, y con ser la persona que las decía tan acreditado con los malos, fácilmente se persuadieron aquellos rústicos;

y tomando las armas contra el Alarabique, le mataron, y juntamente con él a otro moro berberisco que era de su opinión; y de allí adelante quedaron más rebeldes de lo que habían estado; y si algunos querían reducirse, el Melchi se lo estorbaba con guanlas y con amenazas. Los de Bena Habiz enviaron por el bando y perdón de su majestad, con propósito de reducirse, a un moro llamado el Barcochi, a quien el duque de Arcos dio una carta para el cabo de la gente, que estaba, en el fuerte de Montemayor, mandándole que tuviese cuenta con él y con sus compañeros, y les hiciese escolta hasta ponerlos en lugar seguro; mas nuestra gente, por codicia de lo que llevaban, o por estorbar la reducción, con que cesaba la guerra, le mataron en el camino. Esta desorden movió a los de Bena Habiz y confirmó la razón del Melchi; de manera que no fue parte del castigo que el duque de Arcos hizo, ahorcando y echando a galeras los culpados, para que no se alzasen todos y quedasen de mala manera. Dejemos agora esta historia, que a su tiempo volveremos a ella, y digamos cómo el comendador mayor de Castilla hizo la entrada en la Alpujarra.

Capítulo II. Cómo el comendador mayor de Castilla juntó la gente con que había de entrar en la Alpujarra

Mientras en Guadix se aprestaban las vituallas y municiones para la gente que había de entrar por aquella parte en la Alpujarra, el comendador mayor de Castilla fue a hacer lo mismo en la ciudad de Granada, donde llegó a los días del mes de agosto. Aposentose en las casas de la Audiencia, y allí fue muy regalado del presidente don Pedro de Deza, que en este particular era muy cumplido con los ministros de su majestad. Fueron con él don Miguel de Moncada, don Bernardino de Mendoza, hijo del conde de Coruña; don Lope Hurtado de Mendoza, y otros caballeros deudos y amigos suyos. Llevaba poder y facultad de su majestad para levantar gente en la ciudad, llamar la de la comarca, y hacer todas las otras provisiones necesarias para la expedición de la guerra, como teniente de capitán general, y como tal presidió en el Consejo mientras allí estuvo; nombró capitanes y cabos de la infantería y todos los demás oficiales, y encargome a mí el oficio de proveedor de su campo. Y cuando tuvo toda la gente apercibida y hecha una gruesa provisión de vituallas y municiones, y puesta buena parte della en Órgiba y en el Padul, partió de la ciudad de Granada a 2 días del mes de setiembre deste año de 1570, y aquella tarde a puesta de Sol fue al lugar del Padul, donde le alcanzó la gente de las ciudades, y engrosó su campo a número de cinco mil hombres lucidos y bien armados. Los cabos de la infantería que sacó de Granada eran don Pedro de Vargas y Bartolomé Pérez Zumel, y de la de las siete villas de su jurisdicción don Alonso Mejía. Con la gente de Loja, Alhama y Alcalá la Real iba don Gómez de Figueroa, corregidor de aquellas ciudades. Don Fadrique Manrique con la de Antequera, y una compañía de infantería de la villa de Archidona con Íñigo Delgado de San Vicente, su capitán. Iban también Francisco de Arroyo, Leandro de Palencia, Juan López, Lorenzo Rodríguez, Diego de Ortega y Juan Jiménez, con sus cuadrillas de gente ordinaria, y el capitán Lorenzo de Ávila con trescientos arcabuceros de los que el conde de Tendilla tenía en la fortaleza de la Alambra; y de más de los estandartes de las ciudades iba una compañía de herreruelos de Lázaro Moreno de León, vecino de Granada. Solo un día se detuvo el Comendador mayor en el Padul para hacer paga, y me mandó que hiciese dar cuatro raciones a la gente, que llevasen para cuatro días en sus mochilas, porque no ocupasen los bagajes que habían de llevar la vitualla y municiones del campo; y a 4 días del mes de setiembre bien tarde se alojó en el lugar de Acequia. De allí fue a Lanjarón y a Órgiba, sin hallar impedimento en el camino y en este alojamiento se detuvo un día, para que descansase la gente y esperar la que le iba alcanzando, y poder tomar resolución del camino que había de hacer. Aquel día llegaron los estandartes de caballos de Córdoba, que estaban en las Albuñuelas, y setecientos y treinta soldados de las Guájaras, Almuñécar y Salobreña, y por cabo el capitán Antonio de Berrio. Estando pues el campo en Órgiba, a 7 días del mes de setiembre partió don Juan de Austria de la ciudad de Guadix, y fue a la Calahorra, donde estaba junta la gente que había de entrar por aquella parte para aviarla; y aquel día bien de mañana fueron a dormir al puerto de Loh tres mil y doscientos infantes y trescientos caballos, con raciones para cuatro días en las mochilas, y mil y quinientos bagajes mayores cargados de bastimentos y municiones. Los cabos desta gente eran don Pedro de Padilla, maese de campo del tercio de Nápoles, Juan de Solís, vecino de Badajoz, maese de campo del tercio que llamaban de Francia, porque habían servido aquellas banderas al rey de Francia contra los luteranos, con orden de su majestad, y después se habían venido a juntar con el campo de don Juan de Austria en Andarax, Antonio Moreno y don Rodrigo de Benavides, y los capitanes de la caballería Tello González de Aguilar y don Gómez de Agreda, vecino de Granada. Otro día fueron a Válor, donde vino don Lope de Figueroa con ochocientos soldados y cuarenta caballos de los que tenía en Andarax. Llevaban orden por escrito de lo que habían de hacer, y, porque no hubiese diferencias entre los cabos, mientras se juntaban con el campo del Comendador mayor, a quien todos habían de obedecer, se les mandó que cada uno gobernase un día, y los demás le obedeciesen como a capitán general. Hízose esto con mucha conformidad, enviando todos los días infantería y caballos que corriesen la tierra y talasen los panizos y alcandías, y hiciesen todo el daño que pudiesen a los enemigos. En estas correrías cautivaron y mataron mucha gente y recogieron gran cantidad de ganados; y vendiendo luego la presa en almoneda, la repartían entre los capitanes y soldados, y al gobernador del día en que llegaban con la presa al campo daban el quinto, como a capitán general. Habiendo pues enviado una gruesa escolta desde este alojamiento a la Calahorra, y traído buena cantidad de bastimentos y municiones, pasó el campo al lugar de Cádiar, donde llevaba orden de aguardar al Comendador mayor; y desde allí hicieron otras muchas correrías, en que los capitanes y soldados fueron bien aprovechados, sin hallar quien les hiciese resistencia. En este tiempo partió el Comendador mayor de Órgiba, y porque tuvo aviso en el camino que los moros de guerra se recogían a la umbría de Valdeinfierno, avisó al presidente don Pedro de Deza que mandase a don Francisco de Mendoza, gobernador del presidio de Guéjar, que con el mayor número de gente que pudiese acudiese hacia aquella parte. Llegó nuestro campo a Poqueira a 8 días del mes de setiembre, y mataron las cuadrillas tres moros y talaron todos los mijos, panizos y alcandías de aquella taa; y el siguiente día bien de mañana pasó a Pitres de Ferreira. Fueron las cuadrillas a correr la tierra, mataron cinco moros y cautivaron cinco mujeres, y gastose todo aquel día en talar y cortar las mieses. Y porque se entendió que en saliendo el campo de Poqueira habían vuelto los moros a meterse en las casas, así para esto como para acabar de talar los sembrados, fue un buen golpe de gente a amanecer sobre aquella taa, que hicieron algún efecto. Estuvo el campo en Pitres desde 9 días del mes de setiembre hasta los 17: hallose en las casas de los lugares de aquella taa mucha uva pasada, higos, nueces, manzanas, castañas y otras frutas de la tierra, y miel, y algún trigo y cebada, aunque poco; y los soldados no se daban a manos a buscar silos de ropa que los moros habían dejado escondida. Desde este alojamiento fueron dos gruesas escoltas por el bastimento que había de respeto en Órgiba, y no perdiendo el Comendador mayor tiempo en lo que más importaba, que era hacer la guerra de allí adelante con cuadrillas de gente suelta que corriesen les sierras buscando los enemigos, y poner presidios en los lugares importantes, mientras se hacía un fuerte al derredor de la iglesia de Pitres, donde había de dejar quinientos soldados de guarnición, a 42 días del mes de setiembre envió a amanecer sobre el lugar de Trevélez mil y quinientos infantes y ciento y veinte caballos, divididos en dos bandas, con orden que se detuviesen por allá dos días talando la tierra y procurando degollar los moros que hallasen. Con esta gente fue don Miguel de Moncada. Don Alonso Mejía fue a combatir unas cuevas que estaban de la otra parte del río que pasa por bajo de Pitres, y otros capitanes a otras partes; que todos hicieron buenos efectos y volvieron con presas de moras y ganados, dejando muertos algunos moros de los que andaban desmandados, y talada toda la tierra, y trayendo algunos cautivos, entre los cuales vino un moro que dio aviso de una cueva que estaba en un monte donde no bastara a hallarla nadie. Hallose en ella algún trigo, cebada y harina, que tenían los moros escondido, y habiéndose ofrecido de descubrir otras, y prometídole el Comendador mayor libertad por ello, unos soldados que iban con él, sintiendo tocar arma, le mataron; cosa que dio harto disgusto al Comendador mayor, porque, no podía dejar de haber muchas cuevas secretas, y no habría de quien se fiase para ir a mostrarlas. Estando pues el fuerte en defensa, y habiendo traído de Órgiba y del Padul el bastimento y munición que había quedado dejó en aquel presidio al capitán Hernán Vázquez de Loaysti, vecino de Málaga, con quinientos soldados y orden que corriese y diese el gasto a la tierra por aquella comarca; y a 18 días del mes de setiembre partió la vuelta de Juviles, y aquel día envió mil y doscientos infantes y setenta caballos que tornasen a correr lo de Trevélez y toda aquella sierra, porque se entendió que los moros habían vuelto hacia aquella parte al calor de los moriscos de paces, que siempre les ayudaban con algún bastimento. Dejando pues las taas de Poqueira y Ferreira y Juviles tan taladas y destruidas, que muy pocas mazorcas de panizos y alcandías podían ser de provecho, aunque los moros quisiesen valerse dellas, y el presidio en Pitres, para acabar de desarraigados que no volviesen a su querencia, y degollar los que hallasen, fue a juntarse con el otro campo, que le estaba aguardando en Cádiar; y este mismo día se dio orden en otras corredurías de que adelante diremos, porque nos llama el duque de Arcos, que en este tiempo no estaba de vagar en Ronda.

Capítulo III. Cómo el duque de Arcos salió contra los alzados de la sierra de Ronda, y los echó del fuerte de Arboto

En el mismo tiempo que se hacían estas cosas en la Alpujarra, el duque de Arcos, a quien su majestad había cometido lo de la serranía de Ronda, aprestaba tercero campo en aquella ciudad; y teniendo juntos cuatro mil infantes y ciento y cincuenta de a caballo, y cantidad de bastimentos y municiones para quince o veinte días, a 16 días del mes de setiembre salió en campaña, y fue a alojarse una legua del fuerte de Arboto. Allí estaba recogida la fuerza de los enemigos, lugar áspero y dificultoso de subir, donde naturaleza en la cumbre más alta de aquel monte puso una composición y máquina de peñas cercadas de tantos tajos y despeñaderos, que parece una fortaleza artificial, capaz de mucho número de gente. Dejó el duque en Ronda a Lope de Zapata, hijo de Luis Ponce, para que en su nombre recogiese y encaminase los moros que viniesen a reducirse, porque nunca su Majestad quiso cerrarles la puerta, teniendo solamente fin a la pacificación y seguridad de aquel reino. Vinieron pocos, por estar escandalizados de la muerte de Barcochi, y de ver que en Ronda y en Marbella hubiesen los cristianos quebrantado la salvaguardia del duque de Arcos y muerto al pie de cien moros reducidos al salir de los lugares. No se detuvo el Duque en este castigo, porque era dañosa cualquier dilación al negocio principal; mas dio luego aviso a su majestad, que envió juez que castigó los culpados. La noche primera, estando el Duque alojado donde llaman la Fuenfría, se encendió fuego en el campo, no se entendió de dónde vino, y atajose con mucho trabajo. Luego el siguiente día reconoció el Duque el fuerte con mil infantes y cincuenta caballos, y vio el alojamiento de los enemigos y el lugar del agua, desde la sierra de Arboto, que está puesta enfrente dél; y aunque se mostraron fuera de sus reparos, no los acometió, por ser ya tarde y aguardar que llegase la gente que venía de Málaga. Otro día puso guardia de gente en aquella sierra, no sin resistencia de los enemigos, que a un tiempo acometieron la guardia y el alojamiento, y trabaron una escaramuza lenta y espaciosa, que duró más de tres horas. Los moros eran ochocientos tiradores, y algunos con armas enastadas, los cuales viendo que dos mangas de arcabuceros les tomaban la cumbre, se retiraron a su fuerte con poco daño de los nuestros y alguno suyo. El Duque reforzó la guardia de aquel sitio con dos compañías de infantería, por ser de importancia, y a 18 días del mes de setiembre llegó Arévalo de Zuazo, corregidor de la ciudad de Málaga, con dos mil infantes y cien caballos. Con su venida mejoró el Duque el alojamiento, y se puso más cerca de los enemigos, cuyas fuerzas se presumían harto más de lo que eran, porque habían procurado dar a entender que estaban poderosos de gente. Luego se tomó resolución de combatir el fuerte, y a 20 días del mes de setiembre repartió el duque de Arcos la gente, y dio la orden que habían de tener los capitanes en la subida de la sierra, señalándoles los lugares por donde habían de ir. A Pedro Bermúdez de Santis mandó que con una manga de gente reforzada tomase las cumbres de dos lomas que subían al sitio del enemigo, y que el capitán Pedro de Mendoza, con otro buen golpe de gente, le hiciese espaldas a la mano izquierda. Tomó el Duque para sí, con la artillería y caballos y mil y quinientos infantes, a la mano derecha de Pedro Bermúdez, lugar menos embarazado y más descubierto, quedando entre ellos un espacio de breñas que los moros habían quemado para que rodasen mejor las piedras desde arriba. Ordenó a Arévalo de Zuazo que con la gente de su corregimiento y dos mangas de arcabuceros delante subiese a la mano derecha del Duque; y, adelante dél, hacia el mismo lado, Luis Ponce con seiscientos arcabuceros por un pinar, camino más desocupado que los otros. La orden era que, saliendo del alojamiento, fuesen todos encubiertos por la falda de la montaña donde estaba el sitio del enemigo, y por una quebrada que hacía un arroyo hondo que estaba al pie de ella, y subiendo poco a poco para guardar el aliento, a un tiempo diesen el asalto en sintiendo una señal que se haría. Desta manera quedaba cercada toda la montaña, sino era por la parte de Istán, que no se podía cercar por su aspereza; y nuestra gente iba tan junta, que parecía poderse dar las manos los unos a los otros. Habiendo pues repartido munición a los arcabuceros y apercibido a los capitanes para el siguiente día, el Duque mandó a Pedro de Mendoza que con la gente de su cargo y algunos gastadores fuese delante a aderezar ciertos pasos por donde había de ir la caballería; y como los moros le vieron desviado en parte donde les pareció que no podía ser socorrido tan presto, al caer de la tarde salieron cantidad de tiradores desmandados, quedando el golpe de la gente a manera de emboscada, y trabaron una escaramuza de tiros perdidos con él; el cual, confiado en sí mismo, pudiendo guardar la orden y estarse quedo sin peligro, acudió a la escaramuza con demasiado calor, desmandándose los soldados por la sierra arriba desordenadamente, y sin aguardarse unos a otros, yéndose los enemigos unas veces retirando y otras reparando, como si los fueran cebando para meterlos en alguna emboscada. Viendo Pedro de Mendoza el peligro, y no lo pudiendo reparar, porque ya no era parte para detener la gente, envió a dar aviso al duque de Arcos a tiempo que, puesto que había enviado tres capitanes a retirarle, fue necesario tornar con su persona lo alto para reconocer el lugar de la escaramuza, y con los que con él iban y los que pudo recoger, atravesó por medio de los que subían, y pudo tanto su autoridad, que los desmandados se detuvieron, y los moros, que ya habían comenzado a descubrirse, se recogían al fuerte, en ocasión que por ser cerca de la noche pudieran hacer harto daño. Hallose el Duque tan adelante cuando descubrió el golpe de los enemigos, que teniendo por imposible poder detener los soldados que subían desmandados, quiso aprovecharse de su desorden, y con el mayor número de gente que pudo juntar, todo a un tiempo acometió y se pegó con el fuerte, de manera que fue de los primeros que entraron en él. Los moros no osaron aguardar, y se descolgaron por diferentes partes de la sierra, que era larga y continuada, y de allí se repartieron: unos fueron a Río Verde, otros la vuelta de Istán, otros a Monda, y otros a Sierra Blanquilla, dejando quinientas mujeres y niños en poder de los cristianos. Desta manera se ganó el fuerte de Arboto, tan nombrado y temido, aunque no con tan buena orden como el Duque quisiera; y así le mataron alguna gente, habiendo peleado tres horas o más. Y por ocuparse en recoger la presa los soldados y sobrevenir la noche, no se siguió el alcance, hasta que en saliendo la Luna fueron mil y quinientos arcabuceros por la parte que se entendió que habían huido; mas no los pudiendo hallar, so volvieron al campo.

Capítulo IV. De lo que el duque de Arcos hizo en prosecución desta guerra hasta que volvió a Ronda

Ganado el fuerte de Arboto, el duque de Arcos dio licencia al corregidor de la ciudad de Málaga para que se fuese, con orden que corriese la tierra, y con el resto del campo pasó a Istán a 22 días del mes de setiembre, porque le pareció conveniente dejar presidio en aquel lugar, donde podría ser fácilmente proveído de la ciudad de Marbella y de la de Málaga. Aquel día envió cuatro compañías de infantería divididas, sin banderas ni atambores, a correr la sierra, hacia donde pareció que podrían estar los moros; las tres dellas les quemaron tres barcas grandes que tenían hechas para pasar a Berbería, y mataron algunos; y la otra, que iba con el capitán Morillo, a quien mandó que corriese el Río Verde, no guardando la orden que llevaba, fue a dar con la gente del Melehi, no lejos de

Monda, en un cerro que los de la tierra llaman Alborno, y siendo inferior, fueron desbaratados los nuestros. El capitán se vino retirando hasta llegar a vista de Istán, tan cerca del campo, que se oyeron los arcabuces y escopetas; y el Duque, sospechando lo que era, envió a Pedro de Mendoza a que le socorriese; el cual llegó a descubrir los enemigos, y contentándose con recoger algunos de los soldados que venían huyendo, no quiso pasar adelante, temiendo alguna emboscada. El capitán Morillo, que con calor del socorro había dado vuelta sobre los moros, murió peleando, y con él la mayor parte de su gente. En el mismo tiempo el capitán Francisco Ascanio, a quien Arévalo de Zuazo había dejado en Monda para que fuese a correr la tierra en compañía de los de Alora, codicioso de hacer alguna buena presa, sin aguardarle, con solos sesenta soldados y el alcaide de la fortaleza, que quiso acompañarle, fue la vuelta de Hojen; y cerca del puerto que está sobre aquel lugar fueron los moros en ellos, y matándole a él y al alcaide y más de treinta soldados, escaparon huyendo los otros. También desbarataron una compañía de cien hombres de Jerez de la Frontera, que enviaba el duque de Arcos a que hiciese escolta a un correo que iba desde Istán a Monda, para que de allí fuese con despachos a su majestad; y matando algunos soldados, tuvo lugar de favorecerse el correo en Monda. El Duque pues, viendo que hacia aquella parte estaba el golpe de los enemigos, envió orden a Arévalo de Zuazo que con la gente de Málaga y Vélez volviese a Monda, escribió a don Sancho de Leiva que le enviase ochocientos soldados de los de Galera, y envió ir Pedro Bermúdez por la gente de Ronda, y él con la que había quedado en el campo fue a esperarlos en Monda, y habiéndose juntado todos, partió para Hojen. En el camino le encontró don Alonso de Leiva, hijo de don Sancho de Leiva, con los ochocientos soldados. Entendiose que los moros esperarían una legua de allí, y mandando a Pedro Bermúdez que con mil arcabuceros tornase a la mano izquierda, y que don Alonso de Leiva fuese derecho a Hojen por un monte que llaman el Negral, con toda la otra gente caminó él hacia el Corvachin, tierra de grande aspereza y espesura; y con esta orden llegaron todos a un tiempo a Hojen, donde habían estado los moros; y no los hallando, fueron calando la sierra hasta llegar a vista de la Fuengirola, sin hallar más que rastros de gentes a diferentes partes, porque los moros se habían esparcido a la parte de las sierras. Y como no hubiese qué hacer, don Alonso de Leiva se volvió con su gente a las galeras, y Arévalo de Zuazo fue corriendo la tierra de Málaga, dejando orden a Gabriel Alcalde de Gozón, vecino de Cazarabonela, hombre diferente y cuidadoso del servicio de su majestad, para que, recogiendo gente de aquellos lugares, anduviese a la mira por las caras de Río Verde, por si algunos moros reventasen hacia aquella parte, poderlos oprimir; el cual con veinte caballos y cantidad de peones anduvo asegurando la tierra, y hizo algunos efectos de importancia, siendo muy práctico en ella. Habiendo estado el duque de Arcos algunos días en Monda, porque llovía mucho para tener la gente en campaña, dejó presidios en Calaluy, Istán, Monda, Tolox, Gnaro, Cartágima y Jubrique, y fue a Marbella, y de allí a Ronda, a esperar orden de su majestad para lo que adelante se había de hacer, donde estuvo a 5 días del mes de octubre. Volvamos al campo del Comendador mayor, que dejamos en la Alpujarra.

Capítulo V. Del progreso del campo del comendador mayor de Castilla desde que se juntaron los dos campos hasta que volvió a Cádiar

El mismo día que el comendador mayor de Castilla llegó a Cádiar, envió los tercios de Juan de Solís y Bartolomé Pérez Zumel y don Pedro de Vargas a hacer escolta a los bagajes que iban a traer bastimentos de Adra, donde ya habían ido dos veces, don Pedro de Padilla y Antonio Moreno antes que llegase, y saqueando el lugar de Lucainena, la orden que les dio fue que mientras Bartolomé Pérez Zumel volvía con la escolta hasta Berja, porque se habían de detener un día en cargar, amaneciesen los otros dos tercios el jueves en Dalías, y procurasen degollar los moros que allí hubiese y talar la tierra, y el viernes se juntasen con la escolta en Berja, para volver el sábado al campo. Volvieron los que habían ido a correr segunda vez a Trevélez, y trajeron ciento y veinte moras y dos mil cabezas de ganado y cien vacas y cincuenta bagajes, y mataron cantidad de moros. El mismo día vinieron don Lope de Figueroa y don Rodrigo de Benavides, que habían ido a correr el Cehel, con otras ochenta moras, dejando muertos algunos moros, y quemadas tres barcas muy buenas que tenían hechas para pasarse a Berbería. Vinieron también otros que habían ido a otras partes, con dejar hechos tan buenos efectos, que a los 22 de setiembre habían ya traídose al campo mil y cien esclavas y muértose al pie de quinientos moros, y tomádoles gran cantidad de ganados y bagajes, y taládoles la comarca al derredor, asegurando la tierra de manera que a 21 de setiembre pudieron ir dos escoltas juntas en un día, una a Órgiba y otra a Pitres, a traer los bastimentos que allí habían quedado, teniendo fuera en correrías ocho tercios de diez que había en el campo. Corriose toda la Alpujarra, sin dejar Cehel ni Dalías, y mucha parte della dos y tres veces; talaron y quemaron los soldados infinitos panizos y alcandías, y hallaron gran cantidad de trigo y cebada en las cuevas. Este día se trajeron al campo doscientas moras, dejando al pie de ochocientos moros muertos. Hizo arcabucear el Comendador mayor veinte moros, y el día de antes cuatro de los más principales, y entre ellos Miguel de Herrera el de Pitres, a quien dijimos que el marqués de Mondéjar había encomendado las esclavas de Juviles; y a ninguno de cuantos se prendían de veinte años, arriba se daba vida. Comenzáronse a hacer los fuertes en Cádiar, Cujurio, Bérchul, Mecina de Bombaron y en Juviles, para dejar gente de guarnición en ellos, que corriesen siempre la tierra, porque no quedase a los moros donde habitar. Traían estas corredurías tan corridos y acosados a los malaventurados, que ya no tenían sierra, cueva ni barranco seguro. A 29 de setiembre fue una escolta a traer bastimento de la Calahorra, llevó más de mil moras, y quedaron pocas menos en el campo, habiéndose degollado otros cuatrocientos moros y hecho justicia de treinta y seis. En la cueva de Mecina de Bombaron se tomaron doscientas y sesenta personas, y se ahogaron humo que se les dio otras ciento y veinte. En otra cueva cerca de Bérchel se ahogaron sesenta personas, y entre ellas la mujer y dos hijas de Aben Aboo; y estando él dentro, se salió por mi agujero secreto con solos dos hombres que lo pudieron seguir. En la cueva de Castares murieron treinta y siete personas, y en la de Tíar se tomaron vivas sesenta y dos, y en todas se hallaron muchas armas, vituallas y ropa. Ganáronseles otras cuevas menores por fuerza de armas, y ellos desamparaban algunas cuando veían la pérdida de sus vecinos; y finalmente, la procesión que ellos decían que pasaba cuando veían pasar nuestros ejércitos, les fue quitando el último refugio. Cuando hubo el Comendador mayor acabado los cuatro fuertes, dejándolos abastecidos de gente y de vituallas para un mes, a 3 días del mes de octubre pasó a Ugíjar; y dejando allí un tercio, otro en Lároles, haciendo dos fuertes, pasó a Berja y a Dalías y a hacer otros dos, para que a un mismo tiempo se acabasen todos cuatro, como se había hecho en los otros; y a los 15 de octubre los tuvo acabados y avituallados y con gente. Desde el alojamiento de Dalías envió el Comendador mayor a don Pedro de Padilla con su tercio y las cien lanzas de Écija a correr los lugares de Ínix, Fílix y Vícar, con orden que, habiendo degollado unos moros que andaban en aquel partido, pasasen a Canjávar y corriesen la sierra de Gádor. Esta gente llegó al amanecer del día a Fílix, donde tenían aviso que estaban cantidad de moros, y antes que llegasen a él, salieron todos con sus mujeres y hijos, y caminaron la vuelta de la ciudad de Almería a fin de quererse reducir; nuestra gente entró en el lugar y le saqueó, y cautivaron algunas mujeres y muchachos que se habían quedado en las casas. Y unos escuderos de los de Écija, siendo avisados como aquellos moros iban hacia Almería, fueron tras dellos, y habiéndose alargado gran rato de los compañeros sin poderlos alcanzar, quisieran volverse; mas andaban tantos moros apellidando la tierra, que determinaron de ir adelante, y llegaron a la ciudad a tiempo que don García de Villarroel acababa de recoger los moros y moras que llevaban por delante; y queriendo que se los diese todos por esclavos, don García de Villarroel no lo quiso hacer, diciendo que eran libres conforme al bando de su majestad, pues se iban a reducir y tenía comisión para admitirlos, y sobre esto hubo algunas demandas y respuestas, de donde resultó descomedirse los escuderos y mandarlos prender. Desto se quejó Tello González de Aguilar a don Juan de Austria, y envió un juez a determinar aquel negocio, el cual soltó los escuderos, y les adjudicó todos aquellos moros por esclavos. Estuvieron don Pedro de Padilla y Tello González de Aguilar en Canjáyar algunos días, y corrieron toda aquella tierra asegurando los pueblos reducidos, hasta que se les dio orden, que los metiesen la tierra adentro. En este tiempo don Sancho de Leiva, que andaba discurriendo por la costa con las galeras, puso gente en la Bábita y en Castil de Ferro y en Albuñol, conforme a la orden que se le envió. Continuábanse siempre las correrías, y cautiváronse más de tres mil moras y muchachos, y fueron muertos al pie de mil y quinientos moros; ganáronseles seis cuevas, muy grandes, que en solas dos dellas hubo al pie de ochocientas personas, y en la postrera, que se rindió a 10 de octubre, que fue la de Détiar, había cien moros de la tierra y treinta de Berbería, y un turco, todos muy bien armados, y más de trescientas mujeres y niños; y en otra que estaba sobre el lugar de Murtas hacia la mar, se rindió don Francisco de Córdoba, aquel primo de Aben Humeya que dijimos en el capítulo XIV del libro noveno, y otro hermano suyo y dos capitanes turcos, y un sobrino de Aben Aboo, que después se les huyó a los soldados que le llevaban: concedioles el Comendador mayor las vidas, y después los mandó llevar a las galeras. Acabados los fuertes arriba referidos sin contradicción del enemigo, que andaba ya reducido a extrema miseria, huyendo de cueva en cueva con algunos tan pertinaces como él, y donde estaba un rato de la noche no osaba aguardar el día el Comendador

mayor volvió corriendo la tierra con sus tercios repartidos a todas partes; y visitando los presidios, a 16 de octubre estuvo en Ugíjar de vuelta, y a 19 en Cádiar. Dióseles otra mano a los moros tal y tan buena como las pasadas; tomáronseles muchas cuevas, y volvían los soldados al campo con las manos llenas de los moros y moras que prendían, que eran muchos, y unos enviaba el Comendador mayor a las galeras; otros hacía justicia dellos, y los más consentía que los vendiesen los soldados para que fuesen aprovechados. La mayor parte de los moros que se prendieron y mataron estos días fueron de los que habían ido a reducirse al marquesado del Cenete, que se volvían ya muchos, y les hallaban las salvaguardias en el seno; y aunque decían que venían a encaminar a sus parientes y amigos a que se redujesen, les aprovechaba poco, por los avisos que de allá se tenían en contrario. Estos días yendo don Diego de Leiva visitando los lugares que estaban a su cargo, y llevando nueve arcabuceros a pie y cincuenta caballos de la compañía de Diego Merlín de Avalos, García el Zaycal, y el Bayzi de Gérgal y el Naguar, con doscientos moros de sus cuadrillas, se pusieron en emboscada y le aguardaron en un paso antiguo entre Tavernas y Gérgal, a la bajada de la rambla que dicen de Belelche, y, saliendo de improviso a los nueve arcabuceros que iban delante, los pusieron en huida, y luego tras dellos siguieron los caballos. Bien pudiera don Diego de Leiva retirarse este día, si quisiera; más como animoso y buen caballero, hizo rostro, y procuró detener la gente y recoger los bagajes, donde iba cantidad de dinero de su majestad; y no le aprovechando su trabajo y diligencia, que fue mucha, porque la vereda que llevaba era angosta, y los caballos no podían correr por ella, ni los bagajes dar vuelta, herido de dos escopetazos, uno en un brazo y otro en los lomos, le retiró don Felipe de Leiva, su hermano, bien contra su voluntad; y poniéndose un paje en las ancas de su mismo caballo, le fue teniendo, porque no cayese, hasta la ciudad de Almería, donde murió de las heridas. Este día probó nuestra gente tan mal, que si no fueron don Felipe de Leiva y el bachiller Soler, su auditor, y seis caballos, todos los demás huyeron, dejando a su capitán solo en poder de los enemigos.

Capítulo VI. Cómo su majestad mandó sacar todos los moriscos que había en el reino de Granada, así de paces como reducidos, y meterlos la tierra adentro

Ya en este tiempo su majestad había enviado a mandar a don Juan de Austria, y al presidente don Pedro de Deza, y al duque de Arcos, a cada uno por su parte, que con toda brevedad y diligencia posible ejecutasen las órdenes que tenían de sacar todos los moriscos del reino de Granada, así los nuevamente reducidos, como los que no se habían alzado, y los metiesen la tierra adentro, porque los pocos que quedaban en la sierra, perdiendo la confianza de poderse valer dellos, acabasen de reducirse o de perderse. Estando pues las cosas de la Alpujarra y de la serranía de Ronda en los términos que hemos dicho, por carta de 28 días del mes de octubre, fecha en la villa de Madrid, tuvo don Juan de Austria segunda orden y última resolución sobre ello; y por ser negocio de tanta importancia, comunicándose los consejos, se acordó que antes que el Comendador mayor saliese de la Alpujarra, pues los moriscos dejaban ya de venirse a reducir, y se volvían muchos de los reducidos a la sierra, se pusiese en ejecución el mandato de su majestad, y así se hizo por la orden siguiente: que los de Granada y de la vega y valle de Lecrín, sierra de Bentomiz, jarquía y hoya de Málaga y serranías de Ronda y Marbella, saliesen encaminados la vuelta de Córdoba, y de allí fuesen repartidos por los lugares de Extremadura y Galicia y por sus comarcas. Los de Guadix, Baza y río de Almanzora fuesen por Chinchilla y Albacete a la Mancha, al reino de Toledo, a los campos de Calatrava y Montiel, al priorato de San Juan, y por toda Castilla la Vieja hasta el reino de León; y los de Almería y su tierra por mar, en las galeras del cargo de don Sancho de Leiva, a la ciudad de Sevilla; y que no fuesen ningunos para quedar en el reino de Murcia ni en el marquesado de Villena, ni en los otros lugares cercanos al reino de Valencia, donde había grande número de moriscos naturales de la tierra, porque no se pasasen con ellos, y por el peligro de la comunicación de los unos con los otros; ni menos quedasen en los pueblos de la Andalucía, por haber en ellos muchos de los que se habían llevado primero, y estar la tierra trabajada; y demás desto había inconveniente por poderse volver a las cercanas sierras los que quisiesen huir. La orden que se dio a los que los habían de llevar fue que la primera escala, fuera del reino de Granada, la hiciesen en los lugares que fuesen más a propósito para llevarlos de allí donde habían de parar con seguridad y comodidad suya; de manera que no se fuesen, ni los hurtasen, ni llevasen a otras partes, y así ellos como sus bienes fuesen seguros; no permitiendo que los hijos se apartasen de los padres ni las mujeres de los maridos por los caminos ni en los lugares donde habían de quedar, sino que las casas fuesen y estuviesen juntas; porque, aunque lo merecían poco, quiso su majestad que se les diese este contento, mandando que, demás de la gente de guerra, fuesen con ellos comisarios, personas de autoridad y confianza, con lista y memorial de los que cada uno llevaba a su cargo, para que los llevasen de unos lugares a otros y proveyesen vituallas y gente que los acompañase, presupuesto que la que había de salir del reino de Granada no había de pasar de la primera escala. Dando pues su majestad prisa, y no estando don Juan de Austria de vagar, despachó correos en diligencia a todas partes, solicitando las personas que habían de hacer el efecto, y mandándoles que para primero día de noviembre, día en que la Iglesia católica celebra la fiesta de Todos los Santos, a un mismo tiempo encerrasen todos los moriscos, de cualquiera calidad y condición que fuesen, en las iglesias de los lugares de sus partidos, y acompañados de la gente de guerra que para ello estaba repartida, los metiesen la tierra adentro; y para que se hiciese con más seguridad se proveyeron algunas cosas necesarias. Ordenose que tres mil hombres de la Andalucía y de otras partes, que venían ya camino para quedarse de presidio en los fuertes que el Comendador mayor dejaba hechos, se ocupasen primero en sacar los moriscos del reino de Granada. Que el Comendador mayor, para el día en que se habían de recoger, tuviese tomados los pasos de las sierras por donde se podrían volver a ellas. Que don Francisco Zapata de Cisneros, señor de Barajas, que después tuvo título de conde y fue presidente del supremo consejo de Castilla, y a la sazón era corregidor de Córdoba, con la gente de aquella ciudad acudiese a la vega de Granada; y que don Alonso de Carvajal, señor de la villa de Jódar, haciendo otra junta de gente como la que había hecho para el socorro de Serón, fuese al partido de Baza. La gente de la Andalucía llegó a un mismo tiempo a lo de Granada y de Guadix, repartida en dos partes. El Comendador mayor pasó con su campo desde Cádiar a Pitres de Ferreira, y el primer día del mes de noviembre tuvo tomados catorce pasos de las sierras con gruesas mangas de arcabucería. Don Francisco Zapata de Cisneros, con doscientos caballos y mil infantes de su corregimiento partió de aquella ciudad a 28 días del mes de octubre en la tarde, y a los 30 estuvo en Alhendín, lugar de la vega de Granada. Capitanes de la caballería eran don Luis Ponce y Alonso Martínez de Angulo, y de la infantería Gutierre Muñoz de Valenzuela, Hernando Gebico, Pero Hernández de Monegra y don Luis de Córdoba, y Luis Hernández de Córdoba, que servía el oficio de sargento mayor. Iba toda esta gente tan bien aderezada y proveída de armas y de caballos, que representaban bien la pompa de su ciudad y de su capitán. Llevaban los estandartes y banderas con las armas de la ciudad, que son un león raspante leonado en campo blanco, y castillos y leones por orla. Los escuderos iban vestidos de marlotas coloradas, y los trompetas y ministriles que acompañaban al capitán, con ropetas de terciopelo carmesí y capotillos de saya entrapada, guarnecidos de franjas y pasamanos de oro; y los atambores y pífanos con libreas de seda de colores azul y amarillo; y lo que más hubo que notar en esta gente fue su buena orden y disciplina. Había ya enviado a mandar don Juan de Austria a don Alonso de Granada Venegas y a los otros comisarios que tenían cargo de los moros reducidos que retirasen los que tenían alojados cerca de la sierra a otros lugares más apartados, dándoles a entender que lo hacían porque no recibiesen daño cuando saliese de la Alpujarra la gente del Comendador mayor. Estando pues todo prevenido, el día de Todos Santos a un mismo tiempo en todo el reino de Granada se encerraron todos los moriscos, así hombres como mujeres y niños, en las iglesias y lugares diputados, aunque en algunas partes con menos orden de la que convenía. Los que habían quedado en la ciudad de Granada y los que estaban recogidos en los lugares del valle de Lecrín y de la Vega los encerraron sin escándalo ni alboroto, y los llevaron al hospital Real de Granada y los entregaron a los capitanes que los habían de llevar. Don Francisco Zapata llevó cinco mil, y don Luis de Córdoba, alférez mayor de aquella ciudad, los demás. Fueron divididos en dos partes, y cada parte hechas escuadras de a mil y quinientos moriscos, sin los viejos, mujeres y niños, y con cada escuadra iban doscientos soldados y veinte caballos y un comisario. Los primeros llevó Luis Hernández de Córdoba a Extremadura y tierra de Plasencia, y los otros fueron al reino de Toledo. Había algunos moriscos granadinos que habían sido reservados la otra vez; y pretendiendo serlo también en esta ocasión, hicieron diligencia con el presidente don Pedro de Deza, suplicándole que escribiese sobre ello a don Juan de Austria; el cual respondió que sin embargo de que aquellos tales hubiesen mostrado voluntad de servir a su majestad, no tenía orden suya para mostrarles gratificación de presente, ni era de parecer que dejasen de salir del reino de Granada; y que, dando fianzas que dentro de tres días saldrían de todo él, los dejasen ir solos a las partes y lugares que quisiesen con sus familias y bienes muebles; y que estando fuera del reino, intercedería con su majestad y le suplicaría les diese licencia para volver a sus casas. Por la misma orden y a un mismo tiempo se encerraron los de la ciudad de Guadix y de los lugares de su jurisdicción y los de las villas del marquesado del Cenete. También el duque de Arcos recogió los que pudo en los lugares de las serranías de Ronda y Marbella, y los envió con Antonio Flores de Benavides, corregidor de Gibraltar, a Illora, y allí los juntaron con los que iban de Granada a la ciudad de Córdoba. Don Alonso de Carvajal, señor de la villa de Jódar, se gobernó tan bien con los del partido de Baza, que siendo gente de quien menos seguridad se tenía, por haber andado la mayor parte dellos alzados y en las sierras, los recogió en las iglesias pacíficamente, metiendo gente de parte de noche en los lugares donde entendió que había moriscos sospechosos, y publicando que les quería repartir trigo y bueyes con que sembrasen aquel año; y con esto, y con mandar soltar libremente algunos moriscos que los soldados le traían presos por haberlos encontrado que se iban con sus armas a la sierra, los aseguró de manera, que muchos de los que estaban ya allá se volvieron a sus lugares, y caminó con ellos la vuelta de Albacete, donde habían de ir, conforme a su instrucción. Arévalo de Zuazo, corregidor de la ciudad de Málaga, con la gente de su corregimiento recogió también pacíficamente los que quedaban en los lugares dél, aunque dificultó el negocio harto al principio, y quiso interceder por algunos de los que no se habían alzado; mas no hubo lugar, y conforme a la orden que se le envió, los llevó a la ciudad de Antequera, y de allí pasaron a Extremadura y a Plasencia; y a las ciudades de Écija y Carmona llevó Gabriel Alcalde de Gozón los de Tolox y de Cazarabonela. Don Juan de Alarcón y don Miguel de Moncada, a quien don Juan de Austria había proveído estos días por cabo de los presidios del río de Almanzora, estuvieron tan desconformes en la saca de los moriscos de aquel partido, que hubo notable desorden, y los soldados con mano armada comenzaron a matar y a cautivar la gente reducida; y viendo esto, se pusieron muchos moros en arma y se subieron a la sierra de Bacares. Don Pedro de Padilla recogió los de su partido casi con igual desorden, porque estando repartidos en muchas partes, fue dificultoso poderlos encerrar a todos en las iglesias sin que algunos lo entendiesen; y los del Boloduí huyeron a la tierra de Bacares. Habíanse de recoger los otros todos en tres lugares y en el uno, donde estaba el capitán Diego Venegas, hubo tan grande desorden, que dio materia a que los moriscos se alborotasen; y poniéndose los soldados en arma, mataron al pie de doscientos hombres, no sin daño suyo, porque también hubo dellos muchos muertos y heridos. Los que pudieron fluir se subieron a la sierra de Bacares, y allí se juntaron con los otros y comenzaron a hacer nuevos daños; saquearon los soldados las casas del lugar y tomaron todas las mujeres por esclavas; cosa que dio harta sospecha de que la desorden había nacido de su codicia; mas don Pedro de Padilla lo atajó con poner las moriscas en libertad y enviarlas con los reducidos de los otros lugares, que fueron llevados a la ciudad de Almería, y de allí a Vera y a Albacete; y don Sancho de Leiva embarcó los de Almería y su tierra en las galeras de su cargo, y los llevó a la ciudad de Sevilla. Desta manera se despobló el reino de Granada de la nación morisca, y si no acaecieran las desórdenes dichas, fueran muy pocos los montaraces que quedaran en él; como quiera que después los que se fueron huyendo o la mayor parte dellos tornaron a reducirse, entendiendo el buen tratamiento que se hacía a los que iban la tierra adentro, y fueron admitidos y llevados con ellos, y los que no quisieron tomar el buen consejo se perdieron. Muchos fueron los que se pasaron a Berbería, que sirvieron a Abdul Malic, rey de Fez, en su milicia, con nombre de andaluces, que no fueron poca parte para desbaratar y vencer a don Sebastián, rey de Portugal, en la batalla cerca del río de Alcázar Quibir, donde murió, yendo a restituir en aquellos estados a Mahamete Xerife, hijo de Abdalá, a quien Abdul Malic había desposeído, como lo diremos en la segunda impresión de nuestra África, que brevemente a luz con el favor divino.

Capítulo VII. Cómo don Juan de Austria y el comendador mayor de Castilla despidieron la gente de guerra, y se dio orden cómo se acabasen los rebeldes que habían quedado en la sierra

Retirados los moriscos del reino de Granada de la manera que hemos dicho, y metidos la tierra adentro, el Comendador mayor encaminó la gente que había de quedar en los presidios de la Alpujarra, y los dejó proveídos, y con orden que no dejasen de hacer correrías a todas partes; y mandó que Francisco de Arroyo y Luis de Arroyo, y Reinaldos y Leandro de Palencia, y Juan López y Diego Rodríguez, y Diego de Ortega y Juan Jiménez con sus cuadrillas de gente del campo corriesen la tierra. Estas cuadrillas sirvieron a orden de don Hernando Hurtado de Mendoza, que hoy es capitán general de la costa del reino de

Granada, de quien podemos decir que dio fin al rebelión de la Alpujarra, siguiendo a los rebeldes pertinaces por su persona de noche y de día, yendo a pie con las cuadrillas como cualquier soldado particular, hasta que dio fin dellos en las sierras y en las cuevas dolido se habían metido. Dejando pues el Comendador mayor prevenido lo de la Alpujarra, a 5 días del mes de noviembre fue a la ciudad de Granada, y en llegando, dio licencia a la gente de las ciudades que se fuesen a sus casas. También partió don Juan de Austria de Guadix cinco días después, y a los once entró en la ciudad de Granada, y con él el duque de Sesa; fue alegremente recibido de todos los tribunales y gente de guerra, porque cierto le amaban mucho. Y mientras estuvo en Granada, que fueron diecinueve días, se ocupó en dar orden cómo acabar los moros rebelados que quedaban en las sierras, y en reformar capitanes y oficiales de los que habían servido a sueldo de su majestad y no eran ya menester, mandándoles pagar lo que se les debía, y haciéndolos otras mercedes más conformes a la posibilidad presente, que al deseo que tenía de que no fuesen menores que los servicios que habían hecho en aquella guerra; y dejando ordenadas las escoltas que habían de proveer los presidios para aquel invierno, y las cuadrillas que de ordinario corriesen las sierras en seguimiento de Aben Aboo y de otros rebeldes, quedó en su lugar el comendador mayor de Castilla, y a 30 días del mes de noviembre partió de la ciudad de Granada para la corte de su majestad.

No mucho después el duque de Arcos juntó de nuevo gente en la ciudad de Ronda para acabar de deshacer los moros que hacían daños en aquella tierra, y partió en su busca con mil y quinientos arcabuceros de los soldados y gente de señores, y otros mil de sus vasallos, y con los caballos que pudo juntar. Eran los enemigos tres mil hombres, los dos mil escopeteros acaudillados por el Melchi, y mostraban determinación de morir o defender la sierra; y siendo el duque de Arcos avisado dello, ordenó a Pedro de Mendoza que con seiscientos; arcabuceros fuese a la boca del Río Verde por el pie de la sierra, y a Lope Zapata, que con otros seiscientos caminase hacia Gaimon, a la parte de las villas de Monda, yendo el uno del otra media legua, y con el resto de la gente comenzó a caminar por aquel espacio que quedaba entre ellos. Pedro Bermúdez, que llevaba la mano derecha, dio mandato a Carlos de Villegas, que estaba en la guardia de Istán y de Hojen con dos compañías de infantería y cincuenta caballos, que con doscientos arcabuceros tomase a un tiempo lo alto de la sierra y las espaldas del sitio del enemigo; y a Arévalo de Zuazo, que partiendo de Málaga con mil y doscientos soldados y cincuenta caballos, acudiese a la parte de Monda. Partieron todos a un tiempo de noche, para hallarse a la mañana con los enemigos; los cuales avisados por unos tiros de arcabucería que habían oído o por alguna espía, dejaron el lugar que tenían, y se mejoraron a la parte de Pedro de Mendoza, que era el postrero, por tener la salida más abierta. Comenzó el Duque a subir la sierra, y Pedro de Mendoza a pelear con igualdad, yéndose los moros siempre mejorando; y aunque el Duque iba algo apartado dél, en oyendo la arcabucería, entendió que se peleaba por aquella parte, y se le acercó por la ladera de la sierra; y en descubriendo la escaramuza, con los más arcabuceros y caballos que pudo juntar, acometió a los enemigos, llevando cerca de sí a don Luis Ponce, su hijo. Porfiose buen rato de entrambas partes, y no pudiendo los moros resistir, tomaron lo alto, y de allí se partieron desbaratados, quedando muertos más de ciento, y entre ellos el Melchi; y si acudieran a salir a la hora que se les ordenó Pedro Bermúdez y Carlos de Villegas, se hiciera mayor efecto. Repartió luego el Duque la gente en cuadrillas, que anduvieron siguiendo a los moros, y mataron otros ochenta, que no se hallaron más; y con esto se volvió a Ronda, y se dio fin a la guerra por aquella parte. Y porque el Comendador mayor había de ir a la jornada de la liga que los príncipes cristianos hacían contra el Gran Turco, como teniente de capitán general de la mar por don Juan de Austria, mandó su majestad al duque de Arcos que fuese a dar fin en lo que quedaba por hacer en Granada; el cual entró en aquella ciudad a 20 días del mes de enero del año del Señor 1571. Estúvose allí algunos días el Comendador mayor informándole de los negocios de la Alpujarra, como persona que tan bien los entendía. Reforzáronse las cuadrillas de la gente del campo del cargo de don Hernando Hurtado de Mendoza, y diose orden en otras cosas del servicio de su majestad, con asistencia y parecer del presidente don Pedro de Deza; y, por febrero de aquel año se fue a la corte, donde llegó también el duque de Sosa, habiendo estado algunos días en su estado. En Baza quedó por capitán y cabo de la gente de guerra don Juan Enríquez por orden de su majestad, y en el río de Almanzora don Miguel de Moncada, donde se hicieron después buenos efectos contra los moros que quedaban derramados, deshaciéndolos con hierro, hambre y desventura. Solo nos queda por decir el fin y la muerte de Aben Aboo, cuya sangre hubo al fin de derramar el torpe Seniz, famoso monfí, de quien mucho se fiaba.

Capítulo VIII. Que trata de la muerte de Aben Aboo y fin desta guerra

Andaba en este tiempo Aben Aboo huyendo por las sierras que caen entre Bérchul y Trevélez, en lo más agrio de la Alpujarra, y escondiéndose de cueva en cueva, porque ya no le quedaban sino cuatrocientos hombres que le siguiesen; y las personas de quien más se fiaba eran un Bernardino Abu Amer, su secretario, y Gonzalo el Seniz, famoso monfí, de quien habemos hecho mención otras veces. Este había estado cuatro años preso en la cárcel de chancillería de Granada por muerte de un hombre, y un año antes del rebelión se había soltado y dádose a la sierra con los monfís, donde había cometido otros muchos delitos; y viendo su perdición, había hecho una barca secretamente para irse a Berbería, y Aben Aboo se la había hecho quemar, y mandádole que no bajase hacia la marina, sino que anduviese en la sierra con los otros compañeros; y así por esto, como por otras cosas que habían pasado entre ellos, teniéndose por muy agraviado, mantenía enemistad secreta con él; y aún deseaba, según lo que nos certificó, que se ofreciese ocasión en que poderse vengar. Sucedió pues que, estando Galaso Rotulo, natural de Ciudad Real, por gobernador de los presidios de Cádiar y Bérchul, y teniendo presos ciertos moros para hacerles justiciar, llegó allí un platero vecino de Granada, llamado Francisco Barredo, que solía tener mucha amistad y conocimiento con los moriscos de la Alpujarra, antes que se levantasen, y les llevaba a vender cosas de plata y de oro; el cual, confiado en que no le harían mal por este respeto, iba también en tiempo de guerra a comprarles seda, oro y aljófar y otras cosas; y andando un día mirando unos moros que Galaso Rotulo quería hacer arcabucear, uno dellos, que era muy su amigo y se llamaba Bernardino Zatahari, corrió a tomarle las manos para besárselas, y le comenzó a contar sus trabajos. El Barredo le consoló, y hizo con los soldados que se lo dejasen llevar a su posada aquel día; y preguntándole por Aben Aboo, y por los que andaban con él, y el lugar donde se recogían, le contó el moro con verdad todo lo que pasaba, y cómo Bernardino Abu Amer y el Seniz de Bérchul eran las personas de quien más se fiaba. Era este Bernardino Abu Amer muy grande amigo suyo, y luego concibió en sí que si le enviaba a hablar, ofreciéndole perdón de sus culpas y otras mercedes de parte de su majestad, no dejar de hacer algún señalado servicio, persuadiendo a Aben Aboo a que se redujese, o entregándole muerto o vivo; y preguntando al Zatahari si se atrevería a hacer un hecho de hombre, por donde viniese a ganar libertad, le respondió que por salvar la vida fiaría cualquier cosa que le mandase. «Has de ir (dijo entonces el platero) a llevarme una carta a Bernardino Abu Amer, y a decirle que se venga a ver conmigo entre Bérchul y Trevélez. Y si esto cumples como hombre de bien, y me traes respuesta, yo haré que tengas libertad y que su majestad te haga mercedes». Y como el moro prometiese de servir fielmente, Barredo lo comunicó con Galaso Rotulo, y le pidió que mientras iba a Granada a hablar con los del Consejo no hiciese justicia dél; el cual holgó dello, y partiendo luego para Granada, trató con el Comendador mayor, que aún no era ido, y con el duque de Arcos, el negocio, ofreciéndose que daría orden por medio de aquel moro cómo Aben Aboo se redujese o fuese preso o muerto. Los del Consejo tuvieron el negocio por incierto al principio, y no tomaban resolución, hasta que viendo la instancia que Barredo hacía, y lo poco que se aventuraba en soltar un moro, acordaron que se le diese orden para que Galaso Rotulo se lo entregase; el cual se lo entregó, y lo envió con una carta para Bernardino Abu Amer, advirtiéndole que si le prendiesen otros moros en el camino, dijese que iba huyendo y que se había soltado de la prisión de Cádiar. Tenía Gonzalo el Seniz puestas sus atalayas alrededor de las sierras donde estaba su cueva; y como el Zatahari llegó cerca dellas, salieron quince moros a él, y le prendieron, y lo llevaron ante él; y preguntándole de dónde venía, dijo que iba huyendo de Cádiar; mas el solemne, monfí entendió luego que le mentía, y le amenazó con la muerte si no le decía la verdad. El moro no osó decir otra cosa, y sacando la carta que llevaba, se la dio, y le contó todo lo que pasaba. Entonces dijo el Seniz que no tuviese miedo, porque mejor negocio haría con él que con Abu Amer; el cual, en oyendo semejante embajada, era cierto que le había de matar, y que si Barredo quisiese tratarle verdad, sería más parte para su pretensión que nadie; y encargándole el secreto, para cumplir con los moros que le habían visto prender hizo llamar allí a Abu Amer, y le dio la carta de Barredo; el cual se enojó tanto, que quiso matar al moro que la llevaba; y le matara si no se lo quitara de delante el Seniz, diciendo que no le había de hacer mal; porque lo que había hecho había sido por salvar la vida. Luego habló secretamente con Zatahari, y le dijo que fuese a Cádiar, y dijese de su parte a Barredo que aquel negocio no iba bien encaminado por aquella vía; que él lo haría mejor si le traía perdón de su majestad generalmente de todas sus culpas, y le daban a su mujer y a una hija que tenía cautivas. El moro fue a Cádiar, y refiriendo a Barredo lo que el Seniz le había dicho que le dijese, fue luego a verse con él entre Bérchul y

Trevélez; y después que hubieron platicado largamente en el negocio, escribió el Seniz una carta en arábigo para el presidente, ofreciéndose de reducir a Aben Aboo, o darle muerto o vivo, si veía seguridad de la merced que su majestad le hacía; y pidiendo que para satisfacción desto y de que no se le trataba engaño, lo que se acordase y la orden o carta que se hubiese de enviar fuese en letra árabe de mano del licenciado Castillo, que conocía muy bien. Viendo pues el duque de Arcos y el Presidente y los del Consejo que con el ofrecimiento del Seniz se daba fin a la guerra, mandaron al licenciado Castillo que le escribiese como su majestad le concedía lo que pedía; y que cumpliendo lo que prometía, demás de su merced particular, tendrían libertad los moros que trajese consigo, y se les harían otras mercedes. Con este recaudo, y una carta de creencia para Leonardo Rotulo Carrillo, que en este tiempo asistía por cabo y gobernador de aquellos presidios, por ausencia de Galaso Rotulo, su hermano, partió Barredo de Granada a 13 días del mes de marzo del año de 1571; y enviando desde Cádiar a avisar al Seniz, se fueron a ver luego con Leonardo Rotulo en el propio lugar donde se habían visto la otra vez; el cual holgó mucho del buen despacho que le llevaban, viendo la carta de letra del licenciado Castillo, y una orden que iba firmada del Presidente, cuya firma conocía, porque la había visto otras veces; y prometiéndoles que cumpliría brevemente lo que a él tocase, volvieron a Bérchul. Destas vistas del Seniz con Barredo fue avisado Aben Aboo, y como hombre sospechoso, queriendo saber lo que trataba, tomó consigo a Abu Amer y una cuadrilla de escopeteros, y se fue a la cueva del Seniz, que era fuerte en la sierra, llamada el Huzum, entre Bérchul y Mecina de Bombaron, a media noche; y dejando la gente a la parte de fuera, entró con solos dos moros, por mejor disimular con él, y le preguntó que con qué licencia había hablado con Barredo. El cual le respondió: «Señor, con la vuestra; y agora quería ir a daros parte de lo que tratamos. Sabed que nuestra plática ha sido para bien vuestro y de todos los que aquí estamos; porque el Presidente nos envía a decir que nos reduzcamos al servicio de su majestad, y que nos hará merced de perdonarnos, y que nos dejará ir libremente a vivir donde quisiéremos; y demás desto nos hará otras muchas mercedes, que nos envía firmadas de su nombre en este papel». Y sacando los despachos que Barredo le había llevado, para mostrárselos, Aben Aboo se airó grandemente, diciendo que todo era maldad y traición, y quiso salir a llamar a Abu Amer; pero cuando llegó a la boca de la cueva, donde había dejado los dos moros y a un sobrino del Seniz llamado Bartolomé, y otro cuñado suyo, habían muerto el uno dellos, y el otro había salido huyendo. Tenía el Seniz consigo seis hombres de hecho todos parientes suyos, los cuales, viendo la determinación de Aben Aboo, quisieron detenerle, y estando bregando con él, llegó el Seniz por detrás y le dio con el mocho de la escopeta tan gran golpe en la cabeza, que le derribó en el suelo, y allí le acabaron de matar. Y porque Abu Amer y los que con él estaban entendieron que no tenían ya a quién defender, arrojáronles luego el cuerpo muerto desde una peña alta que estaba delante de la cueva; mas no estaban allí los moros que había dejado, porque habían ido a visitar amigos por las otras cuevas allí cerca. Esta ocasión fue tan a propósito del Seniz como lo pudiera desear, viniéndosele a las manos; aunque no era cosa nueva para Aben Aboo irse las más noches de cueva en cueva con dos o tres compañeros. Finalmente el primer aviso que Abu Amer tuvo fue ver el cuerpo muerto, y como hombres inconstantes, sospechosos de sí mismos, se fue cada uno por su parte, y los más se juntaron luego con el Seniz, para gozar del indulto que tenía. Abu Amer no quiso reducirse, y después le prendieron las cuadrillas, y murió arrastrado y hecho cuartos. Muerto Aben Aboo, el Seniz avisó a Leonardo Rotulo y a Francisco Barredo, que estaban en Bérchul, y les pidió una acémila en que llevar el cuerpo, y siéndole enviada, lo llevó al presidio y se lo entregó. De allí lo llevaron a Cádiar, y porque no oliese mal, habiéndole de llevar a Granada, lo abrieron y hinchieron de sal. Luego avisaron al duque de Arcos, y tornando a la sierra, recogieron los moros y moras que se venían a reducir, que eran muchos; y cuando volvieron a Cádiar, hallaron a Juan Rodríguez de Villafuerte Maldonado, corregidor de Granada, y del Consejo, que por orden del Duque iba a asistir a la reducción de aquellas gentes; el cual quedó en el lugar para aquel efecto, y mandó que Leonardo Rotulo y Barredo llevasen a Granada el cuerpo de Aben Aboo y los moros reducidos. Entraron por la ciudad con gran concurso de gente, deseosos de ver el cuerpo de aquel traidor, que había tenido nombre de rey en España. Delante iba Leonardo Rotulo, y luego Francisco Barredo a la mano derecha, y a la izquierda el Seniz con la escopeta y alfanje de Aben Aboo; todos tres a caballo. Luego seguía el cuerpo sobre un bagaje, enhiesto y entablado debajo de los vestidos, de manera que parecía ir vivo; y de un cabo y de otro los parientes del Seniz con sus arcabuces y escopetas. Detrás de todos iban los moros reducidos con sus bagajes y ropa; los que llevaban ballestas, quitadas las cuerdas; y los que escopetas, las llaves; y a los lados la cuadrilla de Luis de Arroyo, y de retaguardia Jerónimo de Oviedo, comisario de la gente de guerra de aquellos presidios, con un estandarte de caballos. Desta manera entraron por la ciudad, haciendo salva los arcabuceros y respondiendo la artillería de la Alambra, y fueron hasta las casas de la Audiencia, donde estaban el duque de Arcos, y el presidente don Pedro de Deza, y los del Consejo, y gran número de caballeros y ciudadanos. Apeáronse Leonardo Rotulo y Francisco Barredo y el Seniz, y subieron a besar las manos al Duque y al Presidente, a quien el Seniz hizo su acatamiento y entregó el alfanje y la escopeta de Aben Aboo, diciendo que hacía como el buen pastor, que no pudiendo traer a su señor la res viva, le traía el pellejo. Tomó el Duque las armas, agradeciéndoles a todos tres lo bien que se habían gobernado en aquel negocio, y ofreciéndoles que intercedería con su majestad para que les hiciese particulares mercedes. Mandó luego arrastrar y hacer cuartos el cuerpo de Aben Aboo, y la cabeza fue puesta en una jaula de hierro sobre el arco de la puerta del Rastro, que sale al camino de las Alpujarras, donde hoy está. Estuvo el duque de Arcos en aquella ciudad hasta 17 de noviembre de aquel año, que partió para su casa proveído por virrey de Valencia; y quedó a cargo de don Pedro de Deza la presidencia de todos los negocios de justicia, de guerra, de hacienda y de población. Fuese poblando la tierra de cristianos con alguna dificultad al principio; mas la codicia de las haciendas, que su majestad mandó repartir entre los nuevos pobladores, y las franquezas que les dio, lo facilitó adelante; y desta manera, habiendo sido la mudanza de aquel reino el quicio sobre que toda España dio la vuelta, y héchose la guerra por la religión y por la fe, el premio de los trabajos y de tanta sangre cristiana como en ella se derramó, fue desterrar la nación morisca que había quedado en él. ¡Oh cuán felice hora fue para ti, insigne ciudad de Granada, cuando los católicos reyes don Hernando y doña Isabel te sacaron de la sujeción del demonio! Ellos te ennoblecieron con suntuosos edificios, aumentáronte y adelantáronte en religión divina y estado temporal, haciendo tus ceremoniosas mezquitas, en que se veneraba el falso Mahoma, templos sagrados, donde fuese glorificado el Redentor del mundo. En lugar de los menftís y de los sectarios alfaquís, y de sus guadores y zalaes, cobraste arzobispos santos, sacerdotes y religiosos celosos de la verdadera fe, que celebrasen el culto divino, y administrando los sacramentos a tus moradores, te luciesen parroquiana del cielo. Juntándole pues con el pueblo cristiano, te hicieron hija de quien siempre habías sido enemiga; metiéronte en el gremio de la Santa Iglesia Romana; conformáronte con los príncipes católicos y con los varones escogidos, por quien esclarece el sagrado Evangelio; apartáronte de la confusión de los alcoranistas; y siendo maestra de las setas y de errores, te hicieron discípula de verdad. En lugar de los cadís, que te regían y gobernaban con leves frívolas y de poco fundamento, te dieron gobernación aprobada, un corregidor, un cabildo, un tribunal de la fe, una audiencia suprema, donde las leves de verdad igualan a chicos, medianos y mayores, con el juicio de hombres escogidos, profesores de letras legales, y un presidente, que presidiendo a lo que se hace, ordena lo que se ha de hacer. Harto más debes, Granada, a estos católicos príncipes que a los que edificaron tus primeros fundamentos; que no han sido mayores los trabajos bélicos que has padecido que la paz cristiana de que al presente gozas mediante el felice gobierno del cristianísimo rey don Felipe, su biznieto, que extirpando la herejía, que había quedado en los corazones de los nuevamente convertidos de moros en tu reino, te ha dejado en nuestros tiempos al cristianísimo rey don Felipe, su hijo, libre y desembarazada de aquella nación, para que mejor te goces con el pueblo cristiano. Dios, por su misericordia, que tanto bien y merced te ha hecho, guarde, ampare y defienda tan esclarecido príncipe, y tu noble y virtuosa república conserve.

Libros a la carta

A la carta es un servicio especializado para
empresas,
librerías,
bibliotecas,
editoriales
y centros de enseñanza;
y permite confeccionar libros que, por su formato y concepción, sirven a los propósitos más específicos de estas instituciones.

Las empresas nos encargan ediciones personalizadas para marketing editorial o para regalos institucionales. Y los interesados solicitan, a título personal, ediciones antiguas, o no disponibles en el mercado; y las acompañan con notas y comentarios críticos.

Las ediciones tienen como apoyo un libro de estilo con todo tipo de referencias sobre los criterios de tratamiento tipográfico aplicados a nuestros libros que puede ser consultado en Linkgua-ediciones.com.

Linkgua edita por encargo diferentes versiones de una misma obra con distintos tratamientos ortotipográficos (actualizaciones de carácter divulgativo de un clásico, o versiones estrictamente fieles a la edición original de referencia).

Este servicio de ediciones a la carta le permitirá, si usted se dedica a la enseñanza, tener una forma de hacer pública su interpretación de un texto y, sobre una versión digitalizada «base», usted podrá introducir interpretaciones del texto fuente. Es un tópico que los profesores denuncien en clase los desmanes de una edición, o vayan comentando errores de interpretación de un texto y esta es una solución útil a esa necesidad del mundo académico.

Asimismo publicamos de manera sistemática, en un mismo catálogo, tesis doctorales y actas de congresos académicos, que son distribuidas a través de nuestra Web.

El servicio de «libros a la carta» funciona de dos formas.

1. Tenemos un fondo de libros digitalizados que usted puede personalizar en tiradas de al menos cinco ejemplares. Estas personalizaciones pueden ser de todo tipo: añadir notas de clase para uso de un grupo de estudiantes, introducir logos corporativos para uso con fines de marketing empresarial, etc. etc.

2. Buscamos libros descatalogados de otras editoriales y los reeditamos en tiradas cortas a petición de un cliente.